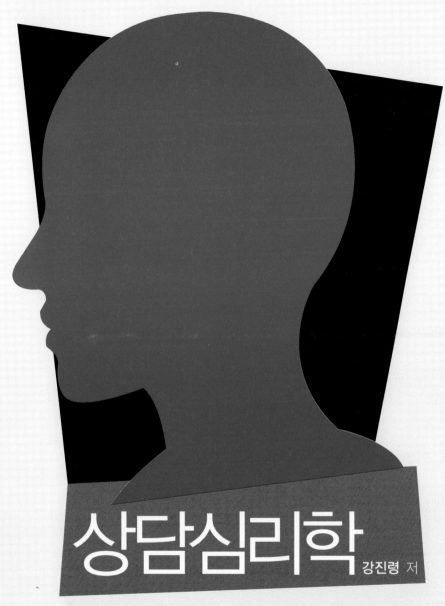

상담심리학

강진령 저

Counseling Psychology

학지사

"우주에 관한 가장 놀라운 진실은 별이나 행성을 공부하는 것처럼 저 바깥에 있지 않다. 진실은 우리의 깊은 곳, 우리의 장엄한 가슴과 마음, 영혼 안에 있다. 우리 안에 있는 것을 이해하지 못하는 한, 우리는 바깥에 있는 것을 이해할 수 없을 것이다."

아니타 무르자니^{Anita Moorjani}의 임사체험 수기는 마음에 잔잔한 평안을 드리워 준다. 미지에 대한 두려움과 불안이 말끔히 사라지기 때문이다. 일찍이 '삶은 풀어야 할 문제가 아니라 살아야 할 신비'라고 장자莊子가 그렇게 역설했음에도, 오늘날 현대인들은 살아야 할 신비를 누리기보다 풀리지 않는 삶의 문제로 애쓰곤 한다.

상담심리학은 과학과 예술이 함께 녹아 있는 실천적 학문이다. 이 땅에 상담심리학이 소개된 지 어언 반세기가 넘어서면서 상담 비즈니스는 날로 성장·발전해 왔다. 그동안 한국의 상담심리학은 개인상담과 치료를 비롯해서 집단, 가족, 학교, 진로 상담 등으로 다양하게 분화·발전을 거듭하고 있다. 이에 저자는 상담심리학의 각론이 조망된, 과학적 증거를 기반으로 꾸며진 총론서가 있으면 좋겠다는 생각을 했다. 이러한 생각들이 모여 한 권의 책이 되었다. 이 책은 상담심리학의 정의에서 시작되어, 상담전문가의 정체성과 책무를 거쳐, 직무와 관련된 쟁점에 이르기까지 총 3부, 16장으로 편성되어 있다.

좀 더 구체적으로 살펴보면, 제1부 '상담심리학의 기초'는 총 3개 장(제1~3장)으로 구성되어 있다. 제1장 '상담심리학 서론'에서는 상담심리학의 정의와 관련 전문분야,

발달사, 상담심리학 전문가의 역할, 그리고 21세기 상담심리학의 전망을 논하고 있다. 제2장 '생애발달과 발달이상'에서는 인간발달, 성격, 사회성, 그리고 스트레스에 관한 이론들을 소개하는 동시에, 인간발달이 개인의 기능에 미치는 영향에 대해 조망하고 있다. 제3장 '상담전문가의 윤리적 쟁점'에서는 상담전문가 윤리강령의 특징과 상담의 윤리적 쟁점, 상담전문가의 법적 책임 및 문제가 있는 상담 전공 학생 조력에 관한 지침을 소개하고 있다.

제2부 '상담심리학의 전문영역'은 총 8개 장(제4~11장)으로 구성되어 있다. 제4장 '개인상담과 치료'에서는 개인상담의 정의, 치료적 개입의 메커니즘, 상담자와 내담자 변인, 그리고 치료적 개입의 효과성에 관해 고찰하고 있다. 제5장 '집단상담과 치료'에서는 집단의 치료요인 · 유형 · 계획과 준비, 시작과 종결, 집단상담자의 자질, 집단상담기술, 집단작업의 효과성, 그리고 집단상담과 치료의 전망에 관해 논하고 있다. 제6장 '가족 · 커플치료'에서는 가족치료의 기초개념을 비롯해서 다양한 이론, 커플치료, 그리고 가족 · 커플치료의 전망을 조망하고 있다. 제7장 '학교상담'에서는 학교상담의 정의, 특징, 쟁점, 전망, 그리고 학교상담자의 역할과 종합적 학교상담 프로그램에 관해 고찰하고 있다.

제8장 '진로상담'에서는 진로상담의 기초개념을 소개하고, 진로선택과 발달이론들을 고찰하며, 진로상담의 과정, 그리고 전망을 조망하고 있다. 제9장 '심리검사'에서는 상담전문가들의 개인차 사정과 평가를 돕기 위해 검사의 신뢰도와 타당도, 지능 · 성격 · 신경심리검사에 관해 살펴보고, 심리검사 실시과정과 심리검사에 관한 쟁점을 논하고 있다. 제10장 '재난 및 위기상담'에서는 재난 및 위기상담의 기초개념, 위기반응의 국면, 위기상담의 목표와 단계를 고찰하고 있다. 제11장 '상담심리학 연구'에서는 상담심리학 연구의 기초개념을 비롯해서 양적 및 질적 연구, 그리고 상담심리학 연구와 윤리에 관해 소개하고 있다. 제12장 '자문과 수퍼비전'에서는 자문의 정의, 3요소, 특성, 모델, 절차, 쟁점을 비롯해서 수퍼비전의 정의, 교수법, 형태, 모델, 그리고 수퍼바이저 vs. 수퍼바이지를 비교 · 설명하고 있다.

제3부 '임상적 개입'은 총 4개 장(제13~16장)으로 편성되어 있다. 제13장 '상담과정과 심리적 개입기술'에서는 상담과정과 심리적 개입기술을 다루고 있다. 제14장 '심리적 문제 진단'에서는 인간 행동의 정상과 비정상을 가늠하는 기준을 살펴보고, 이를 토대로 정신장애와 진단 및 DSM-5, 그리고 진단에 관한 쟁점을 논하고 있다. 제15장 '임상적 개입이론'에서는 대표적인 상담과 심리치료 이론을 4개 접근(① 정신역동적, ② 인본주의적 · 실존주의적, ③ 행동적 · 인지행동적, ④ 포스트모더니즘적 접근)으로 유목화하여 각각의 이론을 소개하고 있다. 제16장 '임상적 개입의 쟁점: 다문화상담'에서는 오늘날 그리고 향후 우리 사회에서 교육과 정신건강 서비스의 중요 쟁점으로 대두하고 있는 다문화상담에 관해 조망하고 있다.

끝으로, 이 책이 세상에 모습을 드러내기까지 도와주신 분들께 진심으로 감사드린다. 이 책이 상담심리학의 기틀을 다지는 데 일조할 뿐 아니라, 사람들의 자기('나의 나 됨')이해와 각자의 신비로운 삶을 누리는 데 도움이 되기를 소망한다.

2020년 4월
저자

차례

• 머리말 _ 3

PART 1

상담심리학의 기초

chapter 01 ▶ 상담심리학 서론 ······ 15

상담심리학의 정의 _ 17   상담심리학 관련 전문직 _ 19
상담심리학 발달사 _ 21   한국 상담심리학 발달사 _ 23
상담심리학 전문가의 역할 _ 25   상담심리학의 전망 _ 27
■ 주요 개념 _ 35

chapter 02 ▶ 생애발달과 발달이상 ······ 37

인간발달의 특징 _ 39   성격발달과 발달이상 _ 40
사회성 발달과 발달이상 _ 43   스트레스와 발달이상 _ 47
■ 주요 개념 _ 59

chapter 03 ▶ 상담전문가의 윤리적 쟁점 ······ 61

상담전문가 윤리강령 _ 63   윤리적 의사결정 _ 66
상담의 윤리적 쟁점 _ 71   상담전문가의 법적 책임 _ 76
문제가 있는 상담 전공 학생 조력에 관한 지침 _ 78
■ 주요 개념 _ 79

PART **2**

상담심리학의 전문영역

chapter 04 ▶ 개인상담과 치료 ······ 83

개인상담의 정의 _ 85   치료적 개입의 메커니즘 _ 87
상담자/치료자 변인 _ 91   내담자 변인 _ 94
치료적 개입의 효과성 _ 97
■ 주요 개념 _ 99

chapter 05 ▶ 집단상담과 치료 ······ 101

집단상담과 치료의 발달사 _ 103   집단의 치료요인 _ 104
집단유형 _ 106   집단리더의 자질 _ 108
집단작업 기술 _ 108   집단작업의 계획과 준비 _ 112
집단의 시작과 종결 _ 115   집단작업의 효과성 _ 117
집단상담과 치료의 전망 _ 117
■ 주요 개념 _ 118

chapter 06 ▶ 가족/커플치료 ······ 119

가족치료의 기초개념 _ 121　　　가족치료이론 _ 124
커플치료 _ 144　　　가족/커플치료의 전망 _ 146
■ 주요 개념 _ 147

chapter 07 ▶ 학교상담 ······ 149

학교상담의 정의 _ 151　　　학교상담자의 역할 _ 152
학교상담의 특징 _ 154　　　종합적 학교상담 프로그램 _ 156
학교상담의 쟁점 _ 158　　　학교상담의 전망 _ 167
■ 주요 개념 _ 168

chapter 08 ▶ 진로상담 ······ 169

진로상담의 기초개념 _ 171　　　진로선택이론 _ 172
진로발달이론 _ 187　　　진로상담과정 _ 197
진로상담의 전망 _ 205
■ 주요 개념 _ 206

chapter 09 ▶ 심리검사 ······ 207

검사의 신뢰도와 타당도 _ 210　　　지능검사 _ 212
성격검사 _ 216　　　신경심리검사 _ 230
심리검사 실시과정 _ 231　　　심리검사에 관한 쟁점 _ 236
■ 주요 개념 _ 239

chapter 10 ▶ **재난 및 위기상담** ······ 241

재난 및 위기상담의 기초개념 _ 243   위기반응의 국면 _ 249
위기상담의 목표 _ 253   위기상담의 단계 _ 254
■ 주요 개념 _ 257

chapter 11 ▶ **상담심리학 연구** ······ 259

싱담심리학 연구의 기초개념 _ 261   양적 연구 _ 269
질적 연구 _ 273   상담심리학 연구와 윤리 _ 277
■ 주요 개념 _ 278

chapter 12 ▶ **자문과 수퍼비전** ······ 281

자문의 정의 _ 283   자문의 3요소 _ 287
자문의 특성 _ 288   자문모델 _ 289
자문의 절차 _ 296   자문의 쟁점 _ 300
수퍼비전의 정의 _ 301   수퍼비전 교수법 _ 302
수퍼바이저 vs. 수퍼바이지 _ 303   수퍼비전의 형태 _ 304
수퍼비전 모델 _ 305
■ 주요 개념 _ 308

PART 3

임상적 개입

chapter 13 ▶ 상담과정과 심리적 개입기술 ⋯⋯ 311

상담과정 _ 314　　　　　　　　심리적 개입기술 _ 328
■ 주요 개념 _ 337

chapter 14 ▶ 심리적 문제 진단 ⋯⋯ 339

정상행동 vs. 이상행동 _ 341　　　정신장애 _ 343
정신장애 진단 _ 344　　　　　　DSM-5 _ 350
진단에 관한 쟁점 _ 355
■ 주요 개념 _ 358

chapter 15 ▶ 임상적 개입이론 ⋯⋯ 359

정신분석 _ 361　　　　　　　　개인심리학 _ 365
인간중심치료 _ 368　　　　　　실존치료 _ 370
게슈탈트 치료 _ 373　　　　　　행동치료 _ 380
합리정서행동치료 _ 386　　　　인지치료 _ 390
현실치료 _ 393　　　　　　　　중다양식치료 _ 397
변증법적 행동치료 _ 398　　　　스트레스 면역 훈련 _ 399
합리적 재구조화 _ 400　　　　　해결중심단기치료 _ 401
이야기치료 _ 408　　　　　　　동기강화면담 _ 411
강점기반상담 _ 414　　　　　　통합적 접근 _ 416
■ 주요 개념 _ 417

chapter 16 임상적 개입의 쟁점: 다문화상담 421

다문화상담의 쟁점 _ 423   다문화상담의 전략 _ 425
다문화상담의 관점 _ 426   다문화상담 역량 _ 427
다문화상담의 전망 _ 429
■ 주요 개념 _ 430

• 참고문헌 _ 431
• 찾아보기 _ 459

상담심리학의
기초

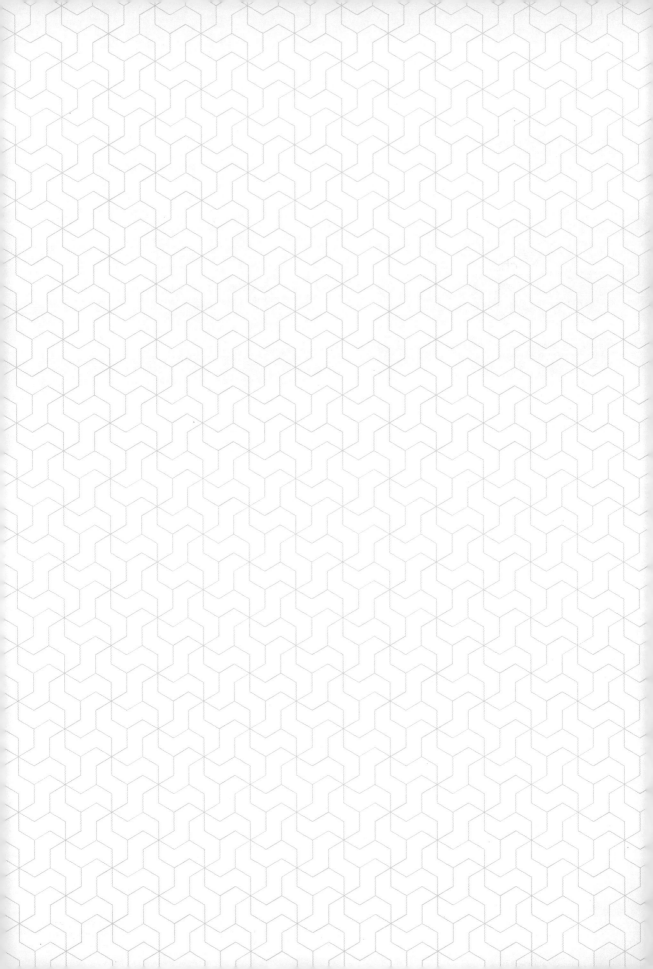

chapter

01

상담심리학 서론

☐ 상담심리학의 정의

☐ 상담심리학 관련 전문직

☐ 상담심리학 발달사

☐ 한국 상담심리학 발달사

☐ 상담심리학 전문가의 역할

☐ 상담심리학의 전망

■ 주요 개념

상담심리학^{counseling psychology}은 오래전에 태동되었음에도 불구하고 다른 전문직에 비해 그 역사는 짧다. 상담심리학은 과학으로서의 심리학 분야에 속한다. 과학으로서의 심리학은 독일의 빌헬름 분트^{Wilhelm Wundt}가 처음으로 심리학 연구소를 개설했던 19세기 말에 시작되었다고 알려져 있다. 상담심리학은 19세기 중반 프랑스에서 시작된 정신질환에 대한 적극적·인간적 치료 시도와 프로이트의 정신분석적 조망, 과학적·행동적 접근방법, 심리측정학^{psychometrics}의 발달, 인본주의적 관점, 실존치료의 철학적 기초, 직업지도운동에서 진화한 실용적 접근의 통합체(Belkin, 1988, p. 19)로 발달을 거듭해 왔다. 상담심리학은 역사적으로 여러 의미 있는 사건과 복잡한 요인에 의해 발달했고, 발달하고 있으며, 또 발달해 갈 것이다.

사람들은 다양한 이유와 목적을 가지고 상담 또는 심리치료라는 직업세계에 발을 들여놓는다. 어려서부터 누군가를 돕고 싶었거나, 자신의 어려웠던 경험을 토대로 도움이 필요한 사람에게 손을 내밀어 주기 위해, 또는 현재 자신의 문제를 해결할 방법을 찾기 위해서 등 그 이유와 목적은 참으로 다양하다. 적잖은 사람들이 상담자 또는 심리치료자라는 전문직에 매력을 느끼는데 —〈중략〉— 이들은 심각한 성격적·적응적 문제를 나타내기도 한다(Witmer & Young, 1996, p. 142). 그런가 하면 상담심리학에 매료되어 대학/대학원에 진학한 학생들 중에는 갖가지 이유로 다른 진로를 택하기도 한다. 상담심리학은 이타적이고 고귀한 전문직 분야다. 이 분야 또는 직업에 끌리는 사람은 대체로 사려 깊고, 따뜻하며, 감수성이 풍부하고, 친절한 품성의 소유자다(Myrick, 2011). 이 장에서는 상담심리학의 이해를 돕기 위해 상담심리학이 무엇이고, 어떻게 발달했으며, 상담전문가들이 주로 어떤 일을 하는지에 대해 살펴보기로 한다.

💬 상담심리학의 정의 / 상담심리학이란 무엇인가?

상담심리학은 경험적·임상적 연구를 기반으로 상담/심리치료(개인, 집단, 가족, 학교, 진로 등), 사정/평가, 자문 등의 서비스를 제공하는 정신건강과학의 한 분야다. 이러한 서비스 제공을 위해 상담전문가는 정신건강 전문의, 사회복지사, 임상심리사와 같은 정신건강 전문가들과 협력한다. 상담전문가는 경험적 연구를 통해 입증된 이론과 원리들을 개인, 가족, 지역사회 구성원들의 심리적 고통을 덜어 주는 한편 일상생활에서의 기능수준을 회복시켜 주는 데 적용한다. 이러한 시도에는 전형적으로 개인의 행동,

사고, 감정 변화를 촉진할 방법의 탐색이 포함된다. 상담심리학의 특징을 요약·정리하면 글상자 1-1과 같다.

 글상자 1-1. 상담심리학의 특징

1. 경험적·임상적 연구에 기반한 이론에 근거한다.
2. 더 잘 기능하기를 원하는 개인의 관심사를 다룬다.
3. 발달적·중재적 과정이다.
4. 개인의 안녕, 성장·발달, 진로뿐 아니라 병리적인 문제를 다룬다.

전문직으로서의 상담심리학

상담심리학은 전문직으로서의 표준을 갖추고 있고, 다른 정신건강 전문영역과 연관되어 있으며, 그 자체로 독특한 형태를 지니고 있다. 전문직profession이란 특정 분야에서 전문지식과 교육이 요구되고, 전문가들이 동의한 준비기준과 전문가professional로서 소임을 다할 수 있는 자격기준이 마련된 직업이다. 전문직 구성원들은 입문하는 사람의 역할, 정체성, 기능에 관하여 합의하고, 구성원들이 동의한 실행기준을 제정하여 자체적으로 관리한다. 이 기준은 전문직의 실체에 관한, 이론적·경험적으로 지지하는 문헌에 기초하며, 흔히 윤리기준에 명시된다. 전문직은 글상자 1-2와 같은 네 가지 조건이 충족되어야 한다(Herr, Cramer, & Niles, 2004).

 글상자 1-2. 전문직의 조건

1. 구성원들이 봉사지향적이다.
2. 구성원들이 높은 수준의 자기통제력이 있다.
3. 보상체계, 즉 재정적 뒷받침과 명예가 뒤따른다.
4. 일관된 훈련 프로그램에 의해 이루어지는 전문가로서의 문화가 있다.

　전문가는 특정 분야의 전문성을 갖추고 있다. 특정 분야의 전문가가 되려면, 그에 합당한 전문적인 교육과 수련이 요구된다. 전문직은 일반인과 구분되는 전문가의 인격, 정신, 기술, 지위, 실행, 방법 등에 관한 기준을 갖추고 있다. 상담전문가로 인정받으려면 공식적인 전문성 인증이 요구된다. 전문성 인증방법으로는 ① 등록, ② 자격증, ③ 면허가 있다. **등록**^{registration}은 자격 인정의 가장 단순한 형태로, 특정 전문가 집단 구성원의 명단에 이름을 올리는 것을 말한다. **자격증**^{certificate}은 전문기관 또는 협회가 최소한의 전문적 기술과 역량을 갖추었다고 인증된 자에게 발급하는 증서다. 자격증은 등록보다는 더 엄격하지만, 면허보다는 덜 하고, 직함을 보호하는 기능이 있다(Remley & Herlihy, 2014). 이에 비해, **면허**^{license}는 정부기관이 사전에 정해진 자격기준에 부합되는 사람에게 주어진 직업에의 참여 및/또는 특정 직함 사용을 허가하는 법적 절차다. 일단 면허에 관한 법률이 제정되면, 사람들은 면허 없이는 법적으로 전문직을 수행할 수 없게 된다. 그렇다면 상담심리학과 관련된 전문분야는 어떤 것이 있을까?

상담심리학 관련 전문직

상담전문가들이 긴밀하게 협력할 필요가 있는 전문직으로는 ① 정신건강 전문의, ② 임상심리사, ③ 사회복지사가 있다.

정신건강 전문의

정신건강 전문의^{psychiatrist}는 의과대학에서 생물의학적^{biomedical} 교육과 수련을 받고, 정신의학^{psychiatry}에서 레지던트를 마치고, 국가고시에 합격하여 면허를 소지한 전문가다. 이들은 정신건강기관, 종합병원, 개업의원 등 보건 관련 기관에 근무하면서 정신생물학적 접근에 의거하여 향정신성 약물 처방·투약을 통해 정신장애 환자들을 치료한다. 흥미로운 점은 정신의학의 지적인 뿌리가 프로이트, 융, 아들러 등 비의학적 접근에 두고 있다는 사실이다. 그러나 정신건강 전문의들은 의학적 전통에 따라 정신병리를 비교적 명확한 원인이 있는 정신질환으로 간주하며, 주로 향정신제를 통해 의학적 처치를 한다. 정신건강 전문의는 치료약물을 처방하고, 생물심리사회적^{biopsychosocial} 질병을 치료하며, 때로 환자들의 신체검진을 한다. 이들은 정신과적 진단뿐 아니라 환자의 심리적 어려움을 완화 또는 해소할 수 있는 다양한 약물을 사용한다. 게다가 의학적 수련을 토대로 환자의 정신적 고통에 영향을 주는 의학적 문제를 더 잘 파악할 수 있는 역량을 갖추고 있다는 특징이 있다. 정신건강 전문의들은 의과대학을 졸업하고, 의사들에게 요구되는 인턴십을 마치고, 4년간의 레지던트 과정에서 정신의학에 관해 수련한다. 이 기간에 이들은 숙련된 전문의의 감독하에 입원환자와 외래환자를 진료한다.

임상심리사

임상심리사는 대학, 병원, 개인 클리닉 등의 기관에서 아동에서부터 노인에 이르기까지 다양한 사람을 대상으로 주로 평가와 심리치료를 하는 전문가집단이다. 이들은 대학 및/또는 대학원에서 임상심리학^{clinical psychology}을 전공하며, 연구, 교육, 서비스를 제공한다. 이 분야의 전문가는 지적 · 정서적 · 생물학적 · 심리적 · 사회적 · 행동적 부적응과 장애, 그리고 불편간을 이해, 예측, 완화하기 위해 심리학적 원리, 방법, 절차를 광범위한 임상집단에 적용한다. 임상심리학의 핵심 영역은 사정, 평가, 진단, 개입/치료, 자문, 연구로, 임상심리사는 성격과 정신병리학에 관한 전문지식을 지니고 있고, 과학, 이론, 실천을 통합한다(Resnick, 1991).

사회복지사

사회복지사^{social worker}는 개인, 집단, 또는 지역사회와 함께 사회의 기능 회복 또는 증진을 돕고, 사회적 안녕과 복지를 증진하는 일을 한다. 이들에게는 복지사회를 실현하기 위해 인간발달과 행동에 관한 지식, 사회 · 경제 · 문화 제도에 관한 지식, 그리고 이러한 요소들의 상호작용에 관한 지식이 요구된다. 사회복지사는 사회체계 변화를 위해 협상 · 옹호하고, 사회구성원들의 주거환경(문화적 맥락 내에서의 물리적 · 사회적 장면)과 지위(지역사회에서의 신분과 역할)를 이해하며, 사회적 서비스를 제공한다(MacCluskie & Ingersoll, 2001, p. 13). 사회복지사는 환자의 어려움을 초래하는 사회압력 또는 정신병리의 가족적 · 사회적 결정요인에 중점을 둔다. 역사적으로, 사회복지는 상담심리학과 협력관계를 유지하고, 상호 영향을 주고받으며 성장 · 발달해 왔다. 사회복지학이 상담심리학의 발달에 미친 영향을 요약 · 정리하면 글상자 1-3과 같다.

글상자 1-3. 사회복지학이 상담심리학 발달에 미친 영향

1. 상담전문가 교육과 수련에서 현장경험을 더욱 강조하게 했다.
2. 개인이 문화와 사회 변화의 영향을 받는 존재임을 일깨워 주었다.
3. 개인을 가족체계와 사회제도적 관점에서 조망해야 함을 인식시켜 주었다.

제2차 세계대전과 한국 전쟁 직후는 건강한 사회와 가족체계에 대한 관심이 높아진 시기다. 이 시기에 이미 사회복지사들이 가족과 함께 일을 하면서 사회복지 프로그램이 관심의 초점이 되었다. 이러한 프로그램들은 맥락적·체계적인 관점과 사고를 강조했다. 이 관점은 개인을 하나의 섬으로 여겼던 초기의 철학자와 심리학자들의 것과는 큰 차이가 있었다. 미국의 경우, 사회복지사였던 버지니아 사티어^{Virginia Satir}는 의사소통이론을 창안함으로써 정신건강 전문직의 활동 영역 확장에 공헌했다.

상담심리학 발달사

상담심리학의 기원은 히포크라테스(Hippocrates, B.C. 460?~377?)가 정신질환의 치료법을 제시했던 시기까지 거슬러 올라갈 수 있다. 그러나 실질적으로는 19세기 유럽과 미국에서 시작된 사회개혁운동과 20세기 초엽의 직업지도운동, 심리측정학 발달, 정신위생운동 등 복합적이고 다양한 개혁의 움직임에서 찾을 수 있다. 이러한 운동의 바탕에는 프랑스의 정신건강 전문의 필립 피넬(Philippe Pinel, 1745~1826)이 있다. 당시 정신병원에서 자행되었던 비인간적인 치료법에 충격을 받은 그는 인도주의에 입각한 심리치료의 길을 열었다는 평가를 받고 있다. 상담심리학 발전의 토대가 된 역사적 사건들을 요약·정리하면 〈표 1-1〉과 같다.

〈표 1-1〉 상담심리학 발전의 토대가 된 역사적 사건

연도	역사적 사건
1879	○ 독일의 분트, 라이프찌히^{Leipzig} 대학교에 첫 공식적인 심리학 실험실 건립
1890	○ 미국의 윌리엄 제임스^{William James}, 『심리학 원리^{Principles of Psychology}』 출간
1892	○ 미국심리학회(APA) 창립(초대회장, 스탠리 홀^{G. Stanley Hall})
1895	○ 브로이어^{Breuer}와 프로이트, 『히스테리아 연구^{Studies on Hysteria}』 출간

1896	○ 위트머[Lightner Witmer], 펜실베이니아 대학교에 최초의 심리클리닉 설립
1900	○ 프로이트, 『꿈의 해석』 출간
1907	○ 파슨스[Parsons], 직업지도운동 시작
1908	○ 프랑스의 비네[Binet]와 시몽[Simon], 비네–시몽 척도 개발
1908	○ 정신위생운동의 효시가 된 비어스[Beers], 『되찾은 마음』 출간
1909	○ 파슨스, 『직업선택』 출간
1909	○ 힐리[Healy], 시카고에 아동지도 클리닉 설립
1916	○ 터먼[Terman], 스탠포드–비네 지능검사 출판
1921	○ 스위스의 로르샤흐[Rorschach], 로르샤흐 잉크반점검사 개발
1932	○ 모레노[Moreno], 심리극을 통한 집단치료 소개
1935	○ 모선[Morgan]과 머레이[Murray], 주제통각검사(TAT) 개발
1937	○ 윌리엄슨[Williamson], 『학생인사작업』 출간을 통해 특성요인 생활지도모델 소개
1939	○ 웩슬러[Wechsler], 웩슬러 지능검사(WBIS) 개발
1939	○ 윌리엄슨, 『학생상담법』 출간
1942	○ 로저스[Rogers], 『상담과 심리치료』 출간을 통해 반영적 상담모델 소개
1943	○ 해더웨이[Hathaway]와 맥킨리[McKinley], 미네소타 다면적 인성검사(MMPI) 출판
1947	○ *한국심리학회(KPA), 조선심리학회라는 명칭으로 창립
1949	○ 벨락[Bellak], 3~10세 아동 대상의 아동용 주제통각검사(CAT) 개발
1951	○ 로저스, 『내담자중심치료』 출간을 통해 비지시적 상담모델 소개
1951	○ 펄스[Perls], 게슈탈트 치료 창시
1952	○ 아이젱크[Eysenck], 심리치료의 효과성을 비판한 논문 발표
1952	○ 미국정신의학회(APA), 『정신장애의 진단·통계편람 제1판(DSM-I)』 출간
1953	○ 프랑클[Frankl], 로고치료[Logotherapy] 소개
1953	○ 스키너[Skinner], 조작적 조건형성 소개
1953	○ 미국심리학회(APA), 윤리강령 제정·발표
1958	○ 볼페[Wolpe], 조건화 원리에 입각한 체계적 둔감법 소개
1961	○ 번[Berne], 교류분석(TA) 소개
1962	○ 엘리스[Ellis], 합리적 정서치료(RET) 소개
1964	○ *한국상담심리학회, 한국심리학회 산하 임상심리분과회로 발족
1967	○ 베크[Beck], 자신의 저서, 『우울증: 원인과 치료』에서 인지치료 소개
1968	○ 최초의 심리학 박사(Psy. D.) 과정 전문대학원[Institute] 설립
1969	○ 반두라[Bandura], 모델링에 입각한 사회학습이론 소개

1971	○ *임상 및 상담전문가 자격규정 인준
1973	○ *한국 최초의 상담전문가 자격 수여
1995	○ 미국정신의학회(APA), 심리학자들의 치료약물 처방권 추구 승인
1995	○ *『정신보건법』 제정 · 발표
2000	○ *한국상담학회(KCA) 창립
2002	○ 뉴멕시코주에서 처음으로 심리학자에게 치료약물 처방권 허용
2003	○ *한국상담심리학회(KCPA), 임상분과와 분리하면서 상담심리 및 심리치료학회(1987), 상담 및 심리치료학회(1996)를 거쳐 개칭
2013	○ 미국정신의학회(APA), 『DSM-5』 출간

주. * 한국의 상담심리학 발달에 기여한 역사적 사건

　　19세기의 산업혁명과 이민자 급증은 미국 사회에서 개혁운동의 불씨로 작용했다. 특히 1930년대 독일 나치즘^Nazism의 등장은 철학, 의학, 과학, 예술, 심리학, 교육학 등 다양한 분야의 지식인들이 유럽을 떠나 대거 미국으로 이주하는 계기가 되었다. 이는 미국 사회의 전반적인 분야의 발전에 엄청난 시너지 효과를 가져다주었다. 이 시기에 극빈자를 돕고자 했던 사회복지사, 정신질환 치료법을 개선하려던 정신건강 전문의, 인본주의적 교육방법으로 공교육을 개혁하려 했던 교육학자들을 중심으로 동시다발적으로 발생한 사회개혁운동은 상담심리학의 태동과 발달에도 상당한 영향을 미쳤다.

한국 상담심리학 발달사

우리나라 상담심리학의 발달은 제2차 세계대전 종전에 이어 발발한 한국전쟁과 휴전 등의 국가적 위기를 치르면서 이 땅의 교육과 보건 분야에 새바람을 불어넣으려는 시도와 함께 시작되었다. 그 후 1960년대에 들어서면서 사회적 요구에 의해 로저스의 내담자중심치료와 참만남집단을 비롯하여 다양한 이론과 치료방법이 대거 유입되었다. 한국의 상담심리학 발달에 뿌리가 된 주요 사건은 다음과 같다.

한국심리학회 창립

한국심리학회^{Korean Psychology Association}(KPA)는 1946년 2월 4일 '조선심리학회'라는 이름으로 창립되었다. 이는 1948년 대한심리학회로 변경되었다가 1953년 한국심리학회로 다시 변경되었다. 1968년 KPA는 심리학적 지식과 기술 보급을 위해 『한국심리학회지』를 창간하는 등 심리학 전문직 개발과 육성 및 심리전문가 지원과 권익 옹호 같은 활동목표 성취를 위해 노력하고 있다. KPA 산하에는 임상심리학회, 상담심리학회, 산업 및 조직심리학회, 사회 및 성격심리학회, 발달심리학회, 인지 및 생물심리학회, 문화 및 사회문제심리학회, 건강심리학회, 여성심리학회, 소비자-광고심리학회, 학교심리학회, 법심리학회, 중독심리학회, 코칭심리학회, 심리측정평가학회가 있다. 학회 창립은 해당 분야가 전문직업으로서의 출발을 선포하는 것이라는 점에서 의의가 있다.

중앙교육연구소 설립

중앙교육연구소는 1953년 3월 4일 한국전쟁 중 유네스코(UNESCO), 국제연합한국재건단^{United Nations Korean Reconstruction Agency}(UNKRA), 주한미군사절단의 건의로 당시 문교부와 대한교련에 의해 설립되었다. 설립 초기 이 연구소는 국제적인 학술연구소로, 대한민국의 교육연구에 중점을 두면서 미국의 생활지도와 상담을 국내에 소개했다. 이로써 한국 사회에는 '가이던스'와 '카운슬러'라는 신조어가 소개되어 상담전문가를 비롯한 관련 분야의 전문가들 사이에서 퍼지기 시작했다. 중앙교육연구소는 1973년 정부의 정책 변화와 국가보조금 감소 등의 이유로 해체되었다.

한국상담심리학회 창립

한국상담심리학회^{Korean Counseling Psychological Association}(KCPA)는 1964년 한국심리학회 산하 임상심리분과회로 발족했다. 그 후 1974년 '임상 및 상담심리 분과회'로 개칭되었다가, 1987년 임상분과와 분리하면서 '상담심리 및 심리치료학회'로, 1996년 '상담 및 심리치료학회'로, 그리고 2003년 '한국상담심리학회'로 개칭되었다. KCPA는 창립 이래 상담자 교육과 연수, 학술지 발간, 사례연구를 통해 상담 발전에 이바지해 오고 있다.

한국상담학회 창립

한국상담학회Korean Counseling Association(KCA)는 한국 상담의 독립화, 전문화, 대중화를 목표로 2000년 6월 3일 전국 규모로 출범한 학회다. 이 학회는 창립 이래 상담사 자격증 발급과 학회지(『상담학연구』) 발행을 통해 상담 발전과 수준 높은 정신건강 서비스 제공을 위해 노력해 오고 있다. 또한 현재 분과학회로 대학상담학회, 집단상담학회, 진로상담학회, 아동 · 청소년상담학회, 학교상담학회, 초월영성상담학회, 부부 · 가족상담학회, NLP상담학회, 군상담학회, 교정상담학회, 심리치료상담학회, 기업상담학회, 중독상담학회, 생애개발상담학회가 있다.

 ## 상담심리학 전문가의 역할

상담심리학 분야의 전문가(*주. 이 책에서는 '상담전문가'로 통칭함)는 전통적으로 정상인 또는 중등도 이상의 적응문제가 있는 사람들을 대상으로 작업한다. 역사적으로 이 분야의 전문가들은 직업 및 교육과 관련된 일을 해 왔다. 그러나 오늘날에는 개업을 통해 상담, 코칭, 생활교육, 심리치료 같은 활동에 관심을 보이는 상담전문가의 수가 점차 증가하는 추세다. 상담전문가들은 주로 정부기관, 교육현장, 병원, 재활센터, 클리닉, 기업 · 산업체 등지에서 활동하면서 ① 상담, ② 사정 · 평가, ③ 교육, ④ 수퍼비전, ⑤ 연구, ⑥ 자문을 수행한다.

상담

상담은 정신건강, 안녕, 교육, 진로목표 성취를 위해 다양한 개인, 가족, 집단을 강화하는 전문적 관계다(ACA, 2013). 전통적으로, 상담은 상담전문가의 핵심 영역인 동시에 일반적으로 가장 많은 시간을 할애하는 활동의 하나다. 이 활동은 주로 일대일로 진행되지만, 때로 부부/커플, 가족, 집단 형태로 이루어진다. 상담은 이론적 접근에 따라 내담자 문제의 기원에 대한 통찰 추구, 부적응 행동의 목적 탐색, 내담자의 약화된 방어 해결 등을 위해 치료자와 내담자 사이의 신뢰 분위기 조성에 목표를 둔다. 오늘날 상담은 부분적으로 통찰중심의 작업이 포함되지만, 내담자의 문제 감소 또는 해소에 특정 기법을 사용하는 치료가 더 효과적이라는 연구보고도 있다. 그런가 하면 내담자가 치료를 통해 더 새롭고 만족스런 사고·행동 패턴을 학습하는 인지행동적 접근도 있다. 치료목표는 포괄적이고 행동 변화에 두지만, 단순히 특정 자극에 대한 불안 또는 공포 제거에 한정하기도 한다.

사정·평가

상담장면에서 사정과 평가는 더 효과적인 결정이 내려지고, 가장 바람직한 행동이 선정될 수 있도록 개인을 이해하려는 작업이다. 사정^{assessment}은 교육적·심리적 또는 임상적 의사결정을 위해 양적·질적 자료 등을 통해 피험사의 특성을 종합적으로 파악하여 판정하는 활동이다('총평'으로도 불림). 이에 비해 평가^{evaluation}는 처치 또는 프로그램이 목표를 달성했는지 또는 가치가 있었는지를 판단하는 작업이다. 사정과 평가는 오래전부터 상담실무의 효과성을 높이기 위한 수단으로 자리매김해 왔다.

교육

상담심리학 분야의 전문가는 대학을 비롯한 여러 형태의 교육장면에서 교육을 담당한다. 예를 들면, 대학교육을 담당하는 상담심리학 전문가 또는 상담심리학자$^{counseling psychologist}$는 상담심리학의 이론과 실제를 비롯한 다양한 영역과 관련된 교과목을 가르친다. 게다가 개업상담자$^{private practitioner}$ 역시 대학 또는 대학원에서 상담심리학 전공 학생들의 고등교육을 담당한다. 이들에 대한 교육은 주로 강의실에서 강의를 하거나 실습 지도감독의 형태로 이루어진다.

수퍼비전

상담전문가는 실습생 또는 동료 전문가의 임상 수퍼비전$^{clinical supervision}$을 담당한다. 수퍼비전은 주로 일대일 또는 소집단 형태로 진행되는데, 전형적인 강의실 수업과는 다른 형태의 교육방식으로 이루어진다. 대학, 병원, 개업상담소 등 다양한 임상장면에서 상담전문가는 실습생, 수련생 또는 인턴들을 지도감독한다. 복잡한 상담/심리치료와 평가방법을 익히기 위해서는 단순히 전문서적만으로는 충분하지 않다. 이 외에도 내담자에 대해 직접적인 상담을 하고 사례에 관해 수퍼바이저와 협의할 것이 요구된다. 상담실습과 수퍼비전은 대학 또는 대학원 인턴십뿐 아니라 박사후 프로그램 또는 개업상담자에게도 실시된다.

연구

상담전문가는 상담과 심리치료 영역에 관한 학문적 연구를 수행한다. 상담심리학은 과학적·학문적 연구에 기반을 두고 있다. 이는 상담전문가가 임상가는 물론, 과학자로서 교육과 수련을 받는다는 의미가 담겨 있다. 이러한 점에서 상담전문가는 전문지식의 소비자인 동시에 생산자다. 그러므로 선행연구 고찰과 이를 바탕으로 의미 있는 주제에 관한 연구를 수행하는 것은 이들이 당연히 수행해야 하는 과업이다.

자문

상담전문가는 다른 전문가의 상담을 돕기 위해 자문자 역할을 한다. 자문의 목적은 전문지식과 임상경험을 공유하는 한편, 상담자/심리치료자의 목표달성을 돕는 것이다. 자문은 예방과 교정을 포함하며, 다양한 장면에서 다양한 형태로 이루어진다. 자문은 사례관리에 어려움을 겪는 동료를 대상으로 일회성으로 이루어지는가 하면, 특정 조직 또는 단체를 대상으로 일정한 기간에 걸쳐 지속적인 방식으로 진행되기도 한다. 이처럼 자문은 상담사례에서부터 인사, 업무, 조직의 갈등, 생산성에 이르기까지 다양한 영역에 대해 이루어진다.

상담심리학의 전망

향후 상담심리학계는 사회와 구성원들의 요구에 더욱 민감해야 할 것이다. 과학기술과 미디어의 혁신적 발달과 함께 사회구성원들은 급격한 변화에 적응해야 하는 부담을 안고 있고, 이러한 현상은 더욱더 가속화될 전망이다. 사회계층 간 갈등, 성 역할의 변화, 경제난과 실업, 빈곤과 무주택, 가정해체와 학대, 고독과 자살, (학교)폭력, 재해 및 재난, 고령화, 다문화가정 등 상담전문가들이 주목해야 할 이슈는 더욱더 다양해지고 있기 때문이다. 여기서는 장차 상담전문가들이 관심을 가져야 할 시대적 변화에 따른 쟁점으로 ① 과학기술 활용 증가, ② 과학적·증거기반 상담 강조, ③ 사회정의에 대한 관심 고조, ④ 사회구성원의 안녕에 대한 관심, ⑤ 위기·재난·외상에 대한 심리적 조력 훈련, ⑥ 원격상담 확대, ⑦ 개업상담자 증가, ⑧ 면허제 시행, ⑨ 관리의료체계 도입, ⑩ 다문화상담의 확대를 들고 있다. 이러한 문제들을 함축적으로 정리하면, 상담심리학 분야의 전문가들은 사회정의와 사회구성원들의 웰니스에 관심을 가져야 한다.

과학기술 활용 증가

과학기술의 혁신적인 발달로, 상담심리학 분야에서의 공학적 기술 활용이 급격히 증가해 왔다. 한때 상상의 것으로만 인식되었던 공학기술은 이제 현실이 되어, 교육, 종교, 정치, 의학, 농업 등 가정, 학교, 사회 곳곳에서 엄청난 영향을 미치고 있다. 특히 인터넷은 현대인의 삶에서 필수적인 도구로 자리매김했다. 오늘날 네트워크를 기반으로 하는 컴퓨터의 상담서비스에의 활용이 급격히 증가하고 있고, 이는 상담전문가들 간의 메시지 전달과 소통을 원활하게 하는 데 큰 몫을 담당하고 있다. 또한 웹 사이트는 상담 조직을 비롯하여 상담자 교육·훈련 프로그램에도 유용한 도구가 되었다. 게다가 『Journal of Technology in Counseling』이라는 온라인상담 저널도 창간되어 공학을 활용하여 내담자를 위한 작업을 하는 데 큰 도움을 주고 있다.

공학기술의 활용은 상담업무의 효율성을 크게 높이는 효과가 있음에도, 윤리적·법적 위험성을 내포하고 있다. 이러한 잠재적 위험성으로는 ① 비밀보장 문제, ② 위기상황에의 대처문제, ③ 비언어적 정보수집의 한계, ④ 불법 온라인 서비스 제공의 위험성, ⑤ 온라인 상담서비스의 효과 연구의 한계, ⑥ 기술적 문제, ⑦ 내담자와의 라포 형성의 한계를 들 수 있다(Pollock, 2006; Shaw & Shaw, 2006). 이러한 잠재적인 문제를 안고 있음에도 불구하고, 상담서비스에 공학기술을 활용하지 않고는 상담업무를 제대로 처리하지 못하는 시대가 도래했다. 향후 이러한 상황은 더욱 심화될 것으로 보인다.

과학적·증거기반 상담 강조

21세기의 상담전문가는 과학적으로 검증된 증거에 기반하여 상담활동에 임하도록 요구받고 있다. 미국상담학회(ACA, 2014)는 상담자가 서비스 제공에 있어서 이론적 접근을 바탕으로 하고, 경험적·과학적으로 검증된 기술, 절차, 양식을 사용해야 한다는 점을 천명했다(Section C.7.a). 또한 연구기반 처치방법과 내담자의 주호소문제를 매치시켜야 함을 강조했다. 그뿐 아니라, 상담의 성과를 높여 주는 두 가지 공통요인이 ① 강력한 작업동맹 구축, 그리고 ② 특정한 이론적 접근과 관계없이 이론적 접근을 효과적으로 전달/적용할 수 있는 상담자의 능력임이 밝혀졌다(Norcross & Wampold, 2011; Wampold & Budge, 2012).

사회정의에 대한 관심 고조

사회정의social justice란 "자원, 권리에서 공정성과 평등 가치를 반영하는 것으로, 이민, 인종, 나이, 경제력, 종교, 신체장애, 성적 지향성 등으로 인해 사회적으로 힘을 공유하지 못한 개인 또는 집단을 옹호하는 것"을 말한다(Constantine, Hage, Kindaichi, & Bryant, 2007, p. 24). 이 개념의 핵심요소는 "내담자의 성공을 제한하는 환경을 찾아내어 도전하도록 돕는 것, 상담자의 사회적 행동을 통해 체계적인 압제 형태에 도전하는 것, 내담자를 압제로부터 자유롭게 해주는 것" 등이 포함된다(Astramovich & Harris, 2007, p. 271). 상담자가 사회정의를 위해 참여하는 활동으로는 옹호(전문직과 내담자), 지역사회 아웃리치outreach 활동, 공공정책 입안 참여 등이 있다. 옹호에는 학업적·직업적·사회적 발달을 저해하는 사회적 장벽에 내담자가 도전하도록 돕는 것이 포함되어 있다(Lee, 1998). 옹호의 목적은 "내담자가 개인적 필요를 더 잘 반영할 수 있도록 공공정책을 변화시킬 힘이 자신에게 있음을 자각하도록 돕는 것"이다(Kiselica & Robinson, 2001, p. 387).

사회구성원의 안녕에 대한 관심

21세기의 상담심리학 분야에서는 사회구성원들의 웰니스 증진에 대한 관심이 증가할 것이다. 웰니스wellness란 "개인이 도달할 건강과 웰빙well-being의 최적 상태"를 말한다(Myers, Sweeney, & Witmer, 2000, p. 252). 이 개념은 신체적·지적·사회적·심리적·정서적·환경적 측면을 포함하는 것으로, 최적의 건강상태와 웰빙을 지향하는 생활방식, 몸, 마음, 영성이 이웃과 더불어 제 기능을 할 수 있게 통합되는 것을 의미한다. 상담심리전문가는 사회구성원들의 웰니스 증진을 위해 영성, 자기지향, 일과 여가, 우정, 사랑의 다섯 가지 요소에 관심을 가져야 할 것이다.

위기 · 재난 · 외상에 대한 심리적 조력 훈련

21세기에 들어서면서 우리 사회에서 발생한 일련의 재난사건들은 상담자를 비롯한 정신건강 전문가들이 위기 · 재난 · 외상 대응에 미흡한 상태임을 여실히 보여 주었다. 이러한 현실에 대한 자성의 목소리는 상담전문가들이 위기 · 재난 · 외상 사건에 대해 심리적 조력활동을 전개할 수 있는 역량을 갖추어야 한다는 방향으로 의견이 모아졌다. 미국의 경우에는 이미 CACREP 기준에 위기 · 재난 · 외상상담이 포함되었다(Graham, 2010). 또한 전국아동외상스트레스네트워크[National Child Traumatic Stress Network](NCTSN)와 국립PTSD센터[National Center for PTSD](NCPTSD)는 위기 · 재난 · 외상 사건에 대한 8단계 대응절차를 수립했다(Brymer et al., 2009, p. 19). 그 내용은 〈표 1-2〉와 같다.

〈표 1-2〉 위기 · 재난 · 외상 사건에 대한 단계별 대응절차

단계	목적
☐ 1단계: 접촉/약속	○ 생존자가 주도한 접촉에 대해 반응 또는 침범 없이 애정으로 도움이 되는 방식으로 접촉을 시작함
☐ 2단계: 안전/편안함	○ 즉각적 · 지속적 안전 도모 및 신체적 · 정서적 편안함을 제공함
☐ 3단계: 안정 (필요한 경우)	○ 정서적으로 압도되거나 적응하지 못하는 생존자를 진정시키고 적응하도록 도움
☐ 4단계: 정보수집	○ 즉각적으로 필요한 것과 염려 확인 및 추가 정보를 수집하고 심리적 응급처치를 제공함
☐ 5단계: 실질적 도움	○ 생존자의 즉각적인 필요와 염려를 다루면서 실질적 도움을 제공함
☐ 6단계: 사회적 지지/연계	○ 일차 지지자(가족구성원, 친구, 지역사회 조력자원)와 기타 지원 자원과의 단기적 · 지속적 연계를 조력함
☐ 7단계: 대응정보 제공	○ 고통 감소 및 적응 기능 촉진을 위한 대응과 고통반응에 대한 정보를 제공함
☐ 8단계: 협력적 서비스 연결	○ 현재 · 미래에 필요하고 이용 가능한 서비스와 생존자를 연결해 줌

원격상담 확대

오늘날 첨단 과학기술의 발달로 인터넷을 비롯한 각종 매체를 통해 상담서비스 제공이 가능하게 되었다. **원격상담**remote counseling은 통신기술을 사용하여 내담자를 상담·감독하는 서비스를 말한다. 상담전문가는 웹 사이트, 이메일, 전화, 온라인 화상통화, 진단·사정을 위한 자료 전송을 통해 내담자 평가와 문제해결, 증상 완화 등을 돕는다. 이는 서비스에 대한 접근성과 서비스 제공의 효율성을 높이고, 정신과 치료를 받는다는 전통적인 치료에 대한 낙인효과를 없앨 수 있으며, 신속하게 서비스를 받을 수 있다는 이점이 있다. 의료장면에서 원격치료는 대부분 지리적·상황적으로 진료서비스를 받기 힘든 지역의 사람들을 대상으로 이루어졌다. 그러나 향후 원격서비스의 이점으로 인해 ① 외래사정과 ② 온라인상담의 원격상담이 더 활발히 이루어질 것으로 예상된다.

첫째, **외래사정**ambulatory assessment은 실시간으로 환경과 상호작용하면서 내담자가 자신의 감정, 행동, 인지 기능에 대해 평가·판정하는 방법이다(Trull & Ebner-Priemer, 2009). 이 방법을 사용하는 이유는 내담자가 자신의 기억에 의존하여 감정, 사건, 행동을 비롯한 과거의 개인적 경험을 보고할 때 발생하는 한계 때문이다(Fahrenberg, Myrtek, Pawlik, & Perrez, 2007; Solhan, Trull, Jahng, & Wood, 2009). 외래사정의 이점은 글상자 1-4와 같다.

> **글상자 1-4. 외래사정의 이점**
>
> 1. 스마트폰을 비롯한 통신시스템을 통해 다양한 시점 또는 상황에서 환경과 상호작용하면서 보고하는 데이터로 내담자의 기분상태, 증상 추적·사정/평가를 통해 내담자의 상태를 정확하게 확인할 수 있다.
> 2. 개인이 처한 환경에서 데이터를 수집할 수 있어 생태학적으로 더 유용하다.
> 3. 일상생활에서 기분상태의 변화를 수시로 측정할 수 있어 개인에 대한 단회성 측정과 평가에 비해 내재된 변동성 포착에 더 효과적이다.
> 4. 여러 형태의 외래사정을 실시·결합하여 여러 영역에 대해 평가할 수 있다.
> 5. 치료 외래사정을 위한 애플리케이션을 활용하여 설문지 등의 특정 문항에 체크하게 함으로써, 개인은 임상가 또는 온라인 치료자e-therapist로부터 긴급한 조언 또는 코치를 받을 수 있다.

둘째, **온라인상담**online counseling은 낙인이 적고, 더 효율적이며, 접근성이 용이하고, 편하게 이용할 수 있다는 이점이 있다. 정신건강 전문가를 방문하여 면대면으로 서비스를 받는 것에 수치감을 느끼는 내담자는 화상대화, 이메일, 문자메시지, 애플리케이션을 활용한 치료방법을 더 선호할 수 있다. 특히 낙인효과[stigma effect]에 대한 두려움 때문에 정신의학적 도움을 거부하는 사람들에게 온라인상담은 그 효용성이 높다. 또 면대면 치료 추구에 걸림돌이 되는 것으로는 접근성 결여와 불편함이 있다. 그러나 화상통화 또는 인터넷 서비스 사용이 가능하다면, 이 문제는 쉽게 해결된다. 그뿐 아니라 컴퓨터를 활용한 치료는 임상가와 내담자 간의 제반 상호작용이 전자기록으로 저장되고, 웹페이지 시청과 과제완수 시간의 확인이 가능하며, 이러한 상호작용은 전자건강기록에 더 쉽게 통합할 수 있다. 그러나 이러한 새로운 서비스 제공방법에 대한 우려도 있다. 온라인 상담서비스 제공에 대한 쟁점은 글상자 1-5와 같다.

 글상자 1-5. 온라인 상담서비스 제공에 대한 쟁점

1. 개인의 사생활을 어떻게 지킬 수 있는가?
2. 온라인을 통한 강의 또는 상담이 직접적인 면대면 방법만큼 효과적일 수 있는가?
3. 이 새로운 서비스 제공방법에 대해서는 어떤 윤리적 지침을 마련해야 하는가?
4. 종래의 교육 및 상담 방법과 새로운 방법은 어떻게 조화/공존해 나갈 수 있는가?

개업상담자 증가

개업상담[private practice]은 국내 학회에서 자격증을 발급하게 되면서 본격적으로 시작되었고, 향후 개업상담자 수는 더욱 늘어날 전망이다. 이는 향후 연구자/학자는 점차 줄고, 상담사업가는 점차 증가할 것임을 의미한다. 오늘날 개업상담자들[private practitioners]은 주로 일상적인 문제를 겪는 사람들에게 개인상담, 집단상담, 부부상담, 가족상담을 제공한다. 그렇지만 점차 더 많은 개업상담자가 정신병리, 정신약리, 평가 등 추가 훈련을 받아야만 다룰 수 있는 심각한 문제에 대한 전문가로서 활동하고 있다. 개업상담은 독립적으로 일할 수 있고, 언제 어디서 일할 것인지, 어떤 종류의 일을 할 것인지, 상담료는 얼마로 할 것인지, 그리고 자신이 선호하는 이론적 지향성에 맞춰 일할 수 있다는 이점이 있다. 반면, 상담에 대한 재정적인 부분을 혼자 책임져야 하고, 내담자를 구할 네트워크 형성이 쉽지 않으며, 개업상담자로서의 외로운 세계를 마주해야 한다는 점을 감안해야 한다. 미국의 경우, 개업상담자들은 상담 외의 활동(코칭, 결혼 또는 이혼 조정, 부모교육, 사업체·산업체 자문 또는 훈련, 스트레스 관리와 바이오피드백, 교육 세미

나와 워크숍, 수퍼비전, 입양·양육권 평가, 전문적 보고서 작성 등)에 참여함으로써 인맥을 쌓고 수익을 높이고 있다(Dasenbrook, 2014; Hodges, 2012; Neuer, 2013; Neukrug, 2016).

일부 상담심리학 전공 대학원생의 목표는 개업을 하고 상담실의 간판을 거는 것이다. 이들에게는 개업의사가 역할모델이 될 수 있다. 그러나 의사들은 이미 오래전부터 선한 사마리아인의 이미지를 상실한 것에 대해 비판을 받아 왔다. 환자의 안녕과 복지보다 경제적 이득에 더 관심이 있는 것처럼 비쳤기 때문이다. 의사들은 국회에 강력한 로비를 해 오고 있다. 의사집단은 자신들의 전문영역에 다른 집단이 들어오는 것을 제한할 뿐 아니라, 기득권 보호를 위한 법안을 통과시켜 왔다. 대한의사협회는 공익 보호뿐 아니라 의사들의 권리와 이익 보호를 위한 단체로 인식되고 있다. 그러나 다른 한편으로, 상담심리학도 같은 길을 걷게 될 가능성이 있다. 교육·훈련을 향상시키고, 전문 분야를 지키며, 대중을 보호하고, 공공의 이익을 높이려고 시작된 정직하고 헌신적인 시도가 종국에는 기득권을 지키려는 이기적인 것으로 흐를 수 있기 때문이다.

면허제 시행

향후 한국 사회에서 상담자 면허제 시행이 중요한 현안으로 부상하게 될 것이다. 미국의 경우, 이미 1960~1970년대에 대부분의 주에서 심리학자 면허제가, 1970~1980년대에는 상담자 면허제가 실시되었다. 즉, 1976년 버지니아주에서 처음으로 「상담자 면허법」이 제정된 이래 오늘날에는 워싱턴 D.C.와 푸에르토리코를 비롯한 전 지역(50개 주)에서 상담자 면허제가 운영되고 있고, 전국적으로 12만여 명의 상담자가 면허증을 소지하고 있다(ACA, 2014; NBCC, 2014 참조). 상담자 면허제의 가장 중요한 점은 그것이 제3자 변제특권을 의무화하는 법을 수반한다는 점이다. 이 법은 보험회사로 하여금 상담/심리치료 면허 소지자에게 상담료를 지불하도록 요구한다. 상담 관련 학회와 협회가 면허제를 실시하기 위한 법의 제정은 이 분야 구성원들의 생존과 직결되어 있다. 예컨대, 「상담자 면허법」이 제정된다면, 이 땅의 상담자들이 일할 공간이 대거 마련될 것이다. 따라서 상담전문가들은 「상담자 면허법」이 제정될 수 있도록 지속적인 노력을 기울여야 할 것이다. 왜냐면 이 제도 없이는 사회에서 전문직 종사자로서 인정받기 어려울 것이기 때문이다. 면허제를 통한 전문가 자격인증은 상담전문가의 책무가 전문적임을 일반 대중에게 보여 줄 수 있게 될 것이다.

관리의료체계 도입

관리의료체계^{managed care system}는 건강관리 비용의 급속한 증가에 대한 조치로 발달했다. 관리의료체계에서 제3자인 보험회사는 비용 통제와 감소에 관심이 있다. 보험회사는 관리의료체계를 통해 서비스 제공자들에게 서비스 제공에 있어서 책임성과 효율성을 강조·요구한다. 이에 상담전문가들은 ① 정신건강 문제와 증상을 정확히 파악하여 목표를 설정하고, ② 치료계획을 수립하며, ③ 서비스 제공 결과 내담자의 기능 변화 또는 증진에 민감하고, ④ 비교적 간단하고 타당하며 신뢰도가 높은 객관적 평가도구 사용에 점차 관심이 높아질 것이다.

관리의료는 건강관리의 자금 조달과 지급을 통합하는 방식이다(Bobbitt, Marques, & Trout, 1998). 전통적인 서비스 비용 지급^{fee for service}방식의 정신건강 관리체계는 박사급의 어떤 임상가에게 서비스를 받을 것인지, 서비스 비용이 얼마인지, 서비스의 질, 가능한 서비스 빈도를 어떻게 결정할 것인지에 대한 통제권이 거의 없다. 그러나 관리의료체계는 비용의 효율성을 최우선으로 삼고 있는데(Kiesler & Morton, 1988), 공급자 네트워크가 더 선택적으로 결정되고, 서비스의 적절성과 효과를 평가할 수 있으며, 서비스 질 향상 프로그램을 시행할 수 있다는 이점이 있다. 따라서 상담전문가들은 단기간의 시간 효율적 개입을 하고, 서비스 공급을 위해 자신의 치료가 효과적이라는 것을 경험적으로 증명할 뿐 아니라 증거자료를 제출해야 할 것이다(Cummings, 2006).

관리의료모델은 몇 가지가 있지만, 이들 모두 비용 통제와 서비스 이용 감소 및 서비스 질의 증명을 요구한다는 공통점이 있다. 의료 비용은 증가하고, 정신건강 전문가들은 서비스에 대한 수입이 줄며, 내담자에게 쏟는 시간보다 문서작성과 보험회사로부터 환급금을 돌려받는 행정적인 일에 더 많은 시간을 할애하게 될 수 있다. 또한 경제적 압박이 자신들의 입지를 불안정하게 할 수 있다는 사실을 기억해야 할 것이다(Comas-Diaz, 2006).

 글상자 1-6. 개업상담자들에 대한 관리의료체계의 압박 가능성

1. 더 적은 회기 동안 내담자를 보게 되고, 증거기반치료, 즉 경험적 연구를 통해 효과가 검증된 치료방법을 적용해야 할 것이다.
2. 자기관리 또는 자조기법이 더 많이 활용되면서 서적, 팸플릿, 유인물 등을 일차 치료법 또는 전통적인 면대면 치료의 보조수단으로 사용하게 될 것이다.

3. 다양하고 유용한 자조기법의 개발, 약물사용의 증가, 정신의학과 관련된 낙인효과 등으로 인해 점점 더 많은 행동건강 서비스가 가정, 클리닉, 학교, 직장 같은 덜 전통적인 환경에서 제공될 것이다.

다문화상담의 확대

한국 사회가 다양화되고 있다. 1990년대부터 시작된 외국인 근로자, 결혼이민 여성, 외국인 유학생 수의 증가로, 우리 사회는 '다문화주의multiculturalism' 또는 '다문화사회'로의 변모에 따른 사회구성원들의 웰빙에 관한 쟁점을 더 이상 외면할 수 없게 되었다. 다양성diversity에는 연령, 성별, 성 정체성, 인종, 민족, 문화, 국적, 종교, 성 지향성, 장애, 언어, 사회경제적 지위를 기반으로 하는 요소를 비롯해서 문화적 · 개인적 역할 차이가 포함된다(APA, 2002). 다른 문화권에서 온 사람들은 흔히 상담에 대해 서로 다른 기대를 갖는다. 그러므로 상담자를 비롯한 정신건강 전문가들은 다양성의 제반 측면에 대해 민감해야 하고, 내담자에게 적절한 개입방법을 사용함으로써 이러한 차이를 존중해야 할 것이다.

 주요 개념 / 주요 개념을 확인해 볼까요?

• 상담심리학	• 전문직	• 전문가
• 등록	• 자격증	• 면허제
• 정신의학	• 정신건강 전문의	• 임상심리사
• 임상심리학	• 한국심리학회	• 한국상담심리학회
• 한국상담학회	• 원격상담	• 외래평가
• 온라인상담	• 개업상담	• 주거치료센터
• 관리의료체계	• 다문화주의	• 다문화상담
• 다양성		

생애발달과 발달이상

☐ 인간발달의 특징

☐ 성격발달과 발달이상

☐ 사회성 발달과 발달이상

☐ 스트레스와 발달이상

■ 주요 개념

물 실호기_{勿失好機}! 좋은 기회를 놓치지 않음을 의미하는 한자성어다. 사람은 평생 신체·정서·인지·영적 측면 등 전반적인 영역에서 발달한다. 발달^{development}은 태내 수정에서 시작하여 청소년기에 이르기까지 비교적 예측이 가능한 단계를 거치지만, 청소년기 이후부터는 점차 예측하기 어려운 상태로 이루어진다. 이는 유전적·환경적 변인을 비롯한 복잡한 요인들이 삶에 영향을 미치게 되면서 사람들이 저마다의 성격, 신념, 가치관, 생활양식 등에 따라 삶을 영위하게 되기 때문이다. 이 과정에서 개인은 때로 심리적 또는 신체적 측면에서 기능이상을 일으키거나 고통을 겪게 된다. 이에 인간발달과 발달이상에 관한 지식을 갖추는 것은 상담전문가에게는 내담자의 발달이상 여부를 판단할 준거 역할을 한다는 점에서 중요하다. 인간발달과 발달이상에 관한 영역은 매우 다양하다. 그런데 이 모든 영역을 상세히 다루는 것은 이 책의 범위를 벗어나는 일이다. 따라서 이 장에서는 ① 인간발달의 특징, ② 성격발달과 발달이상, ③ 사회성 발달과 발달이상, ④ 스트레스와 발달이상을 중심으로 살펴보기로 한다.

인간발달의 특징

발달의 특징은 다섯 가지로 요약·정리할 수 있다. 첫째, 점진적·연속적이다. 발달은 체내 수정과 함께 시작하고 죽음으로 끝이 나는, 복잡하고 여러 수준에서 발생하는 과정이다. 이 과정은 결코 쉼이 없고, 시작하면 멈추지 않는다. 비록 개인차가 있지만, 인류의 전형적인 기본 계획은 변경되지 않는다(Di Leo, 2012, p. 1). 이에 예상 가능한 발달패턴을 이해함으로써 상담전문가는 내담자의 발달수준을 사정·평가하고, 직면이 예상되는 발달상의 장해를 가늠할 수 있다. 만일 결정적 시기에 특정 발달과업을 성취하지 못한다면, 개인은 병리적 증상 발달과 고통을 겪을 가능성이 높아진다(Crandell, Crandell, & Vander Zanden, 2012; Santrock, 2013).

둘째, 한 단계에서 다음 단계로 넘어가는 시점의 경계가 명확하지 않다. 인간에게는 특정 단계에서 다른 단계로 옮겨 가는 시점이 있다. 이 시점은 개인마다 다소 차이가 있다. 이 시기에 개인은 새로운 삶의 방식을 조절하게 되면서 불균형상태가 된다. 이러한 과도기에 흔히 혼돈, 불안, 우울, 두려움, 또는 흥분상태로 경험되는데, 짧게 또는 수년에 걸쳐 발생하기도 한다. 이러한 점에서 발달은 때로 고통스럽지만 개인을 성장하게 한다.

셋째, 개인이 다음 단계로 옮겨 갈 수 있도록 도움으로써 촉진될 수 있다. 즉, 정신건강 전문가들의 예방적 개입은 개인의 성장과 발달 촉진에 도움을 줄 수 있다. 발달과 마찬가지로, 발달이상과 스트레스 등으로 인한 기능이상과 증상 역시 이와 유사하여 점진적·연속적으로 발달하고, 단계로 그 추이를 나타낼 수 있으며, 예방적·교정적 개입으로 호전시킬 수 있다는 특징이 있다.

 ## 성격발달과 발달이상

성격personality은 개인의 특유한 행동과 사고를 결정하는 개인 내의 역동적 조직(Allport, 1961)으로, 상호관계에서 개인의 행동을 특징짓는 지속적인 심리적 특성이다(Sullivan, 1953). 개인을 독특한 특성이 있는 존재로 성장하도록 도우려면 성격발달의 이해가 선행되어야 한다.

프로이트의 심리성적 발달모델

지그문트 프로이트(Sigmund Freud, 1856~1939)의 심리성적 발달모델Psychosexual Developmental Model에 의하면, 성적 에너지('리비도libido')는 성격형성에 강력하게 영향을 미치는데, 이러한 본능적 추동instinctual drives이 적절히 인정·처리되지 않을 때 증상symptom이 발달한다. 이 모델에서는 리비도 에너지의 발달과 성숙을 설명하면서, 성격의 요인(원초아, 자아, 초자아)이 생후 5년간 발달한다고 본다. 이 시기에 심리적 성장, 좌절, 갈등, 위협에서 반복되는 긴장상태가 단계별로 나타나는데, 긴장상태 감소를 위한 노력이 성격형성에 영향을 미친다. 심리성적 발달단계는 심적 에너지psychic energy의 성적 부분인 리비도가 어떤 **성감대**erogenous zone에 집중하는가에 따라 5단계로 나뉜다. 단계마다 개인이 추구하는 쾌락이 충족되면 다음 단계로의 발달이 순조롭게 진행되지만, 욕구가 좌절되면 다음 단계로 넘어가지 못하고 특정 단계에 고착된다.

그동안 심리성적 발달단계 해석에 있어서 유럽인의 '비유적' 해석과 미국인의 '문자 그대로'의 해석에 따른 논쟁이 있어 왔다(Gehart, 2016). 성평등주의를 주장하는 학자들은 이 모델의 기저에 남성중심적 성향이 깔려 있다는 이유로 비판해 왔다. 그럼에도 불구하고 이 모델은 성적·공격적 욕구가 어떻게 성격을 형성하며, 초자아와 도덕성

발달에 영향을 주는지에 대한 이론적 근거를 제공하고 있다.

　　구강기/(출생~만 18개월).　　　　구강기$^{oral\ stage}$에 리비도는 입에 집중되어 외부 세상과 교류하는 주된 통로 역할을 한다. 이 시기에 입은 쾌락의 근원으로, 물고, 빨고, 내뱉는 행위는 입술과 구강의 촉각을 자극한다. 구강기의 태아는 생존을 위해 타인(주로 어머니)에게 의존하게 된다. 지나친 의존감은 구강기 이후 성인기가 되어서도 불안 또는 안전을 위협받는 상황에 놓일 때 되살아난다. 의존의 극단적 증상은 **'자궁으로의 회귀 욕구'**다. 구강기에 형성된 자아는 **'구강자아**$^{mouth\ ego}$'로 불리며, 이후 행동특성의 원형^{prototype}이 된다. 구강기에 수유가 지나치게 규칙적이거나 조기에 젖을 떼면, **구강고착적 성격**$^{oral\ fixated\ personality}$ 또는 **구강의존적 성격**$^{oral\ dependent\ personality}$(섭식, 흡연, 음주에 집착하거나, 타인에 대해 지나치게 비판적이거나, 반대로 의존적이어서 타인의 말을 여과 없이 받아들여 잘 속는 성격)이 형성된다.

　　항문기/(만 18개월~3세).　　　　항문기$^{anal\ stage}$는 리비도가 항문에 집중되는 시기로, 영아는 괄약근을 조절하는 법을 습득함으로써, 이완과 경직의 양극성을 관리하는 법을 배운다. 이 시기에 실시되는 **배변훈련**$^{toilet\ training}$(배설, 배설 보류)은 사회적 권위 및 압력과의 첫 대면으로, 실시 연령과 방법, 배변 또는 청결에 대한 중요한 타인의 태도가 성격발달에 영향을 준다. 즉, 배변행위에 대한 칭찬은 유아로 하여금 자신이 생산적인 사람이라고 인식하게 되어 창의적인 성격형성의 기초가 된다. 반면, 배변훈련이 너무 엄격하면, **'항문고착적 성격**$^{anal\ fixated\ personality}$'(청결 · 질서 · 절약에의 집착, 인색함, 고집이 세고 욕심이 많으며, 외부 압력에 저항하는 적대적 태도와 행동이 특징임)이 형성된다. 또 배변에 의한 쾌감에 고착되면, **'항문폭발적 성격**$^{anal\ explosive\ personality}$'(자유분방, 낭비벽, 잔인함, 방종, 파괴적, 짜증을 잘 내는 것이 특징임)이 발달한다.

　　남근기/(만 3~6세).　　　　남근기$^{phallic\ stage}$에 유아는 자신의 생식기를 인식하게 되고, 손으로 만지면 쾌감을 얻을 수 있음을 알게 된다. 이 시기의 유아에게는 감각적인 충동이 이성 부모에게 향해 있고, 동성 부모에게는 공격적 충동이 있는 **오이디푸스 콤플렉스**$^{Oedipus\ complex}$(OC)와 **엘렉트라 콤플렉스**$^{Electra\ complex}$(EC)가 발달한다. 전자(OC)는 보편적인 성향의 남아가 어머니를 차지하고 아버지를 제거하고 싶은 욕구를 의미한다면, 후자(EC)는 여아가 아버지를 원하고 어머니를 제거하고 싶은 욕구를 의미한다. 이 시기에 유아는 초자아 발달을 통해 적절한 성 역할과 행동양식을 학습한다. 특히 남아의 경우, 자신의 절대적인 열세를 인식하게 되면서 **거세불안**castration anxiety을 갖게 되지만, 동성 부모와의 동일시identification와 억압으로 갈등을 해결한다. 반면, 여아는 자신이 무언가 잘못하여 잃은 것은 아닐까 하는 **남근선망**penis envy을 발달시킨다.

이러한 주장은 프로이트의 여성 환자들이 나이 많은 남성들로부터 성적인 접근 대상이 되었다는 보고를 토대로 완성된 것으로, 그는 여성 환자들이 환상에 사로잡혔다고 믿었다(Gehart, 2016). 이에 대해 오늘날 동성애 옹호자와 성평등주의자들은 이 이론이 동성애는 성적 발달의 실패이고, 유아가 성적으로 부모를 원하므로, 성 학대 부모를 '유혹'한 아이에게 책임을 돌릴 수 있게 한다고 비판하고 있다. 그러나 비유적인 의미로 본다면, 남근기의 중요한 결과는 초자아와 도덕성의 발달, 즉 초자아는 부모의 초자아를 동일시하도록 구현하여 이들의 영향력을 지속적으로 나타낸다(St. Clair, 2000).

잠복기/(만 6~12세).   잠복기latency period는 성에 대한 관심이 성격의 배경으로 잠복하게 되면서 자아ego를 확장하는 시기다. 이 시기의 아동은 더 이상 일차과정적 사고에 지배되지 않고 충동을 자제하는 법을 배우게 된다. 이전 단계에서 오이디푸스/엘렉트라 콤플렉스를 성공적으로 해결한다면, 아동은 자신감을 갖게 되고 학교와 사회의 요구에 부응할 수 있는 능력을 갖추게 된다. 이 시기의 아동은 사춘기에 이를 때까지 급격한 변화를 겪게 된다. 사춘기가 되면, 아동은 도전적이면서도 말이 없어지는 경향이 있다. 또한 잠재된 성충동은 부모에 대한 적개심, 가족의 정서적 유대 와해, 그리고 오랜 기간 좌절의 원인으로 작용한다. 이는 자아성숙을 위해 필연적으로 거치는 과정이다. 남근기에서 긴장상태를 효과적으로 대처할 만큼 강하지 못하던 유아의 자아는 이 과정을 통해 삶의 문제에 대처할 수 있을 정도로 성장한다. 이 단계에서의 갈등과 해결 경험은 자아성장의 자양분이 된다.

성기기/(만 12세 이후).   성기기genital stage에 청소년은 호르몬이 변화하고 성적으로 성숙하게 됨으로써 자연스럽게 성에 관심을 갖고 성숙한 방식으로 사랑할 수 있게 된다. 프로이트는 이 기간에 자위행위가 빈번해진다고 보는데, 이는 알프레드 킨제이(Alfred Kinsey, 1894~1956)의 설문연구에 의해서도 확인되었다. 성인이 되면서 원초아, 자아, 초자아가 조화롭고 균형 있게 기능하게 되면, 개인은 추동drive과 좌절감을 조절

할 수 있는 안정된 삶을 영위하게 된다. 이 시기에는 남근기에 나타났고 행동의 일차 동력인 성적 욕구와 공격적 충동이 다시 나타나게 되면서 이성, 그리고 가족 이외의 사람과의 관계에 관심을 갖게 되고, 결혼과 가정 형성에 대한 압력을 받게 된다. 또한 적절한 방어기제 사용을 통해 비교적 안정된 삶을 영위하게 된다.

심리내적 갈등과 증상

정신분석에서 증상symptom(공포, 우울, 불안)은 **심리내적 갈등**intrapsychic conflict에 대한 표현, 의식화, 또는 표현될 수 없는 감정으로 본다(Luborsky, O'Reilly-Landry, & Arlow, 2008). 직장업무 또는 대인관계에 대한 부담감은 만성 요통 증상으로, 자신의 잠재력 인식에 대한 두려움은 고소공포증으로 발현될 수 있다. 증상은 일차 이득과 이차 이득의 결과다(McWilliams & Weinberger, 2003). **일차 이득**은 일차 증상을 통해 얻게 되는 산물이다. 기력저하 또는 흥미 감소 같은 우울 증상이 개인으로 하여금 고통을 유발하는 활동을 피할 수 있게 해 주는 것이 일차 이득의 예다. 반면, **이차 이득**은 직접 관련되지 않는 당연한 결과로 얻게 되는 이익을 말한다. 우울 증상으로 인해 다른 사람의 관심을 더 받을 수 있게 되는 것이 그 예다. 상담자는 무심코 내담자에게 이차 이득의 기회를 만들어 주지 않도록 유의해야 한다. 대신, 증상을 내담자의 근본적인 내적 갈등의 단서로 간주하는 한편, 통찰을 얻게 하여 안전하게 감정을 표현하도록 도와야 할 것이다.

사회성 발달과 발달이상

사회성이란 사회라는 집단에서 생활하려는 인간의 근본적인 속성인 동시에 사회에 적응하는 개인의 소질, 능력, 또는 대인관계의 원만성을 의미한다. 이는 개인의 정신건강에 중요한 역할을 한다. 그렇다면 사회성은 어떻게 발달하는가? 에릭 에릭슨(Erik Erikson, 1920~1994)은 1963년 『아동기와 사회Childhood and Society』라는 저서에서 심리사회 발달이론을 소개했다. 이 이론은 프로이트의 심리성적 발달이론을 바탕으로, 인간의 사회성 발달을 8단계로 구분하여 단계별로 습득해야 할 결정적인 과업을 대칭적으로 설정한 것이다. 또 단계별로 해결해야 할 위기crisis를 제시하여 발달과업의 습득 여부에 따라 정상normal과 이상/비정상abnormal으로 분류했고, 과업성취 여부는 다음 단계에 영향을 주게 된다고 보았다. 프로이트는 성격이 생후 5~6년 이내에 결정된다고 주장한 반면, 에릭슨은 평생 지속적으로 발달한다고 보았다. 또한 인간은 원초아의 지배를 받는 존재라는 프로이트의 주장을 받아들이지 않고 자아의 역할을 중시함으로써 **자아심리학** ego psychology을 주도했다. 심리사회 발달이론의 8단계에 관한 설명은 다음과 같다.

첫 번째, **기본 신뢰**basic trust 대 **불신**mistrust **단계**(출생~1년/영아기)에서 영아는 초기 양육자(부모, 특히 어머니)와의 관계경험을 바탕으로 신뢰와 불신 사이의 균형을 유지하면서 발달한다. 신뢰감의 건강한 균형상태는 세상에 대한 희망감, 안정감과 함께 주의가 필요한 때를 인식하는 것이다. 어린 시절에 외상이 있거나 부모의 과잉보호를 받으며 자란 영아는 언제, 어디서, 누구를 믿어야 할지 혼란스러워할 수 있어서 비현실적인 감각 또는 불필요한 두려움을 갖게 될 수 있다.

두 번째, **자율성**autonomy 대 **수치감/회의감**shame/doubt **단계**(만 2~3세/유아기)에서 유아는 능력의 한계를 배움으로써 자율성을 기르게 된다. 만일 보호자가 과잉보호하거나 방치한다면, 유아는 수치심으로 부담을 느끼게 되며, 과도한 자기의심 또는 수치심을 갖게 되는 문제를 겪게 될 수 있다. 반면, 부모가 자녀의 수치심 또는 자기의심의 경험 기회를 막는다면, 유아는 충동적이거나 타인에게 사려 깊지 못한 행동을 나타낼 수 있다.

세 번째, **주도성**initiative 대 **죄책감**guilt **단계**(만 4~5세/학령전기)에서 유아는 타인에게 해를 가할 때 느끼는 죄책감으로 단련되는 성취의식과 진취성이 발달하는 단계로 이동한다. 부모로부터 과잉보호 또는 방치 상태로 양육된 유아는 죄책감과 자신의 선택에 대한 불안을 겪을 수 있고, 이는 모험회피 또는 감정억제 등으로 이어질 수 있다. 반면, 죄책감에 대한 인식능력이 덜 발달하거나 자신의 행동이 타인에게 어떤 영향을 미칠지 모르는 유아는 공격적이나 무자비한 행동을 표출할 수 있다.

네 번째, **근면성**industry 대 **열등감**inferiority **단계**(만 6~11세/학령기)에서 학령기 초기의 아동들은 인지적·사회적으로 유용한 기술 습득을 통해 자기self가 형성되고, 유능감이 발달한다. 또한 또래와의 관계나 학교생활을 통해 갖가지 기능을 배우고 익히며 부모와 교사로부터 노력의 결과를 인정받게 되면서 근면성을 습득한다. 반면, 근면성 부족으로 실패와 실수를 거듭하게 되어 중요한 타인들로부터 잦은 비판과 비교를 당하는 아동들은 열등감과 부적절감이 형성된다. 그러나 실패경험으로부터 보호받아 과도하게 칭찬받은 아동들 역시 열등감이 발달할 수 있는데, 이는 완전한 숙달경험을 하지 못하기 때문이다(Seligman, 2006). 그러므로 부모의 의도와는 달리 게임에서 패배하거나,

성적이 불량하거나, 방치되거나, 유사 열등감으로부터 끊임없이 보호받은 아동은 나이가 들어 감에 따라 부진아가 되고, 지속적인 무능감을 발달시킬 수 있다. 반면, 과도하게 근면성을 확인하는 사람들은 강박행동을 나타낼 수 있다.

다섯 번째, **자아정체감**^{ego-identity} 대 **역할혼란**^{role confusion} **단계**(만 12~18세/청소년기)는 청소년이 신체적으로 성숙해지고, 부모로부터 심리적으로 독립을 추구하게 되면서 '나는 누구인가?'에 관심을 갖게 되는 잠재적 정체성과 사회적 역할을 탐색하는 시기다. 이 시기에 청소년은 자기의 존재, 위치, 능력, 역할, 책임을 의식하게 되면서 **자아정체감**이 형성된다. 또한 이성 교제, 진로선택 같은 새로운 역할을 시도한다. 만일 정체성을 충분히 탐색할 기회가 허용되지 않거나 특정한 삶의 길을 추구해 보지 못해 자아정체감이 형성되지 않은 청소년들은 자신에 대한 회의와 고민으로 역할혼란에 빠지게 되고, 이로 인한 반항적 정체성을 일탈행동(물질사용, 학업중단) 또는 급진적인 사회집단 참여로 표출하기도 한다.

여섯 번째, **친밀감**^{intimacy} 대 **고립감**^{isolation} **단계**(청년기)가 되면, 지금까지 자신의 문제에 주로 관심을 보이던 청년들은 직업 선택, 배우자 선택 같은 자기 이외의 사안으로 관심을 돌리게 되면서 가족과 사회적 네트워크(사회적·직업적 관계)를 발달시킨다. 이 시기에 청년들은 다른 사람과 친밀한 관계를 형성함으로써 **공유정체감**^{shared identity}을 갖게 되고, 이 과정을 통해 상호 배려, 돌봄, 친밀관계를 형성·유지하는 법을 배우게 된다. 자아정체감을 확립한 경우에는 다른 사람과 진정한 친밀관계를 형성할 수 있지만, 그렇지 못한 경우에는 거절에 대한 두려움으로 자신에게만 관심을 갖게 되어 대인관계에 어려움을 겪게 되면서 사회적으로 철수 또는 고립을 자초하게 된다. 단, 지나치게 관계에 집중하는 경우, 성적으로 문란하거나 과도하게 관계를 확인하기도 한다.

일곱 번째, **생산성**^{generativity} 대 **침체성**^{stagnation} **단계**(중년기)는 두 사람 간의 관계를 넘어 폭넓은 사회문제를 포함하여 관심의 범위를 확대해 나가는 시기다. 생산성이란 일차적으로 가정을 형성하고, 다음 세대를 형성하고 양육에 관심을 가지며, 직업적·예술적 성취를 위한 노력을 말한다. 이 시기에 개인에 따라서는 자기희생적으로 타인을 돕는 일에 몰두하기도 한다. 이 단계에서의 위기는 자신이 정체되어 있다고 느끼거나 고칠 부분이 있다고 느끼는 것으로, 사람에 따라서는 급격한 삶의 변화를 통해 위기를 극복하기도 하는데, 이런 변화가 도움을 주기도 하는 반면, 오히려 파국으로 치닫기도 한다. 이 시기의 발달적 문제는 사회생활 또는 직장생활에서 과도한 개입의 형태로 나타나거나 냉소적 또는 무관심한 형태로 나타나기도 한다. 만일 발달적 위기를 극복하지 못하면, 생산성을 발휘하지 못하고 물질 소유 같은 자기 욕구에 집중하게 되어 심리사회적 측면에서 침체에 빠지게 된다.

여덟 번째, **자아통합**^{ego integrity} 대 **절망감**^{despair} 단계(노년기)에 이르면, 개인은 죽음을 피할 수 없다는 사실을 직시하고, 그동안의 삶을 되돌아보면서 자아통합과 절망감 사이에서 균형을 맞추고자 한다. 이 과정에서 현실과 외계의 변화를 잘 수용할 수 있는 사람은 삶의 경험을 의미 있게 통합할 수 있고, 자신이 어떤 사람이었는지, 무엇을 해 왔는지를 받아들일 수 있게 된다. 그러나 신체적 노쇠, 은퇴, 배우자와의 사별 등 실존적 필연성을 수용하지 못하면, 삶에 대한 허무함과 이젠 끝장이라는 절망감에 빠지게 되는데, 이는 오만과 독선의 형태로 나타나는 거만함을 발달시키게 된다. 채프먼(Chapman, 2006)은 에릭슨의 심리사회적 발달단계의 발달과제는 상호 대립되는 위치에서 어느 한쪽만 강화하는 것이 아니라, 이 둘 간의 균형을 잡아 가는 것이라고 주장했다. 그의 주장을 정리하면 〈표 2-1〉과 같다.

〈표 2-1〉 심리사회적 발달단계별 불균형상태에 따른 문제

발달단계	발달과업	불균형	심리사회적 문제
□ 1단계: 영아기	기본 신뢰 vs. 불신	부적응	○ 비현실적, 응석받이, 속기 쉬움
		결핍	○ 내면으로의 고립, 신경증, 우울, 두려움
□ 2단계: 유아기	자율성 vs. 수치감/회의감	부적응	○ 충동성, 무모함, 사려 · 배려 결핍
		결핍	○ 강박, 지나치게 자기제어를 잘하고자 함
□ 3단계: 학령전기	주도성 vs. 죄책감	부적응	○ 무자비, 착취, 무정, 감정이 없는 것처럼 행동함
		결핍	○ 감정억제, 위험회피, 모험성 결여
□ 4단계: 학령기	근면성 vs. 열등감	부적응	○ 편협한 도덕성, 일중독, 강박적 전문가
		결핍	○ 무력감, 게으름, 무관심, 목적의식 결여
□ 5단계: 청소년기	자아정체감 vs. 역할혼란	부적응	○ 광신, 자만, 극단주의
		결핍	○ 거부, 사회적 부적응, 단절
□ 6단계: 청년기	친밀감 vs. 고립감	부적응	○ 문란, 애정결핍, 취약성
		결핍	○ 배타적, 혼자 있기 좋아함, 차가움, 독단적
□ 7단계: 중년기	생산성 vs. 침체성	부적응	○ 과잉확대, 공상적 박애주의, 참견하기 좋아함
		결핍	○ 거부, 무관심, 냉소적임
□ 8단계: 노년기	자아통합 vs. 절망감	부적응	○ 건방짐, 자만, 거만, 오만
		결핍	○ 업신여김, 비참해짐, 충족성 결여, 비난

　심리사회 발달이론에 대한 채프먼의 새로운 조망은 내담자 이해뿐 아니라 조력전략 수립을 위한 유용한 틀을 제공하고 있다.

스트레스와 발달이상

인간발달에 관한 논의는 종전에는 **생물학적 결정주의**biological determinism에 무게가 실렸지만, 최근에는 인간발달의 **가소성**plasticity(유전자형의 발현이 특정 환경요인을 따라 특정 방향으로 변화하는 성질)이 강조되고 있다. 즉, 개인에게는 인지적·신체적·대인적·심리적·도덕적·영적으로 확장·변화하는 능력이 있다는 것이다(Santrock, 2013). 발달이상에 영향을 미치는 요인의 중심에는 스트레스가 있다. **스트레스**stress는 적응하기 어려운 상태에 처할 때 느끼는 심리적·신체적 긴장상태다. 스트레스는 삶에서 불가피하다. 잠들어 있을 때조차도 신체는 환경 변화에 대처하고 있기 때문이다. 유기체는 스트레스 상황에 대한 경험을 끊임없이 평가하고, 이러한 상황의 도전에 대처하고자 한다. 스트레스로부터 완벽하게 도피할 수 있는 유일한 방법은 죽음뿐이다. 누구에게나 똑같이 해롭거나 유익한 스트레스 요인은 없다. 개인에 따라 스트레스 감내력과 스트레스에 대한 요구가 다르기 때문이다.

스트레스와 일반적응증후군

스트레스는 개인의 발달이상에 영향을 미친다. 스트레스라는 말은 처음에는 일반적응증후군으로 불렸다. **일반적응증후군**General Adaptation Syndrome(GAS)은 1946년 헝가리 출신의 오스트리아 생리학자 한스 셀리에(Hans Selye, 1907~1982)가 창안한 개념으로, "스트레스에 오랫동안 계속해서 노출된 결과로 일어나는 신체의 모든 비특이적·체계적 반응의 합"을 말한다(Selye, 1946, p. 119). 그는 실험을 통해 신체가 추위, 상처, 약물 등 해로운 자극에 노출되면, 자극의 종류와 상관없이 내장에 궤양이 생기고, 호르몬 분비기관인 부신의 크기가 커지는 등의 공통 증상이 나타나는 현상을 발견했다. 이는 신체가 감염 또는 손상되면, 침해받은 부위나 기관만 반응할 뿐 아니라 대응도 한다는 것이다. 이로써 셀리에는 스트레스를 연구한 첫 번째 연구자인 동시에 '스트레스'라는 용어를 창안함으로써 '스트레스의 아버지'라는 별칭을 얻었다. 그는 스트레스가 3단계(경고

반응, 저항, 소진)로 진행한다고 주장했다.

경고반응단계^{Alarm Reaction Stage}(1단계)에서는 스트레스에 대한 심신의 저항력이 약해짐으로써 두통, 미열, 피로, 식욕부진, 무력감, 근육통, 관절통 등의 증상이 나타난다. 그리하여 신체는 자율신경계를 활성화한다. 이에 자율신경계는 부신수질^{adrenal medulla}을 자극하여 노르에피네프린^{norepinephrine}과 에피네프린^{epinephrine}을 분비하는 한편, 뇌하수체는 부신피질자극호르몬^{adrenocorticotropic hormone}(ACTH)를 분비함으로써 부신피질^{adrenal cortex}을 자극하여 글루코코르티코이드^{glucocorticoids}(스테로이드 호르몬)를 분비하게 한다. 만일 최초 스트레스가 극심한 경우에는 유기체가 생명을 잃을 수 있다. 그러나 이 정도까지는 아니더라도, 신체는 오랫동안 상승된 흥분 정도를 유지할 수 없다. 이 단계에서 스트레스가 해소되지 않고 더 지속되면 저항단계에 이르게 된다.

저항단계^{Resistance Stage}(2단계)에서 뇌하수체는 계속해서 부신피질자극호르몬(ACTH)을 분비하고, 부신에서는 부신피질호르몬('스테로이드')을 분비하여 스트레스 반응을 완화하려 함으로써, 스트레스에 대한 저항력이 증가되어 스트레스 초기 증상들이 사라지는 듯이 보인다. 이 단계에서는 제2의 스트레스 요인이 발생하면, 유기체는 생명을 잃을 수도 있다. 이 단계에서는 성행위와 재생^{reproduction}에 관련된 많은 신체 기능이 압박을 당하게 된다. 예컨대, 남성은 정액과 성 호르몬의 산출량이 현저히 감소하는 한편, 여성은 생리주기에 이상이 오게 될 수 있다. 전반적으로, 남녀 모두 성욕의 감퇴를 초래하게 된다. 이와 같은 저항에도 불구하고 스트레스가 지속되면 드디어 소진단계에 도달한다.

소진단계^{Exhaustion Stage}(3단계)에 이르면, 뇌하수체와 부신에서의 계속적인 호르몬 분비에도 불구하고 우리의 인체는 스트레스를 감당하지 못하게 된다. 스트레스와 질병에 대한 신체적 저항력이 상실되어 스트레스 초기단계의 증상들이 다시 나타나게 된다. 이에 유기체는 더 이상 회복되지 않는 상태에 놓이기 때문에 신체적 불균형을 초래하게 되어 심리신체적 질병(암, 심장병, 편두통, 위궤양, 본태성 고혈압, 알레르기 등) 또는 심리적 불균형으로 인한 불면, 불안, 환각, 망상 증상이 나타나거나 사망하게 된다. 셀리에의 GAS 모델은 스트레스 생리학의 토대를 마련했지만, 모든 스트레스 반응에 적용되지는 않는다는 비판을 받아 왔다.

생활변화와 스트레스

홈즈와 레이(Holmes & Rahe, 1967)는 기쁜 일, 괴로운 일 모두가 생활변화를 의미하는 한 스트레스가 되며, 생활사건 하나하나의 심각성이 아니라 그 사건들의 전체 영향, 즉 생활변화량이 중요하다는 사실을 밝혀냈다. 이들은 생활변화량을 측정하기 위해 사람들이 겪는 가장 큰 스트레스를 100으로 설정하고, 스트레스 요인에 따라 그 크기를 할당함으로써 '**사회재적응평정척도**Social Readjustment Rating Scale(SRRS)'를 개발했다. [그림 2-1]에 제시된 SRRS는 피검자가 척도의 질문에 답함으로써 전체 스트레스 양을 알 수 있다.

순위	생활변화사건	변화량	✓	순위	생활변화사건	변화량	✓
1	배우자의 죽음	100		22	직책 변화	29	
2	이혼	73		23	자녀가 집을 떠남	29	
3	별거	65		24	인척 간 불화	29	
4	교도소 수감	63		25	탁월한 개인적 성취	28	
5	가까운 가족의 죽음	63		26	아내의 취업/퇴직	26	
6	개인적 상해/질병	53		27	입학/졸업	26	
7	결혼	50		28	생활조건 변화	25	
8	해고/실직	47		29	개인적 습관 교정	24	
9	부부/커플 간의 화해	45		30	상사에 대한 불만	23	
10	은퇴	45		31	취업시간/조건 변화	20	
11	가족의 건강 변화	44		32	거주지 변동	20	
12	임신	40		33	학교 변동	20	
13	성적 불만	39		34	여가활동 변동	19	
14	새 가족의 증가	39		35	종교활동 변동	19	
15	사업 재적응	39		36	사회활동 변동	18	
16	재정상태의 변화	38		37	수면습관 변화	16	
17	친한 친구의 죽음	37		38	가족 수 변동	15	
18	업무부서의 변화	36		39	식습관 변화	15	
19	부부싸움의 횟수 변화	35		40	휴가	13	
20	800만 원 이상의 저당	31		41	성탄절	12	
21	저당물의 권리상실/대부	30		42	경미한 범법행위	11	
		소계				소계	
						합계	

[그림 2-1] 사회재적응평정척도

SRRS는 실시와 채점이 쉽다는 장점이 있지만, 사람들이 유사한 사건을 다르게 볼 수 있다는 사실을 간과하고 있다는 한계가 있다. 또한 스트레스 요인에 대한 사람들의 정서반응에서의 차이를 고려하지 않았다는 비판을 받고 있다. 그럼에도 불구하고 SRRS는 여전히 스트레스와 건강에 관한 연구에서 널리 사용되고 있고, 정신 · 신체 건강의 측정치와 정적 상관을 나타낸다는 연구결과가 있다(Gottlieb & Green, 1984).

투쟁/도피반응 이론

투쟁/도피반응^{Fight-or-Flight Response}은 1932년 월터 캐넌(Walter B. Cannon, 1871~1945)이 창안한 것으로, 분노나 공포 같은 정서를 경험할 때의 신체적 변화를 일컫는 개념이다. 이 개념은 그의 저서『신체의 지혜^{The Wisdom of the Body}』에 소개된 것으로, 투쟁반응은 분노할 때의 신체반응과 유사하고, 도피반응은 공포를 경험할 때의 반응과 유사하다는 것이 골자다. 스트레스로 인한 고통은 심리적 · 신체적 측면 모두에서 나타난다. 불안 또는 분노 같은 심리상태에서 얼굴이 붉어지거나 가슴이 두근두근하는 등의 생리적 반응이 나타나는 것이 그 예다. 유기체가 스트레스를 받게 되면 혈당, 맥박, 호흡, 혈압이 높아지고, 근육으로 보내는 혈액량이 증가한다. 그런데 투쟁 또는 도피를 위한 준비는 순간적으로 진행되지만, 정상상태(평온한 상태)로의 복귀는 많은 시간이 걸린다. 내장기관을 통제하는 자율신경계는 ① 교감신경계('응급 기능')와 ② 부교감신경계('회복 기능')로 이루어져 있는데, 각각의 기능은 〈표 2-2〉와 같다.

〈표 2-2〉 교감신경계와 부교감신경계의 기능

생리적 반응	교감신경계	부교감신경계
☐ 심장박동률	○ 증가	○ 감소
☐ 소화 기능	○ 억제	○ 자극
☐ 폐	○ 확장	○ 수축
☐ 동공	○ 확대	○ 축소
☐ 침 분비	○ 억제(구강 건조)	○ 증가
☐ 신체 내 에너지	○ 방출	○ 회복

〈표 2-2〉에 제시된 것 외에, 교감신경계는 부신선을 자극하여 카테콜아민(에피네프린과 노르에피네프린)이 방출되게 하는 기능을 한다. 캐넌은 이러한 내적 조절을

'신체의 지혜^{wisdom of the body}'라 명명했다. 교감신경계의 활동에 내분비계통(특히 부신피질호르몬들)이 같이 작용하기 때문에 스트레스 반응은 더 격하고 더 오래 지속된다. 격하게 화를 내거나 심하게 놀랐을 때, 가슴이 방망이질하거나 심장이 멎는 듯하고, 얼굴에 피가 몰리거나 핏기가 없어지고, 근육이 저절로 긴장되거나 긴장이 풀리는 등 순간적으로 격하게 반응하지만, 막상 진정되기까지는 상당히 오랜 시간이 걸린다. 만일 개인이 스트레스 상황에 반복적·지속적으로 노출된다면, 스트레스에 대한 저항력과 면역력이 저하되어 정신적·신체적 질병에 취약해질 수 있다.

A형 행동패턴과 스트레스

A형 행동패턴^{Type A Behavior Pattern}은 프리드먼과 로젠먼(Friedman & Rosenman, 1974)이 성격이 개인의 스트레스 유발과 질병 발생 가능성에 유의한 영향을 미친다고 주장하면서 창안한 개념으로, 글상자 2-1과 같은 특징이 있다.

🔷 글상자 2-1. A형 행동패턴의 특징

1. 한 번에 두 가지 이상의 일을 생각하거나 수행한다.
2. 점점 더 짧은 시간에 더 많은 활동을 계획한다.
3. 심미적인 일에 주목하지 못하거나 흥미가 없다.
4. 다른 사람의 말을 재촉한다.
5. 줄을 설 때나 너무 느리다고 생각하는 차가 앞에 있으면 과도하게 화를 낸다.
6. 어떤 일이 제대로 되려면 자기 스스로 그 일을 해치워야 한다고 생각한다.
7. 이야기할 때 몸짓과 손짓을 사용한다.
8. 자주 발을 흔들거나 손가락을 재빨리 두드린다.
9. 폭발적인 말씨, 욕설, 또는 이에 가까운 말을 자주 사용한다.
10. 항상 시간엄수를 최우선으로 생각한다.
11. 가만히 앉아 있거나 아무것도 하지 않고 있는 것을 견디지 못한다.
12. 어린아이와 게임할 때에도 거의 모든 게임을 이기려고 든다.
13. 자신이나 타인의 성공을 수량(진료환자 수, 논문 수 등)으로 평가한다.
14. 말할 때 혀를 차거나, 머리를 끄덕이거나, 주먹을 불끈 쥐거나, 탁자를 치거나, 숨을 크게 들이쉰다.
15. 더 잘하거나 빨리 할 수 있다고 생각하는 일을 타인이 하는 것을 잠자코 지켜보지 못한다.
16. 재빨리 눈을 깜박이거나 안면근육 경련과 비슷하게 눈썹이 올라간다.

※ 당신의 행동을 가장 잘 나타내는 번호에 동그라미로 답하시오.

1. 약속에 대해 자유롭다.	1 2 3 4 5 6 7 8	절대 늦지 않는다.		
2. 경쟁적이지 않다.	1 2 3 4 5 6 7 8	매우 경쟁적이다.		
3. 압력을 받는 상황에서도 절대 급해하지 않는다.	1 2 3 4 5 6 7 8	항상 급해한다.		
4. 한 번에 하나씩 일처리를 한다.	1 2 3 4 5 6 7 8	한 번에 많은 일을 처리하고자 하면서 다음에 할 일을 생각한다.		
5. 천천히 일한다.	1 2 3 4 5 6 7 8	빠르게 일한다(먹기, 걸음걸이 등).		
6. 감정에 무덤덤하다.	1 2 3 4 5 6 7 8	감정을 표현한다.		
7. 여러 가지에 관심이 있다.	1 2 3 4 5 6 7 8	일 외에는 관심이 없다.		

☐ 총점: _____

☐ 총점 × 3 = _____

☐ 해석
   ○ 120점 이상 = 매우 강한 정도의 A형 행동패턴
   ○ 106~119점 = 확실한 정도의 A형 행동패턴
   ○ 100~105점 = A형이지만 당신 내의 B형 속성이 당신의 생명을 건짐
   ○ 90~99점 = B형이지만 A형의 경향을 띠고 있음
   ○ 90점 미만 = 전형적인 B형

[그림 2-2] A형 행동패턴 척도

출처: Bortner (1969)에서 발췌.

이 연구자들에 의하면, A형 행동패턴을 보이는 사람은 30~40대가 되면 심장병과 관상동맥증에 걸릴 가능성이 높다. 이와는 달리 B형 행동패턴을 가진 사람은 70세 전까지도 거의 심장에 관련된 질병을 갖지 않았다. A형 행동패턴을 나타내는 사람의 신체는 만성 스트레스 상태에 있어서 항상 아드레날린adrenaline이 혈관 속에 흐른다. 아드레날린이 콜레스테롤cholestrerol이나 다른 화학인자와 상호작용하여 관상동맥을 차단하게 되면 심장병이 생긴다. 아드레날린 수준이 높아지면, 콜레스테롤이 정상적으로 화학적 분해가 되지 않기 때문이다. 이들은 현대 사회가 빠르고 악착스럽게 행동하여 성공하는 사람을 좋아하는 경향이 있다고 지적했다. 또 A형 행동패턴은 성격과 환경조건 간의 상호작용으로부터 초래된다고 주장했다.

스트레스 대처

스트레스가 '문제해결 또는 대처할 수 없다고 느끼는 상황에서 발생한다고 해도, 신체는 그 문제에 대처한다. **대처**coping란 개인이 스트레스 또는 감정을 다루거나 처리하기위한 조치를 말한다('대응'으로도 불림). 사람들은 불쾌감이 조성되는 상황 또는 부정적인 감정에서 벗어나고자 한다. 라자루스와 포크먼(Lazarus & Folkman, 1984)은 문제중심과 정서중심 스트레스 대처를 발표했다.

　문제중심대처.　　문제중심대처problem-focused coping는 스트레스를 유발하는 상황을 변화시키려는 전략에 초점을 두는 대처다. 예를 들면, 밤늦은 시간에 이웃집에서 음악을크게 틀어 놓아 수면을 방해한다면, 이웃을 찾아가 볼륨을 낮출 것을 요구하거나, 스피커 선을 잘라 버리거나, 귀마개를 하는 선택을 할 수 있다. 이러한 각각의 선택은 스트레스를 유발하는 상황에 변화를 주는 방향의 전략이라는 점에서 문제중심대처에 해당한다. 문제중심 대처전략으로는 ① 문제해결을 위한 계획 고안, ② 정보수집을 위한사회적 지지 추구, ③ 공격적 행위가 있다. 이러한 전략들은 스트레스를 유발하는 상황에 집중하는 특성이 있다.

　정서중심대처.　　정서중심대처emotion-focused coping는 고통스러운 경험 조절에 초점을두는 대처다. 이 대처전략에는 ① 재감정reappraisal(새로운 정보 또는 추가적인 생각에 비추어 상황을 재평가함), ② 거리두기distancing(정서적 경험으로부터 스스로를 분리시킴), ③ 도피-회피escape-avoidance[상황에 신경 쓰지 않기 위해 다른 생각 또는 행위(예, 영화관람)를 함],④ 사회적 지지 추구seeking social support(정서적 지지를 목적으로 친구와 대화를 나눔), ⑤ 자기통제self-control(문제에 대한 감정 또는 행위 조절을 시도함), ⑥ 책임수용accepting responsibility(스트레스 유발 상황에서 자신의 역할을 인정함)이 있다(Lazarus & Folkman, 1984). 정서중심대처는 통제를 벗어난 상황에 처한 사람들에게 유용하다. 특히 재감정은 정서적 스트레스 조절에 유용하다. 그러나 이러한 정서에 대한 의지적 억압은 자기통제의 형태로,만성 생리적 각성의 원인이 될 수 있다는 점에서 바람직하지 않은 심리적 적응으로 이어질 수 있다는 문제가 있다(Gross & Levenson, 1993; Gross, Richards, & John, 2006). 그뿐 아니라, 고통스러운 경험 감소를 위해 음주, 흡연, 약물사용은 부적응적인 전략에속한다(Hien & Miele, 2003).

유용한 스트레스 대처방법으로는 제임스 페니베이커(Pennebaker, 1995)가 개발한 정서 노출 또는 개방이 있다. 이 대처방법은 15분 동안 최근에 경험한 정서경험(고민이된 정서경험, 계속해서 괴롭히는 정서경험, 다른 사람들과 많이 논의하지 못했던 정서경험)에 관해 글로 작성하는 것이다. 이처럼 정서경험에 관한 고백^{confession}을 활용한 스트레스 대처방식은 통제집단(비정서적인 사상 또는 전날 행한 일에 관한 글을 씀)에 비해 유의하게 건강이 회복되는 결과(HIV/AIDS 관련 건강 변인, 면역력, 암)를 가져왔다(O'Cleirigh & Safren, 2008; Petrie, Fontanilla, Thomas, Booth, & Pennebaker, 2004; Smyth, 1998; Stanton et al., 2002).

사회적 지지.   사회적 지지^{social support}는 문제중심대처와 정서중심대처를 포함하는 대처전략이다. 친구 또는 사랑하는 사람이 스트레스 상황에 놓였을 때 조언을 해 주거나, 안아 주거나, 단순히 이야기를 들어준다. 사회적 지지는 가장 빈번히 사용되는 대처방식으로, 신체건강에 유익하다. 직접효과 가설^{direct effect hypothesis}에서는 사회적 지지가 스트레스 상황의 유무와 상관없이 정신건강과 신체건강에 유익하다고 본다.

방어 메커니즘

인간의 심리적 방어 메커니즘, 즉 **방어기제**^{defense mechanisms}는 심리적 위협 또는 충동을 직시하기보다 갈등에서 비롯된 불안이 생길 때 두려움으로부터 자아를 보호하고, 욕구를 충족시켜 마음의 평정 회복을 위해 동원되는 무의식적인 심리적 책략을 뜻한다. 개인의 신체건강 유지를 위해 면역체계가 있다면, 정신건강 유지를 위해서는 방어기제가 있다. 인간은 마음의 평정을 원한다. 그러나 살다 보면 마음의 평정을 깨뜨리는 일들이 발생한다. 특히 사회적·도덕적으로 용납되지 못하는 성충동, 공격 욕구, 미움, 원한 등은 위험으로 인식되어 갈등(본능 욕구, 초자아의 요구, 이들과 자아의 충돌)이 생긴다. 이 과정에서 본능 욕구와 초자아의 요구 사이에 **절충형성**^{compromise formation}이 일어난다.

개인의 성격특성은 주로 어떤 방어기제들을 동원하는가로 표출된다. 절충형성은 서로 조금씩 양보하여 욕구를 충족시키고 마음의 평정을 이루는 과정으로, 흔히 신경증^{neurosis}의 원인이 된다. 절충형성의 결과가 행동으로 나타난 것이 **증상**^{symptom}이다. 자아가 원초아 또는 초자아와의 긴장을 조정할 수 없을 때, 또는 용인될 수 없는 욕구를 다룰 때, 개인은 양립할 수 없는 갈등을 해결하기 위해 하나 혹은 그 이상의 방어기제를 사용한다. 주기적인 방어기제의 사용은 적절한 스트레스 대처방법이 될 수 있으나, 습관적인 사용은 심각한 문제가 될 수 있다. 예컨대, 만일 감정억제를 위해 장기간에 걸쳐 다양한 방어기제에 의존한다면, 개인은 결국 우울증, 자살사고, 진통제 남용으로 이어질 수 있다. 방어기제는 크게 ① 기만형, ② 대체형, ③ 도피형으로 나뉜다.

기만형.　　기만형 방어기제는 감정 또는 태도 변경을 통해 불안이나 위협에 대한 인식을 달리하려는 무의식적 메커니즘으로, ① 합리화, ② 억압, ③ 투사 등이 있다. 첫째, **합리화**rationalization는 인식하지 못한 동기에서 나타낸 행동을 그럴듯한 이유를 내세움으로써 자신의 행동이 합리적이고 정당함을 입증하여 체면을 유지하려는 기제다. 이 기제는 실제 원인이 의식에서 용납할 수 없는 내용이므로 도덕적이고 합리적인 설명으로 자아를 보호하려는 시도다. 합리화의 예로는 이솝의 『여우와 신포도』 우화에서 능력 부족으로 따먹지 못한 먹음직스러운 포도를 여우는 신포도로 인식을 달리함으로써 자신의 자존심을 보호받으려 한 것을 들 수 있다. 또는 시험에 실패한 학생이 그 원인을 자신의 노력 부족보다는 시험문제나 교사의 지도방법 문제로 돌림으로써 불안, 위협 또는 죄의식을 없애고 자신의 행동을 정당화하는 것을 들 수 있다. 병리적 합리화는 망상delusion의 원인이 된다.

둘째, **억압**repression은 가장 흔히 사용되는 것으로, 초자아가 자존심을 손상시키고 불안을 유발하는 원초아의 내적 충동과 추동(위협적인 감정, 소원, 환상, 기억, 죄의식, 수치심)을 무의식으로 억누를 때 발생하는 무의식적 과정이다. 추동이론에서 억압은 강박, 충동, 환각, 심리신체적 불평, 불안, 우울 같은 광범위한 신경증 징후의 원인이다. 억압이 많아지면 억눌린 생각들이 풀려 나오지 못하기 때문에 편견이나 선입견이 많아진다. 억압의 전형적인 예로는 오이디푸스 콤플렉스가 있다. 억압은 인식 외부에서 발생하므로, 의식적으로 충동을 마음 밖으로 밀어내는 억제보다 더 병리적이다. **억제**suppression는 내적 사고, 감정, 욕망의 어려움에 대한 의도적/반의식적 회피를 나타내는 기제로, 시험공부에 집중하기 위해 잠시 고통스러운 기억을 밀쳐 두는 것이 그 예다. 이 방어기제는 장기간에 걸쳐 상실, 비탄 등과 같은 어려운 감정을 직면할 때 유용하다.

셋째, **투사**projection는 용납하기 어려운 감정, 충동, 소망을 인정하기보다 타인 또는 외부에 돌려 버리는 것이다. 이 기제는 무의식에서 불안의 원인이 되는 충동 또는 욕구로, 미숙하고 가장 병적인 정신기제다. 외도를 저지른 사람이 충실한 배우자에게 자신의 의도를 돌려 버리려는 시도가 그 예다. 투사가 심하면 **망상**(사고의 형태) 또는 **환각**^{hallucination}(지각의 형태)의 원인이 되는데, 이에 망상과 환각은 '무의식의 메아리^{unconscious echo}'라고 불린다. 투사와 유사한 방어기제로는 **투사적 동일시**^{projective identification}가 있다. 이는 "투사된 것이 단순한 별개의 충동이 아니라 자신의 한 부분"이라는 점에서 투사와는 차이가 있다(Mitchell & Black, 1995, p. 101).

대체형.   대체형 방어기제로는 ① 보상, ② 전치, ③ 치환/대체형성, ④ 반동형성, ⑤ 승화, ⑥ 지성화가 있다. 첫째, **보상**^{compensation}은 자신의 좋은 특성을 강조함으로써 성격, 지능, 외모 등의 약점을 가리거나 한 영역에서의 좌절을 다른 데서 과잉 충족함으로써 자존심을 고양시키려는 기제다. 보상의 예로는 "작은 고추가 맵다."라는 말처럼 몸집이 작은 학생이 목소리가 크거나 공부를 잘하는 것, 또한 천대받던 작은 섬 코르시카 출신의 키 작은 나폴레옹이 세계 정복에 나선 역사적 사실을 들 수 있다.

둘째, **전치**^{displacement}는 원래의 무의식 대상에게 주었던 감정을 그 감정을 주어도 덜 위험한 대상에게로 옮기는 기제다. 전치의 예는 '동대문에서 뺨 맞고 서대문에서 화풀이하기' '종로에서 뺨 맞고 한강에서 눈 흘기기'라는 말에서 찾을 수 있다. 도덕적 타락에 죄책감을 느끼는 사람이 더러워지는 것을 두려워하여 강박적으로 손을 씻는 현상은 도덕적 불결에 대한 죄책감이 물리적 불결함으로 전치된 것으로, 손 씻는 행위로 도덕적 청결을 회복하고자 하는 노력이다.

셋째, **치환**^{substitution}은 심적 에너지를 바라던 목표에서 다른 가능한 목표로 전환함으로써 불안이나 위기의식을 방출하려는 기제다. '대체형성'이라고도 불리는 이 기제는 '전이된 보상', 즉 '꿩 대신 닭'이라는 말처럼 목표로 했던 대상을 차지하지 못하게 됨에 따른 좌절감에 의한 불안을 줄이기 위해 원래의 것과 비슷한 것을 취해 만족을 얻는 것이다. 치환의 예로는 자식이 없는 부인이 애견을 정성껏 보살피거나 오빠를 잘 따르는 여동생이 오빠의 친구와 사귀는 것이다. 치환은 대체물이 되는 '대상'에, 전치는 '감정'에 중점을 둔다는 점에서 차이가 있다.

넷째, **반동형성**^{reaction formation}은 위험하고 불안한 욕구의 노출을 피하려고 자신의 욕구와는 정반대되는 언행을 과장하는 기제다. 이는 무의식적 생각, 소원, 충동이 부도덕하여 두려움이 유발될 때, 정반대의 언행 표출을 통해 의식화를 막는 과정이다. 반동형성의 예로는 내면의 강한 성충동 표출을 두려워하는 사람이 성에 대해 극단적인 혐

오감을 나타내는 것이다.

다섯째, **승화**sublimation는 본능적 욕구나 참기 어려운 충동 에너지를 사회적으로 용납되는 목표성취나 욕구충족을 통해 만족을 얻는 기제다. 이는 원초아의 요구를 거부하지 않고 자아의 억압이 없으며 충동 에너지가 사회적으로 유용하게 전용된다는 점에서 가장 건강한 기제다. 승화는 마치 댐을 만들어 홍수를 막고 수력발전으로 이용하는 것과 같다. 승화의 예로는 어려운 가정형편으로 사회에 대한 불만이 가득했던 소년이 권투선수가 되어 경기를 통해 공격성을 해소하는 동시에 돈과 명예를 한꺼번에 누리게 되는 것을 들 수 있다.

끝으로, **지성화**intellectualization는 불안, 자아의 위협 또는 불편한 감정과 충동을 지적으로 해소하려는 기제다. '주지화'로도 불리는 이 기제는 생각을 많이 하면서도 생각에 따른 감정은 배제함으로써 용납하기 어려운 충동에 따른 불안을 해소하려는 것이다. 지성화의 예로는 지적 수준이 높은 사람들이 궤변이나 분석적 사고를 통해 불안을 해소하려는 것을 들 수 있다.

도피형.   도피형 방어기제는 불안이나 위협적인 현실에서 비현실적 세계로 피함으로써 만족과 위안을 추구하려는 기제로, ① 공상, ② 고착, ③ 퇴행, ④ 동일시, ⑤ 부정, ⑥ 히스테리 등이 있다. 첫째, **공상**fantasy은 좌절된 현실적 욕구나 불안을 상상을 통한 성취로 만족을 추구하는 기제다. 공상의 예로는 재정적으로 어려움을 겪는 사람이 '내가 억만장자가 된다면'과 같은 백일몽daydreaming을 꾸는 것이 있다. 둘째, **고착**fixation은 불안이나 자아의 위협에서 벗어나기 위해 발달의 특정 단계에 멈추는 것이다. 고착의 예로는 '구강고착적 성격' 또는 '항문고착적 성격'을 들 수 있다.

셋째, **퇴행**regression은 심한 좌절을 겪게 되는 경우, 만족스러웠던 초기 발달수준으로 되돌아가 덜 성숙된 언행으로 불안이나 위협을 해소하려는 기제다. 퇴행의 예로는 '아우 탄다'라는 말처럼, 동생의 출생으로 부모의 관심을 얻지 못하게 된 유아가 갑자기 용변을 가리지 못하거나 옹알이를 하는 등의 유치한 행동을 보이는 것을 들 수 있다. 넷째, **동일시**identification는 자신보다 훌륭하다고 여기는 인물이나 집단과 강한 정서적 유대를 형성함으로써 만족을 추구하는 기제다. 이 기제는 자아와 초자아 형성에 영향을 미치는 등 성격발달에 가장 중요한 역할을 한다. 즉, 동일시를 통해 부모가 자녀의 성격 내부에 들어오게 된다. 그러나 부모의 성격이 완전하지 않으므로, 어떤 부모를 동일시하는가에 따라 개인의 성격구조가 달라진다. 동일시의 예로는 아동이 동성 부모의 행동을 모방하여 성역할을 행동으로 옮기는 현상을 들 수 있다. 동일시는 중요한 타인의 강점을 자기 것으로 받아들이려는 동기에서 출발한다.

다섯째, **부정**^{denial}은 의식화되면 감당하기 힘든 생각, 욕구, 충동 또는 위협적인 현실에 대한 지각을 무의식적으로 거부함으로써 자아를 보호하려는 기제다['(현실) 부인'이라고도 불림]. 이 기제는 프로이트에 의해 알려진 최초의 방어기제로, 가장 원초적인 기제에 속한다. 부인의 예로는 자녀의 사고 소식을 접한 부모가 '그럴 리가 없어.'라며 그 사실을 인정하지 않는 것을 들 수 있다. 부인은 물질 사용과 남용을 하는 내담자의 가족 또는 직업 · 관계에서 희망을 잃은 사람들에게서도 나타난다. 끝으로, **히스테리**^{hysteria}는 불안이나 위협을 신체 증상을 통해 해소하려는 기제다. 이 기제는 현실성이 결여되어 비효과적이고 불합리하여, 가장 위험한 기제에 속한다. 히스테리의 예로는 시험에 자신이 없는 수험생이 갑자기 두통 또는 호흡곤란을 나타내거나, 곧 전투에 투입될 병사가 실신하거나 수족 마비 증상을 보이는 것을 들 수 있다. 그렇다면 자신이나 타인의 행동이 방어기제에 의한 것인지는 어떻게 알 수 있는가?

방어행동의 인식. 방어행동의 공통점은 ① 의외의 반응, ② 언행 불일치, ③ 진술 번복이다. 첫째, 특정 반응이 기대되는 상황에서 의외의 반응이 나온다. 예를 들어, 화가 날 만한 상황에서 전혀 화가 나지 않는다고 말하거나 정반대의 반응을 보인다면, 방어기제를 사용하고 있을 가능성이 높다. 둘째, 언행이 일치하지 않는다. 예를 들어, 아버지를 존경한다고 말하는 사람이 아버지와의 접촉을 피하거나 아버지 앞에서 얼굴이 창백해지고 몸이 경직되는 경우다. 셋째, 감정에 대한 진술이 자주 번복된다. 예를 들어, 어떤 일에 대해 전혀 놀라지 않았다던 사람이 많이 놀랐다는 등 횡설수설한다면, 방어기제를 사용하고 있을 가능성이 높다. 이처럼 완전한 자기기만은 가능하지 않으므로 방어기제를 동원하는 사람의 행동은 과장되거나 부자연스러워서 상대방을 불편하게 하는 특징이 있다.

주요 개념 / 주요 개념을 확인해 볼까요?

• 성격	• 심리성적 발달단계	• 리비도
• 추동	• 성감대	• 심적 에너지
• 구강기	• 자궁으로의 회귀	• 구강자아
• 구강고착적 성격	• 구강의존적 성격	• 항문기
• 항문고착적 성격	• 항문폭발적 성격	• 남근기
• 오이디푸스 콤플렉스	• 엘렉트라 콤플렉스	• 거세불안
• 남근선망	• 잠복기	• 성기기
• 심리내적 갈등	• 일차 이득	• 이차 이득
• 사회성	• 아동기와 사회	• 자아심리학
• 자아정체감	• 공유정체감	• 생물학적 결정주의
• 가소성	• 스트레스	• 압력
• 좌절	• 갈등	• 정적 유의성
• 부적 유의성	• 일반적응증후군	• 경고반응단계
• 저항단계	• 소진단계	• 생활변화량
• 사회재적응평정척도	• 투쟁/도피반응 이론	• A형 행동패턴
• 문제중심대처	• 정서중심대처	• 사회적 지지
• 방어기제	• 신경증	• 증상
• 합리화	• 억압	• 억제
• 투사	• 망상	• 환각
• 투사적 동일시	• 보상	• 전치
• 치환/대체형성	• 반동형성	• 승화
• 지성화	• 공상	• 고착
• 퇴행	• 동일시	• 부정/(현실) 부인
• 히스테리		

상담전문가의
윤리적 쟁점

☐ 상담전문가 윤리강령

☐ 윤리적 의사결정

☐ 상담의 윤리적 쟁점

☐ 상담전문가의 법적 책임

☐ 문제가 있는 상담 전공 학생 조력에 관한 지침

■ 주요 개념

상담전문가는 법과 윤리에 합당한 전문적 서비스를 제공해야 한다. 이들은 사회구성원들의 변화·성장을 함께할 수 있는 특권과 사회에 대한 책무성을 동시에 지는 위치에 있기 때문이다. 윤리기준은 상담전문가의 전문가로서의 품행과 책임에 대한 기본 틀을 제공한다. 그러므로 상담전문직에 관한 윤리와 법률 외에 자신에 대해 잘 알고 있어야 하는 것은 상담전문가에게 필수적인 일이다. 상담전문가는 윤리와 법률에 합당한 정신건강 서비스 제공을 통해 자신의 가치를 입증하고 사회의 책무를 완수하기 위해 지속적으로 노력해야 한다. 이들에게 윤리는 다른 사람과의 관계에서 보여야 할 품행이나 행위의 기준 또는 전문적 실천기준이나 합의된 규정에 따른 수용 가능하거나 선한 행위를 실천하는 것이기 때문이다. 이 장에서는 ① 상담전문가 윤리강령, ② 윤리적 의사결정, ③ 상담의 윤리적 쟁점, ④ 상담전문가의 법적 책임으로 나누어 윤리적 상담에 관해 살펴보기로 한다.

상담전문가 윤리강령

상담전문가의 전문성은 지식과 윤리적인 서비스 제공으로 표출된다. 즉, 전문가집단의 일원으로서 옳고 그름으로 판단되는 일련의 품행이다. 전문가집단에서 윤리강령을 제정하는 목적은 구성원들에게 자기통제와 자기조절의 기초를 제공함으로써 정부와 법률의 간섭에서 벗어나 자율성을 확보하기 위함이다(강진령, 이종연, 유형근, 손현동, 2009). 이에 상담전문가는 최소한 자신의 전문영역에 관한 윤리기준을 숙지하고 있어야 하고, 윤리적 양심과 도덕적 책임을 깊이 인식하고 조력 작업에 임해야 한다.

상담전문가 윤리강령의 기능

상담전문가 윤리강령의 기능은 글상자 3-1과 같다.

 글상자 3-1. 윤리강령의 기능

1. 내담자와 학회의 전문적 지위를 보호한다.
2. 직업의 전문적 정체성과 성숙함을 대변한다.

3. 전문가들이 직무에서 바람직하다고 여기는 가치를 반영하는 특정 행동패턴을 나타내도록 안내한다.
4. 윤리적 의사결정과정의 틀을 제공한다.
5. 전문가가 직무상 과실로 소송당했을 때 방어수단이 될 수 있다.

상담전문가의 비윤리적 행동에는 누가 봐도 명백히 계획적인 것이 있는가 하면, 미묘하면서도 고의성이 없는 경우도 있다. 그럼에도 해로운 결과를 초래한다는 공통점이 있다. 상담과정에서 흔히 발생하는 상담전문가의 비윤리적 행동은 글상자 3-2와 같다(ACA, 2014).

 글상자 3-2. 상담장면에서 흔히 발생하는 상담전문가의 비윤리적 행동

○ 비밀유지 위반
○ 전문적 역량 초과
○ 상담업무 태만
○ 소유하지 않은 전문성이 있다는 주장
○ 내담자에게 자신의 가치 주입
○ 내담자에게 의존성 유발
○ 내담자와의 성적인 활동
○ 특정 이해 갈등(예, 이중관계, 즉 상담전문가의 역할과 개인적·전문적인 다른 관계와의 결합)
○ 미심쩍은 금전처리 방식(예, 과도한 상담료 부과)
○ 부적절한 홍보
○ 표절

그러나 윤리기준이 아무리 잘 만들어졌다고 하더라도 모든 경우에 적용하기에는 한계가 있다. 상담전문가가 윤리적으로 책임 있는 방식으로 행동하고 있는지는 글상자 3-3에 제시된 질문을 통해 확인할 수 있다.

 글상자 3-3. 상담전문가의 윤리적 행동에 대한 확인사항

1. 개인 또는 전문가로서 정직한가?
2. 내담자가 가장 관심을 가지고 있는 주제를 다루고 있는가?
3. 악의 또는 개인적 이득 없이 행동하고 있는가?
4. 현재의 행동을 정당화할 수 있는가?

상담전문가는 내담자와의 관계에서 개방적으로 활동할 필요가 있다. 숨겨진 문제 또는 의식하지 못한 감정은 상담관계를 저해하는 동시에 비윤리적 행위 발생의 가능

성을 높이기 때문이다. 또 개인적 · 직업적으로 호감이 가는 내담자와의 특별한 관계 형성을 피해야 한다. 윤리적 판단 오류는 상담전문가의 개인적 관심이 내담자와의 관계의 일부가 되는 경우에 흔히 발생한다(St. Germaine, 1993). 윤리적 갈등의 예방 · 해결 방안으로는 윤리강령 숙지, 최근에 출간된 사례집과 문헌 참조, 워크숍 참석, 동료 자문, 수퍼비전 등이 있다. 급변하는 사회적 흐름은 사회구성원들에게 적응에 대한 압력으로 작용할 뿐 아니라, 상담전문가와 전문학회로서는 복잡하게 변해 가는 가치에 걸맞게 윤리강령을 업데이트해야 하는 압박을 받고 있다. 참고로, 미국상담학회(ACA)는 2014년 다섯 번째로 윤리강령을 개정했다. 새로 개정된 윤리강령은 전반적으로 원격상담, 과학기술, 사회적 매체의 중요성과 융합을 강조하고 있다(예, 기록의 백업을 통한 전자기록의 안전성 확보, 원격상담의 장단점). 개정된 윤리강령에서 달라진 내용을 요약 · 정리하면 글상자 3-4와 같다.

◆ 글상자 3-4. 개정된 윤리강령에서 달라진 내용

1. 이론과 연구에 근거한 상담기술을 제공한다.
2. 내담자가 요구하더라도 위험하고 해로운 기술은 사용하지 않는다.
3. 상담료를 감당할 수 없는 내담자에게는 무료서비스를 권하거나 더 저렴한 서비스에 의뢰한다.
4. 내담자가 삶을 마감하려고 할 때, 상담자가 관여하지 않도록 허용한 내용을 삭제한다(상담전문가의 무능력 또는 훈련 부족으로 내담자를 다른 전문가에게 의뢰할 수 있지만, 신념이나 가치관 차이로 상담을 거절해서는 안 됨).
5. 내담자에게 전염성이 있고 생명을 위협하는 질병이 있다는 사실을 알았을 때, 내담자가 타인을 위험에 처하게 했는지 평가하고, 타인의 안전성을 공고하게 하며, 필요하면 타인에게 경고할 책임이 있다.

윤리기준의 한계

상담전문가 윤리기준은 제정 시점의 경험과 가치를 기반으로 행동지침을 제공한다. 그러나 윤리기준은 책임 있는 전문가의 행동을 위한 요리책cook book이 아니라 일련의 사안에 대한 지침을 제공할 뿐이다. 또한 특정한 의문점에 대해서는 거의 답할 수 없다는 점에서 대체로 모호하고 이상적인 면이 있어서 윤리적 딜레마를 다루는 데 한계가 있다(Remley, 1985). 이러한 한계점을 요약 · 정리하면 글상자 3-5와 같다.

글상자 3-5. 윤리기준의 한계

1. 기본 원칙만 제시되어 있어서 다룰 수 없는 쟁점도 있다.
2. 명확성이 결여되어 정도를 헤아리기 어려운 경우가 있다.
3. 구체적인 대처·해결 방안을 제공하지 않는다.
4. 적극적이기보다는 반응적이다.
5. 윤리기준을 강요하기 어렵다.
6. 전문가 학회 또는 협회마다 윤리기준이 달라서 혼란이 초래될 수 있다.
7. 같은 윤리강령에서도 상충되는 조항으로 인해 갈등이 야기될 수 있다.
8. 같은 윤리강령에서도 기준과 법, 기준과 전문가의 가치 사이에 갈등이 있다.
9. 윤리강령 제정과정에 일반인들이 배제되어 그들의 관심이 반영되지 않았을 수 있다.
10. 소속기관의 규정과 문화적 차이로 인해 갈등을 일으킬 수 있다.
11. 윤리강령이 항상 최신 쟁점을 다루는 것은 아니다.

글상자 3-5에서 제시된 윤리기준의 한계를 고려할 때, 상담전문가는 윤리기준을 숙지하고 있어서 윤리적 의사결정이 요구될 때 자신이 소속된 집단의 윤리강령을 기준으로 상황과 맥락을 고려하여 판단해야 할 것이다. 이 경우, 자신의 욕구, 신념, 가치관, 태도 등이 윤리기준의 해석에 영향을 미치지 않도록 한다.

윤리적 의사결정

전문가 윤리강령에는 어떤 쟁점을 중심으로 어떤 내용이 포함되어야 하는가? 이에 대한 결정은 쉽지 않다. 어떤 사회적 가치가 기준에 반영되어야 하는지에 대한 갈등 또는 논란이 발생할 수 있기 때문이다(Gert, 2005; Ponton & Duba, 2009). 이에 윤리강령에 어떤 내용을 포함할 것인지에 대한 결정은 충분한 시간을 두고 논의할 필요가 있고, 상담전문가들에게 적합하고 내담자들이 납득할 수 있는 윤리강령을 제정하기 위해 심혈을 기울이는 학회 또는 협회 구성원들의 입장을 기반으로 이루어져야 할 것이다.

〈표 3-1〉 상담전문가의 윤리적 갈등 영역

갈등 영역	내용
□ 상담관계	○ 상담서비스에 대한 물물교환 ○ 말기 환자 내담자와 생애 마감 결정에 대한 상담 ○ 이론/연구에 기반하지 않은 기술 사용 ○ 내담자에 대한 서비스 종용 ○ 내담자에게 상담전문가의 가치관 주입 ○ 의학적 진보와 관련된 내담자의 쟁점 다루기 ○ 내담자 진단 ○ 자해 또는 타해 위험이 있는 내담자와의 상담
□ 법적 문제	○ 제3자로부터 내담자를 보호하기 위해 진단을 내리지 않는 행위 ○ 내담자의 권리 보호를 위한 위법행위 ○ 아동학대, 배우자 학대, 또는 노인학대 사실에 대한 보고 여부
□ 사회문화적 문제	○ 동성애자(게이/레즈비언) 내담자에게 성 정체성 변화를 위한 치료를 추천하는 행위 ○ 특정 성별 또는 문화권 내담자만 상담하는 행위 ○ 특정 집단에 관한 지식이 없는 상태로 상담에 임하는 행위
□ 경계문제	○ 내담자의 공식적 행사(예, 결혼식, 약혼식, 졸업식 등) 참여 ○ 내담자와의 신체적 접촉(예, 포옹) ○ 내담자에게 상담전문가의 물품을 판매하는 행위(예, 서적, CD 등) ○ 현재 또는 과거 내담자와 성적인 관계를 맺는 행위 ○ 다른 조력관계(예, 가족상담)에 있는 내담자를 상담하는 행위
□ 비밀유지	○ 개인, 집단, 커플, 가족에 대한 비밀유지의 의무를 저버리는 행위 ○ 자녀에 대한 정보 요구를 하는 부모/보호자의 요구를 거절하는 행위 ○ 내담자로 하여금 자신의 상담기록을 보지 못하게 하는 행위 ○ 임상 수퍼바이저가 아닌 동료와 내담자의 사적 정보를 공유하는 행위
□ 사전동의	○ 부모의 동의 없이 미성년자 내담자를 상담하는 행위 ○ 사전동의를 얻지 않고 상담서비스를 제공하는 행위 ○ 임신한 10대에게 부모/보호자의 동의 없이 상담서비스를 제공하는 행위
□ 전문적 관계	○ 상담 관련 전문학회에 가입하지 않는 행위 ○ 상담료를 적절치 않게 책정하는 행위 ○ 정신건강의 특성 변화를 업데이트하지 않는 행위 ○ 비윤리적 행위를 한다고 판단되는 동료 상담전문가에게 먼저 알리지 않고 그 의 비윤리적 행위를 보고하는 행위 ○ 자신의 자격을 허위로 진술하는 행위
□ 과학기술	○ 인터넷상에서 상담 또는 수퍼비전 서비스를 제공하는 행위 ○ 컴퓨터에 저장된 내담자 기록에 대한 안전성을 확보하지 않는 행위 ○ 인터넷으로 내담자의 정보를 전달하는 행위

〈표 3-2〉 상담전문가의 윤리적 서비스 제공을 위한 일반 원칙

영역	내용
☐ 선의 · 무해성	○ 서비스 대상자의 이익을 위해 노력하고, 해를 입히지 않는다.
☐ 비밀유지 · 책임감	○ 사회의 전문가로서 과학적 책임이 있고, 신뢰를 바탕으로 관계를 형성한다.
☐ 성실성	○ 제반 활동에 있어서 정확 · 정직하며 진실됨을 추구한다.
☐ 공정성	○ 모든 사람이 심리적 서비스를 이용하고 이익을 얻을 권리가 있음을 인식한다. ○ 자신이 가진 편견과 능력의 한계를 인식하고 있어야 한다.
☐ 타인의 권리 · 존엄성 존중	○ 모든 사람의 권리와 존엄성을 존중하고, 권리 보호 방법을 규정화한다.

APA(2002)는 상담전문가 윤리기준과 행동강령에서 〈표 3-2〉와 같은 일반 원칙을 발표했다. 〈표 3-2〉에 제시된 일반 원칙은 강제규정은 아니지만, 상담전문가의 행동 지침 역할을 한다. 그러나 윤리규정은 강제성이 있는 행동강령이다. 학회의 회원 자격에는 이 기준을 엄수하는 것이 포함되어 있다. 그러나 실제 상담활동에서 임상가들은 다양한 윤리적 결정을 내려야 하고 갖가지 딜레마와 마주하게 된다. 게다가 사회의 변화에 따라, 임상가들은 윤리적 판단을 내리기가 더욱 어려워지고 있다. 상담전문가들이 가장 빈번하게 직면하는 윤리적 딜레마는 무엇일까? APA 회원을 대상으로 무선표집한 결과, 응답자들이 경험한 윤리적 딜레마를 빈도수별로 정리하면 〈표 3-3〉과 같다(Pope & Vetter, 1992).

〈표 3-3〉 상담전문가들이 직면하는 윤리적 딜레마의 빈도별 결과

영역	예시
☐ 비밀유지	○ 아동학대가 의심되거나 다른 이유로 제3자의 실제적 또는 잠재적 위험이 발생하여 비밀유지 원칙을 위반함
☐ 다중관계	○ 치료적 경계를 유지할 수 없을 정도의 이중 또는 갈등 관계 ○ 개인적 관계와 직업적 관계를 구분할 수 없을 정도의 모호한 관계
☐ 비용 지불	○ 비용의 출처, 상담료 납부 계획과 방법에 관한 문제 ○ 응급 내담자라는 이유로 부적절한 보험 적용

이 외에도 교육과 훈련의 딜레마, 법정 심리학, 연구, 동료 상담전문가의 행동, 성 문제, 평가, 의심의 여지가 있거나 해가 될 수 있는 개입, 전문성에 관한 순으로 나타났다.

◢ 글상자 3-6. 윤리적 의사결정이 요구되는 일화

간암 말기 판정을 받은 내담자(남, 93세)는 자신의 삶이 6개월밖에 남지 않았다는 사실을 알게 된 후, 극심한 우울증에 빠져 더 이상 살 이유가 없다고 생각하고 있다. 그동안 줄곧 당신에게 상담을 받아 온 그의 삶은 거의 변화가 없고, 다만 죽음이 자신을 덮치기 전에 스스로 삶을 끝내고 싶어 한다. 그의 아내는 이미 10년 전에 세상을 떠났고, 그 후 그는 이렇다 할 친구나 가족 없이 줄곧 홀로 생활해 오고 있다. 그는 새로운 지지체계를 형성하는 것에 관심조차 없다. 또 자신은 충분히 오래 살았고, 삶에서 이루고 싶었던 것을 거의 다 이루었다고 말하며 이제 죽을 준비가 되어 있고, 고통 없이 삶을 끝내고 싶다면서 당신에게 자신의 목적을 달성하는 데 가장 효과적인 방법을 찾는 것을 도와 달라고 요청한다. 상담전문가로서 당신은 어떤 선택을 해야 할까?

ACA(2014)는 윤리강령에서 윤리강령을 위반하고 있다고 판단되는 상담자를 발견하는 경우, 다른 사람에게 심각한 피해가 발생했거나 그럴 가능성이 있는 경우가 아니면 우선 해당 상담전문가와 비공식적으로 그 상황에 대해 논의·해결하도록 권장한다. 그러나 그렇게 조치했음에도 불구하고 해결방법을 찾지 못했거나 상당한 정도의 피해가 예상된다면, 소속 학회의 윤리위원회에 보고해야 한다.

윤리적 의사결정 원칙

상담장면의 안팎에서 발생하는 윤리적 갈등상황에서 윤리적 의사결정을 내리는 것은 결코 쉬운 일은 아니지만, 이는 유능한 상담전문가가 되어 가는 필수불가결한 과정의 일부다. 상담전문가의 윤리적 행동은 〈표 3-4〉에 제시된 연속적인 5단계 발달과정으로 개념화할 수 있다(Van Hoose & Paradise, 1979).

〈표 3-4〉 상담전문가의 윤리적 행동의 발달과정

단계	내용
1단계: 처벌지향	❍ 외적 사회기준이 행동 판단의 근거가 된다고 믿는다. ❍ 사회규칙을 위반한다면, 처벌받아야 한다.
2단계: 기관지향	❍ 소속기관의 규칙을 준수한다. ❍ 규칙에 대한 의문 없이 이를 근거로 결정한다.
3단계: 사회지향	❍ 사회기준을 근거로 결정을 내린다. ❍ 사회 또는 개인의 요구가 우선인지에 대한 의구심이 드는 경우, 항상 사회의 요구를 우선시한다.

4단계: 개인지향	○ 개인의 요구를 최우선시한다.
	○ 사회적 요구를 인식하고 있고, 법에 관심을 가진다.
	○ 그러나 개인에게 최선인 것에 초점을 맞춘다.
5단계: 원칙(의식) 지향	○ 개인에 대한 관심이 우선시된다.
	○ 윤리적 결정은 외적 고려사항이 아니라 내면화된 윤리기준에 기반한다.

이중관계 문제, 상담전문가가 동의하기 힘든 신념과 생활양식을 지닌 내담자에 대한 상담, 상담료 산정과 수납 등은 잠재적으로 논란의 여지가 있는 문제다. 이 경우, 윤리적 원칙에 근거한 윤리적 추론을 통해 〈표 3-5〉와 같은 윤리적 상담을 위한 의사결정 원칙에 입각하여 행동해야 한다(Kitchner, 1984).

〈표 3-5〉 키치너의 윤리적 의사결정을 위한 다섯 가지 원칙

원칙	내용
□ 자율성 존중	○ 내담자가 행동을 스스로 결정 · 처리할 수 있는 자율적 존재임을 인정한다.
	○ 내담자가 행동에 책임질 것을 기대 · 존중한다.
□ 선의	○ 타인에게 선행을 베풀겠다는 의도로 행동한다.
	○ 무능하거나 부정직하면 내담자의 성장 또는 복지에 도움을 줄 수 없다는 사실을 인식한다.
□ 비유해성	○ 다른 사람에게 해 · 손해를 입히거나 위험에 빠뜨리지 않고, 그런 행동을 적극적으로 피한다.
□ 공정성	○ 인종, 성별, 종교 등을 이유로 내담자를 차별하지 않는다.
	○ 시민은 누구나 모든 서비스를 동등하게 받을 권리가 있다는 사실을 알고 있다.
□ 충실성	○ 내담자를 돕는 일에 열정을 가지고 충실하게 임하며, 약속을 잘 지킨다.
	○ 계약 위반(예, 사전 통보 없이 상담 약속 취소 또는 비밀유지 위반) 또는 내담자의 신뢰를 저버리는 행위를 하지 않는다.

키치너Kitchner의 윤리적 의사결정 원칙은 상담전문가가 윤리적 갈등상황에 놓이게 될 때, 윤리규정으로 대처할 수 없거나 누락된 부분을 처리하기 위한 지침 역할을 한다. 이러한 원칙 중에서 무해성 원칙은 상담 분야에서 가장 주된 윤리적 책임으로 구분하기도 한다. 무해성 원칙은 현존하는 피해 예방뿐 아니라 향후 피해 예방과 피해의 수동적 회피를 포함하고 있다. 이 원칙은 자해 또는 타해 가능성이 있는 내담자 또는 동료 상담전문가의 비윤리적 행위에 대응해야 하는 근거가 된다(Daniluk & Haverkamp, 1993).

상담의 윤리적 쟁점

상담전문가가 흔히 직면하게 되는 윤리적 쟁점으로는 ① 비밀유지, ② 사전동의, ③ 다중관계, ④ 가치관 주입, ⑤ 전문적 역량과 책임을 들 수 있다.

비밀유지

첫째, 비밀유지[confidentiality]는 상담 또는 심리치료가 진행되는 동안 드러난 정보는 내담자의 동의 없이 함부로 공개되지 않는다고 내담자와 계약을 맺거나 약속한 것을 지킬 윤리적 의무다. 이 의무는 상담관계에서 알게 된 내담자에 관한 정보를 내담자의 동의 없이 제3자에게 누설하지 않고 보호해 줄 것이라는 약속을 의미한다. 의도적이든 그렇지 않든 간에 이 원칙이 파기되는 경우에는 법적 · 윤리적 관심사가 된다. 비밀유지 원칙이 중요한 이유는 내담자가 상담과정에서 말한 내용이 제3자에게 노출되지 않을 거라는 확신이 있을 때, 상담전문가를 신뢰하고 진정성 있는 대화를 할 수 있기 때문이다. 상담초기에 상담전문가는 내담자에게 내담자의 사적인 정보는 내담자의 허락 없이는 공개하지 않을 것임을 알린다. 비밀유지 원칙과 관련하여 내담자의 사생활 보호 범위는 글상자 3-7과 같다. 여기서 사생활[privacy]은 "시간, 환경, 사적 정보에 대해 공유하거나 하지 않을 정도를 선택할 개인의 권리를 인식하는 법적 개념"이다(Herlihy & Sheeley, 1987, p. 479).

글상자 3-7. 내담자의 사생활 보호 범위

1. 내담자가 상담을 받고 있다는 사실
2. 대기실에서 누구인지 알려지지 않게 하는 것
3. 제3자에게 상담 회기 녹음을 포함하여 상담기록을 노출하지 않는 것
4. 검사결과 관련 서류와 파일을 내담자의 동의 없이 알리지 않는 것

비밀유지 원칙의 예외.　상담전문가는 예외 없는 비밀유지를 약속해서는 안 된다. 비밀유지 원칙에는 예외가 있기 때문이다. 그러므로 상담전문가는 비밀유지 원칙이 파기될 수 있는 내담자의 잠재적 상황에 대해 소통할 필요가 있다. 비밀유지 원칙이

파기될 수 있는 예외상황은 글상자 3-8과 같다.

> ### 글상자 3-8. 비밀유지 원칙의 예외상황
>
> 1. 상담전문가와 내담자 사이에 분쟁이 발생하는 경우
> 2. 내담자가 법적 소송에서 정신상태 문제를 제기하는 경우
> 3. 내담자의 상태가 자신 또는 타인에게 위험성이 있는 경우
> 4. 아동학대 또는 방치에 관한 사실이 밝혀지는 경우
> 5. 내담자가 범죄를 저지르고자 하는 사실을 알게 되는 경우
> 6. 법정에서 심리적 사정/평가를 명령한 경우
> 7. 비자발적 입원이 필요한 경우
> 8. 내담자가 범죄 피해자라는 사실을 알게 되는 경우
> 9. 취약한 성인에게 해가 되는 경우

일반적으로 비밀유지 원칙은 집단상담 또는 가족치료에는 적용되지 않는다(Wheeler & Bertram, 2008). 그렇지만 상담전문가는 집단 및 가족치료 참여자들의 비밀유지에 대한 윤리적 관심사를 유념해야 한다.

미성년 내담자 부모의 권리.   상담전문가는 미성년 내담자 부모의 권리를 존중해야 한다. 미성년자는 만 18세 미만의 청소년을 뜻한다. 미성년자 상담은 대체로 ① 부모의 동의, ② 부모의 강제, 또는 ③ 법원의 명령에 의해 이루어진다. 전자의 두 경우는 부모의 동의가 요구되는 반면, 법원의 명령은 부모의 동의가 필요 없지만 적어도 부모 또는 보호자에게 통보되어야 한다. 만일 부모의 동의를 받지 않는다면, 상담전문가는 동의 미획득 또는 아동 유인 등의 사유로 고소당할 수 있다. 아동의 부모가 이혼한 경우에는 아동의 양육권자의 허가를 받은 학교와 관련 기관으로부터 동의를 얻어야 한다. 미성년자 상담에서 비밀유지는 복잡한 문제다. 만일 부모나 보호자가 정보공개를 요구한다면, 상담자는 상담 회기에 대한 정보를 개방할 법적 의무가 있다(Remley & Herlihy, 2014).

기록관리의 보안.   비밀유지 원칙은 상담장면에서 노출된 내담자의 사적인 정보에도 적용된다(Remley & Herlihy, 2014). 그러므로 상담전문가는 구두 또는 서면으로 취득한 내담자에 관한 비밀을 보장해야 하고, 보안을 철저히 해야 하며, 내담자의 허락

없이 타인과 공유해서는 안 된다. 단, 교육을 목적으로 수퍼바이저와 정보를 공유하거나 법원에 증인으로 소환되는 경우, 또는 부모가 미성년자 자녀에 관한 정보를 요구하는 경우는 예외다(Neukrug, 2014). 만일 미성년 내담자를 보호하고 있는 다른 기관과 정보를 공유하고자 한다면, 서면으로 부모나 보호자의 허락을 얻어야 한다. 이러한 조치는 내담자의 사생활의 권리를 보장해 주는 동시에, 상담전문가를 법적 소송으로부터 보호해 준다. 내담자에 관한 기록은 반드시 자물쇠가 있는 문서 보관함 등의 안전한 공간에 보관해야 한다. 또한 상담기록을 컴퓨터에 저장하는 경우에는 해당 파일에 대한 접근은 상담전문가만 가능하도록 조치해야 한다. 내담자에 관한 기록에 대한 비밀유지는 비임상 직원들에게도 예외가 아니다. 상담 관련 기관의 장은 이들에게 비밀유지의 중요성을 이해시키는 한편, 기관 외부에서 내담자에 관한 이야기를 하지 않겠다는 서약서에 서명하도록 한다. 보존이 필요한 상담기록은 〈표 3-6〉과 같다.

〈표 3-6〉 보존이 필요한 상담기록

상담기록	내용
☐ 인적사항	○ 이름, 성별, 생년월일, 주소, 전화번호, 직업 등
☐ 사정/평가	○ 심리평가, 사회/가족력, 병력/건강력 등
☐ 치료계획	○ 주호소 내용, 행동계획, 목표행동에 도달하기 위한 단계 등
☐ 사례기록	○ 합의된 목표성취까지의 회기별 진전상황 등
☐ 종결요약	○ 치료결과, 최종 진단, 향후 계획 등
☐ 기타 자료	○ 내담자가 서명한 치료동의서, 서신 사본, 특이한 내담자 개입, 행정상의 문제 등에 관한 근거 표기

사전동의

둘째, 사전동의^{informed consent}란 상담전문가가 상담에 대해 충분하고 적절하게 설명한 것에 근거하여 내담자가 상담에 동의하는 것을 말한다. 상담에 대한 설명을 통해 상담전문가는 내담자가 상담에서 무엇을 얼마만큼 말할 것인지에 대해 스스로 결정하도록 돕는다. 이 원칙은 「의료판례법」에 명시된 환자의 자기결정권 존중 원칙에서 파생된 것으로, 치료에 앞서 의사가 환자에게 향후 받게 될 치료가 무엇이고, 잠재적 위험성은 무엇인지 등에 관해 설명해 주는 것이다. 상담내용을 녹음/녹화하기에 앞서, 내담자와 부모에게 그 취지를 설명하고 허락받는 과정이 그 예다. 만일 내담자나 그의 부모가 녹음/녹화를 거부한다면, 내담자 또는 부모의 의사를 존중해야 한다. 설령 사전동의를 받았더라도 상담내용에 대한 비밀을 보장하고 내담자를 위한 목적으로만 활용해야 한다. 사전동의가 합법적으로 이루어지려면, 글상자 3-9의 세 가지 요건이 충족되어야 한다.

 글상자 3-9. 사전동의가 법적 의미를 갖기 위한 세 가지 요건

1. 내담자가 심사숙고하여 합리적인 결정을 내릴 수 있어야 한다.
2. 상담전문가가 설명하는 내용을 내담자가 충분히 이해할 수 있어야 한다.
3. 내담자가 자유롭게 의사결정을 할 수 있어야 한다.

어떤 경우에도 내담자의 정보공개 여부는 심사숙고하여 결정해야 한다. 1999년 제정된 미국의 「그래슬리 수정법안Grassley Amendment」에 따르면, 아동에게 설문지나 관찰 분석 또는 평가 초점의 일부로 질문지를 작성하도록 하려면, 사전에 부모의 동의를 구해야 한다. 이 법안은 미성년자들에게 글상자 3-10에 열거된 사항에 관한 질문을 하는 것을 금하고 있다.

글상자 3-10. 그래슬리 수정법안에서 부모의 동의 없이 미성년 내담자에게 금하는 질문

1. 성행동   2. 가족의 심리적 문제
3. 가족의 수입   4. 정치 성향 또는 지지 정당
5. 자신 또는 가족구성원들의 불법행위 및/또는 품격을 떨어뜨리는 행동
6. 변호사, 목사, 의사와 공유하고 있는 개인적인 정보
7. 가족구성원 또는 가족의 친구들에 대한 평정 또는 중요한 평가자료

다중관계

셋째, **다중관계**multiple relationship란 이미 관계가 설정된 사람과 상담관계를 추가로 맺는 것으로, '**비전문적 관계**nonprofessional relationship'로도 불린다. 이는 상담전문가가 내담자와 두 가지 이상의 자격으로 관계를 형성하는 것을 말한다. 다중관계를 비윤리적이라고 규정짓는 이유는 이전의 관계가 전문가로서 객관적ㆍ중립적인 관계형성을 저해하고, 전문적 노력을 무력화할 수 있기 때문이다(Corey, Corey, & Callanan, 2011). 예를 들어, 상담이 진행되는 중에 상담자와 내담자 사이에 사업상의 거래가 이루어졌다면, 이와 관

련된 생각 또는 감정은 치료적 관계에 영향을 주게 된다. 그러므로 상담전문가는 이전 또는 현재의 내담자와 비즈니스 관계를 맺거나, 선물을 수령하거나, 또는 가족, 친구, 제자, 연인, 고용주 등과 상담관계를 맺는 것을 피해야 한다. 만일 다중관계를 피할 수 없다면, 사전동의를 구하거나, 다른 전문가에게 의뢰하거나, 자신의 행위를 기록으로 남겨 다중관계로 인해 내담자에게 해를 입힐 가능성을 제거 또는 최소화하도록 조치해야 한다. 또한 지역사회 규모가 작아서 지역 주민끼리 서로 잘 알고 지내거나, 내담자를 의뢰할 만한 전문가가 없거나, 상담전문가가 담임 또는 교과목 교사를 겸하는 경우, 다중관계가 상담관계에 영향을 미치지 않도록 해야 한다.

가치관 주입

넷째, 상담전문가는 자신의 가치관, 계획, 결정 또는 신념을 내담자에게 주입해서는 안된다. 이를 위해 자신의 가치관, 태도, 신념을 파악하는 한편, 내담자에게 어떻게 소통되는지 살펴야 한다. **가치관**^{values}은 개인의 세계관과 문화적 배경을 반영한다. 이는 무엇이 좋고 나쁘며, 옳고 그르며, 즐겁고 괴로운지에 대한 자신만의 고유한 해석이며, 사람들마다 서로 다른 다양한 양상을 보인다. 그러므로 상담전문가는 평소 가치배제$^{value-free}$ 또는 가치중립적인$^{value-neutral}$ 입장을 취함으로써 자신의 문화적 배경과 가치관이 내담자의 의사결정에 영향을 미치지 않도록 해야 한다. 가치관으로 인한 갈등을 피하기 위한 방안은 글상자 3-11과 같다.

 글상자 3-11. 상담전문가의 가치관으로 인한 갈등 예방을 위한 방안

1. 자신과 다른 삶의 방식과 태도를 존중한다.
2. 장애가 있거나 성적 선호도가 다른 집단에 대한 편견을 버린다.
3. 상대의 의견에 동의하지 않더라도 항상 최상의 서비스를 제공한다.
4. 자신의 가치관에 일치시키려고 상대의 가치관 변화를 시도하지 않는다.

상담과정에서 가치관에 관한 사안을 다루게 되는 경우, 내담자에게 그 자신에게 가치 있고 중요한 것을 스스로 결정할 권리와 책임이 있음을 강조한다. 그럼에도 불구하고 피할 수 없다고 판단한 문제를 다루어야 할 경우에는 내담자를 다른 전문가에게 의뢰한다.

전문적 역량과 책임

끝으로, 전문적 역량과 책임이란 상담전문가에게 요구되는 역량, 즉 전문성 정도(능력)와 이를 실제로 현장에서 행동으로 실천할 수 있는 정도('수행력')를 습득·유지할 뿐 아니라 전문적 역량을 지속적으로 업데이트해야 할 책임이 있음을 의미한다. 상담전문가에게 요구되는 전문적 역량의 핵심은 다음 세 가지다. 첫째, 자신이 받은 수련과 자격에 대해 정확하게 밝혀야 한다. 상담전문가는 '적극적으로' 자신이 받은 수련과 전문성에 대해 정확하게 나타내야 할 의무가 있다. 만일 특정한 수련 또는 수련감독을 충분히 받지 못했다면, 치료나 평가를 시도해서는 안 된다. 자신의 전문성에 의구심이 든다면, 그 분야에서 경험이 풍부한 전문가의 지도감독을 받아야 한다. 둘째, 내담자의 성별, 민족, 인종, 나이, 성적 지향성, 종교, 장애, 사회경제적 수준 등이 서비스 제공 또는 평가에 영향을 미칠 수 있음을 민감하게 인식해야 한다. 셋째, 만일 직무수행에 영향을 줄 수 있는 개인적 문제 또는 성격상 민감한 부분이 있을 수 있다면, 이러한 문제가 내담자와의 관계에 부정적 영향을 주지 않도록 해야 한다. 끝으로, 다양한 교육과 연수 기회를 통해 전문지식 및 효과적인 상담과 치료에 필요한 기술과 기법을 지속적으로 연마해야 한다. 이는 상담 관련 자격증이 있고 숙련된 전문가들도 각종 학술대회, 세미나, 워크숍 등에 참석하여 전문지식을 업데이트해야 함을 의미한다.

 ## 상담전문가의 법적 책임

상담전문가는 상담업무 수행에 있어서 윤리적 책임뿐 아니라 법적 책임도 있다. 우리나라 현행 법률에서 상담전문가에게 의무로 규정하고 있는 것은 '비밀유지의 의무'와 '신고의 의무'뿐이므로 갈등 가능성은 그만큼 적다. 책임 있는 전문가란 도움을 필요로 하는 사람의 심리적 고통을 완화시켜 주는 기술과 능력을 상담에 적용하여 긍정적인 성과를 산출해 낼 수 있고, 전문가로서 반드시 준수해야 할 일과 해서는 안 되는 일을 구분하여 자신의 직무를 완수하는 사람을 말한다. 미국과는 달리 우리나라에서는 상담전문가의 위법행위에 대한 소송은 비교적 드물다. 그러나 개업상담자 수가 늘어나면서 위법행위에 대한 소송도 더욱 빈번해질 전망이다. 이에 상담전문가는 잠재적인 법적 소송으로부터 자신을 보호할 필요성이 있다.

업무상 과실

다른 정신건강 전문가와 마찬가지로 상담전문가는 업무상 과실이나 태만의 책임이 있다. 상담에서의 **업무상 과실**malpractice이란 전문적 상담 실행에 있어서 실수하거나, 기법이 결여되어 있거나, 능력을 벗어난 행동을 하거나, 부도덕하고 불법적인 행위를 함으로써 내담자에게 손해를 끼친 경우를 말한다('직무상 과실'로도 불림). 예를 들어, 법적으로 약물처방권이 없는 상담자가 내담자에게 향정신성 약물을 권장 또는 제공하는 것이다. 상담전문가는 때로 민사사건으로 법정에 출두하여 내담자에 대한 소견서를 제출하거나 기록유지 과정에서 내담자에 대한 구두 비방, 문자 비방 또는 명예훼손 혐의로 고소를 당하기도 한다. 이때 원고는 명예훼손에 의한 손상을 입증해야 하는데, 이는 그리 쉽지 않다. 그럼에도 일단 소송이 진행되면, 대체로 상담전문가에게 불리하다. 게다가 상담자는 법정에서 자신을 방어하기 위해 시간과 돈을 들여야 한다. 설령 승소하더라도 비용이 많이 들고, 손상된 명예가 쉽게 회복되지 않는다.

위법행위로부터 스스로를 보호하기 위한 두 가지 방법은 전문가 윤리기준과 관행을 준수하는 것이다(Wheeler & Bertram, 2008). 그렇지만 아무리 조심한다고 하더라도 위법행위에 대한 법적 소송은 언제든지 발생할 수 있으므로 책임보험에 가입하는 것이 좋다. 미국의 경우, ACA나 APA도 보험 가입을 적극 권장하고 있고, 보험회사들도 다양한 상품을 개발해 놓았다. 상담전문가, 상담센터 직원, 상담실습 과정에 있는 대학원생, 고용예정 인력조차 만약의 경우를 대비하여 보험에 가입하고 있다.

법적 소송 방지를 위한 지침

윤리적 의사결정은 상담전문가들에게 잠재적 위험이 도사리고 있는 절차다. 그러므로 상담전문가는 내담자와의 작업에서 최선의 결정을 내리기 위해 임상 지식과 필요한 도구로 상담에 임해야 한다. 법정에서 상담전문가가 자신의 직무과정에서 최상의 실행기준을 이행했음을 보여 주는 일은 승소에 중요한 역할을 한다. 무엇보다도 상담전문가가 소속된 학회 또는 협회의 윤리강령을 잘 이해했음을 보여 주는 것은 중요한 증거자료가 될 수 있다. 상담전문가를 법적 소송으로부터 보호하기 위한 지침은 글상자 3-12와 같다(Corey, Corey, Corey, & Callanan, 2015).

> **글상자 3-12. 법적 소송을 피하기 위한 지침**
>
> 1. 관련 법률을 숙지한다.
> 2. 상담 관련 기록을 잘한다.
> 3. 약속을 잘 지킨다.
> 4. 기록의 안전성을 공고히 한다.
> 5. 내담자와의 관계에서 전문성을 유지한다.
> 6. 상담절차를 문서화한다.
> 7. 상식에 부합하는 이론적 접근을 적용한다.
> 8. 기록에 대해 비밀을 지킨다.
> 9. 내담자에게 사전동의를 구한다.
> 10. 법이 요구하는 대로 학대 사례를 기록으로 남긴다.
> 11. 자신의 역량 범위 내에서 상담한다.
> 12. 자신의 가치관 또는 영향력을 내담자에게 행사하지 않는다.
> 13. 미성년자 상담 시, 자필로 서명된 부모/보호자의 동의서를 받는다.
> 14. 의뢰가 내담자에게 최상의 이익이 된다면, 다른 전문가에게 의뢰한다.
> 15. 내담자의 요구에 주의를 기울이고, 존중을 바탕으로 상담에 임한다.
> 16. 현재 또는 이전의 내담자와 성적인 관계로 엮이지 않는다.
> 17. 내담자에게 제시하는 정보를 확실히 이해시킨다.
> 18. 다른 사람에게 자문을 구할 때, 내담자로부터 동의를 구한다.
> 19. 내담자가 원하면 언제든지 상담을 종결할 수 있음을 확실히 이해시킨다.
> 20. 내담자를 평가하고, 진단과 치료계획을 알려 주되, 위험성과 이익에 관해 설명해 준다.
> 21. 역전이가 일어나는 경우, 내담자에 대한 자신의 반응을 점검한다.
> 22. 물물교환 및 선물교환과 관련된 문화적·임상적 쟁점을 숙지한다.
> 23. 적절한 경계를 유지하고, 다중관계의 한계를 숙지한다.
> 24. 자신의 전문성을 개방하고, 상담과정에 대해 사전동의를 구한다.
> 25. 자해 또는 타해 위험이 있는 내담자를 적절히 평가할 수 있는 역량을 갖추고, 내담자가 이런 위험이 있다고 판단될 때 취해야 할 행동을 숙지한다.

문제가 있는 상담 전공 학생 조력에 관한 지침

만일 상담 전공 학생에게 심각한 정서·행동 문제가 있다면, 상담자 교육자로서 이를 어떻게 다루어야 하는가? 이 경우, 상담자 교육자는 해당 학생이 학업 및/또는 상담자로서의 책무를 완수하는 것을 저해하는 심각한 정서·행동 문제를 규정해야 할 것이다. 이러한 상황에 대해 ACA(2014, F.9.b)는 윤리강령을 통해 글상자 3-13과 같이 제안하고 있다.

◆ 글상자 3-13. 문제가 있다고 판단되는 상담 전공 학생 조력에 관한 ACA 윤리강령

　　상담자 교육자는 지속적인 평가를 통해 일정한 숙련수준에 이르지 못하는 학생들의 상담능력 부재에 주의를 기울이고 이에 대처해야 한다. 상담자 교육자는 다음의 지침을 실행해야 한다.

1. 보충적인 지원이 필요한 경우, 학생들을 돕는다.
2. 학생을 제적시키거나 의뢰하려는 경우, 전문적 자문을 구하고, 결정사항을 문서로 남긴다.
3. 결정을 내려야 하는 학생이 제때에 도움을 받을 수 있는 자원을 확실히 제공하거나, 학생을 제적시키고 규정과 절차에 따른 적법한 절차를 밟는다.

 주요 개념 / 주요 개념을 확인해 볼까요?

• 상담전문가 윤리강령	• 윤리기준의 한계	• 윤리적 의사결정
• 비밀유지	• 사전동의	• 전문적 관계
• 자율성 존중	• 비유해성	• 선의
• 공정성	• 충실성	• 다중관계
• 가치관 주입	• 전문적 역량	• 전문가 책임
• 업무상 과실		

상담심리학의
전문영역

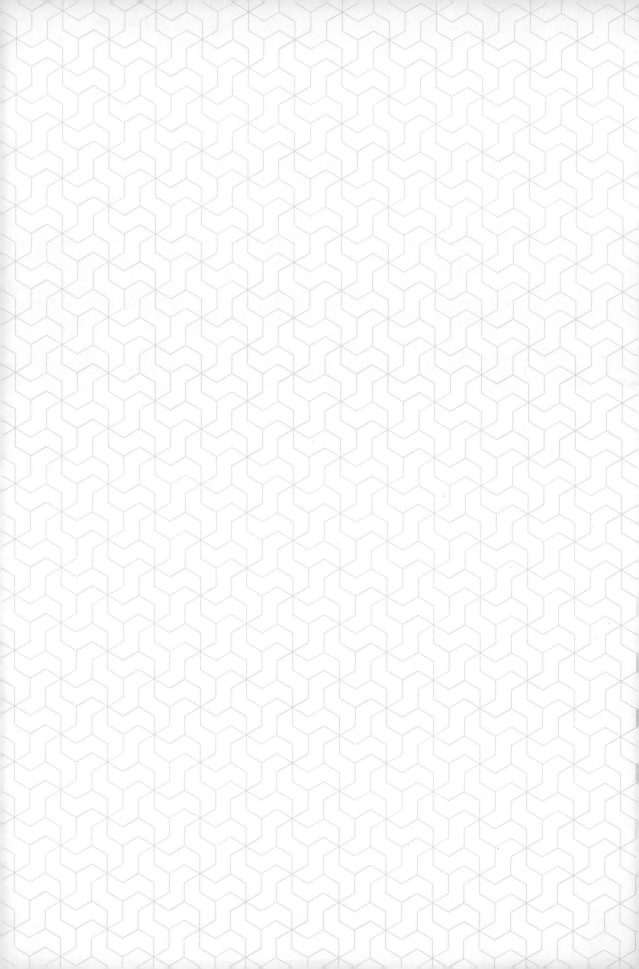

개인상담과 치료

☐ 개인상담의 정의

☐ 치료적 개입의 메커니즘

☐ 상담자/치료자 변인

☐ 내담자 변인

☐ 치료적 개입의 효과성

■ 주요 개념

무 실역행務實力行! 참되고 실속 있도록 힘써 실행함을 의미하는 한자성어다. 상담 전문가는 자신의 책무성 완수를 위해 노력해야 한다. 상담전문가에게 책무성 accountability은 사회에 꼭 필요한 존재임을 입증하는 한편, 정신건강 전문가로서 기대되는 역할을 충실히 수행하는 것이다. 이러한 책무성의 중심에는 심리적 개입이 있다. **심리적 개입**psychological intervention은 상담자가 치료적 관계의 맥락에서 개인의 행동, 사고, 감정 변화를 위해 특정한 일련의 기술, 기법, 전략을 적용하여 치료목표를 성취하는 일련의 과정이다. 특정 문제해결 또는 행동, 감정, 사고를 다룰 수 있는 개인의 능력 향상을 돕는 것도 이 활동에 포함된다.

개인상담은 역사적으로 상담자들이 오래전부터 수행해 온 활동으로, 때로 현재 상태의 개선보다 문제예방에 초점을 맞추기도 한다. 그런가 하면 문제 해결 또는 예방보다 일상생활에서 즐거움을 누릴 수 있는 능력 또는 발현되지 않은 잠재력 달성에 초점을 두기도 한다. 이 활동은 대부분 일대일관계에서 면대면face-to-face으로 이루어지지만, 2인 또는 그 이상의 내담자를 동시에 상담하는 집단상담과 치료(제5장)와 가족 · 커플치료(제6장) 같은 방식이 오래전부터 활용되어 왔다. 따라서 이 장에서는 개인상담의 정의, 치료적 개입의 메커니즘, 상담자/치료자 변인, 내담자 변인에 대해 개관한 후, 주요 특징에 대해 기술하고, 치료적 개입의 효과성과 관련된 쟁점을 논의하며, 관련 연구에 관해 살펴보기로 한다.

개인상담의 정의

개인상담individual counseling은 상담자와 내담자, 두 사람이 1회 또는 그 이상의 만남으로 형성된 협력관계를 바탕으로 이루어지는 조력과정이다. 이 과정은 주로 언어적 · 비언어적 의사소통을 통해 이루어지는데, 두 사람의 소통과정은 탐색, 계획, 변화, 성장을 수반한다. 개인상담에서 내담자의 변화와 성장은 대체로 네 가지 요인, 즉 상담자, 내담자, 환경setting, 이론적 접근에 의해 유발된다. 이 과정에서 내담자는 상담자의 즉각적인 피드백을 통해 자신의 행동, 사고, 감정, 계획 등에 대해 변화의 물꼬를 튼다. 이처럼 상담은 다양한 개인, 가족, 집단이 정신건강, 심리적 안녕, 교육과 진로 목표달성에 힘을 북돋아 주는 전문적 관계다(ACA, 2014). 그렇다면 상담의 정체성을 더욱 명확하게 규명하기 위해 역사적으로 상담과 유사한 영역인 생활지도와 심리치료를 비교 · 고찰해 보자. 이 세 가지 개념을 도식으로 나타내면 [그림 4-1]과 같다.

	생활지도	상담	심리치료	
• 예방	➡	➡	➡	• 처치/회복
• 행동/사고 변화	➡	➡	➡	• 성격 재건
• 의식/표면적 쟁점	➡	➡	➡	• 무의식/심층적 쟁점
• '지금-여기' 초점	➡	➡	➡	• '그때-거기' 초점
• 단기	➡	➡	➡	• 장기

[그림 4-1] 생활지도, 상담, 심리치료의 비교 도식

생활지도

생활지도guidance는 주로 학교장면에서 학생을 대상으로 이루어지는 교육적 활동으로, 학생들이 학교 안팎에서 당면하는 적응·발달상의 문제를 돕기 위해 마련되는 개인적·학업적·사회적·도덕적·직업적 영역 등의 계획적 활동을 말한다. 이 용어는 영어의 가이던스를 우리말로 옮긴 것으로, 본래의 의미는 '생활안내' 또는 '생활교육'이라는 말이 더 가깝다. 즉, 생활지도는 본질적으로 학생들이 가장 가치 있다고 여기는 것의 선택을 돕는 데 중점을 두는 활동이다. '가이던스'라는 말은 1600년대 서양에서 처음 등장한 이래, '개인을 지도하는 과정'이라는 의미로 사용되어 왔다. 그러던 것이 20세기에 들어서서는 주로 학교에서 진학 또는 진로선택에 관한 의사결정을 돕는 데 중점을 두었다. 이러한 활동은 경험이 많은 성인이 그렇지 않은 청소년들에게 삶의 방향 설정을 돕는 활동이 주를 이루었다. 그러나 이 용어가 직업적인 정신건강 전문가의 직무와는 잘 어울리지 않는다는 이유로, '상담counseling'이라는 용어가 창안되었다. 그러던 중 제2차 세계대전 종전 후, 정신건강 전문가의 수요가 급증하면서 생활지도나 심리치료보다 상담이라는 용어를 더 많이 사용하게 되었다(Neukrug, 2016).

심리치료

심리치료psychotherapy는 주로 병원장면에서 환자를 대상으로 정신병리 증상 해소에 중

점을 두는 치료적 작업으로, 의료계에서는 '정신치료'로 불린다. 이는 무의식적 동기의 분석과 통찰을 통한 성격 재건에 역점을 두는 활동으로, 19세기 말엽 정신분석의 발달과 함께 출현했다. 심리치료의 어원을 보면, 그리스어 'psyche'는 정신/영혼을, 'therapeutikos'는 다른 사람을 돌봄을 뜻하는 말에서 왔다(Kleinke, 1994). 심리치료는 전통적으로 정신분석을 비롯한 정신역동적 접근을 기반으로 개인의 심리내적 문제와 갈등을 다루어 왔다. 이 접근에서는 심리치료자의 중립적 태도, 현재보다는 과거, 행동 변화보다는 통찰, 그리고 심리치료자의 전문가 역할이 강조된다. 또한 단기(6개월 이내, 8~12회기)보다는 장기(6개월 이상, 20~40회기)로 진행되며, 외래보다는 입원상태에서의 치료가 선호된다는 특징이 있다. 그러나 다양한 시대적 조류의 영향을 받게 되면서 상담과 심리치료의 벽은 점차 허물어지고 있고, 다만 치료적 접근이 이루어지는 장면에 따라 명칭을 달리하는 경향이 있다. 이러한 흐름 속에서 상담과 심리치료라는 말은 자주 혼용되곤 하는데, 그 이유는 이 두 개념의 명확한 구분은 사실상 불가능하기 때문이다(Patterson, 1997, p. xxii).

치료적 개입의 메커니즘

사람은 어떻게 변하는가? 내담자를 변화시키는 치료적 요인은 무엇인가? 내담자를 변화시키는 치료적 개입의 요인은 이론적 접근에 따라 공통점이 없는 것처럼 보일 수 있다. 왜냐면 이론적 접근 또는 치료방법의 고유한 특징이 지나치게 강조되었기 때문이다. 그러나 대부분의 상담방법은 많은 공통점이 있다. 지금까지 치료적 개입의 결과에 대해 실시된 경험적 연구들에 의하면, 특정 접근 또는 기법이 다른 것보다 더 효과적이라는 증거는 빈약하다. 이는 **치료적 등가**therapeutic equivalence, 즉 치료적 개입에 의해 유발되는 긍정적 변화가 다양한 이론 또는 치료의 경계를 뛰어넘어 존재하는 일련의 공통요인의 결과임을 반증하고 있다. 예컨대, 상담과 심리치료의 지지요인은 내담자의 신념과 태도 변화(학습요인)의 촉매가 되고, 이는 다시 행동 변화(행동요인)로 이어진다(Lambert & Ogles, 2004). 이러한 공통요인은 〈표 4-1〉과 같다.

〈표 4-1〉 긍정적 변화를 유발하는 치료적 개입의 공통요인

지지요인	학습요인	행동요인
○ 카타르시스	○ 신뢰	○ 행동조절
○ 상담자와의 동일시	○ 정서체험	○ 인지적 숙련감
○ 고립감 감소	○ 문제경험 동화	○ 훈습
○ 긍정적 관계	○ 치료적 근거	○ 모험시도
○ 안도감과 긴장해소	○ 인지적 학습	○ 숙련을 위한 노력
○ 치료동맹	○ 교정적 정서체험	○ 모델링
○ 치료자의 전문성	○ 내적 참조틀 탐색	○ 연습
○ 조언	○ 피드백	○ 현실검증
○ 온정, 존중, 수용, 진정성	○ 통찰	○ 성공경험
○ 치료자 · 내담자의 적극적 참여	○ 개인적 효능감에 대한 기대 변화	○ 두려움 직면에 대한 격려

내담자에게는 따뜻할 뿐 아니라 전문적 역량을 갖춘 상담자를 만날 것으로 기대할 권리가 있다. 상담자는 수용, 온정, 존중, 관심 이상의 것을 치료적 개입에 적용한다. 그러나 치료적 개입은 상담자의 개인적 자질만으로는 충분하지 않다. 치료적 개입의 성과는 복합적인 치료적 요인들이 작용한 결과임을 깊이 인식해야 할 것이다. 치료적 개입에 있어서 상담자는 치료동맹, 긴장해소, 카타르시스, 해석 · 통찰, 유능감, 그리고 불특정 요인들을 고려할 필요가 있다.

치료동맹

개인상담과 치료에서 치료동맹therapeutic alliance은 치료성과에 중요한 요인으로 작용한다. 치료동맹은 내담자로 하여금 그의 내면에 깊이 내재된 분노, 욕구, 비밀, 실망감을 기꺼이 개방할 수 있게 한다. 아무리 친한 친구나 가족이라 할지라도 개인적인 문제를 털어놓다 보면, 암묵적으로 평가 · 비판받는 것 같은 분위기가 조성되거나, 털어놓은 문제가 상대방의 이해관계와 얽힌다면, 뜻하지 않은 문제로 번질 수 있다. 또 말한 내용이 잠재적으로 관계의 기반을 흔들어 놓을 수 있다는 점에서 가까운 지인과의 대화가 어려울 수 있다. 그러나 상담과 심리치료에서는 이 모든 것이 가능하다. 상담자는 수용적 · 비판단적 · 객관적이고, 통찰력이 있으며, 전문적 역량을 바탕으로 내담자의 자기개방을 도울 수 있기 때문이다.

긴장해소

상담초기에는 내담자의 삶의 문제에 따른 불안감과 긴장감이 문제를 초래한 요인을 검토할 수 있을 만큼 충분히 감소되는 것이 중요하다. 상담의 핵심요인들(치료관계의 특성, 상담자의 자격, 비밀유지, 사생활 보호)은 상호작용해서 내담자에게 안정감과 안도감을 제공한다. 긴장해소는 내담자로 하여금 자신의 경험을 체계적으로 심사숙고할 수 있게 한다. 만일 내담자의 불안수준이 너무 높아 대화에 집중할 수 없다면, 상담자는 이완기법을 적용하거나 정신건강 전문의에게 항불안제 처방을 요청할 수 있다. 그러나 약물투여는 일반적으로 일시적인 방법일 뿐, 문제해결을 위한 근본적인 수단이 되지 못한다는 한계가 있다.

카타르시스

카타르시스^{catharsis}, 즉 감정 정화는 치료적 개입의 중요한 부분을 차지한다. 이러한 점을 고려할 때, 상담과정에서 침착함, 태연함, 무관심, 동떨어져 있는 것 같은 태도를 나타내는 내담자에게는 상담이 실제로 효과가 있는지에 대한 의문이 제기될 수 있다. 상담을 신청하게 된 사유가 되는 문제는 내담자에게는 중요한 사안이다. 이러한 문제는 대개 감정이 내재되어 있다. 감정의 깊이와 강도는 내담자가 경험하는 문제의 특징 또는 심각도^{severity}에 따라 다양하고, 이는 치료의 어떤 단계에 와 있는지에 따라 달라진다. 상담자의 이론적 접근에 따라 정서표현에 중점을 두는 정도는 다르지만, 상담자는 내담자의 감정표현을 다룰 준비를 해야 한다.

해석 · 통찰

일반인들은 흔히 심리치료의 과정이 명확하다고 생각할 수 있다. 즉, 내담자가 자신의 문제를 이야기하면, 상담자는 내담자에게 어린 시절에 대해 말하게 하고, 어린 시절 경험의 의미에 대해 해석해 주며, 내담자는 통찰^{insight}을 얻게 되는 그런 과정 말이다. 내담자는 자신이 인식하지 못했던 사실을 알게 되면, 자신의 문제가 해결될 것이라고 믿기도 한다. 그러나 해석의 사용 범위, 종류, 타이밍, 기여도는 이론적 접근에 따라 다양하다. 그럼에도 불구하고 내담자가 자신의 과거 경험을 다른 시각에서 조망해 보는 것은 자기이해의 중요한 기회가 된다. 역사적으로 볼 때, 상담에서 통찰의 중요성은 점차 약화되고 있다. 문제 발생의 원인과 특징에 대해 통찰을 얻기만 하면, 내담자가 더 높은 수준의 적응을 일궈 낼 것이라는 생각은 너무 순진한 발상이라는 것이다. 물론 통찰은 여전히 중요한 개념이지만, 행동 변화는 다른 유의한 수단을 통해 이루어질 수 있다. 통찰이 심리적 성장과 성숙을 촉진할 수 있지만, 통찰 자체가 필연적으로 변화를 도출한다고는 할 수 없다.

유능감

개인상담의 목표는 내담자가 더 유능하고 효율적인 사람이 되도록 돕는 것이다. 앞서 언급한 치료적 개입의 공통요인은 효율성 증진과 만족감 향상을 촉진한다. 그러나 상담은 반두라가 강조한 것처럼 내담자가 새로운 것을 배울 수 있는 학습경험의 기회를 제공하여 자기효능감을 높여 주거나, 엘리스가 강조한 것처럼 비합리적인 사고방식을 수정하여 정서문제를 해결하는 공간이 되기도 한다. 또 상담은 심리교육의 공간으로 활용되거나 통달감^{mastery}, 즉 잘할 수 있다는 자신감, 앞으로 잘할 것 같은 기대감, 또는 단지 자신을 긍정적인 시각으로 보는 법을 체험할 기회를 제공한다.

불특정 요인

앞서 언급한 요인 외에도, 성공적인 상담에는 불특정 요인들이 작용한다. 불특정 요인에는 상담에 대한 희망감 또는 신비감이 포함된다. 즉, 내담자는 자신의 정신건강이 완전히 회복될 것으로 기대하면서 상담과정에 참여한다. 상담자는 종종 이러한 믿음을 부추기기도 하는데, 상담에 대한 동기수준이 높고 희망적인 태도로 적극적으로 참여하는 내담자가 회의적·냉소적·반항적인 내담자들보다 더 치료적 진척을 나타낸다는 사실을 알고 있기 때문이다. 또 상담자의 이론적 접근에 관계없이 상담이 어떻게 작동하는지에 관한 상담자의 설명은 내담자의 절망감을 신뢰감과 희망감으로 대체시키는 효과가 있다. 이러한 내담자의 기대는 상담에 적용되는 상담기술의 효과를 높이는 자원으로 작용한다. 또 기술 적용의 성공적인 결과는 상담에 대한 내담자의 기대를 한층 더 높이는 역할을 한다. 상담에는 내담자의 문제를 그럴듯하게 설명해 주는 이론적 접근, 개념 도식, 또는 신화가 포함되어 있다. 상담은 이로써 마음의 평정을 되찾도록 치료적 의식을 처방하는 것이다(Frank, 1982).

　상담이 지향하는 궁극적인 경로는 삶을 대하는 새로운 방식, 즉 자신과 타인에 대한 재평가다. 이러한 점에서 모든 상담은 본질적으로 인지적이다. 상담을 간주하는 또 다른 방식은 마케팅 과정, 즉 자신과 타인에 대한 새로운 관점을 받아들일 수 있도록 돕는 과정이다. 이러한 관점에서 보면, 상담자는 내담자의 신념 변화를 시도하는 설득자 또는 촉진자다. 다른 한편으로, 상담은 일종의 학습방법으로 사람들을 변화시키는 데 사용된다. 즉, 다르게 생각하게 하고('인지'), 다르게 느끼게 하며('감정'), 다르게 행동하게 한다('행동'). 또한 새로운 것을 습득할 기회를 제공하거나 잊고 지내던 것을 재학습하게 하기도 한다. 그런가 하면 배우는 방법을 배울 수 있도록 돕거나, **탈학습**^{unlearning}(이미 학습된 것을 잊게 하는 작업) 또는 다른 것으로 대체하도록 돕는다. 게다가 우리가 이미 알고 있는 것을 학습하도록 돕기도 한다. 학습은 인지와 행동을 통해 일어난다. 내담자의 변화를 유발하는 데 있어서 가장 중요한 변인으로는 상담자를 꼽을 수 있다.

상담자/치료자 변인

상담은 내담자에게 유익하지 않으면 오히려 해롭다(Carkhuff, 1969). 일찍이 프로이트는 치료자의 성격이 정신분석과정에 잠재적으로 영향을 미친다는 사실을 간파했다. 이에 그는 치료자의 개인적 요인이 정신분석 과정에 영향을 미치지 않도록 분석가들에게 주기적으로 개인분석을 받을 것을 제안했다. 다른 한편으로, 로저스는 같은 동전의 다른 면에 대해 언급했다. 즉, 수용이나 온정 같은 치료자의 특성이 치료의 초석임을 강조함으로써, 두 사람 모두 치료과정에 영향을 미치는 치료자 변인의 역할을 이해할 기틀을 마련했다. 그렇다면 내담자에게 유익함을 줄 수 있는 상담자의 인간적 자질과 품성은 무엇일까? 일찍이 크라스너(Krasner, 1963)는 마치 농담처럼 이상적인 상담자의 특성을 묘사했다(글상자 4-1 참조).

 글상자 4-1. 이상적인 상담자의 특성

　이상적인 상담자란 성숙하고 적응을 잘하며, 공감적이고 재능이 뛰어나며, 인내심이 강하다. 또 친절하고 상냥하며, 재치 있고 판단적이지 않으며, 수용적이고 허용적이다. 비판하지 않으며,

> 따뜻하고 호감이 느껴지며, 인간에 대한 관심이 많다. 모든 사람과 민주적인 관계를 유지하는 것을 존중하고 신중히 생각하며, 이를 위해 노력하고, 인종적·종교적 편견에서 자유롭고, 인생에서 가치 있는 목표를 가지고 있다. 그리고 친밀하고 격려해 주는 사람이며, 낙천적이고 강하며, 똑똑하고 현명하다. 호기심이 많고 창조적이며, 예술적이고 과학적인 마인드를 소유하고 있으며, 유능하고 믿을 수 있다. 또 내담자가 따를 만한 모델이고, 인간적 자원이 풍부하고 정서적 민감성을 가지고 있으며, 자의식이 있다. 자신의 문제에 대해 통찰력이 있으며, 자발성이 있고, 유머 감각이 있으며, 인격적으로 안정되어 있다. 성적인 측면에서 성숙하며, 삶에서 여러 경험을 하면서 성장·성숙해 나가고, 좌절에 대한 내성이 높으며, 자기 확신이 있다. 이완되어 있고, 객관적이며 자기분석적이고, 자신의 편견에 대해 인식하고 있다. 비굴하지 않고 겸손하며, 회의적이기는 하지만 비관적이거나 자기비하를 하지 않고 ─〈중략〉─ 의존할 만하며, 일관적이고, 개방적이며, 정직하고 솔직하다. 또 기법적인 측면에서 세련되고, 전문가로서 헌신적이며 매력적이어야 한다(pp. 16-17).

　글상자 4-1에 제시된 이상적인 상담자의 특성으로 보건대 상담자는 고사하고 이런 특징을 가진 사람은 없을 것이다. 그러므로 이상적인 상담자가 실제로 유용한 개념인지는 재론의 여지가 있다. 대부분의 상담자가 상담과정에서 상담자 변인이 중요하다는 점에 대해서는 동의하는 것 같지만, 구체적인 요인 또는 요소에 대해서는 경험적 연구에 의한 동의가 이루어지지 않았다. 상담자의 성격적 특성이 치료성과에 어떻게 기여하는지는 중요한 연구주제가 되어 왔다. 상담심리학 역사의 한 시점에서 연구자들은 사람들을 전문가의 길로 발걸음을 옮기게 할 뿐 아니라, 상담자로서 특유의 능력을 발휘하는 개인적 자질과 품성적 특성을 탐구했다. 그 결과, 상담과정에서 상담자를 더 영향력 있게 하는 세 가지 특성으로 ① 전문성, ② 매력도, ③ 신뢰성이 꼽혔다(Strong, 1968).

전문성

　첫째, 전문성expertise은 상담자가 얼마만큼의 지식을 갖추고 있고, 자신의 지식을 얼마나 잘 공유할 수 있는 능력을 갖추었는지에 대한 정도다. 상담자는 상담의 성과뿐 아니라 상담실에 자격증 또는 학위증을 게시함으로써 자신의 전문성을 나타낼 수 있다. 상담실에 자신의 전문성을 잘 나타낼 수 있는 자격증 및/또는 학위증을 게시한 상담자들은 그렇지 않은 상담자들에 비해 더 신뢰받고 더 유능한 상담자로 인식된다(Loesch, 1984).

매력도

둘째, 매력도[attractiveness]는 상담자의 신체적 특성뿐 아니라 내담자가 상담자와 자신을 얼마나 유사하게 인식하는지의 정도다. 상담자의 매력도에 영향을 미치는 요소에는 명확·간결하고, 알아듣기 쉬운 문장으로 말하고, 적절한 자기개방을 하는 것이 포함된다(Watkins & Schneider, 1989). 또한 내담자를 반기거나, 시선접촉을 유지하며, 내담자의 진술에 고개를 끄덕여 주는 등의 비언어적 행동을 나타내는 상담자는 그렇지 않은 상담자에 비해 더 매력적으로 보이고(Claiborn, 1979; LaCross, 1975), 상담자의 복장(깨끗하고 단정하며 전문가답되, 주의를 끌지는 않는 복장)도 매력도에 영향을 미친다(Hubble & Gelso, 1978). 또 내담자들은 신체적으로 매력적이지 않은 상담자보다 매력적인 상담자에게 더 많은 자기개방을 한다(Harris & Busby, 1998).

신뢰성

셋째, 신뢰성[trustworthiness]은 상담자의 성실성, 충실성, 일관성, 진정성과 관련된 특성이다. 신뢰성은 이러한 특성을 기반으로 내담자에게 따뜻한 배려와 진정성 있는 관심을 보여 줌으로써 형성된다. 내담자들은 대개 상담자를 맹목적으로 신뢰하지도, 완전히 불신하지도 않는다. 그러면서 내담자들은 흔히 정보요청, 비밀공개, 부탁, 불편하게 하는 진술, 자기비난, 상담자의 동기 또는 헌신에 대한 의구심을 통해 상담자의 신뢰성을 시험한다. 따라서 상담자는 내담자의 표면적인 진술 내용보다는 신뢰에 대한 의구심에 대해 반응해야 한다(Fong & Cox, 1983). 그런가 하면 또 다른 연구자들(Foster, 1996; Guy, 1987)은 상담전문직에 부합하는 개인적 자질과 품성요인을 추출했다(〈표 4-2〉 참조).

〈표 4-2〉 상담심리학 전문직에 적합한 개인적 자질

자질	특성
1. 호기심·탐구심	○ 사람에 대한 관심
2. 경청능력	○ 경청이 고무적이라는 사실을 발견할 수 있는 능력
3. 대화를 편안해함	○ 언어적 교류를 즐김
4. 공감·이해	○ 자신과 전혀 다른 사람인 경우에도 그의 입장에서 조망할 수 있는 능력

5. 정서적 통찰력	○ 분노에서 기쁨에 이르는 폭넓은 감정 다루기를 편안해함
6. 내적 성찰	○ 내면으로부터 보고 느낄 수 있는 능력
7. 자제력	○ 개인적 욕구는 내려놓고 경청으로 상대의 욕구를 먼저 돌보는 능력
8. 친밀감의 용인	○ 정서적 친밀감 유지 능력
9. 힘에 대한 편안함	○ 어느 정도의 분리상태에서 힘을 수용하는 능력
10. 웃을 수 있는 능력	○ 괴로우면서도 즐거운 생애 사건에서 유머를 발휘할 수 있는 능력

그렇다면 과연 상담성과에 영향을 주는 내담자의 특성이 있을까? 이는 상황에 따라 다르다고 답할 수 있다. 왜냐면 상담성과는 내담자의 특징만으로 결정될 수 없는 복잡한 과정이기 때문이다. 이는 상담자의 자질, 기술, 절차 외에도 내담자의 환경적 변인 같은 다양한 요인에 의해 결정된다. 따라서 상담과정을 공식화하려면 어떤 부류의 내담자에게 어떤 종류의 절차가, 어떤 환경에서, 어떤 특징을 지닌 상담자를 통해 적용되어야 효과적인지를 확인해야 할 것이다. 여기서는 내담자의 단일 또는 일부 특성으로 제한한 연구들을 중심으로 내담자 변인이 상담과정에 미치는 영향을 살펴보기로 한다.

💬 내담자 변인

이상적으로 말하면, 상담자는 내담자의 특성과 반응에 상관없이 최상의 상담효과를 산출할 수 있어야 한다. 그러나 상담자 역시 완벽한 존재가 아니므로, 내담자의 성격적 특성과 행동에 영향을 받는다. 이러한 영향을 최소화하기 위해 상담자들은 내담자와 형성하는 전문적 관계의 이해·조절 능력을 갖추도록 전문적 교육과 훈련을 받는다. 그렇지만 전반적으로 매력도가 더 높게 평정된 환자(Nash et al., 1965), 그리고 상담자와 더 좋은 관계를 맺는 내담자(Garfield, 1994)의 치료성과가 더 높다. 또 가상적인 내담자에 관한 연구에서 상담자가 좋아하지 않는 내담자들은 좋아하는 내담자들에 비해 더 치료받고 싶어 하지 않는다는 연구결과도 있다(Lehman & Salovey, 1990). 그렇다면 내담자의 특성이 상담의 성과에 유의한 영향을 미칠 수 있다는 것이다. 여기서는 경험적 연구결과를 토대로 추출된 상담성과에 영향을 줄 수 있는 내담자의 특성으로 ① 성별, ② 연령, ③ 지적 능력, ④ 동기수준, ⑤ 신체적 매력도를 중심으로 살펴보기로 한다.

성별

첫째, 상담의 성과와 성별 사이에는 어떤 상관이 있을까? 사람들은 흔히 여성이 남성보다 상담에 더 잘 반응할 것이라고 믿는다. 그러나 생물학적 성별이 상담결과와 통계적으로 유의한 관련이 있음을 입증한 연구는 거의 없다(Clarkin & Levy, 2004; Garfield, 1994). 이러한 사실을 고려한다면, 내담자의 성별은 치료결과와 관련이 없는 것 같다. 그러나 상담자의 성별이 중요하게 고려되어야 하는 경우가 있다. 성폭력 또는 성희롱 같은 피해를 당한 여성 내담자는 남성 상담자보다 여성 상담자에게 더 안정감을 느낄 수 있다.

연령

둘째, 다른 조건이 같을 경우, 일반적으로 나이가 어린 내담자일수록 심리적 개입에 더 적합한 것으로 여겨져 왔다. 나이가 어릴수록 유연하고 기존의 방식에 덜 집착하고, 부정적·부적응적 행동에 대해 강화를 더 적게 받았기 때문이다. 상담자들은 흔히 나이가 어린 내담자들이 심리적 개입에 더 잘 반응한다고 믿고 있지만, 나이 든 내담자들의 예후가 더 좋지 않다는 경험적 증거는 미약하다(Clarkin & Levy, 2004). 그보다는 내담자의 구체적인 특성을 함께 고려하는 것이 상담의 예후를 더 정확하게 내다볼 수 있을 것이다. 나이 든 내담자라 하더라도 활동적이고 개방적이며, 자기성찰을 할 수 있다면, 상담을 통해 많은 것을 얻을 수 있을 것이다. 혹여 나이가 어린 사람들에 비해 나이 든 사람들이 상담에 더 잘 반응하지 않는다고 믿는 상담자가 있다면, 이는 나이 든 사람에 대한 편견 또는 차별ageism로 볼 수 있다.

지적 능력

셋째, 심리적 개입에는 내담자의 적절한 지적 능력이 요구된다(Garfield, 1994). 특히 대화, 과거 경험, 통찰, 자기성찰을 위해 은유적 표현을 사용하는 접근에서는 더욱 그렇다. 물론 지적장애가 있는 사람이 심리적 개입을 통해 치료성과를 얻을 수 없다는 것은 아니다. 단지 상담이 언어적 소통을 기반으로 이루어진다는 점에서 다른 조건이 동일하다면, 지적 수준이 높은 내담자들이 상담과정을 훨씬 더 잘 소화한다는 것이다

(Trull & Prinstein, 2013). 상담에서는 내담자가 자신의 문제를 명확하게 언어로 표현함으로써, 사건들 사이의 관련성을 분명히 인식할 수 있어야 한다. 즉, 선행사건과 현재 문제의 관련성을 조망할 능력이 요구된다. 이로써 내담자는 현재 느끼는 감정이 처음에는 그 감정과 상관없어 보였던 다양한 사건과 어떻게 연결되는지 인식할 수 있어야 한다. 이를 위해 내담자에게는 내적 성찰 능력이 필요한데, 이 능력이 부족한 내담자는 행동의 기저에 작용하는 내적 결정요인을 인식하기 어려울 수 있다.

동기수준

넷째, 내담자의 자발적 참여는 상담이 본질적으로 자발적 과정이라는 점에서 중요하다. 이는 동기수준이 높은 내담자들조차 심리적 개입이 진행되는 과정에서 포기하고 싶은 시기가 있다는 점에서 더욱 그러하다. 심리적 개입은 비교적 오래 지속되는 과정이다. 이 과정에서 내담자에게 불안이 수반되거나, 치료가 퇴보하는 것 같거나, 개선의 조짐이 전혀 보이지 않는 것 같은 느낌이 드는 시기가 있을 수 있다. 또 내담자는 상담실 밖의 일상생활에서도 숙제 또는 훈습을 위해 갖가지 활동을 하기도 한다. 이를 통해 내담자가 불안을 일으킬 수 있는 새로운 행동을 시도해 보게 된다. 또 여러 가지 이유로 내담자가 오랫동안 탐색하지 않고 외면했던 마음속 깊이 감춰져 있는 부분을 탐색해야 할 때도 있다. 심리적 개입은 내담자에게 통찰을 건네주는 수동적인 과정이 아니라 내담자의 적극적인 실천이 요구되는 과정이다. 이러한 이유로, 상담에서는 내담자의 높은 동기수준이 요구된다. 즉, 일차적으로 내담자가 자발적으로 심리적 도움을 원해야 한다.

개인을 강제로 상담에 참여하게 할 수는 없다. 만일 누군가에게 강제로 또는 미묘한 방식으로 상담받을 것을 종용한다면, 그 사람이 상담을 통해 얻을 수 있는 것은 거의 없다. 이러한 점에서 법원의 명령으로 상담을 받으러 온 범죄자, 비행 또는 일탈행동으로 징역형 대신 상담을 택한 청소년이 상담을 통해 개선될 가능성은 높지 않다(Trull & Prinstein, 2013). 내담자의 동기수준이 긍정적인 변화를 위한 필요조건으로 인식되고 있지만, 이를 입증하는 경험적 연구결과는 일관되지 않다(Garfield, 1994). 그 이유 중 하나는 연구자들이 내담자의 동기수준을 정의하고 측정하는 데 어려움이 있기 때문이다.

신체적 매력도

다섯째, 상담자의 신체적 매력에 대한 고정관념은 내담자에게도 일반화될 수 있다. 상담관계는 만남과 함께 첫인상으로 시작된다. 신체적 매력은 흔히 건강함으로 인식되면서 긍정적인 반응을 도출한다. 상담자들은 매력적이라고 인식한 내담자들과 자발적으로 더 많은 이야기를 하는 경향이 있다는 연구결과(Goldstein, 1973)가 이 사실을 입증한다. 대인관계에서 서로를 지각하는 방식은 관계형성의 필수요소로, 상담자와 내담자의 관계형성에도 영향을 미친다. 이러한 점에서 내담자의 인간적 특성은 상담의 성과에도 영향을 줄 수 있다. 쇼필드(Schofield, 1964)는 이상적인 내담자에 대한 상담자의 믿음을 'YAVIS 증후군syndrome'으로 묘사했다. 즉, 상담자는 대개 젊고young, 매력적이며attractive, 언어구사력이 뛰어나고verbal, 지능이 높으며intelligent, 성공한successful 내담자를 선호한다는 것이다. 반면, 선호하지 않는 내담자들은 'HOUNDs', 즉 못생기고homely, 나이가 많으며old, 지적이지 않고unintelligent, 말이 서투르며nonverbal, 저소득층의disadvantaged 사람들이었다(Allen, 1977). 그러나 사회계층과 치료성과 사이에는 유의한 상관이 없었다(Garfield, 1994). 이러한 두문자어가 다소 잔인한 측면이 있지만, 상담자는 내담자의 외모, 품성, 교양 정도에 영향을 받으며, 변화 가능성이 높은 사람과 함께 작업하기를 선호하는 것으로 해석된다.

 ## 치료적 개입의 효과성 / 심리적 개입은 효과가 있는가?

1952년 독일 태생 영국의 심리학자 한스 아이젠크(Hans Eysenck, 1916~1997)는 경험적 연구를 통해 신경증이 있는 사람들에 대한 상담은 상담을 받지 않은 사람들에 비해 더 효과가 있음이 입증되지 않았다고 발표함으로써 상담의 효과성 연구에 불을 지폈다. 그의 연구는 결과의 타당성보다는 당시 상담의 효과에 대한 과학적 검증 없이 자기만족에 빠져 있던 심리치료자/임상가들에게 정면으로 도전했다는 점에서 역사적으로 중요한 의미가 있다. 그 후, 상담/심리치료의 성과에 관한 연구가 급격히 늘어났고, 연구에 사용된 방법 역시 정교해졌다. 그중 하나가 웜폴드(Wampold, 2010)의 경험적 연구로, 그는 임상실험을 통해 상담/심리치료를 받은 내담자가 받지 않은 내담자보다 더 긍정적인 효과가 있었고, 상담/심리치료가 여러 증거기반 의료행위보다 더 효과적이었다고 보고했다.

치료적 개입의 효과/변화요인

치료적 개입에서 변화의 기본이 무엇으로 구성되어 있는가에 대한 합의점은 아직 없는 것 같다. 일찍이 콜시니와 로젠버그(Corsini & Rosenberg, 1955)는 300편 이상의 논문을 검토하여 개인 변화의 핵심요소를 나타내는 220개의 문장을 추출했다(예, "사람들은 타인이 자신을 믿는다고 생각할 때 변화한다." "혼자가 아님을 깨달을 때 달라진다."). 이들은 요인분석을 통해 〈표 4-3〉과 같은 치료적 개입의 효과/변화요인을 추출했다.

〈표 4-3〉 치료적 개입의 효과/변화요인

범주	요인	설명
□ 인지	○ 보편화	• 자신이 혼자가 아니고, 다른 사람들도 유사한 문제가 있으며, 인간의 고통은 보편적이라는 사실 인식
	○ 통찰	• 점차 자신과 타인을 이해하게 되면서, 자신의 동기와 행동에 대해 다른 관점을 갖게 됨
	○ 모델	• 다른 사람(특히 상담자)을 지켜봄으로써 학습이 일어남
□ 감정	○ 수용	• 무조건적인 긍정적 존중 경험(특히 상담자에게 존중받는 느낌)
	○ 이타심	• 자신이 상담자나 다른 사람들의 관심과 사랑을 받는 대상이라는 인식 • 자신이 다른 사람에게 사랑과 관심을 제공할 수 있는 사람이라는 인식
	○ 전이	• 상담자와 내담자 사이에서 발생하는 감정적 유대
□ 행동	○ 현실검증	• 상담자의 지지와 피드백을 기반으로 안전한 상태에서 새로운 행동을 실험해 봄
	○ 환기	• 한 사람으로 수용된다는 느낌이 드는 상황에서 소리를 지르거나, 울거나, 분노 표출을 통해 감정을 발산함
	○ 상호작용	• 개별 또는 집단 상황에서 자신의 행동에 무언가 잘못된 것이 있음을 개방적으로 인정함

증거기반치료

정신건강 전문가의 치료적 개입은 효과가 있는가? 특정 치료적 개입방법이 다른 접근법보다 더 효과적인가? 최근 들어 상담심리학 분야에서 관심을 갖는 부분은 증거기반

치료가 그렇지 않은 치료들보다 더 효과적인가다(Kazdin, 2008). **증거기반치료**^{Evidence-} ^{Based Treatment}(EBT)는 통제조건(치료)에 비해 내담자에게 더 유의한 변화를 가져다준 접근법이다. 초기에 이 접근법은 경험적으로 지지되거나 경험적으로 타당한 치료로 이해되었다. EBT는 효능성 연구에 기반한 치료다. 이와는 달리 **증거기반실천**^{Evidence-Based} ^{Practice}(EBP)은 보다 넓은 범위의 개념으로, 과학적 연구결과, 임상적 전문성, 내담자의 필요와 선호에 초점을 맞춘 접근법이다. 이 접근법은 더 통제된 연구에 바탕을 두고 있다. EBP는 의사, 간호사, 관련 전문가 등 다양한 치료자가 깊은 관심을 가지는 주제다. 상담을 비롯한 치료적 개입의 효과성에 관한 논란은 미국과 유럽의 상담자들만의 문제가 아니다. 향후 우리나라에서도 점차 상담자들이 제공하는 서비스가 효과가 있는지 입증할 것에 대한 압력이 점차 강해질 것이다. 이러한 사회 분위기는 정신건강 전문가들로 하여금 자신들이 제공하는 서비스의 효과성에 대해 더욱 관심을 갖게 할 것이다. 그러나 일부 상담자는 증거기반실천에 대해 자신의 서비스가 과학적 측면뿐 아니라 예술적 측면이 있고, 치료결과에 영향을 미치는 요소들을 과학적으로 정의·측정하기 어렵다는 이유로 반발하기도 한다.

 주요 개념 / 주요 개념을 확인해 볼까요?

• 심리적 개입	• 개인상담	• 생활지도
• 상담	• 심리치료	• 치료적 등가
• 카타르시스	• 치료동맹	• 탈학습
• 상담자 전문성	• 상담자 매력도	• 상담자 신뢰성
• 증거기반치료	• 증거기반실천	

집단상담과 치료

☐ 집단상담과 치료의 발달사

☐ 집단의 치료요인

☐ 집단유형

☐ 집단리더의 자질

☐ 집단작업 기술

☐ 집단작업의 계획과 준비

☐ 집단의 시작과 종결

☐ 집단작업의 효과성

☐ 집단상담과 치료의 전망

■ 주요 개념

상담전문가는 집단작업을 통해 동시에 여러 사람에게 정신건강 서비스를 제공할 수 있다. 집단작업group work이란 상호 독립적인 집단원들의 목표성취를 위해 집단작업 전문가의 역량을 기반으로 집단 안팎에서 이루어지는 총체적인 치료적 활동을 말한다. 이 작업은 인간의 집단지향적 본성을 치료적으로 활용한 것이다. 사람은 생애 초기부터 중요한 타인들과의 관계와 사회적 교류를 통해 상처받거나 치유되면서 성장·발달한다. 내담자가 상담받기를 원하는 문제의 대부분은 생래적인 것이기보다는 사회적 상황에서 발달한다고 해도 과언이 아니다. 현재 겪고 있는 행동·정서 문제는 과거의 역기능적인 대인관계에 의해 영향을 받았을 개연성이 높기 때문이다. 이 장에서는 ① 집단상담과 치료의 발달사, ② 집단의 치료요인, ③ 집단유형, ④ 집단리더의 자질, ⑤ 집단작업 기술, ⑥ 집단작업의 계획과 준비, ⑦ 집단의 시작과 종결, ⑧ 집단작업의 효과성, ⑨ 집단상담과 치료의 전망에 관해 살펴보기로 한다.

집단상담과 치료의 발달사

집단의 치료적 힘을 집단작업에 활용한 첫 번째 인물은 조셉 프랫Joseph H. Pratt으로 알려져 있다. 프랫은 1905년 미국 보스턴에서 우울증이 있는 폐결핵 환자 30명과 매주 정기적으로 만나 환자들의 사기를 진작시키고, 의학적 처방에 협조하도록 강의와 집단토의로 구성된 집단치료를 실시했다. 환자들 간의 교류, 정보공유, 상호 지지와 격려 등은 예기치 않은 치료적 성과를 가져왔다. 그 후, 1925년 제이콥 모레노Jacob Moreno는 집단치료group therapy라는 용어를 처음 사용하면서 사이코드라마psychodrama를, 트라이갠트 버로우Trigant Burrow는 정신분석을 집단치료에 도입하여 집단분석group analysis이라는 치료 절차를, 그리고 1930년대에 사무엘 슬라브슨Samuel R. Slavson은 정신분석에 기반한 구조화된 집단놀이를 통해 청소년 대상의 치료방법을 차례로 소개했다.

초기에 정신건강 전문의들을 주축으로 시작된 집단작업의 치료적 접근은 제2차 세계대전이라는 격동기를 거치면서 성장과 발달을 중시하는 상담의 형태로 변모되었다. 이러한 변화의 중심에 T집단과 참만남집단이 있었다. 특히 T집단T-group은 1943년 독일 출신 미국의 심리학자, 쿠르트 레빈(Kurt Lewin, 1890~1947)의 장이론Field Theory과 집단역동 개념을 바탕으로 창안한 것으로, 과업성취에서부터 대인관계의 질 향상에 이르기까지 다양한 용도로 활용되면서 현대적인 의미에서 집단의 기초를 마련했다(Forsyth,

2018). 한편, 1960년대 초에 칼 로저스(Carl Rogers, 1902~1987)를 중심으로 창안된 참만남집단^encounter group^은 T집단에서 파생된 것으로, 참여자들의 성장에 중점을 둠으로써 참여자들의 자기개방이 늘고, 감정표현이 깊어지며, 자신에 대한 통찰수준이 증가하는 효과를 산출했다.

집단의 치료요인

집단작업은 집단적으로 이루어지는 개인상담 또는 치료가 아니다. 조직화된 집단은 흔히 사람들의 자연스러운 집단지향적 성향을 활용하여, 구성원들이 서로의 생각과 감정을 나누고 사회적 관계와 정서적 연대감의 발달을 촉진함으로써 통찰과 변화를 유발하는 장으로 활용된다(Posthuma, 2002). 집단은 집단 진행에 크게 지장을 초래하지 않고 너무 다르지 않으면서 공통 관심사를 지닌 사람들에게는 이상적인 공간(Gladding, 2016)으로서 목적, 구성, 길이에 따라 각기 다른 형태를 띤다. 집단의 유형과 이론적 접근은 매우 다양하다. 그러나 이러한 이론적 접근의 바탕에는 집단을 유용하게 만드는 공통분모, 즉 집단의 치료요인이 있다. 집단의 치료요인은 〈표 5-1〉과 같다 (Yalom, 2005).

〈표 5-1〉 집단의 치료요인

치료요인	특성
☐ 희망 고취	○ 치료효과에 대한 확신
☐ 보편성	○ 나 혼자가 아니고, 독특한 것이 아니고, 비정상적인 것이 아니라는 사실 인식
☐ 정보공유	○ 정신건강, 정신질환, 삶의 문제를 다루는 법에 관한 학습
☐ 이타주의	○ 다른 사람들과의 경험과 사고 공유, 집단참여를 통한 조력 제공, 공동 이익을 위한 작업 참여
☐ 일차가족집단의 교정적 재현	○ 초기 가족 갈등 재현 및 해소
☐ 사회화 기법 발달	○ 타인들과의 상호작용 및 사회기술학습뿐 아니라 사회적 상황 속에서 자신에 관한 더 많은 학습
☐ 모방행동	○ 다른 집단원들의 긍정적 행동 모방
☐ 대인학습	○ 통찰 획득 및 과거 경험을 통한 교정 작업

□ 집단응집력	○ 다른 집단원들과의 연대감 형성
□ 카타르시스	○ 감정 체험과 표출
□ 실존적 요인	○ 타인들로부터의 고립상태에서 자신의 삶에 대한 책임수용, 자신의 도덕성과 실존의 가변성 인식

집단은 누구에게나 효능이 있는 만병통치약은 아니다. 관심사에 따라 집단에서 깊이 있게 다뤄지지 못하거나 준비되지 않은 집단원은 집단압력을 받을 수도 있기 때문이다. 그런가 하면 집단원들의 진정성 결여로 인해 사회적 환경이 반영되지 못해 집단경험을 통한 학습이 실생활에 적용하기에 적절하지 않을 수도 있다. 집단은 때로 구성원들 간의 책임 전가, 집단 나르시시즘, 투사 등으로 인해 파괴적이고 비생산적인 결과를 초래할 수 있다(McClure, 1994). 집단작업의 장단점은 〈표 5-2〉와 같다.

〈표 5-2〉 집단작업의 장단점

□ 장점
1. 여러 사례를 동시에 다룰 수 있어서 **효율적임**
2. 개인상담에 비해 비용이 저렴하여 **경제적임**
3. 타인과의 교류를 통해 우리라는 의식을 고취함으로써 소속감을 제공함
4. 여러 사람으로부터 지지가 제공됨
5. **사회의 축소판**, 즉 사회와 유사하며 타인의 반응을 알게 해 주는 실험실 역할을 함
6. 지지적 집단 분위기 조성을 통해 변화의지와 목표달성을 촉진함
7. **대리학습**, 즉 집단상담자 · 집단원의 행동모방을 통한 학습 기회가 제공됨
8. 집단상담자 · 집단원들의 다양한 피드백을 통해 통찰과 변화가 촉진됨
9. 신뢰 분위기에서 새로운 **행동 연습과 학습**이 이루어짐
10. 체계 내에서 집단원의 반응패턴을 이해할 수 있음
□ 단점
1. 제한된 작업시간으로 인해 개인별 치료자의 작업시간이 짧음
2. 제한된 일대일 작업시간으로 인해 집단상담자와의 관계가 미약할 수 있음
3. 집단이라는 환경에서 오는 두려움 또는 위협을 느낄 수 있음
4. 집단원의 깊은 자기개방을 꺼리게 될 수 있음
5. 개인/가족 치료에 더 적합한 문제에 대한 효과성이 감소됨
6. 다른 형태의 상담보다 더 많은 시간이 요구됨

7. 다른 형태의 상담에 비해 일정 조정의 유연성이 결여됨
8. 비밀유지가 어려움
9. 다른 집단원에 의해 초점 또는 시간 · 에너지가 분산될 수 있음
10. 다른 집단원에 의한 심리적 피해의 가능성이 있음

 ## 집단유형 / 집단은 어떤 유형들이 있는가?

집단의 목적과 과정을 고려할 때, 집단유형은 크게 ① 심리교육집단, ② 상담집단, ③ 심리치료집단, ④ 과업/작업집단으로 구분할 수 있다(ASGW, 2000).

심리교육집단

심리교육집단$^{psychoeducational\ groups}$은 예방적 · 지시적인 특성의 집단유형으로, 종전에는 '생활지도집단$^{guidance\ groups}$'으로 불렸다. 집단의 명칭이 변경된 이유는 생활지도집단이 지나치게 조언지향적 · 도덕적 원칙에 치중되었다는 부정적 인식이 형성되었기 때문이었다(Gladding, 2016; Kottler, 2015). 심리교육집단은 참여자들의 자기이해를 높이고, 교육과 훈련을 강조하며, 개인적 성장과 자율권을 촉진하고, 정신건강 교육을 통해 발생 가능한 문제예방에 중점을 둔다(ASGW, 2000). 이 집단은 학교장면에서 시작되었으나, 점차 학교 밖으로 확대되어 오늘날에는 지역사회에서도 흔히 사용되고 있다. 심리교육집단의 목적은 주로 참여자들에게 발달과업(예, 성교육, 의사소통 기술, 다양성 문제, 부모 역할, 자녀양육, 노화), 잠재적 위협(예, AIDS, 질병, 스트레스 관련), 삶의 위기(예, 괴롭힘, 상실, 별거/이혼)의 대처방법에 관한 정보제공에 있다. 심리교육집단의 리더는 주로 예방교육과 지지에 중점을 둔다. 이 집단은 주로 학교, 병원, 정신건강센터, 사회적 서비스기관, 대학상담센터 등의 장면에서 활용되는데, 대체로 일회성 또는 단기로 진행되며, 참여자의 자기개방은 제한적이다. 특히 대학생 대상의 심리교육집단은 서면자료를 활용한 미니강의와 소집단 토의의 형태로 이루어지며, 학업기술, 이성관계, 분노 조절 등 발달적 쟁점이 되는 주제를 다루기에 유용하다.

상담집단

상담집단counseling groups은 집단역동과 과정(예, 대인관계적 지지, 피드백)을 활용하여 집단원들의 개인적 · 교육적 · 사회적 · 직업적 · 발달적 관심사를 다루는 집단이다. 상담집단은 일반적으로 예방, 건강, 자기이해, 통찰, 자기실현 등 의식적 동기에 중점을 둔다. 이 집단의 지속기간은 치료집단보다는 짧고, 심리교육집단보다는 길다. 인지적 측면을 강조하는 심리교육집단에 비해, 이 집단에서는 정서적 개입이 강조되고, 소집단 형태로 진행된다는 특징이 있다. 또한 비교적 잘 기능하는 사람들로 구성되고, 비교적 단기간에 해결 가능한 의식적인 문제에 초점을 맞추며, 심각한 정서 · 행동 문제는 다루지 않는다는 점에서 심리치료집단과 구분된다. 이러한 점에서 상담집단은 주로 초 · 중 · 고등학교 상담실, 대학상담센터, 지역사회 상담센터 등에서 활용된다.

심리치료집단

심리치료집단psychotherapy groups은 정신장애 또는 비교적 심각한 정도의 심리적 문제가 있는 사람들의 치료를 돕기 위한 집단유형으로, '성격재건집단personality reconstruction groups'으로도 불린다. 이 유형의 집단은 주로 의료모델에 기반하여 운영된다. 심리치료집단은 구성원 대부분이 자신들의 문제해결 또는 다른 사람을 도울 능력이 상대적으로 제한되어 있다는 점에서 상담집단과 차이가 있다. 심리치료집단의 다른 한 가지 특징은 집단치료자가 이상심리와 정신병리, 진단과 평가, 심리치료이론, 물질과 치료약물 등에 관한 지식과 임상경험을 고루 갖추어야 한다는 점이다.

과업/작업집단

과업/작업집단task/work groups은 특정 과업을 성취하기 위한 집단유형이다. 이 집단에서는 주로 의식수준의 행동을 강조하고, 집단역동을 활용하여 특정 결과 또는 성과의 성공적 추출에 중점을 둔다(Gladding, 2016). 과업집단에는 특정 목적을 성취하기 위해 결성된 사전에 계획된 집단[예, 태스크포스task force(TF)팀, 특별과업special task팀, 품질관리팀, 위원회, 직원회의 등], 포커스 집단focus groups, 지역사회 기관과 조직, 토론집단, 스터디 모임, 그리고 이와 유사한 형태가 포함된다. 조직의 갈등은 흔히 구성원들의 가치관 또는 사회규범 같은 요인이 집단에 부정적인 영향을 미칠 때 발생한다. 구성원들 간의 차이는 소통문제, 직장생활에 대한 불만족, 근무의욕·생산성 저하, 다문화적 문제, 심지어 성추행 같은 문제를 야기한다. 이에 과업집단 전문가는 주로 에이전시 또는 기업체 같은 조직의 문제를 분석·진단하는 한편, 이를 토대로 구조적 역동의 변화를 모색한다(Jacobs, Schimmel, Masson, & Harvill, 2016).

 ## 집단리더의 자질 / 집단리더에게 요구되는 자질은 무엇인가?

집단리더는 집단과정에서 집단규범 설정, 구조화, 구성원들의 의미 있는 반응과 상호작용 관찰, 집단과정 분석, 집단원 보호와 격려 등의 독특한 과업을 담당한다. 집단과정에서 집단리더의 태도와 행동은 집단원에게는 모델링을 통한 학습경험의 기회가 된다. 집단리더에게는 기본적으로 경청, 배려, 개방적 태도, 우호성, 정서적 건강, 공감능력이 요구된다(강진령, 2019; Corey, 2017; Corey & Corey, 2017). 또한 집단을 흥미롭고, 생산적이며, 의미 있는 모임으로 이끌어 가야 할 책임이 있다. 이러한 책임을 완수하기 위해서는 리더로서의 인간적·전문적 자질뿐 아니라 숙련된 리더십이 요구된다.

집단작업에는 창의적이고 다감각적인^{multisensory} 이론기반의 집단상담자 주도형 리더십이 요구된다. 집단리더가 단순히 촉진자 역할만 하고, 집단원들이 주도하는 방식에서는 집단에 대한 집단원들의 만족도가 그리 높지 않기 때문이다. 대신, 집단원들은 집단리더가 적극적으로 집단을 이끌어 가는 방식을 선호한다(Jacobs et al., 2016). 누군가 안내를 잘해 준다면, 사람들은 그 사람의 말을 따르는 것을 개의치 않기 때문이다. 이 외에도 집단리더는 적어도 집단의 주제에 관한 지식을 갖추고, 집단원들의 문화적 배경과 차이를 이해하고 배려할 수 있어야 한다. 이러한 모든 요소는 집단작업 기술로 표출될 수 있다.

 ## 집단작업 기술 / 집단작업에는 어떤 기술이 필요한가?

집단작업은 크게 과정적 측면과 내용적 측면에서 이루어진다. 집단의 "과정과 내용은 상호작용 관계에 있고, 마치 두 가닥의 실로 엮인 줄과 같이 작동한다"(Hulse-Killacky,

Kraus, & Schumacher, 1999, p. 117). 집단의 과정과 내용에 대한 개입은 집단기술을 통해 이루어진다. 이 기술에는 적극적 경청을 통한 공감, 이해, 수용, 온정, 존중, 관심, 지지, 격려 등이 밑바탕에 깔려 있다. 집단작업에는 다양한 기술이 사용되는데, 여기서는 ① 구조화, ② 참여유도, ③ 초점 맞추기(초점 설정, 유지, 이동, 심화), ④ 연결, ⑤ 차단, ⑥ 긍정적 피드백, ⑦ 지금-여기 상호작용 촉진을 중심으로 살펴보기로 한다.

구조화

구조화[structuring]란 집단참여에 필요한 제반 규정과 한계에 대한 진술을 말한다. 집단작업 관련 규정에는 적극적 참여, 집단형성·유지를 위한 지침, 상담시간, 불참/지각 시 취해야 할 조치, 위급상황 시 연락방법, 상담실 이용방법, 그리고 기타 알아 두어야 할 사항이 포함된다. 구조화는 집단원들의 수준에 적절한 용어와 조회체계를 고려하여 사용한다. 글상자 5-1은 집단초기에 적용한 구조화의 예다.

◆ 글상자 5-1. 집단작업의 시작단계에서 구조화의 예

> 지난번 집단원 선발면접 때 여러분에게 설명한 내용을 다시 한번 정리해 드리겠어요. 이 집단은 여러분을 위한 것이고, 이 집단에서 우리는 다양한 활동에 참여하고 많은 이야기를 나눌 거예요. 제 경험에 비추어 볼 때, 집단활동에 적극적으로 참여하는 것이 우리가 함께 변화되는 데 크게 도움이 될 것 같아요. 그리고 이 집단에서 나눈 이야기는 집단 밖에서 이야기하지 않겠다고 약속한 것을 잘 지켜 주세요. 집단상담은 매주 화요일 오후 7시부터 9시까지 이곳에서 진행될 것입니다.

참여유도

참여유도[drawing out]란 집단참여에 소극적이거나 침묵하는 집단원을 자연스럽게 집단논의에 끌어들여 자기개방의 기회를 제공하는 기술을 말한다. 집단원들은 흔히 낯선 분위기에서 자기개방을 하는 것을 어색해한다. 이런 집단원들이 많을수록 분위기가 경직되고 활력을 잃을 수 있다. 이러한 점에서 참여유도는 집단 분위기를 역동적으로 바꾸어 놓을 수 있는 중요한 기술이다. 집단과정에서 참여유도 방법의 예는 글상자 5-2와 같다.

글상자 5-2. 집단원들의 참여유도 방법 예시

1. 척도질문, 즉 특정 사안에 대해 10점 척도로 답하게 한다.
2. 돌아가면서 특정 사안에 대해 단어, 구, 또는 절로 답하게 한다.
3. 글쓰기형 활동을 사용하여 발표 기회를 제공한다.
4. 몸동작으로 소통하는 활동을 통해 표현하려는 메시지를 행동으로 나타내게 한다.

초점 맞추기

초점 맞추기focusing란 집단에서 논의되고 있는 주제나 소주제를 설정, 유지, 이동 또는 심화하는 것을 말한다(강진령, 2019). 전문적 역량을 갖춘 집단치료자는 집단논의의 초점을 언제, 어떻게 ① 설정, ② 유지, ③ 이동, ④ 심화하는지 알고 있다(Yalom, 2005). 첫째, **초점설정**은 집단목적 달성에 필요한 논의 대상으로 사람, 주제, 활동 등을 정하는 것이다. 집단리더에게는 집단의 초점을 설정할 권한이 있지만, 집단원들에게 이를 위한 기회를 제공할 수 있다. 둘째, **초점유지**는 집단원들이 특정 주제에 관한 논의를 지속하도록 돕는 것이다. 집단에서 논의의 초점은 자연스럽게 특정 주제에서 다른 주제로 옮겨 갈 수 있다. 그러나 특정 주제에 관한 논의가 더 필요하다고 판단되는 경우, 집단리더는 반영 또는 차단 같은 집단작업 기술을 활용하여 논의의 초점을 유지할 수 있다. 셋째, **초점이동**은 특정 주제가 충분히 논의되었거나 다른 주제에 관한 논의가 필요한 경우, 그 주제로 옮겨 가는 것이다. 초점이동에는 참여유도와 차단 등의 기술이 활용된다. 끝으로, **초점심화**는 집단논의를 더 깊은 수준으로 이끄는 것이다. 이는 집단원에게 개인적 경험에 대한 의미 있는 논의 또는 탐색 기회를 제공할 수 있다.

연결

연결linking은 특정 집단원의 말 또는 행동을 다른 집단원의 관심사와 연계하여 되돌려 주는 기술이다. 이 기술은 집단리더의 통찰력을 나타내는 방법인 동시에 집단원들의 사고, 감정, 행동에서의 공통점 및/또는 차이점을 드러내어 주기 위해 사용된다. 연결을 통해 집단원들은 보편성universality을 경험하거나 통찰을 얻을 수 있다. 연결은 집단원들 간의 상호작용과 응집력 증진에도 효과적이다.

차단

차단^{blocking}은 집단과정에 부정적인 영향을 주는 행동 또는 상황에 대해 말을 끊고 개입하는 기술이다. 이 기술은 집단원이 중언부언하거나 질문공세를 퍼부을 때, 다른 집단원의 비밀을 누설하거나 잡담을 일삼을 때, 사생활 침해 또는 '거기-그때' 형식의 논의나 사실적인 이야기를 늘어놓을 때 등의 경우에 사용된다(강진령, 2019). 차단은 집단원의 인격에 손상을 입히지 않으면서 비생산적인 행동을 가로막는 기법으로, 집단리더의 민감성과 직접성을 필요로 한다.

긍정적 피드백

긍정적 피드백^{positive feedback}은 집단원의 강점을 비롯한 긍정적인 특성을 언어적·비언어적 행동으로 되돌려주는 것이다(강진령, 2019). 이 기술은 다차원적 과정으로, 안전하고, 수용적이며, 신뢰 분위기를 조성하는 효과가 있다. 신뢰 분위기는 집단원들이 자신의 두려움, 기대, 갈등, 대립 등과 관련된 느낌과 생각을 공개적으로 표현할 수 있는 용기를 준다. 특히 사적인 문제 탐색 또는 새로운 행동 시도는 지지와 격려를 필요로 하는데, 이때 제공되는 집단리더와 다른 집단원들의 솔직하고 긍정적인 피드백은 모방학습의 기회도 된다(Corey & Corey, 2017; Yalom, 2005). 피드백 제공 시 고려사항은 글상자 5-3과 같다.

글상자 5-3. 피드백 제공 시 고려사항

1. 피드백 제공자의 욕구충족 수단이 아니라 받는 사람에게 유익해야 한다.
2. 기술 가능한 행동에 기초할 때 더 효과적이다.
3. 집단초기의 긍정적 피드백은 부정적 피드백보다 더 유익하고 쉽게 받아들여진다.
4. 특정 행동 직후에 이루어질 때 효과가 있다.
5. 피드백을 받는 사람이 개방적이고, 피드백 제공자를 신뢰할 때 훨씬 유용하다.

지금-여기 상호작용 촉진

지금-여기 상호작용 촉진은 집단원들의 순간순간의 생각과 느낌의 교류를 돕는 기술이다. 이 기술은 집단원들이 과거의 사건에 대해 현재 느끼는 감정과 생각을 나누는 데 도움을 준다. 집단원의 생애사 또는 경험은 '지금-여기'의 맥락에서 다루어질 때 변화의 물꼬를 틀 수 있다. 집단리더는 집단원들로 하여금 질문, 제3자로서의 진술, 인정 추구, 일시적 구원, 분석 등을 지양하게 하는 한편, '너'와 '우리'보다는 '나'를 주어로 표현하게 함으로써 '지금-여기'의 상호작용을 촉진할 수 있다.

집단작업의 계획과 준비

집단작업의 계획과 준비는 흔히 요구사정에서 시작하여 집단계획서에서 가시화된다. 요구사정$^{\text{need assessment}}$은 잠재적 집단원들로부터 집단주제에 대한 의견과 정보를 수집하는 도구로, 집단계획서 작성의 방향과 내용의 기틀이 된다. 집단계획서는 집단의 계획과 준비사항들을 일정한 형식에 따라 문서화한 것이다. 집단계획을 수립했다는 것은 집단리더가 집단의 목적, 활용하고자 하는 기술, 기법, 전략 외에도 집단운영에 관한 전반적인 사항에 대해 명확·상세하게 알고 있고 설명할 수 있음을 의미한다. 집단작업의 계획과 준비 시 점검할 사항은 〈표 5-3〉과 같다.

〈표 5-3〉 집단작업의 계획과 준비 시 점검 목록

항목	점검 목록
☐ 필요성·목적	○ 현 시점에서 집단서비스가 필요한 이유는 무엇인가? ○ 집단의 기본가정은 무엇인가? ○ 집단의 목적은 무엇인가?
☐ 집단 주제·활동	○ 집단의 주제는 무엇인가? ○ 집단의 목적 성취를 위해 수행할 활동은 무엇인가?
☐ 집단구성	○ 누구를 대상으로 할 것인가? ○ 어떤 절차를 거쳐 선별·선발할 것인가? ○ 남성/여성/혼성으로 구성할 것인가? ○ 집단원들의 연령 제한/범위는 어떠한가? ○ 잠재적 집단원들과 논의되어야 할 사항은 무엇인가?
☐ 집단 유형·형태	○ 상담/치료/교육/성장/자조/지지 집단으로 할 것인가? ○ 개방/폐쇄 집단으로 할 것인가? ○ 단독/공동으로 운영할 것인가? ○ 구조화/비구조화/반구조화 집단으로 할 것인가?

□ 집단원 선발	○ 개별/집단 면담을 활용할 것인가? ○ 잠재적 집단원을 파악하기 위해 질문지를 활용할 것인가? ○ 다른 전문가 또는 기관의 의뢰를 수용할 것인가? ○ 자발적 선택을 원칙으로 할 것인가? ○ 비자발적 집단원을 수용할 것인가?
□ 집단크기	○ 집단원 수는 몇 명으로 할 것인가?
□ 집단일정	○ 총 몇 회기로 할 것인가? ○ 얼마나 자주 모일 것인가? ○ 한 회기는 몇 분/시간으로 할 것인가? ○ 집단회기는 몇 시에 시작해서 몇 시에 마칠 것인가? ○ 집단참여를 원하는 사람들과의 예비 모임은 언제, 어디서, 어떤 방식으로 가질 것인가?
□ 집단장소	○ 집단모임은 어떤 환경/조건을 갖춘 공간에서 할 것인가?
□ 리더 수	○ 집단리더는 몇 명으로 할 것인가?
□ 집단홍보	○ 집단계획과 내용을 어떤 방법으로 잠재적 집단원들에게 알리고 관심을 갖게 할 것인가?
□ 기대효과 · 평가	○ 집단경험을 통해 집단원들에게 기대하는 효과는 무엇인가? ○ 집단원들의 집단경험은 어떻게 평가할 것인가?

집단작업을 계획 · 준비하면서 집단리더는 〈표 5-3〉에 제시된 일련의 질문에 대해 집단계획서에 답변해야 할 것이다. 그중에서도 ① 집단크기, ② 집단일정, ③ 집단형태, ④ 공동리더십에 관한 지침은 다음과 같다. 첫째, 집단크기는 집단의 목적과 선호도, 집단 형태와 주제, 집단원의 나이와 성숙도, 집단리더의 경험수준과 집단의 통제능력 등을 고려해서 정한다. 6개월 이상 지속되는 집단의 경우, 10명 이상이 되어야 생산적인 집단이 되겠지만, 일반적으로 6~8명이 적절하다(Gladding, 2016). 단, 집단원들의 나이가 어리거나 지적 능력이 낮은 경우, 집단원의 수를 적게 한다. 집단원 수가 너무 많으면 균형 있는 상호작용이 어려운 반면, 너무 적으면 집단역동이 약화될 수 있다.

둘째, 집단일정은 집단원들의 주의집중 시간의 길이를 고려하여 결정한다. 즉, 집단원들이 어릴수록 회기 시간은 더 짧게 하고 자주 만나게 한다. 예컨대, 초등학교 저학년 아동집단의 경우, 회기당 30~40분(주 2~3회), 고학년 아동집단은 45~60분(주 1~2회)으로 편성한다. 중학생집단은 매주 60~90분, 고등학생집단은 매주 90~120분, 그리고 대학생과 성인 집단은 120분이 적절하다(Jacobs et al., 2016).

셋째, 집단형태, 즉 집단을 개방집단으로 할 것인지 또는 폐쇄집단으로 할 것인지 역시 중요한 사항이다. 개방집단은 집단이 시작된 이후에도 새로운 집단원의 참여를 허용하는 집단의 형태인 반면, 폐쇄집단은 이를 허용하지 않는 집단의 형태를 말한다. 개방집단은 중도포기한 집단원의 공백을 메워서 적정한 집단크기를 유지할 수 있다는 점에서 장기 외래환자 집단에서 주로 활용된다. 반면, 폐쇄집단은 집단크기 유지 면에서 유연하지는 않지만, 높은 집단응집력을 유지할 수 있어서 집단목표 성취 면에서 매우 효과적 · 생산적이다.

넷째, 집단리더는 집단작업의 계획과 준비에 있어서 공동리더십^{co-leadership}, 즉 다른 상담자 또는 치료자와 함께 진행을 할 것인지의 여부를 결정해야 한다. 만일 집단원 수가 많다면(예, 10명 이상), 공동리더를 두는 것이 유익하다. 공동리더와 함께 한 집단을 진행하는 경우, 집단리더가 집단작업에 집중할 때, 다른 리더는 집단과정을 모니터링하거나 다른 집단원들의 반응을 관찰할 수 있다는 이점이 있다. 그러나 집단리더와 공동리더가 서로 반대 성이어야 하거나 서로 다른 역량을 갖추고 있어야 할 필요까지는 없다(Corey, 2017).

집단작업에서 이론 활용

이론은 집단작업에서 길을 안내해 주는 지도 역할을 한다는 점에서 중요하다. 즉, 집단구조와 집단원 이해, 사용할 기법 선정, 집단과정, 연구에 도움을 준다. 이에 집단리더는 특정 이론적 접근의 인간관을 비롯하여 자신의 성격에 잘 부합되는지 확인해야 한다. 상담과 심리치료 이론은 본래 개인작업을 위해 창안되었으나, 자연스럽게 집단작업에도 적용되었다. 상담과 심리치료 이론은 크게 정신역동적 접근, 인본주의적 · 실존주의적 접근, 행동적 · 인지행동적 접근, 포스트모더니즘적 접근으로 구분되기도 한다.

집단국면에 따른 계획

집단회기는 일반적으로 ① 시작, ② 작업, ③ 종결 국면으로 구분된다. 각 국면에 따른 계획 시 다음 사항을 고려한다. 첫째, **시작국면**^{beginning phase}은 보통 이전 회기를 돌아보고, 지난 회기 이래로 집단원들의 생각, 반응, 성과를 확인하는 작업으로 구성된다. 이 시기는 흔히 도입국면으로도 불린다. 이 국면에서는 집단원들의 활력수준, 회기에 대한 흥미도, 나누고 싶은 주제나 관심사 등을 파악한다. 집단회기는 보통 이전 회기를 되돌아보는 것으로 시작한다. 얼마만큼의 시간을 할애할 것인가는 집단리더에게 달려 있다. 그러나 시작국면에 너무 많은 시간을 할애하지 않는 것이 좋으며, 보통 10~15분이 적당하다(Jacobs et al., 2016). 단, 첫 회기는 예외여서 통상보다 많은 시간을 할애한다.

둘째, **작업국면**^working phase^은 집단원들이 각자의 목표성취를 위해 노력하는 시기다. 교육집단이나 토론집단의 경우에는 중간국면^middle phase^으로 불린다. 작업국면은 의미 있는 상호작용과 논의, 그리고 치료적 개입이 이루어진다는 점에서 사전계획이 중요하다. 계획을 어떻게 수립하느냐에 따라 역기능적인 집단역동을 제거하고 집단목표를 다룰 수 있는 시간을 충분하게 확보할 수 있기 때문이다.

셋째, **종결국면**^closing/ending phase^은 한 회기를 요약·마무리하는 시기다. 이 국면에서 집단리더는 요약 관련 활동을 계획하여 집단원들이 작업/중간 국면에서 경험학습한 것을 통합하도록 돕는다. 종결국면에는 보통 3~10분 정도의 시간을 할애한다. 시간이 허락하는 범위 내에서 집단리더는 다음 회기의 주제에 관하여 간략히 언급하거나, 집단원들에게 2인 1조로 집단경험에 대한 소감을 나누게 하거나, 다음 회기까지 새롭게 실행에 옮기고자 하는 행동을 발표하도록 한다. 추가로, 후속집단회기는 집단종결 이후에 집단원 개개인이 집단경험을 통해 얻은 결과에 대한 평가를 통해 집단경험의 효과를 극대화하는 한편, 집단원 개개인의 목표를 지속적으로 추구하도록 격려하기 위한 모임이다. 후속집단회기의 시기는 집단 유형과 목적에 따라 다른데, 단기집단의 경우에는 종결 후 3개월(Corey, 2017) 또는 6개월(Jacobs et al., 2016)이 적절하다. 추수집단에서 다른 집단원들로부터 받게 되는 긍정적인 피드백, 지지, 격려는 집단원 개개인의 목표 추구를 위한 동기를 높여 주는 효과가 있다.

집단의 시작과 종결

집단은 어떻게 시작하고, 어떻게 종결해야 하는가? 먼저, 집단시작에 관하여 살펴보자.

집단시작

집단리더는 집단작업과 집단의 목적에 관해 간략히 소개하고, 돌아가면서 자신의 이름과 흥미로운 점 한 가지를 소개하도록 한다. 이때 집단초기부터 집단규칙을 설명하느라 시간을 허비하는 것은 집단원들에게 마치 수업시간처럼 느껴질 수 있으므로 유의해야 한다. 집단작업의 첫 회기는 리더뿐 아니라 집단원들도 호기심과 부담감을 동시에 느낄 수 있는 시간이다. 이에 집단리더는 집단원들의 행동, 반응, 태도, 상호작용 패턴을 비롯하여 집단 분위기를 지속적으로 모니터링하다가 필요한 경우에 즉각 개입하여 생산적인 분위기를 유지해야 한다. 또한 집단회기를 진행하면서 도입, 주제에 관한 논의, 활동, 소감 나누기 등을 위한 시간을 고르게 배분해야 한다. 그렇지 않고 특정 부분에 시간을 소모하는 경우, 다른 영역의 시간이 부족할 수 있다.

집단종결

집단종결 시기가 다가오면, 집단리더는 집단원들이 집단에서 학습한 것을 실생활에 적용할 수 있도록 돕는다. 또한 집단종료 후 해야 할 일에 대한 계약 체결, 추수집단 약속, 추가상담 안내, 개인면담 약속 등을 한다. 집단종결은 회기의 종결과 전체 회기의 종결 및 평가로 나뉜다.

집단회기 종결. 집단종결을 위해 유용하게 사용될 수 있는 기법은 집단원들에게 한 회기를 돌아보며 자신에게 특별히 의미 있었던 경험, 소감, 배운 점, 다르게 행동하고 싶은 점 등에 대해 간략히 이야기해 보도록 하는 것이다. 또는 집단원들의 경험학습 내용을 글로 작성하여 2인 1조로 이야기를 나누도록 하는 것이다. 대화 내용의 요지는 전체 집단에서 발표하도록 한다. 집단원들이 발표한 소감에 대해 집단리더는 적극적으로 지지 · 격려하며, 피드백을 제공한다. 집단리더는 한 회기를 어떻게 종결할 것인지 사전에 계획하여 집단회기 시간을 안배한다. 집단리더는 회기당 5~10분 정도를 종결을 위한 시간으로 할애한다. 그리고 집단과정에서도 이 작업을 적시에 완수할 수 있을 만큼 시간이 충분한지 확인한다.

전체 회기 종결. 집단의 종결 회기가 가까워지면, 집단종결을 또 다른 상실경험으로 받아들이는 집단원(들)이 생길 수 있다. 이에 집단리더는 집단종결 2~3회기 전부터 집단종결과 관련된 사안들에 대해 언급함으로써 집단원들이 마음의 준비를 하도록 한다. 그리고 집단의 최종 회기에서는 집단원들에게 그동안의 집단과정에 대해 요약·정리해 주는 한편, 집단원들의 종결 후 계획에 대해 논의할 기회를 제공한다.

평가.   집단회기 또는 전체 회기의 종결 시기가 되면, 집단리더는 집단과정에 대한 평가를 실시한다. 평가결과는 다음 회기 또는 새로운 집단을 위한 개선방안 마련의 근거자료로 활용한다. 집단리더는 "이 집단회기 또는 전체 집단회기를 통해 집단원들에게 일어난 변화는 무엇인가?" "이 집단의 치료적 힘은 무엇인가?"와 같은 질문을 통해 구체적인 근거자료를 마련한다.

💬 집단작업의 효과성 / 집단작업은 효과가 있는가?

치료적 집단의 효과성에 관한 문헌연구에 의하면, 치료적 집단은 무처치집단보다 효과적이다(Burlingame, Fuhriman, & Johnson, 2004). 그런가 하면 공황장애, 사회공포증, 섭식장애가 있는 사람들에게 효과적인 인지행동치료 집단 외에는 다른 형태의 치료보다 더 효과적으로 보이지 않는다고 보는 시각도 있다(Burlingame et al., 2004). 그렇지만 시간제한적 집단치료는 효율적이고 경제적이라는 이점이 있다. 얄롬(Yalom, 2005)은 다양한 치료요인과 집단치료의 결과에 영향을 주는 변인들을 제시했으나, 이러한 치료요인의 효과를 경험적으로 검증한 연구는 거의 없다. 이제까지의 연구는 개념적 문제와 방법론적 문제가 주를 이룬다. 집단작업이 어떻게 작동하고, 치료효과가 나타나는 이유가 무엇인지 분명하게 규명하기 위해서는 집단작업의 과정과 치료요인에 관한 더 많은 연구가 요구된다.

💬 집단상담과 치료의 전망

인류 역사에서 사람은 언제나 다른 사람들과 더불어 존재했고, 존재하고 있으며, 앞으로도 그럴 것이다(Forsyth, 2018). 치료적 집단의 경제성, 효율성, 실용성에도 불구하고 오늘날 집단상담과 치료는 소수의 관심 있는 정신건강 전문가들에 의해 행해지고 있다. 이러한 이유 중 하나는 많은 임상가와 내담자가 집단작업을 이차적 치료형태로 보기 때문이다(Trull & Prinstein, 2013). 즉, 다른 치료적 수단보다 집단에 의뢰되는 내담자 수가 적음에도 불구하고 의뢰된 사람들조차 집단참여를 꺼리기 때문이다(Burlingame et al., 2004). 그렇지만 치료적 집단은 임상가와 의료 관련 관리 조직에게는 상당히 매력적이다. 덜 심각한 환자 또는 내담자를 보살피는 데 임상가의 시간, 즉 비용을 줄일 수 있기 때문이다. 다른 한편으로는 임상장면에서 입원치료를 대신할 수 있기 때문이다(Steenbarger & Budman, 1996).

집단작업이 이차적/부가적 상담 또는 치료 수단을 넘어서서 심리적 개입의 영향력 있는 위치를 확보하기 위해서는 여전히 보완되어야 할 점이 많다. 향후 우리나라에도 관리의료체계가 도입된다면, 집단상담과 치료는 미래에 더 실용적인 정신건강 서비스의 대안으로서 일반인들의 관심이 높아질 것으로 전망된다. 그러므로 상담전문가는 일반 대중과 정신건강관리 전문가들을 교육하고, 정부에 정신건강 관련 법안통과운동을 전개하는 동시에 치료적 집단을 정신건강 서비스의 한 형태로 재정적 지원을 할 수 있게 하고, 관리의료와 정신건강관리 요구에 대해 깊은 관심을 가져야 할 것이다.

💬 주요 개념 / 주요 개념을 확인해 볼까요?

• 집단작업	• 집단치료	• 사이코드라마
• 집단분석	• T집단	• 참만남집단
• 장이론	• 집단의 치료요인	• 심리교육집단
• 생활지도집단	• 상담집단	• 심리치료집단
• 성격재건집단	• 과업집단	• 작업집단
• 구조화	• 참여유도	• 초점 맞추기
• 초점설정	• 초점유지	• 초점이동
• 초점심화	• 연결	• 차단
• 긍정적 피드백	• 공동리더십	• 시작국면
• 작업국면	• 종결국면	• 집단종결
• 집단회기 종결		

가족/커플치료

☐ 가족치료의 기초개념
☐ 가족치료이론
☐ 커플치료
☐ 가족/커플치료의 전망
■ 주요 개념

가족치료^{family therapy}는 내담자와 그 가족을 대상으로 하는 조력활동이다. 가족_{家族}은 주로 부부를 중심으로 친족관계에 있는 사람들의 집단으로, 그 구성원 간의 혼인, 혈연, 입양 등으로 이루어진다. 생태체계적 관점에서 가족은 물리적 · 심리적 공간을 차지하는 개인들의 집합체 이상으로 고유의 규칙, 역할, 힘, 의사소통 유형 등의 특성을 발전시켜 온 사회적 체계^{system}다(Goldenberg, Stanton, & Goldenberg, 2016). 개인이 상담받기를 원하는 거의 모든 문제는 부모를 비롯한 원가족과의 관계에서 그 뿌리를 찾을 수 있는 한편, 개인의 문제행동은 가족에게 영향을 준다.

가족치료가 세인들의 관심을 끌게 된 것은 20세기 중반에 와서다. 종전에는 정신분석을 비롯한 개인지향적 치료방식을 고수해서 새로운 치료방법이 들어설 여지가 거의 없었기 때문이었다(McAdams, 2015). 그러던 중, 임상가들은 치료를 통해 개선된 내담자를 문제의 원인을 제공한 환경(가족)으로 되돌려 보내는 것에 문제가 있음을 인식하게 되었다. 이러한 인식은 가족치료라는 또 다른 형태의 치료방법에 관한 연구를 촉발했다. 즉, 미국 캘리포니아주 팔로 알토^{Palo Alto} 소재 국립정신연구원^{Mental Research Institute}(MRI)에서 실시한 조현병^{schizophrenia} 환자 가족의 의사소통에 관한 연구가 그것이다. 이 연구는 임상가들에게 개인의 문제는 가족구성원의 관계와 소통방식의 변화에 기초한 가족체계 회복을 통해 해결해야 한다는 인식을 심어 주었다.

가족치료는 커플치료^{couple therapy}를 수반한다. 부부가 법률혼 또는 사실혼에 의한 남편과 아내를 아울러 이르는 말이라면, 커플은 짝이 되는 이성 또는 동성 한 쌍을 말한다. 부부라는 말은 미혼 남녀 또는 동성 커플을 포함하지 않으므로, 이들을 대상으로 하는 개입을 커플치료라는 말로 통일하여 사용하기로 한다. 이에 커플은 두 사람이 관련되는 데 비해, 가족은 1인 또는 그 이상의 부모와 가족구성원이 관련된다. 이 장에서는 가족 및 커플치료를 ① 가족치료의 기초개념, ② 가족치료이론, ③ 커플치료, ④ 가족/커플치료의 전망으로 나누어 살펴보기로 한다.

가족치료의 기초개념

가족치료의 기초개념으로는 ① 일반체계이론, ② 이중구속, ③ 희생양/IP, ④ 스트레스, ⑤ 발달상의 결정적 시기를 들 수 있다.

일반체계이론

일반체계이론General Systems Theory(GST)은 오스트리아의 생물학자 루트비히 폰 버탈란피 (Ludwig von Bertalanffy, 1901~1972)가 창안한 것으로, 유기체 내에서 세포들이 체계를 이루고 기능하는 것처럼 가족 역시 각 구성원의 역할과 기능에 의한 상호작용을 기반 으로 유지되는 체계임을 강조하는 이론이다. 즉, 가족은 구성원들의 특성뿐 아니라 구 성원들의 관계구조와 상호작용의 영향을 받으며 발달하는 유기체와 같다는 것이다. 따라서 가족치료에서는 가족을 하나의 체계로 간주하고, 개인의 문제를 내적으로뿐 아니라 가족의 맥락에서 파악하여 개인과 가족 간의 상호작용 양상의 변화를 꾀한다. 일반체계이론의 기본가정은 글상자 6-1과 같다.

글상자 6-1. 일반체계이론의 기본가정

1. 가족은 부분의 특성을 합한 것 이상의 특성을 지닌 체계다.
2. 가족체계는 특정한 일반 규칙에 의해 움직인다.
3. 가족체계는 경계가 있어서 가족체계의 기능 이해에 중요한 단서가 된다.
4. 가족체계에서 한 부분의 변화는 전체의 변화를 유발할 수 있다.
5. 가족체계는 완전하지 않아서 항상 안정상태를 유지하려는 경향이 있다.
6. 가족체계 기능에서는 체계 간 의사소통 또는 피드백 기능이 중요하다.
7. 가족 내에서 개인의 행동은 순환적 인과관계로 보는 것이 이해하기 쉽다.
8. 가족체계는 다른 열린 체계와 마찬가지로 나름의 목적이 있다.
9. 가족체계는 더 큰 상위체계의 일부로 하위체계에 의해 성립된다.

이중구속

이중구속double-bindedness이란 가족 내 힘 있는 구성원이 보내는 혼란스러운 메시지로, 조현병의 발병원인이 되는 개념이다. 이 개념은 1950년대 초 인류학자 그레고리 베 이트슨(Gregory Bateson, 1904~1980)을 비롯하여 제이 헤일리Jay Haley, 존 위클런드John Weakland, 돈 잭슨Don Jackson, 윌리엄 프라이William Fry의 조현병 환자 가족들의 소통방식에 관한 연구를 통해 창안되었다. 예를 들면, 자녀에게 어떤 상황에서도 권리를 주장해야 한다고 강조해 온 아버지가 동시에 자신의 말에 이의를 제기하지 말고 무조건 복종하 라고 말하는 것이다. 이처럼 상반된 의미의 메시지는 자녀가 아버지에게 어떻게 행동하든 옳지 않음을 암시한다.

희생양/IP

지목된 환자^{identified patient}(IP)란 학교나 사회에서 문제행동을 보이는 가족 내에서의 희생 양^{scapegoat}을 말한다. 이 자녀는 다른 가족구성원들로부터 가정 안팎에서 다른 구성원 들에게 불행을 안겨 주는 존재로 여겨질 수 있다. 그렇다면 왜 가족 내에서 희생양이 발생할까? 그 이유는 부부가 고통스런 문제의 직면을 어려워하여 자신들의 문제를 대 화로 해결하기보다 자녀를 희생양으로 삼기 때문이다(Kirst-Ashman & Hull, 2015). 부 부관계에는 각자의 미해결과제가 작용한다. 미해결과제의 정도가 심할수록, 부부관계 와 가족에게 미치는 영향이 더 커진다. 예를 들면, 어린 시절 아동학대 경험이 있는 여 성은 남성에 대한 불신으로 인해 자신과 정서적으로 거리를 둘 남성을 배우자로 택할 수 있다. 관계가 진전될수록 결혼생활에서 발생하는 문제는 서로에게 및/또는 자녀들 에게도 영향을 미친다. 즉, 어떤 이유에서든지 가족구성원들 간에 불평·불만이 싹트 고, 이를 직간접적으로 특정 구성원(희생양)에게 표출하게 된다(Nichols & Davis, 2016).

스트레스

삶은 스트레스를 유발한다. 강하든 약하든 가족의 구성원이 된다는 것은 스트레스를 유발한다. 스트레스에 잘 대처하는 가족은 가족경계가 유연하거나 명확하게 설정된 하위체계와 상위체계가 있고, 희생양이 없으며, 의사소통이 원활하고, 건강한 위계구 조를 갖추고 있다는 특징이 있다. 구조적 가족치료를 창안한 미누친(Minuchin, 1974)은 발달과정에서 가족이 전형적으로 겪는 네 가지 스트레스 유형을 제시했는데, 이는 글 상자 6-2와 같다.

 글상자 6-2. 가족이 전형적으로 겪는 네 가지 스트레스 유형

1. 한 구성원의 가족 외적 요인(예, 직장생활의 어려움)으로 인한 스트레스
2. 가족 전체의 가족 외적 요인(예, 자연재해)으로 인한 스트레스
3. 가족의 전환기(예, 자녀의 사춘기, 중년의 위기, 은퇴, 노화 등)에서의 스트레스
4. 독특한 상황(예, 예기치 않은 사고, 질병)적 스트레스

발달상의 결정적 시기

가족생활에도 스트레스를 유발하는 발달상의 결정적 시기가 있다(Becvar & Becvar, 2012; Turner & West, 2017). 부부와 가족이 이 시기를 어떻게 대처하는지는 이들의 스트레스 대처능력, 즉 구성원들의 가치관 조화와 의사소통 능력에 달려 있다. 발달상의 결정적 시기에 부부/가족에게 예상되는 문제는 〈표 6-1〉과 같다.

〈표 6-1〉 결정적 시기에 부부/가족에게 예상되는 문제

결정적 시기	예상되는 문제	
☐ 결혼	○ 가치관 차이 ○ 역할 분담 ○ 공유된 정체감 적응 ○ 자녀 출산	○ 경제/재정 문제 ○ 직업 안정 ○ 주거 안정 ○ 상호 돌봄
☐ 자녀 출산	○ 양육방식 차이 ○ 경제적 부담 ○ 진로변경	○ 육아시간 분담 ○ 형제 간의 경쟁 ○ 새로운 가족체계 적응
☐ 청소년기 자녀	○ 자녀의 정서·행동 변화 ○ 진로변경 ○ 여가생활	○ 자녀의 독립적 성장을 돕는 방법 습득 ○ 중년의 위기 ○ 확대가족 문제(건강, 경계)
☐ 자녀의 독립	○ 빈 둥지 증후군 ○ 실존적 문제 ○ 연로한 양가 부모 돌봄	○ 경제/재정 문제 ○ 은퇴 준비 ○ 부부의 건강문제
☐ 은퇴	○ 경제/재정 문제 ○ 생애 성찰 ○ 삶의 의미 재고	○ 새로운 사회적 관계망 구축 ○ 건강문제 ○ 중요한 타인(부모, 친척, 친구)의 죽음

💬 가족치료이론

가족체계의 변화를 돕기 위한 이론에 대한 검토는 ① 정신역동적 가족치료, ② 다세대 가족치료, ③ 구조적 가족치료, ④ 전략적 가족치료, ⑤ 의사소통 가족치료, ⑥ 경험적 가족치료, ⑦ 해결중심 가족치료, ⑧ 이야기 가족치료를 중심으로 살펴보기로 한다.

정신역동적 가족치료

정신역동적 가족치료^{Psychodynamic Family Therapy}는 1958년 소아정신과 의사, 네이션 에커먼 ^{Nathan Ackerman}이 창안한 것으로, 초기 가족치료발달의 토대가 되었다. 이 치료적 접근은 체계적 사고개념과 정신분석이 통합된 것이다. 이 이론에 의하면, 가족역동은 심리성적 발달단계를 통한 구성원의 성격발달단계를 반영한다. 치료자는 내담자가 자신의 심리내적 세계를 가족구성원과의 일련의 상호작용 과정에 어떻게 투사하는지에 중점을 둔다(Becvar & Becvar, 2012). 정신역동적 가족치료자들은 대부분 전통적인 정신분석으로 훈련을 받았고, 자녀의 발달과정에 대한 부모의 효과적인 조력에 중점을 두었다(Gerson, 2009; Goldenberg et al., 2016). 이 이론에서는 각 발달단계에서 해결되지 않은 문제가 가족구성원에게 무의식적으로 투사되고, 이들의 상호작용에 영향을 미친다고 가정한다(Nichols & Davis, 2016). 이에 치료자는 가족구성원들이 상호작용 탐색을 통해 자신들의 행동이 미해결된 갈등에서 기인하는지에 대해 이해하도록 돕는다. 이를 위해 치료자는 조부모 또는 다른 확대가족을 한 회기 또는 그 이상의 회기에 참여하게 하여 가정에서 가족구성원과 해결되지 않은 갈등에 대해 논의해 보게 한다.

다세대 가족치료

다세대 가족치료^{Multigenerational Family Therapy}는 정신분석의 원리와 실제를 기반으로, 1976년 머레이 보웬(Murray Bowen, 1913~1990)이 창시한 임상모델이다. 그는 초기에 미국 캔자스주 소재 메닝거 클리닉^{Menninger Clinic}, 후기에는 워싱턴 D.C. 소재 국립정신보건원^{National Institute of Mental Health}(NIMH)에 근무하면서 조현병이 있는 사람의 가족 의사소통에 관한 연구에 참여했다. 이 연구에서 그는 조현병 환자를 치료하는 동시에 '정상적인' 문제로 갈등하는 가족들과의 면담을 통해 가족의 역기능이 어떻게 세대를 통해 전수되는지에 대한 새로운 아이디어를 얻었다. 이 접근에서는 가족을 정서와 인간관계체계의 결합체로 간주하면서, 이전 세대들이 개인의 건강한 자아발달 능력에 영향을 준다고 본다. 또한 가족문제는 원가족^{family of origin}과의 **정서융해**^{emotional fusion}, 즉 **심리적 미분리**가 세대에 전수되면서 발생한다고 전제한다. 따라서 치료자는 가족구성원의 행동패턴과 성격특성이 이전 세대로부터 어떻게 전수되는지에 초점을 두고, 확대가족 구성원들도 치료에 참여하게 한다.

핵심개념.   다세대 가족치료의 핵심개념은 ① 자기분화, ② 삼각관계, ③ 핵가족 정서과정, ④ 가족투사과정, ⑤ 다세대 전수과정, ⑥ 출생순위, ⑦ 정서단절, ⑧ 사회적 정서과정 등이 있는데, 이 개념들은 의미상 서로 맞물려 있다(Bowen, 1978). 첫째, **자기분화**differentiation of self는 대인관계에서 가족과 타인으로부터의 심리내적(인지적·정서적) 분리를 뜻한다. 자기분화를 이룬 사람은 사고와 감정이 균형 있고 자제력이 있으며 객관적인 반면, 그렇지 못한 사람은 거짓 자아가 발달하여 자주적·독립적으로 행동하지 못하고 타인과 융해되는 경향이 있다. 둘째, **삼각관계**triangles란 가족 내 2인이 자신들의 정서문제로 다른 사람을 끌어들이는 것을 말한다. 자기분화수준이 낮고 긴장이 높을수록 삼각관계의 발생 개연성이 높아진다. 부부가 자신들의 문제를 해결하기보다 자녀에게 관심을 집중함으로써 긴장완화를 시도하는 것이다. 이 과정에서 자녀의 자아강도ego strength가 약하면 다양한 문제행동이 초래될 수 있다.

셋째, **핵가족 정서과정**nuclear family emotional process이란 한 세대 가족의 정서 기능을 말한다. 원가족family of origin으로부터 분화가 제대로 이루어지지 않은 부모는 자신의 부모와 정서단절이 생기면, 현 가족과의 융해를 통해 공동자아를 형성한다. 그러나 융해는 불안정하여 부부간에 정서적 거리감이 생겨 자녀에게 문제를 투사하는 등의 부적응 문제를 초래한다. 넷째, **가족투사과정**family projection process은 부모의 자기분화수준이 자녀에게 전수되는 것이다. 부모의 정서적 기능수준은 자녀의 분화수준을 결정한다. 즉, 한 세대에서 충족되지 않은 분화로 인한 불안은 다음 세대에서 융해의 원인이 된다는 것이다. 가장 흔한 가족투사과정의 예는 어머니가 장남과 밀착되어 남편에게 무관심한 경우로, 이는 또 다른 불안으로 이어지는 악순환을 초래한다.

다섯째, **다세대 전수과정**multigenerational transmission process은 특정 세대에서 충분히 이루어지지 않은 가족의 분화가 다음 세대에 투사되어 여러 세대를 거쳐 전달되는 현상이다. 특히 분화수준이 낮은 사람들끼리 결혼하면, 자녀에게 미분화된 특징을 투사하여 세대를 거듭할수록 악화되어 결국 정신질환(예, 조현병)을 초래한다. 이러한 정신질환은 가족체계에서 누적되어 온 자아미분화, 즉 융해의 결과다. 여섯째, **출생순위**sibling position는 자녀 중 몇째로 태어났는지가 성격형성 또는 원가족 내에서의 역할, 배우자 선택에 영향을 미친다는 개념이다. 예를 들어, 맏이가 장애 또는 사망 등에 의해 맏이 역할을 하지 못하게 되면, 다음 자녀가 맏이의 역할에 부응하는 행동을 하게 되는 것이다. 따라서 부부의 삼각관계에 다음 순위의 자녀가 휘말리게 될 개연성이 높아진다.

일곱째, **정서단절**emotional cutoff은 세대 간 잠재된 융해에 의해 원가족과의 사이에서 발생하는 극심한 정도의 정서교류가 차단되는 현상이다. 세대 간 정서적 융해가 심할수록 정서단절의 개연성이 높다. 정서단절은 세대 간 과도한 융해로 정서적 접촉을 피함으로써 불안을 감소시키기 위해 발생한다. 그러나 결혼을 통해 원가족에서 벗어나더라도 고립에 의한 불안은 새로운 가족과 융해하여 원가족과의 문제가 재연된다. 끝으로, **사회적 정서과정**social emotional process이란 가족구성원에게 융해를 조장하고 자기분화를 저해하여 거짓 연대감을 형성하는 작용을 말한다. 만성불안을 겪는 가족은 이로 인해 지적 행동이 저해되어 가족 기능이 퇴행되면서 갖가지 증상이 유발된다.

치료 목표와 기법.　　다세대 가족치료의 목표는 가족이 원가족으로부터 분화하도록 돕는 것이다. 치료에는 특별한 기법이 없고, 다만 세대 간 갈등에 초점을 두고 주로 질문을 통해 구성원의 딜레마 인식과 역기능적 관계에서의 역할 변화를 돕는다. 따라서 치료자는 정서적 중립을 지키면서 코치 또는 의논 상대로서, 가족의 탈삼각화를 돕는다. 또 구성원 간의 대화 내용보다는 상호작용에 중점을 두고, 능력과 기능의 극대화를 돕는다. 다세대 가족치료는 원가족에 대한 이해로부터 시작되는데, 이때 가계도가 사용된다. **가계도**genogram는 3세대 이상에 걸친 가족에 관한 정보와 이들 간의 관계(정서체계)를 도식화한 것이다. 치료 초기에 가계도를 그려 봄으로써 가족은 새로운 체계적 관점에서 자신들을 조망하고, 미처 인식하지 못했던 가족사에 관한 지식을 조직화하여 반복되는 패턴(예, 삼각관계) 또는 사건을 파악한다. 가족 이해를 위한 또 다른 방법은

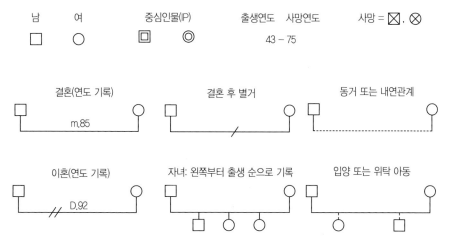

[그림 6-1] 가계도의 구성요소

출처: 강진령. (2015), p. 251.

가족의 지리적 위치를 파악하는 것이다. 즉, 유대가 강한 가족일수록 한곳 또는 가까운 곳에 모여 사는 반면, 정서적으로 단절된 가족일수록 지리적으로 떨어져서 지낸다. 가계도는 다음과 같은 순서로 작성한다. 첫째, 가족구도를 도식화한다. 둘째, 가족구성원들에 관한 정보를 기록한다. 즉, 가족구성원들의 ① 이력(나이, 출생·사망 시기, 교육수준, 직업 등), ② 역할(신체, 정서, 행동에 관한 정보 등), ③ 중요사건(관계 변화, 슬픔·상실, 성공/실패, 이사/이민, 과도기 등)에 관한 정보를 기록한다. 셋째, 가족관계, 즉 가족의 보고 내용과 치료자의 관찰 내용을 종합하여 추론에 근거한 가족구성원들 간의 관계를 도식화한다. 가족구성원들 간의 관계는 관계의 질에 따라 [그림 6-2]와 같이 각기 다른 선으로 나타낸다.

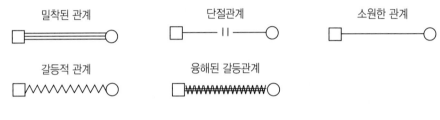

[그림 6-2] 가계도의 관계도식
출처: 강진령. (2015), p. 252.

가계도는 현재 가족뿐 아니라 과거의 가족을 이해할 수 있고, 한 세대에서 다음 세대로 변화하는 가족의 구조, 관계, 기능의 패턴을 파악할 수 있게 해 준다. 치료자는 가족생활에서 다른 부분에서 동시에 발생한 사건에 대해 우연한 것이 아니라 상호 관련이 있는 의미 있는 것으로 다룬다. 다세대 가족치료는 정신역동적 접근과 체계적 접근의 가교 역할을 했다는 평가를 받고 있다. 또 가족구성원 중 한 사람을 선정하여 일정 기간 치료함으로써 전체 가족체계의 변화를 꾀한다는 점에서 다른 접근과 차이가 있다.

구조적 가족치료

구조적 가족치료Structural Family Therapy는 개인의 심리적 증상이나 문제를 가족구조의 병리에 의한 것이라고 주장한 살바도르 미누친(Salvador Minuchin, 1921~현재)이 1974년에 창안한 것이다. 그는 아르헨티나에서 러시아계 유대인 이민자의 아들로 태어나 소아과 의사로 활동하던 가족치료자다. 미누친은 이스라엘의 가족, 뉴욕시의 저소득층과 소외된 가족들을 대상으로 가족치료를 실시했고, 특히 필라델피아 아동지도클리닉에서 소수자와 가난한 사람들을 대상으로 가족치료를 한 것으로 유명하다. 이 치료모델에서 그는 가족문제가 어떻게 가족구조 문제와 연관이 있는지 설명하면서, 가족구조를 구성원들이 관계형성과 상호작용 방식을 결정하는 암묵적 규칙과 요구의 총합으로 보았다. 그에 의하면, 모든 가족에는 상호작용과 교류규칙이 있는데, 이는 가족 내 경계에 의해 유지되고, 구조와 위계를 통해 나타난다. 또 모든 부부와 가족은 스트레스를 겪는데, 이는 부부 또는 가족 내 규칙, 경계, 구조, 위계와 연관이 있다(Minuchin, 1974).

　　핵심개념.　　구조적 가족치료의 핵심개념으로는 ① 합류, ② 제휴, ③ 경계, ④ 권력위계, ⑤ 기능적/역기능적 가족이 있다. 첫째, **합류**^{joining}는 치료자가 가족구성원들에게 신뢰를 얻은 상태를 말한다. 이는 작업동맹 구축과 유사한 개념으로, 치료자의 공감, 친절, 그리고 가족구성원들과 일상적인 이야기를 나누는 것 같은 방법으로 이루어진다. 치료자는 합류를 통해 가족의 규칙, 경계, 구조, 위계, 스트레스를 이해할 수 있게 된다. 둘째, **제휴**^{coalition}는 가족체계 내의 다른 구성원과 협력관계를 맺는 것이다. 제휴는 목적에 따라 '연합'과 '동맹'으로 나뉜다. **연합**^{coalition}은 제3자에 대항하기 위한 것이다. 예를 들어, 어머니와 아들이 동맹을 형성하여 권위적인 아버지에게 대항하는 것이다. 반면, **동맹**^{alliance}은 누군가에게 대항하기 위한 것이 아니라 다른 목적을 위해 힘을 합하는 것이다. 가족은 일반적으로 3개의 하위체계(부부, 부모, 형제자매)로 구성되고, 이들 체계 간에 제휴가 이루어진다. 셋째, **경계**^{boundary}란 가족구성원들 간 또는 구성원과 하위체계 간에 접촉과 개입을 허용하는 정도를 말한다. 가족의 건강성은 경계의 명확성과 유연성에 달려 있다. 즉, 건강한 가족의 경계는 분명하고 유연하여 하위체계가 명확하게 구분되어 있고, 유연한 상호작용으로 가족의 하위체계는 적절한 상호작용 기술을 발달시킨다. 반면, 경계가 모호한 가족은 하위체계의 구분이 애매하여 적절한 상호작용 기술을 발달시키지 못하고 구성원 간에 과도한 개입으로 인한 갈등이 초래된다. 예를 들어, 부모가 항상 자녀들의 다툼을 중재하고자 한다면, 자녀들은 갈등해결기술을 습득하기 어려울 것이다.

　　넷째, **권력위계**$^{power\ hierarchy}$는 다른 구성원 또는 하위체계를 지배하거나 영향력을 행사할 수 있는 힘을 말한다. 사회체제처럼 가족 내에도 권력위계가 존재한다. 일반적으로 권력위계의 정점에는 부모 하위체계가 있고, 자녀 하위체계는 가장 낮은 곳에 위치한다. 건강한 가족에서는 부모가 권위가 있어서 자녀양육을 주도하며, 필요한 경우 자녀들과의 협상과 절충을 통해 결정을 내린다. 반면, 경계가 명확하지 않은 가족은 권력위계 역시 모호하여 구성원들 간에 갈등이 자주 발생한다. 다섯째, **기능적 가족**과 **역기능적 가족**을 구분하는 기준은 스트레스 대처능력, 즉 환경 변화에의 적응능력이다. 기능적 가족은 가족 안팎의 환경 변화에 잘 적응하는 반면, 역기능적 가족은 그렇지 못한 구조적 특성이 있다. 이 두 가지 유형의 가족의 특성을 비교하면 〈표 6-2〉와 같다.

〈표 6-2〉 미누친의 기능적 가족 vs. 역기능적 가족의 특성 비교

범주	기능적 가족	역기능적 가족
1. 가족규칙	○ 유연함	○ 경직됨
2. 세대 간 경계	○ 명확함	○ 모호하고 경직됨
3. 의사소통	○ 개방적 · 협동적	○ 폐쇄적 · 일방적
4. 가족주기단계	○ 유연하게 적응함	○ 고착되어 변화에 대처하지 못함
5. 자율성	○ 서로에게 강조함	○ 서로 의존 · 통제하려 함
6. 책임	○ 적절히 분산 · 배분됨	○ 1인에게 몰아 희생양을 만듦
7. 가족체계	○ 개방적	○ 폐쇄적
8. 구성원 간의 협상	○ 가능함	○ 어려움
9. 가족의 기대	○ 현실적	○ 비현실적 · 이상적
10. 가족의 자원	○ 풍부하며 서로 지원함	○ 부족하며 서로 지원하지 않음

역기능적 가족은 경계의 명확성과 유연성에 따라 다시 융합된 가족과 유리된 가족으로 나뉜다. 융합fusion된 가족은 경계가 불분명하여 구성원들 간에 강한 정서반응을 나타내면서 개인의 영역을 침범한다. 부모는 자녀문제에 지나치게 깊이 관여 · 간섭하여 자녀의 자율성 신장, 문제해결력 향상, 성숙을 저해한다. 반면, 유리disengagement된 가족은 오히려 경계가 경직되어 있어서 구성원들 간의 친밀감 또는 유대감이 낮고, 하위체계를 적절하게 보호 · 지원해 주지 못한다. 이러한 이유로 유리된 가족의 부모는 자녀의 문제가 심각한 상태에 이르기까지 눈치채지 못하는 경향이 있다.

치료 목표와 기법.　구조적 가족치료의 목표는 가족구조를 건강하게 재건하여, 내담자의 문제를 해결하는 것이다. 치료자는 가족의 하위체계 일원으로서 적극 개입하여 가족구조를 변화시켜 구성원들의 문제해결능력 향상을 돕는다. 이를 위해 치료자는 의도적으로 가족체계의 불균형을 유발하여 가족의 역기능적 패턴을 파악하는 동시

에, 가족의 상호작용에 중점을 두고 변화요원change agent으로서 가족이 건강하게 기능하도록 돕는다. 구조적 가족치료의 절차는 글상자 6-3과 같다(Minuchin, 1974).

> ◆ 글상자 6-3. 구조적 가족치료의 절차
>
> 1. 가족체계에 들어가서 가족구성원들의 신뢰를 얻는다.
> 2. 힘, 위계, 연합, 의사소통 과정에 대한 관찰을 통해 가족체계 구조를 사정한다.
> 3. 평가를 토대로 가족의 건강성 회복을 위해 가족구조의 변화를 유발시킨다.

구조적 가족치료에서는 명확하고 직접적이며 구체적인 의사소통을 중시한다. 이러한 의사소통이 가능해질 때, 가족은 비로소 위계가 바로 서는 강력한 부모의 하위체계와 부모와 자녀의 하위체계 사이의 경계가 적절히 정해질 수 있다고 믿기 때문이다. 이 접근에서 흔히 사용되는 기법으로는 ① 가족지도 그리기와 ② 재구조화가 있다. 첫째, **가족지도 그리기**family mapping는 가족구성원들의 소통방식, 책임자, 가족항상성 유지에 사용되는 규칙, 가족의 구조와 위계를 이해하기 위한 기법이다. 이 기법은 형식적 또는 비형식적으로 사용되는데, 이를 통해 치료자는 가족구성원들의 교류방식을 이해함으로써 재구조화를 통해 변화를 촉진한다. 둘째, **재구조화**restructuring란 가족구성원들이 스트레스에 효과적으로 대처하고 건강한 방식으로 기능하도록 건강한 경계를 설정하고, 가족구조와 위계를 변화시키는 기법을 말한다. 이 기법은 주로 가족구성원들이 가족지도를 그린 후에 적용된다.

전략적 가족치료

전략적 가족치료Strategic Family Therapy는 1973년 제이 헤일리(Jay Haley, 1923~2007)가 창안하여 1981년 아르헨티나 출신의 심리학자 클로에 마다네스(Cloe Madanes, 1945~현재)와 함께 수정한 것으로, 전략적 행동 변화에 중점을 두는 임상모델이다. 이 이론적 접근은 크게 ① MRI 그룹(바츨라빅John Watzlawick, 위클랜드Paul Weakland, 피쉬Richard Fisch), ② 헤일리와 마다네스, ③ 밀란모델(밀라노의 셀비니-파라졸리Selvini-Palazzoli, 보스콜로Boscolo, 체친Cecchin, 프라타Prata)으로 나뉜다. 헤일리와 마다네스의 전략적 가족치료는 가족체계와 의사소통 이론을 기반으로 하여 가족문제를 전략적으로 해결하는 실용적인 단기치료로, 치료과정에서 감정에 중점을 두지 않는다. 이 모델에 의하면, 역기능적 증상은 가족구성원의 적응을 돕기 위한 시도다. 가족의 행동은 암묵적 규칙에 의해 지배되고, 가족문제는 역기능적인 가족위계에 의해 발생한다. 의사소통이론에서는 구성원 증상의 핵심기능을 가족체계의 평형상태를 유지하는 것으로 간주한다. 증상을 나타내는 구성원이 있는 가족은 역기능적 위계구조를 지니고 있고, 역기능적 의사소통이 이루어지고 있음을 암시한다. 이 접근에서는 내담자의 증상에 포함된 기능적 특성을 가족의 위계구조와 의사소통 패턴에서 파악하여 부적응 증상 감소를 위한 전략을 적용한다.

치료 목표와 기법.   전략적 가족치료의 목표는 가족의 의사소통 패턴과 위계구조를 건강하게 변화시킴으로써 내담자의 증상을 완화하는 것이다. 이를 위해 치료자는 가족구성원 간의 소통방법, 더 나은 느낌이 드는 소통의 흐름 변화, 가족권력의 분산에 중점을 둔다. 헤일리는 가족의 위계구조와 의사소통 패턴을 권력power의 관점에서 파악하여 위계질서와 소통능력을 회복시키고자 한 반면, 마다네스는 애정과 보호의 관점에서 구성원 각자의 역할을 잘 감당하도록 돕는 데 중점을 두었다. 이 접근에서는 행동 변화가 사고와 감정 변화에 영향을 미친다는 점에서 역기능적 행동의 원인 또는 통찰보다 행동 변화에 중점을 둔다. 전략적 가족치료에서는 직접적·지시적 방법으로 가족에게 적극 개입한다. '전략적'이라는 말은 치료를 체계적으로 진행하되, 상황에 따라 기교적으로 접근한다는 의미가 있다. 대표적인 기법으로는 ① 지시, ② 과제부여, ③ 증상 처방, ④ 역설적 개입, ⑤ 재명명화가 있다.

첫째, **지시**directives는 변화 촉진을 위해 개인에게 주어지는 조언의 일종이다. 이 기법은 가족의 특성에 따라 사려 깊게 고안된 행동을 제안하는 것으로, 충분한 진전이 이루어지면 첫 회기 종결에 앞서 또는 드물게 2~3회기에 사용된다. 지시는 두 가지 유형이 있다. 하나는 치료자가 구성원들에게 필요하다고 판단되는 행동을 실행하게 하는 것이다. 다른 하나는 구성원이 하지 않았으면 하는 행동을 하도록 요구하는 것이다. 지시는 가족의 상호작용 패턴의 변화를 유발하기 위한 것으로, 직접적·간접적·비유적·역설적 방식과 암묵적 대화(목소리 억양, 제스처, 시의적절한 침묵)를 통해 이루어질 수 있다. 단, 아무리 좋은 조언이라도 내담자들이 잘 따르지 않기 때문에, 치료자는 그들이 참여하고 싶은 마음이 들도록 지시해야 한다(Haley, 1976).

둘째, **과제**homework assignment는 가족구성원들이 가정에서 실행하도록 치료자가 고안한 행동 변화방법이다. 이 기법은 지시와 연결된 것으로, 충분히 완수할 수 있을 만큼 명료하고 구체적으로 지시한다. 과제수행 결과는 다음 회기에 반드시 확인한다. 셋째,

증상 처방prescribing the symptom은 내담자의 증상 또는 문제행동의 유지를 어렵게 하는 방법을 지시하는 것으로, '시련처방prescribing the ordeal'으로도 불린다. 이 기법은 문제행동을 유지하는 것을 포기하는 것보다 더 힘들게 하여 내담자가 특정 행동을 포기하도록 돕는 것이다. 예를 들어, 내담자가 문제행동을 보일 때마다 내담자와 갈등관계에 있는 가족구성원이 좋아하는 것(돈, 선물 등)을 주게 하는 것이다.

넷째, **역설적 개입**paradoxical intervention은 문제행동을 과장되게 표현하게 하는 기법이다. 이 기법은 문제행동의 부정적인 효과를 분명히 인식하게 하여 그 행동을 감소시키는 것이다. 가족의 문제행동은 대개 오랫동안 서서히 진행되어 온 것이므로 쉽게 변하지 않는다. 이러한 이유로 가족구성원들은 종종 가족의 행동 변화를 유발하려는 치료자에게 저항을 나타내는데, 이때 역설적 개입이 효과적이다. 다섯째, **재명명화**relabeling는 가족의 문제를 새로운 관점에서 재조명하는 것이다. 예를 들어, 남편이 아내가 잔소리한다고 불평하는 경우, 치료자는 아내가 남편을 일찍 귀가하게 하여 남편과 더 가까워지고 싶은 욕구를 전달하려는 것으로 보인다고 재명명화한다. 이 외에도 역기능적 의사소통 패턴의 변화를 위해 일인칭을 사용하여 메시지의 주인이 되어 자신의 생각, 욕구, 또는 암묵적인 가족규칙을 직접적인 언어로 표현하게 하는 기법이 있다.

치료절차. 전략적 가족치료는 단기상담 접근을 취한다. 즉, 구성원이 제시하는 문제에만 초점을 두고 변화과정 촉진을 위해 지시를 사용할 뿐, 심리내적 과정은 다루지 않는다(Carlson, 2002). 전략적 가족치료에서는 초기면담을 중시하는데, 치료자는 치료 초기에 부부 또는 가족에게 문제해결을 촉진하는 지시를 한다. 헤일리(Haley, 1976)는 자신의 저서 『문제해결치료Problem-Solving Therapy』에서 변화의 기초 작업인 첫 면담의 4단계를 [그림 6-3]과 같이 설명했다. 이 단계는 헤일리가 전략적 가족치료를 진행하는 독특하게 구조화된 방법이다.

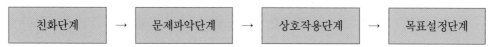

[그림 6-3] 전략적 가족치료의 절차

첫째, **친화단계**에서는 가족을 편안하게 대함으로써 환영받는다는 느낌이 들게 한다. 치료자는 가족에게 소개할 기회를 제공하고, 구성원들의 행동과 상호작용, 그리고 가족의 전반적인 분위기를 관찰한다. 이 단계에서 치료자는 자신의 관찰결과를 구성원들과 공유하지 않고 이를 토대로 잠정적인 개념화를 한다. 둘째, **문제파악단계**에서는 가족치료를 신청한 이유와 문제에 대한 인식을 설명하도록 요청한다. 구성원들이 문제에 대해 다르게 인식할 수 있으므로, 치료자는 구성원 모두의 견해를 묻고 그들의 반응을 경청한다. 이때 치료자는 구성원들 간의 상호작용을 주의 깊게 관찰하되, 문제에 대한 자신의 해석을 공유하지 않는다. 다만, 문제에 대한 논의를 통해 구성원들의 소통방식과 가족위계를 파악한다. 이는 가족이 특정 구성원만의 것으로 여기던 문제가 가족의 상호작용에 의한 것이라는 사실을 깨닫게 하는 데 도움이 된다. 셋째, **상호작용 단계**에서 치료자는 가족이 가정에서와 동일한 방식으로 상호작용하는 것의 중요성을 강조한다. 치료자는 가족의 견해에 관한 논의를 격려하고, 가족의 행동패턴 관찰을 통해 가족구성원들이 문제와 관련된 방식을 이해할 수 있도록 돕는다.

끝으로, **목표설정단계**에서 치료자는 구성원들에게 변화하기를 원하는 것에 대해 명확하게 설정·정의하도록 요청한다. 이에 구성원들은 함께 한 가지 문제를 정한다. 이때 치료자는 구성원들에게 기분이 더 좋아지도록 소통방식을 변화시키는 것이 치료의 초점이라는 사실을 알려 준다. 또 구성원들이 해야만 한다고 여기는 것을 함으로써 문제가 더 악화될 수 있다는 사실을 기억하게 한다. 예컨대, 아내가 남편이 자신과 대화하지 않으려 한다고 문제를 제기하고, 남편도 이 사실에 동의할 수 있다. 그러나 부부가 대화를 시도하여 항상 말다툼으로 끝이 난다면, 치료자는 더 많은 대화를 나누도록 제안하는 대신 함께 즐거워하는 시간을 보내게 하여 서로에 대해 좋은 느낌이 들고 부수적 이익('대화')을 얻도록 돕는다. 즉, 부부가 가족의 소통문제와 권력사용 방법을 이해하게 하여 가족의 변화를 돕는다.

의사소통 가족치료

의사소통 가족치료^{Communication Family Therapy}(CFT)는 버지니아 사티어(Virginia Satir, 1916 ~1988)가 인본주의를 바탕으로 개발한 임상모델이다. 이 모델은 1967년 사회복지사였던 사티어에 의해 합동가족치료^{Conjoint Family Therapy}라는 명칭으로 창안되었다. 그녀는 MRI에 근무하면서 보웬과의 연구경험과 인본주의 심리학을 바탕으로 커플과 가족의 소통과 자존감에 초점을 둔 인간타당화과정모델^{Human Validation Process Model}(HVPM)을 개발했다. 이 모델에서는 지지적 인간관계망 구축을 중시하면서 개인이 가족치료를 통해 자기다워지는 인간적 성장을 지향한다. 이 접근의 일차목표는 가족의 고통을 다루는 것이다. 가족의 고통은 역기능적 양육패턴을 초래하여 자녀의 심리적 문제의 원인으로 작용하기 때문이다. 따라서 가족구성원의 문제행동은 가족의 고통과 불균형에 대한 도움요청 신호로 간주한다. 치료과정에서는 가족의 정서체험과 의사소통을 통해 인간타당화^{human validation}, 즉 개인이 부-모-자녀로 구성된 일차적 양육의 삼자관계에서 가치를 인정받을 기회를 제공한다. 이러한 총체적인 과정이 인간타당화과정모델이다. 이 모델은 의사소통이론과 변화과정모델을 통합한 것으로, 돌봄과 실존적·인본주의적 접근에서 강조하는 자존감에 중점을 두고 있다(Satir, 1972).

핵심개념. 의사소통 가족치료에서는 개인의 자존감 형성에 가족이 중요한 역할을 한다는 점을 강조한다. 이 이론에 의하면, 내담자는 가정생활을 통해 자신의 가치를 인정받으면서 자존감을 높여 나간다. 자존감이 높은 사람은 유능감과 안정감을 바탕으로 새롭고 도전적인 상황에 효과적으로 대처할 수 있다는 점에서 자존감은 변화에의 적응을 위한 필수요건으로 간주된다. 사티어(Satir, 1972)는 건강한 부모의 자녀는 행동, 감정, 사고가 일치되어 타인과 정확한 소통을 하는 성인으로 성장한다고 보았다. 이 이론의 핵심개념으로는 ① 가족규칙, ② 의사소통 패턴, ③ 가족 역할·양육적 삼자관계가 있다. 첫째, **가족규칙**^{family rule}이란 가족구성원이 해야 할 것과 해서는 안 되는 것을 규정한 내용으로, 가족의 상호작용에 영향을 미치는 규정을 말한다. 이는 주로 개인의 독특성과 의사소통 방식에 관한 것으로, 구성원들 간의 의사소통에 영향을 미쳐서 상황에 따라 누가, 누구에게, 무엇을, 어떻게 말하는지를 결정한다. 건강한 가족규칙과 그렇지 않은 가족규칙의 특성을 비교하면 〈표 6-3〉과 같다.

〈표 6-3〉 사티어의 건강한 가족규칙 vs. 건강하지 않은 가족규칙의 특성 비교

범주	건강한 가족	건강하지 않은 가족
1. 규칙 수	○ 적음	○ 많음
2. 일관성	○ 있음	○ 없음
3. 실천 가능성	○ 높음	○ 낮음
4. 융통성	○ 유연함	○ 경직됨
5. 내용	○ 개인의 독특성·솔직함 표현 장려	○ 당위성 중심으로 구성됨
6. 자존감 수준	○ 높음	○ 낮음

둘째, **의사소통 패턴**은 ① 기능적 의사소통과 ② 역기능적 의사소통으로 나뉜다. 기능적 의사소통의 특징은 자유로운 의사소통이 허용되어 가족구성원의 독특하고 다양한 의견을 인정·공유하는 것이다. 그 결과, 가족구성원들의 사고가 자유롭고 유연해지며, 모험심을 바탕으로 변화를 성장의 기회로 여기는 특징이 있다. 반면, 역기능적 의사소통은 폐쇄적이고 경직된 방식으로 의사소통이 이루어지고 가족구성원들의 독특한 의견이 인정되지 않아서 대체로 동일한 생각을 지니는 경향이 있다. 이러한 가족의 부모는 대체로 자존감이 낮고 자녀 통제에 벌을 사용하여 공포감과 죄책감을 조장한다. 이로써 가족관계는 긴장되고 자율성과 친밀성이 낮아지는 한편, 스트레스로 가족체계 유지에 위협을 받게 되어 가족구성원들은 방어적 태도를 나타내게 된다. 역기능적 의사소통을 하는 가족구성원들의 방어적 태도는 ① 회유형$^{placating\ type}$, ② 비난형$^{blaming\ type}$, ③ 초이성형$^{super-reasonable\ type}$, ④ 부적절형$^{irrelevant\ type}$ 의사소통 패턴으로 나타나는데, 그 내용은 〈표 6-4〉와 같다.

〈표 6-4〉 역기능적 의사소통을 하는 가족의 의사소통 패턴

의사소통 패턴		특징·신체 증상·개선방안
☐ 회유형	○ 특징	• 상대를 위해 모든 것을 맞추고자 하면서 타인에게 해가 될 것을 두려워하는 유형 • 자존감이 낮고 순종적·의존적이며, 상처받기 쉽고 억압적임
	○ 증상	• 소화불량, 당뇨병, 편두통, 변비가 나타나기 쉬움
	○ 개입	• 자존감 증진, 분노 표출, 자기주장성 강화 훈련이 요구됨
☐ 비난형	○ 특징	• 상대를 무시하고, 자신의 의견만을 최선으로 여기며, 상대가 이를 인정하지 않으면 화를 내는 유형 • 완고하고 고집이 세며, 독선적·지시적이고, 융통성이 없고 다혈질적이면서 타인에게 책임을 전가함
	○ 증상	• 열등감과 피해의식으로 고혈압, 근긴장, 혈액순환 장해가 생기기 쉬움
	○ 개입	• 감정조절, 긍정적 사고, 타인 존중 및 배려 등을 위한 훈련이 요구됨
☐ 초이성형	○ 특징	• 감정표현을 억제하면서 냉정한 태도를 나타내는 유형 • 맡은 일에 꼼꼼하고 철두철미하며, 진정한 자기 모습에의 접촉과 타인 신뢰를 어려워함
	○ 증상	• 근육통, 성기능 저하, 심장마비가 생기기 쉬움
	○ 개입	• 공감·배려 능력 배양을 위한 감수성 훈련, 신체 이완 훈련, 비언어적 의사소통 훈련 등이 요구됨

□ 부적절형	○ 특징	• 타인의 언행을 고려하지 않고, 대화의 초점이 없을 뿐 아니라 반응도 부적절하여 '산만형'이라고도 불리는 유형 • 인정받기를 원하는 동시에 소외에 대한 두려움이 있고, 주의가 산만하며 부산하게 움직임
	○ 증상	• 신경계통장애, 위장애, 당뇨병, 편두통, 비만이 생기기 쉬움
	○ 개입	• 주의집중력, 자존감, 경청능력, 자기표현능력 증진 훈련, 감수성 훈련, 스킨십을 통해 온정적으로 수용받는 경험이 요구됨

셋째, 가족은 각자 **가족 역할**[family role], 즉 가족의 균형상태 유지에 필요한 독특한 역할과 기능을 담당한다. 이 과정에서 **양육적 삼자관계**[nurturing triad], 즉 부모가 자녀 한 명과 이루는 삼각관계가 형성된다. 이 관계 속에서 자녀는 부 또는 모와의 다양한 관계경험과 부모의 지지를 기반으로 건강하게 성장한다. 보웬의 삼각관계가 가족구성원 1인에게 대항하기 위한 2인의 연합이라면, 양육적 삼자관계는 자녀 한 명을 지원하기 위해 형성하는 부와 모의 연합을 의미한다.

　　치료 목표와 기법.　　의사소통 가족치료의 목표는 가족이 변화에의 대처 및 의사소통 능력 향상, 가족관계에 대한 인식 확장, 자존감 향상을 통해 지속적으로 성장할 수 있도록 돕는 것이다. 이 접근에서는 의사소통과 행동패턴을 구성원 간의 복잡한 상호작용과 과거 세대 유산의 결과로 간주하면서, 가족의 중요한 과거사에 관한 정보수집을 중시한다(Satir, 1972). 또 치료자가 가족을 돌보고 존중하는 태도를 가져야 하고, 가족의 치유력을 믿으며, 적극적으로 변화를 격려하고 자발적으로 기능하도록 하며, 조력, 자료제공자, 관찰자, 조사자, 그리고 효과적인 의사소통의 본보기로서 행동해야 함을 강조한다(Becvar & Becvar, 2012). 이에 치료자는 신뢰 분위기를 조성하여 내담자의 방어를 낮추는 한편, 과거의 상처를 직시하고 효율적·개방적 의사소통 패턴을 습득하도록 돕는다. 이 과정을 통해 치료자는 가족의 인간적 관계형성을 돕는다. 의사소통 가족치료의 목표가 달성됨으로써 나타나는 가족의 특징은 글상자 6-4와 같다.

글상자 6-4. 의사소통 가족치료의 목표달성을 통해 나타나는 가족의 특징

1. 자신을 존중하고 자신감이 높다.
2. 각자 보고 듣고 느끼고 생각하는 것을 솔직하게 공유한다.
3. 자신, 타인, 그리고 사회적 맥락에서 정확한 지각에 기초하여 의사결정을 한다.

> 4. 책임질 수 있는 지혜로운 선택을 한다.
> 5. 자신의 감정과 접촉한다.
> 6. 명확한 의사소통을 한다.
> 7. 타인을 있는 그대로 인정·수용한다.
> 8. 타인과의 차이를 위협이 아닌 기회로 간주한다.

　의사소통 가족치료에서는 가족의 관계, 정서체험, 의사소통을 중시한다. 이를 위해 치료자는 가족의 진정한 감정접촉을 위한 역할연습과 유머를 비롯하여 다양한 기법을 활용한다. 또 가족구조의 변화를 위해 ① 가족생활 연대기, ② 가족지도 그리기, ③ 가족조각, ④ 가족 재구조화를 활용한다. 첫째, **가족생활 연대기**^{family life fact chronology}는 확대가족 내의 주요 사건의 과거사를 완성하게 하는 기법이다. 이 기법은 가족지도 그리기와 유사한 것으로, 치료자와 가족이 함께 이를 분석·성찰한다. 둘째, **가족지도 그리기**^{family mapping}는 가족의 3세대 또는 그 이상의 생애 사실을 그리는 기법이다. 이 기법을 통해 가족의 관계와 의사소통 구조를 이해할 수 있다. 셋째, **가족조각**^{family sculpting}은 가족구성원을 소통방식을 토대로 가족이라는 공간에 위치시키는 기법이다. 이 기법은 가족구성원의 물리적 위치를 비언어적으로 상상하게 하여 한 구성원이 어떻게 다른 구성원들과 상호작용하는지 알아보기 위해 사용된다. 치료자는 이 기법을 통해 가족구성원의 기능, 경계, 상호작용, 교류과정 등을 객관적으로 파악할 수 있고, 이들 사이에 차단되고 표현되지 못한 감정을 이해할 수 있다. 끝으로, **가족 재구조화**^{family reconstruction}는 시연을 통해 가족 3세대의 중요사건을 탐색하는 기법이다. 이 기법은 가족규칙의 기원, 원가족에서 파생된 역기능적 패턴, 가족구성원들의 독특한 성격적 특성의 인식을 돕는다.

경험적 가족치료

경험적 가족치료^{Experiential Family Therapy}는 칼 휘터커(Carl Whitaker, 1912~1995)가 창안한 것으로, 상징적·경험적 가족치료^{Symbolic-Experiential Family Therapy}로도 불린다. 이 접근은 인본주의와 실존주의 심리학에 기초하여 인간의 본성에 대해 긍정적 입장을 취하면서 자기, 타인, 치료자에 대한 경험을 강조한다(Keith, 2015; Napier, 2002). 휘터커는 개인상담으로는 가족의 강력한 상호의존성을 고려하지 못한다면서, 증상은 가족이 겪는 스트레스의 일부에 불과하다고 보았다(Napier & Whitaker, 1978). 이 접근에 의하면, 가족문제의 근원은 무의식 수준에서의 충동부정과 감정억압에서 비롯되는데, 이는 부모와 자녀의 감정과 행동 통제가 감정억제로 이어져 결국 역기능적 가족, 즉 건강한 가족의 기능을 상실하게 되는 것이므로 상징적 접근이 필요하다. 휘터커는 기능적 가족과 역기능적 가족의 특성을 〈표 6-5〉와 같이 비교하고 있다.

〈표 6-5〉 휘터커의 기능적 가족 vs. 역기능적 가족의 특성 비교

기능적 가족	역기능적 가족
1. 경험을 자유롭게 표현하며, 서로 지지·격려함	1. 가족질서를 이유로 개성, 욕구, 감정 표현을 억압함
2. 민주적이면서 융통성과 자유를 강조함	2. 온정적이지 않고, 가족신화의 반복으로 자녀의 경험 접촉이 어려움
3. 진정한 모습을 표현할 수 있는 자유를 허용함	3. 억압된 욕구와 감정 투사를 중심으로 상호작용함
4. 개인적 경험 확장을 촉진하여 성장과 자기실현을 지원함	4. 억압된 감정으로 무기력하게 살아감

경험적 가족치료의 목표는 가족이 서로의 감정과 경험을 나누고 성장을 촉진하도록 돕는 것이다. 이를 위해 치료자는 가족의 개방성, 진실성, 자발성을 촉진하는 촉진자로서 가족과의 관계를 기반으로 가족이 생각과 감정을 자유롭게 표현하게 하여 가족의 재구조화와 재통합을 촉진한다.

해결중심 가족치료

해결중심 가족치료Solution-Focused Family Therapy(SFFT)는 스티브 드셰이저(Steve de Shazer, 1940~2005)와 김인수(Insoo Kim Berg, 1934~2007)가 1980년대 중반 미국 밀워키 소재 단기가족치료센터Brief Family Therapy Center(BFTC)에서 박사후과정 연구를 통해 창안한 이론적 접근이다. 이 이론은 MRI의 전략적 치료모델에서 분화된 것으로, 사회구성주의social constructionism 철학의 영향을 받았다. SFFT는 문제의 원인, 기능이상, 병리현상보다는 내담자들이 빠르게 변할 수 있다고 가정하는 실용적·미래지향적 접근으로, 내담자의 강점과 자원을 탐색하고 가족의 예외적인 해결방안에 중점을 둔다. 치료목표는 현재 하고 있는 것과는 다른 것을 하거나 생각해 내도록 하여 현재 가족이 겪고 있는 문제를

해결하는 동시에 생활의 만족도를 높이는 것이다. 해결중심 가족치료의 기본가정은
글상자 6-5와 같다.

글상자 6-5. 해결중심 가족치료의 기본가정

1. 변화는 불가피하며, 계속해서 일어난다.
2. 내담자는 자신의 경험에 대한 전문가로, 자원과 강점을 지니고 있다.
3. 고장 나지 않았으면, 고치지 않는다.
4. 효과가 있다면 그것을 계속하되, 효과가 없으면 다른 것을 한다.
5. 작은 시도를 통해 큰 변화를 유발할 수 있다.
6. 해결과 문제 사이에 논리적 관계가 꼭 필요한 것은 아니다.
7. 해결 언어는 문제를 묘사하는 언어와 다르다.
8. 문제가 항상 발생하는 것은 아니며, 예외는 항상 있고 활용될 수 있다.
9. 미래는 창조 · 절충이 가능하다.

SFFT에서는 가족에게 문제가 생기는 이유는 이미 문제해결능력이 있음에도 그 능
력을 잘 사용하지 못하기 때문이라고 가정한다. 이에 문제가 아닌 해결에 초점을 맞춘
다. 따라서 치료자는 과거에 이미 성공했던 해결방안에 관한 이야기를 통해 가족구성
원의 강점에 기반하여 적용 가능한 해결방안을 모색하도록 돕는다. 이를 통해 치료자
는 효과가 없는 것에 몰두하던 가족의 인식에 변화를 주고, 사회구성주의와 포스트모
더니즘에 기반하여, 내담자의 새롭고 문제없는 언어problem-free language 창조를 돕는다.
문제없는 언어란 새로운 행동에 관한 것으로, 내담자가 문제에 대한 예외를 탐색하고,
해결방안을 모색하며, 새로운 현실로 나아갈 때 모색할 수 있다. 이러한 접근은 한 부
분의 변화가 전체 체계의 변화를 가져온다는 체계론적 입장에 기반한 것이다.

치료기법.   치료자는 해결방법과 전략탐색을 위해 ① 예외발견질문, ② 기적질
문, ③ 척도질문, ④ 대처질문, ⑤ 악몽질문을 활용한다. 첫째, **예외발견질문**exception-finding
questions은 내담자의 문제가 나타나지 않거나 덜 심각한 상황과 시간을 탐색하도록 돕기
위한 기법이다. 이 기법은 내담자에게 예외적인 경우에 어떤 다른 일들이 벌어지는지
기술하게 함으로써 과거에 잘 기능했던 해결방안을 반복하게 하거나, 더 나은 미래에
대한 희망과 자신을 북돋아 주는 효과가 있다(예, "문제가 발생하지 않았을 때는 언제인가
요?" "문제가 발생하지 않았을 때, 무엇을 했나요?" "무엇을 어떻게 했기에 문제가 발생하지 않

았나요?" "문제가 발생하지 않았다는 것을 어떻게 알 수 있나요?").

둘째, **기적질문**^{miracle questions}은 문제가 해결된 상황을 상상해 봄으로써 해결할 문제를 명확히 인식하고, 치료목표를 구체적으로 설정하기 위한 기법이다. 이 기법은 내담자가 원하는 미래의 구체적인 모습을 그려 보게 함으로써 문제를 재인식하고, 작은 변화가 큰 변화의 시작임을 인식하게 하여 문제해결의 범위를 점차 확대해 나가도록 돕는다. 기적질문은 가족이 긍정적으로 대답하도록 하는 것이 중요하다. 또한 기적을 일으키는 주체는 바로 내담자 자신이고, 기적을 현실화하기 위해서는 새로운 행동이 필요하며, 작은 일에서 시작할 수 있음을 암시할 수 있어야 한다(예, "오늘 집에 가서 자는 동안 하늘의 천사가 내려와 현재 겪고 있는 문제를 모두 해결해 주었어요. 아침에 눈을 떴을 때, 어떤 것이 변해 있으면 기적이 일어났다는 것을 알 수 있나요? 그리고 당신에게 기적이 일어났음을 다른 가족은 무엇을 보면 알 수 있나요?").

셋째, **척도질문**^{scaling questions}은 가족의 상황을 양적으로 평가해 볼 수 있도록 고안된 기법이다. 이 기법은 내담자와 가족의 추상적이고 모호한 문제의 심각성을 구체적인 척도로 확인하게 함으로써 변화에의 동기를 높인다. 또 변화를 확대심화하기 위해 필요한 작업을 탐색할 수 있다(예, "오늘의 상태는 10점 만점에 몇 점인가요?" "몇 점에 도달하면 삶이 만족스러울까요?" "1에서 3까지 점수를 올리려면, 어떤 변화가 필요할까요?").

넷째, **대처질문**^{coping questions}은 가족이 이전 경험을 긍정적으로 검토하고, 그 경험을 활용하여 자원과 강점을 발견하도록 돕기 위한 기법이다. 이 기법은 가족이 어려운 상황을 이겨 내는 데 유용했던 대처방법을 발견, 인식, 강화, 확대 적용하는 것을 돕는 데 활용된다. 두 번째 면담에서는 지난번 면담 이후 일상생활에서 긍정적인 변화가 있다면, 누가, 언제, 어디서, 무엇을, 어떻게 일어났는지에 대해 상세히 질문한다(예, "내가 봐도 무척 힘든 상황인데, 어떻게 더 악화되지 않고 현재 상태를 유지하고 있나요?" "어떻게 이 상황을 포기하지 않고 견뎌 낼 수 있었나요?" "이 상태를 유지해 올 수 있었던 원동력은 무엇인가요?").

끝으로, **악몽질문**^{nightmare questions}은 부정적인 생각에 사로잡힌 가족에게 역설적인 질문을 통해 긍정적인 변화에의 의지를 북돋아 주기 위한 기법이다. 이 기법은 면담 전 변화에 대한 질문, 기적질문, 예외발견질문 등이 효과가 없을 때 주로 활용된다. 악몽질문은 해결중심상담에서 유일하게 문제중심적인 부정적 질문으로, 가족구성원들이 자신들의 상황을 비관적으로 여기면서 변화 또는 문제해결의 가능성을 전혀 생각하지 못할 때 사용된다(예, "자, 오늘밤 집에 돌아가서 잠이 들었는데, 무시무시한 악몽을 꾸었다고 가정해 볼까요? 오늘 여기서 논의하던 문제가 갑자기 훨씬 더 악화된, 악몽 같은 일이 실제로 일어났지 뭡니까? 내일 아침에 무엇을 보면 악몽 같은 삶을 살고 있다는 것을 알 수 있을까요?"). 악몽질문은 가족구성원들로 하여금 더 나아질 기미가 보이지 않는 현재 상황이 더 악화되는 상상을 통해 역설적으로 희망에의 의지를 갖게 하는 효과가 있다. 그러나 이 기법은 역효과의 가능성이 있다는 점에서 신중하게 사용해야 한다. 해결중심 가족치료의 절차는 〈표 6-6〉과 같다.

〈표 6-6〉 해결중심 가족치료의 절차

단계	작업 내용
☐ 사전회기 변화	❍ 첫 회기에 회기 시작 전에 어떤 변화가 있었는지 질문을 통해 탐색한다.
☐ 협력적 관계형성	❍ 경청과 공감 기술 사용 및 잠정적 접근을 통해 협력적 관계를 형성한다. ❍ 내담자를 호기심 있고, 존중할 만하며, 수용할 수 있는 존재로 외교관처럼 대한다.
☐ 목표설정	❍ 내담자가 문제에 관한 진술을 통해 치료목표를 설정한다.
☐ 문제해결 초점	❍ 질문 등 다양한 기법을 통해 문제해결방법을 탐색한다. ❍ 가족과 함께 잘 작동된 해결방법을 찾아내어 향후의 문제해결에 투입하도록 돕는다. ❍ 내담자의 반응을 긍정적인 관점으로 재구성하고 예외를 부각시킨다.
☐ 목표달성	❍ 문제를 효과적으로 해결한 것에 대해 내담자를 격려한다. ❍ 가족이 자신들의 변화를 0부터 10까지 주관적인 척도로 평가하게 한다.

이야기 가족치료

이야기 가족치료Narrative Family Therapy(NFT)는 포스트모더니즘postmodernism과 사회구성주의social constructionism의 영향을 받은 호주의 마이클 화이트(Michael White, 1949~2008)에 의해 창시되었고, 뉴질랜드의 데이비드 엡스턴(David Epston, 1944~현재)이 체계화한 치료적 접근이다('내러티브 가족치료'로도 불림). 사회구성주의 관점에서는 가족이 자신들을 지속적으로 이해·변화해 가는 방식을 중시한다. 이 이론에서 이야기 또는 내러티브narrative란 개인의 삶 전체를 하나의 줄거리로 엮은 자서전적 설명을 말한다. 화이트는 1970년대 후반, 그레고리 베이트슨Gregory Bateson의 이론을 접하면서 사람들이 세계를 그리는 방법에 관심을 갖게 되었다. 그는 인간성을 말살하는 사회제도의 폐해를 비판한 프랑스의 사회철학자 미셸 푸코(Michel Foucault, 1926~1984)의 영향으로 '문제의 외재화'라는 치료방법을 구상했다('개인이나 가족은 문제가 아니다. 문제가 문제일 뿐이다.').
푸코는 사회의 지배적인 이야기가 주변의 목소리를 제압하듯이 개인 내에서도 문화적
규범과 다른 자신의 개념은 수용되지 않는다고 보았다.

이야기 가족치료에 의하면, 개인은 자신의 삶에 관한 이야기를 만들어 내면서 스스
로를 내면화하고 판단하는 존재다. 즉, 사람들은 흔히 자신의 경험을 이야기로 엮고,
그 이야기를 연기함으로써 자신의 삶에 내재화^{internalization}시킨다. 또 자신에 관한 이야
기를 경험에 도움이 되지 않는 방향으로 해석함으로써 문제로 인한 갈등을 겪게 되면
서 더 이상 낙관적인 이야기를 구성하지 못하게 된다. 이들이 만든 이야기 중 대다수
는 자신의 삶에 속한 개인 또는 상황에 대해 부정적인 면을 부각시키고, 고질적이며,
우울한 것들이다. 자신에 대한 폐쇄적이고 경직된 이야기는 개인을 더욱 약화시켜 파
괴적 정서 또는 신념에 압도된다. 이 이론에서는 완벽한 진실은 없고, 다만 가족의 이
야기를 이해하는 것이 이들의 가족이해 방법의 해체^{deconstruction}에 중요하다고 본다.

치료 목표와 기법.　이야기 가족치료의 목표는 내담자가 자신의 비생산적인 이야
기, 즉 파괴적인 문화적 가설을 새롭고 건설적인 이야기로 재저술^{re-authoring}함으로써 삶
을 재건할 수 있도록 돕는 것이다. 재구조화^{reconstruction}란 내담자의 삶에 대한 부정적
인 이야기에 도전하고 문제의 외재화^{externalization}(문제의 원인을 내담자나 가족이 아니라 외
부의 탓으로 돌리는 기법)를 통해 새로운 경험과 상상력을 더하여 자신의 이야기를 다
시 쓰는 것으로, '해체'라고도 불린다(예, "아빠가 과음하시는 것 때문에 괴로워하는구나."
→ "과음이 아빠와 너 사이에 갈등을 일으키는구나."). 외재화를 통해 내담자 또는 그 가족
은 서로 자책 또는 비난하지 않고 문제를 새로운 관점에서 조망할 수 있게 된다. 치료
자는 내담자를 문제와 분리하고 가족의 생애사에서 독특한 성과^{unique outcome}를 찾아내
어 가족을 연합시켜 공동의 적에 대항하게 함으로써 새로운 이야기를 저작하도록 돕
는다. 이야기 가족치료의 과정은 글상자 6-6과 같다.

 글상자 6-6. 이야기 가족치료의 과정

1. 내담자의 이야기에 깊은 관심을 기울이고, 협력적·공감적 태도를 취한다.
2. 내담자를 진단명으로 분류하기보다 유일무이한 개인사를 지닌 존재로 대우한다.
3. 내담자의 생애사에서 강했거나 자원이 풍부했을 때를 탐색한다.
4. 새로운 삶의 이야기를 말하도록 강요하지 않고 존중하는 방식으로 질문한다.

> 5. 또 다른 삶의 이야기를 써 나갈 수 있도록 내면화된 지배적인 이야기로부터 분리될 수 있도록 돕는다.

치료과정에서 이야기 가족치료자는 주장 또는 해석 없이 단지 질문과 대답을 반복함으로써 내담자가 잃어버리고 있던 이야기를 꺼낼 수 있고, 지배적인 문제로부터 분리하여 힘을 얻도록 돕는다('권한부여^{empowerment}').

 ## 커플치료

커플치료$^{couple\ therapy}$는 법적으로 혼인한 부부 외에도 동거커플과 동성커플에게도 적용된다. 커플치료는 두 사람을 동시에 면담하고, 치료의 초점이 개인의 문제보다 부부관계에 있다면 가족치료의 한 형태로 봐야 한다. 부부 대상의 커플치료는 때로 결혼생활에서의 고통, 분노, 상처 등이 드러나게 됨으로써 두 사람이 쌓아 온 삶의 터전이 한 순간에 파괴될 수 있다는 두려움과 가족관계에 대한 위협으로 작용할 수 있다. 이러한 이유로 부부들은 흔히 고통스럽고 취약한 안정성 유지를 위해 변화를 위한 모험을 시도하기보다는 결혼생활의 문제해결 가능성을 사전에 억압해 버리곤 한다(Napier & Whitaker, 1978, p. 148).

커플치료는 주로 대상관계이론(설리번, 호나이, 프롬 등)의 영향을 받으며 발달했으나, 실용적인 이유도 한몫했다(Fruzzetti & Jacobson, 1991). 정신건강 전문의, 법조인 등 다양한 분야의 전문가들은 직무수행 과정에서 부부들의 갈등해결 방법에 관심을 갖게 되면서, 커플치료는 1960년대에 미국을 중심으로 급성장했다(Fruzzetti & Jacobson, 1991). 오늘날 흔히 사용되는 커플치료로는 행동주의 부부치료, 정서중심 커플치료, 인지커플치료, 강점중심 커플치료, 성 치료, 통찰지향(정신역동) 커플치료 등이 있다. 그러나 여기서는 ① 행동주의 부부치료와 ② 정서중심 커플치료를 중심으로 살펴보기로 한다.

행동주의 부부치료

행동주의 부부치료^{Behavioral Marital Therapy}(BMT)는 1969년 미국의 리처드 스튜어트^{Richard} ^{Stewart}가 창안한 것으로, 행동치료의 강화원리를 커플의 상호작용에 적용시킨 치료적 접근이다. 이 접근의 명칭에 부부라는 말이 사용되었지만, 앞서 언급한 것처럼 BMT는 법적으로 혼인한 부부 외에도 동거 또는 동성 커플 등 다양한 관계에 적용된다. 이 치료적 접근의 핵심 원리는 유관계약^{contingency contracting}이다. 이에 BMT 치료자는 유관계약을 바탕으로 커플 중 한 사람의 행동이 변화되도록 훈련을 함으로써, 배우자의 행동에 바람직한 변화를 유발하도록 한다. BMT에는 다양한 기법이 있다. 그중에서도 가장 일반적이고 효과적으로 사용되는 것으로는 ① 지지이해 기법과 ② 문제해결 기법이 있다.

첫째, **지지이해 기법**은 상대방의 바람직한 행동, 커플의 협동성, 커플 간에 긍정적 감정을 증가시키기 위해 적용된다. 예를 들면, 각 파트너는 상대방이 해 주면 기분 좋을 행동 목록을 작성한다. 그런 다음, 각 파트너는 다음 회기 전에 그 목록에서 세 가지 행동을 실천하기로 약속한다. 둘째, **문제해결 기법**은 커플에게 긍정적 의사소통 기술을 훈련시킴으로써, 효과적인 의사결정과 타협하는 법을 가르치는 것이다. 예를 들면, 커플은 긍정적 의사소통의 기본 규칙을 숙지한 다음, 회기 중에 이 기술을 연습한다. 치료자는 커플이 도움이 필요하면 개입하여 적절한 의사소통 기술을 설명하거나 긍정적인 의사소통 방법을 시범 보인다.

정서중심 커플치료

정서중심 커플치료^{Emotionally-Focused Couples Therapy}(EFCT)는 커플의 상호작용 방식의 문제와 정서반응 변화를 통해 더 강하고 안정된 관계를 형성·유지하도록 돕기 위해 창안된 치료법이다. 이 치료법에서는 부정적 감정, 그리고 이와 관련된 파괴적 상호작용 방식이 결혼생활의 불만족의 원인이 된다고 가정한다. 즉, 커플이 더 안정적인 애착을 형성하는 것을 두 사람의 관계 안정에 필수요소로 여긴다. EFCT 치료과정 9단계는 〈표 6-7〉과 같다(Johnson, Hunsley, Greenberg, & Schindler, 1999).

〈표 6-7〉 EFCT 치료과정 9단계

단계	과업
□ 완화 사이클	
1단계	○ 평가, 즉 커플과 동맹관계를 형성하고, 애착과정을 통해 커플의 갈등에서 주호소문제를 파악한다.
2단계	○ 애착 불안정과 관계의 불편함을 지속시키는 문제가 되는 상호작용 사이클을 규명한다.
3단계	○ 상호작용적 입장의 기저에 있는 인식되지 않은 감정을 확인한다.
4단계	○ 숨겨진 감정과 애착 욕구의 사이클이라는 개념으로 문제를 재구조화한다.
□ 상호작용 방식 변화	
5단계	○ 미처 인식하지 못했던 욕구와 자신의 다른 면에 대한 탐색을 관계의 상호작용에 적용한다.
6단계	○ 상대방의 관계에 대한 새로운 경험과 반응의 수용을 돕는다.
7단계	○ 특정 욕구와 요구를 표현하도록 고무하고, 감정적 게임을 한다.
□ 공고화 · 통합	
8단계	○ 이전에 문제가 된 관계에 대해 새로운 해결책 모색을 촉진한다.
9단계	○ 새로운 입지와 애착행동의 새로운 사이클을 공고히 한다.

〈표 6-7〉에 제시된 바와 같이, 1~4단계까지 치료자는 커플의 평가와 부정적 상호작용의 순환을 막기 위한 시도를 한다. 다음 5~7단계에서는 상대방의 요구에 맞는 새롭고 더 적응적인 상호작용 방식의 개발을 돕는다. 그리고 8~9단계에서는 변화를 공고히 하는 작업을 한다. 이러한 일련의 단계를 거쳐 커플은 자신들의 감정과 결합 요구를 인식하는 한편, 서로에 대한 상호작용 방법을 바꾸게 된다. 이를 통해 두 사람은 서로의 욕구를 더 잘 맞출 수 있게 되고, 파괴적인 상호작용은 줄어들게 된다.

 ## 가족/커플치료의 전망

가족치료는 효과가 있는가? 가족치료에 대한 관심이 증가해 왔음에도 불구하고, 잘 통제된 경험적 연구를 통해 그 효과성을 입증하는 것은 매우 복잡하다. 또한 매우 다양한 관점이 고려되어야 한다는 점에서 경험적 연구 역시 매우 적은 편이다. 이러한 제한점 때문에 가족 및 커플치료 연구에서는 개인치료에 관한 연구에서와 마찬가지로 주로 자기보고식 측정, 타인 평가(주로 치료자), 관찰 평가가 포괄적으로 사용되는 실정이다. 오늘날 가족치료에 대한 관심이 높아지고 있지만, 여전히 해결해야 할 문제가 산적해 있다. 일례로, 가족치료를 구성하는 것이 무엇인지에 대한 명백하게 일치하는 정의가 없다. 심지어 가족치료는 누가 해야 하는지에 대한 일치된 견해도 없다. 지금까지 가족치료는 심리학자, 정신건강 전문의, 상담자, 사회복지사 등이 담당해 왔다. 이러한 다양성은 혼란을 유발하는 동시에 전문가 자격에 대한 논란을 불러일으키기도 한다. 치료자에 따라서는 가족치료를 치료기법의 하나로 사용하는가 하면 가족치료만을 고집하기도 한다.

또한 가족치료의 주요 개념에 관한 경험적 연구 역시 매우 부족한 실정이다. 예를 들면, 이중구속이 조현병 발병에 영향을 미칠 수 있다는 가설을 검증한 경험적 연구는 매우 드물다. 또 이러한 형태의 의사소통을 신뢰할 수 있게 측정 가능한 현상으로 개념화하려는 노력도 미흡하다(Trull & Prinstein, 2013). 그럼에도 불구하고 이러한 가설에 힘입어 팔로 알토 집단의 연구자들은 각자 독창적인 가족치료를 위한 치료적 접근을 창안했고, 이러한 성과는 가족치료 발전의 동력이 되었다. 이런 상황은 개념과 연구의 가치는 옳고 그름과 크게 상관이 없음을 보여 준다. 이는 발견적 가치, 즉 새로운 일, 아이디어, 절차를 자극하는 점도 역시 중요하다는 것을 시사한다.

💬 주요 개념 / 주요 개념을 확인해 볼까요?

• 가족치료	• 커플치료	• 일반체계이론
• 이중구속	• 희생양/IP	• 스트레스
• 결정적 시기	• 정신역동적 가족치료	• 다세대 가족치료
• 원가족	• 정서적 융해	• 심리적 미분리
• 자기분화	• 삼각관계	• 핵가족 정서과정
• 가족투사과정	• 다세대 전수과정	• 출생순위
• 정서단절	• 사회적 정서과정	• 탈삼각화
• 가계도	• 구조적 가족치료	• 합류
• 제휴	• 연합	• 동맹
• 경계	• 권력위계	• 기능적 가족

• 역기능적 가족	• 가족지도 그리기	• 재구조화
• 전략적 가족치료	• 과제부여	• 증상 처방
• 역설적 개입	• 재명명화	• 의사소통 가족치료
• 인간타당화과정모델	• 가족규칙	• 의사소통 패턴
• 회유형	• 비난형	• 초이성형
• 부적절형	• 양육적 삼자관계	• 가족생활사 연대기
• 가족조각	• 재구조화	• 경험적 가족치료
• 해결중심 가족치료	• 예외발견질문	• 기적질문
• 척도질문	• 대처질문	• 악몽질문
• 이야기 가족치료	• 포스트모더니즘	• 사회구성주의
• 내재화	• 해체	• 재저술
• 문제의 외재화		

학교상담

☐ 학교상담의 정의

☐ 학교상담자의 역할

☐ 학교상담의 특징

☐ 종합적 학교상담 프로그램

☐ 학교상담의 쟁점

☐ 학교상담의 전망

■ 주요 개념

상담전문가는 종종 학교장면에서 학생, 교직원, 학부모, 그리고 지역사회 관계자들을 대상으로 조력활동을 한다. 부모의 품을 떠나 유치원 또는 초등학교에 발을 들여놓으면서 정규교육을 받기 시작하는 아동들은 고등학교에 이르기까지 삶의 중요한 시기의 대부분을 학교에서 생활한다. 그런데 최근 학교는 중요한 도전에 직면하고 있다. 첨단 테크놀로지의 발달과 사회환경의 급격한 변화는 교육에 순기능과 역기능을 동시에 제공함으로써 어린 학생들의 성장과 발달을 위협하기도 한다. 이 땅에 가이단스라는 명칭으로 처음 소개되었던 20세기의 생활지도 시대를 지나, 21세기의 학교현장에서는 구성원들의 변화, 성장, 발달 촉진을 위한 종합적·체계적 학교상담 패러다임의 요구가 높아져 왔다. 또 학교에서의 상담서비스를 국가발전의 동력으로 보려는 인식의 변화는 전문상담교사, 학교사회복지사, 진로진학상담교사 배치를 비롯하여 Wee 센터, Wee 클래스 개설 등 일련의 개혁적 시도로 이어졌다. 이에 이 장에서는 상담전문가가 학교장면에서 조력활동을 전개하는 경우에 갖추어야 할 학교상담에 관한 지식을 ① 학교상담의 정의, ② 학교상담자의 역할, ③ 학교상담의 특징, ④ 종합적 학교상담 프로그램, ⑤ 학교상담의 쟁점, ⑥ 학교상담의 전망으로 구분하여 살펴보기로 한다.

 ## 학교상담의 정의

학교상담school counseling은 전문적으로 교육과 훈련을 이수하고 소정의 자격증을 소지한 전문가가 개인적·사회적, 또는 기타 관심사를 가지고 개인 또는 집단의 형태로 학생, 학부모, 교직원을 비롯한 이해당사자들을 돕는 과정이다. 이는 정신건강, 안녕, 교육, 진로목표 성취를 위해 다양한 개인, 가족, 집단을 강화하는 전문적 관계에 기반을 두고 있다. 학교상담이란 용어는 1990년 미국학교상담자협회American School Counselor Association(ASCA) 집행부가 이 분야의 전문직을 가리키는 말로서 만장일치로 가결한 이후부터 사용되기 시작했다(Neukrug, 2016). 그 이유는 종전의 생활지도 패러다임으로는 변화하는 시대의 요구에 부응하기가 사실상 불가능하다고 판단했기 때문이다. 그렇다면 종전의 생활지도와 오늘날 요구되는 학교상담의 패러다임은 어떤 차이가 있을까? 〈표 7-1〉은 종전의 생활지도와 학교상담의 특징을 비교한 것이다.

〈표 7-1〉 생활지도와 학교상담의 비교

생활지도	학교상담
○ 반응적[reactive] 활동 중심	○ 선도적[proactive] 활동 중심
○ 과정 중시	○ 성과 중시
○ 연역적 접근	○ 귀납적 접근
○ 서비스 중심	○ 프로그램 중심
○ 주관적 평가 중시	○ 객관적 평가 중시
○ 개인상담 중심	○ 집단상담 중심
○ 학생 주도	○ 전문가 주도
○ 일반전문가[generalist] 중심	○ 특수전문가[specialist] 중심

〈표 7-1〉에 제시된 생활지도와 학교상담의 차이점은 이미 오래전부터 학교현장에서는 실용적 · 효과적인 접근법의 필요성이 제기되어 온 결과다. 일례로, 시대적 요구의 변화에 따라 학교상담에서 개인상담은 이젠 비경제적이고 '사치스러운[luxurious]' 조력 방법으로 여겨진다(Gysbers & Henderson, 2014). 제한된 수의 학교상담자가 전교생을 대상으로 개인상담을 실시하기에는 역부족이기 때문이다. 그러므로 학생 조력의 효율성을 극대화하기 위해서는 체계적이고, 협력적이며, 발달지향적인 방식이 요구된다. 또한 시대적 요구에 선도적으로 부응하기 위해서 학교상담은 전교생의 학업, 진로, 개인 · 사회성 발달을 도모하는 프로그램 중심으로 접근해야 할 것이다(Schmidt, 2013).

 학교상담자의 역할

학교상담자[school counselor]는 학생을 위한 옹호자, 학생의 가족과 교사 대상의 자문자, 교직원과는 팀원, 개별 학생의 성공을 돕는 촉진자 역할을 하는 전문가다. 학교상담자의 역할은 다양해서, 상급학교 진학에 관한 정보가 필요한 학생과 이야기를 나누는가 하면, 죽고 싶다는 학생을 만나기도 한다. 학교상담자는 학교, 학부모, 지역사회와 팀을 이루어 학생들의 문제예방, 조기발견, 개입을 통해 학생들의 요구를 충족시켜 줄 수 있어야 한다. 이를 위해 학교상담자의 직무시간은 학생이 건강한 어른으로 성장하는 데 필요한 기술, 지식, 태도 형성을 돕기 위한 생활교육 교육과정 40%, 개별계획과 준비

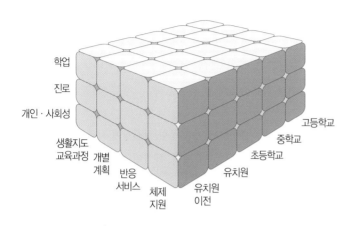

학업
진로
개인 · 사회성

생활지도
교육과정   개별
계획
반응
서비스   체제
지원   유치원
이전   유치원   초등학교   중학교   고등학교

[그림 7-1] 학교상담자 역할모델

25%, 반응활동 25%, 체제지원에 10%를 할애해야 한다(Henderson, 1987). 미국의 학교상담 서비스는 종전에는 K-12, 즉 유치원에서 고등학교에 한정하여 적용되다가 최근 들어서는 PK-12, 즉 유치원 이전부터 고등학교 시기까지 확대했다

(Wright, 2012). 학교상담자의 역할모델을 도식으로 나타내면 [그림 7-1]과 같다.

　학교상담자는 자신에게 적절한 업무를 수행하기 위해 프로그램 목표를 설정하고, 학생의 진척 정도를 확인하며, 성취 격차를 해소하고, 프로그램을 측정 · 평가하며, 학교상담 프로그램의 효율성을 알아보기 위해 자료를 수집 · 평가할 수 있어야 한다(Kaffenberger & Young, 2013). 그뿐 아니라 "학생의 성취, 출석, 행동에 대한 학교상담 프로그램의 영향을 보여 주고, 향후의 활동을 안내하는 학교상담 프로그램 평가를 분석하며, 모든 학생에 대한 향후 결과를 개선하기 위한 자료를 활용할 수 있어야 한다"(ASCA, 2012, p. xiv). 학교상담자에게 적절한 업무와 부적절한 업무는 〈표 7-2〉와 같다.

〈표 7-2〉 학교상담자에게 적절한 업무 vs. 부적절한 업무

적절한 업무	부적절한 업무
○ 개별 학생의 학업 프로그램 계획	○ 신입생의 문서업무 및 자료 입력
○ 인지 · 적성 · 성취도 검사 해석	○ 검사 프로그램 조정
○ 지각/결석 학생 상담	○ 지각/결석 학생의 사유서 서명
○ 규율위반 학생 상담	○ 규율위반 학생 징계 또는 훈육
○ 적절한 학교 복장에 관한 학생상담	○ 복장 불량 학생 귀가조치
○ 교사와 협력하여 교실생활교육 실시	○ 교사 부재 시 수업 실시
○ 성취 관련 평균 평점 분석	○ 평균 평점 산정

○ 학생기록부 해석	○ 학생기록부 작성
○ 교사에게 효과적인 학급운영방안 제안	○ 교실 또는 공통 지역 감독
○ 학생기록이 규정에 적합한지 확인	○ 사무기록 관리
○ 학생문제, 요구, 사건 규명과 해결을 위한 학교장 조력	○ 교장실 업무 조력
○ 학생 대상 개인 · 소집단 상담 제공	○ 장기상담을 통한 정신장애 치료
○ 개별교육계획회의, 학생연구팀, 출석위원회에서 학생 옹호	○ 개별교육계획, 학생연구팀, 출석위원회 조직
○ 분산된 자료 분석	○ 정보 입력 사무원 역할

학교상담의 특징

종전의 학교상담은 생활지도 패러다임의 개인상담, 면대면 상담, 소집단상담을 중심으로 한 접근이었다. 그러나 21세기의 학교상담은 전문가 주도로 최상의 전략을 활용하는 생태체계적 · 종합적comprehensive · 선도적proactive · 발달지향적 · 목표지향적 접근과 프로그램 중심으로 과정보다 성과를 강조하는 패러다임을 지향한다. 2014년 미셸 오바마Michelle Obama는 ASCA 연차대회에서 학교상담자들에게 글상자 7-1과 같이 당부한 바 있다.

> 글상자 7-1. 미셸 오바마의 연설 내용
>
> 학교상담은 과외활동이나 고상한 일이어서는 안 됩니다. −〈중략〉− 학교상담은 모든 젊은 이가 성공에 필요한 교육을 받도록 보장될 필요가 있습니다. −〈중략〉− 여러분의 영향으로 변화하는 학생만 생각하기보다 학생을 양육하는 가정, 학생이 일할 사업체, 학생이 언젠가는 몸담게 될 지역사회에 대해서도 생각해 보기 바랍니다. 이 아이들이 졸업한 후에 얼마나 오랫동안 아이들의 마음과 정신에, 이들이 감동을 준 모든 이의 마음과 정신에, 여러분의 활동이 남아 있을 것인지 생각해 보기 바랍니다.

학교상담실에서 학생들의 방문을 기다리던 종전의 수동적인 학교상담자의 이미지는 이젠 아웃리치outreach를 포함한 선도적 조력자proactive helper의 것으로 바뀌고 있다. 새 시대에 걸맞은 학교상담의 특징을 정리하면 〈표 7-3〉과 같다(강진령, 2015).

〈표 7-3〉 학교상담 패러다임의 특징

특징	설명
1. 생태체계적 접근	❍ 학생을 둘러싼 체계에 초점을 두고, 더 큰 환경적 맥락에서 학생을 이해하고 조력활동을 전개함
2. 종합적 접근	❍ 측정, 정보, 자문, 상담, 의뢰, 배치, 추수지도 등 폭넓은 활동과 서비스를 포함하여 체계적·조직적으로 접근함
3. 선도적 접근	❍ 모든 학생에게 찾아가 그들이 필요로 하는 도움을 제공함
4. 프로그램 중심	❍ 학생들의 학업, 진로, 개인·사회성 발달촉진을 위한 체계적인 교육과정을 기반으로 편성된 집단지향적 프로그램 중심으로 운영함
5. 전문가 주도	❍ 학교상담 관련 분야를 전공했거나 자격증을 소지한 전문적 역량을 갖추고 있는 전문가가 주도함
6. 예방 강조	❍ 다양한 생활교육과 상담 프로그램 실행을 통한 문제예방으로 학생의 최적의 발달을 도모함
7. 발달지향적 접근	❍ 학생들의 성공적 삶을 위해 필요한 기술과 경험을 생활지도 교육과정에 편성·운영함
8. 최상의 전략 활용	❍ 전체적·발달적 관점에서 전교생이 학교생활을 잘할 수 있도록 최상의 개입방법과 서비스를 제공함 ❍ 학급단위 생활교육을 비롯해서 개인, 집단, 또는 가족 상담을 통해 개입효과를 극대화함
9. 성과중심	❍ 국가의 재정지원과 사회적 책무에 합당한 성과를 산출함
10. 목표지향적	❍ 학생들에게 유발하려는 변화를 행동적 언어로 기술함 ❍ 이는 성취해야 할 대상이 명확해지고, 무엇을 성취하였는지에 대한 평가를 가능하게 함

〈표 7-3〉에 제시된 학교상담의 특징 중, 생태체계적 접근[ecosystemic approach]은 개인은 자신을 둘러싼 체계와 구조 속에서 변화하므로 환경적 맥락에서 이해되어야 한다는 생태이론[Ecological Theory]에 기반을 두고 있다(Bronfenbrenner, 1979). 이 이론에 의하면, 생태체계는 ① 미시체계[microsystem], ② 중간체계[mesosystem], ③ 외체계[exosystem], ④ 거시체계[macrosystem]로 구성된다(〈표 7-4〉와 [그림 7-2] 참조).

〈표 7-4〉 브론펜브레너의 생태체계

생태체계	설명
☐ 미시체계	❍ 일상적 환경(가족, 또래, 학교, 교실) 내에서 개인 간의 관계

중간체계	○ 다양한 미시체계(학교, 가족, 교실)의 상호관계 중심
외체계	○ 더 큰 사회단체(정부, 교육체계, 서비스체계 등)
거시체계	○ 전체적 문화체계(규범, 사회정책, 사회적 기대 등)

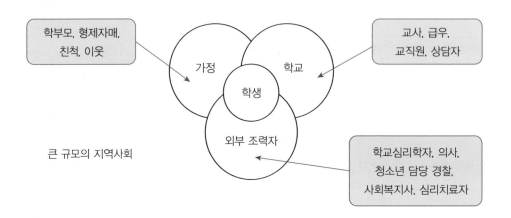

[그림 7-2] 학생의 생태체계

출처: Sink (2005), p. 7.

[그림 7-2]는 학생과 기능적으로 연결된 사회적 생태체계를 나타내고 있다. 이에 학교상담자는 학생을 발달하는 존재로 보는 한편, 생태체계를 고려하여 더 큰 틀에서 이해한다. 이러한 이유로 지역사회와 연계한 개입 프로그램은 학생들이 당면한 문제를 예방 또는 감소시키는 데 효과가 더 크다.

종합적 학교상담 프로그램

종합적 학교상담 프로그램Comprehensive School Counseling Program(CSCP)은 ASCA에서 창안한 것으로, 학교상담과 생활지도의 다양한 영역을 포괄적으로 균형 있게 접근하는 모델이다(Gysbers & Henderson, 2014). 학교상담은 지난 수십 년 동안 일부 학생에게 개인상담 또는 소집단상담 서비스를 제공하는 소극적 활동으로 시작했지만, 이젠 모든 학생을 대상으로 하는 CSCP 같은 모델의 적용이 요구된다. 이 모델은 크게 세 가지 요소로 구성되는데, 그 요소는 ① 내용 영역(학업, 진로, 개인·사회성 영역), ② 조직적 틀(구조적 요소, 프로그램 요소, 프로그램 시간), ③ 소요 자원(인적·재정적·정치적 차원)으로 구성되어 있다. ASCA(2012)는 학교상담자가 교육개혁의 견인차 역할을 할 수 있도록 학교상담 프로그램 국가표준^{National Standards for School Counseling Programs}을 제정·공표했다. 이 표준에는 학생들이 CSCP에 참여함으로써 학업, 진로, 개인·사회성 영역에서 습득할 것으로 예상되는 표준과 역량(지식, 태도, 기술)이 수록되어 있다. 이 표준은 2004년 'ASCA 학생용 국가표준'이라는 명칭으로 개정되었고, 2014년에 재차 'ASCA 학생 성취를 향한 태도와 행동: 전교생을 위한 대학과 진로준비 표준'으로 개정되었다.

[그림 7-3] ASCA 국가모델 도식

출처: American School Counselor Association (ASCA). (2012), p. 20.

ASCA 국가모델은 학교상담자의 역할을 명료화하고, 동일한 정체감을 전문직으로 제공함으로써 전문직을 크게 변화시켰다. 국가모델은 학교상담자가 해야 할 활동과 하지 말아야 할 활동에 초점을 두고, 이 분야에서 일관된 전문가의 관점을 제시하며, 서비스를 안내하고, 학생에 대한 영향력을 보여 주기 위해 자료기반 의사결정 과정을 권고하고, 성취 격차를 없애며, 학교에서의 사회적 평등을 지지하고, 학교의 사명과 학교상담자의 목표

를 연결함으로써 학교상담자의 역할을 설명한다([그림 7-3] 참조). ASCA(2014)는 학생들이 학교상담 프로그램을 통해 학업, 진로, 개인·사회성 발달에 관한 지식, 태도, 기술을 익혀야 한다고 강조했는데, 그 내용은 글상자 7-2와 같다.

 글상자 7-2. 학업, 진로, 개인·사회성 발달을 위한 지식, 태도, 기술

○ 비판적 사고력   ○ 자기조절

○ 창의력   ○ 목표달성전략

- ○ 시간관리
- ○ 조직력 · 공부 기술
- ○ 자기주도학습
- ○ 매체 · 테크놀로지
- ○ 목표설정
- ○ 도전적인 교과과정 선택
- ○ 제공된 정보기반의 결정
- ○ 심화활동 · 과외활동 참여
- ○ 책임감
- ○ 다양한 활동 간의 균형
- ○ 개인의 안전기술
- ○ 독립
- ○ 장기적 보상을 위한 즉각적 만족지연
- ○ 대처기술
- ○ 자기훈육
- ○ 이행 · 전환 관리
- ○ 학습장벽 극복
- ○ 인내
- ○ 윤리적 의사결정 · 사회적 책임
- ○ 전문성
- ○ 효과적인 대화 · 경청
- ○ 동료 · 연장자와 긍정적 관계 형성 · 유지
- ○ 리더십 · 협동 작업
- ○ 공감
- ○ 협동 · 협력
- ○ 옹호기술
- ○ 자기주장

💬 학교상담의 쟁점

학교상담의 쟁점은 매우 다양하다. 그러나 여기서는 ① 학교폭력, ② 학생/청소년 자살, ③ 다문화가정 학생 조력을 중심으로 살펴보기로 한다.

학교폭력

학교폭력school violence은 1990년대 초 '왕따' 'bullying' '이지메' '집단따돌림' 등으로 불리던 괴롭힘에 비관한 학생들의 자살이 급증하면서 주목받기 시작했다. 「학교폭력예방 및 대책에 관한 법률」 제2조 제1호에서는 학교폭력을 "학교 안팎 또는 사이버 공간 등 발생 장소에 상관없이 학생을 대상으로 이루어지는 상해, 폭행, 감금, 협박, 약취, 유인, 공갈, 강요, 명예훼손, 모욕, 강제적인 심부름, 사이버 따돌림을 포함한 집단따돌림, 성폭력, 언어폭력, SNS 등 정보통신망을 이용한 음란 및 사이버 폭력 등 학생에게 정신적 · 신체적으로 고통과 괴로움을 주거나 재산상 피해를 수반하는 행위"로 정의하고 있다.

학교폭력은 처음에는 해를 입히고 싶어 하는 욕구가 강한 사람이나 집단이 약한 사람에게 결코 정당화될 수 없는 행위로 표출하고 반복하며 이를 즐기게 되면서 상처를 입는 사람이 발생하게 된다는 특징이 있다(Rigby, 1996). 학교폭력의 개념은 주로 장소, 주체, 관계, 행위, 법률의 관점에서 논의되어 왔다. 이러한 논의를 종합해 보면, 학교폭력은 학교 안팎의 학교현장에서 형성된 관계를 토대로 상대에게 해를 입히려는 의도를 가진 가해학생(들)이 심리적 · 신체적으로 약한 피해학생에게 가하는 법률이 규정하고 있는 폭력행위를 말한다. 가장 빈번하게 나타나는 학교폭력으로는 고의적 괴롭힘/따돌림, 금품갈취, 언어적 조롱, 협박, 욕설, 신체적 폭행, 집단폭행을 들 수 있다(청소년폭력예방재단, 2011). 학생들의 사소한 조롱 또는 행동이라도 대상 학생이 심리적 또는 행동상의 불편감을 느낀다면, 이는 학교폭력에 해당한다.

학교폭력의 원인. 학교폭력은 다양한 원인이 복합적으로 작용하여 예측하기 힘든 상황에서 돌발적으로 발생하기 때문에 그 원인을 규명하기 쉽지 않다는 특징이 있다. 그럼에도 불구하고 학교폭력의 원인은 일반적으로 ① 개인적(가해학생의 공격성), ② 가정적(부모의 역할모델과 양육방식에 초점), ③ 학교환경적 · 물리적 측면(학교 규모, 학급당 학생 수)과 심리적 측면(학교생활 만족도, 학업 수행력, 경쟁적 분위기, 자발적 참여도, 교사와의 관계), ④ 사회문화적 요인(TV, 인터넷, 만화 등의 대중매체)으로 구분된다. 그렇다면 학교폭력은 어떻게 하면 조기에 감지할 수 있을까?

학교폭력의 감지와 조치. 학교폭력 징후의 조기 감지는 사전에 피해학생뿐 아니라 가해학생도 보호할 수 있다는 이점이 있다. 담임교사는 학교폭력 조기 감지를 위한 체크리스트([그림 7-4] 참조) 작성을 통해 학급 내 학교폭력 발생 여부를 조기에 감지할 수 있다(박명진, 2006).

> 1. 학생들이 수업시간을 엄수하지 않는다.
> 2. 학생들 간에 언어폭력이나 신체폭력이 일어나고 있다.
> 3. 교칙을 위반하는 학생이 있다.
> 4. 자주 결석하는 학생이 있다.
> 5. 학교 기물을 파손하는 학생이 있다.
> 6. 학생들의 소지품이 도난되는 경우가 종종 있다.

7. 학생들 간에 세력다툼성 충돌이 있다.

8. 옷이 자주 훼손되는 학생이 있다.

9. 평소에 비해 안색이 안 좋고 기운이 없어 보이는 학생이 자주 눈에 띈다.

10. 친구가 시키는 대로 고분고분 따르는 학생이 있다.

11. 성적이 갑자기 떨어지는 학생이 있다.

12. 비싼 옷이나 운동화 등을 자주 잃어버리는 학생이 있다.

13. 몸에 다친 상처나 멍 자국이 발견되고, 물어보면 그냥 넘어졌다거나 운동하다 다쳤다고 말하는 학생이 있다.

14. 교과서나 일기장에 '죽어라' 또는 '죽고 싶다'와 같은 폭언이나 자포자기식의 낙서를 하는 학생이 있다.

해석: 저위험 집단 ≤ 평균 7개 ≤ 고위험 집단

[그림 7-4] 학교폭력 조기 감지를 위한 체크리스트

학교폭력 예방 및 대처를 위해서는 학교폭력에 대한 명확한 이해가 선행되어야 한다. 학교폭력은 주로 교실(54.0%), 복도(11.2%), 화장실(4.2%), 운동장(8.9%) 등 학교(78.3%)에서 쉬는 시간(52.4%), 점심시간(14.2%), 등하교 시간(78.3%)에 일어난다(김종운, 2013). 이러한 점에서 학교폭력 예방을 위한 교사의 역할은 막중하다.

학교폭력의 징후.   학교폭력에는 피해학생, 가해학생, 목격학생이 있는데, 그 특징은 다음과 같다. 첫째, **피해학생**victims은 ① 소극적 유형, ② 도발형, ③ 피해자 · 가해자 유형으로 구분되는데, 각 유형별 특징은 〈표 7-5〉와 같다(정종진, 2012).

〈표 7-5〉 피해학생의 유형

유형	특징
☐ 소극적 유형	○ 신체적으로 허약하고 외톨이로 지내며, 교사나 부모의 과잉보호로 자기방어능력이 부족하여 또래의 공격대상이 됨
☐ 도발형	○ 반항적이고 산만하며, 화를 잘 내고 적대적인 귀인양식을 보임 ○ 또래와 어울리고 싶어 하지만, 부적절한 행동패턴으로 또래와 잘 어울리지 못하고 소외당하는 경향이 있음
☐ 피해자 · 가해자 유형	○ 학교폭력 피해경험이 있고, 약한 학생에게 폭력으로 피해보상 및 힘을 과시하려는 경향이 있으며, 단순피해 또는 단순가해 학생에 비해 주관적인 심리적 불편감이 높은 편임

둘째, **가해학생**[perpetrators]은 학교 안팎에서 자신의 힘을 과시하기 위한 욕구 표출의 수단으로 공격적 행동을 보이는 경향이 있다. 학교폭력 피해를 많이 경험한 학생일수록 가해경험을 많이 한다(최윤자, 김아영, 2003). 가해학생의 특징을 정리하면 글상자 7-3과 같다.

> 글상자 7-3. 가해학생의 특징
>
> 1. 죄의식이나 공감능력이 부족하다.
> 2. 부모의 양육태도가 지나치게 허용적이거나 엄격하다.
> 3. 음주, 흡연, 유흥업소 출입 같은 비행에 연루된 경우가 많다.
> 4. 다른 학생들에게 자주 싸움을 건다.
> 5. 결석을 자주 한다.
> 6. 학업성취도가 낮은 편이다.
> 7. 학교에 대해 부정적인 태도를 갖는다.

셋째, **목격학생**[bystanders]이란 학교폭력 행위를 목격한 학생으로, 행동에 따라 다시 네 가지 유형(① 동조자[assistant], ② 강화자[reinforcer], ③ 방관자[outsider], ④ 방어자[defender])으로 나뉜다(Salmivalli, Huttunen, & Lagerspetz, 1997). 목격학생의 유형별 특징은 〈표 7-6〉과 같다.

〈표 7-6〉 목격학생의 유형

유형	특징
☐ 동조자	○ 가해학생을 도와 폭력행위에 적극 참여하는 학생
☐ 강화자	○ 폭력상황의 주위에서 욕설 또는 야유를 통해 폭력행동을 부추기는 바람잡이 역할을 하는 학생
☐ 방관자	○ 폭력장면을 목격하고도 아무런 일이 없었던 것처럼 행동하거나 자신과는 무관한 것처럼 이렇다 할 조치를 취하지 않는 학생
☐ 방어자	○ 다양한 방법으로 폭력행위로부터 피해학생을 보호하려는 학생

학교폭력 예방 및 대처.   학교폭력 예방을 위해서는 학생에 대한 지도감독 강화를 비롯하여 또래모임 활성화, 인권친화적 학교문화 조성, 예방교육 및 인성교육 강화, 학교폭력에 관한 법률교육 실시 등의 조치가 요구된다. 그럼에도 학교폭력이 발생한다면, 「학교폭력예방 및 대책에 관한 법률」 제12조 제2항에 따라 반드시 학교폭력대책자

치위원회의 심의를 거쳐 조치한다. 이 법률은 가해학생과 보호자 또는 피해학생과 보호자의 의사와 관계없이 학교폭력 사건에 반드시 적용되어야 한다. 이는 학교장의 임의적인 학교폭력 사건처리를 막기 위한 조치다.

학생/청소년 자살

자살suicide은 법적·의학적·사회적 목적에 따라 달리 정의되지만, 일반적으로 스스로(自)를 죽이는 행위(殺), 즉 자발적·의도적으로 자신의 생명을 끊거나 끊으려고 시도하는 행위를 말한다. 자살을 의미하는 영어의 'suicide' 역시 라틴어의 'sui(자신을)'와 'cædo(죽이다)'의 합성어다. 프로이트는 자살을 자신에게 향한 죽음본능의 극적인 표출로 여긴 반면, 아들러는 환경 내에서 타인을 조종하기 위한 시도로 보았다. 아들러의 지적처럼, 자살은 때로 자신을 해치려는 의도뿐 아니라, 복잡한 심정의 극단적 표현이나 극단적 정서의 전달방법으로 사용되기도 한다(Keinhorst, De Wilde, & Diekstra, 1995). 자살은 흔히 세 가지 형태(① 자살생각suicidal ideation 또는 자살사고suicide thought, ② 자살시도suicide attempt, ③ 자살완료suicide completed)로 구분된다.

청소년 자살의 특징. 청소년이 인지, 정서, 행동 측면에서 성인과는 다르다는 점에서 청소년 자살은 성인과 비교할 때, 다음 두 가지 특징이 있다. 첫째, 청소년 자살은 정신장애의 극단적인 표현이라기보다는 극단적 정서의 전달방법인 경우가 많다. 성인과 달리 청소년은 우울증 같은 정신장애로 자살을 시도하기보다는 스트레스 상황을 회피하기 위한 충동적 욕구, 타인을 조종하려는 의도, 또는 부당한 대우를 했다고 여기는 대상에 대한 보복심리가 자살의 결정요인으로 작용한다. 즉, 청소년의 자살은 흔히 죽으려는 의지의 표현이라기보다는 사회심리적 갈등 해결을 위한 방편, 현실도피적인 충동의 표출, 또는 극단적 정서상태와 절박한 상황에 놓여 있음을 알리는 신호로 사용된다는 특징이 있다.

둘째, 대부분 사전계획 없이 충동적으로 시도된다. 성인에 비해 정서적으로 불안정하고, 스트레스 대처능력도 한계가 있는 청소년은 문제상황에서 벗어나기 위해 극단적인 선택을 할 가능성이 높다. 이에 일찍이 엘킨드(Elkind, 1986)는 청소년 자살이 증가하는 이유에 대해 자신의 발달수준 또는 능력보다 주변의 기대와 책임이 더 크다고 느끼게 되는 불안정상태가 자살로 이어질 수 있다고 경고했다. 즉, 청소년은 성인이 납득할 수 없는 사소한 이유 때문에 얼마든지 충동적으로 자살을 시도할 수 있다. 그렇다면 학생/청소년 자살에 영향을 미치는 요인은 무엇인가?

학생/청소년 자살의 영향요인.　학생/청소년의 자살행동에 영향을 미치는 요인은 크게 두 가지 요인, 즉 ① 위험/취약 요인과 ② 보호요인으로 나뉜다. 위험/취약 요인은 자살을 부추기는 제반 요소로, ① 우울·무망감, ② 낮은 자존감(왜곡된 자기상, 부적응 또는 자기거부적 행동), ③ 스트레스[성 문제, 학업 성취 압박, 가족구조 변화, 상실의 슬픔(예, 부모, 친구, 애견의 죽음)], ④ 가정/가족 문제(자살 가족력, 재정문제, 가족갈등, 부모의 이혼/별거/재혼, 부모의 물질사용/정신질환), ⑤ 학교문제(학업성적, 입시에 대한 부담, 교우관계, 이성관계, 교사와의 관계문제)를 들 수 있다. 반면, 자살의 보호요인으로는 ① 사회적 지지(사회적 자원 또는 관계로부터 제공되는 지지행동과 이에 대한 개인의 주관적 지각과 평가로, 위로, 관심, 공감, 조언, 자문 등이 포함됨), ② 가족의 유대와 응집력(개방적인 의사소통을 통해 구축됨), ③ 높은 자존감(자신을 가치 있는 인격체로 존중하는 태도)을 들 수 있다.

자살을 시도하는 학생들 중에는 치명적인 방법을 사용하기보다는 주로 칼, 면도날, 바늘 등 날카로운 도구로 허벅지 앞쪽과 팔등에 상처를 남기는 등의 반복적인 자해행동을 보이는 경우가 많다. 이러한 행동을 일삼는 인구의 증가로, 미국정신의학회(APA, 2013)에서는 DSM-5의 '추가 연구를 필요로 하는 진단적 상태' 편에 '비자살성 자해'라는 진단명을 수록했다.

비자살성 자해.　비자살성 자해nonsuicidal self-injury란 개인이 자신의 신체에 약하지만 반복적으로 고통스러운 상해를 입히는 것을 말한다. 이러한 행동은 부정적 감정(긴장, 불안, 자책감) 감소 또는 관계의 어려움 해소를 목적으로 나타난다. 때로 이는 마땅히 받아야 할 자기처벌의 일환으로 행해지기도 한다. 비자살성 자해과정에서 개인은 흔히 즉각적인 안도감을 보고하는데, 이는 중독과 유사한 급박감, 갈망과 연관된 것으로 간주되기도 한다. 비자살성 자해는 주로 칼, 면도날, 바늘 등 날카로운 도구로 허벅지 앞쪽과 팔등에 상처를 남기는 것이 일반적이다. 그러나 때로 바늘 또는 날카롭고 뾰족한 칼로 팔의 윗부분을 찌르거나, 담뱃불 끝으로 피부를 지지거나, 지우개로 피부를 반복적으로 문질러서 화상을 입히는 방법이 사용되기도 한다. 상해 부위는 주로 눈에 띄거나 손이 닿는 부분에 약 1~2cm 간격으로 일련의 유사한 상처를 남기는 것이 일반적이다. 이는 대부분 출혈로 이어져서 흉터를 남긴다.

비자살성 자해를 일삼는 사람들 대다수는 전문가의 도움을 구하지 않는다(APA, 2013). 자해행동이 긍정적으로 경험될 수 있고, 도움추구 행동이 낙인효과를 초래하여 치료에 대한 동기가 높지 않기 때문이다. 비자살성 자해와 자살행동장애는 개인이 보고하는 행위의 목적을 토대로 감별된다. 비자살성 자해를 하는 사람은 칼로 긋는 시도가 단기적으로는 고통스럽지만, 크게 해롭지 않다는 것을 학습한다. 그렇지만 이들은 자살시도를 하거나 자살해 버릴 수도 있으므로 자살행동에 대한 과거력을 확인하는 한편, 제3자를 통해 스트레스 노출과 최근의 기분 변화에 대한 정보를 수집할 필요가 있다. 왜냐면 자해시도 남성들의 사례에 대한 추적연구 결과, 비자살성 자해를 하는 10대들은 다른 10대들보다 자살행동을 할 가능성이 유의하게 높기 때문이다. 비자살성 자해를 시도한 사람들에게 죽으려는 의도로 칼을 긋는 행동을 한 적이 있는지 질문했을 때 상당수는 그렇다고 답했다. 따라서 처음으로 비자살성 자해를 하는 경우, 높은 자살위험을 나타내지 않더라도 자해행동의 위험한 상황으로 결론 내릴 필요가 있다.

자살 · 자해위기 개입전략.   자살위험 학생이 발견되는 경우, 학생에 대한 정확한 사정assessment을 실시하고, 자살포기각서를 작성하게 한다. 정확한 사정을 위해 상담자는 자살위험 학생의 자살생각과 행동을 주의 깊게 관찰한다. 이는 학생의 자살생각이 주의를 끌기 위한 것이라는 생각이 드는 경우에도 마찬가지다. 또한 죽음과 자살에 대한 학생의 생각과 감정을 탐색하되, 자살 가능성을 평가절하하지 않는다. 자살위험 학생에 대한 사정은 ① 면담과 ② 질문지를 통해 실시한다. 면담은 자살위험이 있다고 판단되는 학생의 자살의도와 치명성 정도를 파악하기 위해 실시한다. 자살위험성과 치명성 정도를 파악하기 위한 간단한 방법은 해당 학생에게 직접 물어보는 것이다. 자살위험이 있는 학생의 면담을 위한 지침은 글상자 7-4와 같다.

 글상자 7-4. 자살위험이 있는 학생 면담을 위한 지침

1. 대상 학생의 말과 행동에 주의를 기울인다.
2. 자살에 대해 담담하고 열린 마음으로 대화한다.
3. 자살생각에 대해 찬성도 반대/비난도 하지 않는다.
4. 대상 학생이 극단적인 감정상태라면, 그 감정을 완화시킨다.

5. 상황이 어려워져도 학생을 도울 것이라고 말한다.
6. 상투적인 위로의 말보다는 진정성 있게 공감적으로 반응한다.
7. 대상 학생에게 확인받지 않은 채로 이해한 척하지 않는다.

자살위험 학생이 면담을 통해 자살의도를 밝히기 어려워하는 경우에는 질문지를 활용한다[예, ① 자살생각척도 Scale for Suicidal Ideation(Beck, Kovacs, & Weissman, 1979), ② 자살가능성척도 Suicide Probability Scale(Cull & Gill, 1988), ③ 자살잠재성검사 Index of Potential Suicide(Zung, 1990)]. 상담자는 적절한 시기에 학생으로부터 자살포기각서, 즉 자신을 해치는 행동을 하지 않겠다는 서약서에 서명을 받는다. 그 이유는 아무리 자살위험이 있는 학생일지라도 구체적인 기간이 명시된 약속을 준수하려는 경향이 있기 때문이다. 그러므로 서약서에는 학생이 동의하는 기간이 구체적으로 명시되어 있어야 한다.

다문화가정 학생 조력

최근 들어 다문화가정 학생의 수가 늘고 있다. 그럼에도 다양한 배경의 다문화가정 학생이 겪는 어려움을 이해하거나 검증된 개입전략은 많지 않다. 그러나 학교구성원들은 다문화가정 학생이 매일같이 자존감을 지키기 위해 애쓰고 있다는 사실을 이해해야 한다. 다문화상담 역량을 갖춘 학교상담자의 특징은 글상자 7-5와 같다(Sue, Sue, Neville, & Smith, 2019).

 글상자 7-5. 다문화상담 역량을 갖춘 학교상담자의 특징

1. 상담이론이 정치적·도덕적으로 중립적인지 여부를 확인한다.
2. 학생마다 각자의 가치관, 인간관, 신념을 가지고 있음을 인정한다.
3. 경험과 훈련을 통해 학생의 배경문화에 걸맞은 상담 기법과 방법을 적용한다.
4. 자신의 문화적 보호막을 뚫고 나와 학생의 주관적 세계에 들어갈 수 있다.
5. 사회적·정치적·경제적 요인들이 다문화가정 학생에게 영향을 미치고 있음을 인식하고 있다.

다문화가정 학생의 자존감 고양을 위한 지침은 글상자 7-6과 같다.

글상자 7-6. 다문화가정 학생의 자존감 고양을 위한 지침

1. 학생과 솔직하고 개방적으로 상호작용한다.
2. 상담자 자신의 문화적 배경을 인식하고 다른 문화권 배경을 지닌 사람들의 문화적 신념의 가치, 태도, 실행을 진정으로 인정·존중한다.
3. 다양한 문화와 관련된 행사 또는 활동에 참여한다.
4. 다문화가정 학생은 특정 문화의 구성원인 동시에 독특하고 특별한 사람이라는 사실을 기억한다.
5. 인종 또는 민족에 대한 편견이나 선입견을 자아내는 행동을 용납하지 않는다.
6. 모든 학생에게 높은 기준을 설정해 놓음으로써 부정적 자성예언을 피한다.
7. 타 문화에 관해 잘 알고 있는 학생 및 다른 사람들에게 문화에 관해 문의한다.
8. 다문화 이해 증진을 위한 프로그램을 운영한다.

ASCA(2014)는 범문화$^{cross-cultural}$·다문화^{multicultural} 상담을 위한 전략을 글상자 7-7과 같이 제시했다.

 글상자 7-7. 학교상담자들을 위한 범문화·다문화 상담전략

1. 다른 문화권 또는 다른 민족의 학부모들을 교육과정 계획위원회, 생활지도·상담 자문위원회, 그리고 기타 학교운영에 참여시킨다.
2. 다른 문화권 출신의 학부모들에게 학교의 교육철학 및 이들과 학생들에게 제공 가능한 서비스 소개를 위한 워크숍을 실시한다.
3. 교직원들에게 다문화 관련 쟁점 및 다문화가정 학생과 가족을 위한 상담전략에 관한 교내 워크숍을 지원한다.
4. 교육체제와 학교상담/생활지도 교육과정에 문화적으로 다양한 교직원과 자원을 포함시키려고 노력한다.
5. 다르다는 사실과 다문화집단이 사회에 기여해 온 점을 기리는 행사를 개최한다.
6. 학교와 지역사회에서 다문화집단 간의 소통 증진을 위한 활동을 전개한다.
7. 교과교육과 생활지도/상담 교육과정에서 문화적·민족적 편견 또는 선입관을 나타내는 자료를 삭제한다.

상담자가 다문화가정 학생의 욕구를 충족시킬 수 있으려면, 민족별·출신 국가별 집단에 관한 훨씬 더 상세한 정보를 알고 있어야 할 것이다. 또한 각 집단별로 효과적인 상담 방법과 전략에 관한 정보를 갖추고 있으면 효과적으로 상담할 수 있을 것이다.

학교상담의 전망

학교상담자는 누구인가? 오늘날 학교상담자들은 학교상담자는 무엇을 하는가?라는 질문뿐 아니라, 학교상담자들의 전문적 서비스 제공의 결과로 학생들이 어떻게 달라지는가?라는 질문에도 답해야 한다. 지금까지 학교현장에서의 상담과 생활지도는 발전을 거듭해 왔지만, 여전히 더 많은 성장과 발전이 요구된다. 학교는 책무성 accountability, 즉 국민의 세금으로 지원받고 국가로부터 권한을 위임받은 만큼, 국가와 국민의 기대에 부응하기 위해 책임과 의무를 다해야 한다. 이를 위해 학교상담 담당자는 학교현장에 학교상담이 필요한가? 학교상담은 학생, 학부모, 교직원, 그리고 학교의 요구에 부응하고 있는가?라는 질문에 답할 수 있어야 한다. 학교는 학교상담의 새로운 패러다임을 기반으로 가정과 사회의 중간조정자로서 상담, 자문, 조정, 협력을 통해 국민과 국가에 대한 소임을 다해야 할 것이다. 전문적 학교상담자의 역할은 지속적으로 변화할 것이다. 향후 예견되는 학교상담자의 역할은 새로운 비전에 걸맞은 방향으로 변화할 것이다(〈표 7-7〉 참조).

〈표 7-7〉 학교상담자의 역할 변화

☐ 현재의 중점		☐ 새로운 비전
1. 정신건강 문제	☞	학업·학생 성취
2. 학생의 관심사와 문제	☞	전체 학교와 시스템 고려사항과 문제
3. 결핍 초점의 임상모델	☞	학생의 강점기반 교육 강조
4. 일대일·소집단 상담 제공	☞	프로그램 주도, 계획, 개발
5. 개인·사회적 문제 강조	☞	학업, 학습·성취, 학생 성공의 지지율 강조
6. 추가 지원 인력	☞	교육팀의 통합된 구성원
7. 느슨하게 정의된 역할과 책임	☞	사명과 역할 정체성 강조
8. 기록 관리	☞	변화를 위해 정보사용
9. 구분, 코스배치 과정선택	☞	저소득층·소수자 가정의 학생을 포함한 모두를 위해 철저한 준비 참여 지지
10. 고립된 근무체제 또는 다른 상담자와의 협력	☞	학교와 지역사회의 문제해결에 교내 교육자들과 팀을 이루어 협력
11. 현 상태 유지	☞	교육평등을 위한 변화촉진자로 활동

12. 학생들에게 몰입	☞	학생, 학부모, 교사, 지역사회, 기관과 연계
13. 적은 책임 또는 책임 없음	☞	학생의 성공, 정보사용, 광범위한 중등교육 이후의 선택 계획·준비에 대한 전적인 책임
14. 학생, 가족을 돕기 위한 체제 지원 의지	☞	학교체계의 지원과 함께 사회기관에서 비롯된 부모와 학생 대상 서비스 중재
15. 관심 있는 학생들을 위한 중등교육 이후의 계획수립	☞	전교생의 높은 포부 성취를 위한 경로 개발

출처: Martin (2015), p. 55.

향후 학교상담자는 더 많은 변화를 목격하게 될 것이다. 문화적으로 다양한 학생들을 더 자주 만나게 될 것이고, 더욱 첨예하게 다양해진 테크놀로지를 사용하면서 학생들의 진로대안을 제공하게 될 것이다. 따라서 학교상담자는 지속적으로 변화·확대되는 자신의 역할과 기능에 지속적으로 적응해야 할 것이다. 이에 예방 프로그램을 먼저 제공하고, 자주 발생하는 위기를 다루면서 학생, 학부모/보호자, 교직원, 지역사회 이해당사자들의 일상적인 요구에 어떻게 반응할 것인지에 대한 면밀한 검토가 필요할 것이다.

 ## 주요 개념 / 주요 개념을 확인해 볼까요?

• 학교상담	• 생활지도	• 반응적 활동
• 선도적 접근	• 학교상담자	• 아웃리치
• 생태체계적 접근	• 종합적 학교상담 프로그램	• 발달지향적 접근
• 목표지향적 접근	• 미시체계	• 중간체계
• 외체계	• 거시체계	• 학교상담 프로그램 국가표준
• ASCA 국가모델	• 사이버폭력	• 성폭력
• 책무성	• 학교폭력	• 가해학생
• 피해학생	• 목격학생	• 자살 생각/사고
• 자살시도	• 자살완료	• 위험/취약 요인
• 보호요인	• 자살생각척도	• 자살가능성척도
• 자살잠재성검사	• 자살포기각서	• 비자살성 자해

chapter
08

진로상담

☐ 진로상담의 기초개념

☐ 진로선택이론

☐ 진로발달이론

☐ 진로상담과정

☐ 진로상담의 전망

■ 주요 개념

진로발달은 평생에 걸쳐 진행되는 과정이다. 잘 준비된 진로 계획과 결정은 진로발달을 촉진한다. 직업세계는 정치, 경제, 사회, 문화 등 다양한 환경적 요인의 영향을 받아 변화를 거듭해 왔고 또 앞으로도 그럴 것이다. 오늘날은 과거 어느 때보다도 진로 선택과 결정의 폭이 넓고 다양해졌다. 진로선택은 단순히 생계를 위해 일하고 돈을 벌기 위해 무엇을 할 것인지를 결정하는 것 이상의 의미가 있다. 이는 개인차와 다양한 요인(예, 성별, 가족 배경, 연령, 영재성)뿐 아니라, 선택 당시의 국가 또는 세계 경제도 영향을 미친다(Borgen, 1997). 진로문제는 개인적인 문제와 연결되어 있다. 진로 또는 직업이 불만족스러우면, 개인은 삶의 만족도가 떨어지고 심지어 정신적 문제 발생의 원인이 되기도 한다(Herr, Cramer, & Niles, 2004). 개인적인 문제는 진로발달을 저해하기도 하지만, 진로문제가 해결되거나 직장생활이 안정되면 사라지기도 한다. 이러한 점에서 체계적이고 조직적인 진로상담은 자기실현 촉진뿐 아니라 국가 인력의 효율성 제고를 위해 반드시 실현되어야 할 중대한 과제다. 따라서 이 장에서는 ① 진로상담의 기초, ② 진로선택이론, ③ 진로발달이론, ④ 진로상담과정, ⑤ 진로상담의 전망을 중심으로 상담전문가가 담당할 진로상담 분야에 대해 살펴보기로 한다.

진로상담의 기초개념

진로상담career counseling은 개인의 특성과 직업세계의 이해를 기반으로 진로 의식, 탐색, 결정을 돕는 과정이다. 여기서 진로career란 직업이라는 개념보다 더 포괄적이고 넓은 의미의 과정적 개념으로, 개인이 평생 자신을 나타내게 되는 일과 역할의 전체를 가리킨다. 진로발달career development은 개인의 생애에 걸쳐 심리적·사회적·교육적·신체적·경제적 요인들에 의해 이루어지는 일과 역할이 구체화되는 과정을 말한다. 일work은 무엇을 이루거나 적절한 대가를 받기 위해 어떤 장소에서 일정한 시간 동안 몸을 움직이거나 머리를 쓰는 활동 또는 그 활동의 대상이다. 이와 유사한 개념인 직무job는 직책이나 직업상에서 책임을 지고 맡은 일로서, 단순히 경제적 보상을 위해 하는 활동이다. 그런가 하면, 직업occupation은 생계유지를 위해 적성과 능력에 따라 일정 기간 계속하여 종사하는 일이다. 진로상담의 기본가정은 글상자 8-1과 같다.

글상자 8-1. 진로상담의 기본가정

1. 진로선택은 개인차를 고려한다.
2. 개인은 자기 재능의 가치를 이해해야 한다.
3. 진로선택의 자유는 민주주의의 기본이며 성장의 필수요소다.
4. 산업인력구조의 측면에서 개인마다 적합한 일자리가 있다.
5. 직업과 진로 선택은 발달의 일부로, 서로 영향을 미친다.
6. 진로발달은 발달과업 단계에 따른 학습과제로 표현될 수 있다.
7. 진로선택은 복잡하므로 사람들 대부분에게 진로상담이 요구된다.
8. 진로발달에 필요한 지식, 기능, 태도를 설정하여 진로지도에 활용할 수 있다.
9. 진로 계획과 결정 및 직무에 필요한 능력을 갖추는 것은 개인의 존엄성 유지와 장래에 도움이
   된다.

진로와 개인의 적응 사이에는 정적 상관관계가 있다(Hinkelman & Luzzo, 2007). 진로상담과 개인상담은 불가분의 관계에 있으므로 때로 함께 다루어질 필요가 있다(Krumboltz, 1994). 예를 들어, 실직하게 되면서 재차 취업할 수 없을 거라는 두려움이 있는 사람들은 진로문제뿐 아니라 불안이라는 심리적 문제를 표출할 수 있다. 이들에게 진로탐색과 정보제공을 통해 취업을 돕는다면, 정서문제 해결에도 도움이 될 것이다. 이렇듯 개인의 진로 선택과 결정을 돕기 위한 활동은 ① 진로선택이론과 ② 진로발달이론을 바탕으로 이루어진다.

진로선택이론

진로선택이론으로는 ① 파슨스의 특성요인이론, ② 로우의 욕구이론, ③ 홀랜드의 성격이론, ④ 다위스·롭퀴스트의 직업적응이론, ⑤ 블라우·밀러·폼의 사회학적 이론, ⑥ 하렌의 진로결정이론, ⑦ 렌트·브라운·해킷의 사회인지진로이론, ⑧ 크럼볼츠의 사회학습진로결정이론을 들 수 있다.

파슨스의 특성요인이론 / Trait-Factor Theory

특성요인이론은 프랭크 파슨스(Frank W. Parsons, 1854~1908)가 창안한 것으로, 가

장 오래된 진로선택이론이다. 이 이론은 1950년대까지 독보적인 진로상담이론으로 인정받았고, 그 이후부터 발표되기 시작한 진로상담이론과 심리검사의 기초가 되었다(Gysbers, Heppner, & Johnston, 2009). 파슨스는 특히 청소년의 개인적 특성을 파악하여 일자리의 특성에 맞는 직업을 안내해 주고자 했다. 그는 특성^{trait}을 안정적인 변인으로 보고, 개인의 특성과 이에 적합한 직업의 연결이 가능하다고 가정했다. 이 가정을 바탕으로, 파슨스는 진로상담이 ① 개인분석, ② 직업분석, 그리고 ③ 이 두 가지 정보를 통한 과학적 매칭^{matching} 순으로 진행되어야 한다고 보았다. 반면, 윌리엄슨(Williamson, 1939)은 의학적 모델을 적용하여 ① 분석^{analysis}, ② 종합^{synthesis}, ③ 진단^{diagnosis}, ④ 처방^{prescription}, ⑤ 처치^{treatment}, ⑥ 추수지도$^{follow-up}$ 단계로 내담자의 진로 선택과 결정을 도왔다. 진로상담 내담자들을 〈표 8-1〉과 같이 네 가지 범주로 분류함으로써, 진로결정 과정에서 그는 나타날 수 있는 문제 진단에 도움을 주고자 했다.

〈표 8-1〉 진로상담 내담자의 네 가지 유형

내담자 범주	설명
☐ 진로 무선택	○ 교육과 훈련 종료 후에도 자신이 원하는 것을 잘 모르는 사람
☐ 불확실한 선택	○ 직업을 선택했지만, 자신의 결정에 대해 의구심을 갖는 사람
☐ 현명하지 못한 선택	○ 개인의 능력과 흥미의 불일치 또는 능력과 직업에서 요구되는 특성의 불일치상태
☐ 흥미·적성 간의 모순	○ 흥미가 있는 직업이 있으나 능력 부족, 또는 적성 일치 직업에는 흥미가 없고 흥미가 있는 직업에는 적성이 맞지 않는 사람

오늘날 특성요인이론을 적용하는 진로상담자는 단순히 직업, 능력, 흥미를 연결하려고 하지는 않는다. 대신, 내담자의 다양한 기술, 흥미, 성격 변인이 어떻게 현실적인 진로선택에 영향을 미치는지를 파악하기 위해 다양한 기법을 사용한다. 특성요인이론을 적용한 진로상담은 〈표 8-2〉와 같이 3단계로 진행된다.

〈표 8-2〉 특성요인이론을 적용한 진로상담단계

상담단계	과업
☐ 초기면접	○ 내담자와의 촉진관계 형성에 주력
☐ 검사	○ 내담자의 특성을 이해하기 위해 지능, 적성, 흥미, 성격, 가치관, 사회경제적 지위 등에 관하여 과학적이고 객관적인 자료 수집·진단

□ 직업정보 제공	○ 내담자의 특성에 맞는 직업에 관한 정보(보수, 취업기회, 전망 등)를 제공하여 내담자가 자신의 특성에 맞는 직업을 선택하도록 도움

로우의 욕구이론 / Needs Theory

욕구이론은 1956년 앤 로우(Ann Roe, 1904~1991)가 정신역동적 관점에서 개인의 욕구가 직업선택에 영향을 미친다는 가정하에 부모의 양육방식에 따른 직업군을 연결해 분류한 이론이다. 이 이론에 의하면, 직업선택은 생애 초기에 부모의 양육방식과 가족 구성원과의 상호작용을 통한 경험을 기반으로 형성된 욕구에 의해 결정되며, 매슬로(Abraham Maslow, 1908~1970)의 욕구위계체계$^{needs\ hierarchy}$에서 강조한 생리적 욕구, 안전 욕구, 자존감 욕구는 직업을 통해 충족된다(Roe & Lunneborg, 1990). 로우는 흥미에 기초하여 직업을 8개 군으로 분류하여 각 군집에 적합한 직업목록을 작성했다. 그 후, 직업의 곤란도와 책무성을 근거로 8개 수준을 설정하여 8×8 분류체계를 만들었다가 8×6의 형태로 변경했다. 8개 직업군[① 서비스(사회사업, 가이던스), ② 사업(공산품·투자상품 판매, 수출입, 부동산 중개), ③ 조직^{organization}(사업, 제조업, 행정관리직), ④ 기술(상품재화 생산, 유지, 운송), ⑤ 옥외활동^{outdoor}(농업, 어업, 광업, 임업, 축산업), ⑥ 과학(과학자), ⑦ 일반교양$^{general\ culture}$(초·중등학교 교사, 언론, 법률, 성직, 언어, 인문학), ⑧ 예능^{entertainment}(예술, 연예)]은 책임, 능력, 기술 수준에 따라 6개 수준[① 고급전문관리$^{professional/managerial}$, ② 중급전문관리$^{professional/managerial}$, ③ 준전문관리$^{semiprofessional/small\ business}$, ④ 숙련^{skilled}, ⑤ 반숙련^{semiskilled}, ⑥ 비숙련^{unskilled})으로 나뉜다. 욕구이론에 의하면, 부모의 양육방식은 장차 아동의 직업선택에 영향을 미친다. 이에 따라 개인이 선택하는 직업유형은 〈표 8-3〉과 같다.

〈표 8-3〉 부모의 양육방식에 따라 자녀가 선택하는 직업유형

양육방식	특징 및 직업유형
□ 보호형	○ 방임적, 탐색·호기심 제한으로 자녀가 의존적임 ☞ 예능(VIII)
□ 요구형	○ 탁월함과 높은 성과를 기대함 ☞ 일반교양(VII)/예능(VIII)
□ 거부형	○ 자녀에게서 사랑 철회를 하고 자녀를 비난함 ☞ 과학(VI)
□ 방임형	○ 자녀를 무시하고 관심을 기울이지 않음(부정적 관심 포함) ☞ 옥외활동(V)/과학(VI)
□ 일상형	○ 자녀의 욕구를 주목한 후, 자녀에게 경미한 주의를 기울임 ☞ 기술(IV)/조직(III)
□ 애정형	○ 자녀를 간섭하기보다 다정하고 따뜻하게 돌봄 ☞ 서비스(I)/사업(II)

부모의 유형은 정서 분위기^{emotional climate}에 따라 ① 정서집중형, ② 수용형, ③ 회피형으로 구분된다. 이 유형은 가정 분위기에 따라 정서집중형은 과보호형과 과요구형으로, 수용형은 무관심형과 애정형으로, 회피형은 거부형과 방임형으로 다시 나뉜다. 따스한 부모의 사랑을 듬뿍 받으며 자란 자녀는 어려서부터 중요한 타인과의 교류를 통해 심리적·생리적 욕구를 충족하게 되어 사람지향적^{person-oriented} 성격을 형성하고, 사람지향적 직업(서비스, 사업, 일반교양, 예능, 조직)을 선호하게 된다. 반면, 차가운 부모 밑에서 성장한 자녀는 어려서부터 중요한 타인으로부터 욕구를 적절하게 충족하지 못한다. 따라서 문제해결 또는 욕구충족은 사람과의 접촉이 없어도 가능한 수단과 방법을 추구하게 되면서 비사람지향적^{nonperson-oriented} 직업(과학, 기술, 옥외)을 선호하게 된다.

홀랜드의 성격이론 / Personality Theory

성격이론은 존 홀랜드(John Holland, 1919~2008)가 창안한 것으로, 직업선택을 개인의 성격표현으로 보고 성격유형과 진로선택의 관계를 강조하는 이론이다. 이 이론에서는 개인이 진로선택을 통해 자신의 성격을 드러낸다고 전제한다. 따라서 본질적으로 자신의 독특한 성격양식을 파악할 수 있다면, 개인은 자신의 성격에 적합한 직업을 찾을 수 있고, 진로에 만족할 수 있다고 가정한다. 성격이론의 기본가정은 글상자 8-2와 같다(Holland, 1966, pp. 8-12).

 글상자 8-2. 성격이론의 기본가정

1. 사람들은 여섯 가지 유형[RIASEC = 실재형^{realistic}(R), 탐구형^{investigative}(I), 예술형^{artistic}(A), 사회형^{social}(S), 기업형^{enterprising}(E), 관습형^{conventional}(C)] 중 하나의 범주에 속한다.
2. 환경에는 실재형, 탐구형, 예술형, 사회형, 기업형, 관습형이 있다.
3. 사람들은 자신의 기술과 능력을 발휘하고, 태도와 가치관을 표출하며, 자신에게 맞는 역할 수행을 위한 환경을 찾는다.
4. 개인의 행동은 성격과 환경의 상호작용으로 결정된다.

개인의 성격유형은 거의 배타적으로 한 가지 유형에 속할 수 있지만, 2개 또는 그 이상의 유형에 해당하는 것이 더 일반적이다. 선호도에 따라 개인의 상위 세 가지 유형을 나열할 수 있는데, 이를 홀랜드 코드 또는 직업코드라고 한다. 홀랜드는 육각형 모델에서 인접한 유형이 인접하지 않은 유형보다 공통요소를 더 갖고 있다고 주장했다 ([그림 8-1] 참조).

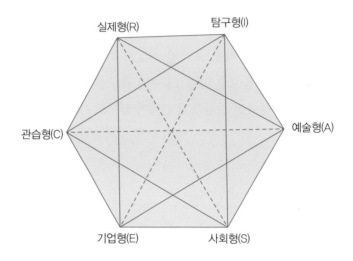

[그림 8-1] 홀랜드의 육각형 모델

[그림 8-1]에서 개인의 우세한 유형과 두 번째 유형은 서로 근접해 있다. 예를 들면, 사회형(S)이 가장 높은 사람은 예술형(A)과 기업형(E)도 높게 나타날 것이다. 만일 자신의 홀랜드 코드와 같은 코드의 직업을 택한다면, 개인은 직업과 진로에 만족할 개연성이 높다. 여러 연구에서 홀랜드 코드와 직업코드의 조화는 개인의 직무 만족도를 높인다는 사실이 입증되었다(Ohler & Levinson, 2012). 그러나 직업코드에 따른 직업은 홀랜드가 열거한 것보다 훨씬 더 많다. 이에 갓프레드슨, 홀랜드와 오가와(Gottfredson, Holland, & Ogawa, 1996)는 1,200개가 넘는 직업의 코드를 할당하여 『홀랜드 직업코드 사전Dictionary of Holland Occupational Codes』을 출간했다.

다위스 · 롭퀴스트의 직업적응이론 / Theory of Work Adjustment

직업적응이론은 1964년 발표된 이후, 르네 다위스(René V. Dawis, 1928~현재)와 로이드 롭퀴스트(Lloyd H. Lofquist, 1917~1996)가 경험적 연구를 바탕으로 정교화한 이론이다. 이들은 이론의 적용 대상을 확대하여 개인-환경조화이론Person-Environment Correspondence Theory으로 수정했으나(Dawis, 2002), 여전히 직업적응이론으로 불린다. 직업적응work adjustment이란 개인이 직업환경과 조화를 이루어 만족·유지하려는 계속적·역동적 과정을 말한다(Lofquist & Dawis, 1969). 개인과 환경의 적응과정에는 각각의 특성뿐 아니라 적응양식이 영향을 미친다. **적응양식**adjustment style이란 개인이 환경과의 조화를 위해 취하는 행동으로 유연성flexibility, 적극성activeness, 반응성reactiveness, 인내심perseverance 등이 있다. 직업적응의 핵심개념은 만족satisfaction과 충족satisfactoriness이다. 전자는 직업환경이 개인의 욕구를 채워 주고 있는 정도를 나타내는 조화의 내적 지표인 반면, 후자는 직업에서 요구하는 과제와 개인의 수행능력을 나타내는 조화의 외적 지표다.

직업적응이론의 개념적 틀은 크게 ① 성격이론, ② 직업환경이론, ③ 직업적응이론으로 나뉜다. 성격이론은 개인의 성격구조와 양식을, 직업환경이론은 직업환경의 구조와 양식을 나타내는 반면, 직업적응이론은 개인과 환경의 조화를 설명한다(Lofquist & Dawis, 1991). 이 이론에 의하면, 직업은 개인이 조화를 이루려는 가장 중요한 환경으로, 개인과 환경이 서로의 욕구를 충족시킬 때 조화를 이룰 수 있다. 개인은 환경이 원하는 기술을 지니고 있고, 직업환경은 개인의 욕구를 충족시킬 강화인이 있을 때 조화상태가 된다. 만일 개인과 환경의 부조화 정도가 수용 가능한 범위에 있다면, 개인은 대처행동 없이 환경에 적응한다. 그러나 수용할 수 없는 범위에 있다면, 개인은 적극적 행동 또는 반응적 행동으로 부조화를 줄이려고 노력하게 된다. 이러한 노력의 기간은 인내심과 관련된다. 노력의 결과로 부조화 정도가 수용 가능한 범위로 줄어들면, 개인의 환경 적응이 이루어진 것으로 본다.

직업적응이론에 기반한 상담은 ① 개인직업환경 평가, ② 개인과 환경 간의 조화 정도 평가, ③ 부조화 정도 감소를 위한 대처전략 수립실행 순으로 진행된다. 개인에 대한 평가는 주관적 평가를 한 다음, 객관적 평가로 개인의 주관적 평가와의 일치도를 파악한다. 개인의 가치를 충족시킬 직업의 강화인 평가를 위해서는 한국고용정보원(2005)이 컴퓨터용으로 개발한 진로검사를 사용한다. 이 검사는 15세 이상의 청소년과 성인을 대상으로 직업가치관과 그에 적합한 직업을 탐색하는 데 사용된다. 또 성인용(2004)과 청소년용 직업적성검사(2002)로 개인의 능력평가와 직업적성 패턴 확인이 가능하다.

블라우·밀러·폼의 사회학적 이론 / Sociological Theory

사회학적 이론은 블라우(Blau, 1956), 밀러와 폼(Miller & Form, 1951)이 창안한 것으로,

개인을 둘러싼 사회문화적 환경(가정, 학교, 지역사회)이 개인의 직업선택과 발달에 영향을 미친다는 이론이다. 이 이론에 의하면, 사회계층은 개인의 직업적 야망에 영향을 미치지만, 사회계층 자체보다는 지능, 교육 정도, 직업적 야망, 사회적 반응이 심리적 환경을 조성하여 직업 선택과 발달에 영향을 미친다. 이로써 저소득층 자녀의 희망직업과 실제로 예상되는 직업 사이에 큰 차이가 나게 되는데, 그 이유는 낮은 수준의 교육과 능력에서 비롯된다. 그러나 더 근본적인 이유는 주변 환경이 개인이 원하는 직업에의 접근을 허용하지 않는다는 것이다. 이 이론에서 부모는 자녀의 진로선택에 영향을 미치는 중요한 요소다. 왜냐면 부모가 어떤 가정 분위기를 조성하는지에 따라 자녀의 직업적 야망의 성취 가능성이 좌우되기 때문이다. 그러나 시간(고등학생, 대학생 시기 등)과 공간(가정, 지방, 국가, 사회계층)에 따라 진로선택에 영향을 미치는 요인은 다르다. 직업생애는 〈표 8-4〉와 같이 5단계로 나뉜다(Miller & Form, 1951).

〈표 8-4〉 밀러와 폼의 직업생애단계

상담단계	과업
1. 준비	○ 일에 대한 방향 설정
2. 시작	○ 시간제 일의 경험과 형식적 교육을 받음
3. 시행	○ 취업과 함께 만족스러운 직업을 발견할 때까지 변화를 시도함
4. 안정	○ 일의 세계와 지역사회에서 안정을 확립함
5. 은퇴	○ 일에서 물러나 다른 활동을 추구함

사회학적 이론의 핵심은 개인이 통제할 수 없는 요인들이 직업선택에 영향을 미친다는 것이다. 그러므로 사회학적 이론을 바탕으로 진로상담을 하는 경우, 상담자는 개인을 둘러싸고 있는 상황부터 파악해야 한다. 그러나 개인차가 있으므로 각 상황이 내담자에게 미치는 의미를 주의 깊게 탐색해야 한다.

하렌의 진로결정이론 / Career Decision-Making Theory

진로결정이론(CDMT)은 하렌(V. Harren, 1979)이 창안한 것으로, 개인의 진로결정 과정, 방법, 요인을 설명한 이론이다. **진로결정**은 정보조직, 대안 검토, 진로선택을 위한 행동에 전념하는 심리적 과정이다. 진로선택$^{career\ choice}$이 결과에 초점을 둔다면, 진로결정은 다양한 진로선택 시점에서의 심리적 과정, 기술, 또는 탐색에 초점을 맞춘다. 진로결정자의 개인적 특성은 자기개념과 진로결정유형으로 나뉜다. 직업적 자기개념은 개인이 자신에게 귀인하는 직업 관련 태도와 특성으로, 이 개념은 다시 정체감과 자존감으로 구분된다.

이 이론에서 **진로결정수준**은 전공 또는 직업 선택의 확신 정도를 말한다. 이 개념은 연속선상에서 확신수준이 높은 상태를 '결정', 낮은 상태를 '미결정'으로 간주한다. 진로미결정자는 정보 부족 및/또는 의사결정 능력 부족으로 인한 사람('undecided')과 우유부단한 성격특성으로 아직 결정에 이르지 않은 상태의 사람('indecisive')으로 구분한다. 전자는 자신과 직업세계 등 진로결정에 필요한 정보를 확보할 때까지 결정을 연기한 사람인 반면, 후자(우유부단한 사람)는 결단력이 부족하여 진로결정을 내리지 못하는 사람이다. 또한 미결정자는 다시 미결정 상태를 불편하게 여겨 결정을 내리고 싶어 하는 동기가 높은 사람과 그렇지 않은 사람들로 구분하기도 한다. 진로결정수준 측정을 위해 개발된 검사로는 진로결정척도^{Career Decision Scale}(CDS; Osipow, Carney, & Barak, 1976), 직업결정척도^{Vocational Decision Scale}(VDS; Jones & Chenery, 1980), 진로미결정척도^{Career Decision Difficulties Questionnaire}(CDDQ; Gati, Krausz, & Osipow, 1996)가 있다. 하렌은 또한 진로결정유형이론을 창안했다. **진로결정유형**이란 의사결정이 필요한 과제에 대한 개인의 독특한 인식, 반응, 결정 방식을 말한다. 그가 분류한 진로결정단계는 〈표 8-5〉와 같다(Harren, 1979).

〈표 8-5〉 하렌의 진로결정단계

단계	설명
1. 인식	○ 분화가 시작되는 시기로, 심리적 불균형으로 결정의 필요성을 느끼게 됨
2. 계획	○ 가치의 우선순위에 따라 교체, 확장, 제한 과정을 통해 대안을 탐색함
3. 확신	○ 선택에 대한 탐색, 검토, 장단점을 명료화함
4. 이행	○ 사회적 인정 욕구와 자신이 선택한 대안의 가치 사이에서 조화와 균형을 추구하며 선택한 대안에 적응함

하렌은 진로결정과정에 영향을 미치는 의사결정 상황을 네 가지로 분류했는데, 이는 〈표 8-6〉과 같다.

〈표 8-6〉 진로결정과정에 영향을 미치는 의사결정의 네 가지 상황

단계	설명
☐ 대인평가	○ 의사결정자가 타인으로부터 받는 긍정적·부정적 피드백으로, 확신단계와 이행 단계에 영향을 미침
☐ 심리상태	○ 의사결정자의 상태불안 수준으로, 적절한 불안은 의사결정을 촉진하지만 지나 치게 높거나 낮은 불안은 오히려 비효과적인 결정을 내리게 함
☐ 과업조건	○ 의사결정자가 이행에 앞서 활용 가능한 시간, 유용한 대안, 긍정적·부정적 결과
☐ 맥락조건	○ 다른 모든 상황과 상호작용하는 부분으로, 개인의 의사결정에 영향을 미치는 주 변 사람들의 역할

하렌은 또한 진로결정유형을 세 가지로 나누었는데, 이는 〈표 8-7〉과 같다.

〈표 8-7〉 진로결정유형

유형	설명
☐ 합리형	○ 자신과 상황에 대한 정확한 정보를 수집하고, 신중하고 논리적으로 의사결정을 하며, 이에 대해 책임지는 경향이 있음
☐ 직관형	○ 감정에 의지하여 정서적 자각을 사용하며, 신속하게 선택하고 결정에 책임을 지 지만, 결정의 적절성은 내적으로 느낄 뿐 설명하지 못하는 경향이 있음
☐ 의존형	○ 의사결정에 대한 책임을 지지 않고 외부로 돌리며, 수동적·순종적이어서 타인 의 영향을 많이 받고, 사회적 인정 욕구가 높은 경향이 있음

하렌은 자신의 모델을 검증하기 위해 진로결정검사[Assessment of Career Decision Making](ACDM)를 개발했다. 이 검사는 개인이 대학, 전공, 직업을 선택하는 과정에서의 의사결정유형을 측정한다. 그에 의하면, 효과적인 의사결정자의 특징은 글상자 8-3과 같다.

 글상자 8-3. 효과적인 의사결정자의 특징

1. 적절한 자존감을 갖춤
2. 의사결정에 대해 책임을 짐
3. 합리적 의사결정 유형을 활용함
4. 분화·통합된 자기개념을 갖춤
5. 성숙한 대인관계를 형성·유지함
6. 뚜렷한 목표의식을 가짐

렌트 · 브라운 · 해킷의 사회인지진로이론 / Social Cognitive Career Theory

사회인지진로이론(SCCT)은 1994년 렌트[Lent], 브라운[Brown]과 해킷[Hackett]이 반두라 (Bandura, 1986)의 사회인지이론[Social Cognitive Theory]을 바탕으로 창안한 이론이다. 이 이론은 1981년 해킷[N. Hackett]과 베츠[N. Betz]에 의해 처음 소개된 이래 1994년에는 이론모델, 이어 1996년에는 진로상담으로 확장되었다. SCCT의 중요한 기본가정은 자기효능감과 흥미는 서로 연결되어 있고, 흥미는 모델링과 격려뿐 아니라 수행 독려를 통해 가장 강력하게 개발 · 강화될 수 있다는 것이다. 이러한 점에서 성별로 인해 특정 활동에의 참여 기회가 주어지지 않은 여성 또는 사회적 소수자 집단은 SCCT의 적용을 통해 도움을 얻을 수 있다(Brown, 2015). SCCT에서는 직업에 대한 흥미의 발달과정, 진로선택과정, 수행수준의 결정요인 등을 중점적으로 다루고 있다. 이를 설명하기 위해 〈표 8-8〉과 같이 네 가지 사회인지적 개념(① 자기효능감[self-efficacy], ② 결과기대[outcome expectation], ③ 개인목표[personal goals], ④ 진로장벽[career barrier])을 중심으로 이론적 틀을 구성하고 있다.

〈표 8-8〉 사회인지적 개념

개념	설명
1. 자기효능감	○ 목표로 설정한 과업완수를 위해 필요한 행동을 계획 · 수행할 수 있는 능력에 대한 믿음
2. 결과기대	○ 특정 과업수행 시 자신과 주변에서 발생할 일에 대한 평가
3. 개인목표	○ 특정 활동에 몰입하거나 장래에 특정 결과를 성취하겠다는 결심
4. 진로장벽	○ 진로 선택과 실행 과정에서 진로목표 성취를 가로막는 내외적 요인

특히 SCCT에서는 개인은 근접맥락과 사회맥락이라는 환경 변인에 둘러싸여 있다고 본다. **근접맥락**[proximal context]이란 개인의 내면세계를 둘러싼 환경(예, 가족, 친구, 경제상황 등)을 말한다. 이러한 요인들은 개인의 진로선택 시점에서 직접적인 진로장벽으로 작용할 수 있다. 반면, **사회맥락**[societal context]은 근접맥락을 둘러싸고 있는 환경(예, 거시적 경제상황, 사회제도 등)을 말한다. 사회맥락적 요인들은 개인의 가족, 사회, 문화를 통한 사회적 기능 습득과 역할의 내재화 과정에서 자기효능감과 결과기대에 영향을 미치고, 직업적 흥미를 형성한다.

사회인지진로발달 모델.   사회인지진로이론은 진로발달 분야에서 점차 대중적인 이론 중 하나가 되었다(Lent, 2013; Patton & McIlveen, 2009). 이 이론적 접근은 다수의 진로발달 개념에서 얻은 아이디어를 통합한 것이다. SCCT에 의하면, 개인의 선택유형은 특정 행동수행 여부에 대한 개인의 현재 신념에 기초한다(Albert & Luzzo, 1990; Bandura, 1997). 또한 자기효능감은 개인의 가족경험(예, 어려서부터 잘한다는 말을 들었던 것), 사회적 영향(예, 인종·민족 차별, 이동 가능성, 성차별, 경제상황), 능력, 적성, 흥미, 성격특성에 관한 개인의 생각 및 생애목표와 관련이 있다. SCCT에서는 사람들이 객관적 요인과 지각된 환경요인의 영향을 받는다고 가정한다(Johnson, 2013; Lent, Brown, & Hackett, 2002). 예를 들어, 경제적 노력, 교육경험, 사회적 요인(예, 성별, 문화, 장애수준 등)은 사람들이 택할 수 있는 직업선택의 종류에 영향을 줄 수 있고, 환경요인에 대한 개인의 지각 역시 진로결정에 영향을 줄 수 있다는 점을 인정한다. SCCT에서는 세 가지 주요 영역에 관한 모델(① 흥미모델, ② 선택모델, ③ 수행모델)으로 구분하여 제시하고 있다.

□ 흥미모델.   첫째, 흥미모델Interest Model은 자기효능감과 결과기대의 근원이 자기효능감과 결과기대, 흥미, 활동의 의도·목표, 활동의 선택·실행action, 수행결과performance에 계열적으로 영향을 미치는 과정을 설명한 것이다. 흥미는 개인이 잘할 수 있다고 믿고, 과업을 성취하면 강화를 받을 수 있다고 생각하는 경우에 발달된다. 이러한 점에서 자기효능감과 결과기대는 흥미와 연합하여 활동의 의도목표, 활동의 선택·실행, 그리고 수행결과에도 영향을 미친다. 수행결과는 다시 자기효능감과 결과기대, 그리고 흥미에 영향을 준다. 흥미모델을 도식으로 나타내면 [그림 8-2]와 같다.

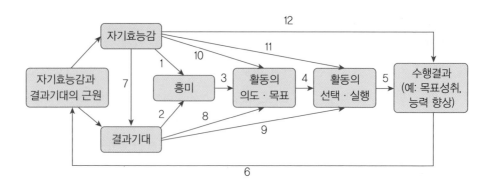

[그림 8-2] 사회인지진로이론의 흥미모델
출처: Lent, Brown, & Hackett (1994), p. 88.

□ 선택모델.　둘째, 선택모델^{Choice Model}은 개인적 배경과 환경적 배경이 개인의 학습경험, 자기효능감과 결과기대, 흥미, 목표선택, 활동의 선택, 실행 영역 및 성취에 계열적으로 영향을 주는 과정을 설명한 것이다. 선택모델에 따르면, 학습경험을 통해 형성된 자기효능감과 결과기대는 특정 영역에 대한 흥미를 발달시켜 활동참여 의도와 수준을 높이는 역할을 한다. 예를 들어, 과학에 대한 자기효능감과 결과기대가 높은 내담자가 과학과목에 대한 흥미가 높아지면서, 장차 과학자가 되려는 목표에 따라 무엇을 할 것인지 결정하고, 목표성취에 필요한 활동을 수행에 옮겨, 수행에 따른 결과를 얻게 되는 것이다. 이 모델은 크게 세 가지 국면, 즉 ① 흥미발달 국면, ② 진로목표 형성 국면, ③ 목표성취를 위한 수행과 성취 국면으로 구분된다. 선택모델을 도식으로 나타내면 [그림 8-3]과 같다.

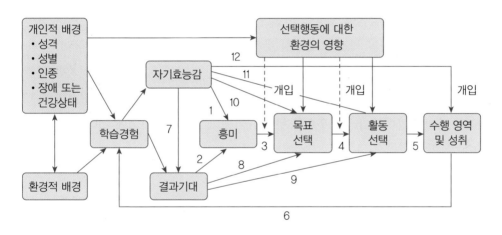

[그림 8-3] 사회인지진로이론의 선택모델

출처: Lent et al. (1994), p. 93.

□ 수행모델.　셋째, 수행모델^{Performance Model}은 개인의 능력과 과거의 수행이 자기효능감과 결과기대, 수행목표, 성취수준에 계열적으로 영향을 미치는 과정을 설명한 것으로, 이를 도식으로 나타내면 [그림 8-4]와 같다.

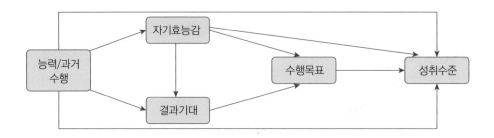

[그림 8-4] 사회인지진로이론의 수행모델

출처: Lent et al. (1994), p. 99.

수행모델에서는 능력, 자기효능감, 결과기대, 수행목표 등의 변인으로 개인의 수행 수준과 지속성을 설명하고 있다. 특히 능력은 개인의 과거 수행의 정도로 파악되는데, 이는 수행수준과 지속성에 영향을 미친다. 수행모델에서의 목표('얼마나 잘할 것인가'에 관한 것)는 선택모델의 목표('무엇을 할 것인가'에 관한 것)와 다르다. 예를 들어, 과학에 재능이 있는 내담자가 과학경시대회에서 우수한 성적을 거둘 가능성이 높지만('직접영향'), 자신의 재능을 인식하지 못하고 있다면('낮은 자기효능감') 아예 과학경시대회에 참여하지 않거나 참여하더라도 우수한 성적을 거둘 개연성은 낮아지게 된다('간접영향').

크럼볼츠의 사회학습진로결정이론
/ Social Learning Theory of Career Decision Making

사회학습진로결정이론(SLTCDM)은 1975년 존 크럼볼츠(John D. Krumboltz, 1928~현재)가 창시한 것이다. 이 이론은 사회인지진로이론$^{Social Cognitive Career Theory}$(SCCT)과 함께 반두라의 사회학습이론을 진로상담에 적용한 이론이다. 크럼볼츠(Krumboltz, 2008)는 '우연^{happenstance}' 개념을 포함시켜, 확실한 목표와 계획보다는 우연한 기회에 직업을 갖게 되기도 한다는 우연학습이론$^{Happenstance Learning Theory}$을 발표했다. 사회학습진로결정이론의 기본가정은 다음 두 가지다. 첫째, 행동은 정신과정을 통해서가 아니라 학습경험을 통해서 나타나는 것이다. 둘째, 사람은 수동적으로 환경의 지배를 받는 존재가 아니라 스스로 환경을 통제하기 위해 노력하는 지적인 문제해결자다. 사회학습진로결정이론에서는 이 두 가지 핵심가정 외에 글상자 8-4와 같은 기본가정을 기반으로 진로상담을 진행한다.

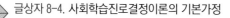

글상자 8-4. 사회학습진로결정이론의 기본가정

1. 진로상담의 목표는 진로결정을 돕는 것이라기보다 만족스러운 삶과 진로선택을 위한 행동 습득을 돕는 것이다.
2. 심리검사는 개인적 특성과 직업특성의 연결보다는 학습촉진을 위해 사용된다.
3. 탐색을 통해 우연한 사건들을 유용하게 활용할 수 있음을 이해한다.
4. 진로상담의 성패는 내담자가 상담실 밖 현실세계에서 무엇을 이루는가에 달려 있다.

진로결정요인. 사회학습진로결정이론에서는 진로선택을 진로상담의 핵심으로 간주하면서 내담자의 진로선택 결정요인을 파악하기 위한 틀을 제공한다. 동시에 진로선택에 영향을 주는 요인으로 ① 유전적 자질, ② 환경 조건·사건, ③ 학습경험, ④ 과제접근 기술(예, 가치관, 일 관련 습관)을 들었다. 특히 과제접근 기술$^{task-approach\ skills}$은 이 네 가지 요인의 상호작용 결과로 습득되어 과제수행 시 사용되는 것으로, 수행기대, 업무습관, 인지과정, 정서반응 등이 포함된다. 이 이론에서는 진로결정이 내적·외적 과정에 의해 통제된다고 본다. 개인은 진로결정요인들이 상호작용하면서 자신과 세상에 대한 학습경험을 일반화하게 된다. 자신에 대한 일반화('자기관찰 일반화$^{self-observation\ generalization}$')는 자신의 태도, 업무습관, 가치관, 흥미, 능력수준에 대한 일반화다. 예를 들어, 축구를 잘하는 사람은 자신이 운동을 잘한다고 일반화한다. 반면, 세계관 일반화$^{world-view\ generalization}$는 개인을 둘러싼 환경에 대한 일반화로, 이를 통해 세상을 이해하고 결과를 예측하는 것이다. 예를 들어, 차별을 경험한 내담자는 다른 상황에서도 차별을 당할 것이라고 예상하게 되고, 자신의 배경 덕분에 특별대우를 받았던 내담자는 다른 상황에서도 특별대우를 기대하게 된다.

진로상담자의 역할. 사회학습진로결정이론에서 진로상담자의 역할은 다음과 같다. 첫째, 내담자의 삶에서 경험하게 되는 우연한 사건이 내담자의 진로에 유용하게 활용될 수 있도록 돕는다. 이를 위해서는 호기심^{curiosity}, 인내심^{persistence}, 유연성^{flexibility}, 낙천성^{optimism}, 모험심$^{risk-taking}$이 필요하다(Mitchell, Levin, & Krumboltz, 1999). 둘째, 심리검사를 활용하여 내담자에게 새로운 학습 기회를 제공한다. 심리검사는 현재보다 미래의 학습 가능성을 탐색하기 위한 도구로 활용된다. 예를 들어, 성격검사는 다른 사람들과 구별되는 고유한 특성, 진로선택의 장애가 되는 비합리적 신념, 새로 습득해야 할 대인관계 기술 등을 탐색하기 위한 도구로 사용된다. 셋째, 우연한 사건 또는 실수가 성공의 토대가 된 경험을 활용한다. 우연한 사건을 관리하기 위해서는 세 가지 단계를 거쳐야 하는데, 즉 사건이 발생하기 전에 많은 경험을 해 보고, 사건이 발생하면 가능한 기회를 탐색하며, 사건이 종결되면 그 경험이 자신에게 유익하게 작용하도록 하는 것이다. 넷째, 내담자가 상담실 밖 일상생활에서 학습계획을 수립할 수 있도록 돕는다. 내담자의 학습경험을 극대화하기 위해서는 상담 회기를 마칠 때마다 다음 회기까지 실천할 활동을 정하고 실행계약을 체결한다. 내담자가 계약을 이행하지 않은 경우에는 그 이유를 확인하여 목표가 너무 높았다면 목표를 낮추고, 내담자에게 중요하지 않았다면 우선순위를 재설정하며, 불가피한 사정이 있었다면 이행 날짜를 재조정한다(Krumboltz, 2008).

상담 목표와 과정. 사회학습진로결정이론을 기반으로 한 진로상담의 목표는 변화무쌍한 직업환경 속에서 내담자 스스로 삶을 충족시키기 위한 기술, 흥미, 신념, 업무습관, 개인적 자질 등의 학습을 촉진하는 것이다. 즉, 내담자에게 원하는 것을 알려 주기보다는 스스로의 학습과정을 통해 해답을 찾을 수 있도록 돕는 것이다. 사람들은 흔히 구직, 전직, 직장갈등, 승진탈락에 따른 좌절, 가사와 직장 일의 병행방안 탐색, 은퇴준비 등에 대해 도움을 얻고자 진로상담을 신청한다(Krumboltz & Henderson, 2002). 사회학습진로결정이론에서의 상담과정은 〈표 8-9〉와 같다.

〈표 8-9〉 사회학습진로결정이론에 기반한 상담의 5단계

상담단계	과업
1단계	○ 내담자에게 우연한 사건의 정상성을 인식시키는 한편, 이것이 상담과정의 필수요소라는 점을 인식하도록 도움("미래설계 과정에서 생기는 불안은 자연스러운 현상이고, 신나는 모험을 떠나기 전의 느낌과 같다고 할 수 있지요.")
2단계	○ 내담자의 관심을 출발점으로 설정하고, 내담자의 삶의 만족도를 높일 수 있는 행동을 확인하며, 적극적 경청으로 내담자가 처해 있는 상황과 감정을 이해하고 있음을 전달함("당신에게 힘이 넘치는 느낌이 들게 하는 활동은 무엇인가요?" "이러한 활동들을 어떻게 발견했나요?")
3단계	○ 우연한 사건이 내담자의 삶 또는 진로에 어떻게 영향을 미쳤는지를 탐색하여 삶의 통제력을 높이도록 도움("우연한 사건이 당신에게 도움이 될 수 있도록 하기 위해 무엇을 했나요?" "그 기회를 어떻게 알아차렸나요?")
4단계	○ 내담자의 감수성을 증진시켜 잠재적 기회를 인식하고, 우연한 사건들을 진로발달의 기회로 활용하는 방법을 습득하도록 도움("당신의 현재 삶에서 어떤 기회가 오면 좋을까요?" "그 기회가 생길 가능성을 높이기 위해 지금 해 볼 수 있는 것은 무엇인가요?")

5단계	○ 내담자의 장애요인(건설적인 행동을 가로막는 역기능적 신념)을 극복할 수 있도록 도움("정말 하고 싶은 것을 가로막는 것이 있다면, 무엇인가요?" "원하는 것에 다가가기 위해 가장 먼저 할 수 있는 것은 무엇인가요?")

 진로발달이론

진로발달이론이란 개인이 진로에 흥미를 갖게 되고, 진로 탐색과 결정을 통해 특정 직업을 갖게 되는 일련의 과정을 체계화한 이론을 말한다. 대표적인 진로발달이론으로는 ① 긴즈버그의 진로선택발달이론, ② 수퍼의 생애진로발달이론, ③ 갓프레드슨의 제한타협이론, ④ 구성주의 진로상담: 포스트포더니즘적 접근이 있다.

긴즈버그의 진로선택발달이론 / Career Choice Development Theory

진로선택발달이론(CCDT)은 1951년 경제학자, 엘리 긴즈버그(Eli Ginzberg, 1911~2002)에 의해 창안된 이론이다. 이 이론에서는 진로결정을 어릴 적부터 20대 초반에 이르기까지 계속적으로 진행되는 일련의 비가역적 발달과정으로 간주한다. 이 이론에 의하면, 진로는 ① 환상기, ② 잠정기, ③ 현실기의 3개 국면을 거쳐서 발달한다. 첫째, **환상기**[fantasy phase](출생~만 11세)에서 아동은 일의 세계와 관련된 상상적인 역할놀이를 한다. 예를 들어, 소꿉장난 또는 의사놀이를 통해 환상 속에서 부모와 자녀, 의사와 환자 역할을 경험해 본다. 따라서 이 국면에서 아동은 단편적인 상상에 의한 역할놀이를 통해 어렴풋이나마 미래의 직업에 대해 그려 본다는 특징이 있다.

둘째, **잠정기**[tentative phase](만 11~17세)는 아동기에서 청소년기로 넘어가면서 잠정적으로 진로를 선택하는 시기다. 이 국면에서 청소년은 세 가지 하위단계를 거치면서 객관적인 정보에 근거하여 잠정적으로 진로를 선택한다. 흥미[interest]단계(만 11~12세)에서는 자신의 흥미, 즉 좋아하는 것과 싫어하는 것을 구분한다. 능력[ability]단계(만 13~14세)에서는 흥미를 가지고 있는 직업에서 요구하는 능력을 자신이 보유하고 있는지에 대해 탐색·이해하게 된다. 가치[value]단계(만 15~16세)에서는 개인의 가치 또는 삶의 우선순위를 고려하여 관심 있는 직업에 종사하는 사람들의 생활양식을 고려하게 되고, 그러한 생활양식이 자신의 것과 일치하는지 여부를 탐색하게 된다.

셋째, **현실기**^{realistic phase}(만 17세~20대 초반)에서 청소년은 관심 있는 직업에 대해 구체적으로 탐색하게 된다. 이 국면에서 청소년은 세 가지 하위단계를 거치면서 진로를 구체적으로 결정하게 된다. 탐색^{exploration}단계에서는 잠정적으로 선택했던 직업에 대해 탐색한다. 결정화^{crystalization}단계에서는 관심 있는 직업 영역에 참여하면서 내외적 요소들을 종합한다. 구체화^{specification}단계에서는 더 구체적이고 체계적인 진로계획을 수립한다. 긴즈버그의 진로선택발달이론의 핵심은 개인의 진로의사결정은 어려서부터 20대 초반에 걸쳐 지속적으로 진행되며, 이 과정은 개인의 흥미와 가치관을 개인에게 주어진 기회, 능력, 그리고 기회 추구에 소요되는 비용과 균형을 맞추는 일련의 과정이라는 것이다. 그는 진로선택을 평생 지속적으로 발달하는 과정으로 수정했다.

수퍼의 생애진로발달이론 / Life Span Career Development Theory

생애진로발달이론(LSCDT)은 1953년 진로발달이 인간의 총체적 발달의 일부라는 점을 강조한 도널드 수퍼(Donald E. Super, 1910~1994)에 의해 창안되었다. 수퍼는 진로발달을 생애 초기부터 노년기까지 전 생애에 걸쳐 연속적으로 이루어지는 과정으로 보았다. 즉, 진로발달은 진로에 관한 자기개념의 발달로, 직업선택뿐 아니라 일의 세계와 관련된 다양한 삶의 영역과 역할을 포함하고 있다는 것이다(Super, 1990). 당시의 진로이론들이 주로 직업선택에 초점을 맞추고 있었던 상황에서 진로발달개념을 직업선택과 구분하여 설명한 것은 획기적인 발상이었다. 초기에 '발달적 자기개념이론'으로 알려졌던 이 이론의 기본가정은 글상자 8-5와 같다.

◆ **글상자 8-5. 수퍼의 발달적 자기개념이론의 기본가정**

1. 진로발달은 초기 아동기에서 시작하여 죽음으로 끝맺는, 계속 진행되고 연속적으로 이어지는 질서정연한 과정이다.
2. 사람들의 능력, 성격특성, 자기개념은 각기 다르고, 개인에게는 자신의 특성에 기초한 여러 유형의 직업을 얻을 자질이 있다.
3. 직업은 특정 부류의 자질이 있는 사람들에게만 적합한 경향이 있다.
4. 자기개념은 개인의 진로발달 과정의 기능이고 결과로, 발달단계를 거치면서 변화할 수 있다.
5. 하나의 직업수준에서 다른 직업수준으로의 이동은 부모의 사회경제적 수준, 지위, 욕구, 가치관, 흥미, 대인관계 기술, 경제적 조건, 지능 등 여러 요인의 영향을 받는다.
6. 개인이 자신의 능력과 흥미를 이해 · 개발하도록 조력하고, 자신의 강점과 약점을 이해하도록

지원함으로써 초기 아동기에서 시작해서 후기 성인기까지 계속 이어지는 진로발달을 조력할 수 있다.

7. 상담자는 개인의 발달수준을 이해함으로써 개인이 자신과 진로발달 과정에 대해 학습하도록 돕는 적절한 개입을 할 수 있고, 이를 통해 개인은 일에서 만족을 얻고 높은 자기개념을 도출하는 직업을 택할 수 있다.

8. 결정적 발달위기에 직면한 사람 중에는 특정 단계의 시점에서 진로를 재조정하는 경우도 있지만, 진로발달은 돌이킬 수 없다.

생애진로발달이론의 핵심요소로는 ① 진로자기개념, ② 생애진로발달단계, ③ 생애역할이론, ④ C-DAC 모델이 있다.

진로자기개념.　　진로자기개념^{career self-concept}이란 일과 관련된 자신에 관한 생각과 느낌을 말한다(예, '나는 ～을 잘한다.' 또는 '부모님은 내가 ～을 잘한다고 생각하신다.' 등). 진로자기개념은 아동기에서 노년기에 이르기까지 가정, 학교, 지역사회에서 형성되는 사회적 관계 및 일의 세계와 관련된 경험을 통해 형성된다. 또한 다양한 역할 수행, 자신의 능력과 흥미 확인, 일에 대한 가치, 흥미, 태도 형성, 그리고 사회적 기대 경험 등은 진로자기개념의 기초가 된다. 이러한 점에서 진로자기개념은 사회학습의 산물이면서 성장과 쇠퇴의 변화과정을 거친다. 생애진로발달이론에서는 진로자기개념 형성에 영향을 미치는 요인을 [그림 8-5]의 아치웨이 모델^{Archway Model}을 통

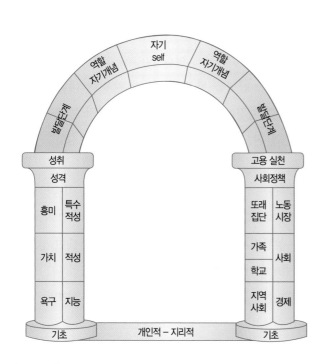

[그림 8-5] 수퍼의 아치웨이 모델

출처: Super (1990).

해 설명하고 있다.

아치웨이 모델에 의하면, 진로자기개념은 개인적 요인(적성, 능력, 흥미, 가치, 지능 등)과 환경적 요인(가정, 학교, 또래집단, 사회상황, 경제상황, 노동시장 등)이 복합적으로 작용한 결과의 산물이다. 이처럼 복합적인 요인들의 상호작용을 통해 개인은 생애과 정 동안 경험하는 다양한 역할에 관한 진로자기개념을 형성하고, 이는 진로결정의 토 대가 된다. 이에 비해 **진로성숙**$^{career\ maturity}$은 전 생애 발달과정의 각 단계에서 요구되는 진로발달과업을 적절하게 수행할 준비가 되어 있는지를 나타내는 개념이다. 이 개념 은 동년배집단에 대한 개인의 상대적인 진로발달수준을 나타낸다.

생애진로발달단계.   생애진로발달이론에 의하면, 진로발달은 다양한 사회환경요 인 간의 상호작용을 통해 전 생애에 걸쳐 이루어지는 심리사회적 과정이다. 이 과정에 서 개인은 수많은 사회적 관계 속에서 일련의 진로발달과업에 직면하게 되고, 자신이 되고자 하는 사람이 되는 방식으로 그 과업을 수행하고자 한다. 생애진로발달은 ① 성 장기, ② 탐색기, ③ 확립기, ④ 유지기, ⑤ 쇠퇴기에 걸쳐 지속적으로 이루어진다.

제1단계, **성장**^{growth}기(출생~만 14세)는 자기개념, 태도, 욕구가 발달하고, 일반적인 일의 세계에 대해 인식하게 되는 시기다. 이 시기는 3개의 하위단계(환상^{fantasy}기, 흥미 ^{interest}기, 능력^{capacity}기)로 나뉜다. 이 시기에는 호기심에 의한 직업에 대한 환상('환상기') 에서 시작되어, 환경(가정, 학교, 지역사회) 탐색을 통해 일, 흥미, 능력에 대한 정보를 얻게 된다('흥미기'). 이 과정에서 개인은 환경에 대한 통제력과 의사결정 능력을 습득 하고 미래 계획의 중요성을 인식하는 한편, 현재의 행동이 미래의 결과에 영향을 준다 는 사실을 깨닫게 된다('능력기').

제2단계, **탐색**^{exploration}기(만 15~24세)는 수업, 일과 취미, 잠정적 선택, 기술발달이 이루어지는 시기다. 이 시기는 3개의 하위단계(결정화^{crystalization}기, 구체화^{specification}기, 실행 ^{implementation}기)로 나뉜다. 이 시기에는 성장기부터 축적되어 온 개인과 직업 관련 정보를 기반으로, 마치 수정^{crystal}이 만들어지듯이 관심 있는 직업들이 서서히 모습을 나타낸다 ('결정화기'). 그리고 특정 직업에 대한 선호도가 분명해지면서('구체화기'), 선호도가 높 은 직업을 갖기 위해 노력하게 된다('실행기').

제3단계, **확립**^{establishment}기(만 25~44세)에는 도입수준의 기술을 습득하는 한편, 일에 대한 경험을 통해 능력을 발휘함으로써 중요한 일꾼이라는 자기개념이 형성되어 삶이 안정화된다. 이 시기는 3개의 하위단계(안정화^{stabilization}기, 공고화^{consolidating}기, 발전^{advancing}기)

로 나뉜다. 이 시기에는 일과 관련된 의무와 조직문화에 적응함으로써 보다 확고한 직업 지위를 구축한다('안정화기'). 또한 정착을 통해 개인은 일의 세계에서 인정받고, 일에 대한 긍정적 태도와 근로습관이 형성됨으로써 동료와의 원만한 관계가 형성되어 직업인으로서의 정체감이 확립된다('공고화기'). 그리고 정착과 공고화 과정을 거치면서 개인은 역할과 정체성을 확장하고, 더욱 높은 수준의 직업적 책무를 발전시킨다('발전기').

제4단계, **유지**maintenance기(만 45~64세)는 직업세계에서 지속적인 적응과정을 거치면서 지위가 상승하는 시기다. 이 시기의 세 가지 핵심과업은 일의 세계에서 확고한 위치를 유지('보유holding')하거나, 직업 관련 기술과 지식을 새로운 내용으로 대체('갱신updating')하거나, 종전의 방식과 다르게 시도하면서 새롭게 과제에 도전하는 것('혁신innovating')이다. 만일 전직하는 경우, 개인은 탐색기 → 확립기 → 유지기를 재순환해야 한다.

제5단계, **쇠퇴**decline기(만 65세 이상)는 체력과 정신력 저하와 직업 관련 활동에 대한 흥미 감소로, 은퇴 이후의 삶에 관심을 갖게 되는 시기다. 이 시기에는 은퇴에 따른 새로운 역할과 생활양식에 관심이 있다. 성장기에서 쇠퇴기로 이어지는 전 생애 동안의 진로발달과정은 **대순환**maxi-cycle으로, 대순환 단계들 사이의 전환과정은 **소순환**mini-cycle으로 불린다. 그리고 각 전환단계의 **소순환과정**은 성장 → 탐색 → 확립 → 유지 → 쇠퇴의 과정을 재순환recycling한다. 상담자가 각 단계와 하위단계에 친숙해야만 발달단계의 특정 과업에 알맞게 상담기법을 변화시켜 내담자를 위해 효과적인 전략을 고안할 수 있다.

생애역할이론.　생애역할이론은 생애진로무지개모델Life-Career Rainbow Model([그림 8-6] 참조)을 통해 진로발달의 종단과정과 특정 시기에 발생 가능한 생애역할을 횡단적으로 제시한 것이다. 이 모델에 의하면, 개인은 여섯 가지 생애역할, 즉 ① 아동, ② 학생, ③ 여가인, ④ 시민, ⑤ 직업인, ⑥ 주부 · 배우자 · 부모의 역할을 수행한다.

생애역할이론에 의하면, 전 생애 발달과정에서 개인은 역할 간의 갈등으로 진로문제를 겪게 된다. 예를 들어, 확립기의 직장여성이 결혼하여 출산을 하게 되면, 부모 역할이 더해지면서 직업인 및 배우자 역할과의 갈등이 야기되어 진로에 영향을 미치게 된다. 유지기에는 시민 또는 여가인 등과 같은 역할이 이전 단계보다 더 부각되거나 성장기에서와는 다른 양상으로 자녀로서의 역할을 담당하기도 한다.

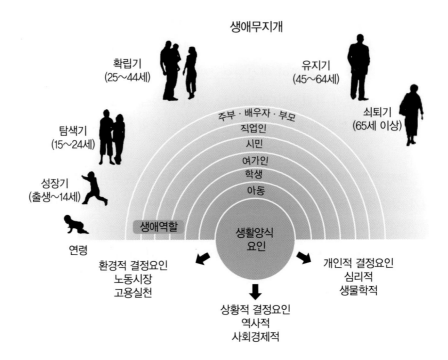

[그림 8-6] 수퍼의 생애진로무지개모델

C-DAC 모델.   진로발달사정 · 상담모델^{Career Development Assessment and Counseling Model}

C-DAC 모델.   진로발달사정 · 상담모델Career Development Assessment and Counseling Model (Super, 1990)은 전생애발달이론을 진로상담에 적용하기 위한 것으로, 개인의 진로발달 수준을 평가하여 이를 상담에 적용하는 것으로 구성된다. C-DAC 모델은 〈표 8-10〉 과 같이 5단계의 사정단계를 거친다.

〈표 8-10〉 C-DAC 모델의 사정단계

단계	과업
1단계	○ 면담을 통해 삶의 구조(생애역할에서 중요하게 부각되는 역할) 탐색
2단계	○ 내담자의 생애진로발달단계의 발달과업과 이행수준 파악
3단계	○ 내담자의 활용 가능한 자원과 내용 탐색
4단계	○ 현재의 직업 가치, 흥미, 직업정체감 확립 능력 사정
5단계	○ 현재까지 내담자의 삶에서 반복되었고, 미래의 진로행동을 예측할 수 있게 하는 진로 관련 패턴 파악

C-DAC 모델을 통해 개인의 생애주제와 직업적 자기개념을 확인할 수 있다. 진로평 가를 마치면, 진로상담자는 내담자의 생애역할, 진로성숙, 진로적응, 직업적 자기효능

감, 진로정체감 등에 관한 자료를 해석·재조직한다. 자기개념의 재조직화와 통찰을 통해 내담자는 새로운 행동계획을 수립한다.

갓프레드슨의 제한타협이론 / Circumscription-Compromise Theory

제한타협이론(CCT)은 린다 갓프레드슨(Linda S. Gottfredson, 1947~현재)이 진로 관련 포부가 형성되는 과정을 발달적 관점에서 조망한 이론이다. 갓프레드슨은 인종, 민족, 사회계급에 관계없이 남녀 간의 직업에 대한 포부수준에 차이가 나타나는 현상을 진로에 대한 발달적·사회적 관점에서 조망했다. 이 이론에 의하면, 진로포부는 일련의 과정을 거쳐 형성되는데, 이 과정에서 포부수준의 제한타협이 이루어진다. 여기서 **제한**circumscription이 성별과 사회계급을 기반으로 개인이 수용하기 어려운 직업적 대안을 제거하는 과정이라면, **타협**compromise은 취업 가능성과 같은 제한요인을 토대로 진로선택을 조정하는 과정이다(Gottfredson, 2003). 갓프레드슨은 진로포부의 변화과정을 다음과 같이 인지발달단계로 설명했다. 이 중 제1~3단계는 제한단계, 제4단계는 타협단계로 구분된다.

제1단계, **규모와 힘 지향 단계**(만 3~5세)는 대상영속성object permanence을 습득하게 되어 개인을 크다, 작다 같은 단순 용어로 분류할 수 있게 되는 시기다. 이 시기의 유아는 자신과 성인을 크기로 구분하게 되면서 성인의 역할을 통해 직업을 인식하게 된다. 제2단계, **성역할 지향 단계**(만 6~8세)는 이분법적 사고를 하고 관찰 가능한 특징을 토대로 개인 또는 직업을 단순히 구분할 수 있는 시기다. 이 시기의 아동은 남녀 간 성역할의 차이를 인식하게 되면서 성역할 고정관념을 형성한다. 따라서 성별에 따른 자기개념과 일치하지 않는 것으로 생각되는 직업을 멀리하기 시작한다. 그 결과, 수용가능 성유형 경계tolerable sextype boundary가 형성된다.

제3단계, **사회적 가치 지향 단계**(만 9~13세)는 사회적 지위에 대한 개념이 형성되는 시기다. 이 시기의 아동·청소년은 자신의 능력을 벗어나는 직업과 사회적 준거집단에서 수용되지 않는 직업을 제거하게 된다. 또한 자신들을 둘러싼 사회계급과 능력의 요소들은 아동·청소년이 고려하는 직업의 하한선 수준을 의미하는 수용가능 수준의 경계tolerable-level boundary를 형성한다. 반면, 노력가능 수준tolerable-effort level은 아동이 구직에 기꺼이 헌신하고 모험할 수 있는 노력의 상한선으로, 이 두 가지 수준 이내에 존재하는 직업들은 아동·청소년이 수용 가능하다고 여기는 직업 영역을 나타낸다. 제4단계,

내적 고유자기 지향 단계(만 14세 이상)는 형식적 사고능력을 갖추게 되면서 자기이해와 내적 성찰능력이 향상되는 시기다. 이를 기반으로 삶의 목표와 자기개념이 구체화되면서 청소년은 자기개념에 걸맞은 직업을 탐색하게 된다. 즉, 제1~3단계에서의 탐색을 통해 고려해 왔던 수용 가능한 직업을 구체화하게 된다.

갓프레드슨의 제한타협이론에 의하면, 진로발달을 촉진하기 위해서는 진로가 결정화 및 구체화되기 전에 진로상담 프로그램을 투입해야 한다. 이는 내담자가 성별, 사회적 지위 등에 의해 제외했던 진로포부를 재점검하는 과정이 요구된다는 의미다. 내담자가 이전에 제외했던 진로포부를 재점검하기 위해 필요한 다섯 가지 준거는 글상자 8-6과 같다(김봉환 외, 2013).

◆ 글상자 8-6. 진로포부를 재점검하기 위한 다섯 가지 준거

1. 내담자는 한 가지 이상의 진로포부를 말할 수 있는가?
2. 내담자의 흥미와 능력은 선택한 직업에 적절한가?
3. 내담자는 구체화한 진로대안에 만족해하는가?
4. 내담자가 자신의 진로대안을 부적절하게 제한하고 있지는 않은가?
5. 내담자는 선택한 직업을 갖기 위한 과정에 놓인 장애물에 대해 현실적으로 인식하고 있는가?

갓프레드슨의 제한타협이론에서는 진로포부의 발달과 변화 과정을 흥미로운 개념들로 설명하고 있다. 그럼에도 이 이론의 타당성을 검증하기 위한 연구가 주로 사회적 지위, 성별, 지능에 한정되어 있고, 지나치게 일반적인 변인으로 진로포부의 제한타협 과정과 원리를 설명하고 있다는 비판을 받고 있다.

구성주의 진로상담: 포스트모더니즘적 접근

구성주의constructionism/constructivism 진로상담에서는 진로결정을 내담자가 자신의 진로과정을 어떻게 구성하고, 어떻게 의미를 부여하는지와 연관이 있다고 간주한다(Gysbers et al., 2009; Hutchson & Niles, 2009; Schultheiss, 2007). 이 이론적 접근에서는 실제는 고정되어 있지 않을 뿐 아니라 개인에게 맞는 경로가 하나만 있다고 믿지 않는다(Sharf, 2013). 대신, 진로와 관련해서 자신을 알아 가는 것은 계속적·능동적 과정으로, 개인이 다른 사람들과의 상호작용을 통해 자신의 새로운 면을 인식하게 되면서 변화할 수

있다고 전제한다. 또한 실제는 사람들이 다른 사람들과의 대화에 기반하여 변화한다고 믿는다. 그뿐 아니라 힘을 가진 사람들('보통 다수집단')이 전파한 사회 속의 이야기들이 사회 현실의 일부가 되어 사회적 소수자와 여성을 억압하기도 한다고 본다.

구성주의 진로상담에서는 내담자의 의미구성체계를 해체^deconstruction하기 위해 그의 이야기 또는 생애사에 초점을 둔다(Bujold, 2002; Del Corso & Rehfuss, 2011). 내담자의 이야기/내러티브^narrative를 경청함으로써 상담자는 내담자가 어디에서 왔고, 지금 어디에 있으며, 미래를 어떻게 생각하는지를 이해한다. 지배적인 내러티브는 개인이 세상에서의 행동패턴을 형성한다는 점에서, 때로 파괴적일 수 있다. "나는 잘생기지 않았어! 여자들은 못생긴 남자를 좋아하지 않을 거야. 그래서 난 결혼할 수 없을 거야."라는 내담자의 삶에 관한 이야기는 외모에 대해 사회 안에 내재된 이야기와 연관될 수 있고, 외모와 개인의 능력 또는 결혼의 조건이라는 '실제'와는 관련이 없을 수 있다. 이러한 내러티브는 개인에게 파괴적일 수 있지만, 내담자는 상담자와의 대화를 통해 새로운 내러티브를 구성할 수 있다.

구성주의자들은 진로발달이론의 대부분이 생애 전반에 걸친 인지 기능상의 변화를 제대로 설명하지 못하고 있다고 본다. 이들은 개인의 독특한 의미화 또는 개인이 세상에 대해 '알게' 되는 방식은 세상을 경험하게 되면서 바뀐다고 믿고 있다. 따라서 상담자는 내담자의 이야기에 귀 기울이면서 내담자의 독특한 의미화체계를 이해하고, 진로와 관련하여 내담자가 내린 결정의 새로운 가능성을 발전시키도록 대화를 끌어 나간다. 이때 상담자는 내담자를 이끈 이야기, 그리고 분명하게 인식하고 있지 않을 수도 있는 내담자 삶의 다른 이야기를 이해하기 위해 노력하면서 때로 질문을 통해 정중한 호기심을 보인다. 구성주의 진로상담의 기본 목표는 글상자 8-7과 같다.

 글상자 8-7. 구성주의 진로상담의 기본 목표

1. 내담자의 이야기 또는 생애사를 경청하면서 내담자의 생애 자체를 이해하기 위해 노력한다.
2. 대화를 통해 내담자의 삶을 이끌고 특정한 진로 관련 결정을 내리게 한 지배적인 이야기를 이해하도록 돕는다.
3. 내담자가 자신의 삶에 방해되는 진로와 관련된 지배적인 이야기를 확인하도록 돕는다.
4. 내담자가 부정적인 진로와 관련된 지배적인 이야기를 해체하고, 더 나은 진로선택을 할 수 있는 새롭고 긍정적인 이야기를 개발하도록 돕는다.
5. 사회에는 언어를 통해 만들어진 장벽이 있고, 이 장벽은 다수의 사람이 억압받는 집단에 영향력을 행사하고, 세상과 일의 세계에서 그 집단의 사람들이 행한 선택을 이해하는 방식에 영향을

> 미친다는 사실을 이해한다.
> 6. 지배적인 사회적 언어와 그들이 만들고 소수자와 여성에게 차별적으로 영향을 미치는 장벽을 다른 것으로 대체하는 데 초점을 둔다.

구성주의 진로발달이론은 내담자가 세상을 조망하는 독특한 방식을 이해하고, 지배적인 이야기를 파악하며, 내담자의 선택을 확장할 수 있는 새로운 이야기를 개발하도록 돕는 새롭고 흥미로운 접근으로 평가된다(Neukrug, 2016). 그렇다면 진로상담에서는 다양한 이론, 정보, 자료, 그리고 평가도구에 이르기까지 내담자를 돕기 위한 자원이 풍부하다. 진로상담에서도 임상면담이 필요한가? 그렇다. 상담자는 임상면담을 통해 내담자에 관해 충분한 정보를 얻을 수 있고, 수집된 정보는 내담자의 진로 선택 · 결정에 유용하게 활용될 수 있다. 진로상담은 거의 대부분 개인의 심리적 쟁점과 연관되어 있다는 점에서, 상담자는 임상면담을 통해 내담자의 진로발달에 영향을 주어 온 원가족문제, 의미구성체계, 욕구 · 소망, 자기표현방법, 그리고 내담자가 원하는 직업 선택 · 유지를 저해하는 정서문제 등을 파악할 수 있다. 진로상담에서 포괄적인 임상면담을 위한 지침은 글상자 8-8과 같다.

◆ 글상자 8-8. 진로상담에서 포괄적인 임상면담을 위한 지침

> 1. 초기 아동기 문제(예, 부모의 양육방식, 출생순위, 가족 내 서열, 외상사건 등)가 특정 진로에 대한 내담자의 선호도에 어떤 영향을 주고 있는가?
> 2. 원가족의 사회경제적 지위는 내담자의 포부(예, 교육의 지속 가능성)에 어떤 영향을 주고 있는가?
> 3. 부모의 진로발달이 내담자의 포부에 어떤 영향(예, 부모의 진로가 내담자의 진로 결정과 포부에 미치는 영향)을 주고 있는가?
> 4. 내담자의 정서문제가 진로 선택 · 결정에 어떤 영향을 주고 있는가?
> 5. 사회적 쟁점(예, 성적 · 소수자 차별, 경제수준, 편견 등)이 내담자의 진로 선택 · 결정에 어떤 영향을 주고 있는가?
> 6. 내담자의 지배적인 이야기가 그의 진로 선택 · 결정에 어떤 영향을 주고 있는가?

따라서 임상면담은 내담자에 대한 종합평가의 중요한 부분으로, 상담자 교육과 훈련과정에서 습득한 상담기술이 이러한 평가작업의 수단이 된다. 만일 진로상담이 개인의 특성을 파악해서 이를 직업과 연결시키는 작업에만 국한된다면, 이는 이미 진화된 새

로운 진로상담의 패러다임을 적용하는 것이 아니라 지난 세기의 진로상담 패러다임을 답습하는 것으로 볼 수 있다. 효과적인 진로상담을 위한 지침은 글상자 8-9와 같다.

글상자 8-9. 효과적인 진로상담을 위한 지침

1. 포괄적인 임상면담을 실시한다.
2. 적절한 평가도구를 활용하여 내담자의 능력, 흥미, 성격특성 등을 평가한다.
3. 내담자와 협력하여 발달준비도와 이에 관한 정보에 적합한 처치전략을 고안한다.
4. 처치계획의 기반이 될 적절한 정보자원을 활용한다.
5. 내담자의 일의 세계와 진로 선택·결정에 직간접적으로 영향을 미칠 요인들(예, 경제적 조건, 시장포화도 등)에 대한 이해를 돕는다.
6. 최적의 진로경로 선택을 저해하는 내담자의 자기효능감, 지배적인 이야기, 지각된 요인에 관한 문제를 검토할 기회를 제공한다.
7. 진로 선택·결정의 장벽(예, 소수자 차별, 경제적 어려움, 교육 기회 부족 등)을 확인하여, 이 장벽을 제거할 방안을 검토한다.
8. 내담자의 잠정적 진로결정을 돕는다.
9. 선택된 진로의 실현 가능성 탐색 및 선택의 폭 축소를 시작한다.
10. 내담자와 유사한 진로경로를 선택했던 사람들과의 정보교환면담 등을 종합하여 내담자의 진로경로 선택을 돕고, 내담자가 관심 있는 직무 종사자 면담, 진로경로에 관한 문헌조사 등을 통해 진로결정을 하도록 돕는다.
11. 내담자의 진로 선택·결정 결과를 되돌아보고 평가한다.
12. 필요한 경우, 이 과정을 반복하면서 문제를 재검토한다.

 진로상담과정

진로상담은 일반적으로 ① 관계형성, ② 관심사 정의, ③ 탐색, ④ 목표설정, ⑤ 실행계획 수립, ⑥ 계획 실행, ⑦ 평가 단계 순으로 이루어진다.

관계형성

진로상담은 관계형성에서 시작된다. 내담자는 상담자와의 관계를 통해 자신감을 얻게 되고, 자기 안의 잠재력을 발견하며, 그 능력을 활용하게 된다(Bohart & Tallman, 1999). 내담자와의 관계형성을 위한 지침은 글상자 8-10과 같다.

 글상자 8-10. 내담자와의 관계형성을 위한 지침

1. 내담자 자신과 호소 내용에 깊은 관심을 보인다.
2. 쾌적한 물리적 환경을 조성한다.
3. 상담자의 태도적 자질(공감적 이해, 무조건적인 긍정적 존중, 진솔성)을 실천한다.
4. 내담자에게도 도울 기회를 제공한다.

진로상담에서 내담자와의 관계형성, 즉 작업동맹은 내담자가 중요하다는 인식과 관심을 표현하는 것('매터링')에서 시작된다. **매터링**^{mattering}이란 옳든 그르든 개인이 가지고 있는 신념으로, 자신이 타인에게 얼마나 중요하게 생각되는지, 타인의 관심 대상이 되고 있는지, 또는 타인이 자신을 인식하고 있는지 등과 같은 생각을 뜻한다(Schlossberg, Lynch, & Chickering, 1989). 이는 상담자 외에도 상담실 근무자 모두에게 해당하는 일로서, 이러한 분위기는 상담관계에 중요한 요인으로 작용한다. 매터링은 'PLEASE'라는 약어로 요약할 수 있는데, 그 내용은 〈표 8-11〉과 같다(Amundson, Harris-Bowlsbey, & Niles, 2013).

〈표 8-11〉 매터링의 표현방법, 'PLEASE'

머리글자	설명
☐ P/보호^{Protecting}	○ 내담자가 안전하게 자신의 문제를 탐색할 환경 제공 ○ 내담자에게 자신이 받을 수 있는 도움의 범위 안내
☐ L/경청^{Listening}	○ 내담자의 호소 내용 경청을 위한 충분한 시간 할애 ○ 내담자의 호소 내용에 담긴 감정 이해
☐ E/탐색^{Enquiring}	○ 질문/명료화를 통해 내담자의 이야기에 대한 관심 표현
☐ A/인정^{Acknowledging}	○ 상대방을 언어/비언어 행동으로 알아봐 줌
☐ S/지지^{Supporting}	○ 격려, 칭찬, 구체적인 피드백을 통해 내담자의 긍정적 태도와 행동을 드러내어 줌
☐ E/교환^{Exchanging}	○ 진실되고 상황에 적절하게 상담자에 관한 정보를 나눔

관심사 정의

두 번째, 내담자의 관심사를 정의한다. 관심사 정의는 내담자의 관심사, 관심사의 정도, 현재 상태를 파악하는 것이다. 상담자는 경청을 통해 관심을 갖게 된 이유, 관심사에 대한 내담자의 이해, 관심사 충족을 위한 노력 등을 탐색함으로써 내담자의 발달수준과 진로 관련 영역에 따라 관심사를 정의한다. 내담자의 관심사는 ① 일반 정보, ② 진로계획 관련 정보, ③ 진로발달 관련 정보로 나눌 수 있다(김봉환, 정철영, 김병석, 2006). 관심사 정의를 위한 영역별 내담자 정보는 〈표 8-12〉와 같다.

〈표 8-12〉 관심사 정의를 위한 영역별 내담자 정보

관심 영역		내담자 정보
일반	○ 학업성적　○ 불안 수준 ○ 적성　　　○ 자신감 수준 ○ 직업 가치관　○ 정서상태	○ 지능, 흥미, 직업정체감 수준 ○ 내담자가 진술하는 직업, 교육, 개인, 　사회적 영역 문제
진로계획	○ 진로문제 해결능력 ○ 진로결정에 대한 압력 여부 ○ 일의 세계에 대한 지식수준	○ 진로 신화 또는 편견 ○ 학업능력에 대한 자신감 수준 ○ 내담자가 지각하는 진로방해요소
진로발달	○ 경험한 일의 종류 ○ 여가형태(활동, 교우관계 등) ○ 내담자의 강점 또는 자원 탐색 ○ 극복해야 할 장애요소	○ 교육경험 또는 관심사 ○ 생활양식(의존성/독립성 수준, 의사결정 　양식, 안정된 일에 대한 선호 등)

　진로상담자는 내담자의 관심사에 관한 진술이 완전하게 이루어지도록 돕는다. 관심사 정의는 내담자 관점에서의 조망을 토대로 이루어진다. 내담자의 관심사를 정교화하기 위한 질문의 예는 다음과 같다("상담에 대한 관심은 처음에 어떻게 생기게 되었나요?" "진로상담을 받아야겠다고 생각하게 된 결정적인 계기는 무엇인가요?" "상담을 통해 무엇을 얻고 싶은가요?").

탐색

세 번째, 내담자의 자기이해와 직업세계에 관한 이해를 돕기 위해 내담자 자신과 맥락적 요인에 대해 탐색한다. 이를 위해 주로 ① 질문과 ② 표준화 검사를 사용한다. 먼

저, 상담자는 질문을 통해 내담자가 어떤 활동에 몰입하고 수월성을 느끼며, 타인의 어떤 자질과 행동에 몰입하고 수월성으로 인식하는지 알아볼 수 있다. 내담자의 수월성 탐색, 즉 내담자가 열정과 몰입감을 느끼는 활동을 알아보기 위해 흔히 사용되는 질문의 예는 다음과 같다("삶에서 가장 보람 있었던 일에 관해 이야기해 보세요." "초등학교/중학교 때 가장 좋아했던/싫어했던 과목은 무엇인가요?"). 상담자는 내담자의 답변 또는 이야기를 경청하면서 내담자의 행동, 사고, 감정, 경험상의 패턴을 탐색한다. 패턴 탐색은 내담자의 흥미 영역을 확인하고, 그 영역에서 보람 또는 도전을 경험한 상황에 대해 진술하는 것을 기반으로 이루어진다. 사람들은 흔히 자신이 높은 가치를 두고 있는 자질과 강점을 가진 인물을 동경하는 경향이 있다. 이러한 경향성 탐색을 위한 질문의 예는 다음과 같다("존경하는 인물을 쓰고, 각각 존경하는 이유를 써 보세요." "어떤 사람으로 기억되고 싶나요?").

존경할 만한 인물의 특성이 확인되면, 상담자는 이러한 특성이 내담자의 가치관, 흥미, 성격, 강점과 어떤 관계가 있는지 탐색한다. 즉, 존경할 만한 인물의 특성이 내담자의 삶에 어떤 의미를 주고 있고, 내담자의 삶에서 도전받고 있는 상황에 대처하는 데 도움이 될 수 있는지에 대해 이야기를 나눈다. 또한 내담자가 자신의 행동이 다른 사람들에게 어떻게 보이는지, 그리고 다른 사람들에게 어떻게 보이고 싶은지에 대해 탐색한다. 내담자 자신과 직업세계의 이해를 돕기 위한 또 다른 방법으로는 기적질문(예, "빌 게이츠처럼 많은 돈을 번다면, 삶이 어떻게 변할까요?" "다른 사람의 생각에 대해 걱정할 필요가 없다면, 무엇을 하겠습니까?" "현재 문제가 해결되었다면, 어떤 해결방법을 적용한 결과일까요?"), 예외질문(예, "이번 주에 실행한 가장 예외적인 일은 무엇인가요?" "이번 주에 실행할 가장 예외적인 일은 무엇인가요?"), 그리고 중요한 타인 질문지[예, "○○의 개인적 특성은 무엇인가요?" "○○은/는 무엇을 잘하나요?(능력)" "○○은/는 어떤 영역에 흥미를 가지고 있나요?"]를 활용하는 방법이 있다.

또한 내담자의 진로성숙도, 진로사고, 진로발달, 진로결정, 진로신념을 측정하기 위해 고안된 유용한 표준화 검사를 사용한다. 표준화 검사 사용의 이점은 다른 사람들과의 비교가 가능하다는 것이다. 또한 내담자의 자기이해를 촉진하고 진척 또는 변화를 측정하기 위한 표준화 검사들이 있다[예, 홀랜드 적성탐색검사(SDS), 스트롱 흥미검사(SII), 잭슨 직업흥미검사(JVIS), 해링턴-오시아 진로결정체계(CDMS), 쿠더 진로탐색검사(KCSPM), 진로직업선호도조사(COPS)]. 이 외에도 구조화된 평가방법으로는 직업카드분류가 있다. 또한 웹 사이트를 통해 온라인 검사, 데이터베이스 검색, 광범위한 직업 및 교육 데이터베이스, 내담자의 인적사항과 시스템 이용 기록을 저장하는 사용자별 개인기록 등을 활용할 수 있다.

목표설정

네 번째, 내담자와 함께 진로상담의 목표를 정한다. 진로상담의 목표는 구체적이고 관찰 가능하게 진술되어야 하며, 현실적이고 성취 가능해야 한다. 예를 들어, 내담자가 새로운 직업, 넉넉한 보수, 새로운 전공 등과 같은 모호한 표현을 사용한다면, 상담자는 구체적인 직업의 종류, 돈의 액수, 전공명 등을 구체적으로 명시할 수 있도록 돕는다. 진로상담에서 전형적으로 다루는 문제들은 〈표 8-13〉과 같이 네 가지 영역으로 나눌 수 있다.

〈표 8-13〉 진로상담의 문제영역

영역	문제	해결방안
☐ 진로탐색 · 결정	○ 진로 선택 · 결정에 대한 두려움 ○ 노동시장에 관한 정보 부족 ○ 자기이해 부족 ○ 맥락적 변인(가족, 친구) 관련 문제	○ 진로 탐색 · 결정에 필요한 기술 습득 ○ 노동시장에 관한 정보탐색 · 습득 ○ 개인적 특성의 명확한 이해 ○ 맥락적 변인의 이해
☐ 직업기술 · 일반기술 발달	○ 구직기회 활용기술 훈련 부족	○ 전문대, 4년제 대학, 직업훈련기관에서의 직업훈련 이수 ○ 평생학습을 통한 지속적 훈련
☐ 직업탐색 기술	○ 장기간 한 곳에 취업해 있어서 변화된 직업탐색 기술 부족	○ 이력서 · 포트폴리오 작성, 노동시장 분석, 고용주와의 통화, 면접기술 등 직업탐색에 필요한 기술 훈련 ○ 자영업 착수 · 경영 방법 습득
☐ 직업유지 기술	○ 현재 직업에서의 자리 유지 및 성공 전략 결여	○ 동료, 고객, 상사와의 긍정적 관계 수립, 승진, 경력 개발을 위한 전략 습득

그 밖에 음주, 약물오남용, 자녀양육 관련 문제가 있는 내담자를 조기에 구분하기 위한 영역을 추가하기도 한다. 이 영역은 전통적인 취업상담 영역에 속하지 않는다. 그러나 취업과 직업 선택 및 가능성에 직간접적으로 영향을 미치는 요인이다. 현실치료의 WDEP 모델은 진로상담의 목표설정에 활용될 수 있다(글상자 8-11 참조).

> **글상자 8-11. 진로상담을 위한 WDEP 모델**
>
> ○ W/Wants 질문: "무엇을 원합니까?" "어떤 직업을 원합니까?" "당신의 삶이 어떻게 되기를 원합니까?" "현 상태에서 원하는 변화는 무엇인가요?" "당신의 부모(또는 상담자)가 어떻게 해 주기를 바라나요?"
>
> ○ D/Doing 질문: "당신은 지금 원하는 직업을 얻기 위해 무엇을 하고 있나요?" "직업에서 보람을 느꼈을 때는 어떤 행동을 했나요?" "일과 관련하여 재미있었을 때, 어디에서 누구와 무엇을 하고 있었나요?"
>
> ○ E/Evaluation 질문: "현재 당신은 직업을 얻기 위해 적절한 행동을 하고 있나요?" "그런 행동을 계속하면 어디로 갈 것 같은가요?" "그런 행동을 계속하면 원하는 것을 얻는 데 도움이 되나요?"
>
> ○ P/Planning 질문: "무엇을 언제부터 하면 당신이 원하는 것을 얻게 되나요?" "지금 바로 실천할 수 있는 것으로 무엇이 있는지 찾아보겠습니까?"

실행계획 수립

다섯 번째, 실행계획을 수립한다. 실행계획 수립에는 내담자에 관해 수집된 정보통합과 의사결정이 요구된다. 이때 내담자는 자신의 패턴 확인을 통한 자기이해를 기반으로 하여 실행계획을 수립할 때 주인의식을 가져야 한다. 정보통합은 내담자의 자기이해 심화, 그리고 효과적인 의사결정과 실행계획의 기반이 된다. 이 단계에서 상담자와 내담자의 의사소통 방식은 비지시적 방식에서 지시적 방식으로 점진적으로 옮겨 간다. 이때 상담자는 다음과 같은 질문으로 내담자의 중요한 패턴에 주목한다("지금까지의 경험을 살펴볼 때, 어떤 패턴 같은 것이 보이지 않나요?" "직장상사와 만날 때마다 당신에게 어떤 반응/생각/느낌이 드나요?"). 정보통합 과정에는 의사결정이 필요하다. 의사결정에는 상담자와 내담자의 합리적인 판단과 직관이 요구된다. 의사결정 방법으로는 장단점 목록을 작성하거나 진로결정 활동양식([그림 8-7] 참조)을 활용하는 방법이 있다. 후자의 활동양식에서 가로줄 목록에는 고려 중인 진로대안을, 세로줄에는 진로에서의 고려사항(임금, 지위, 안정성, 승진 기회 등)을 중요도 순으로 적는다. 그런 다음, 고려사항에 맞지 않는 진로대안은 지워 나간다.

진로결정은 한 차례로 끝나는 것이 아니라 지속적인 평가와 변화의 과정이다. 변화가 필요하다면, 미래의 불확실성과 예측 불가능성을 인정하면서 긍정적인 태도를 유지해야 할 필요가 있다(긍정적 불확실성[positive uncertainty]; Gelatt, 1989). 만일 대학에 반드시

진로대안				
1.				
2.				
3.				
4.				
5.				
6.				
7.				
8.				
9.				
10.				
총점				

[그림 8-7] 진로결정 활동양식

진학하고 싶은데 어떤 전공을 해야 할지 몰라 고민하는 내담자가 있다면, 일단 대학에 진학하는 것이 그 예다. 실행계획은 단기계획과 장기계획으로 나누어 수립한다. 계획에서는 합리적이고, 구체적이며, 성취 가능한 목표를 고려한다. 실행계획의 과정은 글상자 8-12와 같다.

◆ 글상자 8-12. 실행계획 과정

1. 성취하고자 하는 내용을 긍정적인 어조로 기술한다.
2. 실행에 옮겨야 할 행동을 동명사(~하기)로 기술한다.
3. 현재를 기점으로 상담을 마칠 때 어떤 일이 일어날 것인지 구체적으로 명시한다.
4. 각 과업을 달성하기 위한 일정에 주의를 기울이면서 세부사항을 검토한다.
5. 내담자의 통제하에 있는 영역에 초점을 맞춘다.
6. 내담자의 경험에 걸맞은 예시와 은유를 사용한다.

실행계획을 수립하는 경우, 계획 실행에 포함할 사람('증인')을 정한다. 실행계획을 수립하고 나면, 내담자에게 [그림 8-8]과 같은 서약서를 작성하도록 한다. 서약서는 법적 효력은 없지만, 내담자가 실행계획에 대해 진지한 태도를 갖게 할 수 있다. 그리고 내담자와 증인이 공동 서명함으로써 실행계획의 중요성을 공유할 수 있다는 의미가 있다.

서약서

나 _____은/는 _____이 되고자 하는 나의 진로목표를 성취하기 위해 다음 사항을 실천할 것을 서약합니다.

1. _____

2. _____

3. _____

20 년   월   일

서명: _____

증인: _____

[그림 8-8] 서약서 예시

계획 실행

여섯 번째, 계획을 실행한다. 실행계획은 의도성과 자발성을 기반으로 수립되어 내담자의 삶에서 변화를 끌어내기 위한 것이다. 내담자가 계획을 실행에 옮기는 동안 상담자는 내담자에게 지속적으로 지지와 격려를 함으로써 변화를 위한 시도과정을 모니터한다. 또 필요한 경우, 가족 또는 친구들을 참여시켜 지지체계를 구축한다. 그리고 때로 내담자가 필요로 하는 직업탐색 기술, 이력서 작성법, 취업전략 등을 가르치거나 서적 또는 웹 사이트를 소개해 주기도 한다. 만일 실행계획에 수정이 필요한 경우에는 내담자에게 동의를 구함으로써 주인의식을 갖도록 한다. 계획의 실행을 통해 얻게 되는 성공경험은 내담자가 도전적으로 탐색하고 실행계획을 수립하는 데 발판이 될 수 있다.

평가

끝으로, 평가를 실시한다. 평가는 실행계획의 성취 여부, 지속적인 변화에 필요한 과업, 효과적인 개입에 관한 정보, 집중적으로 다루어야 할 사안 등을 파악하는 데 도움을 준다. 평가과정에서 진로상담자는 상담자의 태도적 자질(공감적 이해, 무조건적인 긍

정적 존중, 진솔성)을 기반으로 촉진적인 상담관계를 지속한다. 평가에 필요한 자료로
는 상담 전과 후를 비교할 수 있는 경험적 자료, 의견, 행동 등이 있다. 이에 대한 상담
자 진술의 예는 글상자 8-13과 같다.

> **글상자 8-13. 진로상담에 대한 평가방법**
>
> ○ **경험적 자료:** "오늘까지 진로의사결정척도를 보면 미해결정에서 10점 정도 낮아졌네요. 이 수
>   치는 진로선택에 대해 좀 더 확신하고 있다는 뜻인데, 이 결과에 대해 어떻게 생각하세요?"
> ○ **의견:** "지금까지 민수가 자기이해의 폭을 넓히려고 노력하고 있다는 것을 잘 알고 있어요. 가
>   치관 명료화 검사를 통해서 민수에게 중요한 것이 무엇인지에 대해서도 명확해진 것 같고요.
>   이 점에 대해 민수는 어떤 생각이 드나요?"
> ○ **행동:** "지금까지 지원서를 제출한 대학 중 면접을 요청한 대학은 몇 곳인가요?" "지난주의 면
>   접결과는 어떻게 되었나요?"

목표성취 여부에 대한 평가는 진로상담의 종결 시기에 이루어진다. 그러나 내담자
의 진척에 대한 평가는 진로상담과정에서 수시로 실시할 수 있다. 그리고 평가와 관련
된 피드백은 내담자의 목표와 연결하여 제공한다.

진로상담의 전망

진로상담의 최근 접근에서는 내담자가 타인과 형성하고 있는 다양한 종류의 관계와
담론이 진로에 대한 내담자의 의식에 어떤 영향을 주는지에 주목한다. 사회적 · 정
치적 · 경제적 담론들이 진로, 기회, 자기, 정의를 구성하는 데 얼마나 영향을 미치는
지 비판적으로 이해하지 않는 한 불확실한 세상의 변화에 내담자를 준비시킬 수 없다
(Irving, 2010, p. 51). 일례로, 관계적 · 문화적 구성주의 접근에서는 우리를 둘러싼 세
상과 상호작용하는 과정에서 사람들이 어떻게 자신들의 직업선택 및 진로경로와 관
련해서 자신을 이해하는지에 대한 관점을 형성하는 힘이 있다고 가정한다(Schultheiss,
2007). 또한 변화가 개인 내부에서 발생하는 것이 아니라 대인 간 상호작용의 기능이
고, 개인은 이러한 상호작용의 영향을 이해할 수 있으며, 편견, 인종주의, 차별 등이 자
신의 발달과 의미형성 체계에 영향을 주는지 이해할 수 있다고 가정한다.

이러한 관점에서 상담자는 점차 내담자와 새로운 이야기를 하고, 자신의 이야기가 어떻게 자신을 둘러싸고 있는 이러한 영향에 의해 형성되었는지 이해하도록 돕는다. 진로상담에서 이는 일의 세계를 이해할 때, 관계가 특정 신념체계(예, "난 잘하는 것이 없어!" "사람들은 내가 그 일을 하는 것을 못하게 할 거야!" "나는 ○○ 분야에서는 결코 성공할 수 없어!" 등)에 어떻게 스며들어 있는지 내담자가 이해하도록 돕는 것을 의미한다. 오늘날 진로상담자의 이중적인 역할은 내담자의 이야기에 귀 기울이는 것뿐 아니라 이들이 어떻게 자신들의 이야기를 발달시켰는지를 알 수 있도록 돕고, 억압받는 집단에게는 사회적 요인이 미치는 부정적인 영향을 감소시키기 위한 격려자가 되는 것을 포함한다(Del Corso & Rehfuss, 2011; Marchand, 2010; McMahon, Arthur, & Collins, 2008).

주요 개념 / 주요 개념을 확인해 볼까요?

• 진로상담	• 진로	• 진로발달
• 일	• 직무	• 직업
• 진로선택이론	• 특성요인이론	• 욕구이론
• 성격이론	• 직업적응이론	• 사회학적 이론
• 사회인지진로이론	• 사회학습진로결정이론	• RIASEC/육각형 모델
• 직업생애단계	• 진로결정이론	• 진로결정검사
• 흥미모델	• 선택모델	• 수행모델
• 우연학습이론	• 자기에 대한 일반화	• 자기관찰 일반화
• 세계관 일반화	• 진로선택발달이론	• 생애진로발달이론
• 제한타협이론	• 진로자기개념	• 아치웨이 모델
• 진로성숙	• 생애진로발달단계	• 생애역할이론
• 생애진로무지개모델	• C-DAC 모델	• 구성주의 진로상담
• 포스트모더니즘적 접근	• 해체	

심리검사

☐ 검사의 신뢰도와 타당도

☐ 지능검사

☐ 성격검사

☐ 신경심리검사

☐ 심리검사 실시과정

☐ 심리검사에 관한 쟁점

■ 주요 개념

상담전문가는 심리검사를 사용하여 개인 또는 집단을 사정 또는 평가해야 할 때가 있다. **사정**^{assessment}은 인간, 프로그램, 사물의 특성 측정에 사용되는 제반 방법이다(AERA, APA, & NCME, 1999). 이는 교육적·심리적, 또는 임상적 의사결정을 위해 양적/질적 자료 등을 통해 개인 또는 집단의 특성을 종합적으로 파악하여 판정 또는 진단하는 활동으로, '총평'으로도 불린다. 이에 비해 **평가**^{evaluation}는 처치 또는 프로그램이 목표를 달성했는지 또는 가치가 있었는지를 판단하는 작업이다. 예를 들면, 문제행동을 보이는 아동의 정상성^{normality} 여부를 가리고, 아동에게 필요한 처치를 결정하기 위한 종합적인 측정 작업이 사정이라면, 적용된 처치의 성과를 가늠해 보고 향후 서비스 방향을 설정하기 위한 작업이 평가다. 이때 흔히 면담, 관찰, 검사 같은 수단이 사용된다. 특히 심리검사^{psychological tests}는 사람들 사이에 개인차가 있다는 가정하에 개인의 심리적 특성을 양적/질적 측정을 통해 파악하는 도구다. 이 과정에서 이루어지는 **측정**^{measurement}은 추상적 구인^{construct}, 개념, 또는 변인을 수량화하는 작업 또는 과정이다. 측정에 의해 산출되는 수치는 '측정치', 측정에 사용되는 검사 또는 장치는 '측정도구'라고 한다. 또한 개인의 검사점수를 규준준거집단^{norm-referenced group}의 기준과 비교·분석하는 활동을 **심리측정**^{psychometrics}이라고 한다. 심리측정에는 주로 표준화 검사가 사용된다.

표준화 검사^{standardized test}란 검사의 제작, 실시, 채점, 해석 절차와 조건이 동일하고, 규준이 있어서 동일한 조건에 있는 사람들 간의 비교가 가능한 측정도구를 말한다. 즉, 검사실시(지시사항, 검사시간, 수검자의 질문에 대한 답변), 채점, 해석을 표준화된 절차, 즉 매번 같은 방식과 조건에서 진행되는 검사다. 여기서 규준^{norm}이란 대표집단 내의 세분화된 집단의 평균점수를 의미한다. 이는 검사결과에 대해 개인 간에 의미 있는 비교를 가능하게 해 준다(Kaplan & Saccuzzo, 2017). 검사 규준에는 한계가 있어서 오용되기도 하는데, 문화적·인종적·민족적 소수집단이 배제된 채 주류집단의 구성원들만을 대상으로 규준이 설정된 검사가 그 예다. 따라서 이러한 규준들은 주류집단에 속하지 않는 집단의 구성원들에게 직간접적인 불이익을 줄 수 있다. 표준화 검사로는 지능, 적성, 흥미, 성격, 성취, 신경심리 검사 등이 있다. 여기서는 심리검사 이해에 필요한 개념을 비롯하여 현재 임상장면에서 흔히 사용되는 지능, 성격, 신경심리 검사, 그리고 심리검사의 실시(선택, 실시, 해석)과정과 심리검사에 관한 쟁점에 관해 살펴보기로 한다.

검사의 신뢰도와 타당도

심리검사는 수검자의 심리적 특성을 측정하는 도구로, 표준화 검사가 대부분이다. 표준화 검사는 언제 측정하더라도 검사점수가 큰 차이 없이 일관되게 산출되어야 하고('신뢰도'), 측정하고자 하는 구성개념을 충실하게 측정해 준다('타당도'). 먼저, 검사의 신뢰도에 관해 살펴보면 다음과 같다.

신뢰도

신뢰도^{reliability}란 개인이 검사에 일관되게 반응하는 정도를 말한다. 즉, 특정 시간에 검사하고 나서 일정한 시간이 지난 후 동일한 또는 유사한 검사를 재시행했을 때, 검사점수가 일관되게 나타나는 정도를 의미한다. **신뢰도 계수**$^{reliability\ coefficient}$는 검사의 일관성을 나타내는 지표로, −1에서 +1 사이의 수치에서 −1과 +1은 각각 완벽한 부적 상관과 정적 상관을, 0은 상관관계가 없음을 뜻한다. 검사의 신뢰도를 확인하려면 〈표 9-1〉에 제시된 신뢰도를 사용한다.

검사는 산출된 점수가 시간 또는 검사자에 상관없이 일정하며 신뢰할 수 있음을 증명할 수 있어야 한다. 신뢰도, 일관성, 안정성 없이 평가는 타당화될 수 없다. 다시 말

〈표 9-1〉 검사 신뢰도의 종류

신뢰도	정의	신뢰도 계수
☐ 검사-재검사 신뢰도	○ 동일한 검사를 시간 간격을 두고 2회 실시하였을 때 검사점수 간의 일관성 지수	• Pearson's r
☐ 동형검사 신뢰도	○ 동일한 구인을 측정하는 2개의 동형검사 간의 일관성 지표	• Pearson's r
☐ 반분신뢰도	○ 검사를 두 부분(홀수 vs. 짝수 문항)으로 나누어 두 부분에 대한 수검자의 점수 비교를 통해 산출하는 일관성 지수	• Pearson's r
☐ 내적 합치도	○ 검사문항들이 서로 연관되어 있는 정도를 나타내는 지수	• Cronbach's α Kuder-Richardson-20
☐ 검사자 간 신뢰도	○ 독립적인 관찰자들의 수검자의 행동특성에 대한 평가가 일치하는 정도	• Pearson's r

해, 신뢰할 수 있는 검사라고 해서 반드시 그것이 타당함을 의미하지 않는다.

타당도

타당도^{validity}는 검사가 측정하려는 것을 제대로 측정하는 정도다. 검사의 타당도가 낮다면, 그 검사는 쓸모가 없다. 검사의 타당도는 특정 검사와 다른, 별개의 검사 또는 규준과의 비교를 통해 결정된다. 지능검사가 타고난 지능을 측정하는가, 아니면 문화적·교육적 경험을 측정하는가에 관한 논란은 바로 검사의 타당도에 관한 것이다. 검사의 타당성을 인정받으려면 내용, 안면, 구인, 준거, 예측, 동시, 결과 타당도 등이 충족되어야 한다(〈표 9-2〉 참조).

〈표 9-2〉 검사 타당도의 종류

타당도	정의
☐ 내용타당도	○ 검사문항이 측정하려는 내용 영역을 제대로 측정하는지의 정도 ○ 검사문항이 주어진 상황이나 수검자에게 얼마나 적절한지의 여부, 즉 검사가 측정하고자 하는 요인의 적절한 모집단의 표집을 포함하고 있는지를 나타냄
☐ 안면타당도	○ 검사가 표면적으로 원래 측정하고자 하는 것을 검사하고 있는 것으로 보이는지의 정도 ○ 검사에 따라서는 안면타당도가 없어도 유효할 수 있음
☐ 구인타당도	○ 측정문항이 검사개발자의 조작적 정의가 부여된 추상적인 심리적 속성('구성개념')을 제대로 측정하고 있는지의 정도 ○ "검사가 실제로 측정하는 것은 무엇인가?"라는 근본적인 타당도 질문을 던진다는 점에서 가장 중요함 ○ 검사의 배경이 되는 이론이나 개념의 적절성 판단에 주로 적용됨 ○ 구인타당도는 수렴타당도, 변별타당도, 요인분석으로 구할 수 있음
☐ 준거타당도	○ 특정 검사와 준거 사이의 관련성 여부를 측정하는 방법 ○ 준거타당도를 구하는 방법에는 예측타당도와 동시타당도가 있음
☐ 예측타당도	○ 검사점수가 정확하게 미래의 특정 행동 또는 사건('준거')을 예측하는 정도('예언타당도'로도 불림)
☐ 동시타당도	○ 특정 검사와 비교할 만한 검사가 있을 때, 그 검사가 첫 번째 도구와 동일한 자료를 얻는 정도
☐ 결과타당도	○ 검사결과와 검사목적과의 부합성, 검사결과의 의도적 또는 비의도적 영향 등을 분석하여 검사의 타당성을 추정하는 방법

〈표 9-2〉에서 **구인**construct은 우울, 불안 같은 추상적인 개념으로 '구성개념'이라고도 불린다. **준거**criterion는 미래의 행동 또는 다른 검사의 점수를 뜻한다. 준거타당도는 검사점수를 가지고 서로 다른 상황과 시간에 개인의 특정 기술에 대한 수행을 비교함으로써 검사의 타당성을 검증하는 것이다. 예측타당도의 예로는 수험생이 대학에서 학업을 수행할 수 있는 능력을 갖추고 있는지를 예측하기 위해 제작된 학업성취도 검사인 대학수학능력시험을 들 수 있다. 반면, 동시타당도의 경우, 미세운동기술을 측정하는 검사는 개인이 이러한 유형의 과제수행 능력과 비교함으로써 타당화될 수 있다. 만일 검사 시점에 이 준거를 이용할 수 있다면, 이 검사의 동시타당도가 측정되는 것이지만, 이 준거가 검사 시점까지 확보되지 않으면 예측타당도를 측정하게 되는 것이다 (Aiken & Groth-Marnat, 2006).

지능검사

지능검사intelligence test는 가장 먼저 제작된 심리검사이자 표준화 검사로, 개인의 지적 기능 수준과 양상을 사정하기 위한 도구다. 이 도구는 추론과 언어 능력이 요구되는 학업적 · 직업적 성취 관련 능력을 측정한다(Aiken & Groth-Marnat, 2006). 즉, 지능검사는 일반지능general intelligence을, 적성검사는 특수지능special intelligence을 측정한다. 대표적인 지능검사로는 ① 비네-시몽 정신능력검사, ② 스탠포드-비네 지능검사, ③ 웩슬러 지능검사(K-WAIS-IV, K-WISC-IV), ④ 카우프만 아동용 검사가 있다.

비네-시몽 정신능력검사

비네-시몽 정신능력검사Binet-Simon Mental Ability Scale는 1905년 프랑스의 알프레드 비네 (Alfred Binet, 1857~1911)와 테오도르 시몽(Théodore Simon, 1872~1961)이 제작한 현대적인 의미에서의 최초의 지능검사다. 이 검사는 프랑스 교육부의 요청에 따라 정신지체mental retardation에 관한 연구를 토대로 정신 기능의 개인차, 즉 학습능력이 부족하여 정규 교육과정을 따라가기 힘든 아동을 선별하여 특수교육의 기회를 제공하기 위해 제작된 객관형 검사다. 비네는 지능intelligence을 잘 판단하고, 이해하고, 추론할 수 있는 능력으로 정의하면서 정신연령mental age(MA)을 정신수행의 지표로 보았다. 따라서 이 검사에서 문항의 정답을 맞히는 것은 특정 연령에 해당하는 능력이 있음을 가리킨다.

스탠포드-비네 지능검사

스탠포드-비네 지능검사^{Stanford-Binet Intelligence Scales}는 1916년 비네-시몽 정신능력검사를 토대로 스탠포드대 교수 루이스 터먼(Lewis Terman, 1877~1956)이 개발한 지능검사다. 이 검사는 개인검사로, 주로 아동을 대상으로 사용되었다. 터먼은 비네의 정신연령 개념을 토대로 '지능지수^{Intelligence Quotient}(IQ)'를 창안했는데, IQ는 'MA(정신연령)/CA(생활연령)×100' 공식으로 산출된다. 이 방식으로 산출되는 비율지능은 논리적이면서도 단순·명확하다는 이점이 있었으나, 연령에 따라 비율지능의 표준편차가 달라지므로 연령이 다른 아동의 지능과는 비교할 수 없다는 한계가 있었다. 또한 이 검사는 초기에 언어적 수행능력의 측정에 치우쳤다는 비판을 받았으나, 지속적인 개정으로 2003년 제5판('SB-5')이 개발되었다. SB-5의 전체 지능^{Full Scale IQ}은 언어성 지능^{Verbal IQ}과 비언어성 지능^{Nonverbal IQ}으로 구성되어 있다. 이 두 가지 하위지능은 공통적으로 유동추론^{fluid reasoning}, 지식^{knowledge}, 수리추론^{quantitative reasoning}, 시공간처리^{visual-spatial processing}, 작업기억^{working memory} 등으로 이루어져 있다(Roid & Pomplun, 2005). SB-5는 성인집단과 언어사용에 제약이 있는 사람들에게도 적절한 검사라는 평을 받고 있다.

웩슬러 지능검사

웩슬러 지능검사는 데이비드 웩슬러(David Wechsler, 1896~1981)가 전체 지능에 언어적·비언어적 수행능력을 측정할 수 있도록 제작한 검사다. 웩슬러(Wechsler, 1958)는 지능을 근본적으로 성격과 분리될 수 없고, 개인이 합목적적으로 행동하고, 이성적으로 사고하며, 환경을 효과적으로 다루는 개인의 총체적·일반적인 능력으로 보았다. 웩슬러 지능검사에서는 당시로서는 혁신적인 편차지능지수^{deviation IQ}(표준점수) 개념이 도입되었다. 이 개념은 지능이 종 모양의 정규분포곡선^{normal distribution curve}처럼 분포된다는 사실에 기초한 것으로, 개인의 지적수준을 해당 연령의 집단 평균치에서 이탈된 상대적 위치로 나타냄으로써 비율지능지수의 한계를 보완했다. 성인용 웩슬러 지능검사로는 WBIS^{Wechsler-Bellevue Intelligence Scale}(1939), WAIS^{Wechsler Adult Intelligence Scale}(1955), WAIS-R(1981), WAIS-III(1997), WAIS-IV(2008)가 제작되었다. 국내에서 처음 표준화된 KWIS^{Korean Wechsler Intelligence Scale}(전용신, 서봉연, 이창우, 1963)는 K-WAIS(염태호, 박영숙, 오경자, 김정규, 이영호, 1992)를 거쳐, K-WAIS-IV(황순택, 김지혜, 박광배, 최진영, 홍상황, 2012)로 표준화되었다.

K-WAIS-IV.   K-WAIS-IV는 총 15개의 소검사로 구성되어, 전체지능지수^{Full Scale IQ}(FSIQ)와 4개의 조합점수[① 언어이해 지수^{Verbal Comprehension Index}(VCI), ② 지각추론 지수^{Perceptual Reasoning Index}(PRI), ③ 작업기억 지수^{Working Memory Index}(WMI), ④ 처리속도 지수^{Processing Speed Index}(PSI)]를 제공한다. 그러나 경우에 따라 일반능력 지수^{General Ability Index}(GAI)와 인지효능 지수^{Cognitive Proficiency Index}(CPI)가 사용된다. 종전의 언어성 IQ와 동작성 IQ는 각각 VCI와 PRI로 대체되었다. 각 소검사에 관한 설명은 〈표 9-3〉과 같다.

〈표 9-3〉 K-WAIS-IV 소검사

소검사	설명
언어이해 소검사	
☐ 공통성^{Similarity}(SI)	○ 공통 사물/개념을 나타내는 2개 단어의 유사성 기술하기
☐ 어휘^{Vocabulary}(VC)	○ 그림문항에 있는 사물의 이름을 말하고, 언어문항에서는 시각 또는 구두로 제시되는 단어의 의미를 기술하기
☐ 상식^{Information}(IN)	○ 광범위한 일반지식을 묻는 질문에 답하기
☐ 이해^{Comprehension}(CO)	○ 일반 원칙과 사회적 상황에 대한 이해를 바탕으로 질문에 답하기
지각추론 소검사	
☐ 토막짜기^{Block Design}(BD)	○ 제시된 모델과 그림, 또는 그림만 보고 제시된 시간 내에 백색과 적색 토막의 동일한 형태로 짜 맞추기
☐ 행렬추론^{Matrix Reasoning}(MR)	○ 미완성 행렬 또는 연속적인 도안들을 보고 행렬 또는 연속을 완성하는 반응을 택하기
☐ 퍼즐^{Visual Puzzles}(VP)	○ 제시된 시간 내에 완성된 퍼즐을 보고 조합하여 퍼즐과 같은 모양으로 될 수 있는 3개의 선택지를 택하기
☐ 무게비교^{Figure Weights}(FW)	○ 제시된 시간 내에 무게 균형이 맞지 않는 저울을 보고 균형을 잡기 위한 반응 선택지를 택하기
☐ 빠진곳찾기^{Picture Completion}(PCm)	○ 제시된 시간 내에 그림에서 빠진 부분을 찾기

작업기억 소검사

☐ 숫자Digit Span(DS)	○ 바로 따라 하기에서 일련의 숫자를 듣고 같은 순서로 숫자들을 회상하기 ○ 거꾸로 따라 하기에서 일련의 숫자를 듣고 반대 순서로 숫자들을 회상하기 ○ 순서대로 따라 하기에서 일련의 숫자를 듣고 순서대로 숫자들을 회상하기
☐ 산수Arithmetic(AR)	○ 제시된 시간 내에 일련의 산수문제를 머릿속으로 해결하기
☐ 순서화Letter-Number Sequencing(LN)	○ 일련의 숫자와 문자(요일)를 듣고, 각각을 순서대로(숫자는 작은 순으로, 문자는 요일 순으로) 정렬하여 회상하기

처리속도 소검사

☐ 동형찾기Symbol Search (SS)	○ 제시된 시간 내에 탐색기호를 보고 나서 표적기호들 중에 탐색기호와 동일한 것이 있으면 표시하기
☐ 기호쓰기Coding(CD)	○ 제시된 시간 내에 키를 이용하여 숫자와 짝지어진 기호를 옮겨 그리기
☐ 지우기Cancellation(CA)	○ 제시된 시간 내에 조직적으로 배열된 도형 모양들 속에서 표적 모양을 찾아 표시하기

아동용 웩슬러 지능검사로는 WISCWechsler Intelligence Scale for Children(1949), WISC-R(1974), WISC-III(1991), WISC-IV(2003)가 제작되었다. 국내에서는 KEDI-WISC(박경숙, 윤점룡, 박효정, 박혜정, 권기욱, 1991)가 처음 개발된 이후, K-WISC-III(곽금주, 박혜원, 김청택, 2001)에 이어 K-WISC-IV(곽금주, 오상우, 김청택, 2011)가 한국의 문화적 특성에 맞게 번안되었다.

K-WISC-IV. K-WISC-IV는 만 6세부터 16세 11개월까지의 아동·청소년의 인지능력을 개별적으로 평가하기 위해 개발된 검사로, 10개의 소검사(토막짜기, 공통성, 숫자, 기호쓰기, 어휘, 이해, 동형찾기, 빠진곳찾기, 상식, 산수)와 5개의 새로운 소검사(공통그림찾기, 순차연결, 행렬추리, 선택, 단어추리)로 구성되어 있다. K-WAIS-IV와 마찬가지로, K-WISC-IV 역시 전체지능지수와 4개의 조합점수(언어이해, 지각추론, 작업기억, 처리속도)를 제공하며, 각 영역은 주요 소검사와 보충 소검사로 나뉘어 있다.

오늘날 지능검사들(웩슬러 지능검사 포함)이 지능이론에 충실하지 않고, 동일 검사를 다른 연령대의 수검자에게 실시하며, 주로 좌뇌지향적이고, 처리중심보다는 내용중심이어서 교육적 처방이 어렵다는 비판이 일고 있다(김동민 외, 2013). 그러나 신경심리학이 발달하면서 지능에 대한 새로운 정의와 관점을 기반으로 새로운 지능검사들이 개발되고 있다. 전통적인 지능검사의 한계점을 보완하기 위해 개발된 검사들 가운데 대표적인 것으로는 K-ABC가 있다.

카우프만 아동용 검사

카우프만 아동용 검사$^{Kaufman\ Assessment\ Battery\ for\ Children,\ 2nd\ ed.}$(K-ABC-II)는 만 3세부터 18세까지의 아동 · 청소년의 정보처리 · 인지 능력을 측정하기 위해 개발된 개인 지능검사로, 미취학 아동부터 고등학생까지 이들의 심리, 임상, 심리교육, 신경심리적 평가를 위한 목적으로 개발되었다. 한국판 KABC- II는 문수백(2014)에 의해 표준화되어 사용되고 있다. 이 검사는 총 18개의 하위검사로 구성되어 있고, 각 하위척도는 평균 100, 표준편차 15의 표준점수를 산출한다.

💬 성격검사

성격검사$^{personality\ test}$는 개인의 기질, 태도, 가치, 선호/비선호, 감정, 동기, 대인관계 능력, 적응수준 등을 측정하는 도구다(Neukrug & Fawcett, 2015). 이 검사는 개인의 정서, 동기, 대인관계, 태도 등의 특성에 관한 정보를 제공한다. 성격검사는 수검자의 성격적 특성을 체계적으로 기술하고, 문제를 진단하며, 행동 변화를 파악할 수 있다는 점에서 개인의 성격특성 파악, 병리적 문제 진단, 행동 예측에 사용된다. 성격검사는 크게 ① 객관형 검사와 ② 투사형 검사로 나뉘지만, 다른 한편으로는 ① 자기보고식, ② 투사법, ③ 문장완성, ④ 욕구진단, ⑤ 체크리스트 형으로 구분되기도 한다.

객관형 검사

객관형 검사$^{objective\ test}$는 성격의 일부 측면을 측정하기 위해 진위형, 예/아니요 형, 다지선택형, 관련 응답을 요구하는 형태의 검사다. 이 유형의 성격검사는 주로 불안, 우울, 정신병, 자살경향성, 섭식장애, 외향-내향성, 결혼만족도 등을 측정한다. 예컨대, MBTI 같은 검사는 기질과는 관련 없는 일반적인 성격유형을 측정하는 데 비해, MMPI-II 같은 검사는 정신병, 기질의 일부, 또는 깊이 내재된 성격유형을 추정하는 데 사용된다. 객관형 검사는 내담자의 통찰 심화, 임상진단 결정 조력, 행동 예측, 법정의 요구에 따른 성격특성 확정(예, 자녀 양육권, 성희롱/성폭력, 사이코패스 판정)을 위해 사용된다. 이 검사는 간단한 소개로 대집단을 동시에 검사할 수 있어서 경제적이고, 수검자 혼자서도 검사를 완성할 수 있다. 또한 채점과 실시가 비교적 단순하고 객관적이며, 컴퓨터로 실시·채점이 가능하다는 이점이 있다. 게다가 뚜렷한 객관성과 신뢰도 역시 이 검사의 이점에 포함된다. 대표적인 객관형 성격검사로는 MMPI, MBTI, NEO-PI-R이 있다.

MMPI. 미네소타 다면적 인성검사^Minnesota Multiphasic Personality Inventory(MMPI)는 1943년 미네소타 대학교의 해더웨이^Hathaway와 맥킨리^McKinley에 의해 제작된 자기보고식 성격검사다. 이 검사는 환자집단의 반응을 기초로 문항이 선별되었다는 강점이 있는 반면, 척도 간 상관계수가 높다는 약점이 있다(박경, 최순영, 2009). MMPI는 1989년 초등학교 6학년 이상의 독해능력을 갖춘 만 18세 이상의 성인에게 실시할 수 있도록 개정된 MMPI-II와 만 18세 미만의 청소년을 대상으로 하는 MMPI-A 등 다양한 종류로 개발되었다. 이 중에서도 총 567개 문항으로, 수검자가 '그렇다/아니다/무응답' 중 하나로 반응할 수 있도록 고안된 유형이 가장 많이 사용되고 있다.

MMPI-II에는 검사문항 개선을 비롯해서 새로 개발된 재구성 임상척도, 새로운 내용척도, 타당도 척도, 성격병리 5요인 척도가 포함되었다. 재표준화된 MMPI-II는 3개의 타당도 척도와 무응답 척도(?), 10개의 임상척도로 구성되어 있다. 이 검사는 제한된 모집단을 대상으로 표준화된 MMPI와는 달리 지리학적·인종적으로 다양한 참조집단을 사용했고, 시각장애, 읽고 쓰기에 제한이 있거나 신체장애가 있는 사람에게도 적용이 가능하다. 또한 정신병리 문제가 있는 개인을 판별할 뿐 아니라 분노, 사회적 소외, A형 행동패턴, 결혼생활 부적응 같은 중요한 심리적 특성을 식별할 수 있는 기능을 갖추고 있다는 이점이 있다. 국내에서는 2005년 '한국판 MMPI-II'가 개발되었다. MMPI-II의 척도에 관한 설명은 〈표 9-4〉와 같다.

〈표 9-4〉 MMPI-II 타당도 척도와 임상척도 요약표

척도명	문항수	측정 내용
타당도 척도		
? 무응답 Cann not say	—	○ 답하지 않은 문항 또는 '그렇다' '아니다' 둘 다에 답한 문항의 합 ○ 원점수가 30점 이상이면, 임상척도의 점수를 낮출 수 있고, 신뢰할 수 없으므로 더 이상 채점하지 않음
* VRIN 무선반응 비일관성 척도 Variable Response Inconsistency	49 문항 쌍 + 67 반응 쌍	○ 수검자의 무선반응을 확인하며, 내용이 유사하거나 상반되는 문항으로 구성되어 있음 ○ T점수 80 이상이면 무효 프로파일일 개연성이 높고, 비전형(F) 척도와 함께 해석하면 유용함
* TRIN 고정반응 비일관성 척도 True Response Inconsistency	20 문항 쌍 + 23 반응 쌍	○ 수검자가 모두 '그렇다' 또는 '아니다'로 반응하는 경향을 확인하며, 내용이 상반되는 문항 쌍만으로 구성되어 있음 ○ 23개 문항 쌍 중 14개는 두 문항 모두 '그렇다-그렇다'로 응답할 때 비일관적인 반응으로 채점되고, 9개는 두 문항 모두 '아니다-아니다'로 응답할 때 비일관적인 반응으로 채점됨
L 부인척도 Lie	15	○ 방어적 수검태도를 확인하며, 대부분의 사람들이 주저 없이 인정할 만한 사소한 결점들을 '아니다'로 응답할 경우에 채점됨 ○ 점수가 높으면, 자신을 지나치게 완벽하고 이상적인 모습으로 꾸미는 것으로 해석함
F 비전형 척도 Infrequency	60	○ 응답의 비전형성, 즉 평균에서 벗어난 정도를 측정함 ○ 점수가 높으면, 정신병(망상, 환각, 심한 위축 등) 또는 심한 스트레스로 혼란스러운 감정상태를 나타내는 지표로 추측함
* F(B) 비전형-후반부 척도 Back F	40	○ 검사 후반부의 비전형적인 반응을 확인하며, 검사과정에서 수검자의 태도 변화를 알려 줌 ○ 검사 후반부에 배치되어 있고, F척도와 유사하게 무선반응, 고정반응, 심각한 정신병리, 부정왜곡에 민감함
* F(P) 비전형-정신병 리 척도	27	○ F척도에 비해 심각한 정신병리에 덜 민감한 반면, F척도의 상승이 실제 정신병적 문제에 기인하는 것인지, 의도적으로 부정적인 모습을 보이려고 하는지에 대한 판단의 근거를 제공하는 기능이 있음
* FBS 증상타당도 척도 Symptom Validity	43	○ F척도가 심각한 정신의학적 증상의 과대보고 확인에 효과적일 수 있지만, 개인 상해소송 또는 신체적 장애신청 장면에서는 타당성이 떨어진다는 약점을 보완하는 기능을 함
K 교정 척도 Correction	30	○ 보다 세련된 방어적 수검태도를 확인하며, 정상인들에게는 자아강도 또는 심리적 자원을 의미하기도 함

* S 자기과시 척도 Superlative Self-Presentation	50	○ K척도와 함께 방어성을 측정하며, 검사에 전반적으로 골고루 분포되어 있음 ○ 44개 문항이 '아니다' 방향으로 채점된다는 점에서 해석 시 TRIN척도를 고려해야 함

임상척도

척도 1 / Hs 건강염려증 Hypo-chondriasis	32	○ 신체증상과 기능이상에 대한 과도한 관심과 집착, 불안상태를 측정함 ○ 점수가 높으면, 질병 또는 신체에 대한 관심이 높고, 자기중심적·염세적이고, 미성숙하며, 요구가 많고, 수동공격적 성향이 있음
척도 2 / D 우울증 Depression	57	○ 우울감, 의기소침, 자긍심 저하, 흥미 범위 축소, 집중력 저하, 불편, 신체적 기능이상, 사회적 관계 위축 등을 측정함 ○ 점수가 높을수록, 자신과 생활환경에 대한 강한 불만을 나타냄
척도 3 / Hy 히스테리 Hysteria	60	○ 현실적 어려움 또는 갈등회피를 위한 부인의 정도와 형태를 측정함 ○ 점수가 높으면, 신체적 불편(갈등의 간접적 표현), 과장된 낙관주의가 포함된 거부양식을 나타냄 ○ 상류사회에 속하면서 지적능력과 교육수준이 높은 사람들은 점수가 높은 경향이 있음
척도 4 / Pd 반사회성 Psychopathic Deviate	50	○ 가정불화, 권위와의 불화, 자기소외와 사회적 소외, 사회적 안정성 등 전반적인 사회적응의 정도를 측정함 ○ 점수가 높으면, 평소에는 첫인상이 좋고 매력적으로 행동하나, 스트레스를 받거나 일관되고 책임 있는 행동이 요구되는 상황에서는 반사회적 행동을 하고, 발각되어도 죄책감을 느끼지 않는 상태를 나타냄
척도 5 / Mf 남성성-여성성 Masculinity-Feminity	56	○ 남녀의 전통적 역할과 흥미에 관한 문항에 동의하는 정도를 측정함 ○ 직업 및 취미에 대한 관심, 심미적·종교적 취향, 능동성-수동성, 대인 민감성 등에 관한 문항으로 구성됨 ○ 남성용, 여성용으로 나누어 개별 해석이 이루어짐
척도 6 / Pa 편집증 Paranoia	60	○ 피해의식, 과민성, 신경증적 특성, 순진성, 경직성 등을 측정함 ○ T점수가 60~70은 대인간 민감성이 높음을 나타내지만, 70 이상은 민감성이 다른 사람이 악의를 가지고 있고, 이들을 경계할 필요가 있다고 느끼는 상태로 해석함
척도 7 / Pt 정신쇠약/강박증 Psychasthenia	48	○ 만성적인 비정상적 공포, 강박적 불안, 자기비판, 자신감 저하, 주의력 저하, 과민성, 우유부단, 죄책감을 측정함 ○ 불안과 자기불신을 가장 잘 측정할 수 있는 임상척도임

척도 8 / Sc 조현병 Schizophrenia	78	◯ 다양한 사고, 감정, 행동 등의 장애로, 외부현실에 대한 해석 오류, 망상, 환각 등을 측정함 ◯ 다양한 요인에 의해 점수가 높아질 수 있다는 점에서 단독 해석이 가장 어려운 척도임
척도 9 / Ma 조증 Hypomania	46	◯ 정신적 에너지 수준을 측정함 ◯ 점수가 높을수록 사고의 다양성, 비약과 과장성(인지), 과잉활동과 안절부절(행동), 불안정성, 흥분, 민감성, 기분고양(정동)을 의미함
척도 0 / Si 사회적 내향성 Social Introversion	69	◯ 다른 사람과 함께 있는 것을 좋아하는지, 혼자 있는 것을 좋아하는지를 측정함 ◯ 점수가 높을수록, 수줍어하고 사회적 기술이 부족하며, 사회적 상호작용에서 불편해하고 대인관계를 기피하는 것으로 해석함

주. * 표시된 척도는 MMPI-II에서 새로 추가된 타당도 척도임. VRIN척도, TRIN척도는 비일관적 반응 척도임. F척도, F(B)척도, F(P)척도는 비전형 반응 척도로, 수검자의 무작위 반응 또는 고정반응, 심각한 정신병적 문제, 또는 자신을 고의적으로 나쁘게 나타내려는 시도faking bad를 확인함. L, K, S 척도는 방어성 척도로, 수검자가 자신을 과도하게 긍정적으로 보이고자 자신의 문제를 축소시켜 보고하는 시도를 확인할 수 있음. 수검자의 이러한 시도는 임상척도, 내용척도, 보충척도 등의 점수를 왜곡시킬 수 있음.

MMPI-II의 결과해석 절차는 글상자 9-1과 같다(Butcher, 1995).

글상자 9-1. MMPI-II의 결과해석 절차

1. MMPI-II의 역사에 관한 정보를 제공한다.
2. MMPI-II 척도의 개발 및 MMPI와 MMPI-II에 관한 경험적 문헌이 다수 있음을 간략히 설명한다.
3. 타당도 척도와 이 척도의 기능에 관해 간략히 설명한다.
4. MMPI-II 프로파일을 기초로 생성한 임상적 가설을 설명하고, 수검자가 자신을 어떻게 제시하고 현재 문제를 보고 있는지 설명한다.
5. 내용척도에서 유의한 상승이 있는 경우, 이에 관해 논의한다.
6. 수검자가 점수와 관련하여 궁금해하는 점 및/또는 혼란스러워하는 점에 관해 명확히 설명해 준다.
7. 수검자가 검사결과에 대해 느낀 점과 자신의 경험과의 일치 여부를 논의한다.

MBTI. 마이어스-브릭스 성격유형검사Myers-Briggs Type Indicator(MBTI)는 칼 융(Carl Jung, 1875~1961)의 성격이론을 토대로 제작된 성격검사로, 진로·결혼·가족 상담, 기업의 팀워크 강화 상담 등 다양한 장면에서 널리 사용되고 있다(Vacha-Hasse & Thompson, 2002). 이 검사는 감정과 행동에 관한 168개 문항으로 구성되어 있는데, 두 가지 보기 중 개인이 더 선호하는 것을 체크하도록 되어 있다. MBTI는 4개 차원[① 외향Extroversion(E) vs. 내향Introversion(I), ② 감각Sensing(S) vs. 직관Intuition(N), ③ 사고Thinking(T) vs. 감정Feeling(F), ④ 판단Judgment(J) vs. 인식Perception(P)]의 양극성 척도로 구성되어 있다(〈표 9-5〉 참조).

〈표 9-5〉 MBTI의 4개 차원

차원	기능
☐ 외향/내향	○ 인식 또는 판단이 외부/내부로 향하는가?
☐ 감각/직관	○ 사물을 지각할 때 주로 어떤 인식체계에 의존하는가?
☐ 사고/감정	○ 의사결정 시, 어떤 종류의 판단체계를 주로 선호하는가?
☐ 판단/인식	○ 외부 세계에 대해 판단적 태도(사고/감정) 또는 인식적 태도(감각/직관)를 주로 사용하는가?

〈표 9-5〉에 제시된 것처럼, MBTI에서는 4개 차원을 조합하여 총 16개 성격유형으로 나눈다. 이러한 성격유형은 수검자가 주변 환경을 어떻게 인식하고 상호작용하는지에 대한 정보를 제공한다.

NEO-PI-R. NEO 성격검사 개정판Personality Inventory-Revision(NEO-PI-R)은 5요인 모델Five-Factor Model(FFM; Goldberg, 1993)에 기초한 자기보고식 성격특징검사다. 이 검사는 5개 요인(① 신경증적 경향성Neuroticism, ② 외향성Extraversion, ③ 개방성Openness to experience, ④ 친화성Agreeableness, ⑤ 성실성Conscientiousness)으로 구성되어 있다. 각 영역에는 여러 측면을 대표하는 성격특질을 나타내는 6개 하위요인이 있다. NEO-PI-R은 총 240문항(30개 측면별 8문항/5개 영역별 48문항)으로 되어 있는데, 수검자는 각 문항에 대해 5점 척도(① 전혀 그렇지 않다, ② 그렇지 않다, ③ 보통이다, ④ 그렇다, ⑤ 매우 그렇다)로 평정한다. NEO-PI-R 문항의 거의 절반이 역채점문항으로 되어 있어서 수검자의 불성실한 응답의 가능성을 예방할 수 있다는 장점이 있다. 다만, 수검자의 수검태도를 측정하는 타당도 척도가 3개 문항으로 되어 있다는 한계가 있다. 이 3개 문항은 각각 정직하고 정확하게 반응했는지, 모든 문항에 답했는지, 그리고 답을 정확한 위치에 기입했는지를 평가한다.

투사형 검사

투사형 검사^{projective test}는 비체계적 자극(예, 모호한 그림, 잉크반점)에 대한 개인의 반응에 따른 성격특성을 파악하는 검사다. 이 검사에 제시되는 자극은 개인의 의식적·무의식적 요구, 욕구, 선호성, 추동, 고심을 나타내는 것으로, 검사자는 수검자의 폭넓은 반응을 허용한다. 투사법은 비교적 오랜 역사를 가지고 있다. 특히 윌리엄 스턴^{William Stern}은 영국의 작가 윌리엄 셰익스피어^{William Shakespear}가 밝힌 구름의 투사적 성질을 검사자극으로 활용했다. 그 후, 프랜시스 갈튼 경^{Sir Francis Galton}(1879)은 단어연상법을, 크래펠린^{Kraepelin}은 단어를, 비네와 앙리(Binet & Henri, 1896)는 그림을, 그리고 아들러는 초기기억을 투사도구로 사용했다. 여기서는 대표적인 투사형 검사인 ① 로르샤흐 잉크반점검사(RIT), ② 주제통각검사(TAT), ③ 문장완성검사(SCT), ④ 집·나무·사람 검사(HTP)에 관해 살펴보기로 한다.

RIT.　　로르샤흐 잉크반점검사^{Rorschach Inkblot Test}(RIT)는 1921년 정신과 환자의 성격적 특성 평가를 통한 정신병리의 감별진단을 위해 스위스의 정신건강 전문의, 헤르만 로르샤흐(Hermann Rorschach, 1884~1922)가 좌우 대칭인 잉크반점으로 제작하여 자신의 저서 『심리진단^{Psychodiagnostik}』에 소개한 투사형 검사다. 이 책에서 그는 사람들이 모호한 검사자극에 반응할 때, 실제 생활경험에 대한 반응을 드러낸다고 밝혔다. 이 검사가 미국에 소개되면서, 1935년 모건과 머레이의 주제통각검사(TAT) 개발의 기초가 되었다. RIT는 성격의 인지, 정서, 자기상, 대인관계 등에 대해 종합적인 정보를 제공한다는 이점이 있다. 이 검사는 엑스너(Exner, 1993)가 로르샤흐 종합체계^{The Rorschach: A Comprehensive System}를 개발하면서 표준화된 체계를 갖추게 되었다. RIT는 총 10장의 카드로 구성되어 있다. 이 중 5장(I, IV, V, VI, VII번 카드)은 흑백, 2장(II, III번 카드)은 흑백과 붉은색이 혼합되어 있고, 나머지 3장(VIII, IX, X번 카드)은 여러 색으로 혼합되어 있다. 카드에는 공통적으로 모호한 그림이 그려져 있어서 이를 통해 수검자의 성격적 특성을 탐색할 수 있게 되어 있다

[그림 9-1] 로르샤흐 잉크반점검사의 예시

([그림 9-1] 참조).

검사실시를 위해 검사자는 로르샤흐 카드세트, 반응기록지, 반응영역기록지, 필기도구를 준비한다. 검사자는 수검자와 옆으로 나란히 앉거나 90도 방향으로 앉아서 검사에 관해 간략하게 설명한다. 그런 다음, 첫 번째 카드를 제시하면서 지시문을 말해 준다("무엇이 보이는지, 이것이 무엇처럼 보이는지 말씀해 주세요. 옳거나 그른 답은 없습니다. 단지 이것이 무엇처럼 보이는지 말하면 됩니다."). 임상가는 나머지 카드도 순서대로 실시한다. 임상가는 그림에 대한 수검자의 말과 표현을 그대로 기록한다. I번에서 X번까지의 그림을 모두 보고 나면, 검사자는 표준화된 지시를 한다("지금까지 카드 10장에 대해 잘 대답해 주셨어요. 이제 카드를 다시 한번 보면서 당신이 본 것을 나도 볼 수 있도록 말씀해 주세요. 내가 당신이 말했던 것을 그대로 읽으면, 그것을 어디에서 그렇게 보았는지, 어떻게 해서 그렇게 보게 되었는지 설명해 주세요.").

검사자는 I번 카드부터 제시하면서 "조금 전에 이 카드를 보고 ~라고 말씀하셨어요."라는 말로 수검자의 반응을 그대로 들려준다. 검사자는 수검자의 말을 반응기록지에 기록하면서 수검자가 가리키는 반점의 위치를 반응영역기록지에 표시한다. 이 작업을 통해 검사자는 ① 반응 위치(어디서 그렇게 보았는지), ② 반응 결정요인(무엇 때문에 그렇게 보게 되었는지), ③ 반응 내용(무엇으로 보았는지)에 관한 정보를 수집한다. 검사 채점은 수검자의 반응을 기호로 변환 · 기록한 후, 각 기호의 빈도, 백분율, 비율, 특수점수 등을 산출하여 이를 수치로 요약하는 구조적 요약과정을 거친다. 이를 토대로 수검자의 성격특성과 병리상태에 대해 해석을 한다. 채점의 원칙은 수검자가 반응단계에서 응답할 시점에 일어난 인지작용을 채점해야 한다는 것과 반응단계에서 나타난 모든 요소를 대상으로 해야 한다는 것이다. 로르샤흐 종합체계의 채점을 위한 주요 항목은 〈표 9-6〉과 같다.

〈표 9-6〉 로르샤흐 종합체계의 채점항목

채점항목	확인질문
□ 반응 위치	○ 반응의 어떤 부분에 반응했는가?
□ 반응 위치의 발달수준	○ 위치반응은 어떤 발달수준을 나타내는가?
□ 반응의 결정요인	○ 반응 결정에 영향을 미친 반점은 어떤 특징이 있는가?
□ 형태수준	○ 반응 내용이 자극의 특징에 적절한가?
□ 반응 내용	○ 반응 내용은 어떤 내용 범주에 속하는가?

☐ 평범반응	○ 흔히 나타나는 반응인가?
☐ 조직활동	○ 자극을 어느 정도 조직화하여 반응했는가?
☐ 특수점수	○ 언어반응은 얼마나 특이한가?
☐ 쌍반응	○ 사물을 대칭적으로 지각했는가?

로르샤흐 잉크반점검사의 해석적 단서 예시는 〈표 9-7〉과 같다.

〈표 9-7〉 로르샤흐 잉크반점검사 해석적 단서 예시

반응		해석적 단서
☐ 형태의 과도한 사용	☞	관습성 암시
☐ 평범하지 않은 반응·나쁜 형태	☞	정신증 암시
☐ 색채	☞	정서성
☐ 좋은 형태 결여	☞	충동성 암시
☐ 반점 전체 사용	☞	통합과 적절한 조직화에 대한 관심
☐ 세부의 과도한 사용	☞	강박행동 또는 강박사고와의 연합 가능성
☐ 작은 동물 묘사	☞	수동성 암시
☐ 피, 집게발, 이빨, 이와 유사한 형상	☞	적대감 또는 공격성 암시
☐ 카드를 돌리거나 뒷면 검토	☞	의심

TAT.   주제통각검사$^{\text{Thematic Apperception Test}}$(TAT)는 1935년 하버드 대학교의 헨리 머레이(Henry A. Murray, 1893~1988)와 크리스티아나 모건(Christiana D. Morgan, 1897~1967)이 모호한 그림자극을 통해 그림 속 인물의 활동, 생각, 느낌을 기술하는 이야기를 구성하도록 함으로써 수검자의 성격특성을 측정하는 투사형 검사다. 그 후, 3회의 개정을 통해 1943년에 완성된 31개의 도판이 오늘날까지 사용되고 있다. 여기서 **통각**^{apperception}이란 자극특성에 의지하는 요인과 개인의 선행경험만을 기반으로 대상을 인식하는 방식이 결합·작용하여 지각, 이해, 추측, 상상으로 이어지는 심리적 작용을 말한다. TAT의 기본가정은 개인은 대상지각 과정을 통해 자극 내용을 있는 그대로 받아들이지만, 개인별로 이해, 해석, 상상을 통해 받아들이기도 한다는 것이다. 이로써 TAT는 사람들이 모호한 상황을 자신의 과거 경험과 현재의 욕구에 따라 해석하는 경

향, 그리고 이야기를 통해 감정과 욕구를 의식적 · 무의식적으로 표현하는 경향성을 이용하여 개인의 성격특성에 관한 정보를 얻을 수 있다. TAT에서 그림자극에 대한 수검자의 상상에 의한 이야기는 개인의 욕구^{need}와 환경적 압력^{pressure}(성취, 친애, 의존, 권력, 성 등)의 결합으로, 실생활에서 발생하는 일의 역동적 구조다(Murray, 1943). 로르샤흐 잉크반점검사가 추상적 자극(잉크반점)을 통해 원초적인 욕구와 환상 도출에 초점을 맞추고 있다면, TAT는 인물이 등장하는 모호한 그림자극을 통해 대인관계의 역동 파악에 중점을 둔다. TAT 검사과정에서 수검자는 자신의 과거 경험, 상상, 욕구, 갈등을 투사하게 되면서 성격특성, 발달배경, 환경과의 상호작용 방식 등을 드러내게 된다.

◢ 글상자 9-2. TAT 검사의 회기별 지시사항

[1회기] "지금부터 여러 장의 카드를 보여 드리겠어요. 그림을 보면서 극적인 이야기를 만들어 보세요. 그림에 등장하는 사람이 누구이고, 무엇을 하고 있으며, 어떤 생각과 감정상태에 있고, 이 장면이 있기까지 어떤 일이 있었는지, 현재 어떤 일이 일어나고 있는지, 또 어떻게 될 것 같은지 말해 보세요. 카드마다 약 5분 정도로 이야기하면 됩니다. 자, 이해하셨나요?"

[2회기] "오늘 검사방법은 지난번 것과 동일합니다. 단지 좀 더 자유롭게 상상해 보도록 하세요. 상상력을 마음껏 발휘해 보기 바랍니다."

[그림 9-2] TAT 인물 그림 예시

TAT는 모호한 인물 그림이 그려진 카드 30장과 백지 카드 1장을 포함하여 총 31장으로 구성되어 있다. TAT 인물 그림의 예시는 [그림 9-2]와 같다.

카드의 뒷면에는 성인남성(M), 성인여성(F), 남아(B), 여아(G) 등이 표기되어 있다. 검사는 총 2회기로 나뉘어 실시하되, 적어도 하루 정도의 간격을 둔다. 첫 회기에는 10장의 카드를 수검자에게 공통으로 실시한 다음, 나머지 10장은 성별 및 연령에 따라 선택 · 실시한다. 따라서 개인별로 총 20장의 그림을 보게 된다. 가장 일반적으로 사용되는 TAT 해석방법은 욕구-압력 분석법이다. 이는 개인의 욕구와 환경적 압력 사이의 상호작용 결과 분석을 통해 개인의 심리적 상황을 평가하는 방법이다. 욕구-압력 분석법의 TAT 해석과정은 글상자 9-3과 같다.

글상자 9-3. TAT의 욕구-압력 분석법 해석과정

1. 주인공 확인
2. 환경적 압력 분석
3. 주인공의 반응에서의 욕구 분석
4. 주인공의 애착 대상 분석
5. 주인공의 내적 심리상태 분석
6. 주인공의 행동표현 방식 분석
7. 사건의 결말 분석

TAT 반응은 개인의 순수한 지각과정이라기보다 선행경험에 의해 지각이 왜곡되고 공상적 체험이 혼합되는 통각적 과정이라는 머레이의 입장을 같이한 벨락(Bellak & Bellak, 1949)은 만 3~10세 아동을 대상으로 하는 '아동용 주제통각검사Children's Apperception Test(CAT)'를 제작하였고, 1952년 수정판을 출판했다. 한국판 아동용 주제통각검사는 1976년 김태련, 서봉연, 이은화, 홍숙기에 의해 표준화되었다. CAT의 특징은 동물판이 있어서 아동이 자극 그림에 더 쉽게 동일시할 수 있게 제작되었지만, 해석방법은 TAT와 크게 다르지 않다는 것이다.

SCT.   문장완성검사Sentence Completion Test(SCT)는 일련의 미완성 문장(자극문장)을 읽고 떠오르는 생각을 적도록 하는 투사형 검사다. 이는 레이먼드 커텔(Raymond Cattel, 1905~1998)의 단어연상검사Word Association Test를 기반으로 개발되었다. 이 검사는 형식적 특성(반응시간, 단어 수, 표현의 정확성, 질, 수식어구, 단순성, 강박성, 장황성 등)과 내용적 특성(정서, 강도, 소극성, 상징성 등)에 대한 분석이 가능하다. SCT의 4개 영역과 예시문항은 글상자 9-4와 같다.

글상자 9-4. 문장완성검사의 4개 영역과 예시문항

1. 가족 영역: 부, 모, 가족에 관한 태도
   (예, 내가 바라기에 아버지는 _____.)
2. 성 영역(이성관계 포함): 남, 여, 결혼, 성적 관계에 관한 태도
   (예, 내 생각에 여자들은 _____.)

3. **대인관계 영역**: 친구, 지인, 권위자 등 가족 외의 사람들에 대한 감정 또는 자신에 대해 타인이
   어떻게 느끼는지에 관한 생각 측정
   (예, 내가 없을 때 친구들은 _____ .)
4. **자기개념 영역**: 자신의 능력, 과거, 미래, 두려움, 죄책감, 목표 등에 관한 태도
   (예, 나의 평생에 가장 하고 싶은 일은 _____ .)

SCT는 개인과 집단 모두에게 실시할 수 있고, 대략 20~40분 정도의 시간이 걸린다. 검사자는 수검자의 검사 시작과 종결 시간을 기록한다. 불안수준이 높은 수검자에게 는 문항을 읽어 주고 수검자가 답한 것은 검사자가 대신 기록하기도 한다. 이 방법은 수검자의 반응시간, 표정 또는 목소리의 변화, 수검태도 등을 관찰할 수 있다는 이점이 있다.

HTP. 집·나무·사람 검사House-Tree-Person Test(HTP)는 1948년 존 벅John Buck이 고안한 것으로, 각각 집, 나무, 사람을 그리게 함으로써 수검자의 성격, 행동패턴, 대인관계적 경험을 이해하기 위한 투사적 그림검사다. 이 검사는 기존에 있던 굿이너프-해리스Goodenough-Harris의 인물화 성격검사Draw-a-Person Test(DAP)에 집과 나무를 추가한 것이다. 그림은 인간의 기본 언어로서, 사람은 그림을 통해 자신이 의식하지 않은 모습 또는 되고 싶은 모습을 드러내는 경향이 있다. 특히 집, 나무, 사람은 누구에게나 친숙하면서도 상징성이 강한 대상이다. **집**은 수검자의 가정생활과 가족 간의 관계에 관한 인상을 나타낸다. **나무**와 **사람**은 공통적으로 성격의 핵심적인 갈등과 방어를 상징적으로 나타낸다. 전반적으로, 사람 그림이 의식적 측면을 반영한다면, 나무 그림은 무의식적 감정을 반영한다. 나무가 자기노출에 대한 방어의 필요성을 덜 느끼게 하기 때문에 수검자는 흔히 나무에 금지된 감정을 투사한다. 반면, 사람은 자기개념 또는 신체상을 나타내지만, 때로 상황에 대한 태도 또는 감정을 반영한다. HTP 검사는 ① 그림단계, ② 질문단계, ③ 해석단계 순으로 진행된다.

첫 번째, **그림단계**에서 검사자는 A4용지 4매, 연필, 지우개를 준비한 후, 수검자에게 "지금부터 그림을 그려 보겠어요. 잘 그리고 못 그리는 것은 상관없으니 자유롭게 그리세요."라고 말한다. 그런 다음, A4용지 1매를 수검자에게 가로로 제시하며, "여기에 집을 그려 보세요."라고 말하고 그리는 시간을 잰다. 수검자가 집을 그리고 나면, 두 번째 종이는 세로로 제시하면서 "이번에는 나무를 그려 보세요."라고 말하고 나서 그

리는 시간을 잰다. 수검자가 나무를 그리고 나면, 세 번째 종이를 세로로 제시하면서 "사람을 그려 보세요."라고 말하고는 그리는 시간을 잰다. 만일 얼굴만 그리는 수검자가 있다면, 전신을 그리게 한다. 또 만화 캐릭터 또는 뼈대만 그리는 경우, 온전한 사람을 그리게 한다. 수검자가 사람 그림을 완성하고 나면, 네 번째 종이를 세로로 제시하면서 방금 그린 그림의 반대 성의 사람을 그리게 하고("이번에는 '남자/여자'를 그려 보세요."), 그리는 시간을 잰다. 검사과정에서 검사자는 수검자의 말과 행동을 관찰·기록한다. 이 기록은 모호한 상황에서의 수검자의 대처방식에 대한 단서를 제공한다는 점에서 중요하다.

두 번째, **질문단계**에서는 수검자가 그린 각각의 그림에 대해 질문한다. 이때 일정한 형식은 없고 다만 수검자에게 적합한 질문을 한다. 이는 그림에서 수검자가 나타내는 개인적 의미, 즉 현상적 욕구 또는 압력 투사 등을 탐색하기 위함이다. HTP 검사의 질문단계에서 사용하는 질문의 예는 글상자 9-5와 같다.

 글상자 9-5. HTP 검사의 질문단계에서 사용하는 질문의 예

> **집/House(H)**
> 1. 이 집에는 누가 살고 있나요?
> 2. 이 집에 살고 있는 사람은 어떤 사람(들)인가요?
> 3. 집안 분위기는 어떤가요?
> 4. 당신이라면 이 집에서 살고 싶을 것 같나요?
> 5. 더 그리고 싶은 것이 있나요?
> 6. 그리고 싶은 대로 잘 그려졌나요? 그리기 어렵거나 잘 그려지지 않은 부분이 있나요?
> 7. (이해하기 힘든 부분을 가리키며) 이것은 무엇이죠? 이것을 그린 이유는 무엇인가요?
>
> **나무/Tree(T)**
> 1. 현재 어떤 계절인가요?
> 2. 어떤 나무인가요?
> 3. 나무는 몇 살 정도 되었나요?
> 4. 나무의 건강상태는 어떤가요?
> 5. 나무는 어디에 있나요?
> 6. 나무의 주변에는 무엇이 있나요?
> 7. 이 나무가 사람처럼 느낄 수 있다면, 현재 이 나무의 기분은 어떨까요?
> 8. 나무에게 소원이 있다면 무엇일까요?

9. 앞으로 이 나무는 어떻게 될 것 같나요?

10. 더 그리고 싶은 것이 있나요?

11. 그리고 싶은 대로 잘 그려졌나요? 그리기 어렵거나 잘 그려지지 않은 부분이 있나요?

12. (이해하기 힘든 부분을 가리키며) 이것은 무엇이죠? 이것을 그린 이유는 무엇인가요?

사람/Person(P)

1. 이 사람은 무엇을 하고 있나요?

2. 이 사람은 몇 살인가요?

3. 이 사람의 직업은 무엇인가요?

4. 이 사람은 지금 기분이 어떤 것 같나요?

5. 이 사람은 무슨 생각을 하고 있을까요?

6. 이 사람의 삶에서 가장 좋았던 일은 무엇일 것 같나요? 이 사람이 가장 힘들었을 때는 언제였을 것 같나요?

7. 이 사람의 성격은 어떨 것 같나요? 이 사람의 장점과 단점은 무엇인가요?

8. 이 사람을 좋아하세요?

9. 이런 사람이 되고 싶나요?

10. 이 사람과 친구가 되고 싶나요?

11. 그림을 그리면서 누구를 떠올렸나요?

12. 당신은 이 사람을 닮았나요?

13. 더 그리고 싶은 것이 있나요?

14. 그리고 싶은 대로 잘 그려졌나요? 그리기 어렵거나 잘 그려지지 않은 부분이 있나요?

15. (이해하기 힘든 부분을 가리키며) 이것은 무엇이죠? 이것을 그린 이유는 무엇인가요?

HTP 검사결과는 구조적 요소와 내용적 요소의 두 가지 측면을 고려하되, 수검자의 과거사와 면담 등을 통해 수집된 자료와 임상적 인상을 기초로 해석되어야 한다. 다른 투사형 검사들과 마찬가지로, HTP 검사 역시 타당도와 신뢰도에 대한 논란이 있었으나, 여전히 임상장면에서 널리 활용되고 있다. 이 검사의 이점은 글상자 9-6과 같다.

 글상자 9-6. HTP 검사의 이점

1. 실시가 용이하다.

2. 검사시간이 짧은 편이다.

3. 즉석 해석이 가능하다.

> 4. 수검자의 투사를 직접 관찰할 수 있다.
>
> 5. 지능, 연령, 예술적 재능에 제한받지 않는다.
>
> 6. 언어표현에 한계가 있는 사람에게도 적용이 가능하다.
>
> 7. 망상이 있는 환자에게는 욕구 해소의 수단으로서 치료적 효과가 있다.

HTP 검사는 연필과 종이만으로 실시할 수 있다는 이점이 있다. 또한 보통 20~30분 정도 소요되고, 즉석 해석이 가능하다는 점에서 경제적·실용적이다. 그리고 외국인, 문맹자, 지나치게 수줍어하거나 억압이 심한 아동에게도 적용이 가능하다. 게다가 지능, 연령, 예술적 재능에 상관없이 실시할 수 있을 뿐 아니라 망상이 있는 환자에게는 치료적 효과를 얻을 수 있다는 이점이 있다.

세 번째, **해석단계**에서 검사자는 그림의 구조적 요소와 내용적 요소로 구분하여 검사해석을 한다. 표현적 요소라고도 불리는 **구조적 요소**에는 ① 검사태도와 소요시간, ② 순서, ③ 지우개 사용, ④ 위치, ⑤ 선의 강도, ⑥ 크기, ⑦ 그림의 선, ⑧ 세부묘사, ⑨ 왜곡, ⑩ 투명화가 포함된다. **내용적 요소**로는 ① 집(지붕, 벽, 문, 창문, 굴뚝, 진입로와 계단, 기타 부속물 등), ② 나무(둥치, 가지, 수관, 뿌리, 잎, 나무껍질 등), ③ 사람(머리, 얼굴, 사지, 기타 신체 부위, 인물에 대한 조망, 의상 등)을 해석 대상으로 삼는다.

신경심리검사

상담전문가는 임상현장에서 심리적 원인으로 인해 기능손상을 나타내는 내담자뿐 아니라 기질적인 손상으로 인해 신경심리학적 문제가 있는 내담자를 만날 수 있다. 각종 사고로 인한 뇌손상 또는 후천성 뇌질환에 의한 영향과 후유증 등으로 인해 상담실을 찾는 내담자에 대해 상담자는 내담자 또는 보호자로부터 증상과 불편감에 대한 정보를 수집하여 시의적절한 도움을 구하도록 도와야 할 것이다. **신경심리학**neuropsychology 이라는 말은 1936년 칼 래쉴리Karl Lashley가 창안한 것으로, 신경심리평가는 주로 후자에 해당하는 선천적 또는 후천적 뇌손상과 뇌기능 장해 진단에 사용된다. 신경심리검사는 ① 진단적 목적(행동 변화를 초래하는 뇌손상 여부, 손상이 드러나는 기능 영역 파악, 뇌병변의 위치 확인), ② 병의 진행 과정과 속도 및 호전/악화 여부의 평가, ③ 연구 및 법적 문제와 관련된 평가를 목적으로 한다(김재환 외, 2014). 신경심리검사는 주로 7개 영역에 대한 평가에 초점을 맞추고 있다. 각 영역에 대한 설명은 〈표 9-8〉과 같다.

〈표 9-8〉 신경심리검사 영역

영역	설명
1. 지능	○ 지적 능력의 저하는 뇌손상의 결과로 가장 일반적으로 나타나는 현상임
2. 기억 · 학습	○ 지능저하와 함께 뇌손상으로 인해 발생하는 대표적인 손상에 속함 ○ 기억력 장해는 역행성 기억상실(손상 전 과거의 사건 또는 지식을 상실함)과 순행성 기억상실(손상 후 새로운 사건 또는 사실의 학습곤란)로 인한 학습능력저하로 나뉨
3. 언어	○ 주로 실어증^{aphasia} 또는 언어기능장애^{dysphasias}로 나타남 ○ 주로 단어 명명, 유창성, 반복, 쓰기, 이해력에 대한 평가를 통해 파악됨[예, 1997년에 개발된 한국판 보스톤 이름대기 검사$^{Korean\ version-Boston\ Naming\ Test}$(K–BNT)]
4. 주의력	○ 주로 뇌손상 환자가 기능저하를 보이는 영역으로, 기본적인 인지기능 수준으로 판정되나, 단일 검사로 다양한 주의력을 동시에 평가하기는 어려움
5. 시각구성능력	○ 자극의 재구성을 위해 자극 부분들의 공간적 관계를 정확하게 지각하는 능력과 각 부분을 전체로 조직화하는 능력, 그리고 실제적인 운동능력이 요구됨
6. 집행 기능	○ 개념을 형성 · 추론하여 문제를 해결하거나 계획하고 상황에 맞는 판단과 적절한 행동을 하도록 하는 고차적인 기능임 ○ 집행 기능이 손상되면, 기초적인 인지 기능이 보존되어 있어도 사회적으로 적응행동을 하는 데 상당한 어려움을 겪게 됨
7. 정서 · 성격	○ 신경심리평가에서 간과되기 쉬우나 실제로는 신경학적 손상에 의해 가장 일반적으로 나타나는 증상 중 하나임 ○ 정서 또는 성격의 변화는 뇌손상의 직접적인 결과로 나타날 수 있으나, 개인의 기능저하 또는 사고경험과 관련된 이차적인 변화일 수 있음

💬 심리검사 실시과정

심리검사는 ① 검사선택, ② 검사실시, ③ 검사해석, ④ 검사보고서 작성 순으로 이루어진다.

검사선택

심리검사의 선택은 검사목적에 합당한 검사의 특성과 조건에 따라 이루어진다. 개인의 심리적 특성은 다면적인 특성이 있다. 아무리 잘 만들어진 심리검사라도 구인construct의 일면만을 측정한다는 한계가 있다. 이러한 한계를 보완하기 위해 임상장면에서는 종종 서로 다른 각도에서 구인을 조망할 수 있게 제작된 일련의 검사를 선정·사용한다. 이렇게 선정된 일련의 검사를 검사 배터리라고 한다. 즉, **검사 배터리**test battery란 개인 또는 집단의 특성을 파악하기 위해 선정된 2개 이상의 측정도구를 말한다. 예를 들어, 상담과정에서 상담자가 내담자의 성격적 특성을 사정assessment하기 위해 MMPI-II(객관형 검사), TAT, SCT(투사형 검사)를 사용했다고 하자. 이 경우, 상담자가 사용한 검사 배터리는 MMPI-II와 TAT가 된다.

또한 **풀 배터리**full battery란 개인의 정신건강상태 또는 심리적 특성을 종합적으로 파악하기 위해 사용되는 일련의 측정도구를 말하며, '**종합심리검사**'로도 불린다. 이 검사의 목적은 개인의 행동, 사고, 정서 문제의 유무와 심리상태를 파악하여 조기 진단과 치료를 가능하게 하는 것이다. 이는 휴먼도크Human Dock, 즉 항해를 마친 선박이 부두에 들어와 점검받는 것처럼, 인간도 일정한 기간마다 건강상태를 점검해야 한다는 비유에서 비롯된 종합신체건강검진과 유사한 개념이다. 일반적으로 종합심리검사에는 웩슬러 지능검사, MMPI-II/MMPI-A, TAT/CAT, RIT, SCT, HTP 및/또는 BGT, 그리고 필요에 따라 한국판 치매평가검사, 한국판 보스톤 이름대기 검사 같은 신경심리검사가 포함된다. 상담과정에서 심리검사를 사용하는 경우, 상담자가 알고 있어야 할 사항은 글상자 9-7과 같다(Kaplan & Saccuzzo, 2017).

 글상자 9-7. 심리검사 이해를 위해 상담자가 알고 있어야 할 사항

1. 검사의 표준화 표본의 특성	5. 실시방법
2. 검사의 신뢰도와 타당도 유형과 수준	6. 검사의 한계
3. 비교 가능한 검사들의 신뢰도와 타당도	7. 검사의 강점
4. 채점절차	

상담과정에서 심리검사를 실시하는 경우, 수검자의 안녕과 복지에 해가 없고 가장 유익한 검사를 선택해야 한다. 이를 위해서는 검사의 다문화적 공정성multicultural fairness,

즉 검사가 다양한 문화적 배경을 지닌 수검자에게 문화적으로 편향되지 않고 문화 중립적인지 확인한다. 이를 위해 검사제작자 또는 출판사가 검사구성에서 문화적 편향 최소화를 위한 진술을 면밀히 확인할 필요가 있다.

검사실시

검사실시에 따른 고려사항은 검사에 따라 다르다. 검사 과정과 절차는 일반적으로 각 검사의 실시요강에 검사 장소부터 검사에 관한 안내까지 단계마다 적용해야 할 절차가 상세히 제시되어 있다. 검사에 따라서는 특수한 지침이 마련되어 있는데, 타당하고 신뢰할 수 있는 검사결과를 얻기 위해 검사자는 검사요강을 준수해야 한다. 검사자는 표준화된 절차를 준수하여 검사규준의 장점과 한계를 이해하고, 검사도구의 신뢰도와 타당도를 확인함으로써 검사의 원점수로부터 현재와 미래의 행동에 대한 의미 있는 해석을 도출해 낼 수 있다. 검사실시를 위한 지침은 글상자 9-8과 같다.

글상자 9-8. 검사실시를 위한 지침

1. 검사요강에 대해 잘 알고 있어야 한다.
2. 수검자의 흥미와 관심 그리고 자발적인 협조를 끌어낸다.
3. 검사실시에 적합한 물리적 환경(편안한 의자, 테이블, 실내 온도와 조명, 채광, 방음 및 환기 상태 등)을 갖춘 공간에서 실시한다.
4. 검사시간을 엄수하여 검사결과의 정확성을 높인다.
5. 컴퓨터/인터넷을 사용하는 경우, 이에 따른 지시사항을 철저히 준수한다.

특히 컴퓨터를 활용한 검사는 일반적으로 지필검사에 비해 검사 실시, 채점, 해석에 필요한 시간이 짧고, 피드백이 즉각적으로 제공될 수 있다는 이점이 있다. 더욱이 인터넷을 통한 검사는 시간과 공간의 제약이 없다는 점에서 실용적이다. 단, 컴퓨터를 활용하는 경우에는 사전에 수검자의 컴퓨터 사용능력과 컴퓨터의 상태를 확인하여 검사실시에 지장이 없도록 해야 한다. 검사가 완료되면 채점과 결과해석을 한다.

검사해석

검사해석은 수검자가 검사결과를 이해하여 건설적으로 사용할 수 있도록 돕기 위한 목적이 있다. 그러므로 검사자는 수검자가 이해할 수 있는 방식으로 해석해 주어야 한다. 검사점수는 수검자에 관한 부수적인 정보를 알려 주는 수단이다. 그러므로 검사자는 수검자에 관한 개별적인 정보를 전반적으로 고려함으로써 검사자와 수검자 사이의 의미 있고 생산적인 작업의 기초로 삼아야 한다. 검사해석은 흥미 또는 성취 점수처럼 구체적인 정보를 먼저 해석하고, 성격검사 결과처럼 추상적인 정보 순으로 진행한다. 검사정보에 관한 해석에 의미를 더하려면, 수검자의 정서적 요구를 고려하는 동시에 검사정보를 염두에 두고 있어야 한다. 검사해석의 절차는 글상자 9-9와 같다.

글상자 9-9. 검사해석의 절차

1. 검사 당일의 감정을 되살려 보게 하고, 검사에 대한 느낌을 다룬다.
2. 수검자와 검사목적을 살펴 보고 검사점수가 어떻게 나왔는지 설명해 준다.
3. 수검자와 함께 검사결과를 검토해 보면서 검사결과의 의미에 대해 논의한다(개방질문을 통해 의미를 도출함).
4. 수검자가 검사점수를 자기지식의 다른 측면과 통합할 수 있도록 돕는다.
5. 모든 지식을 수검자의 지속적 자기탐색을 위한 수검자 주도의 계획에 포함하도록 돕는다.

검사실시의 성패는 관련 검사 선택, 실시, 해석을 담당하는 검사자의 민감성, 역량, 전문지식 수준에 달려 있다. 검사해석 시 유의사항은 글상자 9-10과 같다.

글상자 9-10. 검사해석 시 유의사항

1. 검사에 대한 전문지식과 경험을 갖춘 사람이 검사해석을 담당한다.
2. 검사해석에 앞서 수검자와 신뢰관계가 형성되어 있는지 확인한다.
3. 검사결과에 대해 올바른 기대를 하고 있는지 확인한다.
4. 자신의 역량과 교육받은 범위를 벗어난다면, 전문가에게 검사해석을 요청한다.
5. 검사해석에 앞서, 검사결과에 대한 명확·정확한 해석을 미리 준비해야 한다.
6. 수검자가 검사해석을 받아들일 준비가 되어 있는지 확인한다.
7. 수검자와의 안정적인 관계를 토대로 수검자가 알고 싶어 하는 것에 초점을 맞춰 전달한다.
8. 검사의 규준에 따라 해석한다.

9. 검사의 신뢰도나 타당도 또는 수학적 공식이나 용어 설명은 혼란을 초래할 수 있으므로 가급적 생략한다.
10. 검사결과는 신중하고 잠정적인 어조로 설명해 준다.
11. 수검자에게 검사결과를 요약하게 하거나, 질문에 답하게 하거나, 수검자가 직접 설명하도록 함으로써 검사결과에 대한 관심을 높인다.
12. 검사해석에 대해 수검자와 충분히 논의한다.
13. 검사결과로 인해 수검자가 낙인찍히는 일이 없도록 한다.

검사결과는 수검자의 다양한 특성 중 극히 일부만을 나타내는 것이다. 따라서 검사결과를 따로 떼어 단정적으로 해석해서는 안 된다. 아무리 과학적으로 타당성과 신뢰성이 검증된 검사라 하더라도, 한 가지 검사만으로 수검자의 특성을 단정 지으려 해서는 안 된다. 그러므로 수검자의 특성을 더 폭넓고 심도 있게 이해하기 위해서는 여러 검사 또는 면담과 같은 방법을 활용하여 보완해야 한다. 또한 검사결과를 하나하나 검토하거나 단편적인 내용을 엮어서 종합적으로 설명해 주면서 표, 그래프, 프로파일 같은 시각적 보조물을 사용하여 검사결과의 이해를 돕는다. 심리검사의 해석을 마치면, 수검자에게 질문을 하여 수검자가 더 완전하게 이해할 수 있는 기회를 제공한다(예, "혹시 검사결과에 대해 궁금한 점은 없나요?" 또는 "검사결과에 대해 어떻게 생각하나요?"). 심리검사는 단지 이론적으로 가정된 특성을 측정하는 것으로, 실제로 존재하는 특성을 측정하는 것은 아니다. 또한 표준화 절차를 거쳐 만족스러운 통계치를 확보한 검사라 하더라도 검사는 가설을 기반으로 개발되었고, 가설의 타당성은 언제라도 기각될 수 있다. 그러므로 수검자에게 검사결과를 해석해 주는 경우, 진단적 표현은 삼간다.

검사보고서 작성

검사보고서 내용은 평가목적에 따라 다르다. 그러나 일반적으로, 검사보고서에는 인적사항, 의뢰 사유, 가족관계, 기타 관련 정보[예, (교육적·법적·의학적·직업적) 행동관찰 내용, 정신상태, 검사결과, 진단, 추천서 요약 등]가 포함된다(Neukrug & Fawcett, 2015). 상담사례보고서와 마찬가지로, 검사보고서는 분량이 너무 많지 않아야 하고, 전문가뿐 아니라 검사와 평가도구에 관한 전문지식이 적은 사람도 이해할 수 있는 언어를 사용하여 작성해야 한다. 더욱이 과다한 전문용어, 평가에 집중한 나머지 수검자를 경시하는 것 같은 문구, 평가결과의 폄훼, 허술한 구성, 빈약한 문장, 수검자에 대한 검사자의 기본자세 유지 실패 등은 검사자들이 특히 유의해야 할 점이다(Goldfinger & Pomerantz, 2014; Neukrug & Fawcett, 2015). 작성에 관한 세부사항은 이 책의 범위를 벗어나므로 더 세부적인 사항은 관련 서적을 참조한다.

💬 심리검사에 관한 쟁점

역사적으로 심리검사에 대한 학자들의 태도는 그리 긍정적인 것만은 아니었다. 특히 투사형 검사의 타당성에 대한 비판의 목소리가 높았으나, 이러한 지적은 임상현장의 현실을 반영하지 못하는 것이었다. 오늘날 대부분의 사람은 어려서부터 입학, 특수학급 편성, 진단, 치료, 징병, 취업, 또는 자기이해 등을 목적으로 갖가지 검사를 받으며 살아간다. 한때 타당성, 신뢰성, 편향성 등으로 비판받았던 심리검사는 그동안 통계분석법의 발달과 검사의 개선을 통해 개인의 내면 탐색을 위한 도구로 인정받고 있다(Neukrug & Fawcett, 2015). 오늘날 심리검사에 관한 쟁점은 검사자의 전문적 역량과 수검자의 보호 등에 초점이 맞추어져 있다. 여기서는 ① 검사자의 전문적 역량, ② 수검자의 권리존중, ③ 비밀보장, ④ 편향과 차별, ⑤ 컴퓨터 기반 평가와 해석을 중심으로 살펴보기로 한다.

검사자의 전문적 역량

첫째, 검사자의 전문적 역량에 관한 쟁점이다. 검사자는 자신의 역량에 합당한 기법 또는 절차를 사용해야 함에도 불구하고, 여전히 역량을 제대로 갖추지 않은 사람들에 의해 검사가 사용되고 있다는 지적이 있다. 검사자가 전문적 역량을 갖추어야 한다는 지적은 수검자를 보호하기 위한 것이다. 이를 위해 검사를 제작하는 출판사들은 검사 구매 자격을 실시, 채점, 해석 능력이 입증된 개인 또는 기관으로 제한하고 있다. 또한 검사요강에 규준자료, 실시, 채점에 관한 안내를 포함함으로써 수검자를 보호하고 있다. 그러나 이러한 조치는 완전한 것이 아니어서 여전히 검사자의 전문적 역량에 관한 문제는 쟁점으로 남아 있다.

수검자의 권리존중

둘째, 수검자의 권리존중에 관한 쟁점이다. 임상장면에서 수검자는 검사의 성격, 검사목적과 결과 활용에 관해 충분한 설명을 들을 권리가 있다. 또한 자신의 감정, 태도, 불안, 두려움 등을 얼마나 개방할지에 대한 권리가 있다. 수검자에게는 평가목적에 적합한 검사만을 실시해야 한다. 예를 들면, 취업을 위해 MMPI-II를 실시해야 한다면, 검사자는 수검자에게 검사목적과 적합성에 관해 설명해 주고(Camara & Merenda, 2000), 검사실시 여부를 결정해야 한다. 그뿐 아니라 전체 평가과정에 대해 사전동의를 받아야 하고, 선택권에 대한 충분한 사전설명이 이루어져야 한다. 이는 자발적인 평가 또는 상담을 신청한 사람에게도 적용되어야 한다. 그러나 검사자가 의도적 또는 비의도적으로 이러한 절차를 무시함으로써 발생하는 수검자의 권리존중 의무의 파기는 여전히 쟁점으로 남아 있다.

비밀보장

셋째, 수검자의 비밀보장에 관한 쟁점이다. 최근 컴퓨터와 인터넷의 발달로 개인의 사적인 정보를 비밀로 유지할 권리는 계속해서 침해받고 있다. 국세청, 경찰청, 금융기관 등은 개인의 검사결과에 관한 기록이 더 이상 사적인 비밀 또는 불가침의 대상이 아니어야 한다는 분위기 조성을 선도하고 있다. 만일 수검자의 사적인 정보에 대한 비밀이 보장될 수 없다면, 개인기록, 학교기록, 기타 검사결과는 더 취약할 수 있다. 기업 또는 산업시설에 고용된 상담자 역시 검사결과에 대한 비밀을 보장하지 못할 수 있다. 날로 첨단기술이 발달하는 이 시대에 컴퓨터 또는 인터넷을 활용한 검사결과에 대한 비밀보장은 제3자의 접근 또는 해킹을 막을 수 있는 보안조치가 필수로 요구될 것이다.

편향과 차별

넷째, 검사에서 수검자에 대한 편향과 차별에 관한 쟁점이다. 편향은 검사의 타당도가 집단에 따라 차이가 있는 것을 말한다. 만일 집단에 따라 검사의 타당도가 차이가 있다면, 즉 다른 집단에 비해 특정 집단을 더 정확히 예측할 수 있다면, 그 검사는 편향된 것이다. 1960년대 말경에 이르러서는 검사의 타당도, 즉 검사가 공정치 못한 문항으로 인해 차별을 초래한다는 내용의 이의 제기가 시작되었다. 일례로, 1971년에 시작된 시민권 분쟁[Larry P. v. Wilson Riles]의 결과, 1975년 미국의 캘리포니아주 교육국은 흑인들에 대한 장애 판정에서 지능검사 사용중지를 명했다. 법원판결의 요지는 지능검사가 흑인 아동에게 편파적이고, 정당한 근거 없이 그들을 인지결함 아동을 위한 프로그램에 배정하는 경향이 있다는 것이었다. 지능검사가 때로 인구통계학적 소수집단에 불리하게 오용되어 왔다는 점은 의심할 여지가 없다. 그러나 그렇다고 해서 지능검사를 폐기해야 한다는 주장은 도움이 필요한 사람들에게 불이익을 안겨 줄 수 있는 잘못된 처방일 것이다.

다문화주의[multiculturalism]의 출현은 사회구성원들에게 사회가 의도적 또는 비의도적으로 사회적 소수자를 무시 또는 차별할 수 있음을 일깨워 주었다. 그럼에도 여전히 검사에서 비주류집단의 구성원들이 차별받을 수 있다는 지적이 있다. 이러한 지적의 근거는 TAT 카드가 모두 백인으로 구성되어 있어서 다른 인종 또는 민족들에게는 낯선 것일 수 있다는 점, 그리고 스탠포드-비네 지능검사의 원표준화집단이 백인 중산층을 중심으로 구성되었다는 점 등에서 찾을 수 있다. 이는 검사문항, 제시방식, 상황, 분위기 등이 사회적 소수자 집단에게 불리하게 작용할 수 있음을 말해 준다. 따라서 향후 인종/민족뿐 아니라 다양한 인구통계학적 변인을 고려할 때, 더 정교하고 타당하면서도 편향이 없는 중립적인 검사제작을 위한 노력이 지속적으로 이루어져야 할 것이다.

컴퓨터 기반 평가와 해석

끝으로, 컴퓨터 또는 인터넷을 통한 심리측정과 해석에 관한 쟁점이다. 컴퓨터는 그동안 검사채점과 프로파일 제작에 사용되어 왔다. 최근 들어서는 다양한 평가와 결과 해석뿐 아니라 상담면접에도 컴퓨터가 사용되고 있다. 사정작업의 시행과 해석에 컴퓨터가 사용되는 이유로는 경제성, 수검자의 동기부여, 정신건강 전문가들 간의 표준화된 절차를 들 수 있다. 그러나 인터넷을 통한 심리평가와 컴퓨터 기반 검사해석[Computer-Based Test Interpretations](CBTIs)은 글상자 9-11과 같은 문제가 있다(Buchanan, 2002).

 글상자 9-11. 인터넷을 통한 심리검사의 문제점

1. 인터넷 기반 심리검사와 전통적인 심리검사의 과정이 동일한 심리측정적 성질을 지니고 있는지를 입증한 연구가 없다.
2. 온라인 검사는 검사상황, 주의산만, 기술적 문제 등에 대한 통제 결여 등의 한계가 있다.

3. 인터넷 기반 심리검사의 실시 또는 결과해석 시 심리검사의 보안에 대해 특별한 주의가 필요하고, 다양한 내담자의 특성을 고려하여 함의가 제공되어야 한다.

글상자 9-11에서 지적하고 있는 것처럼, 앞으로 인터넷 기반 심리검사의 실시와 해석에 관한 더 많은 경험적 연구가 실시되어야 할 것이다. 더욱이, 개인의 심리검사 결과의 보안에 관한 논의는 앞으로 더욱 확대될 전망이다. 정신건강 전문가에 대한 공공의 감시가 강화되는 이 시대에 상담전문가는 내담자에 대한 사정과 평가가 편향되지 않고 공정할 뿐 아니라 임상적으로 유용하고 비용적으로 효율적임을 과학적으로 입증해야 할 것이다.

 주요 개념 / 주요 개념을 확인해 볼까요?

• 임상평가	• 사정	• 감정
• 측정	• 평가	• 변인
• 형성평가	• 총괄평가	• 표준화 검사
• 규준참조검사	• 준거참조검사	• 신뢰도
• 신뢰도 계수	• 검사-재검사 신뢰도	• 동형검사 신뢰도
• 내적 합치도	• 쿠더-리차드슨 공식	• 관찰자 간 신뢰도
• 타당도	• 내용타당도	• 안면타당도
• 구인타당도	• 준거타당도	• 예측타당도
• 동시타당도	• 결과타당도	• 표준화
• 비네-시몽 정신능력검사	• 정신연령	• 스탠포드-비네 지능검사
• 웩슬러 지능검사	• 카우프만 아동용 검사	• 신경심리검사
• 성격검사	• MMPI	• MBTI
• NEO 성격검사 개정판 (NEO-PI-R)	• 투사형 검사	• 로르샤흐 잉크반점검사(RIT)
• 주제통각검사(TAT)	• 문장완성검사(SCT)	• 집·나무·사람 검사(HTP)

재난 및 위기상담

☐ 재난 및 위기상담의 기초개념
☐ 위기반응의 국면
☐ 위기상담의 목표
☐ 위기상담의 단계
■ 주요 개념

상담전문가는 재난이나 대형 참사 또는 외상사건으로 인해 심리적 위기에 처한 사람들을 도와야 할 때가 있다. 여기서 심리적 위기psychological crisis란 개인의 자원과 대응책으로는 감당하기 어려운 사건, 상황 또는 문제에 압도되어 내외적 불균형이 발생한 상태를 말한다. 재난 또는 외상 사건은 개인의 존엄성에 중대한 위협이 되어 극심한 스트레스를 유발한다. 이는 개인이 정상적인 방식으로 기능하지 못하고 개인적 책임을 다할 수 없는 무력한 상태를 유발하곤 한다. 재난 및 위기 상담이 흔히 충격국면에서 이루어진다는 점에서 상담전문가는 위기상황에 처한 사람들을 돕기 위한 역량, 즉 지식, 기술, 전략을 갖추어야 할 것이다. 미국의 경우, 재난반응 네트워크Disaster Response Network(DRN)가 구축되어 있어서 재난 발생 시 정신건강 전문가들이 현장에 투입되어 비영리적인 심리지원 활동을 전개한다. 우리나라 역시 상담 관련 학회 산하에 재난 생존자에 대한 심리적 조력을 위한 분과위원회가 조직되어 있어서 재난 발생 시 대한적십자사와 연계하여 심리지원 활동을 전개하기 위한 체제가 마련되어 있다. 이 장에서는 재난 및 위기상담의 기초를 비롯해서 위기반응의 국면, 위기상담의 목표와 단계에 관해 살펴보기로 한다.

재난 및 위기상담의 기초개념

재난 또는 외상 사건 발생 시, 생존자들은 심리적 위기 또는 응급 상황에 처하게 된다. 이러한 상태는 외상사건에 대한 급성 스트레스 반응으로, ① 심리적 평형상태homeostasis 붕괴, ② 개인의 평상시 대응체제의 작동 불능, ③ 심각한 고통·손상·기능이상의 증거가 있다는 특징이 있다(Caplan, 1964). 개인이 극심한 스트레스로 인해 심리적 응급psychological emergency상태에 놓이게 될 때, 심리요원의 심리적 응급처치 및/또는 정신건강 전문가의 위기상담을 필요로 한다. 역사적으로 위기상담의 개척자로는 미국의 에릭 린드먼(Erich Lindemann, 1900~1974)과 제럴드 카플란(Gerald Caplan, 1938~현재)이 꼽힌다. 린드먼이 상실로 인한 슬픔과 슬픔의 경험단계 인식에 기여했다면, 카플란은 위기를 상황적·발달적 생애목표 성취의 장애물에서 기인된 상태로 정의함으로써 린드먼이 정리한 개념을 외상사건으로 그 범위를 확대했다. 여기서는 재난 및 위기상담의 이해를 돕기 위해 재난, 상실, 심리적 응급, 외상, 위기, 심리적 응급처치의 개념에 관해 살펴보기로 한다.

재난

재난^{disaster}은 예기치 않게 발생하여 인명과 재산 손실을 초래하는 사건의 총칭으로, 크게 천재_{天災}(풍수해, 가뭄, 지진)와 인재_{人災}(화재, 항공기 추락, 선박 침몰, 댐 붕괴)로 구분된다. 인재는 천재보다 더 심각한 정서반응을 유발한다. 특히 고의적 외상사건(예, 폭력, 테러, 고문, 강간, 학대, 범죄 등)의 경험 또는 목격은 심리적 후유증이 더 만성적이고 장기화되는 경향이 있다. 재난의 즉각적인 영향은 심리적 응급상태를 가져오는 한편, 재난 발생 후 수일 또는 수 주가 지나 생존자가 상실에 대처하고자 할 때 심리적 위기가 발생할 수 있다. 재난 생존자들은 흔히 〈표 10-1〉과 같은 반응을 나타낸다(Hodgkinson & Stewart, 1998).

〈표 10-1〉 재난 또는 외상 사건 생존자 반응의 특징

특징	설명
☐ 죽음 각인	○ 지울 수 없는 죽음에 대한 이미지를 수시로 경험함
☐ 죄책감	○ 살아남은 것에 대한 실존적 죄책감과 함께 사건 현장에서 했던 자신의 행동에 대해 죄책감을 느낌
☐ 심리적 마비	○ 감당하기 힘든 경험으로부터 자신을 보호하기 위한 방어적 책략을 사용함
☐ 양가적 태도	○ 도움을 필요로 하지만, 타인의 도움을 의심 · 불신하여 이를 거짓된 시도로 여기는 경향을 보임
☐ 의미 추구	○ 재난과 자신의 경험을 공식화^{formulation}(사건 발생의 원인, 개인과 삶에 부여하는 의미 등에 관한 일련의 질문을 통해 답을 찾고자 하는 심리적 처리과정)하고자 함

상실

재난 또는 대형 참사는 흔히 상실을 초래한다. 상실^{loss}은 삶의 과정에서 피할 수 없는 경험으로, 슬픔을 수반한다. 슬픔의 정도는 무엇을 어떻게 상실했는지와 깊은 관련이 있다. 사랑하는 이의 죽음 또는 재산 손실로 인한 상실감과 슬픔은 개인의 이후 생활 전반에 영향을 미칠 수 있다. 생존자들은 사랑하는 이의 죽음에 대해 흔히 무력감 또는 두려움을 느낀다. 이들은 우울, 격노, 죄책감, 혼란 같은 강한 정서반응을 나타내거나, 수면 또는 섭식 문제를 호소하기도 한다. 또한 타인에게 도움을 청하거나 위로받지 않으려고 하며 감정을 억누르기도 한다. 회복할 수 없는 상실에 적응하는 일은 쉽

지 않다. 엘리자베스 퀴블러-로스^{Elizabeth Kübler-Ross}(1970)는 슬픔을 당한 사람의 애도
과정을 6단계로 정리했는데, 그 내용은 〈표 10-2〉와 같다. 이 모델은 치명적인 병에
걸린 사람들이 자신의 운명에 대처해 가는 과정을 나타내는데, 경험적 연구로도 그
타당성이 입증되었다(Friedman & James, 2008; Maciejewski, Zhang, Block, & Prigerson,
2007).

〈표 10-2〉 퀴블러-로스의 애도과정

단계	특징
1. 충격	○ 먼저 떠난 이의 죽음이 처음에는 사건에 대한 부인을 동반하며 무감각한 상태가 됨
2. 고통/죄책감	○ 몹시 고통스러워하며, 곁을 떠난 사람에게 미처 하지 못한 말과 행동에 대한 후회와 죄책감을 동반함
3. 분노	○ 상실/버려짐에 대한 깊은 좌절감, 공격성, (떠난 이, 신에게) 분노를 느낌
4. 고독/우울	○ 2~3개월이 지나면서 떠난 이에 대한 그리움으로 깊은 우울에 빠짐
5. 훈습	○ 상실 후 4~6개월이 지나면, 텅 빈 느낌과 함께 절망감을 극복하고 삶을 지속하기 위한 해법을 찾기 시작하면서 점차 심한 우울은 사라지고 종전의 기분상태를 회복함
6. 수용	○ 상실감을 극복하기 위한 방법을 발견하면서 목표설정이 가능해지고 점차 종전의 생활패턴을 회복함

　재난 또는 외상 사건을 받아들이기까지는 시간이 걸린다. 그렇지만 이를 받아들이
게 되면 치유가 되고 상실경험을 삶에 통합할 수 있게 된다. 따라서 생존자는 상실에
따른 분노감과 자신에 대한 염려가 슬픔에 대한 자연스럽고 정상적인 반응이라는 사
실을 알고 있을 필요가 있다. 이에 이들에게 슬픔을 표현하고 지지와 위로를 받을 기
회가 마련되어야 한다. 누군가 곁에서 이야기를 들어주거나 음식을 제공하는 등의 다
양한 형태의 지지와 지원은 상실 극복에 큰 도움이 된다.

심리적 응급

심리적 응급^{psychological emergency}이란 개인이 돌발적으로 정상적인 방식으로 기능하지 못
하고, 개인적 책임을 수행할 수 없을 정도로 무력한 상태가 된 상황을 말한다. 이 상태
에 있는 사람은 마치 덫에 걸린 것 같은 무력감·무능감에 빠져 일상적인 안전조치를

취하지 못하거나 주의를 기울이지 못하게 된다. 그 결과 자신과 타인을 보살피지 못할 뿐 아니라 자신과 타인에게 영구적인 신체적·심리적 해를 입힐 수 있는 즉각적 위험성이 있다. 심리적 응급상황은 흔히 돌발적으로 발생한다. 예를 들면, 정신병 증상이 있는 사람이 대로를 활보하거나 상습적으로 약물을 오남용하는 부모가 어린 자녀를 방치하는 것이다. 심리적 응급상태는 즉각적이고 확고한 개입이 요구될 뿐 아니라, 필요한 경우 개인의 안전을 위해 자발적 또는 비자발적 입원 조치를 필요로 한다.

외상

외상trauma이란 극심한 스트레스를 유발하고, 개인의 존엄성에 중대한 위협을 주는 뜻밖의 사건으로 인한 정신적 상처를 말한다. 이로 인해 개인은 극도의 고통, 위협감, 무력감을 느끼게 되고, 이후의 생활에 심각한 영향을 받게 된다. 강간/성폭행, 살인사건 목격, 자연재해, 가까운 사람의 죽음 목격 같은 일시적인 사건과 일정 기간 동안 가해진 신체학대 또는 성학대 같은 지속적 사건이 그 예다. 외상은 개인으로 하여금 사건에 고착되게 한다. 외상의 심각도에 영향을 미치는 요인은 〈표 10-3〉과 같다.

〈표 10-3〉 외상의 심각도에 영향을 미치는 요인

요인	영향
□ 예측 가능성	○ 심각도를 낮춤
□ 통제 가능성	○ 외상사건 발생에 책임이 적거나 통제가 가능하지 않은 경우일수록 심각도가 낮아짐
□ 강도	○ 신체적 또는 정서적 손상을 크게 일으키는 사건일수록 심각함
□ 지속성	○ 단기간 동안 일어나는 사건은 심각도가 낮음
□ 반복성	○ 반복적으로 발생하는 사건일수록 심각도가 높음

위기에 처했던 사람들은 대체로 4~6주가 지나면서 회복되는 반면, 외상사건은 개인으로 하여금 지속적으로 악몽 또는 플래시백flashback을 비롯해서 침습intrusion, 부정적 감정, 과각성 등의 증상을 겪게 하며, 이로 인해 고통을 받게 된다. 이들은 종전의 대처방법을 동원하여 이러한 긴장상태를 벗어나려고 하지만, 뜻대로 되지 않으면 위기를 겪게 된다.

위기

위기^crisis란 평소의 대처방식에 의해 문제가 해결되지 않거나 문제에 압도되어 불균형이 발생한 상태를 말한다. 이 상태는 심리적 응급상태와는 달리 위험에 처해 즉각적으로 자신 또는 타인을 해칠 정도로 취약하지는 않다. 예를 들면, 방금 의사로부터 폐암 말기 진단을 받았거나 10대 자녀가 임신했다는 소식을 접한 상황이다. 이로 인한 심리적 취약성 또는 상해의 위협은 입원이 필요할 정도로 급박하지는 않다. 사람들은 상실이 자신들의 삶에 주는 충격으로 인해 압도되곤 하는데, 이때 위기가 발생한다. 위기는 개인이 촉발사건을 위협 또는 불안의 원인으로 인식하고, 사건에 비조직적·비효율적으로 대처하면서 발생한다. 위기는 보통 예측할 수 있는 과정을 거치게 되는데, 그 특징은 글상자 10-1과 같다.

글상자 10-1. 위기의 특징

1. 개인의 문제해결 기술로는 감당하기 힘든 사건에 의해 촉발된다.
2. 삶의 과정에서 스트레스에 대처할 수 없다는 느낌이 들 때 발생한다.
3. 동일한 사건에 대해 부정적으로 해석·반응할 때 발생한다.
4. 비교적 짧은 시간에 발생한다.
5. 해결되지 않는 문제로 긴장이 쉽사리 완화되지 않을 때 발생한다.
6. 적응형(새로운 대처방식 또는 문제해결 기술 습득) 또는 부적응형(점진적 와해 또는 방어적 태도 형성)으로 해결할 수 있다.

그러나 중요한 타인 또는 전문가의 도움을 받지 못한다면, 장기적인 인지적·정서적·행동적 장해가 발생할 수 있다. 위기는 보통 네 가지 유형으로 나뉘는데, 각 유형별 특징은 〈표 10-4〉와 같다(Gladding, 2020).

〈표 10-4〉 위기의 유형

유형	특징
□ 발달형	○ 성장·발달의 자연스러운 흐름 속에서 발생함(예, 출산, 은퇴 등)
□ 상황형	○ 예견/통제할 수 없는 사건으로 인해 발생함(예, 실직, 교통사고 등)
□ 실존형	○ 목적성, 책임, 독립, 자유, 헌신 같은 개인적 쟁점이 동반된 내적 갈등 또는 불안으로 인해 발생함(예, 인생을 허비했고 과거로 되돌아갈 수 없음을 깨달음)

□ 생태체계형	○ 천재/인재로 인해 발생함(예, 태풍, 지진, 쓰나미, 테러 등)

재난 또는 대형 참사가 발생하면 의료적 도움을 필요로 하는 부상자에게는 응급처치[first aid], 즉 일시적·즉각적인 의료적 조치가 취해진다. 응급처치의 예로는 사고현장에서 인공호흡 또는 지혈 등 환자에게 즉각적으로 필요한 조치를 취하는 것이 있다. 시의적절한 응급처치는 부상자의 신체적 고통을 완화하고, 신체 기능을 안정시켜 회복을 촉진하고, 환자의 생존과 회복을 돕는다. 마찬가지로, 재난 또는 외상 사건에 노출된 생존자들에게는 심리적 응급처치가 요구된다.

심리적 응급처치

심리적 응급처치[Psychological First Aid](PFA)란 초기 심리적 개입에서 사건 발생 직후에 제공되는 심리적 중재 또는 서비스를 말한다. 이는 재난 또는 외상 사건에 노출된 사람을 돕는 단기간의 적극적인 조력과정이다. 이에 비해, 초기 심리적 개입[Early Psychological Intervention](EPI)이란 재난 또는 외상 사건 발생 후 4주간 제공되는 심리적 중재를 말한다. 심리적 응급처치는 ① 재난 또는 외상 사건을 경험한 개인의 심리적 안정 회복과 고통 감소, ② 회복 촉진, ③ 단기적 기능 개선, 그리고 ④ 지속적으로 도움을 받을 수 있는 지원체계를 연결해 줌으로써 사건 후의 생활적응을 돕는다. 이는 생존자의 후유증을 최소화하고 회복을 촉진한다. 심리적 응급처치가 요구되는 재난 또는 외상 사건은 〈표 10-5〉와 같이 크게 네 가지 유형으로 나뉜다.

〈표 10-5〉 심리적 응급처치가 요구되는 외상사건 유형

유형	외상사건
□ 고의성 인재형	○ 전쟁, 테러, 살인, 강간, 폭력, 고문(경험 또는 목격), 학대(성, 신체, 정서), 범죄(강도, 가정폭력, 상해)
□ 비고의성 인재형	○ 산업재해, 화재, 폭발, 교통사고(자동차, 항공기, 선박, 열차 등), 건물/교량 붕괴
□ 천재형	○ 풍수해(태풍, 홍수, 해일, 쓰나미), 지진, 산사태, 화산폭발
□ 불특정형	○ 타인의 끔찍한 죽음, 신체부위 절단 등의 부상 장면을 목격한 경우(직업특성상 이러한 부류의 사건을 반복적으로 목격하는 경우 포함) ○ 절박한 구조요청, 비명, 또는 신음소리를 듣거나 역겨운 냄새(살이 타는 냄새)를 맡은 경우

심리적 응급처치는 보통 혼란스러운 상황과 자원이 제한된 상태에서 사건 발생 장소 또는 가까운 곳에서 이루어진다. 또한 사건의 경과단계에 따라 생존자들의 필요가 변한다. 이에 심리적 응급처치는 생존자가 필요로 하는 도움을 파악하여 실질적이고 적절한 도움을 제공해야 한다는 점에서 조력의 효율성을 높이기 위한 소정의 훈련이 요구된다. 이러한 점에서 심리적 응급처치는 전형적인 상담 또는 심리치료와는 원리와 접근방식에서 다소 차이가 있다. 심리적 응급처치와 위기상담/치료의 차이점은 〈표 10-6〉과 같다(권정혜, 안현의, 최윤경, 주혜선, 2014).

〈표 10-6〉 심리적 응급처치 vs. 위기상담/치료 비교

범주	심리적 응급처치	위기상담/치료
☐ 기간	○ 수 분~수 시간	○ 수 주~수개월
☐ 제공자	○ 심리요원(정신건강 전문가, 종교인, 의료진, 준전문가, 자원봉사자 등)	○ 정신건강 전문가
☐ 장소	○ 재난현장 부근	○ 상담센터, 병원, 클리닉
☐ 목표	○ 즉각적 개입, 지원, 자원 연결	○ 위기 극복, 회복 촉진
☐ 방법	○ 안전 확인, 심리적 안정화, 정보수집	○ 상담/심리치료

그렇다면 위기반응은 어떤 국면을 거치는가?

 ## 위기반응의 국면

위기는 대체로 한시적이면서 6~8주 정도 지속되다가 다시 평형상태로 회복된다(Brymer et al., 2006). 개인이 어떤 위기과정의 국면에 처해 있는지에 따라 위기에 대한 반응이 다르다. 위기반응은 일반적으로 ① 충격, ② 대응, ③ 철수, ④ 회복 국면을 거친다. 위기반응의 국면별 특징은 다음과 같다.

충격국면

충격국면impact phase은 촉발사건 직후의 시기를 말한다. 이 국면은 사건 발생 직후로, 기간이 매우 짧다는 특징이 있다. 이 국면에서는 생존자가 위기상황을 인식하게 되면서

투쟁/도피반응이 발생한다. 이 반응은 자율신경계 활성화를 통해 신체가 대응할 수 있도록 준비시키는 현상으로, 연령뿐 아니라 개인차가 있다. 스트레스 반응은 대체로 위기상황 발생 즉시 나타나지만, 때로 수 시간, 수일, 심지어 수개월 후에 나타나기도 한다. 극심한 스트레스 사건을 겪게 되면, 사람들은 신체적 · 인지적 · 정서적 · 행동적 · 영적 측면에서 다양한 변화를 경험한다. 재난/외상 사건 후 반응의 특징은 〈표 10-7〉과 같다(권정혜 외, 2014).

〈표 10-7〉 재난/외상 사건 후 반응의 특징

영역	특징
☐ 신체	○ 자율신경계가 각성되어 아드레날린이 방출되고, 심장박동수가 빨라지며, 혈압이 상승하고, 숨이 가빠지며, 땀을 흘림 ○ 심한 경우, 지남력(사람 · 시간 · 장소에 대한 감각)이 손상될 수 있음
☐ 인지	○ 시각과 사고의 폭이 좁아지고, 이성적 사고 또는 집중이 어려워짐 ○ 주요 사건 내용의 회상에 어려움을 겪음 ○ 세상에 대한 기존의 신념체계에 혼란이 발생함
☐ 정서	○ 비현실감, 부인, 무반응 또는 격리감을 느낌 ○ 점차 억압/부인했던 감정이 표면화되면서 복합적인 감정을 경험하게 됨
☐ 행동	○ 행동이 경직되고 융통성이 적어지면서 다른 사람들과의 의사소통에 어려움이 생기며, 안절부절못하거나 철수함 ○ 분노반응 또는 성마름이 잦아지고 때로 의심으로 이어지기도 함 ○ 일이 마음대로 되지 않으면, 비난 대상 또는 희생양을 찾음
☐ 영성	○ 영적 의미를 찾기 위해 기도하거나 이런 일이 자신에게 왜 발생했는지 의아해하며 믿음에서 멀어지기도 함 ○ 삶에 대한 새로운 의미를 발견하거나, 반대로 삶의 희망을 상실하기도 함

〈표 10-7〉에 제시된 급성 스트레스 반응은 상황의 심각도, 개인의 특성(연령, 성별, 성격, 기질 등), 사회문화적 배경의 영향에 따라 다르게 나타난다. 재난사건의 생존자는 흔히 무력감, 불안, 좌절, 분노, 두려움, 우울 또는 통제불능감을 갖는다. 충격국면에서 생존자들과의 효과적인 비언어적 소통에 유용한 지침으로는 〈표 10-8〉에 제시된 ENCOURAGE 모델이 있다(Hill & O'Brien, 1999).

〈표 10-8〉 ENCOURAGE 모델

머리글자	설명
☐ E/Eye contact	○ 적당한 정도의 시선접촉을 유지한다.
☐ N/Nods	○ 대화 중에 고개를 적당히 끄덕인다.
☐ C/Cultural differences	○ 상대의 성별, 연령, 사회경제적 지위, 직업, 출신지역, 종교 등의 문화적 차이를 인식 · 존중한다.
☐ O/Open stance	○ 생존자 쪽으로 개방된 자세를 유지한다.
☐ U/Um hmm	○ 생존자의 이야기를 듣는 과정에서 적절히 '음' '네~' '그렇군요' 등의 표현으로 경청하고 있음을 보여 준다.
☐ R/Relax	○ 스스로 몸의 긴장을 풀고 자연스럽게 행동한다.
☐ A/Avoid	○ 산만한 동작 또는 행동을 피한다.
☐ G/Grammatical style	○ 생존자의 연령, 발달 · 교육 수준 등에 맞는 언어를 사용하되, 전문용어를 사용하지 않는다.
☐ E/SpacE	○ 생존자와 적절한 거리를 두고 앉되, 적절한 거리는 생존자에게 맡긴다.

대응국면

위기반응의 두 번째 국면은 대응국면coping phase이다. 이 국면은 사건 발생 후 일주일 이내에 해당하며, 생존자들은 스트레스 완화를 위해 새로운 방법을 시도하는 경향을 보인다. 대응국면은 흔히 ① 영웅기, ② 밀월기, ③ 환멸기로 구분된다(DeWolfe, 2000). 이 시기에 생존자는 살아남았다는 사실만으로도 기뻐하고, 무엇이든 할 수 있을 것 같은 전능감으로 구조활동에 참여하여 다른 사람을 돕기도 한다('영웅기'). 이후 재난 지역과 생존자들에게 사회적 관심이 집중되고, 언론에서 생존자 구출에 관해 보도하게 되면서 생존자는 자신이 마치 세상의 중심에 서 있는 것같이 느끼게 된다('밀월기'). 그러나 시간이 지나면서 이들에게 모아졌던 관심은 점차 사라지고, 생존자는 현실적인 문제(예, 기대했던 보상금 또는 보험금 수령에 필요한 복잡한 규정과 절차)에 어려움을 겪게 되거나 재난피해 복구가 지연되는 것에 크게 실망하면서 환멸을 느끼게 된다('환멸기').

대응국면에서는 이전 국면에서 억압 또는 부인되었던 감정들이 서서히 나타나면서 생존자가 복합적인 감정에 압도되거나 감정기복을 겪는다. 또한 외상사건을 반추하면서 긴장, 떨림, 놀람 등의 반응을 보인다. 예를 들어, 생존 사실에 안도하다가도 순간적으로 죄책감에 시달리거나 멀쩡히 있다가도 갑자기 눈물을 흘리는 등 잦은 감정 변화를 보이며 당혹감, 무력감, 무능감, 통제불능감을 호소하기도 한다. 또한 사건현장에서 겪었던 일들이 악몽이나 플래시백flashback으로 나타나게 되면서 불면증에 시달리거나 사건현장에의 접근을 두려워하기도 한다. 게다가 외상사건이 자신에게 일어났고, 자신이 보호·이해받지 못했다는 것에 대해 세상과 주변 사람들(특히 자신에게 발생한 일을 가볍게 여기는 사람들)에게 분노하며, 거리를 두게 된다('철수'). 대응전략이 스트레스 완화에 도움이 되지 않는 경우, 교착상태에 빠진 느낌이 들거나 무감각상태에 빠지면서 철수국면에 진입하게 된다.

철수국면

위기반응의 세 번째 국면은 철수국면withdrawal phase이다. 이 국면에서의 철수행동은 자발적 유형과 비자발적 유형으로 나타난다. 전자의 전형적인 행동은 계속되는 고통을 피하기 위한 시도로 나타나는 자살이다. 반면, 후자는 인지왜곡, 감정기복, 기타 성격 파탄 등 일종의 정신병적 와해형태를 띤다. 만일 위기상황이 조기에 해소되거나 전문적 도움을 받아 문제가 해결된다면, 철수국면에 진입하지 않고 회복국면으로 넘어가게 된다.

회복국면

위기반응의 마지막 국면은 회복국면recovery phase이다. 이 국면은 보통 재난 또는 외상 사건 발생 후 1~4주간에 해당하며, 대응국면에서의 반응과 유사한 스트레스 반응이 계속된다. 그러나 반응 강도가 약해지고 고통스런 생각과 감정을 추스르게 되면서, 생존자는 점차 신체적·정서적으로 회복되기 시작한다. 이들은 일상생활에 대한 관심이 되살아나고, 삶의 계획을 세우기 시작한다. 또한 크고 작은 성과를 거두면서 생존자들은 삶의 의욕을 되찾게 되고, 재난/외상 사건 경험을 받아들여 자신의 삶에 통합하기 시작한다. 그러나 만일 외상사건 발생 1개월 후에도 생존자에게서 〈표 10-9〉에 제시된 것과 같은 증상이 지속적으로 나타난다면, 이는 외상후 스트레스장애(PTSD)의 가능성이 높기 때문에 특별 관리가 필요하다. 〈표 10-9〉에 제시된 증상들은 모두 외상사건과 관련된 것들이다(APA, 2013). 만일 개인의 존엄성에 중대한 위협을 주는 사건에 대한 후유증이 4~6주가 지나도 개인의 삶에 부정적인 영향을 미치고 심리적으로 고착되는 경향이 있다면, 이는 외상^{trauma}으로 간주된다.

〈표 10-9〉 특별관리가 요구되는 증상

증상	특징
☐ 침습	○ 반복적 · 불수의적 · 침습적인 고통스런 기억 ○ 반복적으로 나타나는 고통스런 꿈 ○ 해리반응(예, 플래시백) ○ 사건 단서에 대한 극심하거나 장기적인 심리적 고통
☐ 회피	○ 고통스런 기억, 생각, 감정 회피 또는 회피 노력 ○ 고통스런 기억, 생각, 감정을 유발하는 외부적 암시 회피 또는 회피 노력
☐ 인지 · 감정의 부정적 변화	○ 사건의 중요 부분에 대한 기억상실 ○ 자신 · 타인 · 세상에 대한 과장된 부정적 믿음 ○ 사건의 원인/결과에 대한 인지왜곡 ○ 주요 활동에 대한 현저히 저하된 흥미/참여 ○ 긍정적 감정경험 무능력
☐ 각성 · 반응성의 뚜렷한 변화	○ 성마름과 분노폭발 ○ 무모한 자기파괴적 행동 ○ 과각성 ○ 과장된 놀람 ○ 집중력 저하 ○ 수면장해

위기상담의 목표

위기상담의 목표는 위기에 처한 사람에게 즉각적인 심리적 조력을 제공함으로써 심리적 안정상태로의 회복을 돕는 것이다. 이를 위해 상담전문가는 위기에 처한 사람이 외상사건으로 인해 일시적으로 겪게 되는 정서, 행동, 인지 왜곡을 인식하는 한편, 위기를 효과적으로 대처 · 극복할 수 있도록 돕는다. 위기상담의 목표는 ① 위기반응의 정상성 이해, ② 위기상황에 대한 관점 변화, ③ 위기상황에 대한 감정 인식 및 수용, ④ 위기상황 대응기술 개발이다. 단, 상담자의 개입전략은 위기의 반복성 여부에 따라 다르다(James, 2008). 이를 구체적으로 살펴보면 다음과 같다.

첫째, 위기가 정상적인 삶의 일부임을 깨닫도록 돕는다. 이를 위해 상담자는 내담자가 현재 처한 위기와 그 발생 원인을 명확하게 인식할 수 있도록 돕는다. 또한 내담자가 자신의 대응기술을 통해 특정 상황을 극복하지 못한 이유를 탐색하도록 돕는다.

둘째, 위기촉발 요인과 현재 상황에 대해 다른 관점을 갖도록 돕는다. 이를 위해 상담자는 내담자와 함께 위기상황을 재평가함으로써 새로운 관점에서 위기상황을 조망해 볼 기회를 마련한다. 또한 내담자가 새로운 정보를 탐색하고 문제해결 방안에 대해 이미 알고 있는 것을 재고해 보게 한다. 이때 상담자는 부정적이거나 왜곡된 해석에 도전하는 한편, 긍정적 · 중립적인 해석은 적극 검토하는 동시에 위기상황은 외부에서 촉발되기보다 흔히 내부에서 창출된다는 점을 지적해 줄 수 있다.

셋째, 위기상황에 대한 내담자의 감정을 인정하고 수용해 준다. 위기상황은 내담자의 왜곡된 지각, 인지, 감정, 행동을 초래하지만, 왜곡된 인지, 감정, 행동 패턴은 위기상황의 원인이 되기도 한다. 따라서 왜곡된 감정이 변화되려면, 현재 경험하고 있는 감정이 위기의 일부임을 인식하는 한편, 적절한 방식으로 감정을 표출하여 위기과정에서 발생한 긴장감을 해소해야 한다.

넷째, 내담자가 적응적인 문제해결 전략을 계획 · 적용하도록 돕는다. 상담자는 내담자가 이미 알고 있는 대처방안을 검토하고 대안적인 방안을 함께 모색하는 한편, 내담자에게 새로운 대처기술을 가르치고 연습시키며, 실제 상황에 적용 · 실행해 보게 한다. 위기상담의 목표와 전략은 서로 중첩되고, 이러한 일련의 과정이 매우 빠르게 진행되는 경향이 있다. 위기는 원인을 제공하는 상황에 따라 예기치 않게 순간적으로 발생하거나 서서히 발달하기도 한다. 이에 위기상담은 전형적인 상담에서의 상호작용과는 달리 상담과정을 합치거나 짧게 나누어서 진행되기도 하는데, 그 과정을 단계별로 살펴보면 다음과 같다.

위기상담의 단계

위기상담은 문제해결 패러다임에 기초하여 ① 위기상황과 개인의 자원 사정, ② 개인의 사고와 감정 전환, ③ 해결방안 모색, ④ 해결방안 결정, ⑤ 해결방안 적용 및 평가 순으로 진행된다.

위기상황과 개인의 자원 사정

위기상담의 첫 단계에서는 위기상황과 내담자의 자원을 사정한다. 즉, 위기촉발사건 발생 전후의 내담자의 사고, 감정, 행동에 대해 탐색하면서 내담자의 위기대응 기술을 사정한다. 이 단계에서 상담자는 세 가지 과업(① 문제 정의, ② 내담자의 안전보장, ③ 지지 제공)을 수행한다. 다시 말해서, 내담자의 관점에서 문제를 정의하는 동시에 내담자에게 진정성 있고 조건 없는 돌봄을 제공한다. 또한 내담자가 문제, 감정, 계획을 표출할 수 있도록 적극적 경청기술을 통해 적극적으로 지지 · 격려한다. 만일 내담자가 사고와 감정의 인식과 표출을 어려워한다면, 상담자는 내담자의 개인내적 역동보다는 구체적인 정보를 탐색하거나 문제의 특정 측면에 초점을 맞추는 쪽으로 상담의 방향을 일시적으로 전환한다. 개인의 안전 확보란 내담자 또는 다른 사람들에 대한 신체적 · 심리적 위험의 최소화를 위한 조치를 말한다. 이를 위해 상담자는 내담자 자신이나 타인에 대한 위험요소 여부를 평가한다. 만일 내담자가 자해나 타해 또는 자살 가능성이 있다고 판단된다면, 즉시 개입하여 가족 및/또는 관계기관에 알리고, 필요한 경우 입원 또는 기타 의료 지원을 요청한다.

개인의 사고와 감정 전환

위기상담의 두 번째 단계에서는 위기상황에 대한 내담자의 감정 인식과 표현 능력을 증진하고, 문제에 대해 긍정적 사고로 대체하도록 돕는다. 상담자는 내담자가 문제의 소유권, 즉 문제해결에 대한 책임의식을 갖도록 돕는다. 문제의 소유권^{ownership}이란 문제해결을 위해 내담자가 맡아야 할 책임을 인식하고, 변화할 필요가 있음을 인정하는 것을 말한다. 이를 위해 반영, 직면, 재구조화 같은 상담기술을 활용하되, 필요한 경우 정확한 정보와 자료 제공을 통해 위기상황을 명확하게 인식하도록 돕는다. 내담자가 위기상황에의 노출로 인해 언어적 · 비언어적 행동이 일치하지 않거나 상담자와 내담자의 지각 사이에 큰 차이가 난다면, 상담자는 직면을 통해 통찰을 촉진한다. 또한 내담자가 위기상황에 감정적으로 압도되어 기존의 대응기술이 무력화되면서 전체 상황을 부정적이고 희망이 없는 관점에서 조망하게 된다면, 상담자는 재구조화^{reframing}를 통해 새로운 관점을 제시해 주는 한편, 위기상황이 내담자에게 미치는 영향에 대해 이해하기 쉽게 설명해 준다.

해결방안 모색

위기상담의 세 번째 단계에서는 가능한 해결방안과 효과를 탐색하도록 돕는다. 이 작업은 문제의 세분화에서 시작한다. 위기는 흔히 문제 전체를 즉각적이고 완전하게 해결해야 한다는 생각에서 출발한다. 만일 문제를 체계적으로 다룰 수 있을 정도의 분량으로 나눌 수 있다면, 내담자는 심리적으로 압도되지 않은 상태에서 각 요소에 대한 해결방법을 분리해서 마련할 수 있을 것이다. 세분화된 문제해결은 가장 변화가 용이한 부분을 택하여 실시함으로써 내담자가 성공감을 맛볼 수 있게 한다. 이러한 경험은 내담자에게 강력한 문제해결의 동기를 제공한다. 세분화된 문제해결 방안의 구조화에 도움이 되는 질문은 글상자 10-2와 같다(France, 1990).

 글상자 10-2. 문제해결 방안의 구조화를 위한 3Q's

1. 내담자가 특정 상황에 대처하기 위해 무엇을 시도했는가?
2. 내담자가 시도해 봤다고 생각하는 것은 무엇인가?
3. 현재 내담자가 생각할 수 있는 다른 가능한 방안은 무엇인가?

상담자는 글상자 10-2에 제시된 일련의 질문을 활용하여 내담자가 세분화된 문제해결 방안을 체계화하는 데 도움을 준다. 상담자는 브레인스토밍을 통해 내담자가 세 번째 질문에 대한 답변으로 여러 개의 가능한 대안을 산출해 내도록 돕는다. 이 작업은 내담자의 창의적 사고능력을 자극하여 위기상황을 새로운 시각에서 조망하는 데 도움을 준다. 상담자는 내담자에게 과거에 비슷한 문제를 어떻게 해결했는지 묻는다. 이 두 가지 기법은 내담자의 통제감과 자신감을 높이는 동시에 내담자가 문제해결 능력을 갖추고 있다는 상담자의 믿음을 내담자에게 전달하는 효과가 있다. 이때 상담자는 내담자를 대신하여 문제해결을 위해 노력해서는 안 된다.

해결방안 결정

위기상담의 네 번째 단계에서는 위기상황 해결을 위한 대안을 마련·평가하고 최적의 해결방안을 결정한다. 상담자는 내담자와 함께 브레인스토밍을 통해 산출된 문제해결을 위한 대안들의 장단점을 면밀히 검토하여 2~3개의 대안을 선정한다. 이 과정에서 상담자는 내담자의 감정상태와 내담자가 명확하게 생각하고 있지 않을 가능성에 대해 지속적으로 관심을 갖는다. 상담자는 반영을 통해 내담자가 자신의 감정을 이해하고 명료화를 통해 대안을 심사숙고할 수 있도록 돕는다. 만일 내담자가 비현실적인 해결방안을 고집한다면, 상담자는 직면을 통해 현실적인 대안을 마련할 수 있도록 한다. 최종적으로 한 가지 문제해결 방법이 선정되면, 상담자는 내담자가 이 방법을 위기상황 해결에 도움이 될 것으로 믿고 있는지, 부정적 결과의 가능성은 없는지, 그리고 내담자가 기꺼이 실행에 옮기고자 하는지에 대해 탐색한다. 탐색이 끝나면, 해결방법의 적용방안과 결과에 대한 평가방법을 구체적으로 계획한다.

해결방안 적용 및 평가

마지막으로, 문제해결 방법을 적용하고 그 결과를 평가한다. 위기는 대체로 급속도로 진행되므로, 내담자는 문제해결 방안을 신속하게 적용해야 한다. 위기상담 과정의 2, 3단계에서 상담자는 해결방안 적용을 위한 일정을 수립하고, 내담자에게 문제해결에 필요한 대처전략을 가르치고 연습시키는 한편, 해결전략의 효과와 문제해결 여부에 대해 논의한다. 또한 반영과 명료화 기술을 사용하여 내담자가 문제상황을 보다 명확하게 인식하고 해결방안을 심화하도록 돕는다. 그리고 교수법을 활용하여 내담자가 새로운 대화기술을 습득하도록 돕는 동시에 다양한 기법을 활용하여 학습효과를 극대화한다. 이 접근은 대처기법을 단순히 구두로 설명하는 것보다 훨씬 더 빨리 습득할 수 있다는 장점이 있다. 이 외에도 역할연습을 통해 내담자가 새로운 대처기술을 습득하도록 하는 한편, 내담자가 자신 또는 위기상황과 연관 있는 사람들의 역할을 담당해 보게 하여 잠재적 문제를 예측하고 다른 사람들의 관점에 대한 통찰을 얻을 수 있게 한다. 그런 다음, 내담자가 위기해결 여부를 어떻게 파악할 수 있는지에 관해 논의한다.

 주요 개념 / 주요 개념을 확인해 볼까요?

• 심리적 위기	• 재난반응 네트워크(DRN)	• 심리적 응급
• 재난	• 천재	• 인재

• 상실	• 애도과정	• 외상
• 플래시백	• 침습	• 위기
• 위기상담	• 심리적 응급처치	• 초기 심리적 개입(EPI)
• 상황적 위기	• 실존적 위기	• 생태체계적 위기
• 영웅기	• 밀월기	• 환멸기

상담심리학 연구

□ 상담심리학 연구의 기초개념
□ 양적 연구
□ 질적 연구
□ 상담심리학 연구와 윤리
■ 주요 개념

상담심리학은 과학이다. 상담심리학이 과학이라고 선언할 수 있는 것은 그것이 과학적 연구를 기반으로 성립되었기 때문이다. 연구는 목적을 가지고 면밀히 캐묻는 과정이다. 연구가 없다면, 지식은 정체되고 패러다임은 진화하지 않을 것이다. 상담심리학에서 연구의 기능은 상담전문가들로 하여금 그들의 직관적인 기술 사용을 더욱 조심스럽게 만드는 것이다. 연구는 이들의 작업을 검증하고, 내담자의 변화 유발을 위한 새로운 길을 제시할 수 있다(Hays, 2010). 부적응 행동 발생과 특정 증상의 악화 이유, 그리고 이러한 심리적 문제 해소를 위한 결정은 오랫동안 축적된 과학적 · 경험적 연구결과에 기초하여 내려지기 때문이다. 상담전문가는 연구물의 생산자인 동시에 소비자다. 이들은 임상기술과 민감성을 토대로 상담실무를 수행하면서도, 임상경험을 토대로 설정한 가설검증을 통해 임상적 지식 축적에 기여한다. 즉, 임상적 기술과 과학의 논리적 경험주의를 체계적으로 결합하고 있다.

상담전문가는 임상실무자인 동시에 과학자다. 이들은 임상면담을 통해 내담자에게서 수집된 정보와 과학적 자료(예, 저널, 논문 등)를 사용하여 의미 있는 결정을 내린다는 점에서 모두 연구자다(Houser, 2019). 연구자는 상담처치의 효과를 확인하기 위해 증거에 의존한다. 그러나 내담자에 대한 기대나 선입관은 연구자의 관찰을 왜곡시킬 수 있다. 또한 성격과 정신병리 이론, 그리고 다문화적 요인은 상담의 초점에 영향을 줄 수 있다. 더욱이 가설검증, 상담방법의 타당성과 신뢰성 평가가 없다면, 내담자에 대한 잘못된 확신을 갖게 될 수 있다. 이에 상담전문가는 연구방법과 증거기반 치료방법에 관한 지식과 역량을 갖춰야 한다. 연구는 임상가들로 하여금 잠시 멈춰 서서 자신의 가정에 의문을 던져 보게 하는 계기를 마련해 주기 때문이다. 따라서 이 장에서는 ① 상담심리학 연구의 기초개념, ② 연구방법, ③ 상담심리학 연구와 윤리로 나누어 상담에 있어서 연구의 의미에 관해 살펴보기로 한다.

상담심리학 연구의 기초개념

연구research는 과학적인 방법을 통해 세계에 대한 지식의 증거를 체계적 · 구체적 · 논리적인 방법으로 얻고자 하는 탐구과정이다. 이는 "궁극적으로 어떤 사건을 예측 · 통제하기 위해 일반화, 원리, 이론 개발을 가능하게 한 체계적 · 객관적 분석인 동시에 통제된 관찰의 기록"(Best & Kahn, 2006, p. 25)으로, 형식을 갖춘 지적 호기심을 충족시키는 수단이기도 하다.

연구목적

연구는 현재에 대한 지식, 즉 미래 예측에 필요한 지식 제공을 위한 정보를 분석하는 기능이 있다. 이러한 점에서 상담심리학 교육과 훈련 프로그램의 최우선 목표는 과학적 상담심리학에 기반하여 유능한 상담심리학 과학자를 배출하는 것이다. 즉, 과학적 원리를 자신의 상담실무에 통합하고, 과학적으로 검증된 기술·기법·전략을 적용하며, 과학자로서 사고·활동하는 전문가를 길러 내는 것이다. 연구수행을 위한 훈련은 사고방식을 가르치는 것이다(Meltzoff, 1984). 이에 상담심리학 전공 대학과 대학원에서는 〈표 11-1〉에 제시된 목표를 추구·성취해야 할 것이다.

〈표 11-1〉 상담전문가 양성을 위한 목표

영역	목표
☐ 교육·훈련	○ 과학적 지식을 생산·적용하는 상담과학 영역에의 취업을 원하는 예비 전문가 양성을 위한 교육과 훈련
☐ 연구·이론	○ 상담과학 연구와 이론 발전 및 기타 관련 과학 분야와의 통합
☐ 재원·기회	○ 상담과학 분야에서의 훈련, 연구, 연구비 수주, 학생 취업을 위한 재원과 기회 창출
☐ 적용·보급	○ 책임 있고 혁신적인 방법으로 상담 소비자들에게 상담과학 적용·보급

인간의 행동은 매우 복잡해서 이를 설명하려는 이론들이 그만큼 많다. 특정 시간과 장소에서 나타나는 개인의 행동에는 너무 많은 요인이 영향을 미치기 때문에 단순하고 선언적인 설명에 대해 의구심을 품는 것은 과학자로서 임상가의 자세다. 건강한 회의주의는 과학자로서 임상가의 지식 추구 또는 개입전략의 탐색을 촉진하는 잠재력이다.

문헌검토.   연구는 상담전문가들에게 인간 본성에 관한 지적 호기심을 만족시키기 위한 메커니즘을 제공한다. 그렇다면 연구는 어디서 어떻게 시작하는가? 연구는 연구자가 탐구하고자 하는 관심 주제에 관한 예측 또는 경험에 기초한 추측에서 시작된다. 그런 다음, 연구자는 선행연구에 대해 알아보기 위해 사전연구를 수행한다. 선행연구 조사, 즉 문헌검토^{literature review}는 흔히 상담심리학 관련 연구논문 제목과 초록에 대한 온라인 검색을 통해 이루어진다.

　문제 제기.　　문제 제기는 문헌검토를 바탕으로 이루어진다. 이는 역사적 맥락 또는 흐름 속에서 관심 주제에 관해 어떤 연구가 진행되었는지 판단하고, 당면 문제가 중요한 이유를 정당화하는 논의에 대해 기술하는 것이다. 문제 제기는 연구의 범위를 한정하고, 연구가 과거의 연구에서 어떻게 출발하는지 설명하며, 수행될 연구형태를 정하는 **연구문제**research questions와 **가설**hypothesis의 방향을 제시한다(McMillan & Schumacher, 2010; Mertler & Charles, 2011). 일단 문제 제기에 관한 진술이 완성되면, **연구설계**research design로 이동한다. 연구설계는 연구자가 양적 연구, 질적 연구, 혼합 접근, 그리고 문헌검토와 문제 진술에서 입증된 바에 따라 이전에 수행된 연구 중 최선이라고 여겨지는 요인들을 고려함으로써 선택한다.

연구절차

과학적 연구는 보통 5단계(① 관찰, ② 예측, ③ 검증, ④ 해석, ⑤ 소통)로 이루어진다. **관찰과 예측 단계**에서 연구자들은 관찰된 현상에 관해 기대 또는 예측을 한다. 이들은 이러한 기대를 이론으로 표현한다. 이론은 검증 가능한 예측을 할 수 있는 일련의 가정이다. 이론은 연구자가 관찰한 것을 조직화하고 설명해 주며 관찰 대상을 알려 준다. 과학적 이론은 실제 증거와 결부되어야 하고, 관찰을 체계화하여 검증할 수 있는 기대를 창출해야 한다. 가설은 특정 조건하에서 어떤 부류의 결과가 나타날 것이라는 데대한 특수하고, 정보에 근거하며, 검증 가능한 예측이다. 과학적 연구의 세 번째 단계인 **가설검증**을 위해 연구자들은 적절한 측정기법과 연구방법을 택한다. 연구방법에는 연구설계에 대한 계획, 연구조건을 구성할 도구, 반응을 측정할 도구가 포함된다. 연구자들은 결과를 **해석**하고, 그 결과가 우연한 것이 아니라 의미 있고 예측에 잘 맞는지를 알아보기 위해 통계학statistics(숫자로 된 자료를 수집, 분석, 해석, 제시하는 수학적 방법)을 사용한다. 또한 동일한 주제에 관한 논문들의 일반적 경향을 이해하기 위해 효과크기라는 통계값을 이용한다.

　과학적 연구의 최종 단계는 연구결과의 **소통**이다. 즉, 연구자의 발견을 동료들이 심사하는 공인된 전문학술지에 발표publishing하는 것이다. 일정한 양식에 따라 연구자는 자신의 가설, 실험설계, 실험조건, 결과, 결론을 공유한다. 연구자는 발표논문에서 연구결과의 폭넓은 의미를 공유한다. 학술지에 논문을 발표하는 일은 과학적 발견 내용을 공적 영역의 일부로 축적하는 역할을 한다. 이는 다른 연구자들로 하여금 연구를 반복 또는 확대할 기회를 제공한다. 이는 지금까지 과학적 발견과 지식이 축적되어 온 방식이다.

연구방법

역사적으로 상담심리학이 과학의 한 영역으로 자리 잡게 되면서 내담자 행동에 대해 더 만족스러운 설명을 도출하는 정교한 방법들이 생겨났다. 물론 필연적이고 완벽한 과학적 방법은 존재하지 않는다. 그래도 개념, 가설, 예측은 다른 관찰자에 의해 검증될 수 있도록 명확·정확하게 기술되어야 한다. 연구에는 다양한 목적이 있으나, 적어도 단순한 추측 또는 권위에 의존하는 것을 방지할 수 있게 해 준다. 즉, 과학자로서 임상가는 타당한 근거 없이 특정 치료적 접근방법이 효과가 있다고 선언하는 대신, 그 치료법의 효과성과 한계를 검증하는 연구를 수행할 수 있다. 특정 사안에 대한 의문점은 객관적으로 관찰·증명함으로써 관계의 존재를 확인하거나, 인과관계를 검증하거나, 이러한 관계 기저에 내재된 원리를 생성해 낼 수 있다. 연구는 연구자에게 이론을 간명·유용하게 정립하고, 확장·수정할 수 있게 해 준다. 이론이 연구의 동기를 부여·안내한다면, 연구는 이론을 수정한다. 연구의 궁극적인 목적은 상담전문가들이 도우려는 사람들의 행동, 사고, 감정을 이해·예측하는 능력을 증진하는 데 있다. 연구방법은 다양하고 각 방법에는 나름의 장단점이 있을 뿐, 모든 연구문제에 명확하게 답해 줄 수 있는 연구방법은 존재하지 않는다. 그러나 몇 가지 유용한 방법을 선별하여 사용할 수 있다면, 연구자의 이해·예측 능력은 확장될 것이다.

연구설계

다른 과학 분야와 마찬가지로, 상담심리학에서도 연구설계$^{research\ design}$(연구실행 방법에 관한 계획)를 사용한다. 연구에서 검증해야 할 문제에 따라 설계유형이 선택된다. 특정한 처치가 행동 변화에 원인을 제공했는지 알아보기 위해서는 실험에서 사람들을 여러 집단으로 무선배치하여 답을 구하는 것이 가장 좋다. 이때 변인이라는 개념이 사용된다. **변인**^{variable}이란 개인 내에서 또는 개인들 간에 변화하는 어떤 것을 말한다('변수'

로도 불림). 변인의 예로는 성별, 연령, 지능, 학업성적, 불안, 우울 등이 있다. 연구자는 변인들이 서로 영향을 미치는 방식과 시기를 예측함으로써 연구를 수행한다. 연구를 위한 표집의 첫 단계는 연구자가 관심 있는 전체 집단('모집단^{population}')의 구성을 파악하는 일이다. 모집단의 예로는 모든 인간, 모든 남성 또는 여성, 모든 아동 또는 청소년, 모든 한국인, 모든 초등학생, 중학생, 고등학생, 또는 대학생을 들 수 있다. 연구자가 모집단을 대상으로 자료를 수집하려 할 때 나타날 수 있는 문제점은 돈과 시간을 비롯해서 직접적인 면담에 한계가 있다는 것이다. 그래서 이에 대한 대안은 모집단의 작은 부분집합, 즉 **표본**^{sample}을 추출하는 것이다('표집^{sampling}'). 예를 들어, 대학생이라는 모집단의 표본은 특정 대학의 재학생이 될 수 있다. 연구자가 모집단에 대해 타당한 결론을 내리고 정확히 예측하려면 성별, 연령 등 관심 대상의 변인 중 모집단을 정확하게 대표할 표본으로 구성해야 한다.

기술연구

기술연구$^{descriptive\ research}$는 연구자가 특정 분야에서 새로운 연구 문제 또는 주제에 관심이 있을 때 유용한 설계방법이다. **기술설계**$^{descriptive\ design}$에서 연구자는 예측 또는 변인 통제나 조작을 하지 않고, 단지 관심 있는 문제를 정의하고, 그 변인을 신중하게 기술한다. 기술연구는 연구자가 추후에 예측한 의미 있는 양상을 확인하려는 연구의 탐색 단계에서 이루어진다. 이 연구에서는 연구가설을 설정하지 않는다는 특징이 있다. 기술연구에는 ① 사례연구, ② 자연적 관찰, ③ 면접 · 조사, ④ 역학연구 등이 있다.

사례연구.   첫째, **사례연구**$^{case\ study}$는 특정 현상 또는 사회적 단위('사례')에 관한 상세하고 심층적인 자료수집을 통해 집중 탐구하는 방법이다. 이 방법은 인간 행동에 관한 지식과 지혜의 근원이 될 수 있다. 사례연구는 일대일의 관계를 기반으로 수년에 걸쳐 실시된다는 점에서 조사 또는 질문지로 파악할 수 없는 깊은 통찰을 얻을 수 있다(예, 역사적으로 중요한 인물의 일생 연구). 또한 가설 설정을 위한 귀중한 자료를 제공할 수 있다는 이점이 있다.

자연적 관찰.   둘째, **자연적 관찰**은 실제 세계에서 행동을 관찰 · 기록하는 방법이다. 이 방법에서 연구자는 관심 대상이 되는 행동에 영향을 주지 않아야 하고, 편견을 갖지 말아야 하며, 개입하지 않아야 한다. 이 방법은 참여자들의 행동을 부자연스럽게 할 수 있는 통제된 상황이 아니라 실제 상황에서 실제 행동을 면밀히 살필 수 있다는 장점이 있다. 반면, 조건이 통제될 수 없고, 변인들 간의 인과관계를 밝힐 수 없다는 한계가 있다.

면접 · 조사.   셋째, **면접 · 조사**는 사람들의 생각과 행동에 관한 자료수집을 위해 널리 사용되는 방법이다(예, 킨제이의 성행동에 관한 설문조사). 이 방법에서는 사람들에게 그들의 생각과 행동에 관해 직접 또는 간접적으로 묻는다. 또 각 응답자에게 동일한 방식으로 특정한 일련의 질문을 한다. 질문의 유형은 개방질문과 척도를 활용한 질문으로 나눌 수 있다. 전자의 경우, 응답자는 자신이 원하는 내용을 그대로 말할 수 있지만, 후자의 경우에는 흔히 5점 척도[매우 그렇지 않다(1점), 그렇지 않다(2점), 보통이다(3점), 그렇다(4점), 매우 그렇다(5점)]로 답할 수 있다. 면접방식에 있어서 과거에는 면대면 방식이 사용되었으나, 오늘날에는 전화 또는 인터넷이 주로 사용된다. 이 방법은 비교적 단기간에 선거, 낙태, 성 등 다양한 사회적 쟁점에 관해 많은 사람의 의견 또는 태도에 관한 조사가 가능하다는 이점이 있다. 반면, 모집단을 대표하지 않는 사람들이 면접과 조사에 대거 포함됨으로써 나타나는 편향된 반응이 수집될 수 있다는 한계가 있다. 이러한 한계를 극복하려면 연구자는 대표적 표본을 대상으로 면접 또는 조사를 실시해야 할 것이다.

역학연구.   넷째, **역학연구**는 주어진 모집단에서 질병의 발생률, 유병률, 분포에 관해 연구하는 것을 말한다. **발병률**incidence은 주어진 기간 내에 발생한 새로운 사례의 비율을 의미하는 반면, **유병률**prevalence은 주어진 기간 내의 전체 사례의 비율을 말한다. 전자는 특정 질병 또는 장애의 새로운 사례가 증가하고 있는지를 알려 주는 반면, 후자는 해당 인구의 몇 퍼센트에 그 질병 또는 장애가 있는지 측정할 수 있게 해 준다. 단순히 사례수를 파악하는 것이 이 방법의 핵심이다.

비실험연구

비실험연구non-experimental research는 좁은 의미로 비교집단이 없는 실험이지만, 넓은 의미로는 실험 외적 요인을 연구자가 통제하지 않은 또는 통제하지 못한 상태에서 수행하는 실험이다. 이 방법은 내적 타당성 확보가 어렵지만, 사용하기 용이하다는 점에서 많이 사용된다. 비실험연구에는 ① 상관연구, ② 설문연구, ③ 사후(인과-비교)연구설계, ④ 메타분석이 사용된다.

상관연구.　첫째, 상관연구는 2개 또는 그 이상의 변인 간에 어떤 선형적 관계가 있는지 분석하는 방법이다. 이 방법은 변수 간의 연관된 정도를 나타낼 뿐, 인과관계를 설명하지 못하고 무선할당을 요구하지 않는다는 특징이 있다. 변수 간의 선형적 관계는 상관관계의 정도를 나타내는 **상관계수**correlation coefficient를 통해 알 수 있다. 단순상관 여부와 그 관련성의 방향은 피어슨 적률상관계수Pearson's product moment correlation coefficient 'r'로 나타낸다. 이는 변인 x와 y 간의 선형관계성 정도를 0에서 1.00 또는 0에서 −1.00 척도상에서 기술해 주는 통계치를 말한다. 변수들 간에 인과관계가 있는지는 **회귀분석**regressional analysis으로 확인할 수 있다. 변수들 간의 상관관계의 범위는 −1에서 +1로, 상관계수 0은 관계가 없음을 나타낸다. 정적 상관관계는 한 변수의 값이 증가/감소할수록 다른 변수의 값도 선형적으로 증가/감소하는 관계를 나타낸다. 반면, 부적 상관관계는 한 변수의 값이 증가/감소할수록 다른 변수의 값은 선형적으로 감소/증가하는 관계를 나타낸다. 상관연구에는 ① 이원상관연구와 ② 다원상관연구가 있다(Gall, Gall, & Borg, 2007; Mertler & Charles, 2011).

이원상관연구bivariate correlational research는 이론 또는 선행연구에 따라 서로 관련이 있을 것으로 여겨지는 두 변수 간의 관계를 탐색한다. 이로써 이원상관연구는 설명적·예측적이다(Creswell, 2012; Fraenkel, Wallen, & Hyun, 2015). 설명적 상관연구에서는 현상을 시도·설명하기 위해 단순히 변수 간의 관계를 탐색한다. **다원상관연구**multivariate correlational research는 서로 관련이 있다고 여겨지는 2개 이상의 변수 간의 관계를 탐색한다. 가장 널리 사용되는 다원상관연구는 **중다회귀분석**multiple regression analysis으로, 이 방법은 하나의 종속변수와 여러 독립변수 사이의 관계를 규명할 수 있다.

설문연구.　둘째, 설문연구survey research는 일련의 질문 또는 면담을 통해 목표 대상으로부터 정보를 수집하는 방법이다. 이 방법은 행동, 가치, 특정 집단의 의견에 관한 정보수집에 유용하다는 점에서 교육학, 사회과학, 마케팅 등 다양한 분야에서 사용된다. 수집된 정보에는 빈도 분포, 백분율, 집중경향성, 분산도 등 기본적인 기술통계가 사용된다.

사후(인과-비교)연구설계.   셋째, 사후(인과-비교)연구설계^{ex post facto (causal-comparative)} ^{design}는 이미 독립변수가 있어서 독립변수를 조작할 수 없거나, 피험자들을 실험조건에 따라 할당하기 어려운 경우에 사용하는 연구방법이다. 이러한 이유로, 집단 간의 비교에서 실험조건을 직접 통제하기보다 실험 전의 다양한 특성을 동질화하기 위해 피험자의 배경 또는 과거력을 통해 집단을 비교한다는 점에서 **후향적 연구**^{retrospective research}라고도 불린다. 사후연구설계는 인과-비교에 따라 비교된다는 점에서 실험설계와 때로 혼동되나, 사후에 종속변수가 측정된다는 점에서 차이가 있다.

메타분석.   넷째, 메타분석^{meta-analysis}은 특정 문제에 관해 출판된 결과와 그렇지 않은 결과 모두를 종합하여 전체 연구에 근거하여 결론을 끌어내는 연구방법이다. 메타분석을 하려면, 연구자는 각 연구의 발견들을 효과크기라는 표준화된 통계값으로 변환해야 한다. 효과크기^{effect size}는 두 변인 간 관계의 강도 또는 실험효과의 정도를 나타내는 값을 말한다. 메타분석을 통해 연구자는 모든 연구를 근거로 산출한 평균 효과크기로 특정 주제를 다룬 전체 연구가 일관된 사실을 발견했는지를 알 수 있다.

연구방법

연구방법은 크게 양적 연구와 질적 연구로도 나눌 수 있다. 양적 연구에서는 연구문제가 될 수 있는 객관적 현실, 특정 행동과 가치 또는 신념이 다른 행동과 가치 또는 신념을 초래하거나 연관될 개연성을 측정하기 위해 사용하는 과학적 방법이 존재한다고 가정한다. 반면, 질적 연구에서는 다수의 현실이 존재하고, 현상을 이해·설명하기 위해 스스로 연구상황에 몰입함으로써 세계를 이해할 수 있다고 가정한다(Heppner, Wampold, Owen, Thompson, & Wang, 2015). 양적 연구와 질적 연구는 연구문제 분석방법이 다르다. 양적 연구는 실험적으로 이루어질 수 있는 소수의 명확한 변수로 문제감소를 시도하는 반면, 질적 연구는 자연적으로 이루어지는 맥락 내에서 광범위하게 분석함으로써 문제이해를 목표로 한다. 연구자에 따라서는 이 두 가지 방법을 혼합하여 사용하기도 한다.

양적 연구

양적 연구에서는 철저한 연구방법과 통계자료 분석을 통해 확인될 수 있는 객관적 현실이 존재한다고 가정한다. 연구자는 인간 현상의 특성에 관한 가설 또는 추측으로 연구를 시작한다. 그리고 가설을 검증하고 연구문제에 대해 가능한 해답을 찾아내기 위해 과학적 방법 및/또는 관찰, 측정, 실험의 체계적 과정을 이용한다. **양적 연구**quantitative research에서 연구결과를 분석하기 위해 통계를 사용하는 반면, **질적 연구**qualitative research에서는 귀납적 분석방법을 사용한다. **귀납법**induction이란 특정 사실 또는 원리로부터 관련 사례들이 포함되는 확장된 일반적 명제를 도출해 내는 방법과 절차를 논리적으로 체계화한 것을 말한다. 양적 연구의 목표는 연구문제와 가설검증을 위해 통계절차를 일련의 통제변인에 적용하는 것이다. 양적 연구는 크게 ① 기술통계와 ② 추리통계로 나뉜다.

기술통계descriptive statistics는 표집된 표본의 속성을 밝히는 데 초점을 두는 통계방법이다. 이 방법에서는 주로 ① 집중경향성(평균, 중앙값, 최빈수 등), ② 변산도(범위, 변량, 표준편차 등), ③ 유도점수(백분율, 9분 점수, T점수, DIQ 점수 등), ④ 관계측정(상관계수)이 사용된다. 이에 비해, **추리통계**inferential statistics는 표본자료를 분석하여 모집단의 속성을 추론함으로써 표본의 속성을 일반화하는 통계방법이다. 이 방법에는 주로 ① t-검정t-test(두 집단의 평균차 검정), ② 변량분석analysis of variance(ANOVA, 2개 요인의 처치에 평균차가 존재하는지를 파악할 때 사용되는 가설검증 방법으로, '분산분석'으로도 불림), ③ 이원변량분석factoral analysis of variance(2개 이상의 집단 또는 조건 간의 평균치 차이 분석을 위해 사용됨), ④ **다변량분석**multivariate analysis of variance(MANOVA, 여러 개의 독립변수에 대해 여러 개의 종속변수를 동시에 분석하는 것이 가능함), ⑤ 카이제곱chi-square(점수의 관찰빈도 점수가 예상빈도와 다른지를 비교하기 위해 사용됨) 등이 있다. 양적 연구에는 ① 실험연구와 ② 비실험연구가 있다. 이 두 가지 연구방법은 둘 다 연구문제를 이해하기 위해 과학적 방법과 환원주의적 접근을 이용한다. 실험연구와 비실험연구 사이에는 다음과 같은 차이점이 있다.

실험연구

실험연구에서는 실험자의 조작과 특정 결과의 측정치 사이의 인과관계를 보여 주기 위해 특정 방식으로 참여자들의 경험을 조작('처치')한다. 예를 들면, 연구자가 처치에 잘 따른 데 대한 보상효과를 검증하고 싶다고 하자. 이에 연구자는 참여자들을 치료약물을 복용하는 경우, 보상을 받는 집단과 아무런 보상을 받지 않는 집단으로 나눈다. 이와는 달리 비실험연구에서는 연구자에 의한 조작을 하지 않는다. 대신, 변수 사이의 관계를 살펴보거나, 조사대상집단의 태도, 신념, 행동을 기술한다. 실험연구에 주로 사용되는 설계로는 ① 진실험설계, ② 준실험설계, ③ 단일대상실험설계, ④ 전실험설계가 있다.

진실험설계. 첫째, 진실험설계$^{\text{true-experimental design}}$는 잘 통제된 방식으로 연구되는 변수 사이의 인과관계를 탐색하는 양적 연구방법이다. 이 방법은 다음 두 가지 특성이 있다. 하나는 예측되는 원인('독립변인')의 실험적 조작과 반응('종속변인')의 측정이 이루어지고, 다른 하나는 참여자들이 실험집단과 통제집단에 무선할당된다는 것이다. **독립변인**$^{\text{independent variable}}$은 연구자가 예측하는 것으로, 통제된 조건하에서 실험자에 의해 조작되어 특정 결과를 초래하는 조건을 말한다. 반면, **종속변인**$^{\text{dependent variable}}$은 실험 조작에 대한 결과 또는 반응이다. 독립변인은 원인, 종속변인은 결과로 생각할 수 있으나, 실제로는 그렇게 단순하지 않다. 그렇지만 만일 두 변인 사이에 인과관계가 있다면, 반응은 처치에 종속적이고, 종속변인으로 볼 수 있다.

실험집단$^{\text{experimental group}}$은 연구자가 관심을 가지고 있는 실험적 요인 또는 상황의 처치^{treatment}를 받는 일련의 피험자들을 말한다. 반면, **통제집단**$^{\text{control group}}$은 실험연구에서 어떤 처치의 성과 또는 효과를 비교하기 위해 아무런 처치도 받지 않는 일련의 피험자들을 말한다. **비교집단**$^{\text{comparative group}}$은 실험집단('처치집단')의 결과와 비교하기 위해 다른 처치를 받는 일련의 피험자들을 말한다. **무선할당**$^{\text{random assignment}}$은 참여자들을 서로 다른 조건에 할당하여 개인이 특정 집단에 속할 기회를 다른 집단에 속할 기회와 동일하도록 하는 것이다. 만일 실험연구가 시작되는 시점에 집단들의 특성이 동일하다면, 실험 종료 시 집단들 간의 차이는 독립변인의 결과로 간주한다. 이러한 조치는 대체로 연구자가 미처 고려하지 못한 **혼재변수** 또는 **혼입변수**$^{\text{confounding variable}}$(인과관계 관찰을 위해 조작한 독립변수 외에 종속변수에 영향을 미치는 변수)를 통제할 수 있다는 점에서 연구의 신뢰도를 높이는 기능을 한다.

실험연구에서 연구자는 귀무가설을 설정한다. **귀무가설**$^{\text{null hypothesis}}$(또는 '영가설')은 설정한 가설이 '참'일 확률이 극히 적어 기각될 것이 예상되는 변수 간의 관계에 대한 예측이다. 처치가 완전히 비효과적이라 할지라도 어떤 특성에 대해서든 혼재변수 또는 점수 변동으로 인해 집단 간에 일정한 차이가 나타날 수 있다. 따라서 처치에 효과가 있다는 것을 나타내기 위해 이러한 차이가 처치로 인한 것일 **확률**probability을 측정ㆍ보고한다. 이를 통해 연구자는 무언가를 입증했다고 선언하기보다 처치가 효과적일 확률로 보고한다(Leary, 2012). 진실험연구를 수행할 때, 독립변수를 어떻게 설정ㆍ조작하고 종속변수를 어떻게 측정할 것인지에 따라 다양한 종류의 설계가 가능해진다.

한편, 실험자와 참여자들이 할당된 실험조건에 관해 얼마나 알고 있는지는 결과에 영향을 미칠 수 있다. **단일맹목연구**single-blind study란 참여자들이 자신들에게 할당된 실험조건을 모르는 상태에서 수행되는 연구를 말한다. 이는 실험에서 참여자들이 편향된 방식으로 행동할 가능성을 막기 위한 조치다. 즉, 참여자들이 특정 처치법이 적용되는 집단에 할당된 사실을 알고 나서 그것과 관련된 수행을 더 잘하려고 노력하게 됨으로써 나타나게 될 혼입변인의 효과를 막기 위함이다. 다른 한편으로, 실험자가 특정 참여자가 속해 있는 집단을 알면 의도적이든 그렇지 않든 간에 두 집단을 다르게 대함으로써 혼입효과가 발생할 수 있다. **이중맹목연구**double-blind study는 연구자(또는 실험처치자)와 참여자 모두 누가 어떤 조건에 할당되었는지 모르게 한 상태에서 수행되는 연구다. 이 연구방법은 실험자 기대효과를 사전에 차단할 수 있다는 장점이 있다. 이와 유사한 개념으로, **실험자 기대효과**experimenter expectancy effect는 실험자가 누가 어떤 집단에 할당되어 있는지를 아는 것이 참여자의 행동에 영향을 미치는 현상이다. 즉, 이러한 효과는 연구에 실험자와 참여자 간의 직접적 상호작용이 개입되면, 실험자의 연령, 성별, 인종, 성격이 참여자의 행동에 영향을 준다는 것이다.

준실험설계.   둘째, **준실험설계**quasi-experimental design는 연구자가 실험처치를 할 수 있으나, 모든 관련 변수를 완전히 통제 또는 조작할 수는 없는 연구방법이다. 이 연구방법은 진실험설계와 달리 무선할당을 하지 않는다는 특징이 있다. 이에 준실험설계는 내적 타당도(연구자가 가능한 한 가외변수를 통제하여 관찰된 결과를 처치효과로 귀인시킬 수 있는 정도) 저해요인을 통제하지 못하므로, 집단 간의 차이가 처치효과로 인한 것인지에 대한 결정에 신뢰성이 부족하다는 한계가 있다. **내적 타당도**internal validity는 실험에서 가외변인 또는 다른 외적인 이유 때문이 아니라, 오직 실험처치에 따른 결과가 나타났다고 말할 수 있는 정도를 말한다. 즉, 결론을 도출할 때 외적 변수들이 설명되는 정도를 나타낸다. 이는 독립변수 또는 처치변수의 종속변수에 대한 효과 또는 영향에 따른 가외변인의 개입 가능성을 적절히 통제했는지의 여부로 판단된다. 내적 타당도를 위협하는 요인에 대한 설명은 〈표 11-2〉와 같다.

〈표 11-2〉 내적 타당도 위협요인

위협요인	설명
☐ 선발	○ 피험자 선발과 처치집단에의 배치에서 발생하는 집단의 차이로, 연구결과가 처치의 결과인지 또는 선발의 결과인지 모호해짐
☐ 역사	○ 연구 기간 중 발생하는, 처치에 영향을 주거나 유효하지 않은 결론을 초래하는 외적 사건
☐ 성숙	○ 나이가 들거나 경험 누적 등 피험자의 자연적·발달적 변화
☐ 회귀	○ 두 번째 실험에서 극단적인 점수가 평균에 근접해 가는 통계적 경향성
☐ 탈락	○ 피험자의 차별적 처치 중단으로, '더 좋은' 또는 '더 나쁜' 피험자들만 남게 되어 처치결과에 영향을 주는 상황
☐ 검사효과	○ 사전검사에 대한 지식이 사후의 결과에 미치는 영향
☐ 검사도구	○ 도구의 변화가 처치결과에 미치는 영향(사후에 점수가 상승함)
☐ 추가적 상호 작용 효과	○ 내적 타당도에 대한 두 가지 또는 그 이상의 위협이 동시에 작용하여 위협이 연합 또는 통합되어 개별적 경우와 다르게 또는 더욱 강력하게 결과에 영향을 주는 현상

반면, **외적 타당도**external validity는 연구결과를 그 연구에 사용된 장면과 피험자 이외의 다른 대상, 시기, 상황에 일반화할 수 있는 정도를 말한다. 이는 캠벨과 스탠리(Campbell & Stanley, 1963)에 의해 처음 소개된 개념으로, 내적 타당도와 함께 연구를 평가하는 기준의 하나다. 외적 타당도에 영향을 주는 요인으로는 피험자, 연구 장소와 시기를 들 수 있다. 즉, 참여자, 장소, 시기가 보편적이지 않아서 연구결과를 일반화하기 어려운 경우다. 사람을 대상으로 실험하는 경우, 무선표집과 무선배치에 한계가 있다는 점에서 실제로는 준실험설계가 널리 사용되고 있다. 흔히 사용되는 준실험설계 방법으로는 단일집단을 사용하는 단회사례연구single-subject research, 단일집단 사전사후검사설계, 시계열설계 등이 있고, 2개 또는 그 이상의 집단을 사용하는 정적집단설계, 요인설계factorial design 등이 있다. 특히 요인설계는 피험자들 사이에 사전에 존재하는 차이점과 같이 원상태를 독립변수로 간주함으로써 진실험설계의 대안으로 자주 사용된다.

　　단일대상실험설계.　　셋째, 단일대상실험설계single-subject experimental design는 통제 또는 비교 집단을 사용할 수 없는 경우, 실험처치 효과를 알아보기 위해 개인 또는 집단을 연구 대상으로 하는 연구방법이다. 특히 사전실험설계는 인과관계에 관한 정보를 거의 제공하지 않기 때문에 상담자들은 단일대상실험설계를 사용할 수 있다(Foster, 2010). 이 실험설계에서 피험자들은 처치 전에 종속변수에 대한 최소 3개의 기초선 측정을 통해 통제된다(Gay, Mills, & Airasian, 2018).

전실험설계.　　끝으로, 전실험설계는 진실험설계 및 준실험설계와 마찬가지로 처치와 구체적인 결과 사이의 인과관계를 보여 주기 위한 설계다. 그러나 이 설계방법은 내적 타당도에 대한 위협을 통제하기 어렵다는 한계가 있다. 전실험설계의 예로는 단일사례연구설계single subject research design가 있다. 이 설계에서는 개인 또는 단일집단에 대한 처치가 이루어지고 그 결과를 측정한다(Kline, 2009).

 # 질적 연구

질적 연구qualitative research란 현상을 개념화, 범주화, 계량화, 이론화 이전의 자연상태로 환원하여 최대한 있는 그대로 또는 본래의 입장에서 접근하는 연구 유형 또는 방법을 말한다. 이 방법은 자연주의적·현상학적 철학에 기초한다(McMillan & Schumacher, 2010). 질적 연구에서는 현실이 개인에 의해 해석·경험될 많은 방법이 있다고 가정한다. 이에 연구자는 자연적인 환경 또는 사회적 맥락에서 현상을 관찰·설명·해석한다. 이를 통해 질적 연구는 공감, 수용, 심리적 특성 같은 추상적인 개념 이해 등을, 양적 연구는 탐색할 수 없는 현상에 대한 탐색을 가능하게 해 준다(Hinson, 2011). 따라서 질적 연구의 결과는 연구 패러다임을 임상적 상황에 적용할 수 있게 풍부한 방법을 제공한다는 이점이 있다(Haverkamp, Morrow, & Ponterotto, 2005). 질적 연구는 또한 양적 연구의 환원주의적 방법으로는 발견할 수 없는 정보를 보완할 수 있다는 이점이 있다(Gall et al., 2007). 양적 연구에서는 변수 확인, 고립, 측정 등 연역적 방법에 의존하는 반면, 질적 연구에서는 사건 또는 현상에 초점을 두고 심층적으로 조사·분석하는 사례연구 방법이 주로 사용된다. 또한 특정 현상의 의미와 주제를 드러내기 위해 동시에 여러 방법을 사용한다. 질적 연구의 대표적인 유형으로는 ① 근거이론, ② 현상학적 연구, ③ 문화기술적 연구, ④ 합의적 질적 연구가 있다(Hill, Thompson, & Williams, 1997; Houser, 2019).

근거이론

첫째, 근거이론grounded theory은 체계적이고 귀납적인 자료 수집과 분석을 통해 도출되는 중범위 이론을 말한다. 이 이론은 1960년대에 사회학자였던 바니 글래이저Barney G. Glaser 와 앤셀름 스트라우스Anselm L. Strauss가 개념화한 것으로, '토대이론'으로도 불린다. 근거 이론은 양적 연구가 체계적인 사회과학연구의 유일한 방법으로 여겨졌던 당시의 지배 적인 분위기에 반발하면서 출현한 접근이다. 질적 연구방법을 사용하는 연구자들은 현장에서 정보를 수집·분석하고, 범주 또는 주제별로 조직한다. 또한 정교한 질문과 함께 더 많은 질문을 발문하기 위해 현장을 조사하여 지속적인 비교·분석을 통해 초 기 자료에 나타난 주제와 새로운 정보를 비교·분석한다(Corbin & Strauss, 2014). 이 과 정은 자료 수집과 분석의 귀납적 접근법을 수반하며, 자료가 포화상태가 될 때까지 계 속된다. 이러한 일련의 과정은 문헌검토를 통해 가설을 설정하고 나서 연구를 시작하 고, 가설 또는 연구문제를 검증하기 위해 통계방법을 사용하는 양적 연구와 대조된다. 근거이론에 기초한 연구는 준비, 자료수집, 노트기록, 코딩, 글쓰기 등의 일련의 과정 을 통해 실시된다.

현상학적 연구

둘째, 현상학적 연구phenomenological research는 결과적인 이론 개발보다는 특정 현상에 관 한 개인의 경험을 이해·설명하는 데 초점을 두는 연구방법이다. 이 연구방법에서는 연구자가 특정 현상의 복잡성과 모순점을 포함한 제반 현상을 이해하고자 한다는 점 에서 독특한 경험을 할 가능성이 있는 사람들을 의도적으로 선택하기도 한다. 대상자 를 선정하고 나면, 연구자는 대상자들에게 심층면접을 실시하여 특정 현상에 대한 경 험에 영향을 주는 맥락적 요인을 설명하게 한다(Creswell & Poth, 2017). 연구자는 대상 자를 존중하면서 일련의 질문을 던진다. 또한 이들을 주의 깊게 관찰하고, 대상자의 답변에 대해 후속 질문을 한다. 이때 연구자는 자신이 어떤 식으로든 대상자의 응답에 영향을 주고 있음을 모니터링하고, 자료수집에 영향을 줄 수 있는 자신의 편향이 있는 지 확인한다. 연구자는 면접장면을 녹화해서 추후에 기록으로 남기고, 피험자들의 경 험을 더 잘 나타낼 수 있는 정보(예, 일기, 개인기록물, 페이스북, 부모/학부모의 관점/의견 등)를 수집한다. 현상학적 연구의 자료분석 방법은 주제 확인, 코딩, 개인 경험과 경험

방식의 공통요소 발견 등으로 근거이론과 유사하다. 근거이론에서는 현상의 과정에 관해 설명하고자 하는 반면, 현상학적 연구에서는 단순히 현상을 경험한 사람에게 그 현상이 어땠는지를 기술한다.

문화기술적 연구

셋째, 문화기술적 연구ethnographic research는 참여관찰 또는 정보제공자 면접을 통해 특정 문화를 서술하는 연구방법이다. 이 연구방법은 미국의 문화인류학자 마가렛 미드Margaret Mead(1961)가 사모아 원주민들의 생활방식을 이해하기 위해 그들의 문화에 초점을 두고, 젊은 사모아인 연구에 사용함으로써 널리 알려졌다. 이 방법은 연구자가 오랫동안 특정 집단과 일상생활을 함께 하면서 특정 현상을 설명할 핵심 정보제공자 또는 개인들에게 의존한다는 특징이 있다. 이 방법의 연구결과에는 문화적 믿음, 행동, 언어 가치, 사회적 유형 등에 관한 설명, 분석, 해석이 포함된다. 문화기술적 연구는 공동문화를 지닌 집단과 그 집단에의 접근방법을 확인하는 작업으로 시작한다. 연구자는 문헌검토를 통해 연구 대상의 문화 또는 집단을 더 잘 이해할 수 있지만, 연구 대상 집단이 매우 독특하다는 점에서 이용 가능한 연구 또는 문헌이 거의 또는 전혀 없을 수 있다. 그런 다음, 연구 대상 문화에 집중하기 위해 사용할 방법을 정한다. 대상 문화 속으로 들어가기에 앞서, 연구자는 자료수집을 위한 계획을 수립한다. 문화기술적 연구에서 주로 사용되는 방법에는 ① 관찰, ② 문화기술적 면접, ③ 문서 및 유물 수집이 포함된다.

첫째, 문화기술적 연구에서 관찰은 상황 또는 현상을 폭넓게 파악하기 위한 중요한 도구다. 연구자는 참여관찰자가 되어, 집단과 함께 지내며 집단에 집중하여 관찰한 내용을 기록·설명한다(Gall et al., 2007; Houser, 2015). 즉, 집단에서 일어나는 자연스러운 과정을 관찰·경청함으로써 집단에 대한 독특한 관점을 얻는다. 이 과정을 통해 연구자는 집단이 현실을 구조화하는 방법을 이해하는 한편, 집단관찰이 집단에 미치는 영향과 역할을 기록한다.

둘째, 문화기술적 면접은 문화 또는 집단으로부터 질적 자료를 수집하기 위한 도구로 사용된다. 면접에서 연구자는 개방질문을 통해 면접 대상자들이 의미를 구성하는 방법을 탐색한다. 문화기술적 면접은 사전에 준비된 일련의 질문을 하는 구조화된 방식과 사전에 준비되지 않은 방식으로 일반적인 주제를 탐색하는 비구조화된 방식이 있다. 상담자들은 개방질문의 사용에 익숙하다는 점에서 대체로 문화기술적 면접에 능하다. 이때 연구자는 녹음 또는 녹화를 통해 면접 내용을 글자 그대로 옮겨 적는 축어록^{verbatim}을 작성해야 한다.

셋째, 문서 및 유물 수집은 연구자가 집단의 믿음, 가치, 행동을 이해하는 데 도움을 준다. 여기서 유물^{artifact}은 문화 또는 특정 집단의 상징 역할을 한다. 이 과정에서 연구자는 유물이 어떻게 만들어지는지, 어떻게 사용되었는지, 어디서 왔는지, 얼마나 오래 되었는지, 누가 사용했는지를 조사한다. 유물의 의미 탐색ㆍ해석은 관찰과 면접을 통해 보강한다. 문화기술적 연구에서 의미 있게 다룰 유물로는 일기, 편지, 이메일, 개인 문서(예, 일화기록), 내외적 문서와 통신, 기록과 인적 파일, 공식문서(예, 통계자료), 문화의 상징적 의미를 지닌 물품 등이 있다.

합의적 질적 연구

끝으로, 합의적 질적 연구$^{consensual\ qualitative\ research}$(CQR)란 복합적 경험과 행동을 자연스러운 환경에 있는 그대로 설명하는 연구방법을 말한다. 그러나 다른 설계방법과는 달리 CQR에서는 표준화되고 반복 가능하며, 체계적인 자료수집과 분석방법을 사용한다. 이 과정은 매우 상세하고 구체적인 특징이 있다. 다른 질적 연구방법과는 달리 CQR에는 ① 다양한 팀, ② 명확한 참여자 정의와 면접 프로토콜 작성, ③ 합의구축, ④ 교차분석 같은 핵심요소가 있다.

첫째, CQR에서는 **다양한 팀**을 필요로 한다. 그 이유는 단일 연구자는 자신의 편향에 영향을 받을 수 있어서 자신의 세계관과 일치하지 않는 유형의 자료는 무시할 수 있기 때문이다. 이에 CQR은 7명 정도의 팀 구성으로 시작한다(자료분석은 3~5명, 감수자^{auditor}, 즉 분석에 대한 피드백 제공자 1~2명). 팀 접근은 여러 사람의 관점을 듣기 위한 것이므로, 팀원 구성은 다양한 배경을 고려한다.

둘째, 연구를 시작하면서 연구 참여자를 명확하게 정의하고, **면접 프로토콜**을 작성한다. 연구자는 연구문제를 바탕으로 연구 참여자 선정을 위한 기준을 정한다. 그런 다음, 기준에 합당한 참여자 8~15명 정도를 선발한다. 또한 문헌검토를 기반으로 일련의 질문으로 구성된 면접 프로토콜을 만든다. 이 프로토콜에 의거하여 참여자들에게 면접을 실시한다. 이러한 절차는 자료수집 후에 질문할 것을 정하는 다른 질적 연구와 다른 점이다.

셋째, **합의구축**은 연구자들의 다양한 관점, 판단, 의견 등을 적극 수렴하여 자연스럽게 전원 일치의 결정을 끌어내는 것이다. 이를 위해 연구자들은 자료를 개별적으로 검토하고, 팀원 전원이 자료에 대한 최선의 설명이라고 동의할 때까지 논의를 계속한다. 그 과정에서 이들은 각자의 의견을 존중·격려하는 분위기에서 자료에 대해 공통으로 이해할 수 있는 점을 찾아낸다.

끝으로, **교차분석**이란 사례에 따라 공동 주제를 확인하는 작업을 말한다. 이 작업에서는 연구자가 모든 면접자료를 분석한 후, 사례검토를 통해 사례에서 얼마나 자주 특정 범주 또는 주제가 언급되는지 확인한다. 이를 통해 특정 범주가 일반적^{general}, 전형적^{typical}, 또는 일반적이지 않은^{variant}지를 결정한다.

상담심리학 연구와 윤리

ACA 윤리강령(2014)에 의하면, 연구자는 법과 원칙에 합당한 방식으로 연구를 수행해야 한다. 또한 연구는 개인의 권리를 존중하는 방식으로 수행되어야 하고, 참여자에 대한 정서적·신체적·사회적 손상을 피하기 위해 합리적인 주의를 기울여야 함을 강조하고 있다. 참여자들의 권리를 존중하기 위한 윤리적 쟁점은 〈표 11-3〉과 같다.

〈표 11-3〉 참여자들의 권리를 존중하기 위한 윤리적 쟁점

쟁점 영역	내용
☐ 사전동의	○ 연구 참여에 앞서, 참여자는 연구목적, 연구절차, 잠재적 위험·혜택, 연구의 대안적 절차, 참여포기 권리 등에 관해 동의를 받아야 함 ○ 18세 미만의 미성년 참여자의 경우, 법적 보호자의 동의를 받아야 함
☐ 사생활·비밀 유지	○ 연구에서 수집된 정보에 대해 비밀을 유지하여 사생활을 보호해야 함 ○ 참여자의 인적사항이 연구에서 제공하는 자료와 직접 관련되지 않는다는 것을 확실하게 알려야 함
☐ 혜택·공평성	○ 연구 참여에 따른 비용과 혜택을 알려 주어야 함 ○ 혜택과 비용은 참여자들 사이에 동등하게 분배되어야 함
☐ 학생/수련생 참여	○ 교수 또는 수퍼바이저의 연구에 학생 또는 수련생이 참여하는 경우, 이들의 학문적 지위에 영향을 주어서는 안 됨 ○ 이들이 참여하지 않기로 선택한다면, 관련 요건을 충족할 대안이 제공되어야 함

☐ 경계 관리 · 유지	○ 연구자와 참여자 사이에 적절한 경계가 유지되어야 함(로맨틱한 관계 포함)
☐ 결과 보고	○ 연구자는 연구를 정확하게 계획, 수행, 보고해야 함
	○ 자료를 잘못 제시하거나 결과에 의도적 편향이 없어야 함
	○ 목표에 바람직하지 않거나 우호적이지 않은 결과도 보고해야 함

　　모든 상담자는 연구라는 블랙홀에 뛰어드는 도전을 해야 한다(Whiston, 1996). 이를 통해 학자, 그리고 더 나은 상담자가 될 수 있기 때문이다. 상담자는 스스로를 연구수행자, 독자, 발표자로 바라봐야 한다(Neukrug, 2016). 연구와 평가는 상담자의 업무를 분석 · 변화시키고, 내담자와 협력하는 새롭고 더 나은 방법을 선택할 수 있게 한다. 상담자는 지속적인 연구와 평가를 통해 내담자와 동료 상담자들에게 새로운 지식을 제공하는 데 기여해야 한다.

사후설명

사후설명^{debriefing}은 가설을 포함한 정확한 연구목적, 적용된 기만행위, 기만이 연구수행에 필요한 이유, 그리고 연구결과에 대해 참여자에게 알리고 설명하는 과정이다. 이는 기만의 결과로 나타날 수 있는 부정적 영향을 최소화하기 위한 과정이다. 연구자는 허용될 수 있는 조건(① 과학적 · 교육적 · 응용적 잠재가치가 중요할 때, ② 기만이 연구설계의 일부일 때, ③ 기만 이외의 다른 대안이 없을 때, ④ 실험 종료 후 사후설명이 있을 때) 외에는 참여자를 기만하지 않아야 한다(ACA, 2014).

💬 주요 개념 / 주요 개념을 확인해 볼까요?

• 문헌검토	• 문제 제기	• 연구문제
• 가설검증	• 연구절차	• 연구설계
• 연구방법	• 변인	• 모집단
• 표본	• 표집	• 기술연구
• 사례연구	• 자연적 관찰	• 면접 · 조사
• 역학연구	• 비실험연구	• 상관연구

• 상관계수	• 회귀분석	• 이원상관연구
• 다원상관연구	• 중다회귀분석	• 설문연구
• 사후(인과–비교)연구설계	• 후향적 연구	• 메타분석
• 양적 연구	• 질적 연구	• 귀납법
• 기술통계	• 추리통계	• t–검정
• 변량분석(ANOVA)	• 이원변량분석	• 다변량분석(MANOVA)
• 카이제곱chi-square	• 실험연구	• 비실험연구
• 진실험설계	• 준실험설계	• 단일대상실험설계
• 전실험설계	• 독립변인	• 무선할당
• 혼재변수/혼입변수	• 귀무가설/영가설	• 확률
• 단일맹목연구	• 실험자 기대효과	• 내적 타당도
• 외적 타당도	• 근거이론	• 현상학적 연구
• 문화기술적 연구	• 합의적 질적 연구	• 사후설명

chapter
12

자문과 수퍼비전

☐ 자문의 정의

☐ 자문의 3요소

☐ 자문의 특성

☐ 자문모델

☐ 자문의 절차

☐ 자문의 쟁점

☐ 수퍼비전의 정의

☐ 수퍼비전 교수법

☐ 수퍼바이저 vs. 수퍼바이지

☐ 수퍼비전의 형태

☐ 수퍼비전 모델

■ 주요 개념

자문

자문이 상담심리학의 서비스 영역에 포함되기 시작한 것은 미국의 1960년대 말에서 1970년대 초엽이다(Randolph & Graun, 1988). 그동안 자문은 피자문자[consultee] 또는 전문적 자문이 필요한 기관의 요구를 충족시키기 위해 다양한 형태의 이론적 접근이 적용되는 활동으로 확장되었다. 1940~1950년대는 자문의 태동기다(Kurpius & Robinson, 1978). 이 시기의 자문은 주로 수퍼바이저 또는 기관장('피자문자')이 자문자[consultant]를 자신의 일터로 초빙하여 '전문가'가 당면 문제를 해결해 줄 것으로 기대하는 형태가 주를 이루었다. 그러나 1950년대 말에는 일반적으로 피자문자가 제3자인 직원들과 함께 자문과정에 참여하는 형태로 바뀌었다. 이러한 형태는 조직 내에 유사한 문제가 발생하면, 피자문자가 직접 문제를 다룰 수 있도록 훈련한다는 점에서 유용했다. 자문모델의 다양화로 자문은 점차 자문자가 다른 사람을 훈련하거나 자신의 전문성을 다른 사람에게 전수하는 과정으로 이해되었다(Kurpius & Robinson, 1978). 이러한 분위기에 편승하여 20세기 후반에는 자문이론이 급증했다(Dougherty, 2013). 자문자의 이론적 지향성은 그가 체계를 이해하는 프리즘과 같다. 이는 자문자가 설계하는 변화전략에 영향을 주기 때문이다. 자문모델을 통해 자문자는 자문관계에 어떻게 참여해야 하는지 알 수 있다. 이 장에서는 자문의 정의, 구성요소, 특성, 모델, 절차, 쟁점에 관하여 구체적으로 살펴보기로 한다.

자문의 정의

자문[consultation]이란 특정 분야의 전문성을 갖춘 자문자가 다른 전문가로 하여금 제3자는 내담자/환자와의 작업효과를 높이도록 전문적 도움을 제공하는 활동을 말한다. 이는 피자문자 또는 의뢰자가 제3자를 돕는 과정에서 서로 다른 전문직 또는 집단에 속한 두 전문가 사이의 자발적·협력적·비위계적[nonhierarchical] 관계에서 이루어지는 간접적인 활동이다. 일찍이 카플란(Caplan, 1970)은 자문을 특정 영역의 전문가인 자문자와 현재의 작업문제로 자문자의 도움이 필요한 피자문자, 두 전문가 사이의 조력과정으로 정의했다. 이 정의에 의하면, 자문자는 특정 영역의 전문지식과 풍부한 경험을 갖추고 있고, 이러한 지식과 경험을 또 다른 전문가인 피자문자와 공유할 수 있는 전문가다. 자문은 피자문자 또는 의뢰인에 의해 시작·종결되는 자발적인 문제해결 과정이다. 이 과정에서 자문자는 피자문자의 책임하에 있는 개인, 집단 또는 기관인 제3자를 효과적으로 도울 수 있도록 피자문자의 태도와 기술 개발을 돕는다. 즉, 자문의 목표는 제3자에 대한 서비스의 질을 높이기 위해 피자문자의 능력 개발을 돕는 것이다. 자문자는 외부 기관으로부터 초빙될 수 있지만, 기관 내의 특정 분야 전문가도 자신의 지식과 경험을 동일 기관 내의 다른 전문가의 작업을 도울 수 있다. 자문작업은 피자문자뿐 아니라 제3자인 내담자 또는 조직에도 영향을 미친다(Kampwirth & Powers, 2012). 자문의 예는 글상자 12-1과 같다.

> **글상자 12-1. 자문의 예**
>
> ○ 전문상담교사가 학교장의 요청에 따라 교직원들을 대상으로 다문화적·친화적 학교환경 조성을 위한 연수를 실시한다.
> ○ 대학상담센터에 초청된 상담전문가가 지역 내 상담자들에게 DSM-5의 변경 내용에 관해 설명한다.
> ○ 중학교에 초청된 전문가가 전문상담교사를 비롯한 교직원들을 대상으로 학교폭력에 효과적으로 대처하는 방법에 관한 워크숍을 개최한다.
> ○ 상담자가 수퍼바이저를 만나 자신의 내담자를 돕기 위한 방안을 협의한다.
> ○ 중소기업 사장이 초청한 자문자가 조직 내의 갈등을 줄이고 조직의 생산성을 높이기 위해 작업한다.
> ○ 상담심리학을 전공한 대학상담센터장이 교수들을 대상으로 워크숍을 개최하여, 정서행동 문제가 있는 학생들을 돕는 방법을 설명하고 실연 기회를 제공한다.
> ○ 임상경험이 많은 선임 상담자가 신입 상담자들을 대상으로 상담자 윤리강령에 관한 세미나를 개최한다.

자문은 피자문자의 지식, 기술, 또는 자기이해에 변화가 일어나는 것을 포함한다. 그렇다고 해서 자문이 일대일의 깊이 있는 상담경험은 아니다. 자문은 자문기술에 관해 전문성을 갖춘 사람이 피자문자의 지식과 기술 향상을 위해 그들과 만나는 활동을 포함한다. 자문자는 보통 세 가지 수준 중 한 가지에 개입하게 되는데, 이는 〈표 12-1〉과 같다.

〈표 12-1〉 자문자의 개입수준

개입수준	과업
☐ 1수준	○ 교육과 예방 지향
☐ 2수준	○ 심각하지 않은 정도의 정신건강 문제 교정에 초점
☐ 3수준	○ 심각한 정도의 정신건강 문제에 집중

　자문은 단순히 조언 제공, 교수, 상담, 수퍼비전이 아니다. 자문은 자문자가 피자문자(다른 전문가)를 매개로 제3자인 내담자를 도울 수 있게 하는 과정이다. 따라서 자문을 수행하기 위한 능력과 자질은 목적과 영역을 막론하고 자문자에게 요구되는 역량이다. 자문은 체계적이다. 숙련된 자문자는 조직 내의 구성원들이 문제를 서로 다른 관점에서 조망하는 다양한 방식을 알 수 있고, 조직 내에서 일어나는 제반 변화들이 사람들의 삶에 미치는 영향을 이해한다(Sears, Rudisill, & Mason-Sears, 2006; Senge, 2006). 자문의 개입수준은 자문자 중심과 피자문자 중심 자문에 따라 차이가 있다(〈표 12-2〉 참조).

〈표 12-2〉 자문자 중심 자문 vs. 피자문자 중심 자문 비교

자문모델	설명
자문자 중심 자문	
☐ 전문가 　자문모델	○ 특정 분야의 전문성을 갖춘 자문자가 조직에 합류한다. ○ 조직은 자문자에게 전문지식을 통해 문제해결을 요청한다.
☐ 처방적 　자문모델	○ 자문자는 정보수집과 문제 진단을 통해 피자문자에게 문제해결 방법을 제안한다(의사·환자 방식).
☐ 훈련자/교육자 　자문모델	○ 자문자는 조직의 구성원들에게 교육과 훈련 기회를 제공한다('직원개발' 방식).
피자문자 중심 자문	
☐ 협력적 　자문모델	○ 자문자는 전문기술을 제공하여 파트너십을 발달시켜, 조직구성원들의 전문성에 기반하여 문제해결 방안을 제공한다. ○ 공유된 전문가 모델로, 상호 의사결정에 초점을 둔다.
☐ 촉진적 　자문모델	○ 자문자는 조직구성원들이 소통을 통해 상호 이해하고 갈등을 해소하도록 돕는 촉진자 역할을 한다.
☐ 과정지향 　자문모델	○ 자문자는 자신이 문제의 해답을 갖고 있거나 전문기술을 지니고 있다고 여기지 않는다. ○ 자문자는 자신이 신뢰 분위기를 조성하면, 조직구성원들이 스스로 해결책을 찾아 변화할 수 있고, 이것이 가장 효과적인 해결책이라고 확신한다. ○ 다른 모델에 비해 조직구성원들이 높은 자신감과 문제에 대한 주인의식을 가질 수 있다.

자문모델을 선택해야 하는 경우, 자문자는 자신의 성격, 피자문자, 그리고 다루어야 할 문제를 고려한다. 그렇다면 자문과 상담은 어떤 차이가 있는가?

자문 vs. 상담

자문은 도움이 필요한 사람의 문제해결을 돕고 문제가 해결되면 종결된다는 점에서 개인상담과 유사하지만, 다음과 같은 차이점이 있다. 첫째, 자문이 문제에 초점을 맞춘다면, 상담은 사람에게 초점을 맞춘다. 자문자는 문제해결을 위해 피자문자와 상호작용하고, 감정보다는 내용을 우선시하며, 문제가 해결되면 자문관계도 종결된다. 이 과정에서 피자문자의 심리적인 문제는 다루지 않으며, 필요한 경우 상담전문가에게 상담을 의뢰한다. 둘째, 자문자가 제3자와 직접 접촉하는 경우는 거의 없다. 자문은 상담과는 달리 피자문자의 내면보다는 외부의 것을 다룬다(Stum, 1982). 이에 상담은 대부분 비밀이 보장되는 공간(예, 상담실)에서 진행되지만, 자문은 대부분 자연스러운 환경(예, 내담자의 직장, 생활공간)에서 이루어진다. 셋째, 상담과 자문은 개인이 당면한 문제를 보다 효율적·효과적·독립적으로 역량을 발휘할 수 있도록 돕는다는 점에서 유사하지만, 자문은 상담에 비해 비교적 간접적으로 이루어지는 경향이 있다(Nelson & Shifron, 1985). 그렇다면 자문과 상담 수퍼비전 사이에는 어떤 차이가 있는가?

자문 vs. 수퍼비전

자문과 유사한 개념으로는 수퍼비전이 있다. 수퍼비전 역시 도움이 필요한 사람을 돕는다는 점에서 자문과 유사하다. 그러나 다음 두 가지 측면에서 차이가 있다. 첫째, 수퍼비전은 책임의 범위와 한계, 그리고 관계의 대등성 측면에서 자문과 다르다. 자문에서는 피자문자가 모든 책임을 진다. 그 이유는 자문은 서로 다른 분야의 전문가 간 대등하고 협력적인 관계를 기반으로 이루어지기 때문이다. 따라서 피자문자는 자신의 문제해결을 위해 자문자의 제안을 수용할 것인지를 결정할 권리가 있는 동시에 책임을 져야 한다. 반면, 수퍼비전에서는 수퍼바이저가 수련생의 상담에 대해 감독자로서 책임을 진다. 왜냐면 수련생은 상담전문가가 되기 위해 수퍼비전을 받는 과정이라는 점에서 수퍼바이저에 비해 전문성이 부족하다고 전제하기 때문이다. 게다가 수퍼바이저는 수련생의 상담실습에 대한 평가자로서 자격증 취득에도 영향을 미칠 수 있기 때문이다. 따라서 수퍼바이저와 수련생은 위계적·수직적 관계를 형성하게 되고, 수련생은 수퍼바이저의 제안을 대부분 적극 고려할 수밖에 없다는 특성이 있다.

둘째, 수퍼비전은 일정 기간 지속적으로 이루어지지만, 자문은 대체로 문제해결을 위한 일회성이라는 점이다(Bernard & Goodyear, 2018). 자문은 피자문자의 문제해결이 일차목표이므로, 문제가 해결되면 자문관계가 종결된다. 반면, 수퍼비전은 수련생의 사례가 종결되더라도 새로운 사례를 가지고 계속할 수 있다는 점에서 차이가 있다. 이러한 점을 고려할 때, 자문자는 자신이 피자문자의 수퍼바이저나 상담자가 아니라는 사실을 기억해야 한다. 또한 피자문자의 전문성과 제3자에 대한 피자문자의 역할과 책임을 존중하되, 피자문자가 제기한 문제의 해결을 도울 뿐 피자문자를 상담하려고 해서는 안 된다.

💬 자문의 3요소

자문은 어떻게 구성되는가? 자문은 3요소, 즉 ① **자문자**consultant(피자문자에게 도움을 제공하는 전문가), ② **피자문자**consultee 또는 **의뢰자**(자문자에게 도움을 요청하는 전문가), ③ **제3자**(내담자 또는 조직처럼 피자문자의 전문적 도움이 필요한 대상)의 관계를 기반으로 이루어진다(Dougherty, 2013). 자문모델을 도식으로 나타내면 [그림 12-1]과 같다.

자문은 [그림 12-1]에 제시된 것처럼, 3요소가 관계를 형성하고, 피자문자를 도움으로써 제3자가 유익한 성과를 얻을 수 있도록 협력하는 과정이다. 이 과정에서 자문자는 제3자와 직접적으로 접촉 또는 상호작용하지 않는다. 이러한 이유로 자문은 간접적 서비스로 간주된다. 자문자가 본연의 역할 수행을 위해 갖추어야 할 역량은 글상자 12-2와 같다.

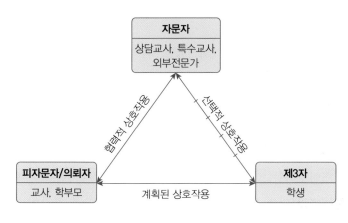

[그림 12-1] 자문의 3요소

글상자 12-2. 자문자가 갖추어야 할 역량

○ 자문에 필요한 폭넓은 지식　　　　　○ 의사소통·상담 기술
○ 문제해결 기술　　　　　　　　　　　○ 기관과의 공동작업 기술
○ 자문과정에 필요한 상호작용 기술　　○ 협력적 자문의 전문성
○ 전문가 윤리규정 준수　　　　　　　　○ 자문관계의 핵심조건 형성
○ 새로운 개념과 정보의 해석　　　　　○ 행동 변화를 위한 인간관계 기술

자문의 특성

자문자는 권한부여를 통해 피자문자를 도울 수 있다. **권한부여**empowerment는 피자문자에게 이미 많은 강점이 있다는 가정하에 자신의 자원과 강점을 활용할 수 있는 방법을 알려 줌으로써 피자문자가 스스로 문제를 해결할 수 있도록 돕는 것을 말한다(Erchul & Martens, 2002). 단, 권한부여의 예외가 있다면, 성공 가능성이 높은 개입방법을 생각해 내지 못하는 피자문자에게는 자문자가 적극적으로 전문가 역할을 해야 하고, 적절한 개입방법을 제시해 주어야 한다는 것이다(Kampwirth & Powers, 2012). 자문의 특성은 글상자 12-3과 같다.

 글상자 12-3. 자문의 특성

1. 조직의 구성원을 통해 고객에게 제공되는 간접서비스 과정이다.
2. 책임과 전문영역이 서로 다른 사람들 사이에서 이루어진다.
3. 피자문자의 문제해결을 도울 지식과 경험을 갖춘 전문가가 담당한다.
4. 한시적인 계약관계를 기반으로 진행된다.
5. 자문자가 피자문자와 대등한 관계에서 직무 관련 문제해결을 돕는다.
6. 피자문자는 자문을 통해 제3자의 조력에 관한 제반 행위에 책임을 진다.
7. 자문을 통해 문제해결 경험을 하면 향후 유사한 문제상황 발생 시 이를 일반화할 수 있다.
8. 지역사회의 협력 네트워크 기반 마련의 초석이 될 수 있다.

자문의 대상은 피자문자 개인보다는 그가 당면한 문제다. 문제해결은 자문의 중요한 목표다. 그러므로 피자문자의 사적인 문제는 직무와 관련이 있을 경우에 한하여 다룬다. 그러나 심리검사 같은 사정 또는 평가가 필요하다고 판단되는 경우, 예외적으로

제3자와 직접 만나기도 한다. 그리고 피자문자는 협의를 통해 개입수준을 조정하거나 자문자의 제안을 수락 또는 거부할 수 있으며, 자신의 선택에 대해 책임을 진다. 피자문자의 다양한 문제를 해결하기 위해서는 특정 유형의 문제해결에 적합한 자문모델이 요구된다.

자문모델

자문모델에서 모델은 문제를 개념화conceptualization하고 문제해결에 접근하는 방식이다. 또한 자문모델이 자문자가 스스로를 자문관계에 어떻게 투입할 것인지를 말해 주는 반면, 자문이론은 개념적 틀을 제공하여 이를 바탕으로 자문자가 업무를 진행할 수 있게 해 준다. 이에 자문자는 모델에 의거하여 자문을 진행한다. 모델과 이론 사이에는 때로 중첩되는 부분이 있다. 자문모델은 상담과 심리치료 모델과 마찬가지로 자문자에 따라서는 특정 모델만 따르는가 하면, 절충적 입장을 취하기도 한다. 자문모델은 학자들마다 서로 다르게 분류하고 있으나, 각 모델은 완전히 독립적이지는 않다. 여기서는 초점에 따른 자문모델(① 정신건강모델, ② 조직발달모델, ③ 과정모델, ④ 협력모델, ⑤ 혼돈모델)과 상담·심리치료 이론에 근거한 자문모델(① 정신분석모델, ② 행동주의모델, ③ 인간중심모델, ④ 게슈탈트모델, ⑤ 인지행동모델, ⑥ 해결중심모델, ⑦ 사회구성주의모델)로 구분하여 살펴보기로 한다.

초점에 따른 자문모델

정신건강모델.　　정신건강모델Mental Health Model은 1964년 제럴드 카플란(Gerald Caplan, 1938~현재)이 창안한 것으로, 정신건강 전문가들의 자문과정을 활용하여 지역사회의 정신건강을 증진하기 위해 개발되었다. 이 모델은 자문자가 피자문자로 하여금 제3자와의 상호작용을 이해하게끔 돕는다. 이 모델에 의하면, 자문자는 피자문자에 대한 지지와 제3자에 대한 피자문자의 반응 점검을 기반으로, 피자문자의 문제상황 이해와 문제해결 방안 분석을 돕는다. 그 결과, 피자문자는 추후 유사한 문제에 대처할 수 있는 능력을 갖추게 된다. 정신건강모델은 피자문자가 자문을 통해 당면한 문제를 해결할 수 있고, 그 과정에서 습득한 문제해결 기술을 추후 발생 가능한 문제상황에 적용할 수 있게 한다는 이점이 있다.

조직발달모델.   조직발달모델^Organization Development Model^은 조직의 변화 대처능력을 향상시키고, 조직의 효율성 강화를 목적으로 조직 안팎의 개인 또는 집단에 대해 기술, 진단, 처방을 하는 데 초점을 두는 접근이다. 이 모델은 교육기관에서 가장 빈번하게 활용되며, 교육과 연수를 강조한다(Dougherty, 2009). 이 접근의 핵심목표는 특정 영역에 있어서 집단구성원들의 효율성 증진이다. 자문과정은 3단계, 즉 ① 욕구 측정, ② 교육활동 계획 수립과 실행, ③ 평가 순으로 진행된다(Dougherty, 2013).

과정모델.   과정모델^Process Consultation Model^은 조직의 체제, 의사결정, 문제해결, 목표설정 시 피자문자가 개인적으로 적용하는 체제에 대한 통찰을 돕는 것에 초점을 맞춘다. 과정모델에서 자문자는 피자문자를 체제의 구성원으로 보면서 그의 강점과 약점, 그리고 체제 내 다른 구성원들과의 의사소통 방법에 초점을 맞춘다. 여기서 체제^system^란 구조 내에서 이루어지는 상호관계와 의사결정 등이 이루어지는 과정을 말한다. 체제 자체에 문제가 있다는 분석이 나온다면, 자문은 체제 변화에 초점을 맞추어야 할 것이다.

협력모델.   협력모델^Collaborative Model^은 자문자가 피자문자와 동등하고 위계가 없는 관계에서 제3자의 학습 또는 행동 문제를 해결할 수 있도록 계획·실행·평가를 하는 데 중점을 두는 접근이다. 이 모델에서는 자문자와 피자문자가 서로의 정보와 자료를 공유하는 한편, 자문과정에서 동역자로서 일하는 협력관계를 중시한다. 이 모델의 특징은 자문자가 피자문자의 문제를 함께 정의하고, 필요한 경우 다양한 전문가가 상호작용한다는 것이다.

혼돈모델.   혼돈모델^Chaos Model^은 체계 내에서 인과관계를 파악하려는 고전적인 이론적 접근과 달리 다양한 투입요인이 체계의 기능에 영향을 미칠 수 있다는 점에서 세상은 대부분 예측 불가능하다고 가정한다(Peters, 1989). 즉, 고비 사막의 모래알이 알려지지 않은 방법으로 전 세계 기후에 영향을 준다고 가정한다. 이에 자문자는 조직구성원이 어느 정도는 혼돈상태에서 살아갈 수밖에 없음을 인정하게 하는 한편, 체계의 예측 불가능성을 줄이기 위해 체계에 영향을 주는 투입요인을 가능한 한 많이 찾아내도록 돕는다. 그런 다음, 선제적인 역할을 담당함으로써 조직구성원에게 문제의 원인을 제공하는 역동을 수정하기 위한 실험적·창의적인 변화방안을 제안한다. 이 접근에서 자문자는 체계중심적인 관점에서 시작하여, 피자문자를 변화과정에 참여시키는 자문자 중심 접근으로 옮겨 간다.

상담·심리치료 이론에 근거한 자문모델

정신분석모델.　　정신분석모델Psychoanalytic Model은 조직구성원의 무의식적 행동이 피자문자의 환경에 미치는 영향에 초점을 두는 자문방법으로, 비교적 새롭게 등장한 접근이다(Kerzner, 2009). 정신분석적 자문의 목적은 문제의 근원인 무의식의 힘을 이해하는 것이다(Czander & Eisold, 2003). 이에 자문자는 조직의 문제가 구성원의 무의식 과정에 투사되어 나타난다고 전제한다. 또한 저항은 구성원들이 자신들의 무의식 과정을 검토하지 못하게 하는 방어기제인 동시에 과도한 고통으로부터 조직을 보호하는 수단으로 작용한다고 믿는다. 자문과정에서 자문자는 구성원의 저항을 갑작스럽게 내려놓게 해서 혼돈 또는 정신적 와해가 발생하지 않도록 하면서 면밀하게 작업에 임한다. 이러한 과정을 통해 자문자는 구성원들에게 저항을 설명해 주는 한편, 체계의 문제 유지에 있어서 구성원 개개인이 어떤 역할을 해 왔는지에 대한 이해를 돕는다. 정신분석적 자문에서 자문자는 구성원의 무의식적 과정을 이해하고자 함으로써 피자문자 중심 접근으로 자문을 시작하지만, 조직의 저항을 설명하면서 자문자 중심 접근으로 옮겨 간다.

행동주의 모델.　　행동주의 모델Behavioral Model은 제3자의 행동 변화를 위해 피자문자에게 행동수정 원리를 활용하도록 돕기 위한 접근이다. 이 모델은 스키너Burrhus F. Skinner, 반두라Albert Bandura, 마이켄바움(Donald Meichenbaum, 1940~현재) 등의 학습이론에 기초한다. 스키너의 학습이론에 의한 자문에서 자문자는 피자문자의 행동을 학습결과로 간주하고, 새롭고 유용한 행동을 획득할 수 있도록 돕는 데 초점을 맞춘다. 행동주의 모델은 간접적인 접근을 활용한다는 점에서 정신건강모델과 유사하지만, 자문자가 더 많은 통제권을 행사한다는 점에서 차이가 있다. 행동주의 자문자는 피자문자가 따라야 할 일련의 행동을 계획·결정하며, 필요한 기법과 접근을 피자문자에게 가르친다. 자문자는 이 과정에서 피자문자가 원치 않는 영역을 침범하면서까지 도움을 주려는 잘못을 범하지 않도록 유의해야 한다. 행동주의 자문은 주로 ① 문제확인, ② 문제분석, ③ 계획실행, ④ 문제평가 순으로 진행된다. 첫째, **문제확인단계**에서는 자문자가 피자문자와 협의해서 세부목표를 설정한다. 세부목표는 증감 정도를 측정할 수 있는 행동에 초점을 맞춘다. 세부목표 설정을 위해서는 검사, 관찰, 면접 등의 비표준화 검사방법이 활용된다. 둘째, **문제분석단계**에서는 문제상황과 관련된 모든 변수를 검토한다. 자문자는 글상자 12-4와 같이 구체적이고 효과적인 질문을 통해 문제분석의 효율성을 높인다.

글상자 12-4. 행동주의 모델에서 활용되는 질문의 예

1. 문제가 언제 발생하는가?
2. 내담자의 가정에서 동일한 문제가 발생하는가?
3. 충족되어야 할 욕구는 무엇인가?
4. 문제행동의 원인이 되는 조건은 무엇인가?
5. 문제가 발생할 때 교실에서는 어떤 일이 일어나는가?
6. 주변 사람들로부터의 정보는 없는가?
7. 내담자에 대해 잘 아는 사람들로부터의 정보는 없는가?
8. 표준화 검사결과는 어떠한가?
9. 해결방안을 마련하는 데 있어서 필요한 조치는 없는가?

문제에 대한 분석을 마치면, 자문자는 피자문자와 협의하여 문제해결을 위한 계획을 수립한다. 계획에는 내담자에 대한 구체적인 중재전략이 명시된 세부목표와 전략의 효과를 평가하기 위한 기준이 포함되어야 한다. 셋째, **계획실행단계**에서는 자문자와 피자문자가 긴밀한 접촉을 유지하면서 계획을 실행에 옮긴다. 그러면서 설정된 계획이 실제로 세부목표의 달성에 효과가 있는지, 그리고 변화가 필요하지는 않은지 지속적으로 점검한다. 끝으로, **문제평가단계**에서는 세부목표가 어느 정도 달성되었는지를 평가한다. 평가를 위해 자문자는 초기 계획단계에서부터 종결단계까지의 세부목표를 검토한다.

인간중심모델. 인간중심모델$^{Person-Centered\ Model}$에 기반한 자문의 목적은 비지시적인 방법으로 변화과정 촉진에 중점을 둔다는 점에서 피자문자 중심의 자문에 해당한다(Dougherty, 2013). 이 접근의 자문자는 조직에 들어와서 조직의 특성에 대한 구성원 개

개인의 관점을 이해하고자 한다. 이 과정에서 자문자는 공감, 진실성, 무조건적인 긍정적 존중을 기반으로 구성원들의 말을 경청한다. 그리고 필요하다면, 구성원들이 다른 구성원들의 관점에 대해 경청하도록 돕기 위해 구성원들로 구성된 집단을 운영하기도 한다. 이는 집단과정이 조직의 자발적 치유에 도움이 될 것으로 전제하기 때문이다. 구성원들의 동의하에 자문자는 개개인이 깨달은 것을 전체 집단에서 공유하게 한다.

게슈탈트모델.   게슈탈트모델Gestalt Model은 게슈탈트 치료와 마찬가지로, 방어적 태도와 신경증적 행동 감소를 위해 피자문자과 구성원들의 인식 증진을 목적으로 한다 (Barber, 2012). 이 접근에서는 조직에 자문자가 투입되는 것만으로도 변화가 일어난다고 전제한다. 자문자는 조직의 구성원들로 하여금 타인과 자신에 대한 알아차림과 진정한 직면 증진을 위해 경계를 허물고, 감정을 표현하도록 격려한다. 일반적으로, 이 접근은 자문자 중심과 피자문자 중심이 결합된 형태다. 즉, 이 접근은 자문자가 감정을 표현하고 방어를 감소시키는 방법을 가르친다는 점에서 자문자 중심적이고, 자문자가 조직구성원에게 감정표현을 촉진하는 촉진자 역할을 한다는 점에서 피자문자 중심적이다.

인지행동모델.   인지행동모델Cognitive-Behavioral Model에서는 문제를 명확하게 정의한다. 이에 자문자는 조직에 대해 초기 진단을 하고, 피자문자가 제시하는 문제에 초점을 맞춘다(Crothers, Hughes, & Morine, 2008; Dougherty, 2013). 자문과정이 진행되고 문제가 명확해지면, 자문자는 구체적인 목표를 설정하고, 인지적·행동적 원리, 사회인지학습이론('모델링') 등의 핵심원리와 기법을 적용하여 확인된 문제를 해결한다. 이러한 접근의 자문은 피자문자 중심으로 시작하지만, 자문자가 변화전략을 고안·적용함으로써 자문자 중심으로 종결된다. 반면, 마이켄바움Meichenbaum의 인지행동수정Cognitive Behavior Modification(CBM)이론에 의한 자문에서는 관찰 가능하고 작업 가능한 것은 개인의 내적 인지라는 점을 강조한다. 이에 비해, 반두라의 사회학습인지에 의한 자문에서는 모델의 관찰과 시연을 통한 학습에 초점을 맞춘다. 이 외에도 REBT와 현실치료 기법들을 활용하기도 한다.

해결중심모델.   해결중심모델Solution-Focused Model은 해결방법과 강점에 초점을 맞춘다.

문제해결적 접근은 피자문자의 결함, 약점 또는 문제의 원인에 초점을 두고 있는 반면, 해결중심모델은 문제가 없었던 상황 또는 문제해결 경험에 초점을 맞춘다. 해결중심모델의 적용절차는 ① 회기 전/초기 구조화, ② 목표설정, ③ 시도된 해결방안 및 예외상황 탐색, ④ 피자문자의 해결방안 결정 조력, ⑤ 요약·지지 단계로 진행된다. 첫째, **회기 전/초기 구조화단계**에서 자문자는 피자문자가 문제상황에서 자신의 강점과 자원을 발견하도록 돕는다. 이를 위해 자문자는 '변화언어'(de Shazer, 1988)를 활용하여 피자문자에게 미래지향적인 질문을 던진다. 이처럼 미래를 추정하는 단어를 사용하는 목적은 미래 변화를 위한 발판을 마련하여 피자문자에게 희망을 불어넣어 주기 위함이다. 변화언어를 활용한 질문의 예는 다음과 같다. "자문이 성공적이었다는 것을 어떻게 알 수 있을까요?"

둘째, **목표설정단계**에서는 자문의 목표를 설정할 뿐, 문제해결적 접근에서처럼 문제탐색을 위해 시간을 허비하지 않는다. 문제탐색은 문제가 발생하지 않았다고 할 경우의 예 또는 예외상황을 탐색하는 경우에 한하여 실시한다. 왜냐면 문제탐색에 집중하게 되면 해결방안 탐색을 위한 시간을 허비하기 때문이다. 해결방안은 다음과 같은 질문을 활용하여 행동적·구체적인 용어로 기술한다. "기꺼이 수용할 수 있는 최소한의 변화는 어느 정도인가요?" "좀 더 생산적인 조직으로 만들기 위해 어떤 변화를 시도해 보시겠어요?"

셋째, **시도된 해결방안 및 예외상황 탐색단계**에서는 지금까지 피자문자가 시도했던 해결방안 및 예외상황을 탐색한다. 피자문자가 이전의 해결방안 또는 예외상황을 잘 기억하지 못하는 경우, 자문자는 "그 문제가 가장 적게 발생했던 때가 언제였나요?"라는 질문을 통해 변화를 위한 발판을 마련한다. 그럼에도 피자문자가 예외상황을 발견하지 못하는 경우, 자문자는 글상자 12-5와 같이 조치한다.

 글상자 12-5. 피자문자가 예외상황을 발견하지 못하는 경우를 위한 지침

1. 다음 회기까지 예외상황을 찾아보는 숙제를 부과한다.
2. 경험이 많은 사람이 문제를 어떻게 해결할 것 같은지 상상해 보게 한 다음, 이야기를 나눈다.
3. 현장에서 피자문자 관찰을 요청하고 예외상황에 대한 피드백을 제공한다.

넷째, **피자문자의 해결방안 결정 조력단계**에서는 피자문자의 해결방안을 결정하도록 돕는다. 이를 위해 자문자는 세 가지 규칙을 적용한다(① 특별한 문제가 없는 한 고치지 말

라, ② 효과가 있으면 더 하라, ③ 효과가 없으면, 다시 하지 말라). 예를 들어, 학생과의 관계에서 어려움을 겪고 있는 교사를 자문하는 경우, 자문자는 질문을 통해 변화의 필요성을 학생의 행동에서 교사의 행동으로 옮긴다("학생이 선생님께서 원하는 행동을 마지막으로 한 것이 언제였나요?" "그 행동을 다시 하게 하려면 선생님께서는 무엇을 해야 할까요?"). 이 과정에서 자문자는 피자문자에게 해결방안을 구체적인 행동중심의 언어로 기술하게 한다. 피자문자가 최적의 해결방안을 선택할 수 있도록 돕기 위해 자문자는 질문을 활용한다("어떤 해결책이 선생님의 자원에 가장 적합할까요?" "학생의 자원에 적합한 해결책은 무엇인가요?"). 끝으로, **요약 · 지지 단계**에서는 피자문자에게 자문을 통한 성과를 요약해 주고 적극 강화해 준다. 이는 피자문자가 성과를 내적 귀인하는 데 도움이 된다. 단, 피자문자의 성과에 대한 진술은 구체적인 행동상의 업적에 관한 것이어야 한다.

사회구성주의 모델. 사회구성주의 모델Social Constructionism Model에서는 현실이 언어를 통해 구성되고(Mortola & Carlson, 2003), 유일한 현실은 존재하지 않는다고 전제하면서, 조직구성원들의 다양한 이야기를 이해하는 일을 중시한다. 이 접근에서 자문자의 역할은 글상자 12-6과 같다.

 글상자 12-6. 사회구성주의 자문자의 역할

1. 조직의 지배적 담론에 대해 질문 · 경청하면서 존중 어린 호기심을 나타낸다.
2. 모든 구성원의 이야기를 현실로 받아들인다.
3. 문제와 관련된 이야기는 특별히 주의 깊게 경청한다.
4. 구성원들로 하여금 문제에 대한 예외를 모색해 보게 한다.
5. 구성원들이 문제를 보는 다른 방식을 탐색해 보게 한다.
6. 문제에 대한 새로운 해결책을 창조하여 문제가 있는 이야기에 대한 이해 확장을 돕는다.

사회구성주의 자문자는 궁극적으로 새롭고 건강한 이야기를 함께 구성하면서, 새로운 해결책을 향해 다른 구성원들과 함께 작업한다(Camargo-Borges & Rasera, 2013; Wachter, 2004). 이러한 점에서 이 접근의 자문자는 체계중심적이다. 새롭고 건강한 이야기를 함께 창조하면서 자문자는 피자문자의 담론을 이해하고, 조직구성원 모두에게 새로운 이해방법을 촉진할 수 있게 된다. 그렇다면 자문은 어떤 절차로 이루어지는가?

자문의 절차

자문은 피자문자가 자문자에게 도움을 청하면서 시작된다. 자문을 통한 문제해결은 일반적으로 문제를 정의하고, 문제의 원인과 해결방안을 모색·결정하여 피자문자가 스스로 문제해결 방안을 성공적으로 실행하도록 돕는 일련의 과정을 거친다. 이 과정은 피자문자의 문제가 해결될 때까지 재차 순환된다(Gutkin & Curtis, 1999). 자문은 일반적으로 ① 문제 정의, ② 목표설정, ③ 계획수립, ④ 전략 실행, ⑤ 평가, ⑥ 종결 순으로 이루어진다.

1단계: 문제 정의

자문의 첫 단계에서는 피자문자의 요청사항 또는 문제를 명확히 정의·개념화한다. 문제 정의^{defining problem}는 자문을 통해 피자문자가 해결해야 할 문제와 얻고자 하는 것을 명료하게 정리하는 작업이다. 이 단계에서 자문자는 면담을 통해 피자문자의 자문신청 이유를 확인하고, 피자문자에게 조력방법을 설명한다. 피자문자가 감정과 생각을 토로하고 주요 쟁점에 초점을 맞추게 되면서 두 사람 사이에는 신뢰 및 협력 관계가 형성된다. 자문자는 피자문자의 문제해결을 위한 노력과 문제상황에 대한 기대를 탐색하는 한편, 조직구성원과의 접촉과 조직에 대한 탐색을 통해 조직의 문제를 이해한다. 또한 자문 계약에 대해 조직과 논의한다. 계약에는 비용, 회의, 도구, 목적·목표, 규칙 설정, 대략적인 종결 시기 등이 포함된다. 이때 피자문자로부터 탐색할 정보는 〈표 12-3〉과 같다.

〈표 12-3〉 자문과정에서 탐색이 요구되는 정보

범주	정보
□ 피자문자	○ 자문에 대한 기대, 경험수준, 감정상태, 문제해결 능력, 의사결정 능력, 동기수준
□ 제3자	○ 성별, 나이, 성숙도, 행동특성, 지적 능력, 문화적 배경, 대인관계, 직업, 교육 정도
□ 피자문자/제3자 상호작용	○ 의사소통 방식, 태도, 행동특성, 감정상태, 선행 행동·반응

□ 문제상황	○ 문제 발생 시간과 장소, 물리적 환경, 주변 상황

피자문자와 제3자에 대한 정보를 토대로 문제를 정의하는 것은 상담의 초기과정과 유사하다. 자문 초기에 피자문자는 흔히 자신의 문제상황에 몰입한 나머지 문제를 한 꺼번에 털어놓으려고 말을 빨리 하거나 두서없이 늘어놓기도 한다. 이 경우, 자문자는 적극적 경청기술을 기반으로 한 촉진반응으로 피자문자가 문제에 대해 정확히 기술하고 생각할 수 있도록 돕는다. 여기서 **촉진반응**^facilitative response^이란 피자문자의 진술 내용 중 중요하고 핵심적인 내용만을 추려서 반응하는 것으로, 여기에 피자문자에 대한 긍정적인 피드백을 덧붙이는 것을 말한다. 긍정적인 피드백을 덧붙이는 이유는 피자문자가 자신의 문제를 해결하는 데 필요한 자신감을 불어넣어 주기 위해서다. 촉진반응의 초점은 피자문자의 감정, 피자문자의 결론과 일반화에 영향을 준 제3자의 구체적인 행동, 제3자에 대한 기대, 그리고 그 상황에서의 긍정적인 태도와 행동에 맞춘다.

피자문자의 문제상황 정의에 있어서 피해야 할 점은 섣부른 충고와 해석이다. 충고는 자문자의 의도와는 달리 피자문자에게 도움이 되기보다 오히려 피자문자의 저항을 불러일으킬 수 있다. 설령 피자문자가 자문자에게 충고해 줄 것을 요구하더라도 공감적 반응으로 해결방법을 함께 모색해 볼 것을 제안하는 것이 좋다. 자문자는 또한 섣부른 해석을 피한다. 해석은 일반적으로 문제해결을 위한 실행계획의 일부로 간주될 때 효과가 있다. 그러므로 섣부른 충고나 해석보다는 적극적 경청을 통해 문제의 전반적인 면을 함께 탐색한다. 자문을 위한 문제가 정의되면, 자문의 목표를 설정한다.

2단계: 목표설정

자문의 두 번째 단계에서는 목표를 설정한다. 목표설정단계에서는 정보수집, 문제에 대한 초기 평가, 신뢰할 수 있고 타당한 정보를 수집한다. 특히 수집될 정보에는 통계자료, 조직구성원 대상의 설문조사 결과, 집단 및 개별 면담을 통해 수집된 정보와 자료가 포함된다. 이 단계에서 자문자는 수집된 자료와 정보를 분석·종합·해석한다. 이러한 과정을 통해 자문자는 그동안 수집한 정보를 업데이트한다. 문제가 확인되면, 자문자는 피자문자의 기관 또는 조직을 위해 필요한 성취 가능한 목표를 설정하는 한편, 목표성취를 위한 전략을 수립한다. 자문목표 설정을 위한 지침은 글상자 12-7과 같다.

> 글상자 12-7. 자문목표 설정을 위한 지침
>
> 1. 자문자와 피자문자가 함께 설정한다.
> 2. 피자문자의 문제상황에 대한 명확한 정의를 기반으로 설정한다.
> 3. 관찰 가능한 행동·상황에 초점을 맞추어 구체적으로 설정한다.
> 4. 바람직한 상황이 발생하도록 하는 긍정문으로 작성한다.

자문자와 피자문자가 자문의 목표를 함께 설정하는 이유는 피자문자가 자신의 행동에 초점을 맞추도록 하는 한편, 자문자는 협력자라는 인식을 갖게 할 필요가 있기 때문이다. 또한 자문목표를 구체적으로 설정하는 이유는 피자문자가 문제해결의 방향을 정하고 실행전략에 대한 책임감을 갖게 할 수 있기 때문이다. 수집된 자료와 면담결과를 통해 자문의 목표가 설정되면, 자문자는 구체적인 계획과 실행전략을 수립한다.

3단계: 계획수립

자문의 세 번째 단계에서는 실행계획을 수립한다. 문제해결을 위한 계획과 실행전략은 브레인스토밍brainstorming을 통해 수립한다. 이때 자문자는 되도록 창의적이고 참신한 대안을 많이 마련하되, 논의 중인 잠재적 전략에 대한 평가를 피한다. 브레인스토밍을 통해 문제해결 계획이 수립되면, 자문자는 피자문자가 최소한의 노력으로 효과를 극대화할 수 있는 실행전략을 선택하도록 돕는다. 문제해결 전략은 조직의 생태 또는 조직구성원들 간의 역동에 대한 침해를 최소화하는 것이어야 한다. 이 시점에서 피자문자는 실행전략의 결정을 자문자에게 미룰 수 있다. 이 경우, 자문자가 할 일은 피자문자의 전략 선택을 촉진하는 것이다. 최종 전략은 피자문자가 수용 가능한 것이어야 한다. 이 단계에서 자문자는 피자문자와 협력하여 전략 실행에 있어서 각자의 책임을 명확하게 정의해야 한다. 즉, 언제, 어디서, 누가, 무엇을, 어떻게 각자의 책임을 실행에 옮길 것인지에 대해 서로 합의해야 한다. 이 작업을 마치면, 전략을 실행에 옮긴다.

4단계: 전략 실행

자문의 네 번째 단계에서 자문자는 피자문 조직의 구성원들과 협력하여 변화전략을 결정·실행한다. 단, 개입방법과 전략은 자문자가 지향하는 이론과 모델에 따라 달라질 수 있다. 그러나 초점을 맞추어야 할 문제는 이에 상관없이 동일하므로, 자문자는 문제해결에 초점을 둔다. 일반적으로, 문제는 상황적으로 정의되고, 변화는 조직이 향후에도 유사한 문제를 예방·해결할 수 있을 만큼 충분해야 한다. 이 단계는 자문과정에서 준비해 온 과업들이 검증되는 시기다. 이 단계에서 자문자의 임무는 피자문자를 지지하는 일이며, 글상자 12-8에 제시된 사항을 모니터한다.

 글상자 12-8. 전략 실행에 있어서 자문자가 모니터해야 할 사항

1. 문제의 초점을 잘 유지하고 있는가?
2. 원래의 전략에서 누락된 부분은 없는가?
3. 피자문자의 전략 실행을 방해하는 요인은 없는가?
4. 제3자(예, 내담자)가 기대하지 않는 방식으로 반응하지는 않는가?

문제해결을 위한 전략 실행에 있어서 이전 단계의 것을 반복하게 되는 경우도 있다. 이 시점에서 피자문자의 저항이 처음으로 나타날 수 있다.

5단계: 평가

자문의 다섯 번째 단계에서는 평가가 이루어진다. 평가는 목표성취 여부, 자문에서 효과적인 점과 그렇지 않은 점, 자문작업의 강점과 한계 등을 대상으로 한다. 평가방법으로는 구두 또는 서면으로 이루어지는 형성평가와 자문종결에 앞서, 통계적 분석을 통해 목표성취 정도를 파악하는 총괄평가가 있다. 평가는 때로 자문자가 궤도를 벗어나 있음을 알 수 있게 함으로써, 이전 과정을 다시 밟기로 결정할 근거자료를 제공하기도 한다. 이 과정에서 자문자는 계속 모니터링을 하면서 전략의 진척 정도와 가능한 변화에 대한 정보를 수집한다. 이때 자문자는 피자문자의 문제해결을 위한 노력을 강화해 준다.

6단계: 종결

종결은 자문자와 피자문자의 관계를 종료하는 것을 말한다. 자문관계의 종결은 흔히 자문목표 성취를 전제로 이루어진다. 물론 경우에 따라서는 자문과정에서 새로 수집

된 자료를 토대로 자문 일정을 조정하기도 하지만, 대부분은 2단계에서 결정한 일정에 따라 종결한다. 이 단계에서 자문자는 모든 이해당사자와 자문의 성과에 대한 논의를 통해 자문관계를 정리한다. 그뿐 아니라 자문에 참여했던 구성원들과 자문관계 종결에 따른 감정(상실감 포함)을 나눌 기회를 갖는다. 자문은 순차적 과정이라기보다는 시행착오[trial-and-error]의 과정이다. 그러므로 자문의 종결을 앞둔 상태에서 이전 단계들을 재차 반복해야 하는 경우가 생기기도 한다.

자문의 쟁점

자문자가 체계 내에 발을 들여놓는다는 것은 기관의 역동과 체계의 영향을 받는 내담자에게 체계가 어떤 영향을 미치는지에 대해 다루어야 함을 의미한다. 즉, 자문자는 체계의 문화, 하위체계, 그리고 개개인의 독특한 문화적 배경 이해에 최선을 다해야 한다(Clare, 2009; Homan, 2015). 그 이유는 문화적 배경에서의 차이가 체계역동에 직간접적으로 영향을 미치기 때문이다. 조직 또는 체계 내에서 구성원들은 문화적 배경, 즉 인종, 민족, 성별, 성 정체성·지향성 등에 관한 문제를 드러내는 것을 꺼리는 경우가 많다. 이는 단지 문화적 배경의 차이에 대한 무지 또는 심지어 깊은 증오심과 차별적 태도가 만연한 분위기로 인해 발생할 수도 있다. 그러므로 다문화적 쟁점이 특정 체계의 기능에 어느 정도로 영향을 미치는지에 대한 평가가 선행되어야 할 것이다. 성공적인 자문을 위해 자문자는 다각적인 위치에서 체계를 조망하고, 체계에 의해 억압받는 사람들의 역량 강화 또는 체계의 역동을 이해할 새로운 방법을 제공함으로써 변화유발을 도울 수 있다(Hoffman et al., 2006).

상담 수퍼비전

상담전문가는 때로 수퍼바이저로서 상담 수련생 교육과 훈련뿐 아니라 초심 수퍼바이저 훈련에도 참여하게 된다. 상담 수퍼비전은 근무하는 기관에 상관없이 상담자의 전문적 책임에 속한다. 이에 국내외의 전문가 학회/협회에서는 자격증 취득의 전제조건으로 임상경험이 풍부한 전문가로부터 수퍼비전을 받도록 요구하고 있다. 여기서는 수퍼비전이 무엇이고, 자문과는 어떻게 다른지 살펴보기로 한다.

 ## 수퍼비전의 정의

수퍼비전supervision은 "당신과 내가 어떤 변화를 목표로 그 또는 그녀에 관해 이야기를 나누는 것이다"(Fall, 1995, p. 151). 이 정의는 수퍼비전뿐 아니라 자문에도 해당하는 정의다. 수퍼비전에서는 상담자의 기술 향상을 도움으로써 내담자의 변화에 긍정적인 영향을 주기 위해 수퍼바이저와 상담자 간에 일종의 자문관계가 형성·유지되기 때문이다. ACA(2014)는 수퍼바이저의 역할을 ① 수퍼바이지의 성장·발달 촉진, ② 수퍼바이지의 내담자 복지 보호, ③ 수퍼바이지 평가로 규정하고 있다. 수퍼비전은 자문의 한 형태지만, 분명 자문과는 차이가 있다. 수퍼비전과 자문의 차이점은 글상자 12-9와 같다.

> ◆ 글상자 12-9. 수퍼비전과 자문의 차이점
>
> 1. 수퍼비전은 수퍼바이지에게 초점을 맞춘 깊이 있는 대인관계를 형성·유지하며 내담자와의 관계에서 발생하는 역전이 등과 같은 쟁점을 다루는 데 비해, 자문은 비교적 그렇지 않은 편이다.
> 2. 자문자는 피자문자를 직접 평가할 책임이 없지만, 수퍼바이저는 수퍼바이지를 평가한다.
> 3. 자문과는 달리 수퍼비전에서는 수퍼바이지의 개인적인 문제가 내담자와의 관계에 미치는 영향을 탐색하기도 한다.
> 4. 자문에 자문자 ↔ 피자문자, 자문의뢰자 ↔ 제3자 체계가 존재하듯이, 수퍼비전에는 수퍼바이저 ↔ 수퍼바이지, 상담자 ↔ 내담자 체계가 있는데, 이 체계에서 한 요소가 변하면 전체 체계가 변하는 메커니즘이 작용한다.
> 5. 자문과는 달리 수퍼비전에서 수퍼바이저와 수퍼바이지의 관계는 평행과정이 발생한다.

글상자 12-9에서 **평행과정**parallel process이란 상담자와 내담자의 관계가 수퍼바이저와 수퍼바이지의 관계에 그대로 발현되는 현상을 말한다(Bernard & Goodyear, 2018; Corey, Haynes, Moulton, & Muratori, 2010). 이는 상담자가 무의식적으로 내담자의 특징을 따라 하면서 수퍼비전 관계에서 나타나게 된다. 예컨대, 수퍼바이지가 우울을 호소하는 내담자의 정서상태를 자기 것으로 받아들이게 되면서 수퍼비전에서 우울해하는 모습을 나타내는 경우다. 평행과정은 수퍼비전에서 다루어짐으로써 수퍼바이저와 수퍼바이지가 더 효과적으로 작업할 수 있게 된다(Pearson, 2001). 이와는 대조적으로, 때로 역평행과정이 발생할 수 있다. **역평행과정**^{counter-parallel process}이란 상담자가 공감적 이해 같은 수퍼바이저의 온정적인 반응을 상담장면에서 따라 함으로써 내담자에게 전달되는 경우다. 이러한 태도적 자질은 이를 모방한 내담자가 일상생활에서 적용하는 것으로 이어질 수 있다.

 ## 수퍼비전 교수법

상담 수퍼비전은 상호작용적이면서 평가과정으로, 상담경험이 풍부한 전문가가 그렇지 않은 상담자의 전문역량 강화를 위해 실시한다(Bernard & Goodyear, 2018). 가장 바람직한 형태의 수퍼비전은 발전적 관계의 맥락에서 교훈적·경험적 학습을 결합하는 촉진적 경험으로, 이를 통해 상담 이론과 실제에 관한 전문성을 습득하는 것이다. 수퍼비전의 효과를 극대화하기 위해서는 상담자의 발달수준에 적합하게 사례개념화 수준을 높이도록 돕는 데 중점을 두어야 한다. 특히 초심 상담자들에게는 구조화된 교수법을 활용하는 수퍼비전의 형태가 효과적이다(Ronnestad & Skovholt, 1993). 이러한 수퍼비전 교수법은 글상자 12-10의 STIPS를 통해 설명할 수 있다(Prieto & Scheel, 2002, p. 11).

　초심상담자는 STIPS를 활용하여 내담자에 관한 사실 습득, 내담자의 주호소문제 이해, 상담과정 모니터링, 그리고 치료개입의 평가와 조정 능력을 향상시킬 필요가 있다. 또한 진단 또는 치료계획 수립 같은 상담과정 관련 요소들을 체계적으로 모니터하는 기술을 향상시킬 수 있다. 물론 수퍼비전은 개인의 성장과 발달보다는 상담자의 전문성 향상에 중점을 두지만, 상담과 마찬가지로 개인의 자기인식수준을 높일 수 있다(Ronnestad & Skovholt, 1993).

 글상자 12-10. 수퍼비전 교수법, 'STIPS'

○ S = 징후^{signs}와 증상

○ T = 상담에서 논의된 주제^{topics}

○ I = 사용된 개입방법^{interventions}

○ P = 내담자의 진전^{progress}과 상담자의 지속적인 치료계획

○ S = 내담자와 관련된 특별한^{special} 쟁점(예, 자살경향성)

수퍼바이저 vs. 수퍼바이지

수퍼바이저supervisor는 "상담자와 상담 수련생의 전문적 임상작업을 감독하도록 훈련을 받은 사람"이다(ACA, 2014). 이러한 정의에 따르면, 수퍼바이저가 될 수 있는 사람의 범주에는 ① 상담의 실제 관련 강의, 실습, 또는 인턴과정에 있는 석사수준의 학생들을 지도하는 박사과정생 또는 교수, ② 기관에서 상담자들을 지도감독하도록 임명된 사람, ③ 상담 관련 자격증 취득에 합당한 자격을 갖춘 전문가가 포함된다. 일찍이 ACES(1990)는 상담 수퍼바이저의 기준을 발표한 바 있다. 이 기준의 11개 영역은 글상자 12-11과 같다.

 글상자 12-11. ACES가 발표한, 상담 수퍼바이저가 갖추어야 할 지식과 역량기준 영역

1. 상담자로서의 역량
2. 건강한 개인적 특성과 성격
3. 윤리적 · 법적 규제에 관한 지식
4. 수퍼비전 관계의 본질에 관한 지식
5. 수퍼비전 방법과 기법에 관한 지식
6. 상담자 발달에 관한 지식
7. 사례개념화 능력
8. 내담자 평가와 진단 능력
9. 구두 또는 서면 보고서 작성능력
10. 상담자 능력 평가
11. 상담과 상담 수퍼비전 분야의 연구에 관한 지식

수퍼바이저의 역할과 책임은 글상자 12-12와 같다(ACA, 2014, Section F).

글상자 12-12. 수퍼바이저의 역할과 책임

1. 내담자의 안전 확보
2. 수퍼바이지에게 수퍼비전 관련 정책과 절차 공지
3. 수퍼바이지와 정기적으로 만나고 적절하게 종결하기
4. 윤리적 · 법적 · 전문적 기준을 유지하도록 돕기
5. 수퍼바이지의 임상적 · 전문적 발달 감독하기
6. 수퍼바이지 평가

유능한 수퍼바이저의 특징은 유능한 상담자의 것과 마찬가지로 공감적이고 유연하며, 진실하고 개방적이며, 사려 깊고 지지적이며, 강력한 수퍼비전 동맹관계를 구축한

다(Borders & Brown, 2005; Corey et al., 2010). 또 수퍼바이지를 적절하게 평가하고, 수퍼비전에 적합한 경계를 설정하며, 상담에 관해 잘 알고 있고, 개념화 능력을 갖추고 있으며, 탁월한 문제해결사이기도 하다(Neukrug, 2016).

수퍼바이지supervisee란 "자격을 갖춘 전문가와 함께 하는 공식적인 수퍼비전 관계에서 상담작업 또는 임상기술 발달을 위해 지도감독을 받는 전문상담자 또는 수련생"을 말한다(ACA, 2014). 수퍼바이저의 중요한 역할 중 하나는 수퍼바이지에 대한 평가다. 수퍼바이지는 수퍼바이저의 평가를 받으면서 배우고, 전문가로서의 정체성을 확립해 나간다(Bernard & Goodyear, 2018). 수퍼바이지는 수퍼바이저의 평가대상이라는 점에서 수퍼비전 관계에서 상처받기 쉬운 위치에 있기 때문에 흔히 저항이 발생한다. 수퍼바이저와의 관계에서 수퍼바이지의 저항에 영향을 주는 요인으로는 ① 애착·신뢰, ② 수퍼비전 방식, ③ 수퍼바이지의 민감성, ④ 역전이, ⑤ 발달수준, ⑥ 수퍼바이저의 특질(예, 나이, 인종, 문화적 배경, 성별, 권력 문제, 관계역동 등)을 들 수 있다(Bernard & Goodyear, 2018; Borders & Brown, 2005).

 ## 수퍼비전의 형태

수퍼비전은 보통 수퍼바이저와 수련생의 비율을 기반으로 ① 1:1, ② 1:2, ③ 1:3인 이상의 소집단(집단 수퍼비전) 형태로 진행된다. 이 세 가지 유형은 각자 장단점이 있다. 첫째, 1:1 수퍼비전은 수퍼바이저와 수련생 단둘이 진행하는 형태다. 이러한 형태의 수퍼비전은 수퍼바이저가 온전히 수련생에게 주의를 집중할 수 있고, 심도 있는 사례지도가 가능하며, 다른 형태에 비해 사례와 관련된 비밀유지가 더 용이하다는 이점이 있다.

둘째, 1:2 수퍼비전은 수퍼바이저 1인이 동시에 수련생 2인을 대상으로 하는 형태를 말한다. CACREP(2009)은 이런 형태의 수퍼비전을 상담실습 또는 인턴십에서 수련생들에게 제공하기 위한 방법의 하나로 인정했다(Neukrug, 2016). 1:2 수퍼비전의 경우, 1:1 형태에 비해 수퍼바이저와 수련생들이 쉽게 신뢰관계를 형성할 수 있고, 동료의 수퍼비전에 대한 경청을 통해 대리학습을 할 수 있으며(Borders et al., 2012), 동료와 피드백을 주고받을 수 있다는 이점이 있다. 이러한 기회는 수퍼비전 방법을 익히는 경험이 될 수 있다.

셋째, 1:3 또는 그 이상의 소집단 수퍼비전은 대개 3~7명 정도로 구성된다(Neukrug, 2016). 소집단 형태의 수퍼비전은 동시에 여러 사람을 대상으로 이루어진다는 점에서 경제적 · 효율적 · 실용적이라는 이점이 있다. 이런 이유로 대학원, 기관, 학교 장면에서 흔히 사용된다. 집단 수퍼비전은 ① 한 가지 문제 또는 쟁점을 다양한 관점에서 조망해 볼 수 있고, ② 여러 사람에게서 피드백도 얻을 수 있으며, ③ 다양한 개입방법에 관한 정보를 얻을 수 있고, ④ 다른 수련생들이 유사한 쟁점을 다루는 것을 보면서 임상경험의 폭을 넓힐 수 있다는 이점이 있다. 반면, 1:1, 1:2 형태에 비해 수퍼바이저와 수련생의 친근감이나 사례지도에 대한 집중도가 약할 수 있고, 사례와 관련된 비밀유지가 어렵다는 한계가 있다(Bernard & Goodyear, 2018; Borders et al., 2012; Riva & Erikson Cornish, 2008).

수퍼비전 모델

수퍼비전 모델로는 ① 발달모델, ② 통합모델, ③ 심리치료 기반 모델 등이 있다. 여기서는 발달모델과 통합모델을 중심으로 살펴보기로 한다.

발달모델

발달모델에서는 수련생이 거치는 일련의 발달단계에서 수퍼비전이 이루어진다고 여긴다(Borders & Brown, 2005). 이에 수퍼바이저는 수련생의 발달단계에 따라 예측 가능한 성장과 저항이 발생한다고 전제한다. 이 과정에 영향을 주는 요인으로는 수련생의 성격유형과 능력, 그리고 수퍼바이저와의 적합도를 들 수 있는데, 이에 따라 수련생의 성장 속도가 정해진다. 발달모델은 이러한 일련의 발달단계를 알 수 있다면, 수퍼바이저가 수련생의 발달단계에 적합한 성장 촉진전략을 수립할 수 있다는 이점이 있다(Stoltenberg, 2005). 발달모델에 기초한 모델 중에는 스톨텐버그[Stoltenberg] 팀이 개발한 통합적 발달모델[Integrative Developmental Model](IDM)이 있다. IDM에 의하면, 수련생은 수퍼비전 과정에서 ① 자신과 내담자에 대한 상담자의 인식, ② 상담과정에 참여하려는 동기, ③ 상담과 수퍼비전 과정에서의 자율성 증진과 관련된 단계를 거친다. 각 수준에 따른 수련생의 특징은 〈표 12-4〉와 같다(Stoltenberg, 2005; Stoltenberg & McNeil, 2010).

〈표 12-4〉 IDM의 수준별 특징

수준	수련생의 특징
☐ 1수준	○ 불안해하며, 자신과 내담자에 대한 이해를 어려워함 ○ 동기수준이 높고, 수퍼바이저에게 의존적인 태도를 보임
☐ 2수준	○ 자신과 내담자에게 초점유지 능력이 증진됨 ○ 내담자에게 공감적 이해와 통찰을 제공함 ○ 상담관계의 복잡성을 인식하게 되면서, 유능한 상담자가 될 가능성에 대해 의문을 품고 동기수준이 낮아짐 ○ 의존성과 자율성 사이에서 갈등함 ○ 성공적인 느낌이 들 때도 있지만, 성공하지 못할 것이라고 생각함
☐ 3수준	○ 자신과 내담자를 깊이 이해함 ○ 자신의 강점과 능력 실현을 위한 동기가 높아짐 ○ 새로운 기법 시도 및 전문적 정체감 발달을 통해 수퍼바이저로부터 독립함

통합모델

통합모델Integrational Model(IM)은 특정 이론에 기반을 두지 않고 수퍼바이지의 이론적 접근에 상관없이 수퍼바이지의 필요에 기초하여 적용하는 수퍼비전 모델이다. 이러한 점에서 이 모델은 메타이론적 모델Meta-Theoretical Model이라고도 불리며, 수퍼바이저에게 유연성과 더 많은 대안을 제공한다는 이점이 있다(Bradley, Gould, & Parr, 2000). 대표적인 통합모델로는 ① 버나드의 구별모델과 ② 케건의 대인과정회상모델이 있다.

구별모델.　　버나드(Bernard, 1997)의 **구별모델**Discrimination Model(DM)은 초심 수퍼바이저에게 수퍼비전 과정을 소개하기 위한 교육모델로 창안된 것으로, 가장 많은 연구가 축적된 모델로 평가받고 있다('분별모델'로도 불림). 이 모델은 수퍼비전에서 수퍼바이저의 초점설정을 돕고, 기능적인 수퍼바이저의 역할을 제시함으로써 수퍼비전을 효율적으로 수행할 수 있도록 고안되었다. 구별모델에서는 수퍼비전이 상담활동과 직접 관련이 있어야 한다는 기본가정하에, 수퍼비전 과정에서 수퍼바이저는 수퍼바이지의 역량 중 ① 개별적인 초점(개입·개념화·개인화 기술)과 ② 수퍼바이저 역할(교사, 상담자, 자문자)에 초점을 맞춘다.

개별적인 초점에서 **개입기술**intervention skills은 상담을 목적이 있는 치료적 대인관계활동으로 구별시키는 제반 행동을 말한다(예, 체크인, 공감, 직면, 해석, 침묵, 속도조절 등). 이에 비해, **개념화 기술**conceptualization skills은 상담과정, 명시적·암묵적 단서, 내담자 호소 내용의 주제·패턴을 이해하고, 치료적 개입방법을 선택하는 등 수퍼바이지의 역량을 확인하기 위한 기술이다. 반면, **개인화 기술**personalization skills은 수퍼바이지의 개인적 양식, 상담에 대한 독특한 개인적 기여, 그리고 이러한 요소들이 상담과정에 미치는 영향 등을 파악하기 위한 기술이다.

구별모델에서 수퍼바이저는 교사, 상담자, 자문자 역할을 한다. 먼저, **교사**teacher 역할은 수퍼바이지의 상담 역량 증진을 위해 필요한 지식과 기술을 가르치고 평가하는 것을 말한다. 반면, **상담자**counselor 역할은 치료적 개입과 상담과정에 영향을 미치는 대인관계적·개인내적 요인에 초점을 둔다. 이를 위해 수퍼바이저는 수퍼바이지로 하여금 상담 회기를 성찰하고 의미를 탐색하며 통찰을 촉진하기 위한 작업을 한다. 이에 비해 **자문자**consultant 역할은 수퍼바이저가 수퍼바이지와 협력관계를 구축하고 수퍼바이지의 학습에 대해 책임을 공유하면서 수퍼바이지가 내담자와의 작업에 대한 반응, 사고, 감정, 통찰을 신뢰하도록 격려한다. 구별모델은 수퍼바이저가 자신에게 주어진 역할을 충실히 수행하고, 수퍼바이지의 발달수준에 적합한 제반 영역을 다룰 수 있도록 돕는 절충적이고 유연성 있는 모델로 평가된다(Bernard & Goodyear, 2018).

대인과정회상모델. 대인과정회상Interpersonal Process Recall(IPR)모델은 케건Norman Kagan(Kagan & Kagan, 1997)이 창안한 것으로, 최근 수년간 보편적으로 사용되고 있다(Bernard & Goodyear, 2018). 이 모델에 기반하여 수퍼비전을 진행하는 수퍼바이저는 다양한 방법으로 수련생이 자신의 강점과 약점을 탐색하도록 돕는다. 또한 수련생이 녹음/녹화한 상담 회기의 내용과 과정을 함께 검토한다. 상담내용을 검토하는 과정에서 짚고 넘어갈 부분이 있는 경우, 수퍼바이저는 그 부분으로 되돌아가서 필요하다고 판단되는 쟁점에 대해 논의한다. 수퍼바이저는 수련생의 생각과 감정을 정확히 이해하기 위해 글상자 12-13에 제시된 것과 같은 질문을 던질 수 있다.

⬥ 글상자 12-13. 탐색질문의 예

1. 내담자에게 뭐라고 말하면 좋을까요?
2. 당신의 반응에 대해 내담자는 어떻게 반응할 것 같나요?
3. 당신이 하고자 하는 말을 한다면, 어떤 위험상황이 발생할 것 같나요?
4. 기회가 주어진다면, 당신의 감정과 생각을 어떻게 표현하나요?

5. 다른 어떤 생각이 떠오르나요?

6. 다른 사람들이 당신을 어떻게 생각해 주기를 바라나요?

7. 어떤 감정이 인식되나요? 그 감정은 당신에게 어떤 의미가 있나요?

8. 내담자가 당신에게 뭐라고 말하기를 바라나요?

9. 내담자가 당신에게 바라는 것이 무어라고 생각하나요?

10. 내담자가 당신에게 다른 누군가를 생각나게 하나요?

상담사례에 대한 피드백 또는 의견을 듣기 위한 전통적인 방법은 사례일지$^{case\ note}$를 검토하는 것이다. 잘 작성된 사례일지는 상담자 훈련에서 유용한 피드백을 받기 위한 귀중한 자료로 활용될 수 있다(Bernard & Goodyear, 2018; Hernández-Wolfe, 2010). 또한 수련생이 자신의 상담 회기를 동영상으로 촬영하는 방법이 있다. 그러나 최근 들어서는 인터넷의 발달로 사이버 수퍼비전$^{cyber-supervision}$이 점차 증가하는 추세에 있다(Neukrug, 2016). 이 방법에도 장단점은 있지만, 향후 점점 더 증가할 것으로 전망된다.

 주요 개념 / 주요 개념을 확인해 볼까요?

• 자문	• 자문자 개입수준	• 자문자 중심 자문
• 피자문자 중심 자문	• 자문의 3요소	• 권한부여
• 자문모델	• 정신건강모델	• 조직발달모델
• 과정모델	• 협력모델	• 인간중심모델
• 인지행동모델	• 게슈탈트모델	• 정신분석모델
• 행동주의 모델	• 사회구성주의 모델	• 해결중심모델
• 혼돈모델	• 자문의 절차	• 수퍼비전
• 수퍼비전 교수법	• 수퍼바이저	• 수퍼바이지
• 수퍼비전 모델	• 발달모델	• 심리치료 기반 모델
• 통합모델	• 구별모델	• 대인과정회상모델
• 다문화적 수퍼비전		

Part

3

임상적 개입

상담과정과 심리적 개입기술

☐ 상담과정
☐ 심리적 개입기술
■ 주요 개념

상담 또는 심리치료를 통한 개입은 상담전문가의 중핵적인 활동이다. 이 활동은 도움을 원하는 사람('내담자')이 전문적 교육과 훈련을 받은 사람('상담자')과의 관계를 기반으로 사고, 행동 및/또는 감정에 대한 작업을 통해 삶의 문제해결 및 인간적 성장을 꾀하는 학습과정이다. 이 과정은 주로 내담자의 자기이해, 의사결정, 문제해결, 또는 정신건강 증진을 돕는다. 상담은 흔히 접수면접 또는 초기면접을 통해 내담자가 상담실을 찾게 된 이유와 상담이 내담자의 요구와 기대에 부응하는지에 대한 평가로 시작된다. 이 작업은 주로 면대면으로 이루어지지만, 전화 또는 인터넷을 통한 접촉이 대안적으로 사용된다. 집단상담이나 가족치료 등을 제외하면, 상담은 대체로 일대일 관계에서 목적이 있는 대화를 기반으로 이루어진다. 만일 동일한 면접자가 전화면접과 후속적인 면대면 면접을 담당한다면, 내담자는 자신의 호소 내용을 다시 설명하지 않아도 되고 상담의 연결성이 확보된다는 이점이 있다. 상담자들에게 최적의 특정 이론을 확인하는 것은 거의 불가능하지만, 대다수의 상담자가 동의하는 공통적인 상담의 원리가 있다. 이러한 상담의 원리는 글상자 13-1에 제시된 지침으로 요약·정리할 수 있다.

◆ 글상자 13-1. 상담자가 유념해야 할 일곱 가지 지침

1. 내담자를 존중하라.
2. 내담자의 성장을 돕는 촉진적인 환경을 제공하라.
3. 성장·발달 촉진을 위해 내담자가 적극적으로 목표를 설정하도록 도우라.
4. 내담자에게 힘을 실어 주고, 상담이 내담자 스스로 학습이 연계되는 교육적인 과정이라는 점을 이해하도록 도우라.
5. 내담자의 약점보다 강점에 집중하라.
6. 사람과 맥락(환경) 둘 다에 집중하라.
7. 종전의 연구에 의해 효과가 있는 것으로 밝혀진 기법을 사용하라.

다른 한편으로, 미국정신건강상담자협회(AMHCA, 2011)는 상담기준을 설정하여, 임상 정신건강 상담자들이 할 수 있는 상담 범위를 '심리치료, 인간발달, 학습이론, 집단역동, 최상의 정신건강 증진을 위한 목적으로 실행하는 개인, 부부, 가족, 집단의 정신병과 기능장애 행동의 기원 연구, 일반적인 삶의 문제, 또는 정신병리의 치료'로 국한하기도 했다. 상담자가 유념해야 할 지침은 글상자 13-1과 같다. 이에 이 장에서는 상담과정과 심리적 개입기술에 관해 살펴보기로 한다.

💬 상담과정

상담은 상담자, 내담자, 그리고 두 사람의 대면관계를 기반으로 이루어지는 과학이자 예술이다. 사람들은 종종 자신의 상황이 심각한 상태가 되고, 거의 희망이 없다는 판단이 들 때 최후의 수단으로 상담자를 찾는다(Watzlwick, 1983). 게다가 사람들은 자신의 지각과 해석이 정확하다고 여긴다. 또한 다른 사람에게 현실에 대한 자신의 관점을 소통하는 경우, 사람들은 흔히 이를 사실로 받아들이는 경향이 있다(Cavanagh, 1990). 기능적 불변성^{functional fixity}으로 불리는 이러한 현상은 사물을 오직 한 가지 방식 또는 한 가지 관점에서 해석하거나, 특정 상황 또는 속성이 쟁점이라는 생각에 고착된 상태를 말한다(Cormier, 2016). 이에 상담자는 안전하고 수용적인 분위기를 조성하여 내담자로 하여금 자신의 생각 또는 욕구를 탐색할 기회를 제공함으로써 비현실적이거나 왜곡된 비현실적인 목표를 수정하도록 돕는다. 이 과정은 상담자의 이론적 지향에 따라 차이가 있으나, 크게 ① 초기, ② 중기, ③ 종결 단계로 나눌 수 있다.

초기단계

상담의 초기단계에서 상담자의 주요 과업은 내담자와의 ① 구조화 실시, ② 관계형성, ③ 문제 확인, ④ 목표와 계획 수립으로 구분된다.

구조화 실시.   첫째, **구조화**^{structuring}란 상담자가 상담의 특성, 조건, 절차, 규정, 한계 등에 관해 설명하는 것을 말한다. 이는 상담자와 내담자의 관계를 명확히 설정하고, 상담의 방향을 제시해 주며, 상담자와 내담자의 권리, 역할, 의무를 지켜 주며, 성공적인 상담을 촉진한다. 구조화는 상담에 대한 내담자의 자발적인 참여와 협력 의지에 긍정적인 영향을 준다는 점에서 상담초기에 실시하지만, 필요한 경우 상담의 모든 단계에서 제공될 수 있다. 구조화는 내담자의 상담에 관한 지식과 경험 수준을 고려하여 내담자의 지적 수준에 맞는 어휘를 사용한다.

관계형성.   둘째, 상담자는 상담초기에 내담자와 라포^{rapport}, 즉 신뢰관계를 형성한다. 상담관계의 질은 상담과정에서 가장 확실한 변화예측 요인의 하나이기 때문이다(Welfel & Patterson, 2005). 상담초기에 내담자는 상담이라는 낯선 환경에 대해 불안해할 수 있다. 이에 상담자는 안전한 물리적 환경에서 적극적 경청, 공감적 이해, 문화적 민감성, 사회적 기술로 상호 신뢰할 수 있는 관계를 형성하기 위해 노력한다(Cormier, 2016). 이러한 신뢰관계는 자연스럽게 작업동맹^{working alliance} 또는 치료동맹^{therapeutic alliance} 구축으로 이어지고, 내담자의 자기개방을 촉진한다. 내담자의 자기개방이 시작되면, 상담자는 내담자의 현안을 마음속으로 확인 · 정리하게 되는데, 이것이 사례개념화의 시작이다.

문제 확인.   셋째, 내담자의 호소 내용과 적응수준을 평가하고 사례를 개념화한다. **사례개념화**^{case conceptualization}란 상담자의 이론적 지향을 기반으로 내담자의 호소 내용, 발달과정, 필요한 상담 기술, 기법, 전략, 기대효과 등을 설명하는 것을 말한다. 이 작업은 보통 전반적인 과거력^{past history} 탐색, 심리검사, 중요한 타인(부모, 배우자, 가족, 교사, 친구)과의 면담을 통해 이루어진다. 내담자가 초기에 드러낸 문제는 다른 쟁점의 극히 일부일 수 있다. 이 과정에서 새로운 관심사가 추가로 드러날 수 있고, 이는 내담자가 인식하지 못했던 것일 수 있다. 확인된 문제의 타당성 확인을 위해 내담자가 서로 다른 상황에서 관찰한 자신의 행동, 사고, 감정을 체계적으로 기록한 것이 사용되기도 한다. 만일 의학적 요인에 의해 문제가 발생할 가능성을 확인할 필요가 있다면, 전문의에게 의학적 검진 또는 신경심리학적 평가를 의뢰한다. 또 경제적 · 재정적 문제, 또는 실직으로 인해 생활에 도움이 필요한 경우에는 사회복지사에게 의뢰한다.

내담자의 문제를 이해하기 위해서는 가급적 많은 개인 정보와 심리사회적 정보를 수집한다. 이때 상담자는 내담자에 관한 구체적인 사실적 정보(예, 사건, 발생일시 등)뿐 아니라 그 사건에 대한 내담자의 감정을 탐색한다. 과거력에 관한 자료는 유년기로부터 교육, 성, 질병, 부모와의 관계, 성장배경, 종교, 정신병리적 문제 등 포괄적으로 수집한다. 과거력 면접의 목적은 내담자의 과거사를 상세히 수집 · 기록하는 것이다. 그러나 내담자가 이러한 정보를 어떻게 말하고, 표현하며, 어떤 반응(회피, 부인, 왜곡, 누락, 번복)을 보이는가에 대한 관찰은 사실적인 정보보다 더 중요할 수 있다. 과거력 면접에는 내담자에 관해 의미 있는 정보를 제공해 줄 주변인들(부모/보호자, 배우자, 친구, 교사 등)과의 접촉이 포함된다.

목표와 계획 수립.   넷째, 내담자와 협력하여 상담 목표와 계획을 수립한다. 목표

설정은 상담의 방향을 제시한다는 점에서 중요하다(Hill, 2014). 목표와 계획 수립은 상담의 현실적 측면(예, 회기 수), 내담자의 욕구(예, 단기 또는 장기 상담), 그리고 상담자의 이론적 지향성에 기초한다. 내담자의 호소문제가 확인되면, 상담자는 구체적으로 어떤 이론적 접근(예, 정신분석, 인지행동치료, 게슈탈트 치료)을 적용할 것인지 결정한다. 상담의 방향은 적응상의 문제에서부터 특정 공포증 해소 또는 성격 변화를 위한 광범위한 접근이 될 수 있다. 상담자는 내담자에게 이론적 접근이 내담자의 문제해결과 어떤 관련이 있는지, 시간이 얼마나 걸릴지, 상담과정에서 내담자가 겪을 수 있는 어려움이 무엇인지 등에 관해 상세히 설명해 주어야 한다. 이때 필요한 절차는 내담자의 동의('사전동의' 또는 '설명동의')를 구하는 일이다. 연구 참여자들이 연구에서 어떤 일이 벌어질지에 대해 알 권리가 있는 것처럼, 내담자 역시 상담에서 어떤 일이 벌어지는지 알 권리가 있다. 상담에서 목표의 효과성을 판단하기 위한 확인질문은 글상자 13-2와 같다.

글상자 13-2. 상담목표의 효과성 판단을 위한 확인질문

1. 내담자와 상담자가 상호 동의했는가?
2. 구체적으로 진술되었는가?
3. 내담자의 자멸적 행동과 관련이 있는가?
4. 성취·성공을 지향하고 있는가?
5. 수량화와 측정이 가능한가?
6. 행동지향적이고, 관찰 가능한가?
7. 이해할 수 있고, 명확하게 기술되었는가?

예를 들어, 내담자의 문제를 자기부정이라고 파악한 상담자는 내담자의 자기수용을 상담목표로 설정하고 목표달성을 위한 계획을 수립할 수 있다. 현실치료를 적용하는 상담자는 내담자가 자신의 욕구(사랑·소속감, 자유, 힘, 즐거움) 충족을 위해 특정 방식으로 행동한다는 가정하에 내담자의 바람^{wants} 또는 욕구^{needs}를 이해하고, WDEP 모델을 적용하여 목표를 달성할 계획을 수립한다. 아들러의 개인심리학 입장을 취하는 상담자는 내담자의 행동은 허구적 목적성$^{fictional finalism}$이 있고 목표지향적이라고 간주하여 행동의 방향전환을 상담목표로 설정하고 격려를 통해 내담자의 행동 변화방법을 모색한다. 이때 새로 시도할 행동은 최소 수준으로라도 성공할 개연성이 높은 것을 택한다. 개인상담전략은 여러 요인을 고려하여 결정한다. 상담 목표와 계획 수립을 위한 고려사항은 글상자 13-3과 같다.

글상자 13-3. 상담 목표와 계획 수립을 위한 고려사항

○ 문제의 성격 ○ 변화를 위한 내담자의 동기수준

○ 문제의 심각도 ○ 신뢰관계 형성의 난이도

○ 문제 발생 기간 ○ (미성년자의 경우) 부모/보호자 참여의 필요성

○ 예후prognosis ○ 상담자의 상담 가능 시간

○ 상담자의 협력 정도 ○ 특정 전략에 대한 상담자의 편안한 정도

상담 목표와 계획은 상담이 진행되고 내담자에 관한 추가적인 정보가 수집되면서 다소 수정되기도 한다.

중간단계

상담의 중간단계에서 상담자는 상담초기에 수립한 계획을 실행한다. 이 과정에서 상담자는 내담자가 자신의 삶을 다른 각도에서 볼 수 있도록 돕는 동시에 사고, 감정, 행동 변화를 위한 적절한 기법과 전략을 적용한다.

계획 실행. 계획실행단계에서는 신뢰관계를 기반으로 상담목표 성취를 위해 계획을 실행한다. 상담목표 달성은 상담자와 내담자의 작업동맹 정도(Okun & Kantrowitz, 2014), 그리고 내담자의 욕구충족을 위한 행동패턴 및 생활양식과 밀접한 관련이 있다. 특히 작업동맹은 내담자가 도움을 찾게 된 동기 탐색이 포함된 발달과정이다. 따라서 실행과정에서 내담자의 주관적 세계(내담자의 견해, 관심사, 가치관, 생활양식, 삶의 목표 등)에 대해 깊이 탐색한다. 상담자는 이론적 지향성과 일치하는 상담기법을 선택·적용하여 내담자의 변화를 촉진한다. 이 과정에서 필요하다면, 상담자는 내담자와 협의하여 상담목표를 재고하여 수정할 수 있다. 이 단계에서 상담자는 내담자가 규정된 문제 또는 주제에 대해 책임감을 가지고 적극적으로 작업에 임하도록 돕는다. 예컨대, 인지행동치료를 적용한다면, 상담자는 내담자의 사고/신념(예, 자기패배적, 자기파괴적, 또는 자동 사고)과 행동(예, 자기긍정 행동실연) 변화를 위해 작업할 것이다.

내담자는 때로 인정과 수용(주의 끌기), 원하는 대로 할 능력(힘), 타인 괴롭힘(복수), 철수행동 및 무망감 표출(부적절성)을 자신의 욕구충족을 위한 방법으로 사용한다. 그러므로 상담자는 내담자의 일탈행동 역시 욕구충족을 위한 시도로 간주하여 내담자

의 욕구를 사회적으로 용납되는 방식으로 충족할 수 있도록 도와야 한다. 내담자의 변화를 돕기 위해서는 내담자의 행동패턴과 생활양식이 자신의 욕구충족을 위한 방향과 일치하는지 탐색한다. 이를 위해 중간단계에서는 내담자의 욕구, 생활양식, 가치체계의 이해를 기반으로 내담자의 부적절한 목표와 욕구충족을 위한 행동 사이의 부조화를 깨달을 수 있도록 돕는다. 만일 내담자가 불안 해소를 위해 문제에 대한 책임을 타인에게 전가한다면, 직면을 통해 내담자의 비생산적인 행동과 태도가 문제의 원인이 되었다는 사실을 직시할 수 있도록 돕는다. 상담자는 글상자 13-4에 제시된 탐색질문에 스스로 답해 봄으로써 행동패턴의 변화를 도울 전략을 마련할 수 있다.

> 글상자 13-4. 탐색질문의 예
>
> ○ 내담자의 특정 행동은 어떤 목적으로 사용되는가?
> ○ 특정 행동으로 내담자의 어떤 욕구가 충족되고 있는가?
> ○ 그 행동은 내담자가 변화를 주고 싶다고 말하는 것과 일관성이 있는가?
> ○ 내담자는 소속감 욕구를 충족하고 있는가?
> ○ 내담자가 사랑/인정 결핍으로 고통을 겪고 있는 것처럼 보이지 않는가?
> ○ 내담자가 힘, 즐거움, 자유에 대한 욕구를 표출하고 있지는 않은가?

상담자는 잠정적 분석과 가설을 통해 내담자가 자신의 행동의 원인과 결과에 대해 통찰하도록 촉진하는 한편, 내담자가 욕구충족을 위한 행동을 시도할 수 있도록 돕는다. 또한 가족구도 또는 초기기억의 분석을 통해 내담자의 욕구를 파악하여 변화 모색을 위한 자료로 삼는다. 가족구도가 내담자의 행동패턴과 생활양식에 영향을 주었다면, **초기기억**은 현재의 인간관계에 영향을 미치는, 어린 시절 삶에 대한 관점 또는 기억자료로, 생활양식과 일치하는 경향이 있다. 초기기억과 그 해석의 예는 글상자 13-5와 같다.

> 글상자 13-5. 초기기억과 그 해석의 예
>
> "제가 네 살이었던 때로 기억되는데, 집 부엌 선반 꼭대기에 과자를 넣어 둔 유리병이 있었어요. 제가 너무 어려서 손이 병에 닿지 않았어요. 그런데 옆에 있던 삼촌이 저를 번쩍 안아 올려 줘서 유리병에 손을 넣어서 과자를 꺼내 먹을 수 있었어요."
>
> ☞ 해석: 내담자 자신이 약하므로 삶에 있어서 필요한 것을 얻기 위해서는 보다 큰 사람들에게 의지해야 한다고 느끼고 있음을 나타낸다. 이 내담자의 초기기억은 중요한 사람들에 대한 일반화된 의존성이 있음을 암시한다.

상담의 중간단계에서 상담자는 단순히 내담자 자신과 내담자의 관심사 이해뿐 아니라 내담자가 더 높은 수준의 사회적 관심, 협력, 다른 사람들에게 관심을 보이도록 돕는 것에 중점을 둔다. 이때 대화의 시제는 과거보다는 현재와 미래에 맞추고, 내담자가 세상에 대해 어떻게 인식하고 있는지 탐색한다. 이 과정에서 상담자는 내담자의 삶에서의 성공경험과 강점을 발견하여 부각시켜 준다. 동시에 내담자의 욕구충족을 위한 생산적인 행동 실천을 적극 격려한다. 내담자의 변화를 위한 사소한 노력과 시도에 대해 상담자의 격려를 통한 강화가 요구된다. 내담자가 상담목표를 달성하는 방향으로 사소한 진척을 보이더라도 상담자는 이에 대해 적극 칭찬한다. 반면, 자기패배적이거나 무책임한 행동에 대해서는 직면한다. 설령 목표달성을 위한 시도가 실패한다고 하더라도 내담자를 비난하거나 책망하지 않는다. 대신, 내담자가 욕구충족을 위해 최선을 다할 수 있도록 돕는다.

상담자는 내담자의 언어적·비언어적 은유에 주의를 기울여서, 내담자로 하여금 자신의 현 위치 파악과 향후 자신이 되고 싶은 모습을 더 잘 인식할 수 있도록 돕는다 (Lyddon, Clay, & Sparks, 2001). 일반적으로 인식은 재구조화를 통해 전환된다. **재구조화**reframing란 내담자의 특정 상황에 대해 가능성이 높고 긍정적인 견해 또는 관점을 제공하는 것을 말한다. 이는 내담자에게 다른 방식의 대처방안을 제공하는 효과가 있다. 숙련된 상담자는 자신과 내담자에 대해 일상생활 속에서의 경험을 끊임없이 재구조화한다. 내담자가 자신의 문제를 주도적·독립적으로 다룰 능력이 있음을 믿기 시작하게 되면, 상담자는 내담자와 종결에 대한 논의를 시작한다.

종결단계

종결termination이란 상담을 통해 성취된 변화와 문제해결 기술을 점검하고, 일상생활에 일반화하기 위해 마무리하는 것을 말한다. 종결은 내담자의 문제가 완전히 또는 부분적으로 해소되어 상담을 계속할 이유가 사라짐으로써 이루어진다. 이 시기에는 상담목표를 달성한 정도를 요약하고, 진척사항을 평가하며, 상담관계의 종결과 이에 따른 상실감을 다룬다. 상담의 종결은 상담자와 내담자에게 혼재된 감정을 유발시킨다. 이러한 이유로 종결은 때로 주당 1회에서 매달 1회 상담으로 횟수를 줄여 감으로써 진행되기도 한다. 종결이 가까워지면 종결에 대한 논의를 더 상세히 해야 하고, 그에 대한 내담자의 감정과 태도가 충분히 표출되고 잘 다루어졌는지에 관한 상세한 논의가 필

요하다. 때로 상담자가 적절한 시기라고 여기기 전에 갑작스럽게 조기 종결하는 내담
자들도 있다. 어떤 경우에는 상담자가 다른 기관으로 옮기게 되어 강제로 종결하기도
하는데, 이 경우 내담자가 다른 상담자에 의뢰되기를 원하지 않는다면 내담자에게는
상실에 따른 다양한 반응이 나타난다.

종결의 기능.   성장과 적응은 삶에서 만남과 이별의 반복을 통해 습득되는 경험학
습의 산물이다. 이러한 의미에서 볼 때, 상담의 종결은 상담 또는 치료가 끝났다는 것
이상의 의미가 있고, 그 자체가 새로운 동기를 부여한다(Yalom, 2005). 상담의 종결은
다음과 같은 기능을 한다. 첫째, 종결은 상담의 한 주기가 끝났음을 의미한다. 변화와
경험학습은 상담과정을 통해 이루어지지만, 상담이 종결되면 현실세계에 적용되어야
한다. 종결은 이런 연습의 기회를 제공한다. 종결은 내담자가 독립적으로 문제에 대처
해 나가야 할 자연스러운 출발점이다. 상담과정을 통해 변화된 삶을 시작하기 위해서
는 선행경험(예, 상실감)이 완결되어야 한다.

둘째, 종결은 상담을 통해 성취된 변화를 유지하고, 문제해결 기술을 일반화하기 위
한 출발점이다. 이는 상담과정에서 습득한 것을 실생활에서 실행에 옮기는 시기다. 여
기서 종결은 마지막 또는 완결을 의미하지 않는다. 상담이 종결되더라도 내담자들은
언제라도 다시 상담실을 찾을 수 있기 때문이다. 셋째, 종결은 상담경험이 시간제한적
time-limited이라는 사실을 인식하게 한다. 이는 세상 만물이 영원한 것은 없다는 실존적
요인을 깨닫게 되는 동시에 지금-여기에서의 경험과 상호작용, 그리고 행동 실행의
중요성을 인식하는 기회가 될 수 있다. 즉, 내담자는 자신의 삶에 있어서 의미 있는 일
을 할 시간이 생각보다 많이 남지 않았다는 실존적 통찰을 얻게 되어 더 적극적인 삶을
영위하게 되는 자극을 받을 수 있다. 이처럼 개인상담의 회기 수를 제한함으로써 상담
의 효과를 높이는 것은 실존적 아이러니다.

끝으로, 종결은 내담자가 변화·성장했음을 인식시켜 주는 기능이 있다(Vickio,
1990). 상담의 종결은 내담자에게 새로운 기술 습득이나 사고방식 전환 외에, 삶에서
개인적인 문제에 덜 영향받고 덜 몰입할 뿐 아니라 외부 사람들과 사건들에 더 잘 대처
할 수 있음을 나타내 준다. 내담자는 외부 상황과 사건을 효과적으로 다룰 수 있게 되
면서, 다른 사람들과의 상호 의존적·상호 지지적인 관계를 형성·유지할 수 있게 되
고, 독립적이고 만족스런 삶을 영위할 수 있게 된다(Burke, 1989). 내담자가 습득한 문
제해결 능력은 장차 필요할 때마다 인출되어 활용할 수 있게 될 것이다. 그렇다면 종

결 시 고려해야 할 사항은 무엇인가?

　종결 시 고려사항.　　상담의 종결은 사전에 계획되어야 한다. 상담관계를 종료해야 하는 정해진 시점은 없다. 이 시점은 상황의 특성, 상담자의 윤리적 지침과 함께 고려되어야 한다. 상담자는 자신에게 글상자 13-6에 제시된 일련의 질문을 던져 봄으로써 상담의 종결을 준비할 수 있다.

글상자 13-6. 종결준비상태 점검을 위한 질문의 예

1. 내담자의 주호소문제는 해결되었는가?
2. 상담의 행동적·인지적·정서적 목표가 성취되었는가?
3. 내담자가 얻고자 했던 것(들)은 어느 정도 진척되었는가?
4. 내담자는 자신의 행동에 대한 자각수준이 높아졌는가?
5. 내담자와 다른 사람들 간의 관계가 개선되었는가?
6. 내담자의 삶의 질은 나아졌는가?
7. 내담자는 효과적인 대처기술을 통해 스트레스 수준을 감소시켰는가?
8. 내담자는 독립적인 생활능력을 갖추게 되었는가?

　회기 종결.　　상담 회기의 시간제한에 대해서는 상담초기에 명확히 정의되어야 한다(Cormier, 2016). 일반적으로 상담의 한 회기는 45~50분이 적당하다. 예정 시간보다 일찍 마치는 상담 회기는 예정 시간을 넘기면서까지 진행되는 상담 회기만큼 비생산적이다(Gladding, 2005). 상담 회기 종결 시 상담자는 다음 두 가지 사항에 유념한다(Benjamin, 1987). 하나는 상담자와 내담자 모두 회기 종료에 대해 인식하고 있어야 한다는 점이고, 다른 하나는 회기 종결 무렵에 내담자가 새로운 사안을 끄집어내는 경우 다음 회기에 다루기로 제안해야 한다는 점이다. 단, 응급상황으로 판단되는 경우에는 새로운 문제를 다루어야겠지만 이러한 경우는 드물다(Gladding, 2005).

　상담 회기 종결은 다양한 방법으로 이루어진다. 첫째, "이제 시간이 다 되었네요." 같은 간결한 문장으로 시간이 다 되었음을 알리는 것이다. 만일 내담자가 계속해서 이야기하는 경우, 상담자는 회기 종결이 5~10분 정도 남았음을 알려 준다(예, "이제 상담시간이 10분 정도 남았네요. 오늘 상담을 통해 무엇을 얻게 되었는지 요약해 보시겠어요? 그리고 다음 시간에는 어떤 점에 관해 이야기를 나누고 싶은지 말씀해 주시겠어요?"). 상담 회기의 종결은 회기요약을 통해 암시할 수 있다. 회기요약은 상담자와 내담자가 각각 한 회기를 통해 얻게 된 점에 대한 요점을 해석 없이 간결하게 한다. 그런 다음, 다음 회기에 관한 약속을 한다.

조기 종결.   조기 종결premature termination이란 명시적 또는 암묵적으로 예기되었던 상담 회기보다 이른 시점에서 상담관계가 종료되는 것을 말한다. 조기 종결에 대한 평가는 내담자가 상담초기에 세웠던 개인적인 목표가 얼마나 성취되었는지, 그리고 내담자의 기능수준이 함께 고려되어야 한다(Ward, 1984). 조기 종결은 이에 대한 내담자의 의도표현 방법과 상관없이 상담자에게 내적으로 다룰 필요가 있는 생각과 감정을 유발한다. 만일 글상자 13-7에 제시된 이유로 조기 종결이 예상된다면, 상담자는 이에 대해 논의할 시간을 갖고 서로의 생각과 감정을 검토함으로써 조기 종결을 예방한다.

글상자 13-7. 내담자의 조기 종결 이유

1. 상담자가 진정으로 자신을 보살피고 있는지 확인하기 위함
2. 상담자로부터 긍정적인 감정을 도출하기 위함
3. 상담자를 벌하거나 상처를 주기 위함
4. 불안요인을 제거하기 위함
5. 상담자에게 자신이 다른 곳에서 치료되었음을 보여 주기 위함
6. 자신이 이해받지 못하고 있음을 상담자에게 표출하기 위함

만일 내담자가 약속시간을 지키지 못해 재차 상담 일정을 잡아야 한다면, 상담자는 전화 또는 이메일로 내담자와 접촉한다. 내담자가 상담 약속 시간에 나타나지 않은 경우에는 [그림 13-1]과 같은 서신을 통해 내담자의 참여를 독려한다.

_____ 씨에게

　우리의 예정된 상담 회기 시간에 뵙지 못했네요. 저는 우리가 함께 상담작업을 계속하기를 간절히 바라고 있습니다. 그렇지만 상담참여에 대한 선택권은 당신에게 있습니다. 혹시 상담 일정을 다시 잡고 싶으시다면, 30일 이내에 연락 주시기 바랍니다. 만일 연락이 없으시면, 저는 _____ 씨가 이번 상담에 더 이상 관심이 없는 것으로 생각하고 상담을 종결할 것입니다.

김○○, 상담전문가, Ph.D.

[그림 13-1] 상담 불출석 내담자를 위한 서신의 예

종결 회기.　만일 내담자가 정식으로 상담종결을 요청한다면, 종결 회기를 진행할 수 있다. 종결 회기를 갖는 이점은 글상자 13-8과 같다(Ward, 1984).

글상자 13-8. 종결 회기의 네 가지 이점

1. 상담과정에서 겪을 수 있었던 부적 감정 해소를 도울 수 있다.
2. 상담을 지속할 수 있도록 권유하기 위한 시간으로 활용할 수 있다.
3. 다른 형태의 치료 또는 다른 상담자에게 상담 의뢰를 하는 것에 대해 논의할 수 있다.
4. 차후에 도움이 필요할 때, 다시 상담서비스를 찾을 가능성을 높여 줄 수 있다.

조기 종결의 경우, 상담자는 때로 자신 또는 내담자를 비난하는 실수를 범한다(내담자를 더 자주 비난함). 이는 공통적으로 누군가를 비난한다는 점에서 문제는 더 복잡해질 수 있다. 그러므로 이 상황에 대한 효과적인 대처방법은 조기 종결이 누구의 잘못 때문이 아니라고 생각하는 것이다. 상담자는 내담자의 행동과 관계없이 때로 내담자에 따라 상담이 조기에 종결되기도 한다는 사실을 이해할 필요가 있다. 이러한 현실에 대한 인식은 상담자들로 하여금 완벽할 필요가 없다는 사실을 느끼게 해 주는 동시에 상담관계에서 진정성 있는 상담을 진행할 수 있게 해 준다. 조기 종결을 예방하려면 〈표 13-1〉에 제시된 사항을 참조한다(Gladding, 2005).

〈표 13-1〉 내담자의 조기 종결 예방을 위한 조치

변인	내용
□ 상담 예약	○ 예약 시간의 간격이 적고, 일정을 규칙적으로 정한다.
□ 오리엔테이션	○ 내담자들에게 상담과정에 대해 잘 이해하도록 안내한다.
□ 상담자의 일관성	○ 되도록 접수/초기면접을 한 상담자가 상담을 맡는다.
□ 예약상황 알림	○ 사전에 예약카드, 문자, 전화, 이메일 등을 통해 예약상황을 알린다.

종결 시기.　종결은 언제 하는가? 상담종결은 상담목표가 성취되었을 때 한다. 상담자들은 다소 폭넓은 시각에서 내담자의 자기수용, 자기이해, 자기결정, 문제해결 방법 개선 등을 성공적인 상담의 산물로 여기는 경향이 있다(Schmidt, 2013). 예를 들어, 정신분석에서 무의식을 의식화시킴으로써 개인의 성격을 재구성했을 때를 종결 시기로 본다면, 행동치료에서는 문제행동의 감소 또는 소거를 상담의 적절한 성과로 여

긴다. 반면, 실존치료에서는 내담자가 삶의 의미를 발견할 때 상담을 종결해도 된다고 할 것이다. 그런가 하면 인지행동치료에서는 비합리적 사고가 합리적 사고로 대체되었을 때를 종결 시기로 보겠지만, 현실치료에서는 기본욕구충족을 위한 행동으로 변화되었을 때라고 여길 것이다. 상담의 종결 시기는 글상자 13-9와 같다(ACA, 2014, Section A.11.C; Vasquez, Bingham, & Barnett, 2008).

글상자 13-9. 상담의 종결 시기

> 1. 상담자와 내담자가 합의한 시점이 되었을 때
> 2. 내담자의 문제/증상이 감소 또는 해소되었을 때
> 3. 내담자가 향후 재발 가능한 문제를 다룰 수 있는 능력을 충분히 습득했을 때
> 4. 전이문제가 해결되었을 때
> 5. 내담자가 능률적으로 일하고, 삶/여가를 즐길 수 있는 능력이 있다고 판단될 때
> 6. 상담을 지속하는 것이 도움이 되지 않는다고 판단될 때

상담관계는 제한된 시간 내에 형성된 친밀관계다. 이러한 이유로 상담자와 내담자는 종결에 따른 상실감을 겪을 수 있다. 상담종결은 상담자와 내담자 간의 목표달성 여부에 관한 논의를 통해 결정되는 반면, 두 사람의 상실감을 다루는 것은 점진적으로 이루어져야 한다. 상담과정이 특히 감정상 부담될 만한 사안을 다루게 된다는 점에서 내담자는 종종 종결에 대해 저항하며, 글상자 13-10과 같은 행동을 나타낼 수 있다.

글상자 13-10. 상담종결에 대해 내담자들이 흔히 나타내는 행동

> 1. 문제해결을 위한 시간이 더 필요하다고 고집한다.
> 2. 갑자기 새로운 문제를 제시한다.
> 3. 상담 약속을 지키지 않음으로써 종결 논의를 피한다.
> 4. 종결 논의를 피하기 위해 조기 종결한다.
> 5. 상담자에게 부적 감정(분노)을 표출함으로써 심리적 거리를 둔다.

상담종결과 관련된 방어나 저항은 상담자에게도 예외가 아니다. 그러므로 상담자는 자신의 상실에 관한 미해결과제에 대해서도 주의를 기울여 작업에 임해야 한다. 만일 상담자가 이 사안에 관한 도움이 필요하다면, 동료 또는 수퍼바이저에게 자문을 구한다. 상담종결을 위한 요건은 글상자 13-11과 같다.

글상자 13-11. 상담종결을 위한 요건

1. 내담자가 먼저 종결 논의를 제안한다.
2. 상담종결 시기를 내담자가 알고 있을 만큼 상담목표와 일정이 명확하다.
3. 종결이 성급하다고 판단되는 경우, 상담자는 이를 내담자와 자유롭게 논의한다.
4. 전문가로서의 상담자와 내담자의 관계를 유지한다.
5. 자신이 다시 상담을 받을 수 있다는 사실을 내담자가 인식한다.
6. 상담에서 성취한 성공경험을 내담자가 잘 인식한다.
7. 내담자가 종결에 따른 상실감을 기꺼이 논의할 수 있다.

이론적 접근과 상관없이 상담종결은 내담자가 자신감을 갖도록 격려하고, 누군가의 통제로부터 독립하여 성장할 수 있도록 도와야 한다는 가정하에 이루어져야 한다. 따라서 상담을 통해 내담자는 자신, 관심사, 행동을 새로운 관점에서 인식할 수 있어야 한다. 상담자는 내담자가 상담의 종결을 거부 또는 배척으로 받아들이지 않도록 유의하면서 상담을 통해 습득한 생산적인 행동을 실생활에서 적극 실천하도록 격려한다. 상담이 종결되면, 상담자는 후속 회기 일정을 잡는다.

후속상담

후속상담follow-up은 상담종결 이후에 내담자의 문제와 관계없이 내담자가 어떻게 지내고 있는지를 확인하고, 상담종결에 따른 각종 서류 작업, 상담료 청구 또는 납부 업무, 그리고 사례관리 업무의 마무리를 위한 업무를 진행하는 것이다. 상담종결은 그 자체로 관계의 종결이 아닐 수 있다. 내담자는 언제든지 새로운 관심사를 가지고 상담자를 찾거나, 이전의 문제로 재방문할 수 있거나, 자신에 대한 더 깊은 탐색을 원해서 상담실 문을 두드릴 수 있다. 따라서 이 단계에서 상담자는 내담자의 변화가 잘 유지되고 있는지에 대한 평가 외에도, 내담자와의 면담을 통해 내담자가 상담을 재신청하거나 다른 전문가를 소개받고 싶어 하는지를 확인할 수 있다.

후속상담은 일반적으로 상담종결 후 수 주부터 6개월 사이에 이루어지는데, 상담자는 상담결과가 성공적이었는지를 확인하고, 이전의 변화를 잘 유지하도록 강화해 주며, 상담결과를 평가한다. 후속상담은 면대면face-to-face이 권장되나, 상황이 여의치 않다면 전화(화상통화 포함), 이메일, 서신을 통해 실시한다. 이 과정은 내담자의 성장을 북돋우는 긍정적인 모니터링 과정이다. 내담자가 상담을 통해 얻은 경험학습을 강화하는 한편, 상담자와 내담자가 그러한 경험을 재평가한다는 점에서 중요하다. 더욱이, 후속상담은 내담자에 대한 상담자의 진실한 배려와 관심이 강조된다. 후속상담의 형태는 글상자 13-12와 같다.

 글상자 13-12. 후속상담의 형태

1. 면대면 회기를 통해 내담자가 성취한 목표의 유지상태를 점검한다.
2. 전화를 걸어 내담자의 상태에 관해 논의한다.
3. 내담자의 현재 상태를 묻는 질문이 담긴 편지를 보낸다.
4. 상담자가 내담자의 현재 기능수준을 묻는 질문지를 보낸다.

의뢰

의뢰referral란 전문성 또는 임상경험에 한계가 있을 때, 다른 전문가에게 제3자 조력을 요청하는 것을 말한다. 의뢰는 내담자에게 최선의 이익이 될 수 있도록 다른 전문가의 도움을 요청하는 것이다. 내담자에게 더 이상 전문적 조력을 할 수 없다고 판단되면, 상담자는 상담을 맡아서는 안 되고 진행 중인 상담인 경우에는 즉시 종료해야 한다. 이러한 경우를 대비하여 상담자는 의뢰 자원이나 적절한 대안에 관한 정보를 갖추어야 한다. 내담자가 의뢰를 거절하는 경우, 상담자는 상담관계를 지속시킬 의무는 없다 (ACA, 2014). 일반적인 의뢰 사유는 글상자 13-13과 같다.

글상자 13-13. 의뢰 사유

1. 내담자의 문제 또는 관심사를 어떻게 다루어야 할지 모르는 경우
2. 내담자의 문제 중 특정 영역에서 임상경험이 충분하지 않은 경우
3. 내담자를 돕기 위한 필수 기술과 역량이 부족한 경우
4. 내담자에게 더 큰 도움을 제공할 전문가가 필요하다고 판단되는 경우
5. 내담자와 성격이 잘 맞지 않는 경우
6. 내담자와의 관계가 상담의 초기국면에 고착된 경우

상담자의 능력을 벗어나는 문제를 지닌 내담자의 상담을 맡는 것은 단지 업무량을 줄이기 위해 내담자를 다른 전문가에게 의뢰하는 것과 마찬가지로 비윤리적인 행위

에 속한다. 의뢰 여부의 판단은 명확한 기준에 의해 내려져야 한다. 의뢰는 응급상황에 한하여 이루어지는 것이 아니고, 전문가로서의 실패를 인정하는 행위 역시 아니다. 의뢰는 도움이 필요한 내담자에게 최선의 도움을 제공하기 위한 전문가로서의 노력이다. 적절하고 효과적인 의뢰가 이루어지기 위해서는 의뢰가 가능한 기관에 관한 정보가 있어야 한다.

　의뢰절차.　　의뢰가 필요한 경우, 상담자는 의뢰에 앞서 자신의 역량, 의뢰 동기와 목적, 의뢰할 기관 등을 면밀히 검토한다. 그런 다음, 내담자에게 의뢰의 필요성을 설명하고 동의를 구한다. 의뢰서비스는 체계를 갖춤으로써 업무의 효율성을 높일 수 있고, 내담자에게도 적시에 최선의 도움을 제공할 수 있다. 만일 내담자가 미성년자인 경우, 부모 또는 보호자에게 의뢰 사유를 설명하고 허락과 협조를 구해야 한다. 상담자는 다른 전문가들에 비해 의뢰에 더 많은 어려움을 겪을 수 있다. 의뢰 제안을 거부하는 내담자를 계속 상담할 것인지, 상담관계를 종결해야 할 것인지를 결정해야 할 수도 있다.

　의뢰방법.　　의뢰의 효율성을 높이기 위해서는 전문영역에 따른 전문가와 의뢰기관에 관한 상세한 정보가 필요하다. 이러한 정보는 학회 참석, 다른 전문가의 자문, 인터넷 서핑, 전화번호부 조사, 서비스 단체의 정보, 잠재적 서비스 제공자와의 면담, 광고 등을 통해 확보할 수 있다. 의뢰에 관한 현명한 결정은 이러한 요소들을 종합적으로 검토함으로써 내려질 수 있다. 의뢰는 상담이나 자문 관계에서 이루어지므로 명확한 목표설정을 통해 의뢰의 효율성을 높일 수 있다. 의뢰 제안 시에는 다음 두 가지 사항을 고려해야 한다. 하나는 내담자가 의뢰 제안을 마치 자신을 버리거나 거부하는 것으로 해석할 수 있다는 점이고, 다른 하나는 내담자가 의뢰를 받아들이지 않을 수 있다는 점이다. 전자의 경우, 효과적인 의사소통 기술과 감수성이, 후자의 경우는 침착성과 인내심이 요구된다. 의뢰방법에는 부분의뢰와 완전의뢰가 있다. **부분의뢰**partial referral 란 상담자와 내담자의 상담관계는 유지하면서 의뢰기관으로부터 필요한 서비스를 보충하는 방법을 말한다. 예를 들어, 임신문제로 상담을 받는 여학생 내담자가 있다면 가까운 산부인과에 의뢰하여 임신 여부를 확인한 후, 사후 대안에 대해 논의할 수 있다. **완전의뢰**full referral 란 내담자가 다른 전문가에게 의뢰되며, 의뢰를 한 상담자는 그 사례에 대해 더 이상 관여하지 않는 것을 말한다. 예를 들어, 상담자가 다루기 힘든 물질

오남용 내담자의 경우 약물중독 치료 프로그램에 완전의뢰할 수 있다.

의뢰 전 고려사항.　　의뢰가 필요한 경우, 다음 사항을 고려한다. 첫째, 의뢰 제안을 하기 전에 내담자의 준비 정도를 주의 깊게 평가한다. 둘째, 의뢰의 목적이 내담자의 안녕과 복지에 최선의 선택인지를 설명할 수 있어야 한다. 단지 문제의 심각성이 의뢰의 주요 원인임을 시사하는 것은 바람직하지 않다. 왜냐면 내담자로 하여금 자신에 관해 부정적으로 생각하게 하는 원인이 되기 때문이다. 셋째, 내담자가 의뢰 제안을 수락하게 되면 상담자는 의뢰를 맡게 된 전문가 또는 해당 기관에 내담자의 문제해결에 도움이 될 만한 자료를 제공하는 등 적극 협조한다. 의뢰는 조력관계의 종결이 아니라 상담과정의 한 단계임을 기억한다.

💬 심리적 개입기술

상담면접은 의사소통을 수단으로 이루어진다. 효과적인 의사소통의 핵심은 경청이다. 다투는 사람은 경청하지 않고, 경청하는 사람은 다투지 않는다(Perls, 1973). 효과적인 경청은 내담자의 언어적·비언어적 메시지를 내담자가 이해할 수 있는 언어로 되돌려주는 적극적 경청방법을 기반으로 이루어진다. 심리적 개입기술로는 ① 명료화, ② 재진술, ③ 반영, ④ 요약, ⑤ 질문, ⑥ 침묵, ⑦ 직면, ⑧ 해석, ⑨ 정보제공, ⑩ 격려가 있다.

명료화

명료화^{clarification}는 내담자의 모호한 진술 다음에 사용되는 질문형태의 상담기술이다. 이 기술은 내담자의 핵심적인 메시지를 상담자의 말로 되돌려주면서 "~라는 것은 ~라는 뜻인가요?" 또는 "~라는 것은 ~라는 말인가요?"의 형태로 이루어진다. 명료화는 내담자가 자신의 관심사에 관한 진술 내용의 일부를 누락, 왜곡, 일반화하는 경우, 내담자의 진정한 사고, 감정, 행동, 경험을 명확하게 이해하는 데 도움이 된다. 명료화는 내담자가 자신의 의사를 분명히 할 수 있도록 돕고, 내담자의 사고, 감정, 행동, 경험 패턴, 방어기제에의 직면에 유용하게 활용된다. 명료화는 해석과는 달리 내담자의 진술에 추가적인 의미를 부여하지 않고 단지 내담자가 이미 표출한 진술과 관련된 내용을 서로 엮어 주고자 하는 상담기술이다. 명료화의 예는 대화상자 13-1과 같다.

🗨️ 대화상자 13-1. 명료화의 예

> **내담자:** 집에서 공부 좀 하려고 하면 할머니가 TV를 크게 틀어 놓지, 동생은 자꾸 제 방을 들락거리지, 도저히 공부를 할 수 없어요.
>
> **상담자:** 네가 공부할 때 할머니와 동생의 행동이 신경 쓰인다는 것은 공부에 집중하기 위한 어떤 대안이 필요하다는 뜻이니?

재진술

재진술paraphrasing은 어떤 상황, 사건, 사람, 생각을 기술하는 내담자의 진술 중 핵심 내용을 다른 동일한 의미의 말로 되돌려줌으로써 내담자의 욕구와 상태를 이해할 수 있도록 돕는 기술이다. 이 기술은 내담자의 언어적·비언어적 메시지를 경청하고 있음을 확인해 주는 것으로, 내담자의 느낌이 모호하거나 느낌에 대한 반응이 다소 이르거나 자기파괴적인 말을 하는 경우에 사용한다. 재진술은 자칫 단순히 내담자의 말을 반복하는 것처럼 들릴 수 있으므로 내담자의 핵심 메시지를 되돌려줄 수 있을 뿐 아니라 다음 이야기를 할 단서를 제공해 줄 수 있도록 반응해야 한다. 재진술의 예는 대화상자 13-2와 같다.

🗨️ 대화상자 13-2. 재진술의 예

> **내담자:** 엄마는 집안일을 저한테만 시키세요. 언니는 공부해야 한다고 아무 일도 시키지 않아요. 언니는 공부를 잘하거든요.
>
> **반응 1:** 너는 집안에서 여러 가지 일을 하는데 언니는 그렇지 않아서 공평하지 않다는 생각이 드는구나.
>
> **반응 2:** 너는 엄마가 언니에게는 집안일을 시키지 않는 이유가 공부를 잘해서라고 생각하는구나.

반영

반영reflection은 내담자의 느낌 또는 진술의 정의적인 부분을 다른 동일한 의미의 말로 바꾸어 기술하는 상담기술이다. 이 기술은 내담자의 진술 속에 담겨 있는 사건, 상황, 사람, 생각에 대한 느낌을 거울처럼 비추어 주는 것이다. 반영을 통해 내담자는 자신이 이해와 존중을 받고 있고 자신의 관심사가 중요하게 다루어지고 있다는 경험을 하게 된다. 반영은 내담자들로 하여금 자신의 독특한 자기인식을 계속해서 탐색하고 논의할 수 있도록 격려하는 강력한 기술이다. 반영은 "(어떤 사건, 상황, 사람 또는 생각) 때문에 ~한 느낌이 드는군요."와 같은 형태로 이루어진다. 반영의 예는 대화상자 13-3과 같다.

> 💬 **대화상자 13-3. 반영의 예**
>
> 내담자: 저는 엄마가 말끝마다 공부가 세상에서 제일 중요한 것처럼 말하는 것이 정말 싫어요.
> 상담자: 엄마가 너무 공부만 중요하다고 하시는 것 같아서 속상한가 보구나.

요약

요약summarization은 내담자가 표출한 두 가지 이상의 진술의 핵심 내용을 서로 묶어서 다른 동일한 의미의 말로 되돌려주는 재진술과 반영이 확대된 형태의 기술이다. 이 기술은 내담자의 진술에서 서로 관련 있는 요소들을 엮어서 공통 주제, 유형, 패턴 등을 밝혀내고, 두서없는 이야기를 간단명료하게 정리해 주며, 상담의 진척 정도를 확인함으로써 자신의 문제에 대한 내담자의 통찰을 촉진시키는 효과가 있다. 요약을 하고 나면, 내담자에게 요약에 대한 동의나 거부 또는 빠진 부분을 보충할 기회를 제공한다. 요약은 내담자의 행동, 사고, 감정, 경험의 패턴 인식에 도움이 된다. 요약의 예는 대화상자 13-4와 같다.

> 💬 **대화상자 13-4. 요약의 예**
>
> 내담자: 어제는 집에서 자전거 때문에 형하고 싸웠어요. 아빠는 형 자전거에 신경 쓰지 말고 제 방에 들어가서 공부나 하라고 큰 소리로 혼내셨어요. −〈중략〉− 아침에 교실에 들어가는데, 담임선생님이 저한테 빨리 자리에 앉지 뭐하냐고 소리치시더라고요. 제가 지각한 것도 아닌데 큰 소리로 말씀하시니까 화가 많이 나더라고요.
> 상담자: 어제는 아빠가 공부하라고 하셨고, 오늘은 선생님이 자리에 앉으라고 소리치셨구나. 형주는 누군가가 큰 소리로 지시하면 감정이 상하나 보구나.

질문

질문^{questions}은 내담자에 관한 정보수집 또는 생각이나 감정 탐색을 위한 기술이다. 이 기술은 내담자의 자기탐색을 유도하고, 변화를 촉구하며, 목표달성을 위한 방향으로 신속하게 이동하도록 돕는다. 그러나 과용하거나 무분별하게 사용하는 경우, 내담자에게 조사받는 느낌을 줄 수 있고, 상담자가 해결책을 제시해 주기를 기대하게 만들며, 권위주의적인 분위기를 조성하여 내담자로 하여금 모욕적 · 의존적인 느낌이 들게 한다(Benjamin, 2001; Sommers-Flanagan & Sommers-Flanagan, 2016). 게다가, 질문은 대체로 내담자가 자신만의 답을 발견하는 데 힘을 제공하는 공감반응보다 덜 촉진적이다(Neukrug & Schwitzer, 2006; Rogers, 1942). 심리적 도움의 목적은 수동적 · 수용적 담화를 지양하고 적극적 경청과 반영을 통해 변화를 유발하고자 하는 것이기 때문이다. 질문은 정보를 요청하기 위한 것 이상으로 상담자의 의도를 기반으로 이루어지는 기술이기 때문이다. 질문은 상담자의 의도에 따라 〈표 13-2〉와 같이 구분된다.

〈표 13-2〉 상담자의 의도에 따른 질문의 유형

유형	예시
☐ 조사	○ 수면제를 복용해야 잠을 잘 수 있는 날이 일주일에 며칠인가요?
☐ 탐색	○ 상담이 당신의 삶에 변화를 주고 있다는 것을 어떻게 알 수 있나요?
☐ 교정	○ 상담목표를 달성하기 위해 가장 먼저 할 수 있는 일이 무엇일까요?
☐ 평가	○ 지난 회기에 연습했던 행동이 남편과의 소통에 효과가 있었나요?

개방질문 vs. 폐쇄질문. 질문은 내담자의 관점을 좀 더 상세히 기술하거나 관점을 바꿀 때 사용해야 한다. 이러한 목적을 고려할 때, 개방질문$^{open\text{-}ended\ question}$은 내담자에게 폭넓게 탐색하여 답할 선택권을 제공한다는 점에서 답변 선택권의 폭이 제한적인 폐쇄질문$^{closed\ question}$에 비해 더 유용하다(Sommers-Flanagan & Sommers-Flanagan, 2016). 질문의 유형에 따른 효과는 〈표 13-3〉과 같다.

〈표 13-3〉 질문의 유형에 따른 효과

질문유형	효과/예시
☐ 개방질문	○ 부연설명을 촉진함(예, 상담실에서 자신에 관해 이야기하는 것에 대해 어떤 느낌이 드나요?)

□ 폐쇄질문	○ 예/아니요 또는 단답형 반응을 유발하게 되어 추가 질문이 없으면 대화가 단절됨(예, 너는 친구들이 마음에 드니?)
□ 양자택일형 질문	○ 두 가지 중 하나를 택하게 하여 선택의 폭을 제한시킴(예, 너는 영어를 좋아하니, 수학을 좋아하니?)
□ 왜 질문	○ 비판, 불인정, 비난받는 느낌을 주게 되어 방어적 태도를 유발하고 감정보다 사고에 초점을 맞추게 함(예, 상담시간에 왜 늦었나요?)
□ 질문공세	○ 여러 질문을 연이어 던짐으로써 생각 또는 답변할 기회를 주지 않음(예, 지난주에 낸 과제는 했나요? 결과가 어땠나요? 가족들이 잘 협조해 주던가요? 왜 질문에 대해 답변을 하지 않죠?)

〈표 13-3〉에 제시된 왜 질문에 대해 내담자가 정확하고 솔직하게 답할 수 있다면, 이 유형의 질문은 가장 강력한 치료도구가 될 것이다. 왜냐면 내담자들은 흔히 '왜'라는 질문에 대한 답을 찾기 위해 상담실 문을 두드리기 때문이다. 만일 내담자가 이 질문에 대한 답을 알고 있다면, 굳이 상담자에게 도움을 청하지 않아도 될 것이다.

직접질문 vs. 간접질문.　상담장면에서 내담자들은 직접질문보다 간접질문에 대해 더 자기를 개방한다(Benjamin, 2001). 직접질문에 비해 간접질문은 좀 더 완곡하고 덜 평가적인 느낌을 준다(예, "어머님의 장례식을 치르면서 참 많은 생각과 느낌이 들었을 것 같은데, 어떤가요?"). 이러한 점에서 간접질문은 공감반응을 겸한 탐색질문의 성격이 있다. 이러한 특성으로 간접질문은 내담자들이 더 잘 받아들이고, 대답하기 쉬우며, 회기 진행을 촉진하고, 더 개방적인 분위기를 조성하는 데 도움을 준다(Neukrug, 2016).

침묵

침묵silence은 내담자의 진술에 대해 아무런 말도 하지 않고 경청하는 것이다. 상담과정에서 침묵은 때로 내담자의 성장에 유용하게 사용된다(Levitt, 2001; Sommers-Flanagan & Sommers-Flanagan, 2016). 내담자와 시선의 접촉을 유지한 채 언어적으로 반응하지 않거나 단지 고개만 끄덕이는 반응을 보이는 것이 더 효과적인 경우가 있다. 이는 내담자의 말이 너무 중요해서 질문, 해석 또는 섣부른 해결책 제시로 방해하지 않겠다는 의사를 내담자에게 전달하는 것이다. 침묵의 암묵적 의미는 글상자 13-14와 같다.

글상자 13-14. 침묵의 암묵적 의미

○ "네가 원하면 여기서는 말을 하지 않아도 된단다."
○ "네가 방금 말한 것에 대해 좀 더 생각하고 있는 것 같아서 네 질문에 대해 대답하지 않았단다."
○ "지금 하고 있는 생각을 방해하고 싶지 않아서 잠시 말을 멈추었단다."

상담자가 침묵을 치료적으로 사용하는 것처럼, 내담자들도 상담과정에서 침묵할 수 있다. 내담자가 침묵하는 이유는 글상자 13-15와 같이 정리할 수 있다.

 글상자 13-15. 상담과정에서 내담자가 침묵하는 이유

○ 말할 거리가 없을 때
○ 벌 또는 꾸중이 두려울 때
○ 자신의 말이 거부당할까 봐 두려울 때
○ 방금 나눈 대화에 대해 생각해 보고자 할 때
○ 상담자가 두려워져서 무슨 말을 해야 할지 모를 때

직면

직면^{confrontation}은 내담자의 언어적 진술과 비언어적 행동 또는 언어적 진술이 불일치 또는 상충되는 부분을 상담자의 말로 되돌려주는 기술이다. **도전**^{challenge}으로도 불리는 직면은 내담자가 자신의 불일치, 비일관성, 부조화, 모순행동을 직시하도록 돕기 위해 사용된다. 직면을 통해 내담자는 자신이 표출한 행동, 사고 또는 감정 사이의 불일치에 책임을 지는 한편, 지각을 확대·탐색하여 자신의 현재 상황에 대한 대안적 관점을 모색할 수 있다. 직면은 상담자 자신의 감정 확인이 우선시되어야 하고, 분노표현의 수단으로 직면을 사용해서는 안 된다. 직면은 현실 왜곡에 대해서도 사용할 수 있다. 직면이 내담자에게 해를 입힐 가능성을 줄이고 효과적으로 이루어지려면, 신뢰와 돌봄이 선행되어야 한다(Egan, 2014; Neukrug & Schwitzer, 2006; Polcin, 2006). 직면의 형식과 그 예는 글상자 13-16과 같다.

 글상자 13-16. 직면의 형식과 예

○ "당신은 ~(이)라고 말씀하셨는데 ~(하)게 행동하고 있군요."

○ "당신은 ~(이)라고 말씀하셨는데 ~(이)라고도 말씀하시는군요."

○ "당신은 ~ 행동을 하고 있으면서 또 ~ 행동도 하고 있군요."

○ "당신은 ~(이)라고 말했는데 제 눈에는 ~(하)게 보이네요."

  (예, "선하 씨는 아무 일 없이 모든 일이 잘 진행되고 있다고 말씀하셨는데 목소리는 다소 염려하는 듯이 들리네요.")

해석

해석interpretation은 내담자의 특정 행동 또는 사건의 의미를 상담자가 잠정적인 어조로 설명해 줌으로써 내담자가 새로운 관점에서 문제를 조망할 수 있도록 돕는 기술이다. 해석의 목적은 내담자의 특정 감정이나 행동에 대해 대안적인 관점을 제공함으로써 내담자의 행동, 사고, 감정, 대인관계 패턴에 대한 통찰을 얻도록 돕는 것이다. 단, 상담과정에서 어떤 부분이 해석되고 어떻게 활용되는가는 상담자가 적용하는 이론적 접근에 따라 다르다. 특히 정신분석에서는 해석이 주요한 치료적 개입으로 사용된다. 예컨대, 정신분석에서 꿈은 심리성적 발달에서 비롯된 해결되지 않은 갈등의 상징으로, 내담자가 자신의 발달을 이해하는 데 도움을 준다고 믿는다(Brill, 2010). 해석은 직감hunch 또는 최적의 추측best guesses의 형태로 잠정적인 분석 또는 가설의 형태를 취한다. 해석은 행동의 목적 또는 현재 기능수준의 원인을 이해하는 데 유용하다. 상담에서 적절한 해석은 내담자의 변화를 촉진한다.

이러한 유용성에도 불구하고, 해석에는 다음 두 가지의 위험이 따른다. 하나는 상담자를 '권위 있는 전문가'로 설정함으로써 관계의 현실성을 악화시킬 수 있다는 것이다(Willig, 2011). 다른 하나는 상담자와 내담자가 해석에 대해 논의할 때 주지적인 대화의 양이 느는 한편, 지금-여기에서의 치료적 작업이 손상될 수 있다는 것이다. 더욱이, 해석이 내담자에게 얼마나 도움이 되었는지에 대한 연구결과는 그리 일관적이지 않다(Høglend et al., 2008; Orlinsky, Ronnestad, & Willutzki, 2004). 로저스(Rogers, 1961)는 또한 해석이 상담과정의 흐름을 저해할 뿐 아니라 내담자에게 위협이 될 수 있다고 보았다(글상자 13-17 참조).

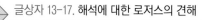

글상자 13-17. 해석에 대한 로저스의 견해

> 나에게는 해석이 행동의 원인에 대한 높은 수준의 추측에 불과합니다. 상담자는 때로 자신의 권위를 사용하여 해석을 통해 내담자에게 영향을 줍니다. 하지만 나는 이런 종류의 권위에 의지하고 싶지 않습니다. 나는 "약자를 괴롭히는 당신의 행위는 남자로서 부적절하다고 느꼈기 때문이라고 생각합니다." 같은 말은 하지 않을 겁니다(Rogers, 1970, pp. 55-58).

해석의 가치는 언제, 무엇을 대상으로 사용되는지, 그리고 내담자가 해석을 통해 얻을 수 있는 것에 달려 있다. 해석의 사용에 있어서 상담자는 이 기술을 사용하는 이유에 대해 생각해 보아야 한다. 왜냐면 내담자의 말을 새로운 관점으로 전환해야 한다는 점에서 오류의 가능성이 항시 존재하기 때문이다. 따라서 상담자는 잠정적인 어조('아마도' '~하지 않을까요?' 등)를 사용하여 가능성을 제안하는 방식으로 제시해야 한다.

정보제공

정보제공information-giving은 특정 자료 또는 어떤 사실에 대해 구두로 설명해 주는 것이다. 이는 상담자 중심의 기술로, 이 기술을 통해 상담자는 내담자에게 의사결정을 위한 대안을 제공하고, 내담자가 처한 상황을 다른 각도에서 볼 수 있게 하며, 내담자의 생각 또는 행동 변화의 계기로 삼도록 도울 수 있다. 정보제공의 핵심은 정보 자체보다는 내담자들이 정보를 인식하고 사용하는 방법에 있다. 그러므로 상담자는 논의를 주도해서 필요 이상으로 많은 정보를 제공하지 않도록 유의해야 한다. 정보제공은 상담자를 전문가 위치에 서게 하고 내담자를 상담자의 가치에 따르는 방향으로 이끌 수 있다는 점에서 전형적인 상담자의 반응으로 보기 어렵다. 이러한 반응은 자칫 내담자에게 외부지향적이고 의존적인 태도를 강화할 수 있다(Benjamin, 2001; Sommers-Flanagan & Sommers-Flanagan, 2016).

경험적·과학적 연구에서 대안 제시, 정보제공, 조언 같은 반응이 별로 효과적이지 않다고 밝혀진 것은 그리 놀라운 일이 아니다(Orlinsky et al., 2004). 따라서 상담자는 정보제공에 앞서 내담자에게 제공할 정보가 상담목표를 달성하는 데 필요한지 확인한다. 그리고 정보제공 후에는 내담자의 반응을 점검한다. 그러나 내담자와 상담자가 특정 행동의 과정에 동의하고, 내담자가 어떻게 행동해야 할지에 대한 제안을 상담자에게 구하는 경우, 또는 내담자의 행동이 내담자 또는 타인에게 해가 될 것이 분명하다고 판단되는 경우에는 이런 반응들이 도움이 될 수 있다(Neukrug, 2014).

내담자의 질문 또는 정보요청은 표면적인 내용 이상의 의미가 담겨 있을 수 있다. 내담자들은 때로 자신의 심각한 문제를 은폐하기 위해 상담실 방문 사유를 정보를 얻기 위함이라고 내세울 수 있다. 상담자는 내담자의 정보제공 요청에 대해 언제 반응을 보일 것인지, 그리고 내담자가 자신의 심각한 문제를 은폐하기 위해 자료를 요청하는 것은 아닌지의 여부를 판단하여 결정해야 한다.

격려

격려encouragement는 내담자에게 용기 또는 의욕을 북돋워 주는 언어적 · 비언어적 행동을 말한다. 사람은 누구나 가치감을 필요로 한다. 가치감은 소속감의 일부로, 결핍되면 자기패배적 행동에 빠지거나 무가치감으로 인해 철수행동을 보이게 된다(Glasser, 1989). 따라서 상담자는 격려를 통해 내담자가 사랑과 존중을 받아 마땅한 가치 있는 인격체라는 사실을 느낄 수 있도록 도와야 한다. 격려는 특히 상담의 종결 시기와 내담자 스스로 새로운 행동을 시도할 때 필요하다. 아동 · 청소년 상담에 있어서 격려의 중요성은 이미 오래전에 드라이커스(Dreikurs, Corsini, Lowe, & Sonstegard, 1959, p. 23)가 글상자 13-18과 같이 강조한 바 있다.

> 글상자 13-18. 드라이커스가 강조한 격려의 중요성

> 오늘날 아이들은 좌절경험에 노출되어 있다. 의도적인 격려는 이러한 경험을 상쇄시키는 데 중요하다. 아이들은 좌절하거나 자신이 유용한 수단으로 성공할 능력이 있음을 믿지 않을 때 비행을 저지른다. 격려는 아이에 대한 믿음을 나타낸다. 이는 아이의 잠재력이 아니라 강점과 능력에 대한 우리의 믿음을 소통하는 것이다. 아이의 있는 그대로에 대한 믿음이 없다면 아이를 격려할 수 없다.

드라이커스의 주장은 오늘날의 상황에 적용해도 손색이 없다. 격려는 언어적 행동과 비언어적 행동으로 실행할 수 있다. 내담자가 새로운 행동을 시도하는 경우, 상담자의 격려는 내담자에게 자신감을 불어넣어 준다. 격려를 위한 지침은 글상자 13-19와 같다(Dinkmeyer & Losoncy, 1980).

글상자 13-19. 상담과정에서 활용 가능한 격려행동

1. 강점에 초점을 맞춘다.

2. 노력과 향상을 인정해 준다.

3. 과거의 실패보다는 현재의 능력, 가능성, 조건에 집중한다.

4. 역량과 능력에 대한 믿음을 보여 준다.

5. 진척과 안녕에 관심을 보여 준다.

6. 흥미유발 또는 신명나게 하는 것에 초점을 맞춘다.

7. 수행능력을 다른 기준과 비교하기보다 내담자에게 맡긴다.

8. 개별성과 독특성에 대한 존중을 보여 준다.

9. 솔직한 자기개방을 통해 자기를 연관시킨다.

10. 상담과정에서 동등한 협력자로서 도움을 제공한다.

11. 유머를 사용한다.

12. 성격보다는 행동에 대해 정확한 피드백을 제공한다.

13. 믿음을 저버리는 행위에는 직면한다.

14. 열정을 불어넣고 목표를 완수하도록 요구한다.

"정말 잘 됐네요." "저도 기뻐요." "그 일을 해낼 줄 알았어요." 같은 진술이나 환한 미소, 따스한 포옹, 힘 있는 악수 등은 내담자에 대한 격려표현의 좋은 예다. 이처럼 격려는 내담자의 진척 또는 성과에 대한 강화반응으로 작용하여 내담자의 자존감을 높이고 자신감을 북돋워 준다. 그러나 다른 한편으로 내담자의 의존성을 높일 수 있다는 점에서 상담자는 자신의 격려가 내담자의 의존성을 낮추고, 변화에 대해 내적으로 귀인하도록 도와야 할 것이다(Kinnier, Hofsess, Pongratz, & Lambert, 2009).

 ## 주요 개념 / 주요 개념을 확인해 볼까요?

• 상담과정	• 구조화	• 사례개념화
• 초기기억	• 재구조화	• 조기 종결
• 후속상담	• 명료화	• 재진술
• 반영	• 요약	• 질문
• 개방질문	• 폐쇄질문	• 직접질문

• 간접질문	• 침묵	• 직면/도전
• 해석	• 정보제공	• 격려

심리적 문제 진단

□ 정상행동 vs. 이상행동

□ 정신장애

□ 정신장애 진단

□ DSM-5

□ 진단에 관한 쟁점

■ 주요 개념

진단은 동일한 내담자를 돕는 정신건강 전문가들 사이의 중요한 소통수단이다. 만일 내담자의 심리적 문제 진단에 각기 다른 체계를 사용해야 한다면, 상담 또는 치료 계획 수립이 어려울 수 있다. 또 진단(우울, 자살/자해, 타살/타해 등)에 따라서는 위기상황과 관련된다는 점에서 진단은 임상가가 잠재적 위기를 예측하고 내담자의 자원을 탐색하는 데 유용하다. 진단^{diagnosis}은 심리적 문제 또는 증상을 나타내는 사람을 분류체계를 통해 특정한 진단기준에 따라 분류하는 작업이다. 영어의 'diagnosis'는 그리스어 'dia(떨어져서)'와 'gnosis(인식)'에서 유래된 것으로, 객관적인 관점에서 개인을 평가한다는 의미가 있다(Harper, 2014). 여기서는 진단 이해의 요건인 정상행동 vs. 이상행동, 정신장애, 정신장애 진단, DSM-5, 진단에 관한 쟁점을 중심으로 살펴보기로 한다.

💬 정상행동 vs. 이상행동

정상^{normality}과 이상^{abnormality}을 구분하는 기준은 무엇인가? 정상을 의미하는 영어의 'normal'은 '목수의 작업틀'이라는 의미의 라틴어 'norma'에서 유래되었다. 정상이라는 말은 흔히 평균적인^{average}, 건강한^{healthy}, 일반적인^{usual}, 이상적인^{ideal} 등의 의미가 있다. 그러나 이러한 말들은 모두 나름의 문제점이 있다. 만일 평균적인 것을 정상으로 본다면, 정신장애가 있는 성인들이 많다는 점에서 이 말은 경미하거나 약간의 결함이 있는 정도를 의미할 것이다. 정상이 질병이 없는 건강한 상태를 의미한다면, 일반인의 거의 절반은 정신적으로 정상이라고 할 수 없다. 만일 일반적인 것을 정상으로 간주한다면, 술을 입에 대지 않는 사람들은 비정상으로 간주해야 할 것이다. 또한 이상적인 상태가 정상이라면, 정상은 열망할 수는 있어도 결코 도달할 수는 없을 것이다. 이에 비해 이상행동^{abnormal behavior}이라고 하면 흔히 기괴하거나 위험한 행동을 떠올릴 수 있으나, 이를 한마디로 정의하기는 쉽지 않다. 그 이유는 이상행동을 정의할 단일 기준이나 기술적 특성이 없을 뿐 아니라 정상과 이상을 구분하는 경계 또한 명확하지 않기 때문이다. 정상과 이상을 구분하는 기준으로는 ① 규범 동조성, ② 주관적 고통, ③ 무능성과 기능이상을 들 수 있다.

규범 동조성

첫째, 규범 동조성[norm-conformity] 기준은 개인의 행동이 사회규범을 명백하게 벗어날 때 이상 범주로 분류되는 것을 말한다. 이는 통계적 규준[statistical norm], 즉 통계적 희귀성 또는 사회규범 이탈 여부로 정상과 이상을 구분하는 것으로, 다음 두 가지 이점이 있다. 하나는 양적 절단점[cutoff points]을 설정할 수 있다는 것이다. 이러한 특성 때문에 통계적 이탈기준은 심리검사 해석에 자주 사용된다. 즉, 검사 개발자가 정상 표본에서 얻은 평균점수로부터의 통계적 이탈에 근거하여 검사요강에 절단점을 설정한다. 그런 다음, 절단점 이상의 점수는 임상적으로 유의한 이상행동으로 간주한다. 다른 하나는 직관에 호소하는 것으로, 일부 사람이 정상이 아닌 것으로 평가하는 행동은 다른 사람들도 동일하게 평가하는 경향이 있다는 것이다. 이 기준은 개인의 평가에 중요한 역할을 한다. 규범 동조성 기준에서 임상가는 내담자의 비동조적 행동을 반사적으로 정신건강 문제의 증거 또는 증상으로 범주화하는 잘못을 범하지 않아야 한다. 규범 동조성 기준의 한계점은 글상자 14-1과 같다.

 글상자 14-1. 규범 동조성 기준의 한계

1. 모두가 동의하는 절단점을 설정하기 어렵다.
2. 얼마나 많은 행동을 일탈의 증거로 볼 것인가에 관한 문제가 있다.
3. 문화적 상대성, 즉 일탈행동은 개인이 속해 있는 문화권에 따라 다르게 평가될 수 있다.

주관적 고통

둘째, 주관적 불편감[subjective discomfort] 또는 고통[distress] 기준은 관찰 가능한 행동이 사회규범을 벗어나지 않는 것으로 판단되지만, 개인이 심각한 정도의 고통이나 불편감을 경험한다면 이상으로 봐야 한다는 것이다. 예를 들면, 불안을 호소하는 내담자가 불안감으로 인해 사회규범에서 벗어나는 행동을 나타내지 않더라도 부적응상태로 간주하는 것이다. 이 기준은 개인이 정서 또는 행동에 문제를 겪고 있음을 스스로 평가할 수 있고, 이를 표출할 수 있을 것으로 기대할 수 있다. 이러한 이유로 여러 평가방법은 피험자가 자신의 내적 상태를 인식할 수 있고, 개인적 고통 또는 불편감에 대해 솔직하게 반응할 수 있다고 가정한다. 이러한 가정은 내담자의 부적응 정도를 절대적으로 판단해야 하는 임상가의 부담을 덜어 준다. 그렇지만 임상가가 장애가 있는 것으로 추정하는 모든 사람이 주관적 고통을 호소하지는 않는다. 달리 말하면, 이 기준에 의거하여 내담자가 주관적 고통을 겪고 있는지를 알려면 임상가는 질문을 통해 이를 탐색해야 하지만, 여기에는 앞서 언급한 바와 같은 함정이 있다는 사실을 염두에 두어야 한다.

무능성과 기능이상

셋째, 무능성^{disability}과 기능이상^{malfunctioning} 기준은 특정 행동이 일정한 정도의 사회적('대인관계') 또는 직업적 문제를 초래한다면 이상행동으로 간주해야 한다는 것이다. 즉, 다른 사람들과의 접촉 결여로 대인관계에 문제가 있다면 사회적 부적응으로, 정서문제(예, 우울증)로 실직한다면 직업적 기능이상이 있는 것으로 간주한다. 이 기준의 이점은 비교적 작은 추론이 요구된다는 점이다. 사회적 또는 직업적 문제는 흔히 상담의 동기가 된다. 사람들은 종종 자신의 문제가 가족 또는 사회관계에 영향을 미치거나 학업 또는 직무에 영향을 주게 되면서 자신의 정서문제의 심각성을 인식하게 되기 때문이다. 그렇다면 무능성과 기능이상 기준은 누가 설정해야 하는가? 이에 대한 판단은 절대적이기보다는 상대적ㆍ가치지향적이다. 즉, 특정 행동이 적절한 기능수준 이내에 있다는 것이 구체적으로 어떤 것으로 구성되는지는 개인 간 또는 집단 간의 차이가 있다. 그뿐 아니라 이에 대한 사회구성원들 간의 합의를 끌어내기 어렵다는 한계가 있다. 정상과 이상을 구분하는 기준들이 사용되고 있지만, 각 기준은 장단점이 있어서 한 가지 기준만을 적용하기 어렵다. 또 어떤 기준을 적용하든 간에 주관적인 판단은 완전히 배제할 수 없다. 더욱이, 이상행동이 곧 정신질환을 의미하는 것도 아니다. 대신, 정신질환은 특정한 이상행동 또는 특성을 포함하여 흔히 관찰되는 증후군의 집합을 의미한다. 그렇다면 정신장애란 무엇인가?

 ## 정신장애

정신장애$^{mental\ disorder}$ 또는 정신질환$^{mental\ illness}$을 한마디로 정의하기는 쉽지 않다. 정신장애로 진단되려면, 개인에게서 특정 증상들이 나타나야 하고 이러한 증상들이 그의 일상생활에 현저한 고통을 초래할 정도로 심각해야 한다. 미국정신의학회(APA, 2013)

는 정신장애를 글상자 14-2와 같이 정의했다.

 글상자 14-2. 정신장애의 정의

정신장애는 정신 기능의 기초를 이루는 심리적 · 생물학적 또는 발달과정에서의 기능이상을 반영하는 개인의 인지, 정서 조절, 또는 행동에서 임상적으로 유의한 장해가 특징인 증후군이다. 정신장애는 보통 사회적 · 직업적 또는 기타 중요한 활동에 있어서 유의한 고통 또는 장애와 연관이 있다. 흔한 스트레스 요인 또는 상실(예, 사랑하는 이의 죽음)에 대한 예측이 가능하거나 문화적으로 용인되는 반응은 정신장애가 아니다. 사회적으로 일탈된(예, 정치적 · 종교적 또는 성적) 행동 및 주로 개인과 사회의 갈등은, 앞서 기술한 바와 같이 일탈 또는 갈등이 개인에게 있어서의 기능이상으로 인한 것이 아닌 경우에는 정신장애가 아니다(p. 20).

장애^{disorder}는 일반적으로 신체 또는 심리적 기능의 장해^{disturbance}, 즉 신체기관이 제 기능을 하지 못하거나 정신능력에 결함이 있는 상태를 의미한다. 이 용어는 병/질병 ^{disease}과 질환^{illness} 사이에 난 일종의 중간 경로(Hilt & Nussbaum, 2016)로, 정신적 고통에서 생물학적 · 사회적 · 문화적 · 심리적 요인의 복잡한 상호작용을 뜻한다. 정신적 고통의 기술에 장애라는 용어를 사용하는 이유는 ① 정신적 고통이 개인의 기능을 손상시키는 과정, ② 정신적 고통을 초래하는 사건들의 복잡한 상호작용 패턴, ③ 정신적 고통의 원인에 관한 지식에 한계가 있음을 암묵적으로 인정하기 위해서다(Kendler, 2012).

정신장애 진단

정신장애 진단, 즉 정신질환을 분류하려는 시도는 최초로 정신질환 분류체계를 개발한 것으로 알려진 히포크라테스(Hippocrates, B.C. 460[?]~377[?]) 시대로 거슬러 올라간다(Black & Grant, 2018). 그의 분류체계에는 뇌전증, 조증(흥분), 멜랑콜리아, 편집증, 독성 섬망$^{toxic\ deliria}$(고열을 동반한 정신적 혼돈), 히스테리(갑작스런 신체질병 삽화)가 포함되었다. 진단은 타당하고 신뢰할 수 있는 경우에 유용하다. 상담자는 포괄적인 교육과 훈련을 통해 DSM 진단 범주와 기준, 진단명, 진단적 특징 등에 대해 잘 알고 있어야 하고, 이를 토대로 정확한 진단을 내릴 수 있어야 한다. 상담에서 진단의 기능은 글상자

14-3과 같다(Rueth, Demmitt, & Burger, 1998).

> ### 글상자 14-3. 진단의 기능
>
> 1. 개인의 현재 심리적 · 정신적 기능 상태와 수준을 기술한다.
> 2. 내담자/환자에 관한 논의에서 임상가들을 위한 공통언어를 제공한다.
> 3. 일관성 있고 지속적인 돌봄으로 이어진다.
> 4. 상담 또는 치료 계획의 방향을 제공하고 초점설정에 도움을 준다.
> 5. 상담자가 치료의 범위 내에서 내담자와 작업할 수 있도록 돕는다.
> 6. 특정 정신장애에 효과적인 이론적 접근을 확인할 수 있게 해 준다.
> 7. 이상행동과 정신병리의 원인에 관한 경험적 연구를 촉진한다.

진단은 초기 면담 시 내담자가 제공하는 정보에서부터 시작된다. 내담자의 진술 또는 이야기storytelling에는 단순히 기술하는 것 이상으로 많은 것이 포함되어 있다. 또한 주변 사람들(친구, 동료, 부모, 교사, 친인척 등)의 이차 정보는 내담자에 대한 큰 그림을 그리는 데 중요한 역할을 한다. 대체로 임상적 과거력은 내담자의 임상적 주의를 기울이게 하는 데 직접적 원인이 된 사건 또는 문제에서 시작한다. 이는 현재 내담자가 겪고 있는 정신장애 또는 정신적인 어려움의 과거력past history이 된다. 모든 내담자에게는 배경이 되는 이야기가 있는데, 이는 그의 개인력personal history과 사회력social history을 구성하게 된다. 특히 어린 시절의 경험, 생활환경, 가족과의 관계, 가족의 정신과적 병력('가족력family history') 등에 관한 이야기와 의학력medical history은 진단평가에서 중요한 요소에 속한다.

진단절차

정확한 진단을 위해서는 우선 내담자 증상의 징후 관찰, 호소 내용 경청, 그리고 기능 이상 여부를 확인해야 한다(Lopez et al., 2006). 이 과정에서 내담자의 대처기술, 스트레스 요인, 학습된 행동뿐 아니라 문화적 · 발달적 · 사회경제적 · 영성적 측면을 고려해야 한다(Rueth et al., 1998). 때로 증상으로 보이는 내담자의 행동에는 상담자가 이해하지 못하는 생활상의 상황적 문제가 뒤섞여 있을 수 있다. 심리적 문제는 시간의 연속선상에서 가장 잘 드러나므로, 상담자는 내담자의 특정 행동 또는 문제를 과다 또는 과소 진단하지 않아야 한다. 진단을 위한 로드맵은 〈표 14-1〉과 같다(Morrison, 2014).

〈표 14-1〉 진단을 위한 로드맵

단계	과업 내용
1. 자료수집	○ 내담자 및/또는 다른 정보제공자와의 면담 등을 통해 최대한 완벽한 데이터를 수집한다(현재 병력, 정신과적 과거력, 개인적 · 사회적 배경, 가족력, 의학력, 정신상태검사 결과 등).
2. 증후군 파악	○ 증후군(함께 발현되어 확인 가능한 질환을 만들어 내는 증상들의 집합)을 파악한다(예, 우울증, 알코올 중독).
3. 감별진단	○ 폭넓은 감별진단(임상가가 내담자에게 있을 수 있다고 생각하는 모든 장애)을 구성한다.
4. 잠정적 진단	○ 의사결정 흐름도를 통해 심층평가와 치료를 위해 가능성이 높은 잠정적 진단provisional diagnosis을 택한다.
5. 주 진단	○ 주 진단과 동반이환(공존)될 수 있는 다른 진단을 파악한다. ○ 치료의 필요성이 긴급한 정도에 따라 다수의 진단을 열거한다.
6. 사례공식화	○ 평가 점검을 위해 임상가의 소견과 결론이 포함된 사례공식화case formulation를 문서로 작성한다.
7. 진단 재평가	○ 새로운 자료를 수집하게 되면, 진단을 재평가한다.

징후sign는 임상가에 의해 관찰되는 병리적 상태의 객관적인 표현인 반면, **증상**symptom은 임상가의 관찰보다는 주로 환자에 의해 주관적으로 표현되는 병리적 상태를 말한다. 징후가 임상가가 듣고 봐서 알게 된 것이라면, 증상은 내담자가 호소하는 것이다. 즉, 증상은 내담자(또는 정보제공자)가 호소하는 주관적 감각, 불편감, 또는 기능상의 변화다. 우울감, 주의집중곤란, 공포, 수면곤란, 식욕저하, 자살생각, 환각, 망상 등이 그 예다. 증상의 결정은 상황과 정도가 지표 역할을 한다는 점에서 다소 주관적이다. 반면, 징후는 질병을 가리키는 비교적 객관적인 단서다. 따라서 내담자나 정보제공자는 징후를 호소하지 않는다. 대신, 임상가가 내담자의 외모, 행동 등을 통해 징후를 확인한다.

징후의 예로는 심박수 증가, 혈압 변동, 쓰러질 것 같은 걸음걸이가 있다. 증상과 징후는 때로 중복되기도 한다. 증상과 징후의 차이점에 주목해야 하는 이유는 징후가 더 객관적이어서, 징후가 증상보다 우세하므로 징후를 더 신뢰할 수 있기 때문이다. 예를 들어, 자신이 우울하다고 생각하지 않는 내담자의 울먹임과 축 처진 어깨는 우울 징후가 있음을 암시한다. 징후는 무언가 잘못되었다는 신호다. 자살생각, 식욕저하, 이상한 목소리를 듣거나 이상한 것이 보이는 것은 정신과적 평가가 필요함을 나타낸다. 징후와 증상 외에 증후군이 있다. **증후군**^{syndrome}은 식별 가능한 패턴으로 발생하여 특정 장애의 존재를 의미하는 증상, 징후, 사건을 말한다. 증후군에는 발병연령, 발병속도, 촉발요인, 이전 삽화의 과거력, 현재 삽화의 지속 기간, 직업적·사회적 기능손상 정도 등과 같은 특징이 포함된다. 내과의 경우 질병을 원인에 따라 분류하지만, 안타깝게도 정신과는 원인을 밝힐 수 있는 진단이 거의 없다. 그럼에도 불구하고 상담장면에서 진단을 사용하는 것의 장단점은 〈표 14-2〉와 같다.

〈표 14-2〉 상담장면에서 진단 사용의 장단점

장점	단점
1. 정확한 평가를 위한 과정에서 내담자를 깊이 이해할 수 있다.	1. 사람을 대상화·비인격화하여 냉정한 시각으로 보게 할 수 있다.
2. 진단명 이해 및 관련 연구 검토를 통해 더 나은 치료계획을 수립하고, 치료약물을 사용함으로써 치료효과를 높일 수 있다.	2. 낙인을 찍게 하여 자기충족적 예언으로 작용할 수 있고, 사람을 진단명으로 보거나 진단에 따른 치료로 인해 진단적 꼬리표가 강화될 수 있다.
3. 정신건강 전문가들에게 공통언어를 제공하여 내담자에 대한 논의를 돕고, 효과적인 치료법 결정을 가능하게 한다.	3. 환자를 인격체로 보기보다 진단명에 따라 비인간적인 논의 대상으로 삼을 수 있다.
4. 정확한 진단범주를 제공하여, 이를 바탕으로 연구계획·실행 및 치료법을 개발할 수 있다.	4. 인위적인 범주를 생성하여, 마치 그 진단이 실재하는 것으로 믿게 될 수 있다.

진단원칙

평가와 치료를 위한 전통적인 방식으로는 생물심리사회모델$^{Biopsychosocial\ Model}$이 있다. 이 모델에서는 내담자에게 현재의 종합적인 증상에 영향을 주는 가능한 요소들에 대한 정보가 3개의 영역으로 구분된다. 이 3영역이 상호작용하여 정신질환이 발생한다는 점에서 이들 영역에 대한 탐색이 실시되어야 한다. 생물심리사회모델의 3영역에 대한 설명은 〈표 14-3〉과 같다.

〈표 14-3〉 생물심리사회모델의 3영역

영역	탐색 내용
☐ 생물학적 영역	○ 유전자 유전, 신체발달, 소아기 질환, 과거의 신체적 손상 또는 질환, 수술, 환경의 독성 요소
☐ 심리적 영역	○ 인지, 정서, 행동, 의사소통, 대인관계, 스트레스 대처방법
☐ 사회적 영역	○ 개인의 가족, 문화적 집단, 기관(예, 학교, 종교기관, 행정체계 등)과의 상호작용 방식과 네트워크 활용 가능성 및 활용 능력

출처가 다른 정보들이 뒤엉켜 있을 경우에 적용할 진단원칙은 글상자 14-4와 같다.

> **글상자 14-4. 정신장애 진단원칙**
>
> 1. 현재의 상태보다 과거력을 우선시한다.
> 2. 먼 옛날의 과거력보다 최근의 과거력을 우선시한다.
> 3. 때로 환자의 보고 내용보다 주변 사람들의 부수적인 과거력을 우선시한다.
> 4. 증상보다 징후를 우선시한다.
> 5. 위기로 인해 발생한 정보는 주의한다.
> 6. 주관적 판단보다 객관적 자료를 우선시한다.
> 7. 가족력을 고려한다.
> 8. 오캄의 면도날(절약원칙)로 단순화한다.
> 9. 얼룩말과 말의 비유를 기억한다.

글상자 14-4에 제시된 내용 중에서, **오캄의 면도날**$^{Occam's\ razor}$의 비유는 어떤 것에 대해 두 가지 설명이 가능하다면 더 단순한 설명을 택하라는 권고에 관한 것이다. 즉, 불필요한 개념을 깎아 내라는 의미로, 절약원칙$^{principle\ of\ parsimony}$으로도 불린다. 이는 14세기 영국의 철학자 윌리엄 오캄[William Occam, 1285(추정)~1349]이 창안한 것으로, 다양한 분야에 적용되는 경제성 법칙에서 유래된 개념이다. 또한 '**얼룩말과 말**'의 비유는 '말굽소리가 들리면, 얼룩말이 아닌 말을 떠올려라.'라는 격언이다. 즉, 정신장애 진단 시, 흔치 않은 장애보다 흔한 장애를 만날 확률이 더 높으므로 진단적 사고를 그에 맞게 조정하라는 의미다. 단, 오용의 가능성을 완전히 배제할 수 없으므로 임상가는 다른 가능성을 무시하지 않는 선에서 더 흔한 진단을 고려해야 할 것이다. 임상가는 환자가 진단을 위한 기준에 부합할 것이라고 믿는 경향이 강하지만, 진단을 내리는 데 충분한 정보가 없다면 '**잠정적 진단**$^{provisional\ diagnosis}$'을 사용할 수 있다. 잠정적 진단은 추후 확진되면, 주 진단으로 대체된다. 이는 흔히 환자가 적절한 인적사항 또는 필요한 부가적인 정보를 확보할 수 없을 때 사용된다. 임상가들이 잠정적 진단을 내려야 할 이유는 글상자 14-5와 같다(Corey et al., 2015).

> **글상자 14-5. 임상가들이 잠정적 진단을 내려야 할 이유**
>
> 1. 진단받는 사람의 입장을 고려하지 않은 채 객관적 절차를 수행해야 하기 때문
> 2. 개인의 독특성을 박탈하는 경향이 있기 때문
> 3. 환자와 임상가 둘 다 자기충족적 예언으로 이어질 수 있기 때문
> 4. 모든 문제를 특정 진단범주에 맞추려는 터널비전으로 이끌 수 있기 때문
> 5. 개인을 전후관계의 관점이 아닌 개인적 관점에서 관찰하는 경향이 있어서, 가족과 사회체계의 영향을 최소화할 수 있기 때문
> 6. 때로 다문화적 배경에 대해 편향적일 수 있기 때문
> 7. 환자의 강점을 도외시하고 병리적 증상에 주목하게 될 수 있기 때문

정신장애를 진단하기 위한 도구로는 DSM이 있다. DSM은 정신장애를 신뢰할 수 있게 진단할 수 있도록 고안된, 일련의 진단기준으로 구성된 정신장애 분류체계다. 이 분류체계는 세계보건기구World Health Organization(WHO)의 국제질병분류체계International Classification of Diseases(ICD)와 호환되도록 제작되어, ICD 진단명과 코드에 따라 정신장애와 진단기준이 설정되어 있다. DSM은 1952년 초판이 출간된 이래, 주기적인 개정을 거치면서 정신건강 분야에서 임상수행을 위한 표준 참고문헌으로 자리매김해 왔다. DSM의 개정과정은 〈표 14-4〉와 같다(Black & Grant, 2018).

〈표 14-4〉 DSM-I에서 DSM-5까지의 개정과정

판	출판연도	장애 수	전체 페이지 수	다축체계 유무
☐ DSM-I	1952	106	132	×
☐ DSM-II	1968	182	119	×
☐ DSM-III	1980	265	494	○
☐ DSM-III-R	1987	292	567	○
☐ DSM-IV	1994	297	886	○
☐ DSM-IV-TR	2000	297	943	○
☐ DSM-5	2013	*157	947	×

주. * '달리 명시된' 및 '명시되지 않는' 장애는 포함되지 않았음.

DSM-5

DSM-5는 미국정신의학회^{American Psychiatric Association}(APA)에서 출간된『정신장애 진단·통계편람 제5판^{Diagnostic and Statistical Manual of Mental Disorders, 5th edition}』의 약자다. DSM-5는 정신건강 전문가들 사이에서 진단, 치료, 경과, 예후 등에 관한 의사소통에 필요한 편람으로 인정받고 있다. DSM-5에는 총 250여 가지의 진단명이 수록되어 있는데, 이 편람의 구성체계는 〈표 14-5〉와 같다.

〈표 14-5〉 DSM-5의 구성체계

구분	내용
☐ I편/DSM-5의 기본 요소	○ 편람의 역사 ○ 편람 사용법과 유의사항 ○ 정신장애의 정의
☐ II편/진단기준과 부호	○ 정신장애에 관한 20개 장
☐ III편/새로 개발된 측정치와 모델	○ 최근에 개발된 측정치와 모델 ○ 문화적 개념화 ○ 성격장애 대안모델 ○ 후속 연구가 필요한 진단적 상태
☐ 부록	○ DSM-IV에서 DSM-5로의 주요 변경사항 ○ 기술적 용어 해설 ○ 고통의 문화적 개념 용어 해설 ○ DSM-5 진단과 부호의 알파벳순, 숫자순 목록(ICD-9-CM, ICD-10-CM)

　DSM의 진단체계는 자기보고식 검사문항뿐 아니라 구조화된 진단면담^{Structured Diagnostic Interview}(SDI) 같은 도구 개발에도 영향을 주었다. 이 도구는 DSM-5에 수록된 정신장애의 진단기준에 따른 표준 질문 목록으로 구성되어 있다. DSM-5에는 글상자 14-6에 제시된 것과 같이 진단에 관한 유용한 정보가 수록되어 있다.

 글상자 14-6. DSM-5에 수록된 진단에 관한 유용한 정보

○ 기록절차	○ 문화와 관련된 진단적 쟁점
○ 아형·명시자	○ 성별과 관련된 진단적 쟁점

- ○ 진단적 특징
- ○ 진단을 뒷받침하는 부수적 특징
- ○ 유병률
- ○ 발달 및 경과
- ○ 위험 및 예후 요인
- ○ 진단적 표지자
- ○ 자살위험
- ○ 기능적 결과
- ○ 감별진단
- ○ 동반이환

상담장면에서 DSM 사용의 이점과 한계점은 〈표 14-6〉과 같다(Neukrug, 2016).

〈표 14-6〉 DSM 사용의 이점과 한계점

이점	한계점
1. 사례개념화에 도움이 된다.	1. 상담결과를 예측할 수 없다.
2. 적절한 진단을 통해 적절한 치료계획 수립에 도움이 된다.	2. 병인을 조사할 수 없다.
3. 전문가들 간의 소통을 용이하게 한다.	3. 상담자의 치료의 의학적 모델 사용 경향을 강화할 수 있다
4. 진단범주의 조사 · 연구를 가능하게 한다.	4. 전후 사정과 사회적 요인을 충분히 확인하지 않는다.
5. 치료결과에 관한 가설 점검을 위한 모델을 제공한다.	5. 환자에게 꼬리표를 붙이거나 낙인을 찍을 수 있고, 환자를 비인간화할 수 있다.
6. 대부분의 사람에게 무엇이 정상인지에 대한 감각을 제공한다.	6. 환자에 대해 대상물의 관점을 조성하고 상담관계를 축소한다.
7. 전문가들에게 명명법과 치료에 대한 논의의 장을 제공한다.	7. 과학적 증거가 없는 문제들의 진단범주화를 옹호한다.

DSM-5의 특징

DSM-5의 저자들은 정신장애 분류체계 및 진단의 타당도와 신뢰도를 높이기 위해 노력했음을 강조하고 있다. 즉, DSM-5가 서로 다른 정신장애나 심리적 증상을 제대로 잘 분류할 수 있도록 했고('타당도'), 서로 다른 임상가들이 이 분류체계를 적용하여 동일한 진단을 동일한 환자에게 적용할 것으로 예측될 확실성을 높이고자 했다('신뢰도'). 이러한 노력의 일환으로, DSM-5에는 몇 가지 중요한 변화가 있었다. 이를 토대로 살펴본 DSM-5의 주요 특징은 다음과 같다.

첫째, 다축체계를 폐지하고 단축체계로 변경했다. **다축체계**$^{multiaxial\ system}$란 5개 축[축 I(제반 임상적 장애), 축 II(정신지체, 성격장애), 축 III(의학적 상태), 축 IV(심리사회적 스트레스 요인), 축 V(전반적 기능평가)]으로 진단할 수 있도록 고안되어 DSM-III(1980)부터 DSM-IV-TR(2000)까지 사용되었던 진단체계다. 이 다축체계를 폐지한 것은 많은 임상가가 이 체계가 도움이 되지 않고 오히려 부담만 가중시킨다고 여기거나, 단순히 이 체계를 무시한다는 이유에서였다. 예를 들어, DSM-IV에서 정신지체와 성격장애는 축 II에 기록되었지만, 이처럼 진단체계 방식의 변화는 성격장애는 치료가 불가능하다는 인식에 전환점을 마련했다(Good, 2012; Krueger & Eaton, 2010).

둘째, 기존의 범주적 분류방법의 한계를 보완하기 위해 차원적 분류방법을 함께 사용하는 **혼합모델**$^{Hybrid\ Model}$이 적용·되었다. **범주적 분류**$^{categorical\ classification}$는 현재의 증상 또는 증상의 과거력을 바탕으로 개인을 특정 범주에 속하는 것으로 분류한다는 점에서 '유목적 분류'라고도 한다. 이는 특정 증상의 유무에 대한 질문을 통해 '예' 또는 '아니요'로만 답할 수 있을 뿐, 심각도는 평정할 수 없는 질적 분류방법이다. 반면, **차원적 분류**$^{dimensional\ classification}$는 분류 대상 또는 실체에 대한 양적 평정이 가능하도록 고안된 분류방법이다. DSM-5에서는 차원적 분류방법을 도입함으로써 증상의 심각도^{severity}(경도, 중등도, 고도, 최고도, 극도)를 평정할 수 있게 되었다. 또한 '~스펙트럼' '~관련' 같은 방식의 명칭의 사용이 가능하게 되었다. 즉, '조현병 스펙트럼 및 기타 정신병적 장애' 또는 '자폐스펙트럼장애' 같은 진단군 명칭과 '양극성 및 관련 장애' '강박 및 관련 장애' '외상 및 스트레스 관련 장애' '물질관련 및 중독 장애' 같은 진단군 명칭이 등장하게 되었다.

셋째, 로마 숫자로 판수를 나타내던 표기법(예, DSM-IV)이 아라비아 숫자 표기법(예, DSM-5)으로 변경되었다. 판수 표기법 개정 이유는 향후 개정판 출간을 더 용이하게 하기 위함이었다. 첨단 디지털 기술은 DSM-5.1, DSM-5.2와 같이 업데이트된 편람 출판을 가능하게 할 것이다. 또한 향후 상담자는 점점 더 자주 DSM-5를 사용하게 될 것으로 전망된다(Neukrug, 2016).

넷째, 20개 진단범주가 II편에 일괄 배치되었다. 이는 이미 알려진 장애의 발병원인, 근본적인 취약요인, 진단적 특징, 공통적인 환경적 요인에 따라 유사한 장애들끼리 재구성된 것이다. 이렇게 재구성한 의도는 통합된 진단과 치료적 접근을 용이하게 하고, 관련 장애들 간의 연구를 용이하게 하기 위함이다(APA, 2013). DSM-5의 II편에 수록된 진단범주는 글상자 14-7과 같다.

글상자 14-7. DSM-5의 II편에 수록된 20개 진단범주

1. 신경발달장애	11. 배설장애
2. 조현병 스펙트럼 및 기타 정신병적 장애	12. 수면-각성장애
3. 양극성 및 관련 장애	13. 성기능부전
4. 우울장애	14. 성별 불쾌감
5. 불안장애	15. 파괴적, 충동조절 및 품행 장애
6. 강박 및 관련 장애	16. 물질관련 및 중독 장애
7. 외상 및 스트레스 관련 장애	17. 신경인지장애
8. 해리장애	18. 성격장애
9. 신체증상 및 관련 장애	19. 변태성욕장애
10. 급식 및 섭식 장애	20. 기타 정신장애

다섯째, 새로운 정신장애와 추가 연구가 필요한 진단명들이 대거 추가되었고, 치료 초점의 조건과 흔히 심리사회적·환경적 주제를 반영하는 비장애적 조건으로 간주되는 V 부호의 수(예, 학대, 이혼, 주거문제, 노숙 등)도 늘었다. DSM-5에 새로 추가된 진단명은 〈표 14-7〉과 같다.

〈표 14-7〉 DSM-5에 새로 추가된 진단명

진단범주	추가된 진단명	추가 연구가 필요한 진단명
1. 신경발달장애	○ 사회적 (실용적) 의사소통장애	
2. 조현병 스펙트럼 및 기타 정신병적 장애	―	○ 악화된 정신병 증후군
3. 우울장애	○ 파괴적 기분조절부전장애 ○ 지속성 우울장애 (기분저하증) ○ 월경전불쾌감장애	○ 단기 경조증 동반 우울 삽화 ○ 지속성 복합사별장애 ○ 자살행동장애 ○ 비자살성 자해
4. 강박 및 관련 장애	○ 수집장애 ○ 피부뜯기장애	―
5. 급식 및 섭식 장애	○ 회피적/제한적 음식섭취장애 ○ 폭식장애	―
6. 수면-각성장애	○ 하지불안 증후군	
7. 물질관련 및 중독 장애	―	○ 카페인사용장애 ○ 인터넷게임장애 ○ 태아기 알코올 노출과 연관된 신경행동장애

　끝으로, 정신장애가 생애발달 순으로 배열되었다. 즉, 아동기에 흔히 진단되는 장애(예, 신경발달장애)는 앞부분에, 생애 후반부와 관련된 정신장애(예, 신경인지장애)는 뒷부분에 군집형태로 수록되었다.

진단명 사용과 낙인효과

　정신장애 분류체계가 처음 세상에 모습을 드러냈을 때, 진단이 인간을 비하하고 개인차를 무시하는 것으로 여겨진 때가 있었다. 그러나 특정 증상을 나타내는 모든 내담자 역시 기본 강점과 복잡한 구조의 대처기술을 갖추고 있다(Harris, Thoresen, & Lopez, 2007, p. 5). 이 관점에서 볼 때, 진단은 특정 시점에 국한된 측정치일 뿐 고정된 특성을 나타내는 것은 아니다. 즉, 진단은 개인의 상태에 관한 기술이지, 개인의 가치에 대한 판단이 아니다. 이런 이유로, DSM-5에서는 정신장애가 있는 사람들에게 지적장애아 또는 조현병 환자 같은 용어보다는 '지적장애가 있는 아동' '조현병이 있는 사람'과 같이 특정 유형의 정신장애가 있는 사람으로 명명하도록 권장하고 있다. 이런 명명법을 권장하는 이유는 정신장애가 개인의 한 가지 특성에 불과할 뿐 개인의 전체를 나타내는 것이 아님을 강조하기 위해서다. ACA는 윤리강령에서 진단이 내담자에게 해가 될 가능성이 있다고 여겨지는 경우에는 진단하지 않도록 규정하고 있다. 그러므로 상담자는 항상 확실한 근거를 기반으로 진단을 위해 추론할 필요가 있다. 왜냐면 통계적 자료보다는 직관적 예측을 함으로써 오류를 범할 수 있기 때문이다. 임상가들의 해석과정과 관련된 오류를 유형별로 나누어 보면 〈표 14-8〉과 같다(Meehl, 1973).

〈표 14-8〉 임상가의 해석과정과 관련된 오류

해석상의 오류	설명
☐ 병자-병자 오류 Sick-sick fallacy	○ 자기와 매우 다른 사람을 병리적인 사람으로 지각하는 경향성 ○ 자신의 행동과 매우 다른 행동은 부적응적인 것으로 보는 경향성 ○ 이런 행동을 보이는 내담자들에게서 더 병리가 있는 것으로 보는 경향성
☐ 미투 오류 Me-too fallacy	○ 자신에게도 일어날 수 있다는 점에서 내담자의 삶에서 일어난 사건의 진단적 의미를 부인하는 경향성 ○ 자신이 마치 정신건강의 모범인 것처럼 여기면서 내담자가 자신과 유사할수록 문제를 덜 찾는 경향성

☐ 조지 삼촌 팬케이크 오류 Uncle George's pancakes fallacy	○ "그건 아무런 문제가 안 돼요. 우리 조지 삼촌도 먹다 남은 팬케이크 버리는 걸 좋아하지 않았거든요."라는 진술처럼, 자기(또는 가까운 사람)가 하는 것은 부적응적인 것이 아니라고 믿는 경향성
☐ 다수 나폴레옹 오류 Multiple Napoleons fallacy	○ 정신질환자가 자신을 나폴레옹이라고 확신한다면, 이 주장이 현실적이라고 믿어 줄 것인가? 나폴레옹은 한 명뿐이고, 이 주장을 내담자의 입장에서 이해·인정한다면 병리적인 것은 아무것도 없다고 보는 경향성
☐ 이해되면 정상 오류 Understanding it makes it normal fallacy	○ 이해할 수 있는 내담자의 신념 또는 행동에는 병리적 의미가 없다고 여기는 경향성 ○ 이상하고 의심스러운 행동조차 발생 이유가 확실하면, 그 행동을 받아들일 만한 것으로 여기는 경향성(임상가가 빠지기 쉬운 함정임)

 ## 진단에 관한 쟁점

정신장애 진단의 필요성과 가치에 관해 이미 오래전부터 학자들 사이에 뜨거운 논쟁이 있었다. 오늘날 진단사용에 대한 논쟁은 과거에 비해 잦아들기는 했지만, 여전히 불씨는 남아 있다. 진단에 관한 쟁점은 ① 진단과 전문적 쟁점, ② 진단과 문화적 쟁점으로 구분하여 살펴보기로 한다.

진단과 전문적 쟁점

역사적으로, 상담전문가들은 내담자에 대한 진단이 필요하지 않거나 향정신제 사용을 반대하기도 했다(Eriksen & Kress, 2006; Hansen, 2006). 이는 발달이상의 개념, 진단의 역할, 약물치료를 경시하던 인본주의 접근의 영향을 받은 결과였다. 특히 로저스(Rogers, 1951)는 진단이 상담자를 치료의 책임을 맡은 전문가로 격상시킴으로써 내담자와의 진실한 관계형성, 치료과정, 그리고 내담자의 자기실현을 저해하므로 심리치료에 불필요하다고 보았다. 인본주의적 관점에서 진단에 대한 비판의 요지는 글상자 14-8과 같다.

글상자 14-8. 인본주의적 관점에서의 진단에 대한 비판

1. 개인을 전체적인 존재로 이해하기보다 역기능적인 별개의 부분으로 분해함으로써 개성이 상실된다.
2. 평가와 진단체계는 내담자의 내적 과정보다는 임상가의 세계관으로부터 도출된다는 점에서 인위적이다.
3. 상담자와 내담자의 관계가 회기 내에서 내담자에게 미치는 영향과 회기 밖 행동에 대한 보고가 고려되지 않는다는 점에서 관계가 무시된다.
4. 상담자가 내담자를 판단하게 함으로써 무조건적인 긍정적 존중 원칙에 부합하지 않는다.
5. 개인의 문제를 자발성, 진정성, 그리고 내담자 고통의 실존적 본질을 깨닫는 위치에서보다는 지성적으로 처리하게 된다.

인본주의 심리학자들은 치료자가 정상인들을 대상으로 예방과 정신건강 증진을 위해 일해야 한다고 믿으면서, 진단이 내담자에게 낙인을 찍는 일로 여겼다. 즉, 치료자는 정신병리에 관한 지식을 기반으로 내담자를 진단하기보다 인간 본성의 긍정적인 면에 초점을 두고 인간적 성장과 발달 촉진에 중점을 두어야 한다고 믿었다. 그러나 이러한 시대적 분위기는 달라지기 시작했다. 대학·대학원의 상담 관련 전공에 정신병리, 진단 및/또는 정신약리학에 초점을 두는 교육과정이 포함되었기 때문이다. 그 이유는 글상자 14-9와 같다.

 글상자 14-9. 상담심리학 전공에 정신병리와 진단 관련 교육과정이 포함되어야 하는 이유

1. 점차 많은 상담자가 심각한 정신장애가 있는 사람들의 상담을 담당한다.
2. 점차 많은 학교상담자가 심각한 정서·행동장애가 있는 학생들을 만나고 있다.
3. 상담 관련 학회의 자격시험과목에서 이상심리/정신병리 지식을 요구하고 있다.
4. 정서문제와 정신장애가 있는 사람에 대한 사회의 인식이 달라지고 있다.
5. 진단이 치료계획 수립에 도움이 되고, 치료약물 사용에 대한 인식이 변화되었다.

진단과 문화적 쟁점

상담자는 진단이 문화의 영향을 받을 수 있고, 특정 문화권에 속한 사람들에 대해 편향된 판단을 할 수 있음에 유의해야 한다. 진단이 특정 집단에게 편향된 시각에서 내려질 수 있기 때문이다. 사람들은 서로 다른 방식으로 자신을 표현한다. 자기표현 방

식은 문화적 배경의 영향을 받는다. 증상론^{symptomatology} 역시 문화의 영향에서 완전
히 자유로울 수 없다. 이에 문화적 압력에 노출된 집단의 구성원들에 대한 진단은 오
진 가능성의 논란이 있어 왔다(Caetano, 2011). 예를 들어, 사회적 소수자 집단의 구성
원들(예, 동성애자, 트랜스젠더 등)은 임상가들에 의해 비정상으로 특징지어질 수 있다
(Eriksen & Kress, 2006). 그러므로 임상가는 이들에 대한 자신의 편견에 주의를 기울임
으로써 과잉병리화되지 않도록 유의해야 한다.

이러한 이유로, APA(2013)는 임상적 평가와 진단 시 문화적 다양성을 고려할 수 있
도록 DSM-5에 문화를 고려한 면담계획서와 문화적 개념화^{cultural formulation}를 수록했다.
문화적 개념화는 임상가들로 하여금 내담자의 문화적 맥락에서 내담자의 문제가 어떻
게 이해되는지에 대해 내담자로부터 한 발짝 물러서서 배우고, 관련된 사회정치적·
사회적 정의에 관한 쟁점을 고려할 수 있게 한다. 사회에서 외면당하고 하찮은 존재로
여겨지거나 학대받는 상황에서 살아가는 사람들은 흔히 내재된 정신적 상처, 굴욕감,
사회적 압력 등으로 인해 비정상적/병리적으로 보이는 행동을 나타내기도 한다.

이에 미국정신의학회(APA, 2013)는 사회적 소수집단에 속한 환자들에 대한 진단오
류를 줄이기 위해 임상가들에게 종합적 증상 측면에서 문화적 차이를 이해할 것을 권
장하고 있다. 그러므로 임상가들은 내담자의 문화특이적 증상을 염두에 두어야 한다.
또한 DSM-5의 '문화적 공식면담(CFI)' 장에서는 임상가들이 내담자의 세계관을 구성
하는 가치, 경험, 영향 등을 이해할 수 있도록 다문화 배경의 내담자들에 대한 적절한
면담지침을 제공하고 있다. 끝으로, DSM-5에서는 문화특이적 증상에 대한 정의와 문
화특이적 문제가 진단에 미칠 영향에 관해 설명하고 있다. 한편, DSM이 개인적인 관
점에서 진단하는 경향이 있고, 개인적 삶의 폭넓은 체계의 영향을 고려하지 않는다는
점에 주목한 연구자들도 있었다(Gallagher & Streeter, 2012). 이에 미국상담학회(ACA)는
상담자 윤리강령에서 내담자 진단 시 ① 적절한 진단, ② 문화적 민감성, ③ 역사적·
사회적 편견, ④ 진단 거부권에 관한 조항을 제정·공포했는데(2014, 기준 E.5: 정신장애
진단), 그 내용은 〈표 14-9〉와 같다.

〈표 14-9〉 사회정의 구현을 위한 윤리적 쟁점과 전문가 지침

윤리적 쟁점/조항	전문가 지침
☐ 적절한 진단(E.5.a)	○ 적절한 정신장애 진단을 위해 특별한 주의가 요구됨 ○ 환자 돌봄에 관한 결정(예, 치료 장소, 유형, 후속조치)을 위한 평가방법(개인면담 포함)은 신중하게 선택되고 적합하게 사용되어야 함

☐ 문화적 민감성(E.5.b)	◯ 환자의 문제가 문화의 영향으로 규정되고, 경험에 의해 형성됨을 인정함 ◯ 정신장애 진단 시, 환자의 사회경제적 · 문화적 경험을 고려해야 함
☐ 역사적 · 사회적 편견 (E.5.c)	◯ 특정 개인과 집단에 대한 잘못된 역사적 · 사회적 편견과 병리화를 인정하고, 자신과 타인의 선입견을 인식하고 다루기 위해 노력해야 함
☐ 진단 거부권(E.5.d)	◯ 환자 또는 타인에게 해가 될 거라는 판단이 든다면, 진단 또는 보고서 작성을 거부할 수 있음 ◯ 진단의 긍정적 · 부정적 영향의 양면을 주의 깊게 고려해야 함

💬 주요 개념 / 주요 개념을 확인해 볼까요?

• 진단	• 정상행동	• 이상행동
• 규범 동조성	• 통계적 규준	• 절단점
• 주관적 고통	• 무능성	• 기능이상
• 정신장애	• 정신질환	• 장해
• 과거력	• 개인력	• 사회력
• 의학력	• 가족력	• 징후
• 증상	• 증후군	• 생물심리사회모델
• 오캄의 면도날	• 얼룩말과 말의 비유	• 잠정적 진단
• 국제질병분류(ICD)	• DSM-5	• 미국정신의학회(APA)
• 진단면담	• 다축체계	• 범주적 분류
• 차원적 분류	• 병자-병자 오류	• 미투 오류
• 조지 삼촌 팬케이크 오류	• 다수 나폴레옹 오류	• 이해되면 정상 오류

chapter

15

임상적 개입이론

□ 정신분석 □ 개인심리학
□ 인간중심치료 □ 실존치료
□ 게슈탈트 치료 □ 행동치료
□ 합리정서행동치료 □ 인지치료
□ 현실치료 □ 중다양식치료
□ 변증법적 행동치료 □ 스트레스 면역 훈련
□ 합리적 재구조화 □ 해결중심단기치료
□ 이야기치료 □ 동기강화면담
□ 강점기반상담 □ 통합적 접근
■ 주요 개념

사람은 어떻게 변하는가? 상담과 심리치료는 사람을 변화시키는 방법을 소개한 이론에 의해 진행되는 일련의 과정이다. 이론은 특정한 행동을 설명하도록 고안된 일련의 가설적 진술이다. 이는 복잡한 임상자료 정리, 상담과정의 체계 수립, 임상적 개입을 위한 개념적 틀을 제공한다. 그뿐 아니라 개입과정에 대한 임상적 직관과 해석의 토대를 제공하고, 치료자만의 독특한 이론 창안에 밑거름이 된다. 그러나 그렇다고 해서 임상적 개입에서 이론이 세부지침까지 제공하지는 않는다. 그러므로 임상적 개입은 이론의 핵심을 벗어나지 않는 범위에서 임상가의 직관·직감이 유연하게 적용될 필요가 있다. 이러한 점에서 치료자는 이론 적용을 위한 수퍼비전을 적극 활용해야 할 것이다. 종전에는 임상적 개입을 위해 특정한 이론의 적용을 고집하던 시기가 있었다. 그러나 임상적 개입의 성과를 중시하는 시대가 되면서, 상담전문가들은 점차 특정 학파만을 고집하는 성향에서 탈피하여 다양성, 개방성, 유연성을 중시하게 되었다. 이에 대다수의 상담전문가는 다원주의를 기반으로, 다양한 치료양식을 적절하게 적용하는 실용적·통합적·절충적 접근을 적용하고 있다(Corey, 2017). 이 장에서는 상담과 심리치료에 효과적인 이론적 접근, 즉 ① 정신역동적 접근, ② 인본주의적·실존주의적 접근, ③ 행동적·인지행동적 접근, ④ 포스트모더니즘적 접근을 중심으로 살펴보기로 한다. 각 이론적 접근에 관한 더 세부적인 내용은 이론서를 참조해야 할 것이다.

정신역동적 접근

 정신분석 / Psychoanalysis

정신분석은 지그문트 프로이트(Sigmund Freud, 1870~1939)가 창시한 것으로, 무의식적 동기와 갈등, 그리고 과거 경험 분석을 통한 행동의 근원 탐색과 성격 재구조화를 목표로 하는 심리치료이론이다. 이 이론은 1880년대 초, 히스테리로 진단받은 '안나 O^Anna O'라는 젊은 여성에 대한 브로이어의 치료적 접근과 1895년 브로이어와 프로이트가 공동 집필한 『히스테리아 연구^Studies on Hysteria』에 기초하고 있다. 정신분석의 출현은 인간 이해의 새로운 틀을 제시했을 뿐 아니라 다른 심리치료이론의 창시에도 큰 영향을 주었다. 정신분석에서는 내담자를 **무의식적 동기**^unconscious motivation의 영향을 받는('행동은 무의식적 동기와 욕구에 따라 결정된다') **심적 결정론**^psychic determinism('개인이 행하는 모든 것은 의미와 목적이 있다')적 존재로 본다.

정신분석의 기본개념

정신분석에서 중요하게 다루는 개념으로는 ① 의식수준, ② 성격구조, ③ 본능, ④ 불안, ⑤ 방어기제(제2장 참조)가 있다. 첫째, **의식수준**은 의식, 전의식, 무의식으로 구성되어 있다. 의식^{consciousness}이 순간순간 알거나 느끼는 모든 경험과 감각이라면, 전의식^{preconsciousness}은 보통 의식되고 있지 않지만, 조금만 노력하면 곧 의식될 수 있는 정신세계('이용 가능한 기억')다. 반면, 무의식^{unconsciousness}은 가장 강력하고 이해하기 어려운 부분으로, 불안을 막기 위해 의식으로부터 배제된 충동, 동기, 감정, 생각, 사건 등으로 구성되어 있다.

둘째, **성격**은 원초아, 자아, 초자아로 구성되어 있고, 이들 간의 상호작용으로 형성된다. **원초아**^{id}는 태어날 때부터 존재하는, 성격의 깊고 접근할 수 없는 심적 에너지^{psychic energy}의 저장소다. 이는 생물적 충동(성, 섭식, 수면, 배변)으로 구성되어 있고, 쾌락원리^{pleasure principle}(여건과 결과를 고려하지 않고 본능적 충동 또는 욕구를 즉각 충족시킴으로써 고통 또는 긴장을 감소시켜 만족을 추구함)에 따라 작동한다. **자아**^{ego}는 외부의 현실세계와 접촉하면서 발달하며, 원초아와 초자아를 중재하는 현실원리^{reality principle}(현실적·논리적 사고를 통해 욕구충족을 위한 계획을 수립·실행함)에 따라 작동한다. 반면, **초자아**^{superego}는 부모로부터 전수된 사회의 전통적 가치에 기초한 도덕규범으로, 자아가 원초아의 충동을 억제하고 이상적인 목표를 수립하여 부모나 사회의 지시를 따르는 보상행위를 통해 완벽을 추구하게 하는 기능을 한다.

셋째, **본능**^{instinct}은 개인을 기능하게 하는 에너지로, 생의 본능(에로스^{Eros})과 죽음의 본능(타나토스^{Thanatos})으로 나뉜다. 본능은 행동의 건설적·창조적 요소로 작용하지만, 때로 파괴적인 결과를 초래하기도 한다. 특히 후자의 경우처럼 행동의 어두운 측면(신경증 환자의 강박적인 자기파괴적 행동, 전쟁을 반복하는 무능성 등)은 죽음의 본능으로 설명된다. 본능은 관찰·측정할 수 없지만, 모든 행동은 궁극적으로 본능으로 설명된다.

끝으로, **불안**^{anxiety}은 개인이 처해 있는 내외적 위험을 알려 주어 자아가 이를 피할 수 있게 하는 대처 기능으로, 신경증적 불안, 도덕적 불안, 현실불안으로 나뉜다. **신경증적 불안**^{neurotic anxiety}은 강한 원초아가 약한 자아를 압도하는 상태로, 성욕/공격성의 압력을 받은 원초아의 본능적 충동이 의식화되어 약한 자아가 이를 통제할 수 없을 것에 대한 두려움과 긴장감에 따른 정서반응이 원인이다. **도덕적 불안**^{moral anxiety}은 강한 초자아가 약한 자아를 압도하는 상태로, 자아가 초자아에게 처벌받을 것에 대한 두려움이다. 이는 죄책감으로 이어져 정신병리를 유발하기도 한다. 이에 비해 **현실불안**^{reality anxiety}은 실제로 존재하는 외부 위협의 지각에 따른 반응으로, 자아가 유해상황을 감지·처리하도록 동기화시키려 할 때 발생하는 두려움이다. 이는 '객관적 불안^{objective anxiety}'으로도 불린다.

정신분석의 목표와 과정

정신분석의 목표는 무의식의 의식화를 통한 성격 재건/재구조화^{reconstruction}다. 이 목표의 기저에는 내담자의 행동이 무의식적 동기와 생애 초기 경험의 결과라는 가정이 깔려 있다. 정신분석의 과정은 크게 ① 시작, ② 전이발달, ③ 훈습, ④ 전이해결 단계 순으로 진행된다. 첫째, **시작단계**에서 분석가는 자유연상처럼 내담자가 즉흥적으로 떠오르는 생각과 감정을 자유롭게 표출할 뿐 아니라 의미 있는 과거 사건들을 재현할 수 있도록 안전하고 중립적인 환경을 제공한다. 회기가 거듭되면서 형성되는 치료자와 내담자 사이의 신뢰관계는 내담자의 무의식적 갈등 표출의 시작으로 간주된다.

둘째, **전이발달단계**에서는 전이^{transference}, 즉 내담자의 무의식적 갈등과 관련 있는 중요한 타인에 대한 정서반응이 치료자를 향해 나타난다. 내담자는 치료자를 중요한 타인으로 투사하게 되면서, 사회적 관계 패턴을 재현하게 된다. 이에 치료자는 전이 분석과 해석을 통해 내담자가 겪는 갈등의 본질에 대한 통찰을 돕는다.

셋째, **훈습단계**는 내담자가 문제의 중심에 도달할 때까지 한 층씩 벗겨 가는 과정으로, 그 중심에는 심리성적 발달과정에서의 장해^{disturbance}가 자리하고 있다. **훈습**^{working-through}이란 치료자의 반복적 해석과 저항 극복을 통해 아동기 때부터 형성된 내담자의 역기능적 패턴을 변화시키고, 새로운 통찰을 바탕으로 새로운 삶을 선택하는 것을 말한다. 이 과정은 흔히 양파껍질에 비유되는데, 양파껍질을 벗기는 것은 변화와 성장을 막는 방어기제와 치료에 저항하는 자아의 일부에 대한 분석, 즉 원초아에 무엇이 숨겨져 있고, 왜 숨겨져 있는지를 밝히는 것으로 구성된다. 전이의 훈습은 반복^{repetition}, 정교화^{elaboration}, 확대^{amplification} 순으로 지속적으로 이루어진다.

끝으로, **전이해결단계**는 전이 분석과 해석이 종결되는 시기다. 이 시기에 치료자는 자신에 대한 내담자의 무의식적·신경증적 애착을 해결하고, 신경증 해소에 박차를 가하게 된다. 이를 통해 내담자는 자신의 미해결된 갈등 또는 오래된 패턴이 현재 어떤 방식으로 자신의 역기능적 행동 또는 대인관계 패턴에 영향을 주고 있는지에 대한 통찰을 얻게 된다.

정신분석의 주요 기법

정신분석을 통한 치료과정에서 주로 사용되는 기법으로는 ① 자유연상, ② 해석, ③ 꿈 분석, ④ 저항 분석과 해석, ⑤ 전이 분석과 해석이 있다. 이 기법들은 내담자의 자각 증진, 통찰 유도, 성격 재구성을 위한 훈습^{working-through}을 돕는다. 첫째, **자유연상**^{free association}은 내담자가 의식적으로 자신의 억압된 생각을 내려놓고, 아무리 비이성적·선정적 또는 고통스러운 것이라도 머릿속에 떠오르는 대로 말하게 하는 기법이다. 이 기법은 자아를 침묵하게 하고, 원초아에게 말할 기회를 제공함으로써 무의식적 소망, 환상, 동기에서 해방시키는 도구다. 둘째, **해석**^{interpretation}은 꿈, 자유연상, 저항, 그리고 상담관계에서 나타난 행동의 의미를 지적·설명해 주는 기법이다. 이 기법은 사건, 행동, 감정에 의미를 부여하여 무의식적인 현상을 의식화하기 위한 기법이다 (Rutan, Stone, & Shay, 2007). 만일 내담자가 치료자의 해석 수용을 거부한다면, 이는 저항이라기보다는 해석이 부정확하기 때문일 수 있다.

셋째, **꿈 분석**^{dream analysis}은 내담자의 무의식적 욕구 탐색과 미해결과제에 대한 통찰을 돕기 위한 기법이다. 이 기법은 자아의 방어벽이 허술해져 억압된 감정이 표면화되는 꿈의 의미를 여러 조각으로 나누어 표현적 내용에 나타난 상징을 명료하게 하기 위한 것이다. 넷째, **저항 분석과 해석**은 내담자의 억압된 충동과 감정을 자각하게 되면서 불안이 발생하고, 견디기 힘든 불안으로부터 자아를 보호하려는 무의식적 역동성을 명료하게 자각·처리하도록 돕기 위한 기법이다. **저항**^{resistance}은 과거에 억압 또는 부인되었던 위협적인 무의식적 요소들이 의식을 통해 자각되는 것을 꺼리는 심리적 현상이다. 이는 치료에 대한 저항이 아니라 정서적 고통에 저항하는 방어과정이다(Rutan et al., 2007). 끝으로, **전이 분석과 해석**은 내담자가 중요한 타인과의 미해결과제로 인해 현재 상황을 왜곡시켜 과거 중요한 타인에 대한 감정을 상담자에게 투영하는 감정의 재경험을 돕는 기법이다. **전이**^{transference}는 내담자가 과거의 중요한 인물에 대한 반응에서 비롯된 정적·부적 감정, 태도, 환상을 무의식적으로 상담자에게 옮기는 것을 말한다.

개인심리학 / Individual Psychology

개인심리학은 알프레드 아들러(Alfred Adler, 1870~1937)가 창시한 이론으로, 아들러 치료^Adlerian Therapy로도 불린다. 이 이론에서는 내담자를 치료가 필요한 존재로 보지 않는다. 다만, 나눌 수 없고('전체적'), 다른 사람들과의 관계 속에서 의미를 부여하며('사회적'), 허구적 목적성에 따른 행위를 하며('현상학적') 살아가는 창조적 힘이 있는('창조적') 존재로 간주한다. 개인심리학은 심리교육적 측면을 강조하고, 현재·미래 지향적이며, 단기/시간제한적 접근이다.

개인심리학의 기본개념

개인심리학에서 중요하게 여기는 개념으로는 ① 사회적 관심, ② 생활양식, ③ 열등 콤플렉스, ④ 우월성 추구, ⑤ 허구적 목적론, ⑥ 가족구도, ⑦ 기본실수가 있다. 첫째, **사회적 관심**^social interest이란 사회참여를 통한 공감, 타인과의 동일시, 타인지향의 이타심을 말한다. 아들러는 세 가지 생애과업(사회^society, 일^work, 성^sexuality)을 제시하면서 사회적 관심과 공헌을 정신건강의 준거로 여겼다. 둘째, **생활양식**^style of life은 사회적 삶의 근거가 되는 기본 전제와 가정으로, 개인의 존재를 특징짓는 패턴인 동시에 삶에 관한 이야기다. 생활양식은 열등 콤플렉스 보상행동에 의해 결정되는데, 이는 열등감 극복을 위한 노력의 결정체다. 셋째, **열등 콤플렉스**^inferity complex는 주관적으로 인식된 열등감^inferiority feelings이 행동으로 표현되는 현상이다. 열등 콤플렉스의 원인은 아동기의 의존성과 무능감에서 오는 결핍감과 불안감인데, 특히 ① 열등한 신체기관, ② 부모의 과잉보호, ③ 부모의 방치가 주요 원인으로 작용한다. 그러나 이에 대한 보상^compensation 노력은 창조성의 원천으로 작용하는 동시에 우월성 추구로 발현된다.

넷째, **우월성 추구**^striving for superiority는 내담자가 지각한 '마이너스 위치^minus position'에서 '플러스 위치^plus position'로 끊임없이 나아가려는 동기다. 이는 자기실현, 자기성장, 자기완성과 유사한 개념으로, 사회적 유용성과 결부된 것이다. 다섯째, **허구적 목적론**^fictional finalism이란 내담자의 행동을 이끄는 상상 속의 허구, 이상, 또는 목표를 말한다. 이 개념은 미래에 실재할 것이라기보다는 주관적·정신적으로 현재의 행동에 영향을 주는 노력과 이상으로, 지금-여기에 존재하지만 현실에서 검증 또는 확인될 수 없는 가상의 목표다. 여섯째, **가족구도**^{family constellation}는 가족 내에서 가족구성원 간의 관계유형인 동시에 자각을 발달시키는 관계체계다. 가족구도의 대표적인 예가 출생순위^{ordinal birth position}(맏이, 둘째, 중간, 막내, 독자)로, 같은 부모 사이에서 태어나 자란 자녀들일지라도 출생순위에 따라 사회적 환경의 차이로 인해 독특한 생활양식을 형성한다고 간주한다. 끝으로, **기본실수**^{basic mistakes}는 초기 회상에서 파생되는 것으로, 생활양식의 자기파괴적 측면을 가리킨다. 허구^{fiction}로 인해 사람들이 흔히 범하는 기본실수는 ① 과잉일반화, ② 안전에 대한 그릇된 또는 불가능한 목표, ③ 생활과 생활요구에 대한 잘못된 지각, ④ 개인 가치의 최소화 또는 부정, ⑤ 잘못된 가치관으로 분류된다(Mosak & Maniacci, 2008).

개인심리학의 치료 목표와 과정

개인심리학의 치료목표는 격려를 통해 내담자에게 용기를 북돋아 주어 사회적 관심을 갖게 하고, 재교육을 통해 잘못된 기본가정과 목표를 수정하며, 생활양식의 **재정향**^{reorientation}을 돕는 것이다. 심리적 문제가 있는 내담자는 용기를 잃고 자신감·책임감을 상실하여 낙담상태에 있는 것으로 간주하기 때문이다. 상담목표를 성취하기 위해 적용하는 주요 기법은 〈표 15-1〉과 같다.

〈표 15-1〉 개인심리학의 주요 기법

기법	설명
☐ 격려	❍ 신뢰를 기반으로 내담자에게 행동 변화의 가능성을 전달하고, 긍정적인 생활양식을 선택하도록 돕는 기법
☐ 질문	❍ 내담자가 미처 확인하지 못한 생활양식 검토를 위한 탐색방법
☐ 직면	❍ 내담자의 사적 논리 또는 신념에 도전하여 면밀한 검토를 거쳐 통찰을 돕는 기법
☐ 마치 ~처럼 행동하기	❍ 내담자가 마치 자신이 원하는 상황에 있는 것처럼 상상하면서 행동하게 하는 일종의 역할연습
☐ 수프에 침 뱉기	❍ 내담자의 자기패배적 행동('수프')의 감춰진 동기를 인정하지 않음('침 뱉기')으로써 그 유용성을 감소시켜 이 행동을 제거하는 기법
☐ 즉시성	❍ 지금-여기에서 일어나는 내담자의 말과 행동의 모순점을 즉각 지적하는 기법

☐ 단추 누르기[push] button	○ 유쾌한 경험('파란 버튼')과 불쾌한 경험('빨간 버튼')을 차례로 떠올리게 하여 각 경험에 수반되는 감정에 주의를 기울이게 하는 기법
☐ 역설적 의도	○ 특정 사고 또는 행동을 의도적으로 과장하게 하는 기법
☐ 악동 피하기	○ 부적 감정(분노, 실망, 고통 등)의 호소로 치료자를 통제하려는 내담자의 의도를 간파하여, 그 기대와는 다른 반응을 보이는 기법
☐ 자기간파[catching oneself]	○ 내담자가 허구적 최종목표 달성을 위한 행동을 하려고 할 때마다 이를 깨닫고, 마음속으로 '중지[stop]' 또는 '그만'이라고 외침으로써 비난 또는 죄책감 없이 자기패배적 행동 또는 비합리적 사고가 반복되지 않도록 돕는 기법
☐ 과제	○ 내담자의 변화를 위해 설정된 현실적이고 보상이 뒤따르는 일련의 실행할 일

　개인심리학은 ① 관계형성, ② 분석·사정, ③ 해석·통찰, ④ 재정향 단계 순으로 진행된다(Mosak & Maniacci, 2008). 첫째, **관계형성단계**에서 상담자는 내담자와 격려, 신뢰, 지지, 공감을 바탕으로 한 평등관계를 형성함으로써 내담자가 적극적인 삶의 주체임을 깨닫게 한다. 둘째, **분석·사정 단계**에서는 내담자에 대한 분석·사정을 통해 생활방식을 이해하고, 그것이 삶의 제반 과업수행에 미치는 영향을 파악한다(Mosak & Maniacci, 2008). 이 작업은 보통 생애사 질문지[Life History Questionnaire]를 통해 내담자의 생활방식, 초기기억[early recollections], 가족구도, 꿈, 우선순위를 비롯한 반응양식 등에 대해 이루어진다. 셋째, **해석·통찰 단계**에서 상담자는 해석을 통해 내담자의 자각과 통찰을 돕는다. 해석은 직관적 추측의 성격을 띠고 있고, 격려와 직면이 동반되며, 지금-여기에서 행동의 동기에 대해 이루어진다. 특히 직면은 내담자의 언행 불일치, 이상과 현실의 부조화에 대한 인식 또는 통찰을 얻을 수 있게 한다. 해석은 내담자의 자기이해, 즉 문제 발생에서의 역할, 문제 지속방식, 그리고 상황 개선을 위해 새롭게 시도할 행동에 대한 자각을 돕는다. 끝으로, **재정향[reorientation]단계**에서는 치료자와 내담자가 함께 내담자 자신, 타인, 삶에 대한 잘못된 신념에 도전하여 삶의 새로운 방향을 정립할 수 있도록 돕는다. 이는 해석을 통해 내담자의 통찰이 실제 행동으로 전환되는 시기로, 상담자는 사회적 관심 표현을 시범적으로 보여 주고, 격려와 함께 과업부여를 통해 내담자가 직접 다른 사람에게 적용해 볼 기회를 제공한다.

인본주의적 · 실존주의적 접근

 ### 인간중심치료 / Person-Centered Therapy

인간중심치료는 칼 로저스(Carl Ransom Rogers, 1902~1987)가 창시한 것으로, 내담자를 도울 뿐 아니라 삶의 방식을 제시하는 이론이다. 이 이론에서는 사람^{person}을 본래 선하게 태어났고, 신뢰할 수 있으며, 실현경향성을 지닌 유기체라고 전제한다. 여기서 **유기체**^{organism}란 전체로서 개인의 모든 경험이 소재하는 조직체를 말한다. 인간중심치료에서 사람은 변화하는 경험세계인 현상적 장^{phenomenal field}에서 자기실현을 위해 삶을 주도하며 살아가는 존재다. 그러나 부모나 사회의 가치 조건화로 실현경향성이 방해받아 부정적이고 악하게 된다. 이에 상담자는 내담자의 변화를 촉진하는 촉진자^{facilitator}, 과정전문가^{process expert}, 그리고 내담자에 대해 배우는 전문학습자^{expert learner} 역할을 한다.

인간중심치료의 기본개념

인간중심치료의 기본개념으로는 ① 자기, ② 자기개념, ③ 실현경향성, ④ 현상적 장, ⑤ 가치 조건화, ⑥ 완전히 기능하는 사람을 들 수 있다. 첫째, **자기**^{self}는 내담자가 외적 대상을 지각 · 경험하면서 의미를 부여하는 존재다. 자기에 대한 인식은 어린아이가 내면에서 지각되는 경험과 타인에 대한 경험을 구별할 수 있게 되면서 발달한다. 둘째, 이에 비해 **자기개념**^{self-concept}은 현재 자신이 어떤 사람인지에 대한 인식이다. 자기개념에는 **현실적 자기**^{real self}(내담자가 지각하는 자신의 현 실체)와 **이상적 자기**^{ideal self}(개인적으로 최고의 가치를 부여하는 지각과 의미가 포함된, 내담자가 가장 소유하고 싶은 자기개념)가 포함된다. 건강한 자기가 형성되려면, **긍정적 존중**^{positive regard}(사랑, 온정, 돌봄, 존경, 수용 등)이 요구된다. 셋째, **실현경향성**^{actualization tendency}은 자신의 잠재력을 개발하여 더 가치 있는 존재로 끊임없이 성장하려는 선천적인 성향이다. 이런 성향은 사람이 **전인적 인간**^{total person}이 되어 가는 데 영향을 주는 행동의 가장 강력한 동기다. 넷째, **현상적 장**^{phenomenal field}은 특정 순간에 내담자가 지각 · 경험하는 모든 것으로, '경험세계' 또는 '주관적 경험'으로도 불린다. 특히 **현상적 자기**^{phenomenal self}는 개인이 '나"를 경험하는 현상적 장으로, 개인의 행동을 전적으로 결정한다. 내담자는 객관적 현실이 아닌 자신의 현상적 장, 즉 '지각지도^{perceptual map}'에 입각하여 재구성된 현실에 반응한다.

다섯째, **가치 조건화**^{conditions of worth}는 어린 시절 영향력이 큰 부모 또는 보호자로부터 긍정적 존중을 얻기 위해 노력한 결과, 어른의 가치가 아이의 내면에 형성되는 현상이다. 이는 부모를 비롯한 중요한 타인들이 아이의 실현경향성을 충분히 수용하지 못하고 자신의 기준에 따라 조건부로 수용하게 되면서 형성된다. 유기체적 경험과 자기개념 간의 괴리감('자기와 경험의 불일치')이 커질수록, 아이는 점차 불안해지면서 심리적 부적응이 발생하여 실현경향성 성취를 방해받게 된다. 개인이 자신의 내적 경험을 왜곡·부정하게 하고, '만일 ~하면, ~하게 될 것이다^{If ~, then ~}' 또는 '그렇지만 ~'이라는 조건에 맞추려고 하게 만들기 때문이다. 끝으로, **완전히 기능하는 사람**^{a fully-functioning person}은 자신의 유기체적 경험을 자기개념과 일치하는 것으로 받아들여 통합함으로써 심리적 적응을 한 건강한 인간상이다. 이는 실현경향성을 끊임없이 추구·성장하는 사람을 지칭하는 가설적 인간상으로, 상담의 궁극적인 목표이기도 하다(Rogers, 1969). 완전히 기능하는 사람들은 자기를 신뢰하고, 외부의 가치나 권위적 타인의 영향을 덜 받으며, 자신의 경험을 두려움이나 방어적 태도 없이 있는 그대로 받아들이고, 자신의 행동과 결과에 책임을 지면서 자유롭게 자신의 삶을 생산적인 방향으로 주도해 가는 특징이 있다.

인간중심치료의 목표

인간중심치료의 목표는 내담자가 실현경향성을 끊임없이 추구·성장하여 완전히 기능하는 사람이 되도록 돕는 것이다. 목표성취를 위한 전제조건은 유기체의 지혜를 신뢰하는 태도다. 이런 태도는 정형화된 기법보다는 관계를, 행동방식보다는 지금-여기에서의 상호작용에 초점을 맞춘 존재방식^{way of being}을 중시함으로써 발현된다. 이에 인간중심치료자는 내담자의 변화유발을 위한 필요충분조건인 상담자의 태도적 자질^{attitudinal qualification}[① 일치성(상담과정에서 촉진자가 순간순간 경험하는 감정 및/또는 태도를 있는 그대로 인정·개방하는 것), ② 무조건적인 긍정적 존중(아무런 전제 또는 조건 없이 내담자를 있는 그대로 수용하는 것), ③ 공감적 이해(내담자가 주관적으로 경험하는 사적인 세계를 정서적·인지적으로 민감하고 정확하게 인식하는 것)]을 토대로 안전하고, 수용적이며, 신뢰할 수 있는 분위기를 조성한다. 반면, 내담자의 과거 경험과 관련된 정보수집을 중시하지 않을 뿐 아니라 질문, 탐색, 해석, 진단 등을 통한 지시적 접근을 지양한다.

실존치료 / Existential Therapy

실존치료는 통합된 접근이라기보다는 실존주의 철학에 뿌리를 둔 다양한 견해를 지닌 학자에 따라 구분되는 이론적 접근이다. 이 접근은 빅터 프랑클(Victor Frankl, 1905 ~1997), 롤로 메이(Rollo May, 1907~1994), 어빈 얄롬(Irvin Yalom, 1931~현재) 등에 의해 치료적 접근으로 체계화되었다. 이 중에서도 프랑클은 의미치료를 창안하고, 기법을 고안함으로써 치료의 효과를 높이고자 했다. 실존치료에 의하면, 내담자는 자각능력이 있고, 자유로우며, 자기 삶의 주인공으로서 선택에 의해 자신을 규정하고, 의미 있는 실존을 창조해 가는 존재다. 이에 내담자는 단지 학설로 이해할 수 없고, 신경증/정신병도 일그러진 실존으로 보며, 병 자체보다는 내담자의 세계^being-in-the-world에 들어가 있는 그대로의 전체를 보면서 생활사를 중심으로 치료한다. 이에 실존치료자는 치료나 분석이라는 말보다는 조명^illumination이라는 용어를 사용하면서 산속에서 길을 잃은 사람을 계곡으로 인도하는 안내자 역할을 한다.

실존치료의 기본개념

실존치료의 주제는 ① 삶과 죽음, ② 자유와 책임, ③ 의미감과 무의미, ④ 고독과 사랑으로 모아진다. 첫째, 삶에 관해 가장 확실한 사실은 **삶**^living에는 반드시 종결('죽음')이 있다는 것이다. 죽음에 대한 의식은 내담자에게 두려움을 줄 수 있지만, 동시에 창조적 삶으로 이어질 수 있다(May, 1969). 이처럼 **죽음**^dying, 즉 비존재에 대한 인식은 존재에 의미를 준다. 다시 말해서, 죽음은 사람들에게 위협이 되는 것이 아니라 삶을 충분히 영위하고, 창조적으로 의미 있는 일을 행할 기회를 적극 활용하게 하는 요인이다(Frankl, 1997).

둘째, **자유**^freedom는 변화의 기회다. 이는 내담자의 문제에서 벗어나 자신에게 직면할 기회를 제공한다. 반면, **책임**^responsibility은 자신의 선택을 소유하고 정직하게 자유를 다루는 것이다. 실존치료에서 내담자는 본질적으로 자신의 운명을 선택할 자유를 가지고 있고, 그 결정에 따른 책임을 져야 하는 존재다. 셋째, **의미감**^sense of meaningfulness은 내담자에게 또는 세상에서 일어나는 사건을 해석하는 방법을 제공하고, 어떻게 살아야 하고, 어떻게 살아가기를 소망하는지에 대한 가치발달의 수단이다(May & Yalom,

1989). 삶의 의미는 삶 자체가 아니라 우리가 삶의 의미를 어떻게 창조하는지에 달려 있다. 이는 의미 없고 모순된 것처럼 보이는 세상에서 이전에 도전하지 않았던 가치에 도전하고, 갈등과 모순에서 화해하려는 노력에서 창조된다. 이러한 욕망이 없거나 삶에 무관심한 태도를 보이는 것은 **무의미**meaninglessness, 즉 실존적 공허existential vacuum다 (Frankl, 1997).

넷째, **고독**isolation은 대인 간, 개인내적, 실존적 고독으로 구분된다. 대인 간 고독interpersonal isolation은 다른 사람들로부터 지리적 · 심리적 또는 사회적 거리를 두는 것이고, 개인내적 고독intrapersonal isolation은 방어기제 또는 다른 방법을 사용하여 자신의 부분들을 분리하여 자신의 소망을 인식하지 못하는 상태다. 반면, 실존적 고독existential isolation은 대인 간 고독과 개인내적 고독에 비해 훨씬 더 기본적인 것으로, 세상으로부터 분리된 상태다. 이는 전적으로 혼자이면서 무기력한 느낌으로, '무無nothingness'라는 공포감을 창출한다. **사랑**loving은 실존적 고독감에 다리를 놓는 수단이다. 이 외에도 실존치료에서 다루는 기본개념으로는 세계 내 존재being-in-the-world, 불안, 존재와 시간being and time/Sein und Zeit, 자기초월self-transcendence, 진정성 추구striving for authenticity 등이 있다.

실존치료의 목표와 과정

실존치료의 목표는 내담자가 삶의 주인으로서 자유로운 존재임을 인식 · 수용하고, 책임 있는 결정을 내리며, 자유를 누릴 수 있도록 돕는 것이다. 이를 위해 실존치료자는 내담자가 주관적 감정경험을 통해 자기를 이해하고, 새로운 존재방식의 방향으로 나아갈 수 있도록 돕는다. 이때 치료의 초점은 개인의 과거 회복이 아니라 현재의 생산적인 삶에 맞추는 한편, 인간의 궁극적 관심사(죽음, 자유, 고독, 무의미)에 집중한다 (May & Yalom, 2000). 또한 내담자가 자유와 책임을 회피하는 방식을 탐색하도록 돕고, 사람은 누구나 자신의 삶에 책임이 있다는 신념을 기반으로 내담자의 무책임한 행동에 직면한다.

실존치료는 기법을 강조하지 않을 뿐 아니라 정형화된 치료 기법, 과정, 절차가 없다(Fernando, 2007, p. 230). 대신, 고유한 실체로서 내담자의 경험과 이해를 강조한다. 이처럼 내담자와의 깊고 의미 있는 관계형성은 실존치료에서 강조하는 가장 효과적이면서 강력한 기법이다. 그 이유는 단순히 기법을 통한 접근은 내담자를 조종manipulation할 수밖에 없음을 의미하고, 조종은 실존치료가 표방하는 것과 정면으로 대치되는 것

(Frankl, 1969)이기 때문이다. 치료의 효율성을 높이기 위해 치료자는 다른 이론적 접근의 다양한 기법(예, 심상연습, 인식연습, 목표설정 활동)을 적용하기도 한다. 그렇지만 삶의 보편적인 주제를 다루는 데 있어서, 내담자에게 특정한 방식으로 현실을 직시하도록 강요하지는 않는다. 다만, 인간의 존재 의미에 대한 철학적 틀을 바탕으로 내담자와의 깊고 의미 있는 관계형성에 집중한다. 진정성, 정직성, 즉시성에 초점을 맞춘 치료자와 내담자의 깊은 관계형성은 내담자로 하여금 자신과 타인들을 알아차리도록 도울 수 있다는 점에서 상담 과정과 기법의 부재는 오히려 역설적으로 강점으로 작용한다(Mendelowitz & Schneider, 2008). 실존치료 중 가장 널리 알려진 치료적 접근으로는 의미치료가 있다.

의미치료 / Logotherapy

의미치료^{Therapy of Meaning}는 빅터 프랑클^{Victor Frankl}이 전통적인 심리치료를 대체하기보다는 보완하기 위해 창안한 치료적 접근이다('로고테라피'로도 불림). 이 접근에서는 냉담하고, 불친절하며, 무의미해 보이는 세상에서 내담자가 삶의 의미를 찾도록 격려한다. 프랑클은 초기에 프로이트의 영향을 받았으나, 나치 강제수용소에서의 경험을 다루기 위한 방식을 찾는 과정에서 실존적 접근으로 옮겨 가서, 전쟁을 치르면서 겪게 된 체험과 자신을 살아남게 한 실존적 통찰을 바탕으로 의미치료를 창안했다. 의미치료에서는 내담자가 삶의 의미와 책임감, 그리고 삶에 대한 의무감을 되찾아 주는 작업을 한다. 특히 책임감이 삶의 역사적 사건보다 중요하다고 믿고, 내담자에게 책임감을 심어 줌으로써 현재의 의미와 미래의 전망을 밝게 해 주고자 한다. 프랑클에 의하면, 의미치료는 개인이 겪는 정서문제의 핵심이 삶의 의미 또는 허무에 대한 고뇌를 포함하고 있는 경우에 유용하다. 의미치료의 기법으로는 ① 역설적 의도와 ② 탈숙고가 있다(Frankl, 1997).

역설적 의도^{paradoxical intention}는 내담자가 불안, 걱정, 두려움의 대상이 되는 행동 또는 반응을 의도적으로 실행하게 하여 의도와 반대되는 결과를 얻게 하는 기법이다. 이 기법은 행동치료의 노출치료 기법과 유사한 것으로, 내담자로 하여금 자신이 두려워하는 것은 두려움 그 자체일 뿐임을 깨닫도록 도움으로써 공포의 악순환을 차단하는 효과가 있다. 이에 비해 **탈숙고**^{de-reflection}는 내담자가 지나친 숙고로 인한 기대불안의 악순환에서 탈피하도록 돕기 위한 기법으로, '탈반영'으로도 불린다. 이 기법에서는 내담자에게 문제가 되는 행동 또는 증상을 무시하도록 지시한다. 프랑클에 의하면, 내담자들은 흔히 자신들의 행동반응과 신체반응에 절묘하게 주의를 집중함으로써 문제상황에서 헤어나기 어려워한다. 이러한 상황은 은유적 일화로 설명될 수 있는데, 그 내용은 글상자 15-1과 같다.

◆ 글상자 15-1. 탈숙고에 관한 은유적 일화

> 지네 한 마리가 있었다. 지네의 적이 지네에게 "당신의 다리는 어떤 순서로 움직입니까?"라고 물었다. 지네가 이 질문에 주의를 집중하자, 지네는 전혀 움직일 수 없었다(Frankl, 1988, p. 100).

글상자 15-1에 제시된 은유적 일화는 문제에 대한 지나친 숙고가 자발성과 활동성을 저해한다는 사실을 설명하고 있다. 이에 탈숙고 기법은 내담자의 주의를 더 건설적인 활동 또는 반성으로 전환시키는 효과가 있다.

게슈탈트 치료 / Gestalt Therapy

게슈탈트 치료는 프릿츠 펄스(Fritz Perls, 1893~1970)가 창안한 이론으로, 경험적(행동 강조)·실존적(독립적 선택과 책임 강조)·실험적(순간순간의 감정표현 촉진)·통합적(자각 가능한 모든 것에 초점) 접근이다. 이 접근에서는 내담자를 끊임없이 게슈탈트를 완성해 가는 현상적·실존적 유기체로 보면서 내담자가 지각하는 현재 경험, 정서, 행동에 대한 즉각적인 자각에 중점을 둔다. 또한 행동의 원인 탐색보다는 경험에의 접촉을 중시한다. 게슈탈트 치료에서는 인간을 정서, 인지, 행동의 흩어진 조합이 아니라 조직화된 전체로 개념화한다. 이에 치료자는 개인이 자신뿐 아니라 스스로를 좌절시키는 방식도 자각하도록 돕는다. 자각은 순간순간 무엇을 느끼는지 표현함으로써 성취할 수 있다. 펄스(Perls, 1969)는 "내게는 지금-여기 외에는 아무것도 존재하지 않는다. 지금＝경험＝자각＝현실이다. 과거는 더 이상 존재하지 않고, 미래는 아직 존재하지 않는다. 오직 지금만이 존재한다."(p. 14)라고 선언했다. 이를 위한 지침은 글상자 15-2와 같다.

1. 지금을 살아라! ☞ 과거나 미래가 아니라 현재에 관심을 가져라!

2. 여기에 살아라! ☞ 여기에 없는 것보다는 있는 것에 관심을 가져라!

3. 상상을 멈춰라! ☞ 현실만을 경험하라!

4. 불필요한 생각을 멈춰라! ☞ 오감(시각, 청각, 촉각, 후각, 미각)에 집중하라!

5. 직접 표현하라! ☞ 설명, 판단, 조작하지 말라!

6. 쾌 · 불쾌 모두를 자각하라!

7. 자신의 것이 아닌 모든 당위^{shoulds} · 의무^{oughts}를 거부하라!

8. 행동, 사고, 감정에 대해 완전히 책임져라!

9. 자신의 실제 모습에 집중하라!

게슈탈트 치료의 기본개념

게슈탈트 치료의 기본개념으로는 ① 게슈탈트, ② 미해결과제, ③ 접촉, ④ 알아차림, ⑤ 접촉경계가 있다. 첫째, **게슈탈트**^{gestalt}는 전체적 형상$^{whole\ figure}$ 또는 통합적 전체$^{integrated\ whole}$, 즉 부분과 부분을 통합한 전체상이다. 게슈탈트 형성은 내담자가 욕구나 감정을 의미 있는 행동의 동기로 조직화하여 실행해서 완결 짓는, 끊임없이 반복되는 과정이다. **전경**^{foreground}은 순간순간 내담자 관심의 초점이 되는 부분인 반면, **배경**^{background}은 관심 밖에 놓이게 되는 부분이다. 전경에 나타난 욕구는 감각, 각성, 흥분 고조, 행동, 접촉, 위축의 게슈탈트 주기를 거치면서 충족되면 배경으로 사라진다.

둘째, **미해결과제**$^{unfinished\ business}$란 생애 초기의 사고, 감정, 반응이 표출되지 않아 일정 시간이 경과한 후에도 여전히 내담자의 기능에 영향을 미치면서 현재 생활을 방해하는 과거로부터의 감정을 말한다. 즉, 전경과 배경의 교체가 방해를 받았을 때, 게슈탈트 형성이 되지 않거나 형성된 게슈탈트가 해소되지 않아 배경으로 물러나지 못하고 중간층에 남아 있게 된 게슈탈트를 가리킨다.

셋째, **접촉**^{contact}이란 전경에 떠올려진 게슈탈트를 해소하기 위한 환경(타인 또는 대상)과의 상호작용을 말한다. 내담자는 **자기체계**$^{self-system}$와 외부 환경을 고려하여 실현 가능한 행동의 동기를 지각한다. 외부와의 접촉경계를 구성하는 자기경계는 자기와 비자기^{notself}를 구별하고, 자기의 발달과 기능을 제한한다. 접촉수준은 양파껍질에 비유되는데, 심리적으로 성숙해지기 위해서는 〈표 15-2〉에 제시된 신경증의 5개 층을 벗겨야 한다(Perls, 1969).

〈표 15-2〉 신경증 층

신경증 층	설명
☐ 가짜층^{phony layer}	○ 사회규범에 따라 상투적이고 위선적인 행동을 하며 다른 사람에게 피상적으로 대함('진부층^{cliche}')
☐ 공포층^{phobic layer}	○ 진정한 자기 모습을 나타내기 두려워하여 이를 피하기 위해 부모나 주위 사람들의 기대에 따라 살아감('역할연기층^{role playing}')
☐ 교착층^{impasse layer}	○ 이제껏 해 왔던 역할연기를 그만두려 하지만, 변화에 대한 두려움으로 갈팡질팡하게 됨
☐ 내파층^{implosive layer}	○ 내면의 욕구와 감정을 알아차리고 진정한 자기를 인식하면서도 이를 외부로 표출하지 못함
☐ 외파층^{explosive layer}	○ 다른 사람과 거짓 없는 진정한 접촉이 이루어져서 진정한 자신의 모습으로 다른 사람들과 접촉하며 실존적으로 진정한 삶을 영위하게 됨

넷째, **알아차림**^{awareness}은 내담자의 내면뿐 아니라 타인 또는 대상과의 접촉에서 욕구나 감정을 지각하여 게슈탈트로 형성해서 전경으로 떠올리는 것을 말한다. 이는 '자각' 또는 '자기인식^{self-awareness}'이라고 한다. 그러나 접촉경계 장해로 인식이 차단되면, 게슈탈트가 형성되지 않거나 게슈탈트의 선명함이 떨어진다.

다섯째, **접촉경계**^{contact boundary}란 개체, 즉 내담자와 환경 간의 경계를 의미한다. 게슈탈트 치료에서는 개인이 다른 존재와 적절한 접촉경계를 유지할 것을 중시한다. 즉, 타인과의 친밀한 관계형성을 위해서는 유연한 경계가, 자율적 존재로 행동하기 위해서는 확고한 경계가 요구된다. **접촉경계 장해**^{contact boundary disturbance}는 이 경계가 모호하거나, 붕괴되거나, 또는 혼란스러운 상태다('접촉경계혼란'으로도 불림). 만일 적절한 접촉경계를 갖지 못하면, 개인은 환경과의 접촉이 왜곡되고 자기체험의 자각이 제한되면서 〈표 15-3〉에 제시된 심리적 원인에 의해 접촉경계혼란이 발생한다.

〈표 15-3〉 접촉경계혼란의 심리적 원인

원인	설명
☐ 내사^{introjection}	○ 권위 있는 사람의 행동이나 가치관을 무비판적으로 받아들이는 현상
☐ 투사^{projection}	○ 욕구 또는 감정을 자신의 것으로 자각하고 접촉하는 것이 두려워, 책임 소재를 타인에게 돌림으로써 심리적 부담을 더는 현상
☐ 융합^{confluence}	○ 개인과 다른 사람 사이의 경계가 약화되어 일심동체 같은 상태
☐ 반전^{retroflection}	○ 다른 사람 또는 환경에게 하고 싶은 행동을 자신에게 하는 것

자의식egotism	○ 자신에 대해 지나치게 의식하고 관찰하는 것
편향deflection	○ 환경과의 접촉으로 감당하기 힘든 심리적 결과가 초래될 것이 예상되는 경우, 그에 압도되지 않도록 환경과의 접촉을 피하거나 감각을 둔화시켜 환경과의 접촉을 약화시키는 것

게슈탈트 치료의 목표

게슈탈트 치료의 목표는 내담자로 하여금 자신이 무엇을, 어떻게 하고 있는지, 변화를 위해 무엇을 해야 하는지를 알아차릴 수 있도록 돕는 것이다. 알아차림awareness이란 유기체적 욕구, 감정 또는 삶의 중요한 현상들을 방어나 회피 없이 있는 그대로 지각·체험하는 것을 말한다. 치료자는 내담자가 지금-여기에서 경험되는 감각, 감정, 인식, 행동을 인식하고 그 동기를 알아차릴 수 있도록 돕는다. 이를 위해 내담자가 자신의 내적 경험과 접촉할 수 있는 다양한 기법을 활용한다. 내담자는 자각, 즉 알아차림을 통해 자신을 있는 그대로 수용하고 소중히 여기는 법을 배우게 되면서 변화를 체험하게 된다(Cole & Reese, 2017). 게슈탈트 치료의 목표는 글상자 15-3과 같다.

 글상자 15-3. 게슈탈트 치료의 목표

1. 내담자의 분할된 인격의 부분을 접촉을 통해 인격의 일부로 통합하도록 돕는다.
2. 실존적 삶을 통해 성숙한 인간이 되도록 돕는다.
3. 환경과의 만남에서 사고, 감정, 욕구, 신체감각, 환경에 대한 지각을 넓혀 접촉하여 타인에게 상처를 주지 않으면서 욕구충족 방법의 습득을 돕는다.
4. 내담자 스스로 자신을 되찾도록 격려하고 돕는다.

게슈탈트 치료의 기법

게슈탈트 치료자의 임무는 내담자의 현실에 대한 자각 탐색을 돕는 것이다. 탐색을 돕는 방법으로는 개인내적 세계를 알아차리게 하고, 자각과 외적 세계와 접촉하게 하는 것이 있다. 자각이 증가하면, 변화는 자연스럽게 발생하고 분열 또는 미상의 현실적 요소가 통합된다고 믿기 때문이다(Cole & Reese, 2017). 치료자는 기억 또는 억압된 충동의 회복이 아니라 순간적인 자각을 강조한다. 이를 위한 기법은 크게 ① 연습과

② 실험으로 나뉜다. **연습**^{exercises}은 이미 현존하는 기법들로, 내담자로부터 분노 또는 탐색 같은 반응을 도출하기 위해 사용된다. **실험**^{experiments}은 치료자와 내담자의 상호작용을 통해 치료효과를 산출하기 위한 활동들로, 사전에 계획하지 않고 활동을 통해 치료자와 내담자 모두에게 학습 기회를 제공하는 것들이다('경험적 발견학습'). 여기서는 ① 인식 변화, ② 꿈 작업, ③ 빈 의자 기법, ④ 반대로 하기에 대해 살펴보기로 한다. 첫째, **인식 변화**는 감정, 신체, 환경, 책임, 언어 인식의 변화를 위해 대체행동을 실천하게 함으로써 학습을 촉진하는 기법으로, 그 내용은 〈표 15-4〉와 같다.

〈표 15-4〉 인식 변화

인식유형	설명
□ 감정인식	○ 지금-여기에서 체험되는 욕구와 감정 자각을 돕기 위한 기법
□ 신체인식	○ 현재 상황에서 느끼는 신체감각의 탐색, 특히 에너지가 집중된 신체 부분에 대한 인식을 높이기 위한 기법
□ 환경인식	○ 환경과의 접촉을 통해 환상과 현실이 다름을 알아차리게 함으로써 현실과의 접촉을 증진하기 위한 기법
□ 책임인식	○ 내담자 자신이 지각한 것에 대해 말을 하고, "그리고 그것에 대한 책임은 나에게 있습니다."라는 말로 끝맺게 함으로써 행동에 대한 책임을 스스로 질 수 있게 하기 위한 기법
□ 언어인식	○ 내담자 스스로 자신의 언어사용 습관을 면밀히 관찰하여 비생산적인 언어습관에 변화를 주기 위한 기법

특히 언어습관에 변화를 주기 위한 원칙은 글상자 15-4와 같다.

◆ 글상자 15-4. 언어습관에 변화를 주기 위한 원칙

1. 과거 또는 미래 시제가 아니라 현재 시제로 소통한다.
2. 2 · 3인칭이 아니라 1인칭으로 말한다.
3. '할 수 없다'가 아니라 '하지 않겠다'라고 말한다.
4. '~해야 한다'가 아니라 '~하기로 선택한다'라고 말한다.
5. '~할 필요가 있다'가 아니라 '~하기를 원한다'라고 말한다.
6. 어떤 사람에 관해 말하지 말고, 직접 그 사람에게 말한다.
7. 질문하지 않는다. 질문은 정보수집을 가장한 의견 제시를 위한 방식이다.

둘째, **꿈 작업**^{dream work}은 내담자가 자신의 꿈에 대해 말하고, 꿈의 각 부분을 경험하게 하는 기법이다. 이 기법은 꿈을 특정 시기에 내담자의 위치를 나타내는 메시지로 간주한다는 점에서 '극화된 자유연상^{dramatized free association}'으로 불린다. 게슈탈트 치료에서 꿈은 내면의 메시지를 전달하고, 개인의 갈등적 측면을 요약해 주는 기능이 있다는 점에서 '통합으로 통하는 왕도^{royal road to integration}'로 간주된다(Perls, 1969, p. 66). 꿈은 개인 존재의 압축된 반영의 일종으로, 자기직면을 회피하는 방식으로 사용된다. 그러므로 내담자는 꿈속의 인물 또는 대상의 역할을 해 봄으로써 자신의 소외된 부분을 인식·확인하여 통합할 수 있게 된다. 또 꿈 분석과 재현('행동화')을 통해 내담자의 미해결과제를 인식하고, 메시지를 살펴볼 수 있다.

셋째, **빈 의자 기법**^{empty chair technique}은 빈 의자에 미해결과제 또는 감정이 있는 사람이 앉아 있다고 상상하도록 해서 그에게 하고 싶은 말을 하게 하여 내담자의 투사를 구체화하기 위한 기법이다. 이 기법은 내담자로 하여금 의자를 바꿔 앉게 하고, 그 사람이 되어 내담자의 말에 반응하게 하기도 한다.

넷째, **반대로 하기**는 내담자가 옳다고 믿고 있는 것과 정반대되는 행동을 하게 하는 연습기법이다. 사람들은 흔히 자신에게 익숙한 습관 또는 생각에 집착한 나머지 현재 행동과는 다른 대안적 행동에 문제해결 가능성이 있다는 사실을 미처 생각하지 못하는 경향이 있다. 이 기법은 내담자의 행동이 자연스럽지 못하거나 특정 행동패턴을 고수하는 경향이 보일 때 적용하며, 내담자가 회피해 왔던 행동을 실천함으로써 문제를 극복할 수 있게 하는 효과가 있다. 이 외에도 게슈탈트 치료에서 활용할 수 있는 기법으로는 자각 확장을 위한 다양한 신체활동을 비롯하여 직면, 과장, 차례로 돌아가기, 머무르기, 창조적 투사놀이, 자기 부분과의 대화, 실연, 과제 등 다양한 기법이 있다.

게슈탈트 치료의 과정

게슈탈트 치료의 과정은 정형화된 절차가 없고, 다만 치료자에 따라 창의적인 방식으로 작업한다는 특징이 있다. 그러나 대체로 크게 두 부분으로 나뉘는데, 전반부에는 치료자와 내담자의 진솔한 접촉을 통한 관계형성과 지금-여기에서의 자각촉진 작업에 집중하고, 후반부에는 내담자의 심리적 문제를 실험과 연습을 통해 접촉, 경험, 재경험함으로써 통합·균형을 이룰 수 있도록 돕는다(Feder & Frew, 2008). 치료자는 내담자의 문제와 관련된 현상을 관념적으로 분석하거나 대화만 나누는 작업을 지양한다. 대신, 내담자의 행동, 사고, 감정, 신체감각 모두가 순간순간 내담자에게 의미 있는 것으로 이해할 수 있도록 돕는 길잡이 역할을 한다. 또 상황을 연출하여 내담자가 실험·실연을 통해 문제를 명확히 드러내고, 문제에 대한 새로운 해결책을 경험적으로 시도하여 터득하게 한다(Feder & Frew, 2008). 이를 위한 기본규칙은 글상자 15-5와 같다.

> **글상자 15-5. 게슈탈트 치료의 기본규칙**
>
> 1. 과거의 회상과 미래의 예측을 피하고, 현재형으로 말하는 '지금-여기' 규칙
> 2. 타인과의 대등하면서 진실된 만남을 강조하는 '나와 너I & Thou' 규칙
> 3. 스스로 책임 있는 행위자로서 경험하기 위한 나를 주어로 표현하는 '나' 규칙
> 4. 머리를 버리고 가슴과 감각에 의지하는 '인지 연속' 규칙
> 5. '지금-여기' 대상자가 없는 상황은 상상에 의한 것이므로 장면 구성을 통해 만나게 해 주는 '소문 전파 금지no gossiping' 규칙
> 6. 질문으로 자신의 의견을 조작하기보다 자신의 의견을 표명하여 다른 내담자의 의견을 도출하는 '질문 금지asking no question' 원칙

게슈탈트 치료자들은 불안을 지금과 나 중간의 틈(미래에 대한 집착)으로 본다. 또 과거에 대한 집착도 부정적 정서를 야기하므로, 과거나 미래에 초점을 두는 것은 현재의 내담자를 움직이지 못하게 만든다고 믿는다. 치료과정에서 치료자는 내담자에게 "지금 나는 ~을 알아차리고 있습니다."를 반복하게 한다. 또 내담자의 방어를 탐지하고 실행 중인 게임을 드러내기 위해 비언어적 행동에 주의를 기울이면서 "지금 알아차리고 있는 것은 무엇인가요?"라고 반복해서 묻는다. 치료자는 내담자의 주의를 현재의 감정, 사고, 경험에 집중하게 하는 역할을 하되, 지금-여기에서의 알아차림 자체가 치료적 힘이 있고, 내담자의 성격에서 이전에 부정했던 측면의 통합을 가능하게 한다는 점에서 해석은 하지 않는다.

게슈탈트 치료자는 내담자가 과거의 미해결과제를 현재화presentizing해서 경험을 접촉, 재경험, 통합하여 인식할 수 있도록 돕는다. 또한 내담자가 자신의 과거 경험과 상관없이 지금-여기에서 특정 사건에 대해 건강한 해석을 하도록 돕는다. 건강하지 못한 해석은 삶을 구획으로 나누어 의식적 자기로부터 차단하거나 수용할 수 없는 부분을 감추는 경향이 있기 때문이다. 이에 치료자는 내담자가 이러한 부분들을 통합하여 독립성, 성숙, 자기실현을 향해 나아가도록 돕는다. 이는 내담자만이 자신의 인식을

효과적으로 해석할 수 있다고 보기 때문이다. 따라서 내담자의 세계에 대한 상담자의 탐색은 언어적·비언어적 단서에 주목하는 것에서 시작한다. 치료자는 내담자가 과거의 상황이 현재에 일어나고 있는 것처럼 재경험하는 것을 통해 현재의 기능을 저해하는 과거의 미해결과제를 명료하게 인식하도록 돕는다.

행동적·인지행동적 접근

행동치료 / Behavior Therapy

행동치료는 과학적 접근, 즉 객관적 관찰과 측정이 가능한 행동만을 대상으로 하는 행동주의behaviorism를 기반으로 성립된 치료적 접근이다. 이 접근에서는 내담자의 행동을 환경과의 상호작용을 통해 후천적으로 학습된 것으로 보며, 특정 행동의 결핍 또는 과다로 인해 어려움을 겪는다고 가정한다. 부적응 행동 역시 학습된 것으로 간주하여 행동수정 원리를 적용하여 제거하거나 긍정적 행동의 학습을 통해 내담자의 적응을 돕는다. 이에 행동치료자는 내담자의 학습전문가 역할을 한다. 행동치료는 전통적으로 내담자에 대한 종합적인 사전평가, 구체적인 치료 목표와 전략 수립, 증거기반 기법 적용, 사후평가로 진행되었다. 그러나 이젠 행동적 측면만을 강조하는 행동치료자는 찾아보기 어렵다. 행동치료가 증거기반evidence-based치료를 강조하게 되면서, 치료자의 전문성, 최근 연구, 내담자의 특성, 문화적 배경, 선호성에 대한 평가를 중시하게 되었기 때문이다. 이제 행동치료는 심리적 심상과 사고 역시 조건형성이 된다고 믿고, 인지적 측면도 강조하는 인지행동치료 형태로 진화되었다(Bieling, McCabe, & Antony, 2006; Neukrug, 2016). 전통적인 행동치료는 부적응 행동이 습득·유지되거나 또는 적응행동으로 대체되는 과정을 세 가지 접근(① 고전적 조건형성, ② 조작적 조건형성, ③ 사회학습이론)을 기반으로 설명한다.

고전적 조건형성 / Classical Conditioning

첫째, 고전적 조건형성은 러시아의 생리학자이자 심리학자인 이반 파블로프(Ivan Petrovich Pavlov, 1849~1936)가 개의 침 분비 실험을 통해 창안한 것으로, 자극과 반응이 반복되면 둘 사이에 연합이 이루어진다는 이론이다. 파블로프는 이 실험에서 음식[무조건자극Unconditioned Stimulus(US)]이 제시되면 침이 분비[무조건반응Unconditioned Response(UR)]되는데, 일정 기간 무조건자극과 함께 종소리[중성자극Neutral Stimulus(NS)]를 제시하면, 무조건자극이 없어도 침이 분비[조건반응Conditioned Response(CR)]되는 현상을 발견했다. 이는 본래 중성자극이던 종소리가 음식과 연합되면서 조건자극Conditioned Stimulus(CS)이 되어('조건형성') 종소리만 듣고도 조건반응인 침을 흘리게 되는 것이다. 즉, 무조건자극(음식)과 중성자극(종소리)이 수차례 함께 제시되면서 조건형성이 일어나, 종소리만 듣고도 침이 분비되는 학습이 일어난 것이다. 고전적 조건형성을 기반으로 개발되어 오늘날에도 사용되고 있는 치료법으로는 오줌싸개 치료법이 있다.

한편, 왓슨과 레이너(Watson & Rayner, 1920)는 아동에게도 신경증neurosis이 발달하는지를 실험을 통해 증명했다. 이들은 생후 13개월 된 알버트Albert를 실험실 쥐와 놀게 두었다. 처음에 아이는 쥐를 두려워하지 않고 잘 놀았으나, 연구자들은 아이에게 쥐를 보여 줄 때마다 아이 뒤에서 큰 소리를 냈다. 이러한 자극이 반복해서 제시되자, 아이는 놀라며 공포반응을 보였다. 아이의 공포반응은 그 후 쥐와 유사한 털 달린 대상에까지 일반화되었다. 그러나 왓슨이 자신의 아들을 실험 대상으로 삼았다는 사실이 알려지면서 연구윤리 측면에서 논란이 일기도 했다. 다른 한편으로, 메리 존스Mary Cover Jones(1924)는 학습된 공포를 소거하는 방법을 입증하는 실험을 했다. 피터Peter라는 3세 아이는 토끼, 쥐 같은 동물에게 공포반응을 보였다. 존스는 공포 제거를 위해 아이가 좋아하는 음식을 먹고 있을 때, 우리에 든 토끼를 점진적으로 가까이 데리고 갔다. 이후 공포 대상은 음식과 연합되었고, 수개월 후 토끼에 대한 아이의 공포심은 완전히 사라졌다. 왓슨의 '공포조건형성'과 존스의 '역조건형성counterconditioning'은 30년 후에 상호억제이론Reciprocal Inhibition Theory을 기초로 실시된 볼페(Wolpe, 1958)의 체계적 둔감법에 직접적인 영향을 주었다.

조작적 조건형성 / Operant Conditioning

둘째, 조작적 조건형성은 우연히 일어난 행동이 유기체에게 만족을 주면 그 행동을 다시 할 가능성이 높아진다는 버러스 스키너(Burrhus F. Skinner, 1904~1990)의 이론이다. 이 이론의 핵심원리는 두 가지다. 하나는 행동은 결과와 연합한다는 것이고, 다른 하나는 보상은 반드시 내담자가 원하는 것이어야 한다는 것이다. 유기체는 무작위적 환경에서 조건형성이 되고, 행동은 주기적인 강화 또는 벌에 의해 소거된다. 강화는 **정적 강화**positive reinforcement(내담자의 바람직한 행동이 나타날 때마다 내담자가 좋아하는 것을 제공함으로써 바람직한 행동 발생의 빈도수를 높임)와 **부적 강화**negative reinforcement(바람직한 행동이 나타날 때마다 불쾌조건을 제거해 줌으로써 바람직한 행동 발생의 빈도수를 높임)로 나뉜다. 내담자의 행동 통제 또는 변화를 위해 보상체제를 사용하려면, 내담자들에게 보상이 되는 것을 파악해야 한다. 반면, **벌**punishment은 특정 행동을 감소 또는 소거하기 위해 학습자에게 혐오자극을 가하거나('일차 벌') 선호 자극을 일시적으로 제거하는('이차 벌') 기법이다. 예를 들어, 거짓말을 한 아이를 꾸중하는 것이 일차 벌이라면, 아이가 좋아하는 인터넷 게임을 하지 못하게 하는 것은 이차 벌이다. 강화와 벌을 도식으로 나타내면 [그림 15-1]과 같다.

	쾌 자극	불쾌 자극
적용 +	정적 강화	일차 벌
철수 -	이차 벌	부적 강화

[그림 15-1] 강화와 벌의 도식

벌은 예상하지 못한 부작용(예, 분노를 비롯한 부적 정서반응)을 초래할 수 있다는 점에서 잠재적으로 해롭거나 위험한 행동(예, 머리 박기, 깨물기, 공격행동, 위험한 물건을 집어 던지며 성질 부리기 등) 또는 특정한 어려움이 있는 경우에만 사용한다(Cooper, Heron, & Heward, 2007). 벌은 바람직한 행동에 대해 정적 강화와 함께 사용될 때, 훨씬 강력한 효과가 있다(Wacker, Harding, Berg, Cooper-Brown, & Barretto, 2003). 오늘날 자주 사용되는 벌을 적용한 기법으로는 반응대가, 사회적 질책, 타임아웃, 과잉교정, 신체적 벌, 수반적 전기자극 등이 있다.

조작적 조건형성의 원리 두 가지는 다음과 같다. 첫째, 행동은 결과와 연합한다는 것이다. 개인은 긍정적인 결과('보상')가 뒤따르는 행동('조작적')을 반복하는 경향이 있으므로, 조작적 조건형성이 일어나려면 처음 나타나는 행동에 수반되는 보상이 있어야 한다. 이러한 행동과 보상 사이클은 특정 행동의 발생 빈도수를 증가시킨다. 내담자가 처음으로 특정 행동을 작동 또는 제공하게 되면서 조작적 조건형성이 이루어진다. 둘째, 보상은 반드시 내담자가 원하는 것이어야 한다는 것이다. 만일 보상이 강력하고 행동을 변화시킬 수 있는 것이라면, 목표행동의 발생 가능성을 높일 것이다.

사회학습이론 / Social Learning Theory

사회학습이론은 앨버트 반두라(Albert Bandura, 1925~현재)가 창안한 것으로, 행동을 관찰하고 이후에 그것을 반복했을 때 사회인지적 측면에서 학습이 일어난다는 이론이다. 이 이론은 보보인형(사람 크기의 오뚜기 인형)에 대한 어른 모델의 공격행동을 관찰한 아이들이 관찰하지 않은 아이들보다 훨씬 더 공격적인 행동을 보인다는 사실을 발견한 데서 기초한다(Bandura, 1977). 즉, 유기체가 특정 행동을 관찰하는 경우, 그 행동 및/또는 모델의 이미지를 간직하게 되어 추후에 그것을 행동으로 옮길 수 있게 된다('모델링')는 것이다. 특히 **모델링**modeling은 내담자가 획득해야 할 바람직한 행동을 보여주는 실제적 또는 상징적 본보기(예, 영화, 연극, 심리극 등)를 제공함으로써 관찰과 모방을 통해 행동을 학습하게 하는 방법이다. 반두라는 인지적 요소를 행동치료에 접목하는 데 크게 기여했다. 그는 대리학습과 인지적 중재요소가 정서와 수행에 미치는 역할의 중요성을 입증했다. 그는 개인적 효능감에 대한 기대가 내담자의 실제 성취경험, 설득, 대리경험, 그리고 신체적 상태에서 나온다고 보았다.

행동치료의 기법

행동치료에서는 인지와 행동 치료의 핵심을 (조건형성을 통한) 학습으로 간주하는 한편, 인지구조 또는 비논리적·비합리적 사고뿐 아니라 무의식과 관련된 사고조차 조건형성이 될 수 있다고 본다. 오늘날 행동치료자들은 다양한 치료법을 사용한다. 이는 내담자에 따라 다를 뿐 아니라 같은 내담자라 할지라도 때에 따라 다른 방법을 적용하기도 한다. 오늘날 행동치료에서 흔히 사용되는 기법으로는 ① 모델링, ② 체계적 둔감법, ③ 토큰경제, ④ 홍수법·내파치료, ⑤ 자극통제가 있다.

첫째, **모델링**modeling은 다른 사람의 적절한 행동을 관찰하고 나서, 이를 스스로 연습하게 하여 새로운 행동을 습득하게 하는 기법이다('모방학습' '대리학습'으로도 불림). 정적·부적 강화와 벌보다 더 효과적인 방법으로 평가되는 이 기법은 새로운 기술 또는 행동이 다른 사람을 관찰하는 것을 통해 더 효율적으로 습득될 수 있음을 입증하는 것으로, 비현실적인 공포 제거에도 효과가 있었다(Cooper et al., 2007; Naugle & Maher, 2003).

둘째, **체계적 둔감법**systematic desensitization은 이완된 상태에서 불안을 발생시키는 상황을 위계적으로 상상하게 하여 불안과 양립할 수 없는 이완을 연합시켜 불안을 감소 또는 소거시키는 기법이다('체계적 감감법'으로도 불림). 이는 남아프리가공화국 출신의 독일계 미국인 정신건강 전문의, 요셉 볼페(Joseph Wolpe, 1915~1997)가 1958년 고전적 조건형성 원리와 상호제지^{reciprocal inhibition}이론을 바탕으로 개발한 것이다. 불안위계^{anxiety hierarchies}는 불안을 가장 적게 유발하는 사건에서 가장 심하게 일으키는 사건 순으로 작성된 목록이다. 이를 토대로 각 사건에 대해 0에서 100을 할당하여 '주관적 불편 단위 척도^{Subjective Units of Discomfort scale}(SUDs)'를 작성한다. 이 기법은 특정 사건, 사람, 대상에 대해 극심한 불안 또는 공포가 있는 사람들의 치료를 위해 고안된 것으로, 불안장애, 특히 공포증과 강박증이 있는 사람들에게 효과적이다(Head & Gross, 2003).

셋째, **토큰경제**^{token economies}는 토큰/환권을 제공하여 원하는 물건이나 권리와 교환할 수 있게 하는 조작적 조건화를 이용한 행동수정 기법이다. 이 기법의 선세는 개인이 명확하게 적절한 행동을 보였을 때, 토큰을 제공하여 일정한 수의 토큰이 모이거나 특정 시간이 지나면 토큰을 보상물과 교환할 수 있게 하는 것이다. 이는 토큰 자체는 강화물이 아니지만, 토큰으로 교환할 수 있는 강력한 강화물과 연합시키면 강화물로서의 특성을 갖게 되는 원리를 이용한 것이다. 1960년대에 창안된 이 기법은 주로 보호시설에 수용된 정신장애(예, 지적장애, 정신질환)가 있는 사람들에게 사용되었으나, 점차 학교, 가정, 직장 등 다양한 환경에서 사용되었다(Neukrug, 2016).

넷째, **홍수법**^{flooding techniques} · **내파치료**^{implosive therapy}는 내담자가 두려워하는 자극이 존재한다고 상상하거나 실제 자극에 일정 시간 동안 노출하여 공포 또는 불안을 감소 또는 는 소거시키는 기법이다. 예를 들면, 엘리베이터 공포가 있는 내담자에게 둔감화 작업 없이 초고층 건물의 엘리베이터를 타게 하는 것이다. 이 기법은 고전적 조건형성에 기초한 것으로, 사람은 오랜 시간 동안 계속 불안할 수 없다는 점에 착안하여 자극을 점차 차분한 감정과 연합시키는 원리를 이용한 것이다.

끝으로, **자극통제**^{stimulus control}는 자극에 변화를 줌으로써 새로운 자극으로부터 건강한 행동을 강화하는 기법이다. 체중감량을 위해 음식을 눈에 띄지 않거나 손이 잘 가지 않는 곳에 두거나, 거동이 불편한 노인이 좀 더 편리하게 생활하도록 가구를 재배치하거나, 아이가 좀 더 쉽게 글을 깨우칠 수 있게 장난감에 첫 글자를 붙여 놓는 것이 그 예다. 자극통제는 반드시 달라진 자극의 결과에 대해 정적 강화가 수반되어야 한다는 조건이 있다.

행동치료의 목표와 과정

행동치료의 목표는 측정과 객관적 관찰이 가능한 부적응 행동을 감소 또는 제거하고, 건설적·생산적인 행동으로 대체하는 것이다. 행동치료의 목표는 내담자 개개인의 문제에 따라 개별적인 개입이 이루어진다는 특징이 있다. 행동치료의 과정은 ① 관계형성, ② 임상평가, ③ 문제영역에 따른 목표설정, ④ 기법 선택 및 목표달성을 위한 개입, ⑤ 목표달성에 대한 평가, ⑥ 종결 및 후속 회기 순으로 이루어진다.

첫째, **관계형성단계**에서 행동치료자는 수용, 경청, 공감, 존중을 바탕으로 내담자와 신뢰관계를 형성하고, 상담목표를 명확하게 정의한다. 전통적인 접근과는 달리 오늘날 행동치료자들은 치료관계를 중시한다. 지지적인 신뢰관계가 형성되면서, 치료자는 내담자의 현재 문제가 어디서, 얼마나, 어떻게 진행되었는지에 대한 탐색을 시작한다. 또한 치료적 개입 전부터 직후까지 내담자의 진척상황을 객관적인 관찰과 평가로 치료 또는 기법 적용에 앞서 행동평가를 철저히 한다.

둘째, **임상평가단계**에서 치료자는 내담자의 행동 변화를 위한 효과적인 기법 탐색을 위해 내담자의 욕구를 면밀히 평가한다. 이 단계에서 치료자는 문제의 정교화를 위해 기능적 행동사정^Functional Behavior Assessment^(FBA; 특정 영역에서 내담자의 생활에 문제행동이 발생하기 직전과 직후의 상황을 사정하는 심층적인 구조화된 면접), 성격검사, 관찰, 중요한 타인 면담 및/또는 내담자의 자기관찰 등을 활용한다. 특히 현재 문제에 대한 기능분석은 ① 문제행동을 일으키는 자극 또는 선행조건, ② 문제행동과 관련 있는 유기체 변인, ③ 문제의 정확한 진술, ④ 문제행동의 결과 규명에 도움을 준다. 일련의 임상평가를 통해 상담자는 내담자의 잠재적 문제영역을 정의한다.

셋째, **문제영역에 따른 목표설정단계**에서 행동치료자는 이전 단계에서 규명한 문제영역에서 행동 발생 빈도, 지속 기간, 강도의 기초선^baseline^을 측정·검토한다. 문제행동에 대한 면밀한 분석은 문제의 정도를 파악할 수 있게 하고, 행동이 언제, 어떻게 변해야 하는지에 대한 기준 설정을 가능하게 하며, 평가 진행에 도움을 준다. 내담자는 기초선 검토를 통해 자신의 문제행동의 정도를 이해할 수 있고, 초점 대상을 결정할 수 있으며, 치료자와 함께 목표를 설정할 수 있게 된다.

넷째, **기법 선택 및 목표달성을 위한 개입단계**에서 행동치료자는 내담자의 변화를 위해 적용할 기법에 관해 상세히 설명하고, 가장 효과적인 문제해결 기법을 선정하여 목표 성취를 위한 계획을 수립한 후 치료작업을 시작한다. 일단 치료가 시작되면, 치료자는 내담자의 문제를 행동적 용어로 개념화하고, 행동 변화를 위한 일련의 구체적인 기법을 적용함으로써 내담자의 행동 변화를 돕는다. 상담자는 내담자에 대한 교육, 모델링, 수행에 대한 피드백 제공을 통해 이들이 필요로 하는 기술을 가르친다. 이때 상담자는 적극적·지시적인 조언자, 문제해결자 역할을 한다. 내담자는 회기 내내 상담에 적극적으로 참여해야 할 뿐 아니라 회기 안팎에서 치료활동에 대해 적극 협력한다. 내담자의 부적응 행동 또는 문제행동에 대해서는 행동 변화에 필요한 기법과 전략이 개별적으로 고안·적용된다. 내담자에 대한 개입은 과학적인 검증을 거친 기법과 전략을 통해 이루어진다. 이러한 증거기반 전략은 내담자의 행동 변화를 가속화하는데, 내담자는 변화 또는 학습된 행동을 일상생활에 일반화할 수 있게 된다.

　　다섯째, **목표달성에 대한 평가단계**에서 상담자는 내담자의 문제행동의 강도, 빈도, 지속시간을 기록한 자료를 검토함으로써 문제행동의 감소 여부를 확인한다. 끝으로, **종결 및 후속 회기단계**에서는 치료를 종료하되, 후속 회기를 통해 내담자의 행동 소거에 대한 자발적 회복 여부를 확인한다. 일련의 개인 작업을 통해 문제가 감소 또는 소거되어 상담을 종결했다고 하더라도 치료의 성공을 확신하기까지는 일정한 시간이 요구된다는 점에서 후속 회기를 갖는 것은 매우 중요하다.

합리정서행동치료 / Rational Emotive Behavior Therapy

합리정서행동치료(REBT)는 앨버트 엘리스(Albert Ellis, 1913~2007)가 창시한 것으로, 인지 변화를 통해 정서·행동 변화를 유발하고자 하는 치료적 접근이다. 이 이론적 접근은 심리적 문제가 외부 사건 자체가 아니라 잘못된 인식과 비합리적 인지의 산물이라는 가정하에 내담자의 비합리적 신념에 직면하고, 논박을 통해 합리적 신념으로 세상과 상호작용할 수 있도록 돕는 것을 목표로 한다. REBT에서는 내담자를 이중적 존재, 즉 합리적이면서도 비합리적이고, 분별력이 있으면서도 어리석으며, 자기실현 경향이 있으면서도 역기능적 행동 성향이 있는 존재로 보는 동시에 이러한 이중성은 타고난 것이어서 새로운 사고방식이 습득되지 않는 한 존속된다고 간주한다(Ellis, 2004).

합리정서행동치료의 기본개념

REBT의 기본개념에는 ① 비합리적 신념, ② 정서장해, ③ 당위주의, ④ ABC 모델, ⑤ ABCDEF 모델이 있다.

첫째, 비합리적 신념^{irrational beliefs}이란 부적절하고 자기패배적 정서를 야기하는 사고 또는 믿음을 말한다. 이러한 신념은 순간순간 개인의 정서반응에 부정적인 영향을 미치는 한편, 역기능적 사고가 계속해서 개인을 지배하게 하여 정서장해의 원인이 된다. **둘째, 정서장해**^{emotional disturbance}란 비합리적 신념에 의해 동반되는 부적절한 정서, 즉 심각한 정도의 불안, 우울, 분노, 죄책감, 소외감 등을 말한다. 이러한 정서는 생애 초기에 무비판적으로 받아들인 비합리적·비논리적·완벽주의적 사고와 부정적·독단적·비논리적인 자기대화의 반복으로 형성된 자기패배적 신념체계에 의해 발생·유지된다. **셋째, 당위주의**란 비합리적 사고와 정서장해의 원인이 되는 '~해야 한다'는 당위적 표현(must, should, ought to, need)을 사용하는 것을 말한다. **넷째, ABC 모델**은 감정과 행동의 관계를 설명하기 위해 고안된 것으로, A는 선행사건^{Activating event}, B는 신념체계^{Belief system}, C는 결과^{Consequence}를 의미하는 모델이다. 이 모델에 의하면, 정서·행동 결과(C)는 선행사건(A)이 아니라 신념체계(B)로 인해 유발된다. ABC 모델을 도식으로 나타내면 [그림 15-2]와 같다.

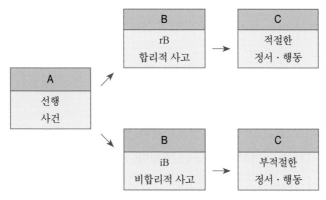

[그림 15-2] ABC 모델

다섯째, ABCDEF 모델은 비합리적 신념을 확인하여 논박을 통해 합리적 신념으로 대체함으로써 새로운 감정을 느끼게 하는 일련의 치료적 과정으로, ABC 모델의 요소 외에 D(논박), E(효과), F(감정) 순으로 전개된다. D(논박)는 비합리적 신념에 대해 합리적·논리적 근거를 제시하도록 하여 합리성 여부를 판단하도록 돕는 기법이다. E(효과)는 비합리적 신념에 대해 직면·논박을 함으로써 얻게 되는 효과적·합리적 신념을 말한다. F(감정)는 합리적 신념으로 대체된 후에 얻게 되는 자기수용적 태도와 긍정적인 느낌을 말한다. 이를 도식으로 나타내면 [그림 15-3]과 같다.

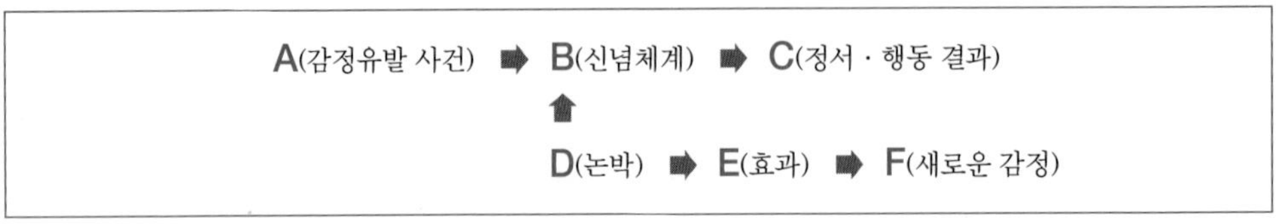

A(감정유발 사건) ➡ B(신념체계) ➡ C(정서·행동 결과)
⬆
D(논박) ➡ E(효과) ➡ F(새로운 감정)

[그림 15-3] ABCDEF 모델

이 모델에서는 선행사건Activating event(A)에 대한 신념Beliefs(B)이 감정과 행동의 결과Consequences(C)에 영향을 미친다는 설명체계를 통해 자극과 반응을 매개하는 인지의 중요성을 강조한다. ABC 분석을 통해 선행사건을 확인하고 나면, 선행사건에 대한 비합리적 신념irrational Beliefs(iB)과 그 결과(C)를 확인한다. 확인된 비합리적 신념이 논박Disputing(D)을 통해 합리적 신념rational Beliefs(rB)으로 대체되는 효과적인 철학Effective philosophy(E)을 습득하게 되어, 내담자는 새로운 감정과 행동new Feelings and behaviors(F)을 습득하게 된다. 이 접근은 내담자들이 이해하기 쉽고, 장차 다른 문제가 발생할 때 적용하기가 용이하다. 따라서 REBT는 문제를 겪고 있는 내담자를 돕는 것뿐 아니라 향후 스스로 돕기 위한 방법을 제공한다는 이점이 있다.

합리정서행동치료의 목표와 과정

REBT의 궁극적인 목표는 내담자의 정서문제와 자기패배적 행동 감소를 통해 자기실현을 앞당겨 행복한 삶을 누리도록 돕는 것이다. 이는 문제행동을 제거하기보다는 문제행동 이면의 자기패배적 신념을 최소화하고, 더욱 현실적·합리적인 가치관을 형성하도록 도모하는 것이다. 목표성취를 위해 상담자는 지시적인 방법(강의, 제안 등)을 통해 내담자가 더 합리적·생산적인 삶을 누릴 수 있음을 깨닫도록 돕는 한편, 과제를 통해 비합리적 신념을 합리적 신념으로 대체하도록 돕는다. 이를 위해 상담자는 적극적이고 지시적인 기법을 사용하는 교사 역할을 담당한다.

REBT의 진행과정은 다음과 같다. 상담자는 우선 내담자에게 REBT 이론의 핵심 내용을 소개한다. 이때 유인물 또는 PPT 자료를 통해 비합리적 신념에 관해 설명한다. 그런 다음 내담자에게 자신들의 문제를 적어 내도록 해서, ABC 모델을 기반으로 사고/신념이 감정의 원인이 된다는 사실과 비합리적 신념이 부적 정서를 유발하는 과정을 [그림 15-4]와 같은 도식으로 설명한다. [그림 15-4]는 비합리적 신념 때문에 관심 있는 여성에게 관심을 표현하지 못하는 남성의 예시다.

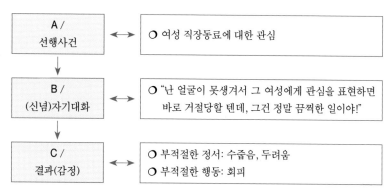

[그림 15-4] ABC 모델의 적용 예시

이때 상담자는 정서·행동 장해의 원인이 되는 자기파괴적인 비합리적 신념의 인식과 변화를 내담자 개개인의 책임으로 간주한다. 동시에 내담자가 자기대화에 주목함으로써 감정 변화에 초점을 맞추도록 돕는다. ABC 모델의 적용을 통해 내담자가 처해 있는 상황이 명확해지면, 사건과 연관된 감정 또는 행동을 명료화한다. 일단 A와 C가 밝혀지면, 치료자는 내담자의 자기대화에서 자기패배적·비합리적 신념을 확인하고, 이 내용이 사실이 아님을 깨닫도록 돕는다. 그리고 나서 ABCDEF 모델의 적용을 통해 내담자가 서로의 부정적 자기대화에 도전하고, 논박을 통해 합리적 사고로 대체할 수 있도록 돕는다.

합리정서행동치료의 주요 기법

REBT에서는 내담자의 사고, 감정, 행동 패턴의 변화 촉진을 위해 ① 인지, ② 정서, ③ 행동 영역의 기법들을 활용한다. 이러한 기법들은 내담자 개개인이 자신의 신념과 행동을 비판적으로 검토하고, 자기패배적 사고를 변화시키기 위해 사용된다. 첫째, **인지기법**은 신속하고 지시적인 방식으로 정서장해를 유발·지속하는 자기대화 내용의 탐색을 돕고, 내담자가 현실에 기초한 철학을 습득하게 하는 한편, 조건화의 처리방법을 가르치는 것이다. 인지기법으로는 비합리적 신념 논박, 인지과제, 조건화 대처, 유머, 소크라테스식 대화법이 있다. 이 중에서 **자기진술대처**^{coping self-statements}는 논박을 통해 내담자의 역기능적 신념을 합리적 · 대처적 자기진술로 대체하기 위한 기법이다. 이 기법에서 내담자는 자신이 흔히 사용하는 진술의 기록 · 분석을 통해 자신의 습관적인 진술방식을 점검하게 된다. 역기능적 진술을 합리적인 진술로 대체한 예는 〈표 15-5〉와 같다.

〈표 15-5〉 역기능적 진술과 대체 진술의 예시 비교

역기능적 진술	대체 진술
○ "매사에 일처리를 완벽하게 해서 빈틈이 없어야 해! 그렇지 않으면 난 인정을 받을 수 없을 뿐 아니라 존재 가치가 없어!"	○ "매사에 빈틈없이 일처리를 하면 좋겠지만, 완벽하게 처리하지 않을 때도 난 여전히 괜찮은 사람이야."

자기진술대처 기법을 통해 내담자는 자신이 스스로에게 습관처럼 하는 역기능적인 진술들이 어떻게 정서적인 문제를 불러일으키는지 인식할 수 있다. 역기능적 사고는 리더의 논박에 의해 합리적인 사고로 대체된다.

둘째, **정서기법**은 내담자가 자신을 정직하게 나타내고, 정서적 모험을 하게 하여 자기개방의 촉진에 중점을 두는 기법이다. 이 기법의 다양한 절차를 통해 자기비하가 얼마나 파괴적인 사고방식인지를 깨닫게 되면서 내담자는 무조건적 수용의 가치를 배우게 된다. 정서기법으로는 합리정서심상법, 역할연기, 수치감 공격연습, 강제적 자기진술, 그리고 강제적 자기대화가 있다. 셋째, **행동기법**은 생산적 행동의 실천을 통해 비합리적 신념체제를 변화시켜 정서안정을 유지하도록 고안된 일련의 기법이다. 이 기법에는 다양한 행동치료 기법, 즉 체계적 둔감법, 이완기법, 모델링, 조작적 조건화, 자기관리 등이 포함된다. 그러나 REBT의 행동기법은 행동 변화뿐 아니라 사고와 정서 변화에 초점을 맞춘다는 점에서, 행동 변화에만 초점을 두는 행동치료와 차이가 있다.

인지치료 / Cognitive Therapy

인지치료는 아론 벡(Aaron T. Beck, 1921~현재)이 창시한 것으로, 정신장애를 유발하는 인지적 요인을 정교하게 설명하고 구조화된 개입방법을 갖춘 치료적 접근이다. 이

접근은 1960년대에 정신분석과 행동치료로 잘 치료되지 않았던 우울증 치료를 위해 개발된 것으로, 인지 변화에 초점을 맞추어 증상을 치료하는 적극적이고 구조화된 단기치료다. 인지치료에서 개인은 의식적 경험에 근거하여 주체적으로 판단·행동하는 존재로, 자유의지로 삶을 선택하고, 선택에 책임을 지며, 더 나은 삶을 위한 변화의지를 지닌 존재다. 또한 우울증이 있는 사람들은 대개 자기 자신, 세계, 미래에 대해 부정적·회의적 믿음을 가지고 있다고 가정한다.

인지치료의 기본개념

인지치료는 우울증 치료에 가장 효과적인 접근 중 하나임이 검증되어 왔다. 인지치료의 기본개념으로는 ① 자동사고, ② 인지왜곡, ③ 역기능적 인지도식이 있다.

첫째, **자동사고**^{automatic thoughts}는 생활사건을 접하게 되면 거의 자동적으로 유발되는 일련의 생각을 말한다. 우울증이 있는 사람들은 흔히 자기, 타인, 세상에 대해 부정적인 생각을 가지고 있다. 인지치료에서는 내담자가 생활사건을 부정적 의미로 과장하거나 왜곡하는 부정적인 사고경향에 관심을 갖는다. 우울증을 비롯한 정신장애가 있는 사람들이 가진 자동사고의 특징은 인지왜곡에 의해 현실이 과장 또는 왜곡된 형태로 나타난다는 것이다. 둘째, **인지왜곡**^{cognitive distortion}이란 정보처리 과정에서 생활사건의 의미를 자의적으로 해석하여 자동사고를 생성해 내는 인지과정을 말한다('인지오류'로도 불림). 인지왜곡의 유형은 〈표 15-6〉과 같다.

〈표 15-6〉 인지왜곡의 유형

인지왜곡의 유형	설명
☐ 임의적 추론 arbitrary inference	❍ 구체적인 근거 없이 또는 정반대의 근거를 토대로 결론을 내리는 것(예, 바쁜 일과를 보낸 여성이 자신은 끔찍한 엄마라고 단정함)
☐ 양분법적 사고 dichotomous thinking	❍ 생활사건의 의미를 성공 아니면 실패 같이 이분법적으로 해석하는 것(예, '원하는 대학에 떨어지면, 실패한 인생이야.'라고 생각함)
☐ 선택적 추상화 selective abstraction	❍ 일부 정보만 선택적으로 받아들여 마치 전체인 것처럼 해석하는 동시에 다른 명확한 정보는 무시함('정신적 여과^{mental filtering}'라고도 불림; 예, 모임에서 여자 친구가 머리를 옆에 앉은 남성 쪽으로 약간 기울인 것을 본 남성이 질투심으로 격분함)
☐ 과잉일반화 overgeneralization	❍ 몇몇 상황에서의 경험으로부터 일반적인 규칙을 정하거나 결론을 내림으로써 이를 관계없는 상황에도 적용하는 것(예, 소개팅에 나갔다가 실망한 여성이 "남자는 모두 똑같아. 늘씬한 여자만 찾잖아!"라고 불평함)

☐ 확대·축소 magnification and minimization	○ 특정 사건의 의미 또는 중요성을 실제보다 확대 또는 축소하는 것[예, "내가 발표하면서 조금이라도 긴장된 모습을 보인다면, 이건 끔찍한 재앙이야."(확대), 한 내담자가 치명적인 병에 걸린 엄마를 감기에 걸렸다고 여김(축소)]
☐ 개인화 personalization	○ '머피의 법칙Murphy's law', 즉 자신과 무관한 일을 자신과 관련된 것으로 해석하는 경향성(예, 한 남성이 "내가 세차를 하면 항상 비가 와."라고 푸념함)
☐ 잘못된 명명 mislabeling	○ 특정 대상의 특징이나 행위에 대해 과장되거나 부적절한 명칭을 붙여서 자신의 정체성을 창출하는 오류(예, 소개받은 여성 앞에서 사소한 실수를 한 남성이 "역시 난 바보 천치야. 그러니까 여자들한테 인기가 없을 수밖에."라고 푸념함)
☐ 파국화 catastrophizing	○ 관심 있는 한 가지 사건을 과장하여 비극적 결말을 예상하는 경향성(예, 한 남성이 마음에 드는 여성을 보고는 '저 여성은 나보다 모든 면에서 뛰어나기 때문에 나같이 능력 없는 남자에게는 관심조차 없을 거야.'라고 생각함)

셋째, **역기능적 인지도식**dysfunctional cognitive schema은 완벽주의적·당위적·비현실적인 역기능적 신념으로 구성되는 인지적 요인을 말한다. 인지도식은 어린 시절의 경험에 의해 형성되어, 생활사건의 의미를 부정적으로 왜곡하여 해석하는 자동사고 활성화의 원인제공을 하게 되면서 우울 증상을 야기한다. 예를 들어, 수업시간에 발표를 하는 도중에 다른 학생들이 웃는 모습을 목격한 내담자가 자신의 발표가 완전히 실패했다고 자동사고를 하게 되면, 자신이 열등하고 무가치한 존재라는 생각을 하게 되는 것이다. 이러한 사고는 부적 감정, 자존감 상실, 대인기피 등의 자기패배적 행동으로 이어져 우울증의 원인이 된다. 정신병이 있는 사람은 다른 사람의 웃는 모습을 극단적으로 왜곡하여 자신을 감시한다거나 살해하려고 한다는 피해망상을 나타내기도 한다.

인지치료의 목표와 과정

인지치료의 목표는 왜곡된 사고를 수정하여 재구성함으로써 보다 합리적이고 생산적인 삶을 영위할 수 있도록 돕는 것이다. 상담자의 임무는 내담자가 세상을 주관적으로 인식하는 방식을 파악하여 정서와 행동에 미치는 영향을 밝혀냄으로써 부적응적인 인지를 변화시키도록 돕는 것이다. 이를 위해 상담자는 내담자와 협동관계를 구축하고, 이를 기반으로 내담자가 자신의 사고를 탐색하고 타당성을 검토하여 적응적 사고로 변화시키도록 돕는다. 인지치료자는 심리교육모델에 근거하여 내담자가 자신의 부정확하거나 왜곡된 사고에 직면할 수 있도록 과학자처럼 사고하는 법을 가르친다. 내담자는 여러 상황을 통해 새로운 사고방식을 습득함으로써 자신의 문제에 대해 새롭고 보다 긍정적인 방식으로 접근하는 방법을 배우게 된다. 또한 상담자가 상담 회기 사이의 시간에 새로운 사고방식을 연습하도록 부과한 과제를 수행함으로써 적응기술을 습득하여 상담기간을 단축한다. 과제의 예로는 역기능적 사고기록지 작성, 활동계획표 작성, 행동실험 계획 및 실행, 문제 관련 서적 읽기 등이 있다. 인지치료는 우울증과 불안장애를 비롯하여 다양한 정신장애 치료를 위해 정교화되어 왔고, 구조화된 치료방법을 갖추고 있다는 강점이 있다. 반면, 초등학교 저학년 아동 또는 지적 능력이 낮은 내담자들에게 적용하기에는 한계가 있다.

💬 현실치료 / Reality Therapy

현실치료는 윌리엄 글래서(William Glasser, 1925~2013)가 창시한 이론으로, 행동선택에 대한 책임을 강조하는 내부통제 심리학('선택이론')에 근거하고 있다. 이에 비해 외부통제 심리학이란 벌과 보상을 통해 타인의 행동을 통제하려는 태도를 말한다. 현실치료에서는 내담자가 보편적으로 추구하는 기본욕구를 충족하기 위한 방법이 다양하다는 점을 강조하는 한편, 심리적 문제는 정신질환이 아니라 잘못된 선택으로 인해 기본욕구를 책임 있고 적절한 방식으로 충족하지 못했기 때문이라고 본다. 이에 심리적 문제를 정신장애 또는 뇌의 문제로 간주하여 약물로 치료하는 의학적 접근을 지양한다. 특히 중요한 타인의 부재 또는 그들과의 갈등은 관계를 해치게 되어 정신장애의 원인이 된다고 가정한다.

현실치료의 기본개념

현실치료의 기본개념으로는 ① 선택이론, ② 전행동, ③ 정신화첩·질적 세계, ④ 기본욕구, ⑤ WDEP 모델이 있다.

첫째, **선택이론**Choice Theory은 행동을 내적으로 동기화된 것으로 본다는 점에서 외부 자극에 의해 동기화된다는 외부통제이론과 대조를 이룬다. 이 이론에 의하면, 사람이 할 수 있는 것은 행동뿐으로, 행동은 다섯 가지 기본욕구 중 한 가지 또는 그 이상을 충족하기 위해 주어진 상황에서 선택한 최상의 시도다(Glasser, 2000). 둘째, **전행동**total behavior은 ① 활동하기, ② 생각하기, ③ 느끼기, ④ 생리적 반응으로 구성되어 통합적으로 기능하는 행동체계다. 이는 모든 행동에는 목적이 있고, 항상 네 가지 구성요소가 통합적으로 기능한다는 가정을 바탕으로 한다. 현실치료에서는 전행동의 구성요소 중 활동하기^acting를 중시한다. 이 요소가 거의 완전한 통제가 가능하다는 이유에서다. 생각하기^thinking도 통제가 비교적 수월한 편이나, 느끼기^feeling는 통제가 어려우며, 생리적 반응^physiological reaction은 통제가 더욱 어렵다. 전행동을 자동차의 네 바퀴에 비유한다면, 앞바퀴에 해당하는 활동하기와 사고하기가 변화되면, 뒷바퀴에 비유되는 느끼기와 생리적 반응은 따라오게 되어 전행동의 변화가 용이하다.

셋째, **정신화첩**^mental picture album은 개인의 욕구충족을 위한 구체적이고 선명한 이미지를 담고 있는 독특한 내면세계다. 이러한 관점에서 볼 때, 내담자는 세상에 대해 각자 주관적으로 지각해서 세상이라는 그림을 그려 왔고, 또 그리고 있는 존재다. 이들 각자의 정신화첩에는 내면의 욕구를 충족시킬 수 있다고 믿는 특수한 그림들이 담겨 있다. 이러한 그림들은 정신화첩에 수록되어 **질적 세계**^quality world에 간직된다. 넷째, **기본욕구**^basic needs는 내담자를 움직이는 강력한 힘으로, 생존^survival 욕구(구뇌에 위치)와 소속^belonging, 힘^power, 자유^freedom, 즐거움^fun에 대한 욕구(신뇌에 위치한 심리적 욕구)가 있다. 이들 욕구에 대한 설명은 〈표 15-7〉과 같다.

〈표 15-7〉 인간의 다섯 가지 기본욕구

기본욕구	설명
☐ 생존	○ 살고자 하고, 생식을 통해 자기확장을 하고자 하는 속성
☐ 소속	○ 사랑하고, 나누고, 협력하고자 하는 속성(교우관계, 가족, 사랑, 결혼)
☐ 힘	○ 경쟁, 성취, 그리고 중요한 존재로 인정받고 싶어 하는 속성
☐ 자유	○ 이동과 선택을 마음대로 하고 싶어 하는 속성으로, 원하는 곳에서 살고, 생활방식을 택하며, 마음대로 표현하고 싶어 하는 욕구
☐ 즐거움	○ 새로운 것을 배우고, 놀이를 통해 즐거움을 만끽하고자 하는 속성 ○ 이 욕구충족을 위해 위험도 감수하면서 생활양식을 바꾸기도 함

끝으로, **WDEP 모델**은 우볼딩^R. E. Wubbolding이 창안한 것으로, 내담자의 자발적인 행동변화 촉진을 위해 사용된다. 상담자는 질문을 통해 내담자가 진정으로 원하는 것^Wants(W)을 인식하도록 하고("진정으로 원하는 것이 무엇인가요?"), 이 소망을 실현하기 위해 현재 어떤 방향으로 어떤 행동^Do/Direction(D)을 하고 있는지 인식시킨다("지금 무엇을 하고 있나요?"). 그런 다음, 이 행동이 소망을 잘 충족시키고 있는지 평가^Evaluation(E)한다

("지금 하고 있는 행동이 당신이 원하는 것을 얻게 하고 있나요?"). 만일 그렇지 못하다면, 더 효과적인 행동을 선택·실행할 수 있도록 계획^{Plan}(P)을 세우는 것을 돕는다["원하는 것을 얻기 위해 무엇을, 어떻게 할 계획(장·단기)인가요?"].

현실치료의 목표와 과정

현실치료의 목표는 내담자가 스스로 책임지고 기본욕구를 충족하기 위한 전행동을 선택하도록 돕는 것이다. 이를 위해 현실치료자는 지금-여기에 초점을 맞추고, 비난, 비판, 위협, 훈계, 지시, 설득, 진단, 강압적인 행동을 피한다. 대신, 수용, 지지, 공감, 격려, 온정적인 태도로 안전한 치료적 환경을 조성하고, 내담자 스스로 자신의 삶을 선택할 수 있는 존재임을 강조함으로써 변화에 대한 희망과 용기를 북돋워 준다. 또한 3R(책임^{Responsibility}, 현실^{Reality}, 옳거나 그름$^{Right\ or\ wrong}$)을 강조하는 한편, 내담자가 과거에 겪었던 정신적 상처를 탐색하는 대신, 내담자에게 과거보다 더 많은 선택이 있음을 인식시키고 현명한 선택을 통해 더 만족스럽고 행복한 삶을 영위하도록 돕는다.

현실치료는 일반적으로 ① 우호적·지지적 환경 조성, ② 전행동 탐색, ③ 행동평가, ④ 계획수립, ⑤ 계획실행 순으로 진행된다. 첫째, **우호적·지지적 환경 조성단계**에서 상담자는 친근한 경청을 통해 내담자의 욕구충족을 위한 방법 탐색에 도움을 줄 수 있는 사람이라는 신뢰감을 형성한다. 둘째, **전행동 탐색단계**에서 상담자는 삶의 변화 또는 삶에 대한 통제는 활동하기를 통해 가능하다고 전제하고, 내담자가 현재 무엇을 어떻게 하고 있는지에 대해 질문을 통해 탐색한다("무슨 일이 있었나요?" "거기에 누가 있었나요?" "그 일은 언제 일어났나요?" "당신이 이것을 말한 후에 무슨 일이 일어났나요?").

셋째, **행동평가단계**에서 상담자는 탐색질문을 통해 내담자가 자신의 행동에 관한 가치판단과 자기평가를 할 수 있도록 돕는다("당신의 행동은 당신에게 도움이 되나요?" "당신의 현재 행동을 통해 당신이 원하는 것을 얻고 있나요?" "당신은 규칙을 위반하고 있나요?" "당신이 원하는 것들은 현실적이고 달성 가능한가요?" "그것을 그렇게 보는 것이 얼마나 도움이 되나요?"). 넷째, **계획수립단계**에서 상담자는 내담자가 자신이 원하는 것을 얻기 위해 필요한 구체적인 계획을 수립하도록 돕는다. 계획은 생리적·심리적 욕구충족에 초점을 두는 것으로, 단순하고 성취할 수 있는 것으로 설정하고, 내담자가 성취할 수 있는 계획수립을 돕되, 계획에 대한 책임은 전적으로 내담자 각자에게 달려 있음을 강조한다. 끝으로, **계획실행단계**에서 상담자는 구두 또는 문서로 작성된 계약을 통해 내담자의 계획실행을 공고히 한다. 계약서에는 계약서의 내용대로 이행하지 않는 경우에 대한 결과 또는 조치를 명시한다.

현실치료의 주요 기법

현실치료과정에서 흔히 사용되는 기법은 〈표 15-8〉과 같다.

〈표 15-8〉 현실치료의 주요 기법

기법	설명
☐ 질문	○ 정보 수집·제공, 메시지 명료화를 위해 사용됨 ○ 내담자가 원하는 것에 대해 생각하고, 행동이 옳은 방향으로 나아가고 있는지에 대한 평가에 사용됨
☐ 긍정적 태도	○ 내담자가 할 수 있는 것에 초점을 맞추고, 기회가 있을 때마다 내담자의 긍정적인 행동 실행과 건설적인 계획수립을 강화해 주는 기법
☐ 은유	○ 내담자의 언어적 표현에 주의를 기울이면서 그 언어를 사용함으로써 상담자가 이해하고 있음을 전달하는 기법
☐ 유머	○ 상황이 생각보다 심각하지 않음을 깨닫도록 돕기 위해 사용되는 기법 ○ 심각하다고 여기는 상황에서 웃을 수 있다는 것 자체는 문제 통찰, 해법 탐색, 변화능력 촉진의 효과가 있음
☐ 직면/도전	○ 행위에 대한 책임수용을 촉진하기 위해 특정 행동에 도전하는 기법 ○ 현실적 책임과 관련된 모순이 보일 때 행동의 실천을 요구함 ○ 행동에 영향을 미치는 비생산적 사고 또는 신념을 파악하게 되면서 비생산적 행동의 대안 모색 또는 새로운 계획수립으로 이어짐
☐ 계약	○ 내담자의 행동 변화에 대한 약속을 문서로 작성하는 기법
☐ 역할연습	○ 내담자가 대인관계에 어려움을 겪고 있거나 새로운 행동을 실행에 옮기고자 할 때 사용되는 기법
☐ 지지	○ 긍정적인 결과에 대한 내담자의 자각, 예상, 기대를 높이기 위해 사용되는 기법
☐ 과제	○ 상담 회기 사이의 연속성 유지, 회기 간의 문제해결 독려, 상담성과 증진을 위해 사용되는 기법 ○ 흔히 새로운 행동 시도, 현재 행동의 감소 또는 중단, 현재 행동의 기록 또는 구체적인 문제해결 방안 모색 등이 포함됨
☐ 논의/논쟁	○ 내담자의 질문에 대한 답변이 현실성이 없거나 합리적이지 않을 때 사용하는 기법 ○ 욕구 또는 욕구충족 방법의 현실성과 책임성에 초점을 맞춤

☐ 역설	○ 내담자에게 계획실행을 중단할 것을 요구하거나, 천천히 수행하게 하거나, 계속해서 계획에 어긋나게 하도록 요구하는 기법 ○ 계획실행에 저항하는 내담자에게 모순된 제안을 함으로써 내담자가 기꺼이 실수하면 내담자의 문제통제가 이루어지고 있는 것으로 간주함

 ## 중다양식치료 / Multimodal Therapy

중다양식치료는 남아프리카공화국의 아놀드 라자러스(Arnold Lazarus, 1932~현재)에 의해 창시된 것으로, 내담자를 포괄적이고 종합적으로 이해·평가하여 효율적인 상담 전략을 강구하기 위한 치료적 접근이다. 라자러스는 중다양식치료에 기술적 절충주의를 적용했는데, **기술적 절충주의**technical eclecticism란 이론적·개인적 성향보다는 경험적 증거와 내담자의 요구에 따라 처방적 처치방법을 사용하는 체계적·복합적인 치료적 접근을 말한다. 이 접근에서는 인지행동적 접근을 비롯한 다양한 이론이 적용되는 한편, 내담자 이해와 조력을 위해 BASIC ID 모델이 활용되는데, 이 모델에 관한 설명은 〈표 15-9〉와 같다.

〈표 15-9〉 BASIC ID 모델의 7개 범주와 조력기법

범주	조력기법
☐ B/행동Behavior	○ 행동실연, 모델링, 비강화non-reinforcement, 정적 강화, 기록·자기모니터링, 자극통제, 체계적 노출
☐ A/정동Affect	○ 분노표현, 불안관리 훈련, 감정 확인, 빈 의자 기법
☐ S/감각Sensation	○ 바이오피드백, 초점 맞추기, 최면, 명상, 이완 훈련, 감각초점 훈련, 임계치 훈련
☐ I/심상Imagery	○ 반미래충격심상anti-future shock imagery, 연합심상associated imagery, 혐오심상aversive imagery, 목표시연goal rehearsal, 대처심상coping imagery, 정적심상positive imagery, 스텝업기법step-up technique, 시간투사time projection
☐ C/인지Cognition	○ 독서치료, 오개념 수정하기, 엘리스의 ABCDEF 모델, 문제해결, 자기교수 훈련, 사고중지
☐ I/대인관계 Interpersonal relation	○ 의사소통 훈련, 우연계약체결, 교우관계 훈련, 역설전략, 사회적 기술, 주장성 훈련
☐ D/약물·생물학 Drugs/biology	○ 식이요법, 레저활동, 전문의 의뢰, 생물학적 개입(항우울제 투입)

중다양식치료는 내담자에 대한 종합적인 평가와 행동전략을 갖추고 있어서 내담자의 다양한 욕구를 충족시킬 수 있다는 장점이 있다.

중다양식치료의 과정

중다양식치료는 장기 또는 단기 상담의 형태로 진행될 수 있다. 장기상담의 평균 기간은 회기당 1시간, 주당 1회기로 약 1년간(50회기 정도) 진행된다. 반면, 단기상담의 형태는 1~15회기로, 단기간에서 수개월에 걸쳐 진행된다. 상담은 주로 개인상담의 형태로 진행되나, 때로 부부 또는 가족 단위로 진행된다. 상담자는 상담초기부터 BASIC ID 모델을 통해 내담자의 호소 내용에 관심을 기울이면서 두 가지 질문을 한다("현재 상황에 놓이게 된 원인은 무엇인가요?" "누가 또는 무엇이 이 상황을 지속시키고 있나요?"). 또한 상담자는 상담에 대한 내담자의 기대와 가장 적절한 관계유형을 사정한다. 그리고 내담자의 강점과 긍정적인 속성을 탐색하면서 필요한 경우, 인지적 논쟁과 같은 구체적인 개입방법을 사용하기도 한다. 초기면담을 마칠 무렵이 되면, 내담자에게 15쪽 분량의 '중다양식 생애력 검사지Multimodal Life History Inventory'를 작성하게 한다. 이 검사지는 선행사건과 문제유지 요인들에 관한 문항들로 구성되어 있는데, 내담자의 반응들은 BASIC ID 범주로 분류된다. 그 밖에 인지행동적 접근으로 그 효과성을 인정받는 이론적 모델로는 ① 변증법적 행동치료, ② 스트레스 면역 훈련, ③ 합리적 재구조화가 있다.

 ## 변증법적 행동치료 / Dialectical Behavior Therapy

변증법적 행동치료(DBT)는 1993년 마샤 리네한(Marsha M. Linenhan, 1943~현재)이 경계성 성격장애 및 감정조절의 어려움과 충동성이 문제가 되는 상태를 치료하기 위해 창안한 인지행동치료이론이다. 리네한은 자살행동을 보이는 여성 내담자들과의 임상 경험을 바탕으로 DBT를 개발했다. 이 치료적 접근의 기본가정은 개인은 감정적으로 취약한 성품을 타고났고, 감정을 인정해 주지 않는 가정환경과의 상호작용을 통해 감정조절의 어려움과 자해행동으로 이어지게 된다는 것이다. 인정해 주지 않는invalidating 환경은 개인이 원하는 것과 감정이 무시되거나 존중받지 못하고, 소통을 위한 노력이 무시되고 처벌받는 환경을 말한다. DBT에서는 내담자들에게 문제해결, 감정조절, 대인관계 기술을 가르친다. 이러한 기술 훈련은 인정해 주는 치료환경에서 시작되며, 개별 회기와 집단기술 훈련으로 구성된다. 내담자들은 〈표 15-10〉에 제시된 네 가지 기술(① 마음챙김mindfulness, ② 감정조절emotional regulation, ③ 고통감내distress tolerance, ④ 대인관계 효과성interpersonal effectiveness) 훈련 모듈을 2회씩 거치게 된다.

〈표 15-10〉 DBT의 기술 훈련 모듈

기술	설명
☐ 마음챙김	○ 흐트러지지 않고 비판적이지 않으면서 순간을 인식하는 능력을 습득함
☐ 감정조절	○ 감정을 규명하고, 감정이 자신 또는 타인에게 미치는 영향을 인식하며, 부정적인 감정상태를 바꾸고 긍정적인 감정을 일으키는 행동을 증가시키는 법을 습득함
☐ 고통감내	○ 스트레스 상황에 대처하는 방법과 자기위로 방법을 습득함
☐ 대인관계 효과성	○ 대인관계 갈등을 효과적으로 해결하고, 자신의 요구와 욕구를 적절하게 충족시키며, 다른 사람들이 원치 않는 요구를 할 시 적절하게 거절하는 방법을 습득함

　DBT에서 내담자들은 12개월간 치료를 받는데, 자해행동, 입원일수, 물질사용 감소에 초점을 둔 다른 치료방법보다 더 효과적임이 입증되었다.

 ## 스트레스 면역 훈련 / Stress Innoculation Training

스트레스 면역 훈련(SIT)은 도널드 마이켄바움Donald Meichenbaum이 개발한 것으로, 내담자가 자신의 행동 변화를 위해 스스로 말 또는 자기 지시를 통해 스트레스 유발요인에 대해 면역력을 키움으로써 문제 해결 및 예방을 돕기 위한 치료방법이다. 이 방법은 사람들이 새로운 대처기술을 터득하고, 스트레스 상황에 직면할 때 적응전략을 효과적으로 활용할 수 있도록 구성되어 있다. SIT는 서로 중복되는 세 단계를 거치는데, 세부 내용은 〈표 15-11〉과 같다.

〈표 15-11〉 SIT 3단계

단계	과업
1. 개념화	○ 특정 사고 또는 상황에 대한 평가방식이 어떻게 스트레스, 다른 부정적 감정, 역기능적 행동을 유발하는지에 대해 학습한다. ○ 잠재적 위험 또는 스트레스 유발요인 발견 및 적용방법을 학습한다.
2. 기술습득 및 시연	○ 대처기술을 연습하고 이를 점차적으로 스트레스 유발요인을 경험하는 실제 세계로 옮겨 간다.
3. 적용	○ 다양한 스트레스 상황을 통해 다양한 대처기술을 적용할 수 있도록 부가적인 기회를 제공한다. ○ 대처기술을 공고히 하기 위해 유사한 문제가 있는 다른 사람들을 돕도록 지시한다. ○ 재발 방지와 지지 회기를 포함한 면역절차는 추후에도 지속된다.

SIT는 강간, 폭행 외상, PTSD, 분노조절 문제 등 다양한 정서 · 행동 문제치료에 사용되어 왔다.

합리적 재구조화 / Rational Restructuring

합리적 재구조화(RR)는 골드프리드[Marvin R. Goldfried]와 데이비슨[Gerald Charles Davison]이 REBT를 바탕으로 창안한 것으로, 세상에 대한 해석방법과 가정의 변화를 통해 부적응 행동을 변화시키기 위한 치료방법이다('합리적 재구성'으로도 불림). 합리적 재구조화의 치료방법은 다음 두 가지다. 하나는 치료자가 내담자의 신념이 비합리적이라는 사실에 변화를 주기 위해 내담자와 토의 또는 논쟁하는 것이다. 이를 통해 치료자는 내담자의 비합리적 신념에 대해 합리적으로 분석하고, 합리적 신념으로 대체하도록 돕는다. 이 작업을 통해 실제 상황에서 불편감을 느끼게 되는 내담자는 잠시 멈춰서서 특정 상황에서 자신에게 어떤 말을 하고 있는지 살펴보는 방법을 터득한다. 다른 하나는 내담자가 특정 문제상황을 상상하도록 하는 것이다. 이는 행동실연, 모델링, 실제연습 등과 연관이 있다. 이러한 점에서 합리적 재구조화는 내담자가 처한 특정 상황에 대한 요구에 적절하게 조절 가능한 절충적 방법이다.

포스트모더니즘적 접근

포스트모더니즘적 접근에서는 "세상에 유일한 진리는 없고, 개인이 자기 자신이라는 실체를 만들어 간다."라고 전제한다. 이 접근에서는 인간은 건강하고 탄력적이며, 나름의 자원이 있으며, 삶의 방향을 바꿀 능력이 있다고 본다. 또한 이 접근에 속하는 이론들은 공통적으로 개인은 자신과 세계를 이해할 이야기를 만들어 낸다고 전제한다. 이에 이 접근에서 상담자는 알지 못함[not-knowing]의 입장에서 내담자를 삶의 진정한 전문가로 간주한다. 또한 개인적 경험의 긍정적인 면을 강조하고, 내담자가 문제해결에 적극 관여하게 한다. 그리고 이해와 수용적인 분위기 조성을 통해 내담자가 자신의 자원을 활용하여 건설적으로 변화하도록 돕는다. 포스트모더니즘적 접근은 ① 해결중심단기치료, ② 이야기치료, ③ 동기강화면담, ④ 강점기반상담, ⑤ 통합적 접근을 중심으로 살펴보기로 한다.

 해결중심단기치료 / Solution-Focused Brief Therapy

해결중심단기치료(SFBT)는 스티브 드셰이저[Steve De Shazer]와 김인수[Insoo Kim Berg]가 포스트모더니즘과 사회구성주의 관점에서 창안한 이론이다. 이 이론에서는 '가장 단순한 해결책이 최상의 해결책'임을 강조한다. SFBT는 실용적 · 반결정론적 · 미래지향적 접근으로, 내담자의 변화 가능성에 대해 낙관적 · 희망적인 입장을 취한다. 이에 표준과 병리적 진단을 거부하는 한편, 내담자의 결핍이나 문제보다는 해결책과 강점을 중시한다(de Shazer & Dolan, 2007). 이 접근에서 내담자는 모든 문제에는 예외가 있다는 전제하에 자신의 문제뿐 아니라 해결에 관한 이야기를 통해 해결책을 모색한다. SFBT의 기본가정 및 변화원리는 글상자 15-6과 같다.

 글상자 15-6. SFBT의 기본가정 및 변화원리

1. 변화는 필연적 · 지속적이다(☞ 변화를 기회로 인식하라!).
2. 못 쓸 정도가 아니면 그대로 써라(☞ 내담자가 문제로 여기지 않는 행동은 변화시키려 하지 말라!).

3. 잘 작동하는 부분이 있다면, 그 부분을 더 활용하라(☞ 무엇이 작동하고 있고, 더 잘 기능할 것 같은가?).

4. 작동하지 않으면, 다른 방법을 모색·사용하라(☞ 내담자에게 맞는 방법을 찾을 때까지 다른 행동을 시도하라!).

5. 내담자는 우리에게 자신의 자원과 강점을 알려 준다(☞ 내담자는 자신의 삶에서 어떤 것이 효과적이고, 어떤 것이 그렇지 않은지 알고 있다).

6. 작은 진척이 큰 변화를 이끈다(☞ 충분히 좋은 상태로 불릴 수 있을 정도로 점진적으로 나아가라!).

7. 해결책과 문제 사이에 논리적인 관계가 있을 필요는 없다(☞ 바람 빠진 타이어를 고칠 때 왜 바람이 빠졌는지는 문제가 되지 않고, 그것을 고치는 것이 더 중요하다).

8. 해결책 마련과 관련된 언어는 문제를 설명하는 데 필요한 언어와 다르다(☞ 결핍, 병리, 부정적 언어를 사용하는 문제중심 접근보다는 해결에 초점을 맞추라!).

9. 문제는 항상 일어나는 것이 아니고, 언제나 활용할 수 있는 예외상황이 있다(☞ 문제에 대한 예외상황을 탐색하여 새로운 해결책을 도출하라!).

10. 미래는 창조되며, 절충이 가능하다(☞ 내담자는 자기 운명의 '건축가'다. 대화를 통해 새로운 미래를 재창조하라!).

해결중심단기치료의 기본개념

SFBT의 기본개념으로는 ① 사회구성주의, ② 해결중심·미래 지향, ③ 예외상황·내담자의 강점, ④ 저항이 아닌 준비상태가 있다. 첫째, **사회구성주의**social constructionism는 지식과 진리가 대화를 통해 구성된다는 입장의 철학 사조다(Gergen, 1999). 이는 포스트모더니즘과 함께 개인이 다른 사람과 나누는 대화와 언어가 현실을 만드는 주요 요인으로 작용하므로 고정된 것은 없다는 입장을 취한다. 즉, 현실은 사회적으로 구성되고, 언어를 통해 이루어지며, 이야기를 통해 조직화하고, 본질적인 진리는 존재하지 않는다는 것이다(de Shazer & Dolan, 2007).

둘째, **해결중심·미래 지향**은 ① 포스트모더니즘과 사회구성주의에 내재된 철학적 전제를 바탕으로, ② 내담자가 빨리 변할 수 있고, ③ 자신에 대한 전문가이며, ④ 강화 가능한 강점이 있고, ⑤ 문제가 아닌 해결에 초점을 두는 것을 강조하며, ⑥ 해결책 탐색은 미래에 초점을 두는 것이 중요하고, ⑦ 상담자와의 대화에서 내담자가 새로운 현실을 창조함으로써 ⑧ 문제에서 벗어나는 새로운 언어를 창조할 수 있다고 믿는 것을 말한다. 따라서 SFBT 상담자는 현실은 보는 사람의 시각 안에 있으므로 올바른 행동

방식에 대한 정해진 규범은 없다고 보고, 내담자의 행위를 다른 사람들의 것과 비교하지 않으며, 내담자가 그들처럼 행동하도록 요청하지 않는다. 그뿐 아니라 전통적으로 병리적 증상으로 분류되는 행동을 나타내는 내담자의 문제도 병리적 관점에서 조망하지 않는다. 왜냐면 그것을 전문적인 '집단적 사고'의 결과로 간주하기 때문이다.

셋째, **예외상황 · 내담자의 강점**을 부각시키는 작업은 내담자가 강했던 적도 있고, 자신에 대해 좋은 감정이 들었던 적도 있으며, 문제를 효과적으로 처리했던 적도 있다는 가정하에 상담자가 이러한 순간에 대해 질문을 함으로써 이들이 어떻게 효과적으로 대처했는지 확인하게 해서, 그 메커니즘을 현재의 문제해결에 활용할 수 있도록 돕는 것이다. 이는 내담자가 자신의 삶에 문제만 있는 것이 아니라는 인식을 갖게 하는 효과도 있다.

끝으로, **저항이 아닌 준비상태**란 내담자에게 저항적이라고 낙인을 찍기보다 변화하지 않은 내담자는 아직 변화할 수 있는 메커니즘을 찾지 못한 것일 뿐이라고 여기는 것을 말한다. 이에 내담자를 ① 고객customers형(목적이 분명하고, 문제해결을 위한 작업준비가 되어 있는 사람들), ② 불평complainants형(문제와 작업할 것을 인식하고 있지만, 해결책 발견에 어려움이 있는 사람들), ③ 방문객visitors형(상담자를 시험하듯이 이곳저곳 기웃거리는 사람들)으로 분류하는 한편, 저항이 아닌 준비상태의 관점에서 변화를 촉진한다.

해결중심단기치료의 목표

SFBT에서는 내담자와 함께 내담자 자신의 미래, 그리고 삶에서 달라지기를 원하는 것에 관한 이야기를 나눈다. 상담자는 규모가 작고 현실적이며, 분명하고 구체적이면서, 관찰 · 성취 가능한 변화에 중점을 둠으로써 긍정적인 결과로 이어지도록 돕는다. 이는 내담자의 궁극적인 목표성취는 규모가 작은 성공경험에서부터 시작될 수 있다는 기본가정에 기초한 것이다(de Shazer & Dolan, 2007). 다른 이론적 접근과 비교할 때, SFBT 상담자의 역할은 글상자 15-7에 제시된 것과 같은 특징이 있다.

◆ 글상자 15-7. SFBT 상담자의 태도와 역할

1. 문제problem보다는 해결solution에 초점을 두고, 이에 대한 논의방식을 중시한다.
2. 내담자가 자신의 삶에 대해 가장 잘 알고 있다고 가정한다.
3. 진단, 평가, 처치의 전문가로 보지 않으며, 이런 의미의 단어를 사용하지 않는다.

4. 문제개념화에서 어휘 선택을 중시한다.

5. 돌봄, 관심, 존중하는 태도를 지닌 호기심, 개방성, 공감, 접촉, 매력 등의 개념을 관계의 필수 요소로 간주한다.

6. 상호존중, 대화, 탐색, 지지 분위기를 조성하여 내담자가 새로운 이야기를 자유롭게 재작성하도록 돕는다.

7. 내담자를 치료한다기보다 그와 함께 치료하고자 한다.

8. 내담자의 건설적인 변화에 영향을 주는 자원활동을 위한 이해·수용 분위기를 조성하고자 한다.

9. 치료과정에서 평가 또는 기법보다 공감과 협력적 동반자 관계를 더 중시한다.

SFBT의 적용 원칙은 글상자 15-8과 같다.

◆ 글상자 15-8. SFBT의 적용 원칙

1. 상담에서의 대화가 비병리적인 내용으로 계속되는 것에 초점을 맞춘다.

2. 가능성이 열려 있는 방식으로 문제를 변화시킨다.

3. 문제의 예외상황에 초점을 맞춘다.

4. 내담자의 강점과 대처방안에 대한 논평을 제공한다.

5. 문제에 대한 통찰에 초점을 맞추는 경향성을 피한다.

6. 긍정적인 대처행동에 초점을 맞춘다.

7. 내담자는 문제에 압도된 것이 아니라 삶에 대한 호소 내용이 있는 존재로 본다.

8. 내담자가 더 단순한 해결책을 찾도록 돕는다.

9. 내담자가 점차 해결책에 친숙해지도록 격려한다.

SFBT 상담자는 상담 분위기에 주의를 기울이는 한편, 상담에서의 대화가 글상자 15-8에 제시된 원칙과 일치하는지 확인한다. 상담자는 내담자가 협력과 해결책에 집중하게 하여, 내담자가 과거 또는 통찰에 초점을 맞추는 대신, 가능한 해결책과 기회를 발견할 수 있도록 돕는다.

해결중심단기치료의 주요 기법

SFBT 상담자는 상담초기에 내담자의 문제에 대해 공감적으로 경청함으로써 관계형성과 문제이해를 촉진한다. 이는 내담자를 존중하는 행위로, 해결과 관련된 대화보다는 짧게 하도록 한다. SFBT에서 흔히 사용되는 기법으로는 ① 첫 회기 전 변화에 대한 질문, ② 대사 역할, ③ 가설적 태도, ④ 확장, ⑤ 칭찬, ⑥ 재구성, ⑦ 질문, ⑧ 요약 피드백, ⑨ 척도질문이 있다.

첫째, **첫 회기 전 변화에 대한 질문**은 상담자가 내담자에게 첫 회기를 예약하고 오기 전까지 어떤 변화가 있었는지 확인하는 기법이다. 상담자는 첫 회기에 내담자에게 "문제에 변화를 가져오기 위해 상담참여를 신청한 이후로 무엇을 해 왔나요?"라고 묻는다. 이는 내담자의 목표달성에 있어서 치료자보다는 자신의 강점과 자원에 의지하도록 격려하기 위한 것이다. 둘째, **대사**^ambassador **역할**은 외국에 상주하는 대사처럼 다른 문화에 속한 사람들에게 존경과 호기심을 보이며 수용적 태도로 접근하여 그들을 이해하려는 태도를 보이는 것을 말한다. 상담자가 내담자에게 '전문가'로 접근하는 기존의 치료모델과 달리, SFBT 상담자는 겸손한 태도로 내담자를 대하고, 내담자의 어려움에 관심을 기울이며, 그들의 존재방식을 존중하고 이야기를 수용함으로써 그들에 관한 정보수집과 치료동맹을 공고히 한다.

셋째, **가설적 태도**는 내담자를 전문가로 여기고 내담자가 어려움을 겪는 이유에 대해 가정 또는 해석을 조심스럽게 하는 자세를 말한다. 가설적 태도를 보여 주기 위해 상담자는 내담자에게 겸손과 존중, 호기심 어린 자세를 유지하고, 다음과 같은 형식의 문장(예, "~일 수 있을까요?" "~라고 가정하는 게 맞을까요?" "저는 ~라고 생각하는데, 그렇지 않다면 수정해 주세요." "~라고 추측해 봅니다.")을 사용함으로써 전문가 행세를 하지 않는다. 넷째, **확장**은 격려를 통해 내담자에게 효과적이었던 해결책에 대한 논의를 활성화하여, 내담자가 문제중심 대화에서 벗어나도록 도와서 성공의 범위를 넓히는 기법이다(예, "헬스를 시작한 것이 우울감 완화에 도움이 된 것처럼 들리네요. 운동이 어떤 점에서 도움이 되었는지 좀 더 상세히 말해 볼래요?").

다섯째, **칭찬**은 내담자가 해결책을 지속적으로 찾도록 독려하기 위해 사용하는 기본 기법이다(예, "헬스를 시작하게 되면서 우울감이 완화되었다니, 그건 참 잘한 일이라는 생각이 드는군요."). 여섯째, **재구성**이란 자신이 뭔가 잘못되었거나, 결핍되었거나, 정신장애가 있다고 여기는 내담자의 관점에 새로운 방식을 제공함으로써 자신의 문제를 이해하는 방식에 변화를 주는 것을 말한다. 이 기법은 사회구성주의의 관점을 반영하고 있다. 일곱째, **질문**은 SFBT의 핵심기법으로, 정보수집보다는 내담자의 경험 이해와 가장 효과적인 문제해결 방법 탐색에 초점을 맞추기 위한 목적으로 사용된다. SFBT에서 주로 사용되는 질문은 〈표 15-12〉와 같다.

〈표 15-12〉 SFBT에서 주로 사용되는 질문

질문	설명
☐ 목표선택질문	○ 목표를 구체화하도록 돕기 위한 질문 • "당신의 미래가 어떻게 되기를 원하나요?"
☐ 평가질문	○ 목표달성에 도움이 되는 행동과 그렇지 않은 행동의 구분을 돕는 질문 • "당신은 현재 무엇을 하고 있고, 그것이 효과가 있나요?"
☐ 대처질문	○ 내담자가 문제해결에 도움이 되었던 과거 행동에 초점을 맞추도록 하는 질문 • "당신은 과거에 그 문제에 대해 어떻게 대처했나요?"
☐ 예외발견질문	○ 원하는 목표에 부합했던 과거의 행위를 새롭게 조망하도록 돕는 질문 • "문제가 해결되었다면 그것을 어떻게 알 수 있을까요?" • "최근 들어 문제가 일어나지 않은 때는 언제였나요?"
☐ 해결지향질문	○ 미래지향적이고, 목표달성을 돕는 새롭고 긍정적인 방법을 개발할 기회를 제공하는 질문 • "문제가 없다면, 당신의 삶은 어떻게 달라질까요?"
☐ 악몽질문	○ 면담 전 변화에 대한 질문, 기적질문, 예외발견질문이 효과가 없다고 판단될 때, 주로 사용됨 ○ SFBT에서 유일하게 부정적인 문제중심적 질문으로, 내담자가 자신의 상황이 더 악화되어야 문제에서 벗어나려는 의지를 보일 때 유용함 • "오늘 밤 잠들었는데, 악몽을 꾸었습니다. 그런데 오늘 가져온 모든 문제가 갑자기 훨씬 더 악화된 것입니다. 내일 아침에 무엇을 보면 악몽 같은 삶을 살고 있다는 것을 알 수 있을까요?"

여덟째, **요약 피드백**summary feedback은 내담자가 보여 준 특정한 강점을 알려 주는 기법이다. 이 기법을 통해 내담자는 매 회기마다 상담 회기에 대해 피드백을 한다. 이때 상담자는 내담자가 이루어 낸 변화에 대해 다음과 같은 말로 지지한다. "어떻게 그런 변화가 일어나게 했나요?" "이전과 비교할 때, 친구들이 당신을 어떻게 다르게 대해 주었나요?" "이런 변화를 통해 당신이 알게 된 것은 무엇인가요?" 이러한 질문은 내담자로 하여금 발생한 변화에 대해 자신이 기여한 점을 스스로에게서 찾게 하는 지지와 격려의 효과가 있다. 그뿐 아니라 내담자가 상담을 통한 학습을 일상생활에서 실행에 옮기도록 돕는다.

끝으로, **척도질문**scaling questions은 내담자의 상황을 양적으로 평가해 볼 수 있도록 고안된 기법이다. 이 기법은 내담자가 감정, 자신감, 의사소통, 대인관계 등 자신의 문제를 단순히 말로 표현하는 것이 모호하다고 느끼거나 쉽게 관찰되지 않는 문제 또는 경험의 변화 정도를 가늠하기 어려워할 때, 그 정도를 구체적으로 파악하는 데 도움이 된다. 변화에 대한 내담자의 생각을 명확하게 정리하는 데 도움이 되는 척도질문의 예는 글상자 15-9와 같다.

 글상자 15-9. 척도질문의 예

○ 1에서 10점 척도에서 10점이 가장 바람직한 상태라면, 당신이 변화하길 바라는 정도는 몇 점 인가요?

○ 1에서 3까지 척도점수를 올리려면, 앞으로 2주 이내에 어떤 변화가 필요할까요?

○ 1에서 10점 척도에서 10점이 가장 자신 있는 상태라면, 당신이 앞으로 2주 동안 성공할 것에 대한 자신감은 몇 점이나 되나요?

○ 1에서 10점 척도에서 10점이 가장 자신 있는 상태라면, 당신이 성공할 가능성에 대해 당신의 친구들이 확신하는 정도는 몇 점이나 될까요?

만일 척도질문에 대해 내담자가 1점이라도 상승했다고 말한다면, 그것은 나아진 것이다. 그러므로 상담자는 이러한 반응에 대해 다음과 같은 질문을 통해 내담자가 원하는 방향으로 더 나아가도록 도울 수 있다. "지난주에 비해 1점을 올리기 위해 어떤 것을 했나요?" "척도에서 1점이 더 올라가려면, 무엇을 할 필요가 있나요?" 이처럼 척도질문은 내담자로 하여금 자신이 현재 하고 있는 것과 자신이 바라는 변화의 방향으로 나아가기 위해 어떤 조치가 필요한지를 주의 깊게 살펴보게 하는 효과가 있다. 척도질문은 내담자가 측정을 통해 자신의 변화 가능성을 구체적으로 이해하는 데 도움을 준다는 이점이 있다.

해결중심단기치료의 과정

SFBT는 0단계에서 6단계까지 모두 7단계(① 면담 전 변화확인, ② 협력관계형성, ③ 문제규정, ④ 목표설정, ⑤ 문제에서 해결로의 초점이동, ⑥ 목표달성, ⑦ 상담종결)로 진행된다. **첫째, 면담 전 변화확인단계**에서는 첫 회기 전에 약속시간을 정하면서 내담자에게 첫 회기 전까지 어떤 변화가 있었는지를 파악하도록 요청한다(p. 405의 '첫 회기 전 변화에 대한 질문기법' 참조). 둘째, **협력관계형성단계**에서 상담자는 내담자와의 사이에서 잠재적 권력 차이를 줄이고, 마치 대사 같은 역할(호기심, 존중, 수용적 태도)을 통해 경청, 공감, 가설적 태도로 내담자가 자신의 힘과 자원을 찾도록 돕는다. 셋째, **문제규정단계**에서 상담자는 전 단계에서 사용했던 기법을 사용하여, 해결에 초점을 맞추기 전 약 15분간 내담자의 문제를 경청한다(De Jong & Berg, 2012). 이를 통해 내담자가 첫 회기 동안 편안함을 느끼도록 돕는 한편, 되도록 신속하게 다른 기법을 사용하여 내담자가 목표설정에 관심을 기울이도록 돕는다.

넷째, **목표설정단계**에서 상담자는 내담자가 원하는 미래에 관한 질문에 답하도록 한다. 상담자는 진술한 호기심과 관심, 존중, 개방적 태도로 개방적 질문을 하고, 내담자는 경험을 자신의 말로써 기술한다. 이는 내담자 개개인이 자신의 목소리를 내게 하는 한편, 미래의 가능성에 대해 생각해 볼 기회를 제공함으로써 건설적인 해결책 마련을 위한 목표를 설정하도록 돕기 위함이다. 다섯째, **문제에서 해결로의 초점이동단계**는 일련의 질문을 통해 내담자가 문제보다 해결에 초점을 맞추도록 돕는다. 상담자는 다양한 방법을 통해 내담자가 새로운 해결책을 찾도록 돕는다. 여섯째, **목표달성단계**는 첫 회기 이후 다음 회기에 참여할 때까지 세부목표를 실행하고 목표달성을 위해 노력함으로써 맞이하는 단계다. 이 단계에서 상담자는 척도질문을 통해 내담자가 사용했던 새로운 방법의 효과성 평가를 돕고, 변화 촉진을 위해 내담자에게 효과적인 것을 고려하여 다음 회기의 목표를 수정하기도 한다. 상담자는 경청과 공감, 내담자의 새로운 시도 또는 노력에 대한 칭찬을 통해 목표달성을을 촉진한다. 끝으로, **상담종결단계**는 설정한 목표를 달성하면 이루어진다. 후속상담 회기는 내담자가 해결중심 지향적 삶의 지속 여부를 점검하기 위해 갖는다. 이 단계에서는 주로 경청과 공감, 칭찬, 그리고 척도질문이 사용된다.

 ## 이야기치료 / Narrative Therapy

이야기치료(NT)는 호주의 마이클 화이트(Michael White, 1948~2008)와 뉴질랜드의 데이비드 엡스턴(David Epston, 1944~현재)이 창시한 것으로, '내러티브 치료'로도 불린다. 이 접근은 포스트모더니즘^postmodernism과 사회구성주의^social constructionism에 내재된 원리와 철학적 가설에 토대를 두고 있다. 즉, 세상을 이해하는 데에는 여러 방법이 있고, 우리가 누구인지에 대한 정의는 기본 규칙이 없으며, 타인을 더 잘 이해하는 데에도 한 가지 방법만이 유효한 것이 아니라는 것이다. 또한 권력자들의 가치는 개인이 자신을 비교하는 표준이 될 뿐 아니라 이 표준은 개인이 사용하는 언어에 의해 재강화된다는 것이다. 이야기치료에서는 사회적 환경의 언어사용이 어떻게 지배적인 현실을 만들어

내는지에 관심을 보인다. 왜냐하면 내담자는 사회적 환경(가족, 문화, 사회 등)에서 만나는 타인과의 끊임없는 담론 속에 있고, 이러한 상호작용을 통해 자신에 대한 개념을 만든다고 보기 때문이다. 따라서 이 접근에서는 내담자의 이야기/내러티브를 이해하고, 문제로 가득 찬 이야기를 해체하며, 내담자가 자신을 이해하는 방식으로 이야기를 재구성하도록 돕는다(Madigan, 2015; White, 1995; White & Epston, 1990). 이야기치료의 기본개념은 〈표 15-13〉과 같다.

〈표 15-13〉 이야기치료의 기본개념

기본	설명
☐ 포스트구조주의 post-structuralism	○ 구조주의^{structuralism}(사물의 의미는 개별이 아니라 전체 체계 안에서 다른 사물들과의 관계에 따라 규정된다는 관점의 철학 사상)에 대한 반동으로 태동한 철학 사조
☐ 사회구성주의 social constructionism	○ 언어와 담론이 정신개념을 형성하고, 개인이 진실이라고 믿는 것들의 근간이 된다고 보는 철학 사조
☐ 이야기^{narrative}	○ 내담자가 누구인지를 정의하고, 평생에 걸친 그의 삶에 관해 묘사하는 것
☐ 지배적 이야기 dominant narrative	○ 개인의 삶에서 그의 정체성에 속하는 것으로 여겨지는 다층적 이야기('문제로 가득 찬 이야기'로도 불림)
☐ 해체^{deconstruction}	○ 당연하게 여겼던 신념, 가치, 개념, 사회적 담론이 지배적 이야기를 뒷받침해 왔다는 것을 이해하고, 지배적 이야기를 분해하는 과정
☐ 상대주의^{relativism}	○ 모든 진리, 태도, 신념이 동등하게 유효하다는 입장의 철학적 사조
☐ 재저술^{re-authoring}	○ 내담자의 삶에 관한 이야기를 발전시키고 말하도록 할 뿐 아니라 지배적인 이야기에서 벗어나 있던 내용과 잠재적으로 중요한 경험을 삶의 이야기에 포함하도록 돕는 것
☐ 중립성 결여	○ 치료자는 절대 중립적 입장을 취할 수 없다는 것

이야기치료의 목표와 과정

이야기치료의 목표는 내담자가 문제로 가득 찬 지배적인 이야기에서 벗어나 자신을 새로운 방식으로 보도록 하는 것이다. 이는 내담자로 하여금 문제가 있거나 도움이 되지 않는 이야기를 가려내게 하고, 그 이야기의 영향력을 감소시키는 한편, 선호하는 이야기를 발전시키도록 도움으로써 성취된다. 이 과정에서는 시간이 소요되고, 독특한 결과와 예외를 발견해 내며, 과거의 긍정적인 사건을 만들어 내는 작업이 요구된다. 이에 상담자는 내담자에게 각자의 경험을 새로운 언어로 기술하게 함으로써 가능한 한 구체적인 것에 대해 새롭게 조망하도록 돕는다. 이 상담에서의 치료적 핵심에는 내담자가 사회적 기준과 기대가 어떻게 자신들에게 내면화되어 가능한 삶의 방식을 제한하는지에 대한 명료화 작업이 포함된다. 이 과정에서 주로 사용되는 기법은 〈표 15-14〉와 같다.

〈표 15-14〉 이야기치료의 주요 기법

주요 기법	설명
☐ 존중 어린 호기심 respectful curiosity, 신비감mystery, 경외심awe	○ 내담자와의 상담관계를 시작하면서 내담자의 이야기를 경청하는 상담자의 기본 자세인 동시에 기법 ○ 내담자 스스로 자신의 문제를 감소시킬 수 있는 존재로 가정하면서, 내담자의 상황에서 잘못을 찾아내지 않는 것
☐ 질문	○ 내담자의 문제 외현화와 그 효과, 그리고 재저술 작업의 체계화에 집중적으로 사용되는 기법
☐ 협력	○ 상담자와 내담자의 권력차를 줄이는 동시에 내담자에게 도움이 되는 방향으로 나아가게 하기 위한 점검과정
☐ 성찰	○ 내담자가 상담과정에 대해 의견을 제시할 기회를 제공함으로써 상담자가 상담과정에서 행한 것의 영향력을 확인하기 위한 기법
☐ 반영·공감·말한 그대로 반응	○ 상담자와 내담자 간의 신뢰관계 형성과 연결을 촉진하고, 내담자가 자신의 이야기를 하도록 하며, 새로운 이야기의 발전을 돕는 강력한 도구 ○ 이 기법은 내담자가 문제로 가득 찬 이야기가 아닌 새로운 이야기를 재저술하도록 도움
☐ 문제 외현화externalizing 대화법	○ 내담자로 하여금 자신이 문제가 아니라 문제가 문제라는 전제하에, 문제를 개인으로부터 분리하여 자신의 문제를 새로운 방식으로 볼 수 있도록 돕는 기법
☐ 이중경청	○ 내담자의 다층적 구조의 이야기, 즉 명시적으로 말하는 이야기뿐 아니라 명확하지 않고 함축적인 이야기에 귀 기울이는 것으로, 질문이 수반되는 기법
☐ 회원 재구성 re-membering 대화법	○ 삶이라는 클럽의 회원을 다시 새롭게 구성하는 기법
☐ 정예의식 definitional ceremonies	○ 내담자가 자신에 관한 생각을 다시 만드는 새롭고 풍부한 이야기를 발전시킨 경우, 선택된 친구 또는 배우자/동반자가 지켜보는 앞에서 행하는 의식
☐ 진술telling/재진술 retelling	○ 외부 증인들(상담자 외의 사람들)에게 자신의 발전된 이야기를 들려주는 기법

이야기치료자는 '사람이 문제가 아니라 문제가 문제'라는 신념을 바탕으로, 문제의 외현화를 통해 내담자가 문제에서 자신을 분리하여 문제를 좀 더 명확하게 조망할 수 있도록 돕는다. 또한 균형 잡힌 경청과 질문을 통해 내담자의 지배적 이야기에 모순 또는 반대되는 이야기를 되살려 낸다. 특정 문제가 어떻게 내담자의 삶을 저해하고 지배하며 낙담시켜 왔는지에 대한 이야기를 점검·이해하기 위한 논의를 한다. 그뿐 아니라 내담자가 자신의 지배적인 이야기를 이해하고, 반대되는 이야기를 만들도록 도움으로써 더 만족스러운 삶을 영위할 수 있도록 돕는다. 이에 내담자는 자신의 이야기를 점검·이해하고, 내면에 깊숙이 침투해 있는 이야기를 해체하여 새로운 이야기를 재저술한다. 내담자는 자신의 지배적 이야기가 지닌 큰 영향력을 깨닫게 되면서 지배적 이야기의 힘은 약화, 해체, 분리된다. 내담자의 이야기 재저술은 자신이 누구인지에 대한 새로운 시각을 갖게 하고, 더 만족스러운 삶으로 이끌게 하는 효과가 있다(Hart, 1995). 이야기치료의 진행단계는 〈표 15-15〉와 같다.

〈표 15-15〉 이야기치료의 진행단계

단계	활동·작업
1. 도입	○ 상담자와 내담자가 만나 관계가 시작되고, 내담자가 문제로 가득 찬 이야기를 나눔
2. 패턴 점검	○ 내담자가 문제로 가득 찬 이야기에 모순·반대되는 이야기를 찾아냄
3. 재저술	○ 내담자가 새롭고 더 긍정적인 이야기를 만들어 냄
4. 변화	○ 삶에 대해 더 새롭고 긍정적으로 전망하고, 상담종결을 준비함

 동기강화면담 / Motivational Interviewing

동기강화면담(MI)은 윌리엄 밀러[William Miller]와 스티븐 롤닉[Stephen Rollnick]이 습관적 음주 같은 행동의 변화를 위한 단기개입 방법으로 창안한 내담자 중심·목표지향적 접근방법이다. MI에서는 내담자가 경험하는 변화에 대한 양가감정을 탐색·해결해 가는 과정을 통해 개인에게 내재된 변화동기를 강화한다(Wagner & Ingersol, 2013). MI는 점차 물질남용, 강박적 도박, 섭식장애, 불안장애, 우울증, 자살, 만성질환 관리, 건강을 위한 행동에 적용되었다(Arkowitz & Miller, 2008; Arkowitz & Westra, 2009). MI에서는 건강한 변화를 이루는 데 있어서 내담자를 그 자신에 관한 최고의 전문가로 인정한다. 이에 내담자의 문제이해에 있어서 전문가 입장보다는 내담자의 관점에 집중한다. 또한 내담자의 내적 동기를 증가시켜 행동 변화를 유발한다. 그렇다고 해서 내담자가 상담을 끌어 나가도록 방임하는 것이 아니라 치료자가 생산적인 방향으로 나가도록 이끈다. MI의 기본개념은 〈표 15-16〉과 같다.

〈표 15-16〉 MI의 기본개념

기본개념	설명
☐ 양가감정 ambivalence	○ 지금까지 살아온 대로 사는 것과 뭔가 새롭게 시도하는 것 사이에서 논쟁하도록 양쪽에서 끌어당기는 상황
☐ 변화대화 change talk	○ 'DARN-CAT(열망^{Desire}, 능력^{Ability}, 이유^{Reasons}, 필요^{Need}, 전념^{Commitment}, 활성화 Activation, 조치$^{Taking\ steps}$)'로 구분됨 ○ DARN이 변화준비언어$^{preparatory\ change\ talk}$로서 내담자가 변화를 원하는지와 관련된 말을 경청하다가 변화를 원한다는 대화를 더욱 정교화하는 것이라면, CAT는 변화실행언어$^{mobilizing\ change\ talk}$에 해당하는 요소임
☐ 공감 · 방향성	○ 치료적 방향성을 내담자가 선택한 것을 심사해서 상담자가 더 낫다고 여기는 쪽으로 선택하도록 조언하거나, 때로 그들에게 동의하지 않거나, 구체적으로 지시하는 것
☐ MI 정신	○ MI의 핵심 가정으로, ① 파트너십, ② 내담자의 자율성 지지, ③ 연민, ④ 유발성을 가리킴
☐ 의사소통 방식	○ 'OARS', 즉 개방질문$^{Open\ questions}$, 인정^{Affirmation}, 반영^{Reflection}, 요약^{Summaries}을 말함

동기강화면담의 목표와 과정

MI의 목적은 내담자의 개인적 목표와 가치를 기반으로, 변화를 위한 내적 동기를 높이는 것이다(Arkowitz & Miller, 2008). MI는 비지시적인 인간중심접근과 달리 지시적이고, 변화에 대한 양가감정 감소와 내적 동기 증진이라는 구체적인 목표가 있다. 상담자는 내담자를 교육하려 들기보다 자신의 모습 그대로를 더 편안하게 느끼고 자기 고유의 목소리를 더욱 선명하게 듣게 해 줌으로써 자신이 믿는 것과 자신을 어떤 사람으로 경험하는지를 더욱 명확하게 할 수 있도록 돕는 역할을 한다. 이를 위해 상담자는 내담자를 긍정적으로 보면서 그 자체만으로 독특한 존재임을 수용해 준다. 그 결과, 내담자는 자신을 누군가가 말한 대로 되어야 하는 것에 제한하지 않고, 진정한 자신이 되어

갈수록 더 자신에게 일치하는 방식으로 행동하게 된다. MI의 목표달성을 위해 주로 사용되는 기법은 〈표 15-17〉과 같다.

〈표 15-17〉 MI에서 주로 사용되는 기법

기법	설명
기본대화 조성기법	
☐ 초점설정	○ 내담자에게 말할 기회를 주거나, 말을 멈추게 하거나, 방향을 전환하게 하거나, 다른 내담자가 먼저 가도록 기다리게 하는 등의 신호를 주는 기법
☐ 논의 도출	○ 내담자의 자기개방을 끌어내는 것
☐ 초점유지	○ 변화 실행 방향으로 상담 대화를 머무르게 하는 것
☐ 초점이동	○ 상담의 목표달성을 위해 대화의 방향을 바꾸는 것
고급대화 조성기법	
☐ 탄력(초점 가속 vs. 감속)	○ 상담 대화가 진전되는 속도 ○ 초점가속은 문제 또는 과거 탐색보다 변화 실행 방향으로 안내하는 것 ○ 초점감속은 상담을 진전시키기보다 진행 속도를 늦추면서 상황을 좀 더 자세하게 알아보며 조심스럽게 선택하도록 하는 것
☐ 넓이(초점 확장 vs. 축소)	○ 상담의 대화가 특정 사건, 쟁점, 또는 생각에 초점을 맞추는 범위 ○ 초점확장은 내담자의 행동 또는 상황을 연결하여 주제를 설정하는 것 ○ 초점축소는 내담자의 포괄적인 반응을 잘 정의된 관심 분야 또는 변화목표를 향한 것으로 좁혀 주는 것
☐ 깊이(초점 심화 vs. 완화)	○ 상담 대화가 내포하는 의미의 수준 ○ 초점심화는 상담주제에 관한 논의수준이 안전하고 깊게 들어가는 것 ○ 초점완화는 치료적 대화수준을 표면수준으로 되돌아오게 하는 것

　　MI에서는 상담의 방향, 목적, 핵심이 내담자를 긍정적인 변화의 길로 안내하는 것이라고 전제한다. 이를 위해서는 상담 대화가 유연하게 진행되어야 하고, 내담자가 적극 참여하여 자신에 관한 이야기를 해야 한다. 이에 상담자에게는 상담 대화를 촉진할 숙련된 기술이 필요하다. 즉, 상담의 초점이 생산적이고 유연하게 흐르도록 하여 내담자가 자신의 가치관, 목표, 변화계획과 관련해서 더 명료하게 생각할 수 있는 방향으로 이끌 수 있어야 있다. 기본대화 조성기법과 고급대화 조성기법은 바로 이러한 작업을 위해 필요한 기법인 동시에 전략이다. MI의 진행과정은 〈표 15-18〉과 같다.

〈표 15-18〉 MI의 진행과정

진행과정	설명
1. 시작국면	○ 내담자가 편안하게 상담에 참여할 수 있도록 돕고, 상담초기에 내담자의 문제와 염려에 대해 더 많이 이야기하도록 편안한 분위기를 조성함
2. 관점탐색국면	○ 내담자의 개인적 관점과 상황 탐색을 통해 내담자의 문제이해를 도움
3. 관점확대국면	○ 내담자가 새로운 가능성을 고려하도록 하는 한편, 사라진 희망이 되살아나도록 하고, 고려할 문제점에 대해 타인의 관점을 받아들일 수 있도록 도움
4. 실행국면	○ 내담자가 실전 연습을 할 수 있도록 하고, 목표를 향해 한 걸음씩 나아가도록 하며, 일상에서 새로운 방법으로 지낼 수 있도록 도움

 # 강점기반상담 / Strengths-Based Counseling

강점기반상담(SBC)은 모든 내담자, 특히 심리적 · 교육적 문제로 위기에 처해 있는 내담자들의 지지에 대한 욕구를 충족시키기 위해 개발된 접근이다(Smith, 2006). 이 모델은 내담자의 독특한 강점과 자원 개발을 통해 회복탄력성을 강화함으로써 삶의 어려움을 능히 대처하여 극복할 수 있는 능력을 향상시키는 데 초점을 맞춘다. 회복탄력성resilience이란 삶의 어려운 사건에서 좌절하지 않고 재기할 수 있는 개인의 고유한 성질로, '자아탄력성ego resilience'으로도 불린다. 강점기반상담은 예방에 초점을 맞춘 접근으로 이미 오래전부터 사회복지 분야에서 활용되어 왔다. 이 모델은 통합적 접근으로, 매슬로우의 욕구모델, 로저스의 인간중심치료, 사회복지의 실제 등으로 구성되어 있다. 회복탄력성 강화에 도움이 되는 강점은 총 24개 차원의 특성요인 중 〈표 15-19〉에 제시된 것과 같이 6개 핵심강점으로 요약된다(Peterson, 2006; Seligman, 2004).

〈표 15-19〉 회복탄력성 강화를 촉진하는 핵심강점

핵심강점	특성
☐ 지혜wisdom · 지식knowledge	○ 창의성, 호기심, 학구열, 개방성으로 구성된 폭넓은 관점
☐ 용기courage	○ 진실성과 진정성, 필요할 때 발언할 수 있는 용기, 장애물에 직면했을 때의 끈기, 살아 있다는 느낌과 열정
☐ 박애humanity	○ 친절(타인에 대한 봉사), 돌봄과 사랑, 높은 사회지능

☐ 정의justice	○ 매사에 편견 없이 공정함, 타인들이 따르고 싶어 하는 리더십과 능력, 집단 충실성, 진정한 팀워크 정신과 팀 구축
☐ 절제temperance	○ 복수를 자제하고 용서를 잘하며 자비로움, 겸양·겸손하다는 느낌, 분별력 있는 언행, 교육이 잘 되어 있음, 행동과 욕구의 자기조절력
☐ 초월 transcendence	○ 자연의 아름다움과 예술의 수월성 감상력, 영성, 우주에서의 자신의 위치 인식, 낙관주의적 감각, 유머 감각, 삶의 불일치성을 즐김, 강한 희망감, 낙관성

〈표 15-19〉에 제시된 여섯 가지 강점 외에도 다음 네 가지 강점을 추가할 수 있다. 즉, 문제해결·분석적 추론(고차원적인 사고기술), 돈을 벌어 자신과 타인들을 지원할 수 있는 능력, 필요로 하는 지원과 도움을 얻기 위해 공동체 구조 내에서 일할 수 있는 능력, 그리고 생존을 위한 강점(고통 회피 및 생리적·신체적 생존 욕구 제공)이다(Smith, 2006). 강점기반상담은 내담자와의 건강한 상담관계 형성에서 시작된다. 상담자는 기본 상담기술 외에도 낙관주의적 태도로 내담자가 자신의 상황을 개선할 수 있는 능력이 있다고 믿는다. 그러면서 내담자와의 건강한 상담관계와 신뢰감을 기반으로 내담자의 강점과 회복탄력성 요인을 탐색한다. 동시에 효과적인 질문을 통해 내담자가 문제의 성격을 명료화하도록 돕는다. 이때 사용되는 질문의 예는 글상자 15-10과 같다.

◢ 글상자 15-10. 강점기반상담에서 활용되는 질문의 예

○ 당신이 파악한 당신의 문제에 대해 말해 보세요.
○ 현재 진행되고 있는 상황에 대해 어떤 생각을 하고 있나요?
○ 당신에게 물어봐 주었으면 좋겠다고 생각되는 질문이 있다면 어떤 질문인가요?

일단 문제가 파악되면, 상담자는 내담자에게 희망 고취와 격려를 기반으로 이루어진 치료적 대화를 시작하되 칭찬은 하지 않는다. 왜냐면 칭찬은 판단 또는 평가적 진술의 일부로, 상담자가 판단적인 역할을 담당하게 되는 계기가 될 수 있기 때문이다. 그러므로 칭찬보다는 격려를 통해 내담자가 자신에 대한 믿음을 가질 수 있도록 돕는다. 이 단계에서 상담자는 내담자를 마치 그의 삶에서 노련함과 대담함으로 살아남을 수 있었던 생존자로 부각시킴으로써 삶의 이야기를 해 보도록 한다. 그런 다음, 내담자가 겪고 있는 문제의 해결방법을 함께 탐색한다. 이때 문제에 관한 논의보다는 해결방법에 초점을 맞춘다. 이 과정은 희망적이고 낙관적인 사고방식에 속하는 것으로, 해결중

심치료의 예외상황 또는 문제가 문제되지 않았던 시기 탐색과 동일한 방식으로 진행된다. 이 작업은 내담자가 적용해 볼 수 있는 효과적인 전략 탐색에 효과적이다. 적절한 전략이 확인되면 내담자의 강점과 자아탄력성 요인을 강화하기 위한 작업을 시작한다. 예를 들어, 내담자가 다른 사람들을 용서할 수 있는 능력에 관해 대화를 나눔으로써 분노수준을 낮춘다. 그리고 나서 내담자와 함께 찾아낸 내담자의 다양한 강점에 대해 논의한다. 또한 내담자와 함께 이러한 강점들이 내담자의 자신감, 문제해결력, 회복탄력성 강화에 사용될 수 있는 방법에 대해 모색한다. 내담자의 강점을 강조함으로써 내담자에게 자신의 삶을 책임질 수 있고 희생양으로 여기지 않을 수 있다는 자신감을 심어 준다. 문제를 극복하였고, 생존자 정신을 보유한 노련한 생존자가 됨으로써 내담자는 자신에 대해 좋은 느낌을 갖게 되고, 자존감과 자기효능감이 높아지게 된다.

 ## 통합적 접근 / Integrational Approach

통합적 접근(IA)이란 상담에서 특정한 상담 · 심리치료 이론을 적용하기보다는 필요에 따라 다양한 이론적 접근의 개념과 기법을 선택 · 적용하는 접근방법을 말한다. 심리치료의 통합적 접근을 효과적으로 적용할 수 있으려면, 상담자는 현존하는 심리치료 이론에 대한 전문지식을 갖춰야 하는 한편, 자신의 성격, 삶의 경험, 세계관에 대한 이해가 선행되어야 한다. 상담과정에서 언제, 어떤 상황에서, 어떤 개념 또는 기법을, 어떻게 적용할 것인지는 이러한 이론적 접근을 적용하는 상담자의 전문성, 임상경험, 예술적 감각에 달려 있다. 1980년대 이후에는 심리치료의 다양한 이론을 비롯하여 치료기법과 양식의 통합을 위한 다양한 시도가 이루어졌다. 특히 셰이드링거(Scheidlinger, 1991)는 다양한 심리치료 모델에 관해 경험이 풍부한 임상가들의 합의점을 글상자 15-11과 같이 정리했다.

 글상자 15-11. 심리치료에 관한 전문 임상가들의 합의점

1. 단일 이론과 기법 중심의 치료적 접근은 확실하게 임상적 한계가 있다.
2. 서로 다른 이론적 접근에 따라 숙련된 치료자들이 발표한 연구결과가 유사하다.
3. 여러 접근의 심리치료는 매우 인상적인 공통점이 있다.
4. 경험이 풍부한 심리치료자들 대부분은 자신들을 절충주의자로 규정하고 있다.

이러한 시류는 1990년대에 들어서면서 더욱 확대되어, 상담·치료 분야는 정신분석을 비롯하여 게슈탈트 치료, 인간중심치료, 인지행동치료, 실존치료, 현실치료, 교류분석, 사이코드라마 등을 포함하는 다원주의^{pluralism} 경향을 띠고 있다. 이에 대부분의 임상가는 종전과는 달리 특정 이론에만 한정하지 않고, 필요에 따라 다양한 이론과 기법을 임상에 적용하는 실용적·통합적·절충적 접근을 사용하고 있다(Corey & Corey, 2017). 심리치료에 통합적 접근을 적용하는 경우, 상담자가 스스로에게 던져 볼 필요가 있는 질문의 예는 글상자 15-12와 같다.

 글상자 15-12. 상담자의 자기탐색질문의 예

○ 상담에서 순간순간 어떤 일이 일어나는가?
○ 나는 어떤 상담자의 역할을 하고자 하는가?
○ 나는 내담자 개개인과 어떤 형태의 관계를 발달시키고자 하는가?
○ 나는 상담에서 어떤 이론적 접근, 개념, 또는 기법의 적용에 관심이 있는가?
○ 내가 택한 상담자의 역할은 상담과정에 어떤 영향을 미칠 것으로 생각하는가?
○ 나는 내담자의 강점과 자원 평가, 문제해결 방법, 그리고 기대하는 결과가 어떤 방식에 의해 나타나기를 원하는가?

통합적 접근은 특정한 이론적 접근의 기본철학에 충실하면서도 다양한 접근으로부터 도출된 개념과 다양한 기법을 상담목적 성취를 위해 통합·활용할 수 있다는 이점이 있다.

주요 개념 / 주요 개념을 확인해 볼까요?

• 무의식적 동기	• 심적 결정론	• 의식수준
• 의식	• 전의식	• 무의식
• 성격구조	• 원초아	• 자아
• 초자아	• 쾌락원리	• 현실원리
• 본능	• 에로스	• 타나토스
• 불안	• 신경증적 불안	• 도덕적 불안

• 현실불안	• 전이	• 역전이
• 훈습	• 자유연상	• 해석
• 꿈 분석	• 저항	• 사회적 관심
• 생활양식	• 열등 콤플렉스	• 열등감
• 우월성 추구	• 허구적 목적론	• 가족구도
• 출생순위	• 기본실수	• 재정향
• 마치 ~처럼 행동하기	• 단추 누르기	• 역설적 의도
• 악동 피하기	• 자기간파	• 수프에 침 뱉기
• 생애사 질문지	• 초기기억	• 자기
• 자기개념	• 현실적 자기	• 이상적 자기
• 긍정적 존중	• 실현경향성	• 전인적 인간
• 현상적 장	• 현상적 자기	• 지각지도
• 가치 조건화	• 완전히 기능하는 사람	• 상담자의 태도적 자질
• 일치성	• 무조건적인 긍정적 존중	• 공감적 이해
• 존재방식	• 삶 vs. 죽음	• 자유 vs. 책임
• 의미 vs. 무의미	• 실존적 공허	• 대인 간 고독
• 개인내적 고독	• 실존적 고독	• 무nothingness
• 탈숙고	• 게슈탈트	• 전경 vs. 배경
• 미해결과제	• 접촉	• 자기체계
• 신경증 층	• 알아차림	• 접촉경계
• 접촉경계 장해	• 내사	• 투사
• 융합	• 반전	• 자의식
• 편향	• 꿈 작업	• 빈 의자 기법
• 반대로 하기	• 고전적 조건형성	• 무조건자극
• 조건자극	• 무조건반응	• 조건반응
• 중성자극	• 공포조건형성	• 역조건형성
• 상호억제이론	• 체계적 둔감법	• 정적 강화
• 부적 강화	• 벌	• 일차 벌 vs. 이차 벌
• 모델링	• 대리학습	• 모방학습
• 토큰경제	• 홍수법	• 자극통제
• 비합리적 신념	• 당위주의	• ABC 모델
• ABCDEF 모델	• 자기진술대처	• 자동사고

• 인지왜곡	• 역기능적 인지도식	• 선택이론
• 전행동	• 정신화첩	• 질적 세계
• 기본욕구	• WDEP 모델	• 기술적 절충주의
• BASIC ID 모델	• 마음챙김	• 스트레스 면역 훈련(SIT)
• 사회구성주의	• 목표선택질문	• 평가질문
• 대처질문	• 예외발견질문	• 해결지향질문
• 악몽질문	• 척도질문	• 포스트구조주의
• 이야기	• 지배적 이야기	• 해체
• 상대주의	• 재저술	• 문제 외현화 대화법
• 이중경청	• 회원 재구성 대화법	• 정예의식
• 진술/재진술	• 자아탄력성	

임상적 개입의 쟁점: 다문화상담

☐ 다문화상담의 쟁점

☐ 다문화상담의 전략

☐ 다문화상담의 관점

☐ 다문화상담 역량

☐ 다문화상담의 전망

■ 주요 개념

상담의 기본은 개인의 존엄성과 다양성을 인정하는 것이다. 내담자는 나이, 성별, 종교, 취향, 사회경제적 지위 등 여러 측면에서 다양하다. 이러한 점에서 상담자는 모두 다문화 상담자다. 일찍이 브렌(Wrenn, 1962)은 상담자들이 문화적 배경이 다른 내담자들에게 동일한 치료방법을 적용함으로써 이들이 겪고 있는 간접적 차별을 간과하고 있다고 지적했다. 그는 상담자들의 문화적 민감성 결여로 인한 실수를 '문화단절culturally encapsulated'이라는 말로 묘사했다. 그 후 브렌의 지적대로, 문화적 민감성에 대한 관심은 오늘날의 다문화주의의 초석이 되었다. **다문화주의**multiculturalism는 다양한 집단의 독특성과 개인차에 대한 관심과 주의를 강조하는 개념이다. 이러한 관점에서 볼 때 상담자와 내담자는 각자 특정한 민족적 환경에서 자라난, 독특한 문화적 방식으로 사회화된 존재다. 다문화주의는 정신분석(제1세력), 행동주의(제2세력), 인본주의(제3세력)에 이어 '제4세력'으로, 옹호advocacy는 제5세력으로 간주되기도 한다(Ratts, 2009). 다문화주의는 인본주의, 행동주의, 정신역동적 접근과 경쟁하려는 접근이 아니라 심리학 이론의 적용에서 문화적 맥락을 중시할 뿐이다(Pedersen, Crethar, & Carlson, 2008). 따라서 상담자가 자신과 다른 문화적 배경을 지닌 내담자를 도우려면, 문화적 측면에서 이들이 겪는 어려움에 대해 제대로 인식할 필요가 있다. 이 장에서는 상담자가 정신건강 전문가로서의 책무를 다하기 위해 요구되는 다문화상담에 관해 살펴보기로 한다.

다문화상담의 쟁점

문화의 영향에서 자유로운 상담은 존재하지 않는다(D'Andrea & Heckman, 2008). 문화를 의미하는 'culture'의 어원은 예배, 존경, 충성을 뜻하는 라틴어의 'cultus'에서 찾을 수 있다. 그 후, 이 말은 수양과 배양을 뜻하는 'cultura'로 바뀌면서 지성과 행동수양의 개념으로 진화했다. 문화culture는 개인에게 영향을 미치는 지식, 믿음, 도덕, 법, 관습, 능력, 기타 습관 등 복잡한 의미를 지니는 추상적 개념으로, 개인의 행동, 사고 · 인식, 가치관 · 목표, 도덕, 인식체계를 구축한다(Cohen, 1998, p. B4). 문화에는 ① 민족변인(민족, 국적, 종교, 언어 등), ② 인구통계학적 변인(나이, 성별, 거주지 등), ③ 계층 변인(사회적 · 경제적 · 교육적 배경과 공식적 · 비공식적 조직 등)이 포함된다(Pedersen, 1990, p. 550). 이러한 점들을 고려할 때, 다문화상담의 쟁점은 크게 세 가지로 정리할 수 있다. 첫째, 상담이론 대부분이 유럽/북미 지역의 문화적 가치관을 기반으로 창시되어 다른 지역의 문화와 상충될 수 있음에 관한 쟁점이다. 이처럼 특정 문화권 또는 그 전통에 대한 편견, 선입관, 또는 고정관념은 상담자 자신뿐 아니라 내담자에게도 좋지 않은 영향을 미칠 수 있다. 유럽/북미 지역의 지배적인 신념은 글상자 16-1과 같다 (Axelson, 1999).

 글상자 16-1. 유럽/북미 지역의 지배적인 신념

1. 개인주의적 가치 중시
2. 윤리의식 중시
3. 과학적 방법 중시
4. 엄격한 시간 일정 강조
5. 행동중심적 문제해결 방식 선호

둘째, 비주류문화에 속하는 사람들에게도 동일하게 효과적인 상담서비스를 제공하는 것에 관한 쟁점이다. 주류집단에 속하는 상담자는 사회의 비주류집단에 속하는 내담자들이 대체로 ① 낮은 사회경제적 지위, ② 언어장벽, ③ 인종/민족 차별, ④ 문화동화와 관련된 어려움을 겪고 있음을 인식해야 한다. 이 중에서도 비주류 문화권 배경의 사람들의 언어가 주류문화의 것과 다른 경우, 이들의 언어가 제2언어라는 사실 역시 주류문화권 출신의 상담자가 제공하는 상담서비스에서도 극복해야 할 문제로 작용할 수 있다. 언어적 행동뿐 아니라 이들의 비언어적 행동 역시 상담자가 내담자를 제대로 이해하거나 수용하지 못하게 하는 장애요소가 될 수 있다. 한편, 인종/민족 차별적 관점이란 사람들의 신체·심리적 배경의 차이에 대해 미묘하거나 드러내 놓고 편견을 표출하는 것을 말한다. 인종차별 행위는 대부분 일종의 공포 및/또는 무지의 투사형태로 볼 수 있다.

셋째, 문화동화가 상담관계와 성과에 미치는 효과에 관한 쟁점이다. **문화동화**acculturation란 비주류문화의 배경을 지닌 개인이 이전의 문화적 방식을 주류문화의 새로운 방식에 적용·적응해 가는 과정을 말한다. 이 과정에서 개인은 2개의 서로 다른 문화로부터 영향을 받게 되고, 심리적 스트레스, 죄책감, 냉담성, 우울, 비행, 분노, 혼란감 및/또는 낮은 자존감을 겪게 된다(Yeh & Hwang, 2000, p. 425). 이러한 상황에 처한 내담자를 돕기 위해 상담자는 내담자의 문화동화 수준을 확인할 필요가 있다 (Weinrach & Thomas, 1998). 이러한 점에서 에믹 관점을 지닌 상담자들은 다른 문화적 전통을 지닌 내담자에게 상이한 가치를 중시하는 상담이론을 동일하게 적용하지 않아야 한다(Lee, 2001; Sue et al., 2019)는 입장을 고수하고 있다. 그렇지 않으면, 상담자와 내담자의 협력 또는 치료적 관계형성이 어려워질 수 있기 때문이다.

다문화상담의 전략

상담자는 내담자를 이해하는 데 있어서 상담자 특유의 감수성을 활용해야 하고, 내담자의 독특한 신념, 가치관, 능력 등에 대해 공감적 이해를 할 수 있어야 한다. 만일 상담자와 내담자가 같은 문화권 또는 비슷한 환경에서 생활해 왔다면, 협력관계 형성이 훨씬 수월할 것이다. 이에 상담자는 세 가지 역량(① 다른 문화적 배경을 지닌 내담자의 세계관 이해, ② 자신의 세계관 자각 및 이러한 관점과 문화적 배경의 관련성 이해, ③ 다른 문화적 배경을 지닌 내담자를 위한 조력기술 습득)을 갖추어야 한다. 다문화상담을 위한 지침은 글상자 16-2와 같다(Sue et al., 2019).

⬥ 글상자 16-2. 다문화상담을 위한 지침

1. 수용 가능하고 바람직한 인간 행동에 대한 가치관과 신념을 파악·이해하고, 이해한 것을 적절한 감정·행동과 통합한다.
2. 상담이론과 전통적인 문화적·일반적 특성을 인식하되, 완전한 문화 중립적 상담방법은 없음을 기억한다.
3. 사람은 주거환경의 산물임을 인식하는 동시에 사회적 약자의 삶에 영향을 미친 사회정치적 환경을 이해한다.
4. 내담자들의 세계관을 공유하고, 그것의 타당성에 이의를 제기하지 않는다.
5. 절충적 접근을 적용하고, 폭넓은 상담기술을 사용할 역량을 갖추는 한편, 특정 상담기법을 구체적인 생활양식과 경험에 적용한다.

그러나 글상자 16-2에 제시된 지침보다 더 중요한 것은 상담자 자신에 대한 분명한 자각이다. 내담자의 문화적 배경이나 전통에 관한 정보는 효과적인 상담을 위해 알고 있어야 할 내용의 일부에 지나지 않는다. 특정 문화권 배경을 지닌 내담자라 하더라도 집단 간의 차이보다 집단 내 차이가 더 클 수 있기 때문이다. 그러므로 상담자는 자신, 내담자, 그리고 내담자의 문제에 대해 잘 알고자 노력해야 한다. 내담자와의 협력관계 형성과 서로에 대한 충분한 이해는 상담의 성과에 영향을 주는 요소이기 때문이다.

다문화상담의 관점

다문화상담을 보는 관점은 **에틱**[etic]과 **에믹**[emic] 관점으로 구분할 수 있다. 전자는 상담에는 문화적으로 일반화가 가능한 질적인 보편성이 있다는 입장인 반면, 후자는 상담의 접근은 반드시 문화적 특수성에 맞추어 고안되어야 한다는 입장이다. 에틱 관점이 내담자의 문화적 차이를 고려하지 않는다는 비판을 받을 수 있다면, 에믹 관점은 내담자의 변화를 위한 도구로서 특수한 기법들을 지나치게 강조하고 있다는 비판을 받을 수 있다. 이에 이 두 가지 관점을 아우를 수 있는 통합요소를 찾고자 하는 연구를 통해 피셔 등(Fisher, Jome, & Atkinson, 1998)은 상담유형에 상관없이 적용 가능한 다문화상담의 네 가지 조건을 글상자 16-3과 같이 추출했다.

 글상자 16-3. 다문화상담의 네 가지 조건

1. 치료적 관계
2. 내담자 · 상담자의 세계관 공유
3. 긍정적 변화에 대한 내담자의 기대
4. 내담자 · 상담자가 치유의 수단이라고 믿는 개입

미국의 경우, 주류문화에 속하는 내담자의 약 30%가 상담 첫 회기 이후에 종결하는 반면, 소수문화에 속하는 내담자의 50%는 한 회기 후에 종결한다(Sue & Sue, 2003, p. 85). 이 결과는 소수문화에 속하는 내담자들이 상담장면에서 더 부정적인 경험을 하고 있음을 반영하고 있다. 그런데 상담효과가 다양한 문화적 집단에 고르게 작용하지 않는 이유는 무엇인가? 그 이유는 글상자 16-4와 같다(Sue et al., 2019).

 글상자 16-4. 상담효과가 다문화집단에 고르게 작용하지 않는 이유

1. 용광로 신화에 대한 믿음
2. 상담에 대한 다른 기대
3. 사회적 힘의 영향 간과
4. 자민족 중심의 세계관 유지
5. 인종/민족 차별적 태도와 편견 간과
6. 문화적 차이를 증상 표출로 오해
7. 평가와 연구절차의 정확성과 오판
8. 관행적인 인종/민족 차별 간과

그러나 문화적 배경에서 비롯된 문제와 빈곤 등으로 박탈된 지위의 결과로 인한 차이를 구별하는 것이 중요하다(Smith & Vasquez, 1985).

다문화상담 역량

문화는 공통 가치, 언어, 생활방식, 의례, 상징, 문화유산, 관습, 행동방식, 세계관을 통해 표현된다(McAuliffe & Lovell, 2006). RESPECTFUL 상담모델에서 상담자가 내담자에 대해 고려해야 할 열 가지 요소(D'Andrea & Daniels, 1991)는 글상자 16-5와 같다.

> **글상자 16-5. RESPECTFUL 상담모델의 열 가지 요소**
>
> ○ R = 종교적/영적 정체성Religious/spiritual identity
> ○ E = 경제적 계급 배경Economic class background
> ○ S = 성 정체성Sexual identity
> ○ P = 심리적 발달수준level of Psychological development
> ○ E = 민족/인종 정체성Ethnic/racial identity
> ○ C = 생활연령/발달적 도전Chronological/developmental challenges
> ○ T = 개인의 안녕에 대한 위협과 다양한 형태의 외상various forms of Trauma and other threats to one's sense of well-being
> ○ F = 가족 배경과 가족력Family background and history
> ○ U = 독특한 신체적 특징Unique physical characteristics
> ○ L = 주거지 위치와 언어 차이Location of residence and language differences

미국상담학회(ACA)는 1991년 다문화상담·발달학회Association for Multicultural Counseling and Development(AMCD)가 개발한 다문화상담 역량기준을 2002년에 채택했다. 이 기준은 세 가지 영역[① 태도·신념(상담자의 고정관념, 가치, 편견에 대한 자기인식), ② 지식(문화적으로 다른 내담자의 세계관에 관한 지식), ③ 기술(개입 전략과 기술) 습득]에 관한 것이었다. 즉, ① 내담자의 세계에 대한 상담자의 인식, ② 상담자 자신의 문화적 가치와 편향에 대한 인식, 그리고 ③ 문화적으로 적절한 개입전략의 사용이 가능한 상담자의 능력에 관한 것이었다(Sue et al., 2019).

태도 · 신념

첫째, 다문화적으로 유능한 상담자는 자신의 문화적 배경을 알고 있고, 자신의 편향, 고정관념, 가치관을 더 잘 알기 위해 적극 노력한다. 이들은 자신의 신념체계가 내담자의 것과 동일하지 않더라도 내담자가 표출하는 다양한 세계관을 수용할 수 있다. 즉, 최소한 서로 다르다는 사실을 병리적이거나 걱정해야 할 것으로 인식하지 않는다(Sue et al., 2019). 서로 다르다는 사실에 민감하고 자신의 문화적 편견을 인식하는 상담자는 의뢰가 필요할 때, 비주류집단에 속하는 내담자를 내담자와 동일한 문화권 출신의 상담자에게 연계한다. 그 이유는 적잖은 정신건강 전문가가 다른 문화권 출신의 내담자에 대한 조력과정에서 자신의 편향과 편견 때문에 실패하는 경우가 많기 때문이다(Sue et al., 2019).

지식

둘째, 다문화적으로 유능한 상담자는 내담자가 성장한 문화권에 관해 알고 있어서 섣불리 내담자의 존재방식에 대해 결론짓지 않는다. 특정 문화권에 대한 무지는 상담자가 성급하게 잘못된 결론을 내리게 하는 원인으로 작용한다. 이에 다문화적으로 잘 준비된 상담자는 성차별, 인종/민족 차별, 이성애heterosexualism 같은 사회정치적 문제가 어떤 식으로 내담자에게 부정적인 영향을 주는지 잘 알고 있고, 다양한 문화권에 대해 더 알고자 하는 의지를 보인다.

기술

셋째, 다문화적으로 유능한 상담자는 일반 면접기술, 상담기술, 전문적 기술을 내담자의 문화적 배경에 적합한 방식으로 적용할 수 있다. 또한 내담자의 언어적 · 비언어적 메시지를 잘 알고 이해하여 효과적으로 의사소통할 수 있다. 그리고 내담자에게 미치는 가족과 사회의 영향 등 체계적 관점의 중요성도 깊이 인식하고 있어서, 필요한 경우 내담자를 옹호하기도 한다. 그뿐 아니라 지역사회 인사들 및 다른 전문가들과 공조할 수 있다.

다문화상담과 사회정의 옹호는 조력 전문직에서 불의 또는 불공정성을 감소시키거나 몰아내려는 노력이다(Pieterse, Evans, Risner-Butner, Collins, & Mason, 2009). 다른 한편으로, 사회정의 옹호는 다문화주의의 일부다. 왜냐면 다문화상담은 모든 내담자와 함께 작업할 수 있는 역량을 극대화하기 위해 상담자의 역량 개발에 중점을 두는 데 비해, 사회정의 옹호는 사회적으로 소외된 내담자를 돕기 위한 행동에 중점을 두기 때문이다.

다문화상담의 전망

21세기에 접어들면서 옹호^{advocacy}는 정신건강 전문가들의 새로운 관심의 초점이 되어 왔다. 이런 분위기는 정신분석(제1세력), 행동주의(제2세력), 인본주의(제3세력)에 이어 다문화주의를 심리학의 제4세력으로, 옹호는 제5세력으로 간주해야 한다는 주장으로 이어지기도 했다(D'Andrea & Heckman, 2008; Ratts, 2009). 사회정의$^{social\ justice}$ 옹호에는 개인의 역량 강화뿐 아니라 내담자와 환경에 영향을 미치는 사회적 불공정·불평등에 대한 적극적 직면이 포함되어 있다(Crethar, Rivera, & Nash, 2008). 즉, 상담자는 상담실이라는 안전한 공간을 벗어나 사회체제의 변화를 위해 힘써야 한다는 것이다. 사회체제의 변화는 내담자들을 폭넓고 의미 있는 방식으로 도울 것이라는 기대가 바탕에 깔려 있기 때문이다. 즉, 차별받는 내담자를 위해 목소리가 되어 주고, 비주류집단과 정신건강 문제로 어려움을 겪는 사람들의 환경 개선을 요구하는 것이 그 예다.

그러나 현실은 상담자들 대부분이 그저 상담실에 앉아서 다른 사람들을 움직이게 하는 데 익숙해져 있다는 것이다. 사회정의를 지향하는 상담은 상담자에게 앉아만 있지 말고, 사회 변화를 위해 자리를 박차고 일어나 내담자를 옹호하고, 잠재적 내담자들을 위해 무언가 의미 있는 행동을 하기 위해 노력하는 것을 강조한다. 2003년 미국상담학회(ACA)는 전문상담자들이 ① 학생/내담자, ② 학교/지역사회, ③ 공공 영역에 대한 옹호, 즉 내담자가 삶에서 겪는 외부적·억압적 장벽 극복을 적극적으로 돕기 위한 상담자의 역량을 갖추는 것의 중요성을 강조했다(Niles, 2009; Snow, 2013). 옹호 역량은 비교적 새로운 개념으로, 상담자는 ① 학생/내담자, ② 학교/지역사회, ③ 공공 영역의 세 가지 영역에서 '함께 행동'할 것인지 또는 '대신 행동'할 것인지의 2개 수준에서 역량(3×2)을 갖출 것이 요구된다. 예를 들면, 상담자는 필요한 서비스를 받을 수 있는 내담자의 역량 강화를 위해 그와 함께 행동하거나 내담자를 대신하여 행동할 수 있도록 다문화상담 역량을 지속적으로 업데이트해 나가야 할 것이다.

 ## 주요 개념 / 주요 개념을 확인해 볼까요?

• 다문화주의	• 문화	• 문화동화
• 다문화상담	• 에틱	• 에믹
• RESPECTFUL 상담모델	• 사회정의	• 옹호

참고문헌

강진령. (2015). 학교상담과 생활지도. 서울: 학지사.

강진령. (2019). 집단상담과 치료: 이론과 실제. 서울: 학지사.

강진령, 이종연, 유형근, 손현동. (2009). 상담자 윤리. 서울: 학지사.

곽금주, 박혜원, 김청택. (2001). K-WISC Ⅲ 지침서. 서울: 도서출판 특수교육.

곽금주, 오상우, 김청택. (2011). K-WISC-IV 전문가 지침서. 서울: 학지사심리검사연구소.

권정혜, 안현의, 최윤경, 주혜선. (2014). 재난과 외상의 심리적 응급처치(2판). 서울: 학지사.

김동민, 강태훈, 김명식, 박소연, 배주미, 선혜연, 이기정, 이수현, 최정윤. (2013). 심리검사와 상담: 한국상담학회 상담학 총서 11. 서울: 학지사.

김봉환, 강태훈, 김명식, 박소연, 배주미, 선혜연, 최정윤. (2013). 진로상담. 서울: 학지사.

김봉환, 정철영, 김병석. (2006). 학교진로상담. 서울: 학지사.

김재환, 오상후, 홍창희, 김지혜, 황순택, 문혜신, 정승아, 이장한, 정은경. (2014). 임상심리검사의 이해(2판). 서울: 학지사.

김종운. (2013). 학교현장에 맞춘 학교폭력의 예방과 대책. 서울: 학지사.

문수백. (2014). K-ABC-Ⅱ 전문가 지침서. 서울: 학지사심리검사연구소.

박경, 최순영. (2009). 심리검사의 이론과 활용. 서울: 학지사.

박경숙, 윤점룡, 박효정, 박혜정, 권기욱. (1991). KEDI-WISC 검사요강. 서울: 한국가이던스.

박명진. (2006). 학교폭력 예방을 위한 실제적 지침서: 학교폭력 예방과 상담. 서울: 학지사.

염태호, 박영숙, 오경자, 김정규, 이영호. (1992). K-WAIS 실시요강. 서울: 한국가이던스.

전용신, 서봉연, 이창우. (1963). KWIS 실시요강. 서울: 중앙교육연구소.

정종진. (2012). 학교폭력상담: 이론과 실제. 서울: 학지사.

청소년폭력예방재단. (2011). 2010년도 전국 학교폭력 실태조사 보고서. 서울: 저자.

최윤자, 김아영. (2003). 집단 따돌림 행동과 자아개념 및 귀인성향과의 관계. 교육심리연구, 17(1), 149-167.

한국고용정보원. (2002). 청소년용 직업적성검사. 서울: 저자.

한국고용정보원. (2004). 성인용 직업적성검사. 서울: 저자.

한국고용정보원. (2005). 성인용 직업가치관검사. 서울: 저자.

황순택, 김지혜, 박광배, 최진영, 홍상황. (2012). 한국 웩슬러 성인용 지능검사 4판(K-WAIS-IV). 대구: ㈜ 한국심리.

Aiken, L. R., & Groth-Marnat, G. (2006). *Psychological testing and assessment* (12th ed.). Upper Saddle River, NJ: Pearson.

Albert, K. A., & Luzzo, D. A. (1990). The role of perceived barriers in career development: A social cognitive perspective. *Journal of Counseling and Development, 77*(4), 431–436.

Allen, G. (1977). *Understanding psychotherapy: Comparative perspective.* Champaign, IL: Research Press.

Allport, G. (1961). *Pattern and growth in personality.* New York: Rinehart & Winston.

American Counseling Association (ACA). (2013). *Our mission.* Retrieved from http://www.counseling.org/about-us/about-aca/our-mission

American Counseling Association (ACA). (2014). *2014 ACA code of ethics.* Alexandria, VA: Author.

American Educational Research Association (AERA), American Psychological Association (APA), & National Council on Measurement in Education (NCME). (1999, March). *Standards for educational and psychological tests* (Rev ed.). Washington, DC: American Educational Research Association.

American Mental Health Counselors Association (AMHCA). (2011). *Standards for the practice of clinical mental health counseling.* Retrieved from http://www.amhca.org/assets/content/AMHCA_Standards_1-26-2012.pdf

American Psychiatric Association (APA). (2013). *DSM-5 Diagnostic and Statistical Manual of Mental Disorders* (5th ed.). Washington, DC: American Psychiatric Association.

American Psychological Association (APA). (2002). Ethical principles of psychologists and code of conduct. *American Psychologist, 57*, 1060–1073.

American School Counselor Association (ASCA). (2012). *The ASCA National Model: A framework for school counseling programs* (3rd ed.). Alexandria, VA: Author.

American School Counselor Association (ASCA). (2014). *ASCA mindsets and behaviors for student success: K-12 college-and career-readiness standards for every student.* Alexandria, VA: Author.

Amundson, N. E., Harris-Bowlsbey, J., & Niles, S. G. (2013). *Essential elements of career counseling: Processes and techniques* (3rd ed.). Boston, MA: Pearson Education, Inc.

Arkowitz, H., & Miller, W. R. (2008). Learning, applying, and extending motivational interviewing. In H. Arkowitz, H. A. Westra, W. R. Miller, & S. Rollnick (Eds.), *Motivational interviewing in the treatment of psychological problems* (pp. 1-25). New York: Guilford Press.

Arkowitz, H., & Westra, H. A. (2009). Introduction to the special series on motivational interviewing and psychotherapy. *Journal of Clinical Psychology, 65*(11), 1149-1155. https://doi.org/10.1002/jclp.20640

Association for Counselor Education and Supervision (ACES). (1990). *Standards for counseling supervisors.* Retrieved from http://www.acesonline.net/ethical_guidelines.asp

Association for Specialists in Group Work (ASGW). (2000). ASGW professional standards for the training of group workers. *Journal for Specialists in Group Work, 25,* 327-342.

Astramovich, R. L., & Harris, K. R. (2007). Promoting self-advocacy among minority students in school counseling. *Journal of Counseling and Development, 85,* 269-276.

Axelson, J. A. (1999). *Counseling and development in a multicultural society* (3rd ed.). Pacific Grove, CA: Brooks/Cole.

Bandura, A. (1977). *Social learning theory.* Englewood Cliffs, NJ: Prentice-Hall.

Bandura, A. (1986). *Social foundations of thought and action.* Englewood Cliffs, NJ: Prentice Hall.

Bandura, A. T. (1997). *Self-efficacy: The exercise of control.* New York: W. H. Freeman.

Barber, P. (2012). *Facilitating change in groups and teams: A gestalt approach to mindfulness.* Farringdon, UK: Libri Publishing.

Beck, A. T., Kovacs, M., & Weissman, A. (1979). Assessment of suicidal intention: The scale for suicidal ideation. *Journal of Consulting and Clinical Psychology, 47*(2), 343-352.

Becvar, D. S., & Becvar, R. J. (2012). *Family therapy: A systematic integration* (8th ed.). Boston, MA: Allyn & Bacon.

Belkin, G. S. (1988). *Introduction to counseling* (3rd ed.). Dubuque, IA: William C. Brown.

Bellak, L., & Bellak, S. S. (1949). *Children's Apperception Test.* New York: C.P.S. Co., P.O. Box 42, Gracie Sta.

Benjamin, A. (1987). *The helping interview* (4th ed.). Boston, MA: Houghton Mifflin.

Benjamin, A. (2001). *The helping interview, with case illustrations.* Boston, MA: Houghton Mifflin.

Bernard, J. M. (1997). The discrimination model. In C. B. Watkins, Jr. (Ed.), *Handbook of psychotherapy supervision* (pp. 310-327). New York: Wiley.

Bernard, J. M., & Goodyear, R. K. (2018). *Fundamentals of clinical supervision* (6th ed.). Boston, MA: Allyn & Bacon.

Best, J. W., & Kahn, J. V. (2006). *Research in education* (10th ed.). Boston, MA: Allyn & Bacon.

Bieling, P. J., McCabe, R. E., & Antony, M. M. (2006). *Cognitive-behavioral therapy in groups*. New York: The Guilford Press.

Binet, A., & Henri, V. (1896). Psychologie individuelle. *Annee Psychologie, 3*, 296-332.

Black, D. W., & Grant, J. E. (2018). DSM-5 가이드북 (*DSM-5 Guidebook*). (강진령 역). 서울: 학지사. (원저는 2014년에 출판).

Blau, P. M. (1956). *Bureaucracy in modern society*. Manhattan, New York: Crown Publishing Group/Random House.

Bobbitt, B. L., Marques, C. C., & Trout, D. L. (1998). Managed behavioral health care: Current status, recent trends, and the role of psychology. *Clinical Psychology: Science and Practice, 5*, 53-66.

Bohart, A. C., & Tallman, K. (1999). *How clients make therapy work: The process of active self-healing*. Washington, DC: American Psychological Association.

Borders, L. D., & Brown, L. L. (2005). *The new handbook of counseling supervision*. Mahwah, NJ: Erlbaum.

Borders, L. D., Welfare, E., Greason, P. B., Paladino, D. A., Mobley, A. K., Villalba, J. A., & Wester, K. L. (2012). Individual and triadic and group: Supervisee and supervisor perceptions of each modality. *Counselor Education and Supervision, 51*(4), 281-295. doi.org/10.1002/j.1556-6978.2012.00021.x

Borgen, W. A. (1997). People caught in changing career opportunities: A counseling perspective. *Journal of Employment Counseling, 34*, 133-143.

Bortner, R. W. (1969). A short rating scale as a potential measure of pattern a behavior. *Journal of Chronic Diseases, 22*(2), 87-91.

Bowen, M. (1978). *Family therapy in clinical practice*. New York: Aronson.

Bradley, L. J., Gould, L. J., & Parr, G. D. (2000). Supervision-based integrative models of counselor supervision. In L. J. Bradley & N. Ladany (Eds.), *Counselor supervision: Principles, process, and practice* (pp. 93-124). Philadelphia, PA: Brunner-Routledge.

Brill, A. (2010). *Basic principles of psychoanalysis*. London, UK: Kessinger Publishing. (Original work published 1921).

Bronfenbrenner, U. (1979). *The ecology of human development: Experiment by nature and design*. Cambridge, MA: Harvard University Press.

Brown, D. (2015). *Career information, career counseling, and career development* (11th ed.). Boston, MA: Allyn & Bacon.

Brymer, M., Jacobs, A., Layne, C., Pynoos, R., Ruzek, J., Steinberg, A., Vernberg, E., & Watson, P. (2006). *Psychological first aid: Field operations guide* (2nd ed.). Durham, N.C.: National Child Traumatic Stress Network, US Department of Health and Human Services.

Buchanan, T. (2002). Online assessment: Desirable or dangerous? *Professional Psychology: Research and Practice, 33*, 148–154.

Bujold, C. (2002). Constructing career through narrative. *Journal of Vocational Behavior, 64*, 470–484.

Burke, J. F. (1989). *Contemporary approaches to psychotherapy and counseling*. Pacific Grove, CA: Brooks/Cole.

Burlingame, G. M., Fuhriman, A. J., & Johnson, J. (2004). Process and outcome in group counseling and psychotherapy: A perspective. In J. L. DeLucia–Waack, D. Gerrity, C. R. Kalodner, & M. T. Riva (Eds.), *Handbook of group counseling and psychotherapy* (pp. 49–61). Thousand Oaks, CA: Sage.

Butcher, J. N. (1995). Interpretation of the MMPI–2. In L. E. Beutler & M. R. Berren (Eds.), *Integrative assessment of adult personality* (pp. 206–239). New York: Guilford Press.

Caetano, R. (2011). There is potential for cultural and social bias in DSM–V. *Addiction, 106*(5), 885–887. doi:10.1002/da.20753

Camara, W. J., & Merenda, P. R. (2000). Using personality tests in pre–employment screening: Issues raised in Soroka v. Dayton Hudson Corporation. *Psychology, Public Policy, and Law, 6*, 1164–1186.

Camargo–Borges, C., & Rasera, E. (2013, April–June). Social constructionism in the context of organization development: Dialogue, imagination, and co–creation as resources of change. *SAGE Open, 3*(2), 1–7. doi: 10.1177/2158244013487540

Campbell, D. T., & Stanley, J. C. (1963). *Experimental and quasiexperimental designs for research*. Chicago, IL: Rand McNally.

Caplan, G. (1964). *Principles of preventive psychiatry*. New York: Basic Books.

Caplan, G. (1970). *The theory and practice of mental health consultation*. New York: Basic Books.

Carkhuff, R. R. (1969). *Helping and human relations (Vols. 1 & 2)*. New York: Holt, Rinehart & Winston.

Carlson, J. C. (2002). Strategic family therapy. In J. Carlson & D. Kjos (Eds.), *Theories and strategies of family therapy* (pp. 80–97). Boston, MA: Allyn & Bacon.

Cavanagh, M. E. (1990). *The counseling experience*. Prospect Heights, IL: Waveland.

Chapman, A. (2006). *Erikson's psychosocial development theory*. Retrieved from http://

www.businessballs.com/erik_erikson_psychosocial_theory.htm

Clairborn, C. D. (1979). Counselor verbal intervention, non-verbal behavior and social power. *Journal of Counseling Psychology, 26*, 378-383.

Clare, M. (2009). Decolonizing consultation: Advocacy as the strategy, diversity as the context. *Journal of Educational and Psychological Consultation, 19*(1), 8-25. doi. org/10.1080/10474410802494929

Clarkin, J. F., & Levy, K. N. (2004). The influence of client variables on psychotherapy. In M. J. Lambert (Ed.), *Bergin and Garfield's handbook of psychotherapy and behavior change* (5th ed., pp. 194-226). New York: Wiley.

Cohen, M. N. (1998, April 17). Culture, not race, explains human diversity. *Chronicle of Higher Education*, B4-B5.

Cole, P. H., & Reese, D. A. (2017). *New directions in gestalt group therapy: Relational ground, authentic self.* New York: Routledge.

Comas-Diaz, L. (2006). The present and future of clinical psychology in private practice. *Clinical Psychology: Science and Practice, 13*, 273-277.

Constantine, M. G., Hage, S. M., Kindaichi, M. M., & Bryant, R. M. (2007). Social justice and multicultural issues: Implications for the practice and training of counselors and counseling psychologists. *Journal of Counseling and Development, 85*, 24-29.

Cooper, J. O., Heron, T. E., & Heward, W. L. (2007). *Applied behavior analysis* (2nd ed.). Columbus, OH: Merrill.

Corbin, J., & Strauss, A. (2014). *Basics of qualitative research: Techniques and procedures for developing grounded theory.* Newbury Park, CA: Sage.

Corey, G. (2017). *The theory and practice of group counseling* (10th ed.). Boston, MA: Cengage Learning.

Corey, G., Corey, M. S., Corey, C., & Callanan, P. (2015). *Issues and ethics in the helping professions* (9th ed.). Belmont, CA: Cengage.

Corey, G., Haynes, R., Moulton, P., & Muratori, M. (2010). *Clinical supervision in the helping professions: A practical guide* (2nd ed.). Alexandria, VA: American Counseling Association.

Corey, M. S., & Corey, G. (2017). *Groups: Process and practice* (10th ed.). Boston, MA: Cengage Learning.

Corey, M. S., Corey, G., & Callanan, P. (2011). *Issues and ethics in the helping professions* (8th ed.). Belmont, CA: Brooks/Cole, Cengage Learning.

Cormier, S. (2016). *Counseling strategies and interventions for professional helpers* (9th ed.). Essex, UK: Pearson Education Limited.

Corsini, R. J., & Rosenberg, B. (1955). Mechanisms of group psychotherapy: Processes and dynamics. *The Journal of Abnormal and Social Psychology, 51*(3), 406-411. https://doi.org/10.1037/h0048439

Council for the Accreditation of Counseling and Related Educational Programs (CACREP). (2009). *2009 standards.* Retrieved from http://www.cacrep.org/wp-content/uploads/2013/12/2009-Standards.pdf

Crandell, T. L., Crandell, C. H., & Vander Zanden, J. M. (2012). *Human development* (10th ed.). New York: McGraw-Hill.

Creswell, J. W. (2012). *Educational research: Planning, conducting and evaluating quantitative and qualitative research* (4th ed.). Boston, MA: Peason.

Creswell, J. W., & Poth, C. N. (2017). *Qualitative inquiry and research design: Choosing among five approaches* (4th ed.). Thousand Oaks, CA: Sage Publications.

Crethar, H., Rivera, E., & Nash, S. (2008). In search of common threads: Linking multicultural, feminist, and social justice counseling paradigms. *Journal of Counseling and Development, 86*(3), 269-278.

Crothers, L., Hughes, T., & Morine, K. (2008). *Theory and cases in school-based consultation: A resource for school psychologists, school counselors, special educators, and other mental health professionals.* New York: Routledge/Taylor & Francis Group.

Cull, J. G., & Gill, W. S. (1988). *Suicide Probability Scale (SPS).* Los Angeles, CA: Western Psychological Services.

Cummings, N. A. (2006). Psychology, the stalwart profession, faces new challenges and opportunities. *Professional Psychology: Research and Practice, 37*, 598-605.

Czander, W., & Eisold, K. (2003). Psychoanalytic perspectives on organizational consulting: Transference and counter-transference. *Human Relations, 56*, 475-491.

D'Andrea, M., & Daniels, J. (1991). Exploring the different levels of multicultural counseling training in counselor education. *Journal of Counseling and Development, 70*, 78-85.

D'Andrea, M., & Heckman, E. (2008). A 40-year review of multicultural counseling outcome research: Outlining a future research agenda for the multicultural counseling movement. *Journal of Counseling & Development, 86*, 356-363. doi: 10.1002/j.1556-6678.2008.tb00520.x

Daniluk, J. C., & Haverkamp, B. E. (1993). Ethical issues in counseling adult survivors of incest. *Journal of Counseling and Development, 72*, 16-22.

Dasenbrook, N. C. (2014). *The complete guide to private practice.* Rockford, IL: Dasenbrook Consulting.

Dawis, R. V. (2002). Person-environment-correspondence theory. In D. Brown & associates (Eds.), *Career choice and development* (4th ed., pp. 427-464). San

Francisco, CA: Jossey-Bass.

De Jong, P., & Berg, I. K. (2012). *Interviewing for solutions* (4th ed.). Pacific Grove, CA: Brooks/Cole.

de Shazer, S. (1988). *Clues: Investigating solutions in brief therapy*. New York: W. W. Norton & Company.

de Shazer, S., & Dolan, Y. (2007). *More than miracles: The state of the art of solution-focused brief therapy*. Binghamton, NY: Haworth Press.

DeWolfe, D. (2000). *Training manual for mental health and human service workers in major disasters* (2nd ed.). (DHHS Publication No. ADM 90-538). Retrieved March 14, 2001, from http://www.mentalhealth.org/publications/allpubs/ADM90-538/index.htm

Del Corso, J., & Rehfuss, M. C. (2011). The role of narrative in career construction theory. *Journal of Vocational Behavior, 79*(2), 334-339.

Diekstra, R. F. W., Keinhorst, C. W. M., de Wilde, E. J. (1995). Suicide and suicidal behavior among adolescent. In M. Rutter & D. J. Smith (Eds.), *Psychosocial disorders in young people: Time, trends, and their causes* (pp. 686-761). Chichester, England: Wiley.

Di Leo, J. H. (2012). *Child development: Analysis and synthesis*. New York: Routledge. (Original work published 1977).

Dinkmeyer, D., & Losoncy, L. E. (1980). *The encouragement book*. Englewood Cliffs, NJ: Prentice Hall.

Dougherty, A. M. (2009). *Psychological consultation and collaboration in school and community settings* (5th ed.). Belmont, CA: Wadsworth.

Dougherty, A. M. (2013). *Psychological consultation and collaboration in school and community settings* (6th ed.). Pacific Grove, CA: Brooks/Cole.

Dreikurs, R., Corsini, R., Lowe, R., & Sonstegard, M. (1959). *Adlerian family counseling*. Eugene, OR: University of Oregon Press.

Egan, G. (2014). *The skilled helper: A problem management and opportunity development approach to helping*. Pacific Grove, CA: Brooks/Cole Cengage Learning.

Elkind, D. (1986). *The miseducation of children: Superkids at risk*. New York: Knopf.

Ellis, A. (2004). *Rationale emotive behavior therapy*. Amherst, NY: Prometheus Books.

Erchul, W. P., & Martens, B. K. (2002). *School consultation: Conceptual and empirical bases of practice* (2nd ed.). New York: Kluwer Academic/Plenum Publishers.

Eriksen, K., & Kress, V. E. (2006). The DSM and the professional counseling identity: Bridging the gap. *Journal of Mental Health Counseling, 28*, 202-217.

Erikson, E. H. (1963). *Childhood and society* (2nd ed.). New York: Norton.

Exner, J. E., Jr. (1993). *The Rorschach: A comprehensive system: Vol. 1. Basic foundations* (3rd ed.). Hoboken, NJ: John Wiley & Sons.

Fahrenberg, J., Myrtek, M., Pawlik, K., & Perrez, M. (2007). Ambulatory Assessment-Monitoring behavior in daily life settings. *European Journal of Psychological Assessment, 23*(4), 206-213.

Fall, M. (1995). Planning for consultation: An aid for the elementary school counselor. *The School Counselor, 43*, 151-157.

Feder, B., & Frew, J. (2008). *Beyond the hot seat revisited: Gestalt approaches to groups.* Peregian Beach, Queensland, Australia: Ravenwood Press.

Fernando, D. M. (2007). Existential theory and solution-focused strategies: Integration and application. *Journal of Mental Health Counseling, 29*, 226-241.

Fisher, A. R., Jome, L. M., & Atkinson, R. A. (1998). Back to the future of multicultural psychotherapy with a common factors approach. *Counseling Psychologist, 26*, 602-606.

Fong, M. L., & Cox, B. G. (1983). Trust as an underlying dynamic in the counseling process: How clients test trust. *Personnel and Guidance Journal, 62*, 163-166.

Forsyth, D. R. (2018). *Group dynamics* (7th ed.). Boston, MA: Cengage Learning, Inc.

Foster, L. H. (2010). A best kept secret: Single-subject research design in counseling. *Counseling Outcome Research and Evaluation, 1*(2), 30-39.

Foster, S. (1996, December). Characteristics of an effective counselor. *Counseling Today, 21*, 34.

Fraenkel, J. R., Wallen, N. E., & Hyun, H. H. (2015). *How to design and evaluate research in education* (9th ed.). New York: McGraw-Hill Education.

France, K. (1990). *Crisis intervention: A handbook of immediate person-to-person help* (2nd ed.). Springfield, IL: Charles C. Thomas.

Frank, J. D. (1982). Therapeutic components shared by all psychotherapies. In J. H. Harvey & M. M. Parks (Eds.), *The master lecture series: Vol. 1. Psychotherapy research and behavior change* (pp. 9-37). Washington, DC: American Psychological Association.

Frankl, V. (1969). *The will to meaning.* New York: New American Library.

Frankl, V. (1988). *The will to meaning: Foundations and applications of logotherapy.* New York: Meridian Printing.

Frankl, V. (1997). *Recollection: An autobiography.* New York: Plenum.

Friedman, R., & James, J. W. (2008). The myth of the stages of dying, death and grief. *Skeptic, 14*(2), 37-41.

Friedman, M., & Rosenman, R. (1974). *Type A Behavior and your heart.* New York, NY: Random House.

Fruzzetti, A. E., & Jacobson, N. S. (1991). Marital and family therapy. In M. Hersen, A. Kazdin, & A. Bellack (Eds.), *The clinical psychology handbook* (2nd ed., pp. 643–666). New York: Pergamon.

Gall, M. D., Gall, J. P., & Borg, W. R. (2007). *Educational research: An introduction* (8th ed.). Boston, MA: Allyn & Bacon.

Gallagher, B. J., & Streeter, J. (2012). *The sociology of mental illness* (5th ed., revised). Cornwall-on-Hudson, NY: Sloan Educational Publishing.

Galton, F. (1879). Psychometric experiments. *Brain, 2,* 149–162.

Garfield, S. L. (1994). Research on client variables in psychotherapy. In A. E. Bergin & S. L. Garfield (Eds.), *Handbook of psychotherapy and behavior change* (4th ed., pp. 190–228). New York: Wiley.

Gati, I., Krausz, M., & Osipow, S. H. (1996). A taxonomy of difficulties in career decision making. *Journal of Counseling Psychology, 43*(4), 510–526. https://doi.org/10.1037/0022-0167.43.4.510

Gay, L. R., Mills, G. E., & Airasian, P. (2018). *Educational research: Competencies for analysis and applications* (12th ed.). Upper Saddle River, NJ: Pearson.

Gehart, D. (2016). *Case documentation in counseling and psychotherapy: A theory-informed competence-based approach*. Belmont, CA: Wadsworth.

Gelatt, H. B. (1989). Positive uncertainty: A new decision-making framework for counseling. *Journal of Counseling Psychology, 33,* 252–256.

Gergen, K. J. (1999). *An invitation to social construction*. Thousand Oaks, CA: Sage Publications.

Gerson, M. (2009). *The embedded self: An integrative psychodynamic and systemic perspective on couples and family therapy*. New York, NY: Routledge.

Gert, B. (2005). *Morality* (rev. ed.). New York: Oxford University Press.

Gladding, S. T. (2005). *Counseling as an art: The creative arts in counseling* (3rd ed.). Alexandria, VA: American Counseling Association.

Gladding, S. T. (2016). *Group work: A counseling specialty* (7th ed.). Boston, MA: Pearson Education, Inc.

Gladding, S. T. (2020). *Groups: A counseling specialty* (8th ed.). New York, NY: Merrill.

Glasser, W. (1989). Control theory in the practice of reality therapy. In N. Glasser (Ed.), *Control theory in the practice of reality therapy: Case studies* (pp. 1–15). New York: Harper & Row.

Glasser, W. (2000). *Counseling with choice theory: The new reality therapy*. New York: Harper Collins.

Goldberg, L. R. (1993). The structure of phenotypic personality traits. *American*

Psychologist, 48, 26-34.

Goldfried, M. R., & Davison, G. C. (1994). *Wiley series in clinical psychology and personality: Clinical behavior therapy* (Exp. ed.). Hoboken, NJ: John Wiley & Sons.

Goldenberg, I., Stanton, M., & Goldenberg, H. (2016). *Family therapy: An overview* (9th ed.). Belmont, CA: Wadsworth/Cengage Learning, Inc.

Goldfinger, K., & Pomerantz, A. M. (2014). *Psychological assessment and report writing.* Thousand Oaks, CA: Sage Publications.

Goldstein, A. P. (1973). *Structural learning therapy: Toward a psychotherapy for the poor.* New York: Academic Press.

Good, E. M. (2012). Personality disorders in the DSM-5: Proposed revisions and critiques. *Journal of Mental Health Counseling, 34*, 1-13.

Gottfredson, G. D., Holland, J. L., & Ogawa, D. K. (1996). *Dictionary of Holland Occupational Codes.* Odessa, FL: Psychological Assessment Resources.

Gottfredson, L. S. (2003). Gottfredson's theory of circumscription, compromise, and self-creation. In D. Brown (Ed.), *Career choice and development* (4th ed., pp. 85-148). San Francisco, CA: Jossey-Bass.

Gottlieb, N. H., & Green, L. W. (1984). Life events, social network, life-style, and health: An analysis of the 1979 national survey of personal health practices and consequences. *Health Education & Behavior, 11*, 91-105. http://dx.doi.org/10.1177/109019818401100105

Graham, L. B. (2010). *Implementing CACREP disasters/crisis standards for counseling students.* Retrieved from http://counselingoutfitters.com/vistas/vistas10/Article_90.pdf

Gutkin, T. B., & Curtis, M. J. (1999). School-based consultation theory and practice: The art and science of indirect service delivery. In C. R. Reynolds & T. B. Gutkin (Eds.), *The handbook of school psychology* (3rd ed., pp. 598-637). Hoboken, NJ: John Wiley & Sons, Inc.

Guy, J. D. (1987). *The personal life of the psychotherapist.* New York: Wiley.

Gysbers, N. C., & Henderson, P. (2014). *Developing and managing your school guidance and counseling program* (5th ed.). Alexandria, VA: American Counseling Association.

Gysbers, N. C., Heppner, M. J., & Johnston, J. A. (2009). *Career counseling: Contexts, processes, and techniques* (3rd ed.). Alexandria, VA: American Counseling Association.

Haley, J. (1976). *Problem-solving therapy.* San Francisco, CA: Jossey-Bass.

Hansen, J. T. (2006). Counseling theories within postmodernist epistemology: New roles for theories in counseling practice. *Journal of Counseling and Development, 84*, 291-297.

Harper, D. (2014). *Online etymology dictionary: Diagnosis.* Retrieved from http://www.etymonline.com/index.php?term=diagnosis

Harren, V. A. (1979). A model of career decision making for college students. *Journal of Vocational Behavior, 14*(2), 119-133.

Harris, A. H. S., Thoresen, C. E., & Lopez, S. J. (2007). Integrating positive psychology into counseling: Why and (when appropriate) how. *Journal of Counseling and Development, 85,* 3-13.

Harris, S. M., & Busby, D. M. (1998). Therapist physical attractiveness: An unexplored influence on client disclosure. *Journal of Marital and Family Therapy, 24,* 251-257.

Hart, B. (1995). Re-authoring the stories we work by: Situating the narrative approach in the presence of the family of therapists. *Australian and New Zealand Journal of Family Therapy, 16*(4), 181-189.

Haverkamp, B. E., Morrow, S. L., & Ponterotto, J. G. (Eds.). (2005). Knowledge in context: Qualitative methods in counseling psychology research [Special issue]. *Journal of Counseling Psychology, 52*(2).

Hays, D. (2010). Introduction to counseling outcome research and evaluation. *Counseling Outcome Research and Evaluation, 1*(1), 1-7.

Head, L. S., & Gross, A. M. (2003). Systematic desensitization. In W. O'Donohue, U. J. Fisher, & S. C. Hayes (Eds.), *Cognitive behavior therapy: Applying empirically supported techniques in your practice* (pp. 417-422). Hoboken, NJ: John Wiley & Sons.

Henderson, P. (1987). A comprehensive school guidance program at work. *TACD Journal, 15,* 25-37.

Heppner, P. P., Wampold, B. E., Owen, J., Thompson, M. N., & Wang, K. T. (2015). *Research design in counseling* (4th ed.). Belmont, CA: Wadsworth.

Herlihy, B., & Sheeley, V. L. (1987). Priviledged communication in selected helping professions: A comparison among statutes. *Journal of Counseling and Development, 64,* 479-483.

Hernández-Wolfe, P. (2010). Family counseling supervision. In N. Ladany & L. J. Bradley (Eds.), *Counselor supervision* (4th ed., pp. 287-308). New York: Routledge.

Herr, E. L., Cramer, S. H., & Niles, S. G. (2004). *Career guidance and counseling through the life span: Systematic approaches* (6th ed.). Boston, MA: Pearson Education, Inc.

Hien, D. A., & Miele, G. M. (2003). Emotion-focused coping as a mediator of maternal cocaine abuse and antisocial behavior. *Psychology of Addictive Behaviors, 17*(1), 49-55. https://doi.org/10.1037/0893-164X.17.1.49

Hill, C. E. (2014). *Helping skills: Facilitating exploration, insight, and action* (4th ed.). Washington, DC: American Psychological Association.

Hill, C. E., & O'Brien, K. M. (1999). *Helping skills: Facilitating exploration, insight, and action.* Washington, DC: American Psychological Association.

Hill, C. E., Thompson, B. J., & Williams, E. N. (1997). A guide to conducting consensual qualitative research. *The Counseling Psychologist, 25*, 517-572.

Hilt, R. J., & Nussbaum, A. M. (2016). *DSM-5 pocket guide for child and adolescent mental health.* Washington, DC: American Psychiatric Association.

Hinkelman, J. M., & Luzzo, D. A. (2007). Mental health and career development of college students. *Journal of Counseling and Development, 85*, 143-147.

Hinson, G. (2011). *Fire in my bones: Transcendence and the holy spirit in African American gospel.* Philadelphia, PA: University of Pennsylvania Press.

Hodges, S. (2012). *101 careers in counseling.* New York: Springer.

Hodgkinson, P. E., & Stewart, M. (1998). *Coping with catastrophe: A handbook of post-disaster psychological aftercare* (2nd ed.). London: Routledge.

Hoffman, M., Phillips, E., Noumair, D., Shullman, S., Geisler, C., Gray, J., … Ziegler, D. (2006). Toward a feminist and multicultural model of consultation and advocacy. *Journal of Multicultural Counseling and Development, 34*(2), 116. doi: 10.1002/j.2161-1912.2006.tb00032.x

Høglend, P., Bøgwald, K., Amlo, S., Marble, A., Ulberg, R., Sjaastad, M., & Johansson, P. (2008). Transference interpretations in dynamic psychotherapy: Do they really yield sustained effects? *American Journal of Psychiatry, 165*, 763-771. doi: 10.1176/appi.ajp.2008.07061028

Holland, J. L. (1966). *The psychology of vocational choice.* Lexington, MA: Blaisdell-Ginn.

Holmes, T. H., & Rahe, R. H. (1967). The Social Readjustment Rating Scale. *Journal of Psychosomatic Research*, *11*(2), 213-218. https://doi.org/10.1016/0022-3999(67)90010-4

Homan, M. S. (2015). *Promoting community change: Making it happen in the real world* (6th ed.). Pacific Grove, CA: Brooks/Cole.

Houser, R. (2015). *Counseling and educational research: Evaluation and application* (3rd ed.). Thousand Oaks, CA: Sage.

Houser, R. (2019). *Counseling and educational research: Evaluation and application* (4th ed.). Thousand Oaks, CA: Sage.

Hubble, M. A., & Gelso, C. J. (1978). Effects of counselor attire in an initial interview. *Journal of Counseling Psychology, 25*, 581-584.

Hulse-Killacky, D., Kraus, K., & Schumacher, B. (1999). Visual conceptualization of meetings: A group work design. *Journal for Specialists in Group Work, 24*, 113-124.

Hutchison, B., & Niles, S. G. (2009). Career development theories. In I. Marini & M. A. Stebnicki (Eds.), *The professional counselor's desk reference* (pp. 467-476). New York: Springer Publishing Company.

Irving, B. A. (2010). (Re)constructing career education as a socially just practice: An antipodean reflection. *International Journal for Educational and Vocational Guidance, 10*, 49-63. doi: 10.1007/s10775-009-9172-1

Jacobs, E. E., Schimmel, C. J., Masson, R. L., & Harvill, R. L. (2016). *Group counseling: Strategies and skills* (8th ed.). Boston, MA: Cengage Learning.

James, R. K. (2008). *Crisis intervention strategies* (6th ed.). Belmont, CA: Thomson Brooks/Cole.

Johnson, K. F. (2013). Preparing ex-offenders for work: Applying the self-determination theory to social cognitive career counseling. *Journal of Employment Counseling, 50*(2), 83-93.

Johnson, S. M., Hunsley, J., Greenberg, L., & Schindler, D. (1999). Emotionally focused couples therapy: Status and challenges. *Clinical Psychology: Science and Practice, 6*, 67-79.

Jones, L. K., & Chenery, M. F. (1980). Multiple subtypes among vocationally undecided college students: A model and assessment instrument. *Journal of Counseling Psychology, 27*(5), 469-477. https://doi.org/10.1037/0022-0167.27.5.469

Jones, M. C. (1924). The elimination of children's fears. *Journal of Experimental Psychology, 7*, 383-390.

Kaffenberger, C., & Young, A. (2013). *Making DATA work*. Alexandria, VA: American School Counselor Association.

Kagan, H., & Kagan, N. I. (1997). Interpersonal process recall: Influencing human interaction. In C. E. Watkins, Jr. (Ed)., *Handbook of psychotherapy supervision* (pp. 296-309). New York, NY: Wiley.

Kampwirth, T. J. (2006). *Collaborative consultation in the schools* (3rd ed.). Upper Saddle River, NJ: Merrill/Prentice Hall.

Kampwirth, T. J., & Powers, K. M. (2012). *Collaborative consultation in the schools: Effective practices for students with learning and behavior problems* (4th ed.). Upper Saddle River, NJ: Pearson.

Kaplan, R. M., & Saccuzzo, D. P. (2017). *Psychological testing: Principles, applications, and issues* (9th ed.). Belmont, CA: Brooks/Cole.

Kazdin, A. E. (2008). Evidence-based treatment and practice: New opportunities to bridge clinical research and practice, enhance the knowledge base, and improve patient care. *American Psychologist, 63*, 146-159.

Keith, D. V. (2015). Carl Whitaker. In E. Neukrug (Ed.), *The Sage encyclopedia of theory in counseling and psychotherapy* (Vol. 2, pp. 1048-1049). Thousand Oaks, CA: Sage.

Kendler, K. S. (2012). The dappled nature of causes of psychiatric illness: Replacing the organic-functional/hardware-software dichotomy with empirically based pluralism. *Molecular Psychiatry, 17*(4), 377-388.

Kerzner, S. (2009). Psychoanalytic school consultation: A collaborative approach. *Schools: Studies in Education, 6*, 117-128. doi: 10.1086/597661

Kiesler, C. A., & Morton, T. L. (1988). Psychology and public policy in the "health care revolution." *American Psychologist, 43*, 993-1003.

Kinnier, R. T., Hofsess, C., Pongratz, R., & Lambert, C. (2009). Attributions and affirmations for overcoming anxiety and depression. *Psychology and Psychotherapy: Theory, Research, & Practice, 82*(2), 153-169. doi: 10.1348/147608308X389418

Kirst-Ashman, K. K., & Hull, G. H. (2015). *Understanding generalist practice.* Belmont, CA: Cengage Learning, Inc.

Kiselica, M. S., & Robinson, M. (2001). Bringing advocacy counseling to life: The history, issues, and human dramas of social justice working in counseling. *Journal of Counseling and Development, 79*, 387-397.

Kitchner, K. S. (1984). Intuition, critical evaluation and ethical principles: The foundation for ethical decisions in counseling psychology. *Counseling Psychologist, 12*, 43-55.

Kleinke, C. L. (1994). *Common principles of psychotherapy.* Pacific Grove, CA: Brooks/ Cole.

Kline, R. B. (2009). *Becoming a behavioral science researcher: Producing research that matters.* New York: Guilford Press.

Kottler, J. A. (2015). *Learning group leadership: An experiential approach* (2nd ed.). Thousand Oaks, CA: SAGE Publications, Inc.

Krasner, L. (1963). *The therapist as a social reinforcer: Man or machine.* Paper presented at the meeting of the American Psychological Association, Philadelphia.

Krueger, R. F., & Eaton, N. R. (2010). Personality traits and the classification of mental disorders: Toward a more complete integration in DSM-5 and an empirical model of psychopathology. *Personality Disorders: Theory, Research, and Treatment, 1*, 97-118. doi: 10.1037/a0018990

Krumboltz, J. D. (1994). Integrating career and personal counseling. *Career Development Quarterly, 42*, 143-148.

Krumboltz, J. D. (2008). The happenstance learning theory. *Journal of Career Assessment,*

17, 135-154.

Krumboltz, J. D., & Henderson, S. (2002). A learning theory for career counselors. In S. G. Niles (Ed.), *Adult career development: Concepts, issues, and practices* (3rd ed., pp. 41-57). Tulsa, OK: National Career Development Association.

Kübler-Ross, E. (1970). *On death and dying*. New York: Macmillan.

Kurpius, D. J., & Robinson, S. E. (1978). An overview of consultation. *Personnel and Guidance Journal, 56*, 321-323.

LaCross, M. B. (1975). Non-verbal behavior and perceived counselor attractiveness and persuasiveness. *Journal of Counseling Psychology, 22*, 563-566.

Lambert, M. J., & Ogles, B. M. (2004). The efficacy and effectiveness of psychotherapy. In M. J. Lambert (Ed.), *Bergin and Garfield's handbook of psychotherapy and behavior change* (5th ed., pp. 139-193). New York: Wiley.

Lazarus, A. A. (1967). In support of technical eclecticism. *Psychological Reports, 21*, 415-416.

Lazarus, R. S., & Folkman, S. (1984). *Stress, appraised, and coping*. New York: Springer.

Leary, M. R. (2012). Sociometer theory. In P. A. M. Van Lange, A. W. Kruglanski, & E. T. Higgins (Eds.), *Handbook of theories of social psychology* (pp. 151-159). CA: Sage Publications Ltd. https://doi.org/10.4135/9781446249222.n33

Lee, C. C. (1998). AMCD: The next generation. *Journal of Multicultural Counseling and Development, 17*, 165-170.

Lee, C. C. (2001). Culturally responsive school counselors and programs: Addressing the needs of all students. *Professional School Counseling, 4*, 163-171.

Lehman, A. K., & Salovey, P. (1990). Psychotherapist orientation and expectations for liked and disliked patients. *Professional Psychology: Research and Practice, 21*, 385-391.

Lent, R. W. (2013). Social cognitive career theory. In S. D. Brown & R. W. Lent (Eds.), *Career development and counseling: Putting theory and research to work* (2nd ed., pp. 115-146). New York: John Wiley & Sons.

Lent, R. W., Brown, S. D., & Hackett, G. (1994). Toward a unifying social cognitive theory of career and academic interest, choice, and performance. *Journal of Vocational Behavior, 45*, 79-122.

Lent, R. W., Brown, S. D., & Hackett, G. (2002). Social cognitive career theory. In D. Brown et al., *Career choice and development* (4th ed., pp. 255-311). San Francisco, CA: Jossey-Bass.

Levitt, H. M. (2001). Sounds of silence in psychotherapy: The categorization of client's pauses. *Psychotherapy Research, 11*, 295-309. doi: 10.1080/713663985

Loesch, L. (1984). Professional credentialing in counseling: 1984. *Counseling and Human*

Development, 17, 1-11.

Lofquist, L. H., & Dawis, R. V. (1969). *Adjustment to work.* New York: Appleton-Century-Crofts.

Lofquist, L. H., & Dawis, R. V. (1991). *Essentials of person-environment-correspondence counseling.* Minneapolis, MN: University of Minnesota Press.

Lopez, S. J., Edwards, L. M., Pedrotti, J. T., Prosser, E. C., LaRue, S., Spalitto, S. V., et al. (2006). Beyond the DSM-IV: Assumptions, alternatives, and alterations. *Journal of Counseling and Development, 84,* 259-267.

Luborsky, E. B., O'Reilly-Landry, M., & Arlow, J. A. (2008). Psychoanalysis. In R. J. Corsini & D. Wedding (Eds.), *Current psychotherapies* (8th ed., pp. 15-62). Belmont, CA: Thomson Brooks/Cole.

Lyddon, W. J., Clay, A. L., & Sparks, C. L. (2001). Metaphor and change in counseling. *Journal of Counseling and Development, 79,* 269-274.

MacCluskie, K. C., & Ingersoll, R. E. (2001). *Becoming a 21st century agency counselor.* Pacific Grove, CA: Brooks/Cole.

Maciejewski, P. K., Zhang, B., Block, S. D., & Prigerson, H. G. (2007). An empirical examination of the stages of grief. *Journal of the American Medical Association, 297*(7), 22-23.

Madigan, S. P. (2015). Michael White. In E. Neukrug (Ed.), *The Sage encyclopedia of theory in counseling and psychotherapy* (Vol. 2, pp. 1050-1052). Thousand Oaks, CA: Sage.

Malecki, C. K., & Demaray, M. K. (2003). What type of support do they need? Investigating student adjustment as related to emotional, informational, appraisal, and instrumental support. *School Psychology Quarterly, 18*(3), 231-252.

Marchand, M. M. (2010). Application of Paulo Freire's Pedagogy of the Oppressed to human services education. *Journal of Human Services, 30*(1), 43-53.

Martin, P. J. (2015). Transformational thinking in today's schools. In B. T. Erford (Ed.), *Transforming the school counseling profession* (4th ed., pp. 45-64). Boston, MA: Pearson

May, R. (1969). *Love and will.* New York: Norton.

May, R., & Yalom, I. D. (1989). Existential psychotherapy. In R. J. Corsini & D. Wedding (Eds.), *Current psychotherapies* (4th ed., pp. 273-302). Itasca, IL: Peacock.

May, R., & Yalom, I. D. (2000). Existential psychotherapy. In R. J. Corsini & D. Wedding (Eds.), *Current psychotherapies* (6th ed., pp. 273-302). Itasca, IL: Peacock.

McAdams, R. (2015). Couples, family, and relational models: Overview. In E. Neukrug (Ed.), *The Sage encyclopedia of theory in counseling and psychotherapy* (Vol. 1, pp. 247-

253). Thousand Oaks, CA: Sage.

McAuliffe, G., & Lovell, C. (2006). The influence of counselor epistemology on the helping interview: A qualitative study. *Journal of Counseling and Development, 84*, 308-317.

McClure, B. A. (1994). The shadow side of regressive groups. *Counseling and Values, 38*, 77-80.

McMahon, M., Arthur, N., & Collins, S. (2008). Social justice and career development: Looking back, looking forward. *Australian Journal of Career Development, 17*(2), 21-29.

McMillan, J. H., & Schumacher, S. (2010). *Research in education: Evidence-based inquiry* (7th ed.). Boston, MA: Allyn & Bacon.

McWilliams, N., & Weinberger, J. (2003). Psychodynamic psychotherapy. In G. Stricker & T. A. Widiger (Eds.), *Handbook of psychology: Vol. 8. Clinical psychology* (pp. 253-277). New York: Wiley.

Mead, M. (1961). Anthropology among the sciences. *American Anthropologist, 63*, 475-482.

Meehle, P. (1973). *Psychodiagnosis: Selected papers*. New York: Norton.

Meltzoff, J. (1984). Research training for clinical psychologists: Point-counterpoint. *Professional Psychology: Research and Practice, 15*, 203-209.

Mendelowitz, E., & Schneider, K. (2008). Existential psychotherapy. In R. J. Corsini & D. Wedding (Eds.), *Current psychotherapies* (8th ed., pp. 295-327). Belmont, CA: Thomson Brooks/Cole.

Mertler, C. A., & Charles, C. M. (2011). *Introduction to educational research* (7th ed.). Boston, MA: Pearson.

Miller, D. C., & Form, W. H. (1951). *Industrial sociology*. New York: Harper & Row.

Miller, W. R., & Rollnick, S. (2012). *Motivational interviewing* (3rd ed.). New York: Guilford Press.

Minuchin, S. (1974). *Families and family therapy*. Cambridge, MA: Harvard University Press.

Mitchell, K. E., Levin, A. S., & Krumboltz, J. D. (1999). Planned happenstance: Construction unexpected career opportunities. *Journal of Counseling and Development, 77*, 115-124.

Mitchell, S. A., & Black, M. J. (1995). *Freud and beyond: A history of modern psychoanalytic thought*. New York: Basic Books.

Morrison, J. (2014). *Diagnosis made easier* (2nd ed.). New York: The Guilford Press.

Mortola, P., & Carlson, J. (2003). "Collecting an anecdote": The role of narrative in school consultation. *Family Journal: Counseling and Therapy for Couples and Families,*

11(1), 7-12. doi: 10.1080/87568220903400138

Mosak, H., & Maniacci, M. P. (2008). Adlerian psychotherapy. In R. J. Corsini & D. Wedding (Eds.), *Current psychotherapies* (8th ed., pp. 63-106). Belmont, CA: Thomson Brooks/Cole.

Murray, H. (1943). *Manual for the Thematic Apperception Test*. Cambridge, MA: Harvard University Press.

Myers, J. E., Sweeney, T. J., & Witmer, J. M. (2000). The wheel of wellness: Counseling for wellness: A holistic model for treatment planning. *Journal of Counseling and Development, 78*, 251-266.

Myrick, R. D. (2011). *Developmental guidance and counseling: A practical approach* (5th ed.). Minneapolis, MN: Educational Media Corporation.

Napier, A., & Whitaker, C. (1978). *The family crucible*. New York: Harper & Row.

Napier, G. (2002). Experiential family therapy. In J. Carlson & D. Kjos (Eds.), *Theories and strategies of family therapy* (pp. 296-316). Boston, MA: Allyn & Bacon.

Nash, E. H., Hoehn-Saric, R., Battle, C. C., Stone, A. R., Imber, S. D., & Frank, J. D. (1965). Systematic preparation of patients for short-term psychotherapy: 2. Relation to characteristics of patient, therapist, and the psychotherapeutic process. *Journal of Nervous and Mental Disease, 140*, 388-399.

National Board for Certified Counselors (NBCC). (2014). *Understanding national certification and state licensure*. Retrieved from http://www.nbcc.org/Certification/CertificationorLicensure

Naugle, A. E., & Maher, S. (2003). Modeling and behavioral rehearsal. In W. O'Donahue, U. J. Fisher, & S. C. Hayes (Eds.), *Cognitive behavior therapy: Applying empirically supported techniques in your practice* (pp. 238-246). Hoboken, NJ: John Wiley & Sons.

Nelson, R. C., & Shifron, R. (1985). Choice awareness in consultation. *Counselor Education and Supervision, 24*, 298-306.

Neuer, C. A. A. (2013). Endless possibilities: Diversifying service options in private practice. *Journal of Mental Health Counseling, 35*, 198-210.

Neukrug, E. (2014). *A brief orientation to counseling*. Belmont, CA: Cengage.

Neukrug, E. (2016). *The world of the counselor: An introduction to the counseling profession* (5th ed.). Boston, MA: Cengage Learning.

Neukrug, E. S., & Fawcett, R. C. (2015). *Essentials of testing and assessment: A practical guide for counselors, social workers, and psychologists* (3rd ed.). Belmont, CA: Brooks/Cole.

Neukrug, E. S., & Schwitzer, A. M. (2006). *Skills and tools for today's counselors and psychotherapists: From natural helping to professional counseling.* Pacific Grove, CA: Brooks/Cole.

Nichols, M., & Davis, S. (2016). *Family therapy: Concepts and methods* (11th ed.). Boston, MA: Allyn & Bacon.

Niles, S. (Ed.). (2009). Special section: Advocacy competencies. *Journal of Counseling and Development, 87*(3).

Norcross, J. C., & Wampold, B. E. (2011). Evidence-based therapy relationships: Research conclusions and clinical practices. *Psychotherapy, 48,* 98-102.

O'Cleirigh, C., & Safren, S. (2008). Optimizing the effects of stress management interventions in HIV. *Health Psychology, 27*(3), 297-301. doi: 10.1037/a0012607

Ohler, D. L., & Levinson, E. M. (2012). Using Holland's theory in employment counseling: Focus on service occupations. *Journal of Employment Counseling, 49*(4), 148-159. doi: 10.1002/j.2161-1920.2012.00016.x

Okun, B. F., & Kantrowitz, R. E. (2014). *Effective helping: Interviewing and counseling techniques* (8th ed.). Belmont, CA: Thomson Brooks/Cole.

Orlinsky, D. E., Ronnestad, M. H., & Willutzki, U. (2004). Fifty years of psychotherapy process-outcome research: Continuity and change. In M. J. Lambert (Ed.), *Bergin and Garfield's handbook of psychotherapy and behavior change* (5th ed., pp. 307-389). New York: Wiley.

Osipow, S. H., Carney, C. G., & Barak, A. (1976). A scale of educational-vocational undecidedness: A typological approach. *Journal of Vocational Behavior, 9*(2), 233-243. https://doi.org/10.1016/0001-8791(76)90081-6

Patterson, C. H. (1997). *Theories of counseling and psychotherapy* (5th ed.). New York: Harper Collins.

Patton, W., & McIlveen, P. (2009). Practice and research in career counseling and development-2008. *Career Development Quarterly, 58*(2), 118-161.

Pearson, Q. M. (2001). A case in clinical supervision: A framework for putting theory into practice. *Journal of Mental Health Counseling, 23,* 174-183.

Pedersen, P. (1990). The constructs of complexity and balance in multicultural counseling theory and practice. *Journal of Counseling and Development, 68,* 550-554.

Pedersen, P. B., Crethar, H., & Carlson, J. (2008). *Inclusive cultural empathy: Making relationships central in counseling and psychotherapy.* Washington, DC: American Psychological Association.

Perls, F. (1969). *In and out of the garbage pail.* Moab, UT: Real People Press.

Perls, F. (1973). *The gestalt approach and eyewitness to therapy.* Palo Alto, CA: Science and Behavior Books.

Peters, T. (1989). *Thriving on chaos*. New York: Park Avenue Press.

Peterson, C. (2006). *A primer in positive psychology*. New York: Oxford University Press.

Petrie, K. J., Fontanilla, I., Thomas, M. G., Booth, R. J., & Pennebaker, J. W. (2004). Effect of written emotional expression on immune function in patients with human immunodeficiency virus infection: A randomized trial. *Psychosomatic Medicine, 66*, 272-275.

Pieterse, A. L., Evans, S. A., Risner-Butner, A., Collins, N. M., & Mason, L. B. (2009). Multicultural competence and social justice training in counseling psychology and counselor education: A review and analysis of a sample of multicultural course syllabi. *The Counseling Psychologist, 37*, 93-115. doi: 10.1177/0011000008319986

Polcin, D. L. (2006). Reexamining confrontation and motivational interviewing. *Addictive Disorders and Their Treatment, 54*(4), 201-209. doi: 10.1097/01.adt.0000205048.44129.6a

Pollock, S. L. (2006). Internet counseling and its feasibility for marriage and family counseling. *The Family Journal: Counseling and Therapy for Couples and Families, 14*, 65-70.

Ponton, R., & Duba, J. (2009). The "ACA Code of Ethics": Articulating counseling's professional covenant. *Journal of Counseling & Development, 87*, 117-121. doi: 10.1002/j.1556-6678.2009.tb00557.x

Pope, K. S., & Vetter, V. A. (1992). Ethical dilemmas encountered by members of the American Psychological Association: A national survey. *American Psychologist, 47*, 397-411.

Posthuma, B. W. (2002). *Small groups in counseling and therapy: Process and leadership* (4th ed.). Boston, MA: Allyn & Bacon.

Prieto, L. R., & Scheel, K. R. (2002). Using case documentation to strengthen counselor trainees' care conceptualization skills. *Journal of Counseling and Development, 80*, 11-21.

Randolph, D. L., & Graun, K. (1988). Resistance to consultation: A systhesis for counselor-consultants. *Journal of Counseling and Development, 67*, 182-184.

Ratts, M. J. (2009). Social justice counseling: Toward the development of a fifth force among counseling paradigms. *Journal of Humanistic Counseling, Education, and Development, 48*(2), 160-172. doi: 10.1002/j.2161-1939.2009.tb00076.x

Remley, T. P., & Herlihy, B. (2014). *Ethical, legal, and professional issues in counseling* (4th ed.). Boston, MA: Pearson.

Remley, T. P., Jr. (1985). The law and ethical practices in elementary and middle schools. *Elementary School Guidance and Counseling, 19*, 181-189.

Resnick, J. H. (1991). Finally, a definition of clinical psychology: A message from the president, Division 12. *Clinical Psychology, 44*, 3-11.

Rigby, K. (1996). *Bullying in schools: And what to do about it.* London, England: Jessica Kingsley Publishers Ltd.

Riva, M. T., & Erickson Cornish, J. A. (2008). Group supervision practices at psychology predoctoral internship programs: 15 years later. *Training and Education in Professional Psychology, 2*(1), 18-25. doi: 10.1037/1931-3918.2.1.18

Roe, A., & Lunneborg, P. W. (1990). Personality development and career choice. In A. Brown & L. Brooks (Eds.), *Career choice and development: Applying contemporary theories to practice* (pp. 68-101). San Francisco, CA: Jossey-Bass Publishers.

Rogers, C. R. (1942). *Counseling and psychotherapy: Newer concepts in practice.* Boston, MA: Houghton Mifflin.

Rogers, C. R. (1951). *Client centered therapy.* Boston, MA: Houghton Mifflin.

Rogers, C. R. (1961). *On becoming a person.* Boston, MA: Houghton Mifflin.

Rogers, C. R. (1969). *Freedom to learn: A view of what education might become.* Princeton, NC: Merrill.

Roid, G. H., & Pomplun, M. (2005). Interpreting the Stanford-Binet Intelligence Scales, Fifth Edition. In D. P. Flanagan & P. L. Harrison (Eds.), *Contemporary intellectual assessment: Theories, tests, and issues* (2nd ed., pp. 325-343). New York: Guilford Press.

Ronnestad, M. H., & Skovholt, T. M. (1993). Supervision of beginning and advanced graduate students of counseling and psychotherapy. *Journal of Counseling and Development, 71*, 396-405.

Rueth, T., Demmitt, A., & Burger, S. (1998, March). *Counselors and the DSM-IV: Intentional and unintentional consequences of diagnosis.* Paper presented at the American Counseling Association Convention, Indianapolis, IN.

Rutan, J. S., Stone, W. N., & Shay, J. J. (2007). *Psychodynamic group psychotherapy* (5th ed.). New York: The Guilford Press.

Salmivalli, C., Huttunen, A., & Lagerspetz, K. M. J. (1997). Peer networks and bullying in schools. *Scandinavian Journal of Psychology, 38*, 305-312.

Santrock, J. W. (2013). *Life-span development* (14th ed.). Boston, MA: McGraw-Hill.

Satir, V. (1972). Family systems and approaches to family therapy. In G. D. Erickson & T. P. Hogan (Eds.), *Family therapy: An introduction to theory and technique* (2nd ed., pp. 211-225). Pacific Grove, CA: Brooks/Cole. (Original work published 1967).

Scheidlinger, S. (1991). Conceptual pluralism: A.G.P.A.'s shift from orthodoxy to an "umbrella" organization. *International Journal of Group Psychotherapy, 41*(2), 217-226.

Schlossberg, N. K., Lynch, A. Q., & Chickering, A. W. (1989). *Improving higher education environments for adults*. San Francisco, CA: Jossey-Bass.

Schmidt, J. G. (2013). *Counseling in schools: Comprehensive programs of responsive services for all students* (6th ed.). Boston, MA: Pearson Education, Inc.

Schofield, W. (1964). *Psychotherapy: The purchase of friendship*. Upper Saddle River, NJ: Prentice Hall.

Schultheiss, D. E. P. (2007). The emergence of a relational cultural paradigm for vocational psychology. *International Journal for Educational and Vocational Guidance, 7*, 191-201. doi: 0.1007/s10775-007-9123-7

Sears, R., Rudisill, J., & Mason-Sears, C. (2006). *Consultation skills for mental health professionals*. Hoboken, NJ: John Wiley.

Seligman, L. (2006). *Theories of counseling and psychotherapy: Systems, strategies, and skills* (2nd ed.). Upper Saddle River, NJ: Pearson/Prentice Hall.

Seligman, M. E. P. (2004). Can happiness be taught? *Daedalus, 133*(2), 80-87.

Selye, H. (1946). The general adaptation syndrome and the diseases of adaptation. *Journal of Clinical Endocrinology, 6*, 117-231.

Senge, P. (2006). *The fifth discipline: The art and practice of the learning organization* (rev. ed.). New York: Doubleday.

Sharf, R. S. (2013). *Applying career development theory to counseling* (6th ed.). Belmont, CA: Brooks/Cole.

Shaw, H. E., & Shaw, S. F. (2006). Critical ethical issues in online counseling: Assessing current practices with an ethical intent checklist. *Journal of Counseling and Development, 84*, 41-53.

Sink, C. A. (2005). *Contemporary school counseling*. New York: Lahaska Press.

Smith, E. J. (2006). The strength-based counseling model: A paradigm shift in psychology. *Counseling Psychologist, 34*(1), 134-144.

Smith, E. M. J., & Vasquez, M. J. T. (1985). Introduction. *Counseling Psychologist, 13*, 531-536.

Smyth, J. M. (1998). Written emotional expression: Effect sizes, outcome types, and moderating variables. *Journal of Consulting and Clinical Psychology, 66*, 174-184.

Snow, K. (2013). The importance of advocacy and advocacy competencies in human service professions. *Journal of Human Services, 33*, 5-16.

Solhan, M. B., Trull, T. J., Jahng, S., & Wood, P. K. (2009). Clinical assessment of affective instability: Comparing EMA indices, questionnaire reports, and retrospective recall. *Psychological Assessment, 21*, 425-436.

Sommers-Flanagan, J., & Sommers-Flanagan, R. (2016). *Clinical interviewing* (6th ed.).

Hoboken, NJ: John Wiley & Sons.

St. Clair, M. (2000). *Object relations and self psychology: An introduction.* Belmont, CA: Brooks/Cole.

St. Germaine, J. (1993). Dual relationships: What's wrong with them? *American Counselor, 2,* 25-30.

Stanton, A. L., Danoff-Burg, S., Sworowski, L. A., Collins, C. A., Branstetter, A. D., Rodriguez-Hanley, A., et al. (2002). Randomized, controlled trial of written emotional expression and benefit finding in breast cancer patients. *Journal of Clinical Oncology, 20,* 4160-4168.

Steenbarger, B. N., & Budman, S. H. (1996). Group psychotherapy and managed behavioral health care: Current trends and future challenges. *International Journal of Group Psychotherapy, 46,* 297-309.

Stoltenberg, C. D. (2005). Enhancing professional competence through developmental approaches to supervision. *American Psychologist, 60*(8), 857-864. doi: 10.1037/0003-066X.60.8.85

Stoltenberg, C. D., & McNeil, B. W. (2010). *IDM supervision: An integrative developmental model of supervising counselors and therapists* (3rd ed.). New York: Routledge.

Strong, S. R. (1968). Counseling: An interpersonal influence process. *Journal of Counseling Psychology, 15,* 215-224.

Stum, D. (1982). DIRECT: A consultation skills training model. *Personnel and Guidance Journal, 60,* 296-302.

Sue, D. W. (1992, Winter). The challenge of multiculturalism. *American Counselor, 1,* 6-14.

Sue, D. W., Sue, D., Neville, H. A., & Smith, L. (2019). *Counseling the culturally diverse: Theory and practice* (8th ed.). New York: Wiley.

Sullivan, H. S. (1953). *The interpersonal theory of psychiatry.* New York: W. W. Norton & Company.

Super, D. E. (1990). A life-span, life-space approach to career development. In D. Brown & L. Brooks (Eds.), *Career choice and development: Applying contemporary theories to practice* (pp. 197-261). San Francisco, CA: Jossey-Bass.

Trull, T. J., & Ebner-Priemer, U. W. (2009). Using Experience Sampling Methods/Ecological Momentary Assessment (ESM/EMA) in clinical assessment and clinical research: Introduction to the Special Section. *Psychological Assessment, 21,* 457-462.

Trull, T. J., & Prinstein, M. J. (2013). *The science and practice of clinical psychology* (8th ed.). Belmont, CA: Wadsworth/Cengage.

Turner, L. H., & West, R. (2017). *Perspectives on family communication* (5th ed.). New York: McGraw-Hill.

Vacha-Hasse, T., & Thompson, B. (2002). Alternative ways of measuring counselees' Jungian Psychological-type preferences. *Journal of Counseling and Development, 80*, 173-179.

Van Hoose, W. H., & Paradise, L. V. (1979). *Ethics in counseling and psychotherapy: Perspectives in issues and decision making.* Cranston, RI: Carroll.

Vasquez, M. J. T., Bingham, R. P., & .Barnett, J. E. (2008). Psychotherapy termination: Clinical and ethical responsibilities. *Journal of Clinical Psychology, 64*, 653-665. doi: 10.1002/jclp.20478

Vickio, C. J. (1990). The goodbye brochure: Helping students to cope with transition and loss. *Journal of Counseling and Development, 68*, 575-577.

Wachter, A. (2004). To "create a conversation that is a little bit different." In N. M. Lambert, I. Hylander, & J. H. Sandoval (Eds.), *Consultee-centered consultation: Improving the quality of professional services in schools and community organizations* (pp. 325-338). Mahwah, NJ: Lawrence Erlbaum.

Wacker, D. P., Harding, J., Berg, W., Cooper-Brown, L. J., & Barretto, A. (2003). Punishment. In W. O'Donohue, U. J. Fisher, & S. C. Hayes (Eds.), *Cognitive behavior therapy: Applying empirically supported techniques in your practice* (pp. 308-320). Hoboken, NJ: John Wiley & Sons.

Wagner, C. C., & Ingersol, K. S. (2013). *Motivational interviewing in groups.* New York: The Guilford Press.

Wampold, B. E. (2010). *The basics of psychotherapy: An introduction to theory and practice.* Washington, DC: American Psychological Association.

Wampold, B. E., & Budge, S. L. (2012). The relationship—and its relationship to the common and specific factors in psychotherapy. *The Counseling Psychologist, 40*, 601-623. doi: 10.1177/0011000011432709

Ward, D. E. (1984). Termination of individual counseling: Concepts and strategies. *Journal of Counseling and Development, 63*, 21-25.

Watkins, C. E., Jr., & Schneider, L. J. (1989). Self-involving versus self-disclosing counselor statements during an initial interview. *Journal of Counseling and Development, 67*, 345-349.

Watson, J. B., & Rayner, R. (1920) 'Conditioned emotional reaction'. *Journal of Experimental Psychology, 3*, 1-14.

Watzlawick, P. (1983). *The situation is hopeless, but not serious.* New York: Norton.

Wechsler, D. (1939). *Wechsler-Bellevue Intelligence Scale.* New York: Psychological

Corporation.

Wechsler, D. (1949). *Manual for the Wechsler Intelligence Scale for Children*. New York: The Psychological Corporation.

Wechsler, D. (1955). *Wechsler Adult Intelligence Scale Manual*. New York: The Psychological Corporation.

Wechsler, D. (1958). *The measurement and appraisal of adult intelligence* (4th ed.). Baltimore, MD: Williams & Wilkins Co. https://doi.org/10.1037/11167-000

Wechsler, D. (1974). *Manual for the Wechsler Intelligence Scale for Children* (rev. ed.). New York: The Psychological Corporation.

Wechsler, D. (1981). *Manual for the Adult Intelligence Scale* (rev. ed.). New York: The Psychological Corporation.

Wechsler, D. (1991). *Manual for the Wechsler Intelligence Scale for Children* (3rd ed.). San Antonio, TX: The Psychological Corporation.

Wechsler, D. (1997). *Wechsler Adult Intelligence Scale* (3rd ed.). New York: The Psychological Corporation.

Wechsler, D. (2003). *WISC-IV administration and scoring manual*. San Antonio, TX: The Psychological Corporation.

Wechsler, D. (2008). *Wechsler Adult Intelligence Scale* (4th ed.). New York: The Psychological Corporation.

Weinrach, S. G., & Thomas, K. R. (1998). Diversity-sensitive counseling today: A postmodern clash of values. *Journal of Counseling and Development, 76*, 115-122.

Welfel, E. R., & Patterson, L. E. (2005). *The counseling process: A multitheoretical integrative approach* (6th ed.). Belmont, CA: Thomson Brooks/Cole.

Wheeler, A. M., & Bertram, B. (2008). *The counselor and the law: A guide to legal and ethical practice* (5th ed.). Alexandria, VA: American Counseling Association.

Whiston, S. C. (1996). Accountability through action research: Research methods for practitioners. *Journal of Counseling and Development, 74*, 616-623.

White, M. (1995). *Re-authoring lives: Interviews and essays*. Adelaide, South Australia: Dulwich Centre Publications.

White, M., & Epston, D. (1990). *Narrative means to therapeutic ends*. New York: Norton.

Williamson, E. G. (1939). *How to counsel students*. New York: McGraw-Hill.

Willig, C. (2011). The ethics of interpretation. *Existential Analysis: Journal of the Society for Existential Analysis, 22*, 255-271.

Witmer, J. M., & Young, M. E. (1996). Preventing counselor impairment: A wellness model. *Journal of Humanistic Education and Development, 34*, 141-155.

Wolpe, J. (1958). *Psychotherapy by reciprocal inhibition*. Stanford, CA: Stanford

University Press.

Wrenn, C. G. (1962). The culturally encapsulated counselor. *Harvard Educational Review, 32*(4), 444–449.

Wright, R. J. (2012). *Introduction to school counseling.* Thousand Oaks, CA: SAGE Publications, Inc.

Yalom, I. D. (with Leszcs, M.). (2005). *The theory and practice of group psychotherapy* (5th ed.). New York: Basic Books.

Yeh, C. J., & Hwang, M. Y. (2000). Interdependence in ethnic identity and self: Implications for theory and practice. *Journal of Counseling and Development, 78,* 420–429.

Zung, W. W. K. (1990). The role of rating scales in the identification and management of the depressed patient in the primary care setting. *Journal of Clinical Psychiatry, 51,* S72–S76.

인명

A

Adler, A. 365

B

Bandura, A. 383
Bateson, G. 122
Beck, A. T. 390
Bellak, L. 226
Bellak, S. S. 226
Berg, I. K. 139
Bernard, J. M. 306
Betz, N. 181
Binet, A. 212
Blau, P, M. 177
Boscolo, L. 131
Breuer, J. 21
Brown, S. D. 181
Buck, J. 227
Burrow, T. 103

C

Cannon, W. B. 50
Caplan, G. 243, 289

Cattel, R. 226
Cecchin, G. 131

D

Davison, G. C. 400
Dawis, R. V. 176
de Shazer, S. 139

E

Elkind, D. 162
Ellis, A. 386
Epston, D. 142, 408
Erikson, E. H. 43
Exner, J. E. 222

F

Fisch, R. 131
Form, W. H. 177
Foucault, M. 142
Frankl, V. 370, 372
Freud, S. 361
Friedman, M. 51
Fry, W. 122

G

Galton, F. 222
Ginzberg, E. 187
Glaser, B. G. 274
Glasser, W. 393
Goldfried, M. R. 400
Gottfredson, L. S. 193

H

Hackett, G. 181
Hackett, N. 181
Haley, J. 122, 131
Harren, V. 178
Hippocrates 21
Holland, J. L. 175

J

Jackson, D. 122
James, W. 21
Jones, M. C. 381

K

Kagan, H. 307

Kagan, N. I. 307

Kitchner, K. S. 70

Kraepelin, E. 222

Krumboltz, J. D. 184

Kübler-Ross, E. 245

L

Lashley, K. 230

Lazarus, A. A. 397

Lent, R. W. 181

Lewin, K. 103

Lindemann, E. 243

Linenhan, M. L. 398

Lofquist, L. H. 176

M

Madanes, C. 131

Maslow, A. 174

May, R. 370

Mead, M. 275

Meichenbaum, D. 399

Miller, D. C. 177

Miller, W. R. 411

Moreno, J. 103

Morgan, C. D. 224

Murray, H. 224

O

Obama, M. 154

Occam, W. 348

P

Parsons, F. W. 22, 172

Pavlov, I. P. 380

Perls, F. 373

Pinel, P. 21

Prata, G. 131

Pratt, J. H. 103

R

Rayner, R. 381

Roe, A. 174

Rogers, C. R. 368

Rollnick, S. 411

Rorschach, H. 222

Rosenman, R. 51

S

Satir, V. 134

Scheidlinger, S. 416

Selvini-Palazzoli, M. 131

Simon, T. 212

Skinner, B. F. 381

Slavson, S. R. 103

Stanley Hall, G. 21

Stewart, R. 145

Stoltenberg, C. D. 305

Strauss, A. L. 274

Super, D. E. 188

W

Watson, J. B. 381

Watzlawick, J. 131

Weakland, J. 122

Weakland, P. 131

Wechsler, D. 213

Whitaker, C. 138

White, M. 142, 408

Williamson, E. G. 173

Witmer, L. 22

Wolpe, J. 381, 384

Wubbolding, R. E. 394

Wundt, W. 17

Y

Yalom, I. D. 370

내용

A

ABCDEF 모델 387

ABC 모델 387

ACDM 180

ASCA 151

ASCA 국가모델 157

APA 350

A형 행동패턴 51

A형 행동패턴의 특징 51

A형 행동패턴 척도 52

B

BASIC ID 모델 397

BFTC 139

BMT 145

bullying 158

C

CA 213

CAT 226, 412

CBTIs 238

C-DAC 모델 192
CDDQ 179
CDMT 178
CDS 179
CFT 134
CSCP 156
CQR 276

D
DAP 227
DARN 412
DARN-CAT 412
DBT 398
DM 306
DRN 243
DSM-5의 구성체계 350
DSM-5의 특징 351

E
EFCT 145
ENCOURAGE 모델 250, 251
EPI 248

F
FBA 385

G
Goodenough-Harris 227

H
HOUNDs 97
HTP 227
HTP 검사의 이점 229
HVPM 134

I
IA 416
ICD 349
IDM 305

IM 306
indecisive 179
IPR 307
IQ 213

K
K-ABC-II 216
KCA 25
KCPA 24
KEDI-WISC 215
KPA 24
K-WAIS 214
K-WAIS-IV 214
K-WAIS-IV 소검사 214
KWIS 214
K-WISC-III 215
K-WISC-IV 215

M
MA 212, 213
MANOVA 269
MBTI 220
MI 411
MI의 진행과정 414
MMPI 217
MRI 그룹 131

N
NEO-PI-R 221
NEO 성격검사 개정판 221
NFT 142
NT 408

P
PFA 248
PLEASE 198

R
REBT 386

RESPECTFUL 상담모델 427
RIT 222
RR 400

S
SB-5 213
SBC 414
SCT 226
SDI 350
SFBT 401
SFBT의 기본가정 및 변화원리 401
SFFT 139
SIT 399
STIPS 302

T
TAT 224
t-검정 269
T집단 103

U
undecided 179

V
VDS 179

W
WAIS 213
WAIS-III 213
WAIS-IV 213
WAIS-R 213
WBIS 213
WDEP 모델 394
WHO 349
WISC 215
WISC-III 215
WISC-IV 215

Y

YAVIS 증후군 97

ㄱ

가계도 127
가설 263
가설검증 263
가설적 태도 405
가소성 47
가족구도 366
가족규칙 135
가족생활 연대기 138
가족 역할 137
가족 재구조화 138
가족조각 138
가족지도 그리기 131, 138
가족치료 121
가족투사과정 126
가치관 75
가치관 주입 75
가치 조건화 369
가해학생 161
간접질문 332
감정조절 399
강점기반상담 414
강화와 벌의 도식 382
개념화 기술 307
개방성 221
개방질문 331
개업상담 32
개업상담자 26
개업상담자들 32
개인내적 고독 371
개인목표 181
개인분석 173
개인상담 85
개인상담의 정의 85
개인심리학 365
개인화 392

개인화 기술 307
개인-환경조화이론 176
개입기술 306
객관형 검사 216
거리두기 53
거세불안 42
거시체계 155
건강하지 않은 가족규칙 135
건강한 가족규칙 135
검사 배터리 232
검사보고서 작성 235
검사실시 233
검사자 간 신뢰도 210
검사자의 전문적 역량 236
검사-재검사 신뢰도 210
검사해석 234
검사해석 시 유의사항 234
검사해석의 절차 234
게슈탈트 374
게슈탈트모델 293
게슈탈트 치료 373
격려 336
결과 387, 388
결과기대 181
결과타당도 211
결정적 시기 124
결정화기 190
결정화단계 188
경계 129
경고반응단계 48
경외심 410
경험세계 368
경험적 가족치료 138
고급대화 조성기법 413
고독 371
고립감 45
고전적 조건형성 380
고착 57
고통 342

고통감내 399
공고화기 191
공상 57
공유정체감 45
공정성 68
공포조건형성 381
과업/작업집단 107
과잉일반화 391
과정모델 290
과정전문가 368
과정지향 자문모델 285
과제 132
과제접근 기술 185
관계측정 269
관계형성 197
관리의료체계 34
관심사 정의 199
교감신경계 50
교사 역할 307
교육 26
교차분석 277
구강고착적 성격 41
구강기 41
구강의존적 성격 41
구강자아 41
구별모델 306
구성개념 212
구성주의 진로상담 194
구인 212
구인타당도 211
구조적 가족치료 128
구조화 109, 314
구조화된 진단면담 350
구체화기 190
구체화단계 188
국제질병분류체계 349
권력위계 129
권한부여 144, 288
귀납법 269

귀무가설 270
규모와 힘 지향 단계 193
규범 동조성 342
규준 209
규준준거집단 209
그림단계 227
근거이론 274
근면성 44
근접맥락 181
긍정적 불확실성 202
긍정적 존중 368
긍정적 피드백 111
기능이상 343
기능적 가족 130
기능적 불변성 314
기능적 행동사정 385
기만형 55
기만형 방어기제 55
기본대화 조성기법 413
기본 신뢰 44
기본실수 366
기본욕구 394
기술설계 265
기술연구 265
기술적 절충주의 397
기술통계 269
기적질문 141
기초선 385
깊이 413
꿈 분석 364
꿈 작업 378

ㄴ
낙인효과 32, 354
남근기 41
남근선망 42
내담자 변인 94
내러티브 195
내부통제 심리학 393

내용타당도 211
내재화 143
내적 고유자기 지향 단계 194
내적 타당도 271
내적 타당도 위협요인 272
내적 합치도 210
내파치료 384
넓이 413
노력가능 수준 193
논박 388
능력기 190

ㄷ
다문화상담 35
다문화상담을 위한 지침 425
다문화상담의 전망 429
다문화주의 35, 238, 423
다변량분석 269
다세대 가족치료 125
다세대 전수과정 126
다원상관연구 267
다원주의 417
다중관계 68, 74
다축체계 352
단기가족치료센터 139
단어연상검사 226
단일대상실험설계 272
단일맹목연구 271
단일사례연구설계 273
단회사례연구 272
당위주의 387
대사 역할 405
대상관계이론 144
대순환 191
대응국면 251
대인 간 고독 371
대인과정회상모델 307
대인관계 효과성 399
대처 53

대처질문 141, 406
대체형 방어기제 56
대체형성 56
도덕적 불안 363
도전 333
도피형 방어기제 57
도피-회피 53
독립변인 270
독성 섬망 344
독특한 성과 143
동기강화면담 411
동맹 129
동시타당도 211
동일시 42, 57
동형검사 신뢰도 210
등록 19

ㄹ
라포 314
로르샤흐 잉크반점검사 222
로르샤흐 종합체계 222

ㅁ
마음챙김 399
마이어스-브릭스 성격유형검사 220
매력도 93
매터링 198
매터링의 표현방법 198
메타분석 268
면접·조사 266
면접 프로토콜 276
면허 19
면허제 33
명료화 328
모델링 383
모집단 265
목격학생 161
목표선택질문 406

목표설정단계 134
무능성 343
무선할당 270
무의미 371
무의식적 동기 361
무조건반응 381
무조건자극 381
문장완성검사 226
문제의 소유권 255
문제중심대처 53
문제파악단계 134
문제해결 기법 145
문제해결치료 133
문헌검토 262
문화 423
문화기술적 연구 275
문화단절 423
문화동화 424
미결정 179
미국정신의학회 350
미국학교상담자협회 151
미네소타 다면적 인성검사 217
미시체계 155
미해결과제 374
밀라노 131
밀란모델 131

ㅂ
반대로 하기 378
반동형성 56
반복 363
반분신뢰도 210
반영 329
발달 39
발달모델 305
발병률 266
발전기 191
방어기제 54
방어 메커니즘 54

방어행동의 인식 58
배경 374
배변훈련 41
백일몽 57
벌 382
범주적 분류 352
법적 소송 방지를 위한 지침 77
변량분석 269
변산도 269
변인 264
변증법적 행동치료 398
변화대화 412
변화실행언어 412
변화요원 131
변화준비언어 412
보상 56, 382
보존이 필요한 상담기록 73
보호요인 163
본능 362
본능적 추동 40
부교감신경계 50
부분의뢰 327
부적 강화 382
부적절형 136
부정 58
불신 44
불안 362
브레인스토밍 298
브론펜브레너의 생태체계 155
비교집단 270
비난형 136
비네-시몽 정신능력검사 212
비밀보장 237
비밀유지 68, 71
비밀유지 원칙의 예외 71
비밀유지 · 책임감 68
비사람지향적 직업 175
비실험연구 266
비자기 374

비자살성 자해 163
비전문적 관계 74
비합리적 신념 387, 388
빈 의자 기법 378

ㅅ
사람지향적 성격 175
사람지향적 직업 175
사랑 371
사례개념화 315
사례연구 265
사이버 수퍼비전 308
사이코드라마 103
사전동의 73
사정 26, 209
사회구성주의 139, 142, 402, 408
사회구성주의 모델 295
사회맥락 181
사회복지사 20
사회성 43
사회인지진로이론 181
사회재적응평정척도 49
사회적 가치 지향 단계 193
사회적 관심 365
사회적 정서과정 127
사회적 지지 54
사회적 지지 추구 53
사회학습이론 383
사회학습진로결정이론 184
사회학적 이론 177
사후설명 278
사후(인과-비교)연구설계 268
삶 370
삼각관계 126
상관계수 267
상관연구 267
상담 25
상담과정 314
상담관계 67

상담 수퍼비전 300
상담심리학 발달사 21
상담심리학의 전망 27
상담심리학의 정의 17
상담심리학의 특징 18
상담자 역할 307
상담자/치료자 변인 91
상담전문가 윤리강령 63
상담전문가 윤리강령의 기능 63
상담전문가의 법적 책임 76
상담전문가의 윤리적 갈등 영역 67
상담집단 107
상대주의 409
상실 244
상징적 · 경험적 가족치료 138
상호억제이론 381
상호작용단계 134
새롭고 문제없는 언어 140
생물심리사회모델 347
생물학적 결정주의 47
생산성 45
생애사 질문지 367
생애역할이론 191
생애진로무지개모델 191
생애진로발달단계 190
생애진로발달이론 188
생의 본능 362
생태체계 155
생활변화량 49
생활양식 365
생활연령 213
생활지도 86
생활지도집단 106
선도적 조력자 154
선의 · 무해성 68
선택모델 183
선택이론 393
선택적 추상화 391

선행사건 387, 388
설문연구 267
성감대 40
성격 40, 362
성격검사 216
성격의 요인 40
성격이론 175
성격 재건/재구조화 363
성격 재구조화 361
성기기 42
성실성 68, 221
성역할 지향 단계 193
성장기 190
세계관 일반화 185
세계보건기구 349
소순환 191
소순환과정 191
소진단계 48
쇠퇴기 191
수검자의 권리존중 237
수용가능 수준의 경계 193
수치감/회의감 44
수퍼바이저 303
수퍼바이지 304
수퍼비전 26, 301
수퍼비전 교수법 302
수퍼비전 모델 305
수행모델 183
스탠포드-비네 지능검사 213
스트레스 47, 123
스트레스 대처 53
스트레스 면역 훈련 399
승화 57
시작국면 114
신경심리검사 230
신경심리학 230
신경증 54, 381
신경증적 경향성 221
신경증적 불안 362

신념 388
신념체계 387
신뢰도 210
신뢰도 계수 210
신뢰성 93
신비감 410
신체의 지혜 50, 51
실존적 고독 371
실존적 공허 371
실존치료 370
실행기 190
실험 377
실험연구 269
실험자 기대효과 271
실험집단 270
실현경향성 368
심리검사 209
심리검사에 관한 쟁점 236
심리교육집단 106
심리내적 갈등 43
심리사회 발달이론 43
심리성적 발달모델 40
심리적 개입 85
심리적 개입기술 328
심리적 미분리 125
심리적 위기 243
심리적 응급 243, 245
심리적 응급처치 248, 249
심리진단 222
심리측정 209
심리측정학 17
심리치료 86
심리치료집단 107
심리학 원리 21
심적 결정론 361
심적 에너지 40

ㅇ
아동기와 사회 43

아동용 웩슬러 지능검사 215
아동용 주제통각검사 226
아치웨이 모델 189
악몽질문 141, 406
안나 O 361
안면타당도 211
안정화기 191
알버트 381
알아차림 375
알지 못함 401
압력 225
애도과정 245
양분법적 사고 391
양육적 삼자관계 137
양적 연구 269
양적 절단점 342
억압 55
억제 55
언어이해 소검사 214
얼룩말과 말 348
업무상 과실 77
에로스 362
에믹 426
에틱 426
엘렉트라 콤플렉스 41
역기능적 가족 130
역기능적 의사소통을 하는 가족
    의 의사소통 패턴 136
역기능적 인지도식 392
역설적 개입 133
역설적 의도 372
역조건형성 381
역평행과정 302
역학연구 266
역할혼란 45
연결 110
연구 27, 261
연구목적 262
연구문제 263

연구방법 264
연구설계 263, 264
연구절차 263
연습 377
연합 129
열등감 44
열등 콤플렉스 365
예외발견질문 140, 406
예외상황 · 내담자의 강점 403
예측타당도 211
오이디푸스 콤플렉스 41
오캄의 면도날 348
온라인상담 31
옹호 423
완전의뢰 327
완전히 기능하는 사람 369
왕따 158
외래사정 31
외상 246
외재화 143
외적 타당도 272
외체계 155
외향성 221
요구사정 112
요약 330
요약 피드백 406
요인설계 272
욕구 225
욕구위계체계 174
욕구이론 174
우연 184
우연학습이론 184
우월성 추구 365
원가족 125
원격상담 31
원초아 362
웩슬러 지능검사 213
위기 43, 247
위기반응의 국면 249

위기상담의 단계 254
위기상담의 목표 253
위기상담/치료 249
위험/취약 요인 163
유관계약 145
유기체 368
유능감 90
유도점수 269
유리 130
유물 276
유병률 266
유지기 191
윤리기준의 한계 65
윤리적 서비스 제공을 위한 일반
    원칙 68
윤리적 의사결정 66
윤리적 의사결정 원칙 69
융합 130
의뢰 326
의뢰자 287
의미감 370
의미치료 372
의사소통 가족치료 134
의사소통 패턴 136
의식수준 362
이상 341
이상/비정상 43
이상적 자기 368
이상행동 341
이야기 가족치료 142
이야기 195
이야기치료 408
이원변량분석 269
이원상관연구 267
이중구속 122
이중맹목연구 271
이지메 158
이차 이득 43
인간발달의 특징 39

인간중심모델 292
인간중심치료 368
인간타당화 135
인간타당화과정모델 134
인물화 성격검사 227
인식 변화 377
인지기법 389
인지왜곡 391
인지치료 390
인지행동모델 293
인터넷을 통한 심리검사의 문제점 238
일 171
일반적응증후군 47
일반지능 212
일반체계이론 122
일차 이득 43
임상 수퍼비전 26
임상심리사 20
임상심리학 20
임의적 추론 391

ㅈ
자격증 19
자궁으로의 회귀 욕구 41
자극통제 384
자기개념 368
자기관찰 일반화 185
자기분화 126
자기진술대처 390
자기체계 374
자기통제 53
자기효능감 181
자동사고 391
자문 27, 283
자문모델 289
자문의 3요소 287
자문의 절차 296
자문의 특성 288
자문자 287
자문자 역할 307
자문자의 개입수준 285
자문자 중심 자문 285
자살 162
자살가능성척도 165
자살사고 162
자살생각 162
자살생각척도 165
자살시도 162
자살완료 162
자살잠재성검사 165
자살포기각서 164
자아 362
자아정체감 45
자아탄력성 414
자아통합 46
자연적 관찰 265
자유 370
자유연상 364
자율성 44
작업국면 115
작업기억 소검사 215
작업동맹 315, 317
잘못된 명명 392
잠복기 42
잠정기 187
잠정적 진단 348
장애 344
장해 344
재감정 53
재구성 405
재구조화 131, 143, 319
재난 244
재난반응 네트워크 243
재난/외상 사건 후 반응의 특징 250
재명명화 133
재저술 143, 409
재정향 366
재진술 329
저항 364
저항단계 48
저항이 아닌 준비상태 403
적응양식 177
전경 374
전략적 가족치료 131
전문가 18
전문가 자문모델 285
전문성 92
전문적 역량과 책임 76
전문직 18
전문직으로서의 상담심리학 18
전문직의 조건 18
전문학습자 368
전이 363, 364
전이해결단계 363
전인적 인간 368
전체 회기 종결 116
전치 56
전행동 393
절망감 46
절충형성 54
접촉 374
접촉경계 375
접촉경계 장해 375
정교화 363
정규분포곡선 213
정보제공 335
정상 43, 341
정상성 209
정상행동 341
정서기법 390
정서단절 126
정서 분위기 175
정서융해 125
정서장해 387
정서중심대처 53

정서중심 커플치료 145
정신건강모델 289
정신건강 전문의 19
정신분석 361
정신분석모델 291
정신역동적 가족치료 125
정신연령 212, 213
정신연령 개념 213
정신장애 343
정신장애의 정의 344
정신장애 진단 344
정신장애 진단원칙 348
정신장애 진단·통계편람 제5판
      350
정신지체 212
정신질환 343
정신치료 87
정신화첩 394
정예의식 410
정적 강화 382
제3자 287
제4세력 423
제한 193
제한타협이론 193
제휴 129
조건반응 381
조건자극 381
조건형성 381
조기 종결 322
조명 370
조작적 382
조작적 조건형성 381
조직발달모델 290
존재방식 369
존중 어린 호기심 410
종결 319
종결국면 115
종속변인 270
종합심리검사 232

종합적 학교상담 프로그램 156
죄책감 44
주관적 경험 368
주관적 불편감 342
주도성 44
주제통각검사 224
죽음 370
죽음의 본능 362
준거 212
준거타당도 211
준실험설계 271
중간체계 155
중다양식치료 397
중다회귀분석 267
중성자극 381
중앙교육연구소 24
증거기반실천 99
증거기반치료 98, 99, 380
증상 40, 54, 346
증상론 357
증상 처방 133
증후군 347
지각지도 369
지각추론 소검사 214
지금-여기 상호작용 촉진 111
지능 212
지능검사 212
지능지수 213
지목된 환자 123
지배적 이야기 409
지성화 57
지시 132
지지이해 기법 145
직감 334
직면 333
직무 171
직무상 과실 77
직업 171
직업결정척도 179

직업분석 173
직업생애단계 178
직업적응이론 176
직접질문 332
진단 341
진단원칙 347
진단을 위한 로드맵 346
진단의 기능 345
진단절차 345
진로 171
진로결정 178
진로결정검사 180
진로결정단계 179
진로결정수준 179
진로결정유형 179
진로결정이론 178
진로결정척도 179
진로결정 활동양식 203
진로미결정척도 179
진로발달 171
진로발달사정·상담모델 192
진로상담 171
진로상담과정 197
진로상담의 전망 205
진로선택 178
진로선택발달이론 187
진로성숙 190
진로자기개념 189
진로장벽 181
진술/재진술 410
진실험설계 270
질문 331, 405
질문단계 228
질적 세계 394
질적 연구 269, 273
집·나무·사람 검사 227
집단놀이 103
집단따돌림 158
집단리더의 자질 108

집단분석 103
집단상담과 치료의 전망 117
집단시작 116
집단유형 106
집단의 치료요인 104
집단작업 103, 108
집단작업 기술 108
집단작업의 계획과 준비 112
집단작업의 장단점 105
집단작업의 효과성 117
집단종결 116
집단치료 103
집단회기 종결 116
집중경향성 269
징후 346

ㅊ

차단 111
차별 237
차원적 분류 352
참만남집단 104
참여유도 109
책임 370
책임수용 53
처방적 자문모델 285
처치 270
척도질문 141, 406
철수국면 252
청소년 자살 162
청소년 자살의 영향요인 163
청소년 자살의 특징 162
체계적 감감법 384
체계적 둔감법 383
초기 심리적 개입 248
초이성형 136
초자아 362
초점 맞추기 110
초점설정 110
초점심화 110

초점유지 110
초점이동 110
촉진반응 297
촉진자 368
촉진적 자문모델 285
총평 209
최적의 추측 334
추동 42
추리통계 269
축어록 276
출생순위 126, 366
충격국면 249
측정 209
치료동맹 88, 315
치료적 개입의 메커니즘 87
치료적 개입의 효과성 97
치료적 등가 87
치환 56
친밀감 45
친화단계 133
친화성 221
침묵 332
침체성 45
칭찬 405

ㅋ

카우프만 아동용 검사 216
카이제곱 269
카타르시스 89
커플치료 144
컴퓨터 기반 검사해석 238
컴퓨터 기반 평가와 해석 238
키치너의 윤리적 의사결정을 위
    한 다섯 가지 원칙 70

ㅌ

타나토스 362
타당도 211
타협 193

탄력 413
탈숙고 372
탈학습 91
탐색기 190
탐색단계 188
태도적 자질 369
태스크포스(TF)팀 107
토큰경제 384
통각 224
통계적 규준 342
통계학 263
통제집단 270
통찰 89
통합모델 306
통합적 발달모델 305
통합적 접근 416
퇴행 57
투사 55
투사형 검사 222
투쟁/도피반응 50
투쟁/도피반응 이론 50
특별과업팀 107
특성요인이론 172
특수지능 212

ㅍ

파국화 392
편차지능지수 213
편향 237
평가 26, 209
평가질문 406
평행과정 301
폐쇄질문 331
포스트모더니즘 142, 408
포스트모더니즘적 접근 401
포커스 집단 107
표본 265
표준점수 213
표준화 검사 209

표집 265
풀 배터리 232
플래시백 252
피어슨 적률상관계수 267
피자문자 287
피자문자 중심 자문 285
피해학생 160
피해학생의 유형 160

ㅎ

학교상담 151
학교상담의 특징 154
학교상담자 152
학교상담자 역할모델 153
학교상담 프로그램 국가표준
　157
학교폭력 158
학생의 생태체계 156
한국상담심리학회 24
한국상담학회 25
한국심리학회 24
한국판 KABC-II 216
합류 129
합리적 재구조화 400
합리정서행동치료 386
합리화 55
합의구축 277
합의적 질적 연구 276
항문고착적 성격 41

항문기 41
항문폭발적 성격 41
해결중심 가족치료 139
해결중심 가족치료의 절차 142
해결중심단기치료 401
해결중심모델 293
해결중심 · 미래 지향 402
해결지향질문 406
해석 89, 334, 364
해석단계 230
해체 143, 195, 409
핵가족 정서과정 126
핵심강점 414
행동기법 390
행동주의 380
행동주의 모델 291
행동주의 부부치료 145
행동치료 380
허구적 목적론 365
허구적 목적성 316
현상적 자기 368
현상적 장 368
현상학적 연구 274
현실기 188
현실불안 363
현실원리 362
현실적 자기 368
현실치료 393
현재화 379

협력모델 290
협력적 자문모델 285
혼돈모델 290
혼입변수 270
혼재변수 270
혼합모델 352
홀랜드의 육각형 모델 176
홀랜드 직업코드사전 176
홍수법 384
확대 · 축소 392
확률 271
확립기 190
확장 405
환상기 187, 190
회귀분석 267
회복국면 252
회복탄력성 414
회원 재구성 대화법 410
회유형 136
후속상담 325
훈련자/교육자 자문모델 285
훈습 363
휴먼도크 232
흥미기 190
흥미모델 182
히스테리 58
히스테리아 연구 361

저자 소개

▶ 강진령(姜鎭靈 / Jin-ryung Kang, Ph.D. in Counseling Psychology)
미국 인디애나 대학교 상담심리학 석사(M.S.) · 박사(Ph.D.)
미국 일리노이 주립대학교 임상인턴
미국 플로리다 대학교 초빙교수 역임
현재 경희대학교 교수

〈주요 저서〉
집단상담과 치료: 이론과 실제(학지사, 2019)
집단상담의 실제(3판, 학지사, 2019)
상담연습: 치료적 의사소통 기술(학지사, 2016)
학교상담과 생활지도: 이론과 실제(학지사, 2015)
반항적인 아동 · 청소년 상담(공저, 학지사, 2014)
상담과 심리치료(개정판, 양서원, 2013)
집단상담과 치료(학지사, 2012)
집단과정과 기술(학지사, 2012)
학교집단상담(학지사, 2012)
집단상담의 실제(2판, 학지사, 2011)
상담자 윤리(공저, 학지사, 2009)
상담심리용어사전(양서원, 2008) 외 다수

〈주요 역서〉
DSM-5 아동 · 청소년 정신건강 가이드북(학지사, 2018)
DSM-5 노인 정신건강 가이드북(학지사, 2018)
DSM-5 진단사례집(학지사, 2018)
DSM-5 가이드북(학지사, 2018)
학교상담 핸드북(학지사, 2017)
상담 · 심리치료 수퍼비전(학지사, 2017)
DSM-5 Selections(전 6권, 학지사, 2017)
학교에서의 DSM-5 진단(시그마프레스, 2017)
DSM-5 임상사례집(학지사, 2016)
APA 논문작성법(6판, 학지사, 2013)
간편 정신장애진단통계편람/DSM-IV-TR: Mini-D(학지사, 2008) 외 다수

상담심리학
Counseling Psychology

2020년 4월 5일 1판 1쇄 인쇄
2020년 4월 10일 1판 1쇄 발행

지은이 • 강진령
펴낸이 • 김진환
펴낸곳 • (주)**학지사**

04031 서울특별시 마포구 양화로 15길 20 마인드월드빌딩
대표전화 • 02)330-5114   팩스 • 02)324-2345
등록번호 • 제313-2006-000265호

홈페이지 • http://www.hakjisa.co.kr
페이스북 • https://www.facebook.com/hakjisa

ISBN 978-89-997-2095-6 93180

정가 23,000원

이 도서의 국립중앙도서관 출판시도서목록(CIP)은 서지정보유통지
원시스템 홈페이지(http://seoji.nl.go.kr)와 국가자료공동목록시스템
(http://www.nl.go.kr/kolisnet)에서 이용하실 수 있습니다.
(CIP 제어번호: CIP2020012192)

출판 · 교육 · 미디어기업 **학지사**

간호보건의학출판 **학지사메디컬** www.hakjisamd.co.kr
심리검사연구소 **인싸이트** www.inpsyt.co.kr
학술논문서비스 **뉴논문** www.newnonmun.com
원격교육연수원 **카운피아** www.counpia.com